GUSTAV RADBRUCH
RECHTSPHILOSOPHIE
—

GUSTAV RADBRUCH

RECHTSPHILOSOPHIE

ACHTE AUFLAGE

HERAUSGEGEBEN VON

ERIK WOLF

UND

HANS-PETER SCHNEIDER

1973

K. F. KOEHLER VERLAG STUTTGART

ISBN 3 8742 5113 6
Copyright 1973 by K. F. Koehler Verlag, Stuttgart. Printed in Germany
Gesamtherstellung Greiserdruck Rastatt

INHALTSVERZEICHNIS

Vorwort zur 4. Auflage 7

Vorwort zur 8. Auflage 16

Einleitung von *Erik Wolf*:
    Gustav Radbruchs Leben und Werk 17

Rechtsphilosophie 79
    Vorwort des Verfassers 81
    Übersicht der »Rechtsphilosophie« 84
    Text der »Rechtsphilosophie« 87

Hinweise und Erläuterungen von *Erik Wolf* 309

Anhang: Rechtsphilosophische Aufsätze von Gustav Radbruch .. 325
    »Fünf Minuten Rechtsphilosophie« (1945) 327
    »Gerechtigkeit und Gnade« (1949) 329
    »Neue Parteien – neuer Geist« (1945) 336
    »Gesetzliches Unrecht und übergesetzliches Recht« (1946) . 339

Nachwort von *Hans-Peter Schneider*:
    Gustav Radbruchs Einfluß auf die Rechtsphilosophie der Gegenwart 351

Namen- und Sachregister 385

VORWORT VON ERIK WOLF
ZUR 4. AUFLAGE

I.

Nachdem Gustav Radbruch am 23. November 1949 durch den Tod von uns genommen war, erhielt der Herausgeber einen vom 30. November datierten Brief von Frau Lydia Radbruch. Darin schrieb sie: »Mein schneller Brief – vor der offiziellen Danksagung – hat einen besonderen Anlaß. Sie wissen, daß mein Mann sowohl die ›Einführung‹ als auch die ›Rechtsphilosophie‹ jetzt als nächste Aufgabe neu erscheinen lassen wollte. Die ›Einführung‹ sollte in den praktischen Teilen auf heutige Verhältnisse umgearbeitet werden, die ›Rechtsphilosophie‹ dagegen unverändert abgedruckt, mit einem umfangreichen Nachwort, das seine veränderte Stellungnahme und seine neuen Ideen enthalten sollte... Wäre es möglich, daß Sie die Rechtsphilosophie übernehmen würden? Ich würde sehr glücklich darüber sein. Sie sind doch ohne Zweifel derjenige, der mit den Ideen meines Mannes am vertrautesten ist.«

Als die Zusage gegeben und von Frau Radbruch bestätigt worden war, galt es vor allem Klarheit darüber zu gewinnen, ob *literarische Vorarbeiten für die Neuausgabe* der »Rechtsphilosophie« in *Gustav Radbruchs Nachlaß* vorhanden waren. Frau Radbruch unterzog sich selbst der Mühe des Nachsuchens, weil der Herausgeber, damals schwer erkrankt, zu einer Reise nach Heidelberg nicht imstande war. Es fanden sich die im Folgenden aufgezählten, im Zusammenhang mit der geplanten Neuausgabe der »Rechtsphilosophie« stehenden *Manuskripte*:

1. Ein in Halbleinen gebundenes, durchschossenes Exemplar der 3. Auflage der »Rechtsphilosophie« von 1932, mit zahlreichen handschriftlichen *Anmerkungen*. Diese beziehen sich überwiegend auf literarische Neuerscheinungen seit 1932, teilweise enthalten sie Lesefrüchte aus alten und modernen Dichtern, schlagen neue Motti zu den

einzelnen Kapiteln vor; nur wenige dienen der Auseinandersetzung mit wissenschaftlichen Gegnern. Der *Text* war durchwegs unverändert; an keiner Stelle hatte Radbruch auch nur eine stilistische, geschweige denn eine sachliche Änderung vorgenommen. Dergleichen sollte ersichtlich dem geplanten Nachwort vorbehalten bleiben.

Die Eintragungen stammen nach der Handschrift zum geringeren Teil aus den Jahren 1932/34, zu einem größeren aus den Kriegsjahren, etwa bis 1943. Geschrieben sind sie fast durchwegs mit Tinte. Für den Kenner von Radbruchs schöner und charakteristischer Handschrift waren sie mühelos lesbar; einige wenige Hinweise bestanden in flüchtigen, fast unleserlichen Bleistiftnotizen, dazu auf persönliche Art abbreviiert; auch diese konnten aber mit Hilfe anderer Manuskripte des schriftlichen Nachlasses entziffert werden.

2. Fünf DIN-Format-Blätter in zweizeilig geschriebener Maschinenschrift (und zwei Durchschlags-Exemplare), enthaltend die im durchschossenen Handexemplar eingetragenen *Anmerkungen in einer verbesserten und vermehrten Fassung*, handschriftlich überarbeitet und erkennbar für den Druck bestimmt. Leider erstreckt sich dieses Manuskript nur auf die geplanten neuen Anmerkungen der *Seiten 1–28 des Textes*.

3. Einige weiße Blätter mit ganz kurzen, meistens nur aus Namen, abgekürzten Buchtiteln, auch Schlagworten bestehenden *Notizen*, mit Tinte oder Bleistift geschrieben, die Handschrift aus der letzten Lebenszeit, sind schwer lesbar, teilweise überhaupt nicht mehr zu entziffern. Sie enthalten, wie aus dem Zusammenhang ersichtlich, *keine anderen Anmerkungen*, als die schon unter 2. beschriebenen Blätter und bildeten Vorarbeiten für diese.

4. Zu dem geplanten *Nachwort* fand sich ein Manuskript-Konvolut, dessen einzelne Lagen von Radbruch selbst abgeteilt und mit Umschlagzetteln versehen waren, deren Zahlenaufschrift mit der Abschnitteinteilung der einzelnen Papierlagen genau übereinstimmte.

Daraus ließ sich die Gliederung dieses geplanten Nachwortes und sein Zweck im wesentlichen erkennen, was im Anschluß an die Beschreibung der Manuskripte (unten III) dargelegt werden wird.

Das Konvolut enthält:

a) Einen mit »*Nachwort*« überschriebenen Entwurf von sieben Seiten Maschinoskript für den *ersten* Teil des geplanten Nachworts – auf dem Umschlag mit I, 1 und 2 bezeichnet. Dieser ist in zwei Exemplaren handschriftlich überarbeitet, deren Korrekturen und Ergänzungen nicht völlig übereinstimmen. Obwohl diese Abweichungen in der Textgestaltung nur geringfügig sind, läßt sich nicht mit Gewißheit sagen, *welche* der beiden Fassungen Radbruch für die endgültige angesehen wissen wollte, ebensowenig, in welcher Weise er den auf diesen Seiten nur skizzierend behandelten Stoff noch weiter auszuführen gedachte.

b) Einen *Entwurf von sieben Seiten* Maschinoskript – auf dem Umschlag mit II, 1/2 bezeichnet – für den *zweiten* Teil des geplanten Nachworts (Original und ein Durchschlag, wovon das Original handschriftlich durchgearbeitet ist).

c) Einen mit III, 1 überschriebenen *Entwurf* zum geplanten *dritten* Teil des Nachworts, bestehend in *einem,* zu drei Vierteln beschriebenen (*nicht* handschriftlich überarbeiteten) Blatt Maschinoskript.

d) Als *Beilage* enthielt das Gesamt-Konvolut noch ein Blatt in Maschinenschrift mit Ausführungen über das Verhältnis des Protestantismus zum Recht, die als Blatt 4 zu II 1 gehören, sowie den schematischen Aufrissen einer Neufassung des 1916 erschienenen Aufsatzes unter dem Titel: »Juristen – böse Christen«.

II.

Diese Materialien wurden für die Neuausgabe folgendermaßen *verwertet:*

1. Sämtliche Eintragungen von Radbruchs Hand in dem durchschossenen Handexemplar der 3. Auflage (1932) der »Rechtsphilosophie« (oben Ziff. 1) erscheinen *unter* dem Text *in runde Klammern gesetzt.* Der Herausgeber hat nur offensichtliche Schreibfehler berichtigt und bei zitierten Büchern an Stelle der von Radbruch gebrauchten Abkürzungen den vollen Titel mit Erscheinungsjahr gesetzt, bisweilen auch verbindende Partikeln eingefügt, wo das eindeutige Verständnis der Anmerkung ohne solche nicht gesichert zu sein schien.

2. Die von Radbruch selbst verbesserten, auf fünf Blättern (oben Ziff. 2) zusammengefaßten Anmerkungen zu den S. 1–28 sind in dieser endgültigen Form *übernommen* und ebenfalls in runden Klammern unter die Textseiten gesetzt worden.

Da nur in wenigen Fällen von Radbruch selbst die Stelle, an welcher er die neue Anmerkung eingefügt wünschte, genau markiert war, mußte der Herausgeber die Einordnung selbst vornehmen. Durch die Vermehrung der Anmerkungen ergab sich auch eine Verschiebung der Zahlenfolge, was bei einem Vergleich mit der 2. Auflage beachtet werden muß.

3. Hinsichtlich der *Vorarbeiten* für das von Radbruch geplante »*Nachwort*« (oben I, 4) bestanden *drei Möglichkeiten:* a) es als eine zwar gehegte, aber unausgeführte Absicht des Autors zu betrachten und deshalb die vorhandenen Skizzen ganz beiseite zu lassen; b) die vorhandenen Entwürfe (mindestens soweit sie handschriftlich überarbeitet sind, woraus sich auf eine gewisse Druckreife schließen läßt) anhangsweise abzudrucken, wobei die Hauptschwierigkeit darin liegt, sich für *eine* der *beiden* überarbeiteten, in der Textgestaltung voneinander abweichenden Fassungen von I, 1 und 2 zu entscheiden; c) nur im Vorwort des Herausgebers einen Aufriß der von Radbruch geplanten Arbeit zu geben und in der biographischen Einleitung die darin angedeuteten Gedanken zu verarbeiten, von einem Abdruck der insgesamt 15 Seiten der verschiedenen Entwürfe aber Abstand zu nehmen.

Im Einverständnis sowohl mit Frau Lydia Radbruch als auch mit der Verlagsleitung hat sich der Herausgeber *aus folgenden Gründen für die dritte Möglichkeit* entschieden: Radbruchs ausdrücklicher Wunsch war, daß der *Text* seiner Rechtsphilosophie *unverändert* abgedruckt werden sollte, weil er wohl wußte, daß dieses Werk in seiner einzigartigen Einheit von Inhalt und Form durch Ein-, Um- oder gar Bearbeitungen von fremder Hand entstellt werden würde; eine *Hinzunahme nicht ausdrücklich für druckfertig erklärter Textteile*, sei es auch des geplanten »Nachworts«, schien uns deshalb Radbruchs Intentionen zuwiderzulaufen. Auch referieren die vorliegenden Skizzen überwiegend (wie Radbruch darin selbst schreibt) geschichtliche Ereignisse, im übrigen enthalten sie mehr Andeutungen und Stichworte, als ausgearbeitete Partien; das Ausgearbeitete aber erscheint für Radbruchs *rechtsphilosophisches* Denken nicht in spezifischer Weise charakteristisch. Die Betrachtungen über die politische Entwicklung von 1932–1949 etwa enthalten auf sieben Seiten nur Feststellungen, keine Reflexionen; die späteren Teile sollten ersichtlich noch durch Verarbeitung neuerer Literatur untermauert werden (so fanden sich zwei Notizblätter mit zahlreichen Namen, die zu II, 1 und 2 herangezogen werden sollten). Endlich schien es dem pädagogischen Zweck der Neuausgabe nicht zu entsprechen, sie mit allzu viel Anhängseln mehr fragmentarischer Art zu belasten, zumal in den vorhandenen Skizzen auf Ereignisse, Personen und Bücher hingewiesen oder angespielt ist, die der jungen Generation unbekannt sind. Infolgedessen hätte das richtige Verständnis dieser Teile nur durch Beigabe eines weiteren umfangreichen Apparats von Anmerkungen lexikographischer Art gesichert werden können. Darauf mußte aus Raummangel von vornherein verzichtet werden.

Jedoch erscheint es zweckmäßig, im Folgenden einen *kurzen Aufriß des geplanten Nachworts* zu geben, damit jeder Leser der »Rechtsphilosophie« erfährt, was Radbruch für seine eigene philosophische Entwicklung in den letzten 15 Jahren als entscheidend angesehen hat.

III.

1. Aus den verschiedenen Fassungen der Vorarbeiten zu dem geplanten *Nachwort* ergibt sich folgende Gliederung:

a) In einem *ersten* Abschnitt (I) wollte Radbruch nach seinen eigenen Worten zeigen, wie »die Fort- und Umbildung der Gedanken dieses Buches nicht vorwiegend auf wissenschaftlichen Äußerungen anderer, vielmehr auf dem Miterleben zweier historischer Ereignisse: der *nationalsozialistischen Diktatur* (1) und der *Niederlage und Besetzung Deutschlands* (2) beruht.« Daraus ergaben sich zwei Unterabschnitte. Zum ersten sagte er selbst: »Nur in Stichworten brauchen diese allbekannten Umstände angeführt zu werden«, und legt dann auf sieben Seiten dar, wie sich die Rechtsauffassung der nationalsozialistischen Politiker nach 1933 ausgewirkt hat.

Auf weiteren fünf Seiten (2), die mit dem Spruch Theodor Storms »Vom Unglück ziehe ab die Schuld, was übrig bleibt, trag in Geduld« eingeleitet sind, bespricht er zuerst das Schuldproblem, dann die gerichtlichen Verfahren vor deutschen und Besatzungsgerichten, endlich die Denazifizierung, das Wesentliche der Tatsachen kurz zusammenfassend.

b) In einem *zweiten* Abschnitt (II) wollte Radbruch aufzeigen, wie »zwei geistige Bewegungen der Zeitgeschichte: die *Rückbesinnung auf das Christentum* (1) und daneben – in gehöriger Größenordnung – der überraschende Erfolg der *Existenzphilosophie*« (2) seine rechtsphilosophischen Lehren in gewissem Umfang zur »Um- und Fortbildung« gebracht haben.

Im ersten Unterabschnitt beschreibt er auf drei Seiten knapp die seit 1933 zum Rechts-, insbesondere Naturrechtsgedanken ergangenen Äußerungen offizieller Träger des *katholischen* Kirchenlebens, es folgt eine halbe Seite (ergänzt durch ein Beiblatt über die »Abneigung des Protestantismus gegen rechtliche Ordnung«) über die Stellungnahme der *evangelischen* Kirche.

Im zweiten Unterabschnitt, der mit dem Satz beginnt: »Not lehrt nicht nur beten, sondern auch philosophieren«, bespricht er auf sechseinhalb Seiten an Hand einer 1948 erschienenen Schrift von *F. J. Brecht*, Einführung in die Philosophie der Existenz, deren Grundanliegen, nämlich »in echter Weise zu philosophieren aus dem Ursprung der Philosophie«.

c) Von dem *dritten* Abschnitt (III) liegt nur *ein* Blatt vor. Aber Radbruchs Einleitungswort: »Die Methodik der Rechtsphilosophie wurde auf *zwei Gedanken* gegründet: *Methodendualismus* (1) und *Relativismus* (2)« zeigt, daß er hier, wieder in zwei Unterabschnitten, die Fortbildung dieser Prinzipien untersuchen, bzw. aufzeigen wollte. Er schreibt: »Beide Gedanken haben sich in der Zwischenzeit gewandelt und doch behauptet.«

Die siebzehn Zeilen der Skizze zur Frage des »Methodendualismus« lassen erkennen, daß Radbruch die für seine Arbeiten grundlegende Spannung »von Wert und Wirklichkeit, von Sollen und Sein« (die er vom Neukantianismus übernommen hatte) durch die Entwicklung der Lehre von der »Natur der Sache« im rechtsphilosophischen Gespräch entspannt sah. Darüber wollte er einen größeren Exkurs schreiben, zu dem sich leider nur wenige Bleistift-Stichworte auf Notizblättern vorfanden.

Zu einem Entwurf des zweiten Unterabschnitts ist Radbruch nicht mehr gekommen.

IV.

Unter den nachgelassenen Papieren fanden sich einige *unveröffentlichte Manuskripte*, sowie eine Anzahl von Textunterlagen zu kleineren Arbeiten, die inzwischen in Zeitschriften veröffentlicht waren, endlich zahlreiche Ausschnitte von *Zeitungsaufsätzen* aus den letzten, einige auch aus früheren Jahren, auch unveröffentlichte Vorträge.

Es fragte sich, ob von diesem Material etwas in die Neuausgabe der »Rechtsphilosophie« anhangsweise zu übernehmen sei.

VORWORT ZUR 4. AUFLAGE

1. Dabei schieden von vornherein alle Manuskripte oder Veröffentlichungen aus, die strafrechtlicher oder strafrechtshistorischer, politischer oder rechtspolitischer Art sind. Soweit sie sich mit Fragen berühren, die in der »Rechtsphilosophie« behandelt sind, erscheinen sie in dem diesem Band beigegebenen Schrifttumsverzeichnis oder im Literaturhinweis des Herausgebers. (Einige seit dem Erscheinen der 4. Auflage erst aufgefundene Manuskripte zu allgemeinen Fragen betreffen keine neuen rechtsphilosophischen Gedanken Radbruchs, die eine Verarbeitung für die 5. Auflage der »Rechtsphilosophie« notwendig erscheinen lassen [Zusatz der 5. Aufl.].)

2. Rechtsphilosophische Materialien im engeren Sinn stellen dar:

a) Die Nachschrift einer rechtsphilosophischen Vorlesung der Nachkriegszeit, welche unter dem Titel »*Vorschule der Rechtsphilosophie*« von zwei Schülern Radbruchs: stud. jur. *Harald Schubert* und stud. jur. *Joachim Stoltzenburg* herausgegeben worden ist (Verlag Hans Scherer, Willsbach und Heidelberg, 1947, 109 S.). Dieses Manuskript ist von Radbruch selbst revidiert und autorisiert worden. Da es als selbständiges Buch erschienen ist, in dem alle Grundgedanken der »Rechtsphilosophie« in verkürzter oder vereinfachter Form enthalten sind, auch die zur Neuauflage der »Rechtsphilosophie« von Radbruch vorgemerkten Noten zu einem großen Teil hier verarbeitet wurden, hätte ein Wiederabdruck im ganzen als Anhang der »Rechtsphilosophie« nur die Wiederholung bereits in ihr dargelegter Gedanke bedeutet. Wo die »Vorschule« gegenüber der »Rechtsphilosophie« Neues gebracht hat oder sonst von ihr abweicht, hat der Herausgeber es in den anhangsweise beigegebenen Erläuterungen vermerkt.

b) Das gedruckte Merkblatt für Studenten: »*Fünf Minuten Rechtsphilosophie*«, erschien auch in der Rhein-Neckar-Zeitung vom 12. September 1945, S. 3. Dieses ist in den »Anhang« zur »Rechtsphilosophie« aufgenommen, weil es die erste rechtsphilosophische Äußerung Radbruchs nach dem Kriegsende war, eine für sein Denken und seinen Stil charakteristische Arbeit darstellt und sonst in Gefahr geraten könnte, vergessen zu werden.

c) Ein Beitrag zur Festschrift für Prof. Carnelutti-Rom, der in deutscher Sprache darin veröffentlicht ist: »Gerechtigkeit und Gnade«, ist als zeitlich wohl letzte abgeschlossene rechtsphilosophische Abhandlung Radbruchs gleichfalls im »Anhang« zum Abdruck gebracht worden.

d) Ein, den § 8 der »Rechtsphilosophie« vortrefflich ergänzender, kurzer Aufsatz »Neue Parteien − neuer Geist« (Rhein-Neckar-Zeitung vom 1. Dezember 1945) ist als weiteres Stück des »Anhangs« abgedruckt.

e) Endlich erschien es angebracht, den Aufsatz Radbruchs über »Gesetzliches Unrecht und übergesetzliches Recht« (Süddeutsche Juristen-Zeitung Nr. 5, Aug. 1946) gleichfalls im »Anhang« abzudrucken, weil hier die Akzentverlagerung, welche Radbruch nach 1945 vom Wert der Rechtssicherheit zum Gerechtigkeitswert vornahm, zuerst und am wirksamsten zum Ausdruck gebracht worden ist.

V.

An dieser Stelle ist zuletzt noch Rechenschaft zu geben über drei, vom Herausgeber selbständig beigesteuerte Teile der Neuausgabe: das *Lebensbild*, die *Literaturhinweise* und *Erläuterungen*, ferner das *Verzeichnis von Radbruchs rechtsphilosophischen Schriften*, sowie der Ausgaben und Besprechungen seiner »Rechtsphilosophie« von 1932. Eine Überprüfung und Ergänzung des Registers und seine Aufgliederung in ein Sach- und Namenverzeichnis ergab sich von selbst.

1. Die *biographische Würdigung* stützt sich auf folgendes Urmaterial:

a) Einen *Bericht* über die einzelnen Lebensdaten, den Frau Lydia Radbruch selbst gegeben hat;

b) die *Personalakten* Radbruchs (Universität Heidelberg, Diener, Az. U. W. L., O. Z. 539) aus dem Badischen Kultusministerium, für deren zeitweise Überlassung der Herausgeber der Badischen Landesregierung zu Dank verpflichtet ist, insbesondere Herrn Innenminister Dr. Alfred Schühly, der die Beschaffung der Akten gütig vermittelte;

c) *Briefe* Radbruchs an den Verfasser aus den Jahren 1925 bis 1949;

d) ein dreißig Schreibmaschinenseiten umfassendes, unveröffentlichtes aber druckfertiges Manuskript, überschrieben »*Meine Ministerzeit*«.

2. Die *Literaturhinweise* beschränken sich auf Stellen aus Radbruchs Schrifttum *nach* 1932, dessen rechtsphilosophische Partien auf diese Weise in Verbindung mit der Hauptarbeit gebracht werden sollten. Längere Textauszüge daraus wiederzugeben, verbot sich aus Gründen der Raumersparnis. Kleinere Arbeiten oder Äußerungen Radbruchs, die an schwer auffindbaren Stellen veröffentlicht sind, wurden gelegentlich wörtlich zitiert. Die ursprünglich erwogene Absicht, Hinweise

auf das rechtsphilosophische Schrifttum der Gegenwart überhaupt zu geben, wo es mit Radbruchs besonderer Fragestellung sich berührt oder auseinandersetzt, erwies sich als unausführbar.

Bei der Vielseitigkeit von Radbruchs sachlichen und methodischen Gesichtspunkten würde das eine jahrelange Vorarbeit erfordern. Das Buch müßte zu einem Umfang anschwellen, der einem Handbuch, aber keinem Lehrbuch und erst recht nicht einem Buch für Leser verschiedenster Fachrichtungen zukommt. Gerade das letztere ist aber die »Rechtsphilosophie« immer gewesen und soll es bleiben.

Indessen wurde der Versuch gemacht, die zahlreichen *literarischen Autoren und Aussprüche,* welche ohne näheren Hinweis im Text zitiert sind, zu verifizieren. Diese »*Erläuterungen« des Herausgebers* sind leider nicht vollständig, weil sich eine Reihe von Zitaten trotz aller aufgewandten Mühe nicht auffinden bzw. nachweisen ließen.

3. Das *Verzeichnis rechtsphilosophischer Schriften* ist unter Auswertung der allgemeinen Bibliographie, welche im Anhang zu »Beiträge zur Kultur- und Rechtsphilosophie«, G. R. zum 70. Geburtstag dargebracht (Adolf Rausch Verlag, Heidelberg, 1948), S. 280 ff. abgedruckt ist, sowie des Zettelkatalogs aus Radbruchs Bücherei, der seine Schriften einzeln verzeichnet, zusammengestellt. Die Auswahl bereitete Schwierigkeiten, weil es eigentlich keine literarische Äußerung Radbruchs gibt, die nicht mindestens an einer wesentlichen Stelle rechtsphilosophische Probleme anrührt, rechtsphilosophisches Denken anwendet oder Bezug auf rechtsphilosophische Schriften nimmt. Infolgedessen (und auch in Berücksichtigung der Tatsache, daß Radbruch viel und oft in Tageszeitungen schrieb, aber nicht von allen diese Äußerungen Belegstücke aufbewahrt hat) wird vielleicht mancher Leser etwas vermissen, was auch hätte genannt werden können.

Der Herausgeber hat sich bemüht, gründlich *und* rasch zu arbeiten, wie es die Lage erforderte. Er bittet diejenigen, welche eine andere Art der Herausgabe gewählt hätten, ihre Kritik in der Weise fruchtbar zu machen, daß dem Herausgeber (oder dem Verlag) Anregungen zur Verbesserung für künftige Auflagen gegeben werden.

Freiburg i. Br., 28. Februar 1950 *Erik Wolf*

VORWORT ZUR 8. AUFLAGE

Nachdem 1955, 1963 und 1969 photomechanische Nachdrucke erschienen sind, war es für den jetzt unternommenen Neudruck dieses Lehr- und Studienbuches erforderlich, daß in einem »Nachwort« die Bedeutung Radbruchs für die Rechtsphilosophie der Gegenwart dargelegt werde. Diese wesentliche Aufgabe hat ein mit dem älteren Herausgeber befreundeter Rechtslehrer der jüngeren Generation auf dessen Wunsch hin übernommen. Wir legen diese Neuausgabe gemeinsam vor; überzeugt, daß Radbruchs »Rechtsphilosophie«, wie sie ein halbes Jahrhundert hindurch wirksam gewesen ist, es auch heute noch sein kann.

Der Text blieb unverändert. Die hinzugefügten bibliographischen Angaben wurden weggelassen; sie finden sich zusammengestellt in der von Arthur Kaufmann herausgegebenen »Gedächtnisschrift für Gustav Radbruch« (1969). Auf erneuten Abdruck der Liste von Rezensionen wurde verzichtet, um Raum für das »Nachwort« zu gewinnen; aus demselben Grund wurden auch die »Hinweise und Erläuterungen« nur überprüft, aber nicht erweitert. Die Register sind übersichtlicher gestaltet, bleiben aber am Wortgebrauch Radbruchs orientiert.

Freiburg i. Br. / Oberrotweil a. K., den 26. April 1973

Erik Wolf
Hans-Peter Schneider

EINLEITUNG

Gustav Radbruchs Leben und Werk

Von Erik Wolf

> Daß Leben und Tod eines großen Menschen trotz aller Zweifel und Verzweiflungen dessen, der es lebte, sich der nachkommenden Betrachtung stets als ein sinnvoll in sich selbst gerundetes Ganzes darstellt, weil, wie Anselm Feuerbach einmal gesagt hat, der Mensch und sein Leben ein Gedanke Gottes ist: das ist der letzte Grund – und nennen wir ihn ruhig einen religiösen Grund – um dessentwillen wir das Leben großer Menschen beschreiben und um dessentwillen wir solche Beschreibungen lesen.
>
> *Gustav Radbruch,*
> P. J. A. Feuerbach, ein Juristenleben, 1934, S. 290

I.

1. Wer in den anderthalb Jahrzehnten vor dem Ausbruch des ersten Weltkrieges der jüngeren Generation akademisch erzogener Männer im kaiserlichen Deutschland angehörte, erkannte früher oder später die sonderbare Zwiespältigkeit seiner Lebenslage. Von den Eltern wohl behütet und ausgerüstet mit einem »guten Schulsack«, erzogen in vielerlei verschiedenartigen, ungleichwertigen und bereits angefochtenen Traditionen des häuslichen, akademischen und politischen Lebens, war das Gemüt erfüllt von einander widersprechenden bürgerlichen und humanistischen Werten und geleitet von verblaßten christlichen Weisungen, moralischen Sentenzen, politischen und ästhetischen Vorurteilen. So stand etwa der Absolvent eines juristischen, medizinischen, philologischen, naturwissenschaftlichen, aber auch theologischen Universitätsstudiums dem »praktischen Leben« gegenüber, in dem und auf das er zu wirken bestimmt war. Dieses »Leben« freilich war radikal anders als das in Elternhaus, Schule und Kirche vorausgesetzte Ideal menschlichen Daseins. Mit den erworbenen Kenntnissen, anerzogenen Grundsätzen oder ererbten Wertmaßstäben schien ihm in keiner Weise beizukommen: es sei denn, man verschloß die Augen vor allen tatsächlichen Verschiebungen und ideologischen Umwertungen, die sich ersichtlich genug anzeigten. Die meisten Gebildeten taten so und ließen

sich in jenen Kanälen »öffentlichen Lebens« und »öffentlicher Meinung« treiben, die, obgleich streng voneinander getrennt, dem *einen* Ziel der »Karriere« zuliefen. Längst weder nach ihrem Ursprung noch nach ihrem Ziel befragt, eröffneten sie zwar äußere Lebensmöglichkeiten, aber von sachlich unverbindlicher Art, und hießen deshalb, durchaus sachgerecht, »Laufbahnen«.

Nur wenige ahnten damals, daß die Atmosphäre, in die der so wohl vorbereitete »Akademiker« hier geriet, jene alles höhere geistige Leben ertötende Stickluft war, an die der Apostel Paulus dachte, wo er vom Bösen als »Fürsten der Luft« gesprochen hat. Wie Staub zerstob in ihr zu flüchtiger Erinnerung das angelesene Wissen, die anerzogene Tradition, und nichts blieb den meisten übrig, als eine von äußerlicher Geschäftigkeit und Betriebsamkeit verdeckte innere Leere, die zuletzt wie ein Sog gewirkt hat und bisher ungeahnte Kräfte und Mächte der Verflachung, Zersetzung und Auflösung alles geistig-seelischen Lebens herbeizog.

Für diese zerstörenden »exusiai« der materialistisch-technisierten modernen Gesellschaft gingen zuerst ganz harmlose, ja verführerisch klingende Namen um. So sprach man etwa vom »Wissenschaftlichen Weltbild« oder »Technischen Zeitalter«, auch vom »Modernen Leben« oder vom »Fortschritt der Gegenwart«. Gemeint war damit eine technisch-spezialisierte, rein »sachliche«, auf die Methodik der Induktion und des Experiments verengte und auf mathematische oder statistische Verifizierung von »Tatsachen« beschränkte Einstellung des »geistigen Facharbeiters«, der sich von allen Fragen ethisch-religiöser Sinngebung oder sozialen Wertung fernhielt, ja zu isolieren verpflichtet war, um seine Sachlichkeit nicht zu gefährden. Die erfolgreiche Entwicklung der Naturwissenschaften verlockte überdies zu einer Übertragung ihrer, nur den Naturgegenständen adäquaten Erkenntnisweise, auf geschichtliche, soziale, rechtliche Tatbestände. Ungeachtet der schon früh dagegen einsetzenden Warn- und Mahnrufe, etwa Lagardes, Burckhardts, aber auch Nietzsches in seinen »Unzeitgemäßen Betrachtungen«, ohne wirkliches Ernstnehmen so gründlicher Untersuchungen, wie Langes »Geschichte des Materialismus und Kritik seiner Bedeutung in der Gegenwart« (1869), aber auch zum wachsenden Mißvergnügen zahlreicher ernster Naturforscher erwuchs aus oberflächlich populär gemachten physikalischen, biologischen oder soziologischen Erkenntnissen eine realwissenschaftliche Halbbildung. Sie wurde von einer breiten Bevölkerungsschicht begierig ergriffen und als Ersatz angesehen für die längst verflachte, als konventionell empfundene und nur noch als »schöner Schein« und Schmuck des Lebens, aber nicht mehr als wahr und verpflichtend gewertete humanistische Erziehung; gleichgültig, ob sie mit einem Hausschatz »geflügelter« Dichterworte, zu Schlagworten mißbrauchter Lehrsätze der Philosophie des deutschen Idealismus oder moralistisch säkularisierter Glaubenswahrheiten der christlichen Theologie aller Konfessionen verbunden war. Mancherorts liefen diese beiden (durch den Unterschied von »Gymnasien« und »Realschulen« noch unterstrichenen, gleichsam legitimierten) »Bildungswege« – Zufahrtsstraßen zu den öffentlich anerkannten akademischen Laufbahnen – in der stillen Übereinkunft gegenseitiger »Nichtintervention« friedlich nebeneinander her.

Das war möglich, weil auch Philologen, Juristen oder Historiker mit ihrer »geisteswissenschaftlich« gemeinten »Weltanschauung«, hieß sie nun »Humanismus«, »Historismus«, »Pragmatismus« oder wie immer, eine Haltung einnehmen, die der des »naturwissenschaftlichen Kollegen durchaus adäquat war: auch der »Geisteswissenschaftler« war unter stillschweigend vorausgesetztem Verzicht auf das Infragestellen der »Axiome« seiner Wissenschaft ein geistiger »Facharbeiter« geworden, isoliert und unbekümmert – und auch er ist oft der Verführung erlegen, »seine« Methode zu absolutieren, um alle Wissenschaften und Lebensformen seinem besonderen »Ismus« ein- und unterzuordnen.

2. Einem tiefer dringenden Verständnis konnte es also nicht verborgen bleiben, wie beide geistigen Erziehungswege, der humanistische mit seinem traditionellen Lebensstil, wie der realistische mit seiner Anpreisung moderner Lebensformen, in gleicher Weise ethisch unverbindlich blieben. Ob man sich dem »historischen« oder dem »naturalistischen« Positivismus verschrieb: es war im Grund ein Streit von Brüdern, die ihre Kappen tauschen konnten, deren Kraft und Können gleicherweise von jeder wertsetzenden Instanz engagiert werden durfte, welche die politische oder ökonomische Macht dazu besaß. Ob jemand »Humanist« oder »Realist« werden sollte, war längst keine Frage innerer Berufung oder Gewissensentscheidung mehr: es war eine taktische Frage der »gewählten Laufbahn« auf ein äußeres Lebensziel hin, sonst nichts.

a) Und doch war es gerade diese Frage der geistigen Bildung, der einzelwissenschaftlichen Arbeitsweise und ihrer philosophischen Rechtfertigung, womit ein echtes Philosophieren in Deutschland nach der Jahrhundertwende wieder aufbrach. So mächtig war die Entwicklung der Naturwissenschaft und der ihr folgenden Technik gewesen, daß selbst anpassungs- und idealisierungsbereite Theologen, Philosophen und Historiker fühlten: diese Flut werde ihr munter nach allen Winden wendendes und nach allen Küsten steuerndes Schifflein »Kultur« zuletzt nicht mehr tragen, sondern verschlingen. Man spürte, daß hier ein Gegensatz aufgebrochen war, den keine poetische Verklärung, kein philosophiehistorischer Eklektizismus und keine noch so liberale Theologie mehr überbrücken oder gar beseitigen konnte.

b) Mit dieser Entwicklung zugleich war ein rapides Bevölkerungswachstum, die Umwandlung Deutschlands vom Agrar- zum Industriestaat, vom dezentralisiert verwalteten Land der Kleinstaaten mit handwerklichen Betrieben und Bauernwirtschaften zu einem mit Fabriken übersäten, von moderner Bürokratie zentral geleiteten Großstaat vor sich gegangen. Landflucht und Großstadtwachstum schufen mit anderen Ursachen das soziale Problem des Proletariats und damit eine innerpolitische Aufgabe von ganz anderer Tragweite und mit höheren Ansprüchen an die Opferbereitschaft des einzelnen, als die Begründung des Nationalstaats im vorigen Jahrhundert verlangt hatte. Dies brachte den Gegensatz von Arbeitertum und Bürgertum, sozialer und liberaler Grundsätze zu immer schärferer Ausprägung; die rasch errichtete und nach außen bedrohlich wirkende Fassade des »Zweiten Reiches« mit ihrem historistischen Schmuck überalterter Verfassungsinstitutionen war überhöht und verhüllte so die innere Schwäche der sozialen Zerklüftung, aus welcher der überstürzte Wirtschaftsimperialismus jetzt erst wirkliche »Klassen« ganz verschiedener Menschen mit scharf getrennten Lebensformen erzeugte, wo noch wenige Jahrzehnte zuvor ein organisches Ineinandergreifen und Sichstützen althergebrachter, wirtschaftlich wohl fundierter »Stände« ein vielfältiges, aber gesundes Ganzes politischen Daseins gebildet hatte. Dieser Gegensatz konnte durch gleiche politische Spielregeln und formal gleiches Recht nicht gemildert werden; auch gewisse »integrierende« Faktoren, wie die »Krone« und ein gewisser, durch die außenpolitische Lage gegebener Zwang zur »Einigkeit« konnten ihn nicht auf die Dauer verschleiern; schon in den Nöten des ersten Weltkrieges verflog nach kurzer, ideologisch-propagandistischer Steigerung diese Illusion.

c) Endlich zeigte sich, als Rückschlag auf die Lebenslüge einer »Gesellschaftlichkeit«, die längst keine echte soziologische Hierarchie mehr darstellte, deren Ethos zweifelhaft und deren metaphysische Legitimation brüchig geworden war, der Gegensatz zwischen gesellschaftlicher Konvention und »Jugend«-Kultur. Er fand in der Dichtung des sogenannten »Naturalismus« von Hauptmann und Holz, in der bildenden Kunst im »Jugendstil«, im politisch-sozialen Leben durch die Gründung zahlreicher bündischer Gruppen, endlich auch in der Forderung nach einer »Neuen Wissenschaft« Ausdruck.

3. So waren um die Jahrhundertwende im wesentlichen drei große Fragwürdigkeiten aufgebrochen, welche den offiziellen Quietismus und Traditionalismus problematisch erscheinen ließen: das Problem der »Wissenschaft«, die »soziale Frage« und der Zweifel am Wert der »bürgerlichen Kultur«.

a) Die Lösung des Wissenschaftsproblems erwartete man mit Recht von ihr selbst. Philosophie und Soziologie nahmen sich seiner an, eine allgemeine Rückbesinnung auf die Grundlagen und methodologischen Voraussetzungen der Spezialarbeit setzte ein. Diese strebte zu den Quellen, aus welchen die moderne Wissenschaft entstanden war, zurück. Der erste Schritt der neuen philosophischen Entwicklung bestand daher im Versuch einer Wiederbelebung der wesentlichen Gedanken der Philosophie des deutschen Idealismus: Neukantianismus, später Neuhegelianismus widmeten sich dieser Aufgabe.

b) Im politischen Bereich gewann die Sozialpolitik mehr und mehr Boden: sie bildete den Ansatzpunkt aller jungen, auch der aus kirchlichen Kreisen stammenden Kräfte. Die Sozialdemokratie, als immer stärker werdende Oppositionspartei und Sammelbecken der Arbeiterbewegung in Gewerkschaften und Genossenschaften, bereitete sich allmählich darauf vor, zu irgend einem Zeitpunkt die Regierung zu übernehmen und versuchte gleichzeitig, mit Hilfe des wissenschaftlichen oder »Katheder«-Sozialismus sich ökonomisch und ethisch zu vertiefen.

c) Das Problem der bürgerlichen Kultur endlich rief die vielfältige, in allen Schichten und auf alle Lebensgebiete sich erstreckende »Jugendbewegung« hervor, die gegen den platten Lebensgenuß und gegen die verantwortungslose individualistische Indifferenz und fade Konvenienz mit den Forderungen naturgemäßer Lebensgestaltung, Selbstverantwortung und eigenständiger Kultur ankämpfte; zu ihr war jeder Angehörige der jüngeren Generation – sei's in Zustimmung, sei's in Ablehnung – Stellung zu nehmen genötigt.

4. Diese geistige Lage der Zeit spiegelt sich wieder in den zeitgenössischen Problemen der Jurisprudenz.

a) Längst war man am Sinn herkömmlicher Methode: sei es die der »Historischen Schule« oder die der »Begriffsjurisprudenz«, irre geworden, man spürte, daß bloße juristische Techniker und Verwaltungsroutiniers den Aufwand umfassender wissenschaftlicher Ausbildung nicht rechtfertigen. Zunächst wurde auch hier der Gegensatz von natur- und geisteswissenschaftlicher Methode aktuell. Wenngleich erkannt wurde, daß der »historische« Positivismus nicht weniger als der »naturalistische« aus derselben Wurzel, nämlich der Scheidung von Recht und Ethos, erwachsen war, so zeigte sich doch bis zur Jahrhundertwende noch ein stetiges Vordringen der naturwissenschaftlichen Gedankengänge in dieser Wissenschaft. Rechtssoziologie, Rechtspsychologie, Rechtsethnologie bildeten sich aus, man suchte engeren Anschluß an die Mediziner und Psychologen, später auch an die Psychoanalytiker, Volks- und Rassebiologen. Zugleich entwickelte sich in zunehmendem Maße eine formale Technisierung und fachliche Spezialisierung der Jurisprudenz, die Mechanisierung durch immer weiter verzweigtes und zentral gelenktes Ämter- und Behördenwesen drängte den »historisch« gebildeten, nicht nur an den Begriffen des römischen Rechts, sondern im Geist des klassischen Humanismus geschulten »Juristen« zurück und ersetzte ihn durch spezialistisch geschulte Verwaltungsfachleute. Die Ingenieure, Volks- und Betriebswirte, Kaufleute und Soziologen drangen in den Bereich juristischer Arbeit vor und wandten mathematisch-statistische, induktive und ökonomisch-teleologische Betrachtungsweisen auf rechtliche Tatbestände an. Damit traten die traditionellen Schulgegensätze von »romanistisch« und »germanistisch«, »naturrechtlich« und »positivrechtlich« eingestellten, der »historischen« Schule Savignys oder der »soziologischen« Schule Jherings entsprungenen Systeme und Thesen zurück. Alles drehte sich jetzt allein um die Frage der natur- oder sozialgesetzlich begründeten Notwendigkeit der Rechtsgebilde auf der einen, der Durchsetzung ihrer konkreten Zwecke im Dienst von Interessenten oder Ideologien auf der anderen Seite. Hiergegen machte sich aber seit der Jahrhundertwende ein neues philosophisches Bedürfnis auch unter den Rechtsgelehrten in Deutschland geltend. Es führte zu einer Erneuerung der Rechtsphilosophie: jeweils im Anschluß an die philosophischen Richtungen des »Marburger« Neukantianismus durch R. Stammler, des »Heidelberger« Neukantianismus durch

Emil Lask und Max Ernst Mayer, des Neuhegelianismus durch Julius Binder. Man suchte so die Rechtswissenschaft mit der allgemeinen Entwicklung der Wissenschaften in Beziehung zu setzen, sie an der überall erwachten Besinnung auf die legitimierenden und normierenden Maßstäbe des Wissens teilnehmen zu lassen.

b) Das große politische Problem der »sozialen Frage« wirkte besonders stark auf die Fragestellung der Rechtswissenschaft ein. Ein gewisses Abblendungs- und Absperrungsbedürfnis gegen das Andringen des Politischen bestand auf der einen Seite, wo man unter den Losungsworten: »Unabhängigkeit des Richters«, »formale Rechtssicherheit«, »objektive Gesetzestreue« focht und gewisse idealistische, religiöse und konservative Traditionen bewahren wollte. Auf der andern Seite regte sich ein sozialethisch-reformfreudiges Bedürfnis, das mit den Kampfparolen des »königlichen Richtertums«, der »materialen Gerechtigkeit« und »Befreiung vom Buchstaben« um Anerkennung rang. Hier suchte man Anschluß an die Zeitströmungen, war bereitwillig zum Aufnehmen neuer politischer Ideologien und wollte der Forderung des Tages gerecht werden, die nach materieller Kritik des Gesetzes und der Justiz drängte und sich nicht nur auf die Überprüfung formaler Interpretationsfragen beschränkt sehen wollte. War auf der einen Seite eine grundsätzlich ausnahmslose Hochachtung und (selbst auf Kosten der sozialen Belange) Gehorsamswilligkeit dem gegebenen Gesetz gegenüber zu beobachten, so auf der andern eine ebenso grundsätzliche Bereitschaft, jede Rechtsfrage de lege ferenda zu betrachten, und in der sozialen Gerechtigkeit den alleinigen Sinn des Gesetzes zu sehen. Sie formierte sich in der »freirechtlichen Bewegung«, welche den Richter zu einem Funktionär sozialen Gerechtigkeitsstrebens machen wollte, fand Ausdruck in der an Gierke und Menger anknüpfenden sozialen Kritik des BGB und Zivilprozesses und lenkte den Blick des Juristen auf die ihm benachbarten Arbeitsfelder der Sozialwissenschaften hin.

c) Von der »Jugendbewegung« aus erhob sich die Forderung nach einem neuen, vertieften Berufs-Ethos, einer den Menschen als solchen beachtenden Stellung der Einzelperson im Recht und zum Recht. Sie verband sich mit sozialen Forderungen der christlichen Kirchen und auf sie gestützten politischen Parteien. Eine jüngere Theologen-Generation rechnete, eben damals, mit dem erstarrten Historismus des 19. Jahrhunderts ab und wandte sich mit leidenschaftlicher Energie teils einem neuen »Christentum der Tat«: caritativ, wie Bodelschwingh, oder volksmissionarisch in den Spuren Wicherns und Werners zu, teils suchte sie in einem, von Tolstoi inspirierten oder von Blumhardt und Ragaz praktizierten neuen Ernstnehmen der Radikalität evangelischer Botschaft von der Nächstenliebe, eine echte Verbindung von Kirche und Öffentlichkeit herzustellen. Im evangelisch-sozialen Kongreß, in Persönlichkeiten wie Stöcker und Naumann, aber auch in der Auseinandersetzung des Heiligen Stuhls mit dem »Modernismus«, verbunden mit einer immer stärker ausgebauten sozialen Caritas und eigenen Versuchen sozialen Gestaltens, wie den Kolpingfamilien, fanden gläubige Christen, evangelischen oder römischen Bekenntnisses, ihren Ansatzpunkt zu erneuerter »theologischer Existenz«; volksmissionarische Unternehmungen und religiöse Gemeinschaftsbildung ergänzten die überlieferten Formen privater frommer Stiftungen und nur kirchlicher Anstalten. Damit war auch die alte Frage nach dem Verhältnis von Recht und Kirche wieder aktualisiert und zugleich die religiöse Begründung aller sozialen Ordnung in erhöhtem Maße auch für die Rechtswissenschaft dringlich geworden.

5. Im ganzen freilich hat das alles nicht zu einer wirklichen Erneuerung der Rechtswissenschaft und des Rechtslebens geführt. Ein wissenschaftlich denkender Jurist um 1905 mußte etwa folgende Standortsbestimmungen vornehmen:

a) Die neukantische Rechtsphilosophie Stammlers hatte zwar die Erkenntnis vom Wesen des Rechts als einer nicht natur-, sondern geisteswissenschaftlichen Realität geklärt. Als reine Logik der Rechtswissenschaft konnte sie den Rechtsbegriff aber nur als einen Formbegriff fassen, der von materiellen Kulturwerten unterschiedlicher Art ausgefüllt werden muß, um »sozialen Inhalt« zu gewinnen. Das führte aber nicht eigentlich zur Begründung einer neuen Gerechtigkeitslehre. Was Stammler als »richtiges Recht« bezeichnet hat, war nur eine Sammlung denkrichtiger Kategorien, »Formen des rechtlichen Begreifens« und formaler Grundsätze rechtlichen Verhaltens, aber kein soziales Rechtsideal, das material-ethischen Anforderungen genügen konnte. Die *Formen*, in denen gerechtes Recht zu denken ist, sind zwar richtige *Denk*formen, aber sie weisen keinen Weg zu einem System richtiger Rechts*inhalte*.

b) Die Soziologie hatte zwar der Jurisprudenz neue Begriffe, wie den des Interessenausgleichs (Heck), der Zweckbestimmtheit (Jhering), der sozialen »Vorformung« allen Rechts (Ehrlich), der »Realien der Gesetzgebung« (Eugen Huber) oder gar der »normativen Kraft des Faktischen« (Georg Jellinek) zur Verfügung gestellt, aber nach Max Webers Definition und entschlossener Abwehr aller wissenschaftlichen »Werturteile« ist sie dennoch keine Wert-Wissenschaft. Als eine lediglich wertbeziehende, aber nicht wertsetzende Erfahrungs-Wissenschaft konnte sie dem Juristen, der Werte setzen und schützen muß, nicht das wahrhaft Seine geben; sie vermag die sozialen Ursachen rechtlicher Gegebenheiten zu erklären und verstehend zu deuten, aber keine Rangordnung der Rechtswerte zu begründen, die zugleich ethisch-metaphysischen Forderungen genügen könnte. Das Recht aber ist mehr als nur »soziale Ordnung«, es hat am Kulturganzen teil und gehört auch dem religiösen Bereich des menschlichen Daseins mit an.

c) Der Sozialismus als politische Bewegung hatte nur einen Teil des Volkes ergriffen und setzte sich im politischen Kampf für die soziale Hebung der Industriearbeiterschaft nur Teilziele, die von vornherein durch Axiome wie das vom Klassenkampf oder der Weltrevolution begrenzt waren; andere Volksteile, wie Bauern- und Bürgertum, standen mit entgegengesetzten Ideologien ausgerüstet wider ihn. Die Wirtschaftswissenschaft begann die planwirtschaftliche Grundkonzeption des theoretischen Sozialismus kritisch zu beurteilen; die Historik erkannte den Denkfehler im Marx'schen Gedanken von der Kultur als bloßem »Überbau« über die ökonomischen Verhältnisse; die Philosophie erwies die ganze, auf Entwicklungs»gesetze« sich gründende »materialistische Geschichtsauffassung« als fragwürdig durch den Nachweis ihrer methodisch unzureichenden Voraussetzungen. Auch begann der Sozialismus in neuerer Zeit sich mit so vielerlei Traditionen und Weltanschauungen zu mischen und immer neue Varianten zu treiben: bald als monistischer, bald als religiöser, als internationaler, aber auch als nationaler, so daß der Inbegriff »sozialistischer Weltanschauung« immer vieldeutiger wurde; zuletzt drückte sich diese Entwicklung auch in einer Vielzahl von Parteien aus, welche das Wort »sozialistisch« für sich in Anspruch nahmen. Eine spezifisch sozialistische Rechtstheorie konnte sich unter diesen Bedingungen nicht entwickeln oder nur in so divergenter Weise, daß keinem solchen Versuche Allgemeingültigkeit zugesprochen werden darf.

d) Was schließlich die Ergebnisse der Jugendbewegung im sozialen Ordnungsbereich angeht, so sind auch diese nicht über Anregungen auf verschiedenen Gebieten hinausgekommen. Die früh einsetzende

Selbstanalyse, das Sich-problematisch-wissen der Jugendbewegung, wie es insbesondere durch die Bücher von Hans Blüher in Erscheinung getreten ist, aber auch die entweder zu allgemein oder zu persönlich gehaltenen ethischen Formulierungen, wie sie auf dem »Hohen Meißner« 1913 von den anwesenden Vertretern der Bünde, ausgehend von der Anerkennung der »Persönlichkeit« und ihrer ethischen »Selbstverantwortung«, aufgestellt worden sind, bewirkten teils Formalisierung, teils Zersplitterung der sozialen Forderungen, so daß aus der an sich geglückten Ablösung der Jugendbewegung von veralteten Lebensformen keine eigentlich verbindlichen neuen herauszuwachsen vermochten. Immerhin darf nicht unterschätzt werden, wie viel gerade auch auf dem Gebiete des Rechts das allgemein neuerwachte Interesse und Verantwortungsgefühl für Jugendschutz, Jugendfürsorge, Jugendstrafrecht zur Verbesserung der rechtlichen Situation jugendlicher Menschen späterhin beigetragen hat.

6. An allen diesen Strömungen innerlich teilzunehmen, sie im praktischen Leben zu vertreten und für das Gesamtbild der Rechtsanschauung zu verarbeiten, war lange Zeit hindurch niemand geglückt. Vielmehr blieb es weithin in der rechtsphilosophischen Literatur vor 1914 beim kritischen Aufzeigen der vorhandenen Mängel, beim Anpreisen von allerlei theoretisch-ideologischen Programmen und Versuchen, die ohne Kenntnis von der Gesamt-Problemlage unzulänglich bleiben mußten. Zur Neubegründung echter Rechtstheorie gehörte eben mehr als nur begründeter Zweifel am Wert der vorhandenen. Es mußte etwas wie neue Wahrheitserkenntnis und neuer Glaube da sein. Der Glaube an die e i n e, maßgebende philosophische Wahrheit, die als metaphysischer Grund das Recht legitimieren und als ethische Forderung es normieren sollte, war aber längst erloschen; man sah in der Philosophie nur die allgemeine Methodenlehre der Wissenschaften oder die Historie der »Problemkonstellationen«. Auch die neuere, geistesgeschichtliche Soziologie beschrieb und untersuchte nur Typen möglicher geistiger Wertentscheidung, ohne eine ethisch verpflichtende Rangordnung unter ihnen begründen zu können. Das früher so allgemeine Vertrauen in die Zuständigkeit naturwissenschaftlicher Methoden, insbesondere medizinischer, psychologischer und biologischer Sachkunde, für die Lösung der juristischen Grundprobleme war geschwunden. Die unlösbare antinomische Dialektik der religiösen und politischen Standpunkte war erkannt, das ihnen gemeinsam Vorzuordnende

einer allgemeinen Religionswissenschaft oder Allgemeinen Staatslehre blieb blasse, unkräftige Abstraktion, ein Katalog von Formbegriffen, die als Hülsen zu jedem beliebigen Inhalt paßten und gebraucht wie mißbraucht werden konnten. In allen Wissenschaften, auch in der Rechtslehre und Politik verlor man auf diese Weise die Vorstellung von einem geordneten Ganzen, von einer Mitte des Lebens, welche die Gegensätze zusammen und in Schranken hielt. Die Entwicklung von Wissenschaft, Kunst und Politik verlief seitdem allenthalben divergent; sie ging in der Richtung auf polare Extreme. Man entschied sich für Intoleranz oder für Indifferenz; entweder Skepsis oder Gnosis schien die einzige Alternative zu sein: der Denker mußte sich als weltflüchtiger Romantiker oder weltmännischer Reporter, der Politiker als Machiavellist oder Utopist, als Anarchist oder Autoritätsfanatiker gebärden, um noch Aufmerksamkeit zu erregen, etwas »Neues« zu bringen und »Schule« zu machen.

7. In diesem – für das Recht und die Rechtswissenschaft besonders gefährlichen – Augenblick hat Gustav Radbruch, der, wie alle Genossen seiner Generation vom Neukantianismus, von der Soziologie, vom Sozialismus, von der Jugendbewegung ergriffen und angeregt worden ist, aus dieser Not eine Tugend gemacht, um einen Weg *zwischen* den Extremen zu finden. Weder Optimismus noch Pessimismus, weder ein Wissen von der vollkommenen Zukunftsgesellschaft, noch ein Resignieren vor der Aufgabe, es ein wenig besser zu machen, hat er gelehrt. Jenes wissenschaftlich wie politisch gleich unsinnige Sich-Versteifen auf »Ganz oder gar nicht«, »aut Caesar aut nihil«, wie es eine spezifische Versuchung des zum Hochsinn neigenden und nach Tiefsinn strebenden deutschen Geistes ist, wollte er vermeiden. Er hat deshalb die wissenschaftlichen Gegensätze mit einem »Methodendualismus« zu verbinden (nicht zu verschleiern) unternommen, und die sozialen Lebensgegensätze durch einen theoretisch begründeten Relativismus der Werte (mit der ethischen Verpflichtung, den durch politisches Bekenntnis bejahten Wert nicht zu übersteigern), zu entwirren und zu heilen versucht.

Er hat sich der geistigen Realität seiner Zeit nicht gebeugt, ihr aber, als einer gegebenen Lage, Rechnung getragen, sie weder geleugnet noch beschönigt und es auf diese Weise vermocht, ohne Anspruch auf absolute Wahrheit, das relativ Mögliche an rechtsphilosophischer Einsicht und Weisung für seine Zeit zu leisten. Das gelang ihm durch eine

Rückbesinnung, über das zweifelhaft gewordene Gedankengut des endenden 19. Jahrhunderts zurück, auf das für die Sozialwelt grundlegende geistige Erbe des 18ten.

a) Er verstand nämlich unter »Wahrheit« *Rationalität*, vernünftige Geistigkeit in einem hellen, kritischen, kantischen Sinne; aber nicht nur in diesem, sondern auch in dem älteren der »Richtigkeit« (rectitudo), einer praktizierenden, gestaltenden, reformierenden und lehrenden Vernunft, die nicht einen theoretischen Kosmos widerspruchsfrei ineinanderspielender logischer Sätze errichten, sondern die Umwelt »verständiger« machen, durch Einsicht erhellen und damit im besten Sinne »aufklären« will; er steht somit in der Linie, die in der Rechtsphilosophie über Christian Wolff und Thomasius auf Pufendorf und Leibniz zurückführt.

b) Er verstand weiterhin als zweitwichtigste Tugend jeder wissenschaftlichen Einstellung die *Humanität* als eine seelisch-geistige Offenheit und Erfahrungsbereitschaft, der nichts Menschliches fremd ist, die in unbefangener Freiheit der Beobachtung das Vorhandene konstatiert und als Seiendes respektiert, es aber zugleich bilden, erziehen, zu sich selbst bringen und über sich hinaus bringen möchte; gegründet auf einen unreflektierten Glauben an das Menschlich-Gute und seine Bestimmung, in der geschichtlich-sozialen Welt sich auszuwirken. Er setzte damit als Rechtsdenker die Linie fort, die durch Namen wie Liszt, Grolman, Hommel, Sonnenfels, Beccaria gekennzeichnet ist und über Montesquieu, Locke, Filangieri auf die älteren französischen Moralisten und Erasmus zurückreicht.

c) Sein Philosophieren und Forschen war von Anfang an mit bedingt durch eine ursprüngliche Freude am Daseienden, Wirklichen, eine historische Neugier auf das Besondere und Eigenartige, an der *Empirie* also. Deshalb verzichtete er niemals auf die Verifizierung seiner rationalen Thesen durch geschichtliche Erfahrung und soziales Experiment. Der »Mensch im Recht« war für ihn, vor allem andern, natürlich-geschichtliches »Individuum«, interessantes und liebenswertes Einzelnes, »Geschöpf«; und dann erst »Typus«, Repräsentant einer Gattung oder Gruppe, niemals aber entpersönlichtes und versachlichtes Massenteilchen. Es konnte deshalb für Radbruch keine Rechtsphilosophie ohne Rechtsgeschichte geben. Weil er aber auch das *Typische* der menschlichen Sozialstruktur sah, das »genus proximum« der »differentiae specificae«, liebte er Rechtsvergleichung und Allgemeine Rechtslehre, die er als Inbegriff der den Erfahrungsschätzen abzugewinnenden (freilich nur vorläufig gültigen) Erfahrungssätze verstand. So hat er auch jene Linie fortgesetzt, die von Bacon ausgeht und über Hobbes, Vico, Montesquieu, in Deutschland über Pufendorf, Thomasius weiter geht und zu Feuerbach, Jhering und Liszt hinführte.

d) Dem 18. Jahrhundert verwandt war endlich auch seine wissenschaftliche und menschliche Grundhaltung der *Toleranz*, des Ethos der Selbstkritik und der Menschenliebe. Sie ließ ihn die philosophischen und politischen Gegensätze, die rechtlichen Kontroversen, die künstlerischen Ausdrucksverschiedenheiten nicht als Mangel, sondern als Fülle empfinden. Er entnahm der Paradoxie des Rechts im ganzen, wie jedem einzelnen »casus perplexus«, nicht den Anreiz zur einseitigen Bewertung oder gar Abwertung, sondern zum prinzipiellen Stehenlassen begrifflicher Aporien, zum Geltenlassen sozialer Divergenzen und zum achtungsvollen Ernstnehmen gegnerischer Positionen. Etwas wie Weltglaube, wie Leibniz'scher Universalismus und Immanenzreligion gab dieser Radbruch'schen Toleranz die gedankliche Tiefe und unterschied sie scharf von einer beliebigen oder gar quietistischen Stellungnahme zu den großen Wertfragen des Geistes. Hier stößt man auf den Grund seiner geistigen Verwandtschaft mit Goethe, dem denkerischsten Dichter der neueren Zeit, dessen Spruchweisheit für Radbruchs wissenschaftliche Gedanken sein ganzes Leben hindurch legitimierend war, sie geleitet und begrenzt hat.

Goethes Widerwille gegen blickverstellende Abstraktionen und wertentstellende Vorurteile, seine Bereitschaft, allem Wirklichen das Daseinsrecht zu lassen, sein Ethos, diesem Wirklichen gegenüber aber nicht nur mit Respekt, sondern dort auch in entschiedenem Kampf zu begegnen, wo es widervernünftig, unmenschlich, einseitig oder krankhaft verzerrt erscheint, sein unerschütterlicher Glaube an die Bestimmung des Menschen, zu wirken, so lange es Tag ist, das Erforschliche zu erforschen und das Unerforschliche gelassen zu verehren – diese Haltung war es und ihr Vorbild, in dessen weiten und großlinigen Umriß Radbruch die Züge seines eigenen Lebens hineinzuzeichnen versucht hat; es war das Menschenbild, zu dem er immer wieder in Ehrfurcht und Liebe, mit lernwilliger Bereitschaft des Nachfühlens aufgeschaut, an dem er seinen Geist aufgerichtet und sein Handeln ausgerichtet hat.

Es kann darum Radbruchs geistige Art, als Fundament seines literarischen Werkes und politischen Wirkens, nicht nur aus der Stellung ersehen werden, die er in der Auseinandersetzung mit Philosophie und Politik, Jurisprudenz und Soziologie seiner Zeit eingenommen hat; sie gründete zu innerst in dem, was für Goethe das Poetische gewesen ist. Ihre geistige *Einheit* kann darum nur erkannt werden, wo um das Wesen der Goetheschen Dichtung gewußt wird; sie ist das unsichtbare Band, das die mannigfaltigen und feinen Fäden, die Radbruchs Denken und Handeln verbinden, zusammenhält.

II.

Im Geltungsraum des lübischen Rechts und zur Zeit seiner letzten, vom Senat der Hansestadt durchgeführten authentischen Redaktion (1586) erscheint in Urkunden der Lüneburger Gegend das Bauerngeschlecht Radbrock, von dem die gleichnamige Lüneburger Ratsfamilie ein Zweig ist. Aus ihrem Ursprung sind bekannt die Namen von Lambert Radbrock, dem Ratsapotheker (nach dem Gustav Radbruch seinen zweiten Vornamen erhielt) und Hinrich Radbrock, Abt des Klosters Scharnebeck, später Anhänger Luthers, 1529 verheiratet »mit Hermann Prallen Tochter« und als erster lüneburgischer Superintendent 1536 gestorben.

Die näheren, dieser Familie entstammenden Vorfahren Gustav Radbruchs saßen auf dem Gut Remmels in Schleswig-Holstein, wo der älteste auch als königlich dänischer Postmeister und Kanzleirat tätig war. Einer seiner Nachkommen ließ sich als Kaufmann in Kiel nieder. Dieser väterliche Großvater Radbruchs war 1811 geboren und mit Johanne Catharina Struve verheiratet; er starb 1872. Sein Sohn Heinrich Georg Bernhard Radbruch, 1841 geboren, wohnte in Lübeck in der Fleischhauerstraße, wo er auch seine Kontore hatte, und heiratete 1867 Emma Prahl, die Tochter des Konditors Wilhelm Prahl und seiner Ehefrau Friederike, geb. Derlien[1].

Als drittes Kind der Eheleute Radbruch-Prahl wurde Gustav Lambert am 21. November 1878 im väterlichen Hause geboren. Sein zehn Jahre älterer Bruder Hermann, der in dem väterlichen Betrieb mitarbeitete, ist 1936 verstorben. Die 1872 geborene einzige Schwester, Aline Radbruch, ist unverehelicht geblieben und wohnt heute in Eckernförde. Evangelisch-lutherisch getauft, wie alle seine Vorfahren, besuchte Gu-

---

[1] Die Angaben zur Familiengeschichte verdanke ich Frau *Lydia Radbruch*.

stav zunächst das auf konfessioneller Grundlage erziehende Progymnasium des Dr. Bussenius und trat dann in das angesehene humanistische Gymnasium Katharineum über, das er im Frühjahr 1898 als »primus omnium« seines Abiturienten-Jahrgangs verließ[1].

Lutherisches Gewissensethos, humanistische Bildung, hanseatischer Unabhängigkeitssinn, Erziehung zu Genauigkeit und Pünktlichkeit, wie sie der Tradition ehrbarer Kaufmannshäuser entsprechen, dazu eine glückliche Verbindung nüchterner Sachlichkeit[2] mit ursprünglichem künstlerischem Empfinden, das sich in Liebe zur Dichtung und bildenden Kunst, besonders auch zum Theater äußerte, bildeten die geistigen und sittlichen Grundlagen seines Studiums, das er alsbald im Sommersemester 1898 in München begann.

Es zog ihn eine starke Neigung zur Philologie und Kunstgeschichte. Sein ganzes Leben hindurch läßt sich die Freude an der Beschäftigung mit Problemen der Dichtung[3] und der Malerei, besonders der Graphik mittelalterlicher und moderner Meister, beobachten. Aber der Neigung stand die Pflicht entgegen: begründet auf ein schon früh ausgebildetes Bewußtsein von der sozialen Verantwortung des Akademikers und den Wunsch seines Vater, an dem Gustav Radbruch mit großer Liebe und Verehrung hing. Auch hatte sich ihm gerade im Vorbild des Vaters gezeigt, wie man die Hingabe an einen praktisch-bürgerlichen Beruf mit geistigen Interessen verbinden konnte; vielerlei Anregungen seines eigenen, auf die Grundfragen aller Fakultäten gerichteten amor intellectualis verdankte Radbruch nach persönlichem Zeugnis Hinweisen des Vaters.

In München hat vor allen[4] Lujo Brentano mit seiner eigenartigen Vorlesung »Nationalökonomie als Wissenschaft« Eindruck auf Gustav

[1] Pers. Akt. S. 4/5.
[2] »Ich bin glücklich«, schrieb Radbruch am 22. Mai 1927 an den Herausgeber, »grade aus dieser nordöstlichen Ecke Deutschlands, und, soweit das Rückerinnern meiner Familie geht, aus niedersächsischem Stamm herzukommen und ich empfinde... diese Herkunft als ein Reservoir, aus dem ich ein gewisses Quantum gesunder Opposition gegen... die Überschätzung des ‚Geistigen‘ und... Neigung zu geistiger Überheblichkeit entnehme.«
[3] Schon während seiner Lübecker Primanerzeit machte er Verse, die er dem Lyriker *Karl Busse* vorlegte, und in den Leipziger Studiensemestern erschienen Gedichte von ihm im »Musenalmanach Berliner Studenten« und in Velhagen u. Klasings Monatsheften. Vgl. auch »Lyrisches Lebensgeleite« S. 203.
[4] Er hörte außerdem bei *Bechmann* Einführung ins römische Recht und bei *Lotz* Nationalökonomie.

Radbruch gemacht; aus ihr hat sein Denken über ökonomische Fragen erste, grundlegende Vorstellungen gewonnen. Es war der Gedanke der Sozialpolitik als richtunggebender Aufgabe aller volkswirtschaftlichen Überlegungen, ihre soziale Tendenz also, die Brentano freilich mit Grundsätzen des Liberalismus, vor allem der individualethisch begründeten Forderung nach Freihandel, verband. Zwischen einem mit liberalen Akzenten versehenen Sozialismus und einem sozial kontrollierten Liberalismus hat Radbruchs volkswirtschaftliches Denken sich auch später immer bewegt. Mit den drei Leipziger Semestern begann die eigentlich juristische Ausbildung in strenger Arbeit[1]. Sie beschränkte sich aber nicht auf die notwendige Aneignung juristischen Lesestoffs; begierig ergriff Radbruch vielmehr gerade die Möglichkeit, sich an den grundsätzlichen Lehren der großen Rechtsdenker – es war die glänzendste Epoche der Leipziger Juristenfakultät – zu bilden. Rudolf Sohms Vorlesung über Kirchenrecht hat er noch spät das eindrucksvollste Kolleg seiner Studienzeit genannt[2]; stets hielt er an der Grundthese Sohms: dem inneren Widerspruch von evangelischer Kirche und Kirchenrecht, seiner Betonung der geistlich, nicht rechtlich existierenden »ecclesia invisibilis« als der wahren Kirche Christi fest. Daneben hat Karl Bindings Kolleg mit seiner seltsamen Mischung von Logik und Rhetorik, hoher Selbsteinschätzung und heftiger Polemik wider wirkliche und vermeintliche Gegner ihn oft abgestoßen, aber auch wieder angezogen durch seine umfassende historische Rechtsgelehrsamkeit und große Kraft zur Systembildung. Als aber der Gründer der klassischen Strafrechtsschule einmal im Kolleg seine Hörer vor der Lektüre des v. Liszt'schen Strafrechtslehrbuchs warnen zu müssen glaubte[3], weckte das bei Radbruch, der stets für »audiatur et altera pars« war, inneren Widerspruch und Lust, das »gefährliche« Buch zu lesen. Darnach stand sein Entschluß fest: nach Berlin zu gehen, um dort Franz von Liszt zu hören, dessen kriminalpolitische Einstellung ihm viel mehr zusagte als diejenige Bindings.

Die beiden letzten Semester Radbruchs als Student in Berlin standen

---

[1] Außer *Sohm* und *Binding* hörte er den Philosophen *Wilhelm Wundt*, den Historiker *Lamprecht* und den Nationalökonomen *Karl Bücher*.

[2] »Es war mein stärkster Eindruck in meiner Studienzeit. Ich besitze noch die sorgfältige Nachschrift seines Kirchenrechts. Mit seiner Kirchenrechts-These, die in Wahrheit eine Problematik *allen* Rechts bezeichnet, muß jeder Rechtsdenker sich auseinandersetzen.« (Postkarte an den Herausgeber vom 17. 4. 44).

[3] S. *Eberhard Schmidt* i. Rhein-Neckar-Zeitung Nr. 151 S. 7 (20. Nov. 1949).

ganz unter der Einwirkung strafrechtlicher und rechtsphilosophischer Studien. Letztere waren angeregt durch die Gespräche mit Hermann Kantorowicz, der ihm jenen »Methodendualismus« als Grundprinzip rechtsphilosophischen Nachdenkens einleuchtend machte, der später zu einem der beiden methodischen Grundsätze von Radbruchs Rechtsphilosophie geworden ist. Er hielt lebenslang an der Einsicht fest, daß zwischen Sein und Sollen, Erfahrung und Erkenntnis jene zuerst von Kant entdeckte, von Stammler für den Bereich der Rechtswelt systematisch entwickelte Unterschiedenheit bestehe, die, auf Grundfunktionen unseres Denkens beruhend, dazu zwingt, der »Wirklichkeit« der Natur und Geschichte eine andere Erkenntnisweise zuzuordnen als den »Werten« oder »Geltungen«, die wir ihr beilegen; daß infolgedessen Recht und Rechtswissenschaft, positives Recht und richtiges Recht, Rechtstatsachen und Rechtsideale methodisch unterschieden werden müßten und diese Kluft weder vom Gefühl noch vom Willen, sondern allein von einem (dialektischen) Bewußtsein überbrückt und (vielleicht) überwunden werden könne.

Im Seminar Franz von Liszts lernte der Kandidat der Rechte dann jene Ausweitung des rechtswissenschaftlichen Arbeitsfeldes über das »Nur-Juristische« hinaus kennen, nach der er verlangt hatte. Philosophische Thesen, juristische Begriffe, historische Tatsachen, psychologische Experimente, medizinische Erfahrungen – all das diente dem scharfen, klugen und menschenfreundlichen Geist des aus Österreich gebürtigen Führers der »modernen« oder »soziologischen« Strafrechtsschule zum Aufbau seiner kriminalpolitischen und gesetzgeberischen Reformarbeiten, für die sich Radbruch alsbald brennend zu interessieren begann und die er später als Minister fortführen sollte. Zugleich lernte er hier Aufgeschlossenheit gegenüber allen Zeitströmungen, denn von Liszt's Liberalität war unbegrenzt. Im Kreis der so verschiedenartigen Altersgenossen: Eduard Kohlrausch, Alexander Graf zu Dohna, und anderer, die bald auf Lehrstühlen die Liszt'sche Haltung fortsetzen und fortbilden sollten, wurde er mit des Zaubers teilhaftig, der dem einmalig-Persönlichen eignet; dabei die Grenzen der eigenen Kraft und Begabung in der Bewährung an und mit Gleichstrebenden heilsam verspürend.

Alle verband sie ein einheitliches Bewußtsein von der schweren sozialen Verantwortung, die mit jeder Strafrechtspflege verbunden ist, ein waches Gefühl für die letzte »Fragwürdigkeit« alles Richtens und

Strafens, die den tragenden Grund und die kritische Begrenzung des heißblütigen und optimistischen Reformeifers im Kreise um Liszt bildete. Von ihr gibt Radbruchs später gern wiederholter Spruch aus dieser Zeit Kunde: »Ein guter Jurist ist nur, wer mit schlechtem Gewissen Jurist ist.« Aller müden Resignation und unfruchtbaren Skepsis fern, drückt er eine Stimmung aus, wie sie damals auch von der jüngeren Schriftstellergeneration, der Radbruch sich verbunden wußte, empfunden wurde. Diese hatten von Hauptmann, Dehmel und Holz nicht nur »neue Stoffe – Großstadt, Proletariat, Revolution –« achten und beachten gelernt, sondern in bewußter Abkehr von dem herrschenden, oberflächlich-bürgerlichen Ästhetizismus Geibels und Heyses (aber auch in Ablehnung des Jugendwerkes von Stefan George und dem Kreis der »Blätter für die Kunst«) versucht, einem mehr oder minder bewußten Epigonentum der Klassik gegenüber, die soziale Funktion echter Dichtung wieder zu finden; freilich blieben diese Ansätze meistens in bloßer Klage oder gar Anklage stecken.

Was Radbruch an Franz von Liszt am stärksten bewunderte, was ihn vor allem andern anzog und förderte, weil es seiner eigenen Lebensanlage gemäß war, muß das *Verbindliche* seines Wesens und das Verbindende seines Wirkens gewesen sein. Es war eine Kraft, der objektiven »Natur der Sache« und dem »Wesen der Dinge« ebenso wie dem subjektiven Anspruch menschlicher Persönlichkeiten, ihrer »Anlage und Umwelt«, gerecht werden zu können. Sie hat Liszt befähigt, als Dogmatiker ein mit logischer Schärfe gegliedertes Begriffssystem des modernen Strafrechts zu entwickeln und gleichzeitig als Kriminalpolitiker die Dogmatik mit einem Reformprogramm der Zweckmäßigkeit zu verbinden, systematische Erkenntnis in die praktische Form gesetzgeberischer Vorschläge zu bringen. So war ihm erlaubt, als Politiker den Liberalismus mit dem Sozialismus, als Erzieher humanistische und realistische Elemente, als Denker philosophische und psychologische Begriffe zu mischen, unterschiedlich zu akzentuieren, mit heiterem Gleichmut Widersprüche auch einmal stehen zu lassen, etwas zu skizzieren statt es gleich bis ins Letzte auszuführen, zu probieren und zu experimentieren, ohne die Axiome der jeweiligen Versuchsanordnung absolut zu setzen – kurz gesagt, in Antithesen zu denken und in den Spannungen immer wechselnder Forderungen des Tages zu leben. Lernbereit und erfahrungsfreudig bis zum Äußersten hat Liszt aber zugleich die einmal erkannten Teilziele mit festem Willen verfolgt und verteidigt und gewisse Grundsätze der Freiheit, der Menschlichkeit, der Wahrheitsliebe bei aller Konzilianz niemals preisgegeben.

2. Die Spuren einer so weitschichtigen und vielseitigen geistigen Ausbildung, wie Radbruch sie während der Studienzeit erfahren durfte, zeigen sich deutlich in seinen beiden ersten, größeren wissenschaftlichen Arbeiten: der Dissertation über »Die Lehre von der adaequaten Verursachung«, mit der er am 27. Mai 1902 den hohen Anforderungen der Doktorprüfung in Berlin »magna cum laude« genügte, und die Habilitationsschrift über den strafrechtlichen Handlungsbegriff, die er im Herbst 1903 der Heidelberger Juristenfakultät vorlegte[1].

Die Vorarbeiten reichten weit zurück. Nachdem Radbruch am 20. Mai 1901 vor der Prüfungskommission beim Kammergericht in Berlin die erste juristische Staatsprüfung mit der Note »gut« abgelegt hatte, war er, bis zu seiner Ernennung zum Referendar in Lübeck am 31. August 1901, mehrere Monate lang in Berlin und hatte täglich im Kriminalistischen Seminar der Universität gesessen, lesend und konzipierend. Bis Anfang Januar 1902 arbeitete er am Amtsgericht Lübeck und bei der Staatsanwaltschaft als Referendar, wo er Einblick in den praktischen Betrieb der Strafrechtspflege bekam. Ein mehrwöchiger Urlaub hatte der Vorbereitung zur Promotion gedient. Nach Absolvierung der von vornherein ohne Absicht auf Übernahme in den Justizdienst geleisteten Dienstzeit als Referendar, hat Radbruch zu Beginn des Jahres 1903 zunächst Urlaub auf ein weiteres Jahr erbeten, um sich der Ausarbeitung der Habilitationsschrift zu widmen.

An der *Dissertation* Radbruchs interessieren heute weniger die rechtsdogmatischen Ergebnisse, als der gewählte Gegenstand und die Methode seiner Bearbeitung. Der Versuch, das Problem haftungsbegründender Verursachung dadurch zu lösen, daß aus der Vielzahl erfolgsbedingender Faktoren eine Gruppe solcher ausgewählt wurde, für welche (generell) gehaftet werden »sollte«, aus Gründen der Gerechtigkeit und der Zweckmäßigkeit, ist außer von Radbruch sowohl seitens zahlreicher anderer Kriminalisten als auch Zivilisten gemacht worden. Sie alle waren »gleich unbefriedigt von der Bedingungstheorie wie von den

---

[1] Der Antrag ist vom 17.10.03 datiert, befürwortet von Rektor und Senat am 28.11., vom Kultusministerium genehmigt am 4.12.1903. Pers.Akt. S. 1–6.

individualisierenden Theorien« und trugen »nach einem für das Recht brauchbaren engeren Ursachenbegriff Verlangen«[1]. Es ist aber kennzeichnend für Radbruchs Denken, *wie* er diesen Versuch unternahm. Einerseits war es nämlich auf Grund seines Prinzips des »Methodendualismus« unmöglich für ihn, *jede* (naturgesetzlich-kausale) Erfolgsbedingung als (sollensgesetzlich) verbindlich für die Haftung anzusehen; aber ebenso unmöglich war es für ihn, in philosophischer Ahnungslosigkeit vom Wesen des Kausalgesetzes einige »besonders geartete« Bedingungen herauszugreifen und als »Ursachen« zu postulieren, wie es Ortmann, Birkmeyer, Binding und andere getan hatten, welche bald die »letzte«, bald die »wirksamste«, bald die der Handlung das »Übergewicht zum Erfolg gebende« Bedingung als die haftungsbegründende behauptet hatten. Radbruch ist aber auch nicht einfach seinem Vorgänger I. v. Kries gefolgt, der die »generell geeigneten« Bedingungen, denen die »allgemeine Tendenz« innewohne, einen »Erfolg von solcher Art« hervorzubringen, als »Ursache« im haftungsbegründenden Sinne ansah, sondern er hat auf die jeweilige besondere Art des »konkreten Erfolgs« dabei abgestellt[2]. So vollzog er bereits jenen Schritt von generalisierenden Formbegriffen zu individualisierenden, und betrat den Weg von logisch-systematischer zu psychologisch-typisierender Betrachtung, der sein weiteres Denken bestimmte. Zugleich bedeutete die Wahl dieses Themas auf der Grenzscheide nicht nur von Rechtsdogmatik und Rechtsphilosophie, sondern auch auf dem Grenzgebiet von Natur- und Kulturwissenschaften den Einstieg in jene spezifische Problematik, welche den »Heidelberger« Neukantianismus im Unterschied zum »Marburger« kennzeichnet.

Noch grundsätzlicher und folgenreicher für den Aufbau des Strafrechtssystems hat Radbruch den »Methodendualismus« in seiner *Habilitationsschrift* durchgeführt. Was er in immer neuen Umschreibungen klarmachen und in Auseinandersetzung mit älteren und zeitgenössischen Dogmatikern herausstellen wollte, war das Phänomen der zweifachen begrifflichen Struktur der menschlichen »Handlung«, je nachdem von der kausalen Funktion oder von dem finalen Inhalt des Willens gesprochen werde. Gleich Beling, dem bedeutenden Systematiker, war er überzeugt: »für die Feststellung, daß eine ›Handlung‹

---

[1] *Karl Engisch,* Die Kausalität als Merkmal der strafrechtlichen Tatbestände, 1931, S. 41.
[2] Vgl. *G. Radbruch,* Die Lehre von der adaequaten Verursachung, 1902, S. 31 ff.

vorliegt, genügt die Gewißheit, *daß* der Täter willentlich tätig geworden bzw. untätig geblieben ist. *Was* er gewollt hat, ist *hierfür* gleichgültig; der Willensinhalt ist *nur* von Bedeutung für die Frage der Schuld[1].« Es handelt sich hier also nur um eine *methodologische* Unterscheidung. die in den Gesetzen des Denkens selbst begründet liegt; das ist schon damals mißverstanden und als »ethische Indifferenz« gescholten worden; später hat man es sogar als lebensfeindlichen »Szientismus« verdächtigt[2]. Als ob es Radbruch nicht verstanden und geübt hätte, den »kausalen Nexus final zu überdeterminieren«[3] – wenn er nämlich handeln, nicht aber, wenn er erkennen wollte! Solchem Mißverstehen liegt immer eine unzulässige Vermischung verschiedener Methoden oder eine unbeweisbare Absolutierung einer einzigen zugrunde, was Radbruch gerade überwinden wollte; man verkennt dann etwa den Unterschied von »Praxis« und »Theorie«, des »finalen« Moments vom »kausalen«, des »ethischen« vom »ontologischen« Erkenntnisprinzip oder entscheidet sich für eines und spielt dann den »Inhalt« gegen die »Form«, die »Wirklichkeit« gegen den »Wert« oder gar die »Seele« gegen den »Geist« aus – ohne die dialektische Beziehung im Dualismus der Methode, ihre Einheit in der Unterschiedenheit zu begreifen. Es gehört zu den heute zu beobachtenden Rückschritten der philosophischen Methodologie, diese Einsichten der Philosophie Kants, welche Radbruch für die Rechtstheorie brauchbar machen wollte, zu verleugnen, während man doch von ihrem Erbe zehrt. Jedoch sollte man weder solchen Vulgär-Ontologismus und -Idealismus noch den aus biologistisch-vitalistischen Schlagworten gespeisten Versuch der letzen beiden Jahrzehnte, eine neue »Anthropologie« des Rechts, auf rassen- oder volkskundlicher Basis zu entwickeln, erst recht nicht die aus anti-theologischen Ressentiments erwachsene, populäre »Lebens«philosophie allzu ernst nehmen. Vor allem kann man diese Art »Philosophie« nicht etwa in Verbindung bringen mit der exakten Phänomenologie Edmund Husserls und der, die abendländische Metaphysik von Platon bis Hegel übersteigenden, im Rückgriff auf die Vorsokratik zu einem ursprünglichen Philosophieren heimfindenden Seinsauslegung Martin Heideggers. Gerade von ihr aus wird, wie neuerdings Max Müller gezeigt

---

[1] *Ernst Beling*, Grundzüge des Reichsstrafrechts, 2. Aufl., S. 38; übern. v. *Radbruch*, a. a. O. S. 130.
[2] *Hans Welzel*, Naturalismus und Wertphilosophie im Strafrecht, 1935, S. 64 ff. bes. 65 A. 9.   [3] *Welzel*, a. a. O. S. 65.

hat[1], die Unverbindlichkeit jeder bloßen vitalistischen oder aktualistischen, sogen. »Existenz-Philosophie«, welche sich (als solche) der »Bewußtseins«- wie der »Wertphilosophie« entgegensetzen möchte, ganz deutlich.

III.

Am 16. Dezember 1903 wurde Gustav Radbruch, nachdem er seine Probevorlesung beendet hatte, die venia legendi für Strafrecht, Prozeßrecht und Rechtsphilosophie in der Juristenfakultät der Universität Heidelberg erteilt; die Urkunde überreichte ihm der damalige Dekan Karl von Lilienthal[2], ein Lisztschüler der älteren Generation, vielfältig beteiligt an der theoretischen Vorbereitung der Strafrechtsreform. In Gemeinschaft mit diesem erfahrenen Kollegen, einem Mann von stiller, vornehm-gütiger Art und feinem Verständnis für die Eigenart des Jüngeren, wuchs Radbruch in das akademische Lehramt hinein[3]. Er trug in den beiden ersten Jahren hauptsächlich Straf- und Zivilprozeßrecht vor, seit dem Wintersemester 1905/06 auch Strafrecht und ein Spezialkolleg über die »Aufgaben der bevorstehenden Strafrechtsreform« (letzteres vor 52 Hörern), daneben las er über Gerichtsverfassung, Zwangsvollstreckung, Kriminalpolitik und hielt endlich auch eine verfassungsgeschichtliche Vorlesung über die »Rechtsentwicklung in Preußen«[4].

Im Zusammenhang mit der Vorbereitung dieser juristischen Fachkollegs[5] erwuchs eine ganze Reihe sorgfältig ausgefeilter, dogmatisch-rechtspolitischer Studien für die damals auf Veranlassung des Reichsjustizministeriums unternommene »Vergleichende Darstellung des Deutschen und Ausländischen Strafrechts«, die 1908/09 in 15 Bänden erschienen ist und auch bei ausländischen Juristen viel Anerkennung gefunden hat. Radbruch bearbeitete die Themen: »Erfolgshaftung«, »gesetzliche Strafänderung«, »Abtreibung« und »Aussetzung«; im Zusammenhang mit diesen Studien entstand auch seine kriminalpolitische Schrift über »Geburtshilfe und Strafrecht«, 1907.

[1] Vgl. *Max Müller*, Existenzphilosophie im geistigen Leben der Gegenwart, 1949, insbes. S. 80 ff. und 112 ff.   [2] Pers. Akt. S. 8.
[3] Ab 1. Okt. 1905 war er mit der Verwaltung der Bibliothek des jurist. Seminars betraut mit 1200 Mark jährlicher Vergütung (Pers.Akt. S. 12).
[4] Pers.Akt. S. 23/24.
[5] Im Februar 1907 vertrat er den erkrankten Geh.Rat v. Lilienthal in der Strafprozeßvorlesung (Pers.Akt. S. 16).

Die zehn Jahre von Radbruchs Leben und Lehren in Heidelberg brachten ihm aber nicht nur Zuwachs an akademischer Erfahrung, sondern ein ruhiges Ausreifen seiner gesamten geistigen Existenz. Es war die Zeit, in der das Zusammenwirken von Windelband, Rickert und Lask, Ernst Troeltsch und Max Weber eine Periode schöpferischer Fortbildung der besten Traditionen des deutschen philosophischen Denkens eingeleitet hatte. Radbruchs Ansätze stimmten damit überein und konnten sich hier ungehemmt entfalten. In Heidelberg fand er – zumindest als philosophisches Thema und ethisch-pädagogische Forderung – was zu erleben, mitzugestalten und zu tradieren schon den Schüler und Studenten mehr wie jede andere Aufgabe gereizt hatte: *Kultur*. Und mehr als dieses; denn die Kultur jenes »großen« Heidelberg, in dem der »südwestdeutsche Neukantianismus«, die »Wertphilosophie« entstand, war zugleich das Anliegen von Menschen mit ehrfürchtiger Scheu und mit echtem Verantwortungsbewußtsein gegenüber dem, was man (freilich oft allzu billig und beholfen) die »höchsten geistigen Güter der Nation« hieß.

Radbruch hat von ihnen nicht nur gelernt, sondern mit ihnen gelebt; in der ersten Heidelberger Zeit hat sich sein Geist in die Form gefunden, die sein späteres Leben maßgebend bestimmte; zugleich bot sie ihm die methodischen Denkmittel, vielfältige Denkinhalte aufzunehmen und in eigene geistige Produktion zu verwandeln. Sein Weg zum südwestdeutschen Neukantianismus, angeregt von Heinrich Levy und Emil Lask, war für Radbruch also kein Umweg, bedeutete keine innere Abwendung, vielmehr ein Fortbilden und Ausweiten längst gewonnener Grundeinsichten und befolgter Prinzipien. Der formale Methodendualismus erweiterte sich bei ihm zu einem Trialismus, nach dem sich die dialektische Fülle der Kulturwerte und ihrer Geltungen ordnen und verstehen ließ: nicht mehr die Antinomie der Begriffe und logischen Setzungen, sondern der reale Gegensatz der wertblinden, der bewertenden und der wertbeziehenden Denkweisen trat in den Vordergrund seines Philosophierens. Er lernte von Rickert, daß gewisse Kultur»werte« der Ausgangspunkt besonderer, auf diese Werte jeweils »bezogener«, Wissenschaften sind und begriff von hier aus die Jurisprudenz als eine »wertbeziehende« Wissenschaft, die sich am »Rechtswert« ausrichtet. Von Lask übernahm er den Gedanken der »Strukturverschlingung«, welche in allen Begriffen der historischen Geisteswissenschaften empirische und logische, kognitive und normative Elemente unauflöslich zusammenbindet. Troeltsch und Weber zeigten ihm die Verflochtenheit aller juristischen Sachverhalte mit säkularisierter Theologie und die Abhängigkeit auch des logischen Denkens von gewissen soziologischen Kategorien.

Die neuen Erkenntnisse verarbeitete Radbruch in zwei Büchern. Mit der »Einführung in die Rechtswissenschaft«, 1910 erschienen, versuchte er den Studenten eine Wegleitung zum wahren Ziel juristischer Arbeit zu geben[1]. In einem Orientierungsgang durch den Bestand juristischer Grundbegriffe, entlang der Entwicklungsgeschichte der Rechtslehre und mit einem Überblick auf die Probleme der einzelnen Gebiete des modernen Rechtslebens zeigt er darin die Problematik des Rechts und der Jurisprudenz selbst auf: ihre Bedingungen, ihre wechselseitige Abhängigkeit, ihre Verflochtenheit mit Problemen benachbarter Wissenschaften. Er entwirft also ein Bild der Rechtskultur, dabei stets die Mehrseitigkeit der Beurteilungsmöglichkeiten wahrend, aber mit deutlicher Stellungnahme für soziale Reformen und Befreiung der Jurisprudenz von starrem Formalismus und ödem Historismus. Aus Vorlesungen, die er an der Handelshochschule in Mannheim gehalten hatte, war dieses Büchlein — es ist, wie alle größeren Schriften Radbruchs, zugleich eine künstlerische Leistung — hervorgegangen. Es wollte sich also nicht nur an Juristen im engeren Sinn wenden, sondern die »Gebildeten aller Stände« interessieren[2], um damit einen Beitrag zur Überwindung der bekannten Ablehnung alles Juristischen durch geistige Menschen zu leisten und der immer wieder — auch im Raum des Politischen — ungut sich auswirkenden Abneigung gegen die Juristen entgegenwirken.

Die vier Jahre später veröffentlichte »Rechtsphilosophie« des inzwischen auf Antrag der Fakultät und Universität endlich zum außerordentlichen Professor Ernannten[3], entwickelte aus den Berliner Vorstudien und Heidelberger Anregungen ein selbständiges Gefüge der Rechtsphilosophie. Sie galt ihm für eine Lehre vom Recht als Kulturgut, das nach Kulturwerten ausgerichtet ist. Dieser Gedankengang fand sein Ziel in der These vom theoretisch notwendigen Relativismus jeder Werterkenntnis. Radbruch meinte damit, daß dem formell ein-

---

[1] So in dem Vorwort zur 7./8. Auflage vom März 1929   [2] Ebenda.
[3] Antrag des engeren Senats vom 24. 1. 1910 (Pers.Akt. S. 18), Verleihung durch den Großherzog am 7. 2. 1910 (Pers.Akt. S. 26), Bestallung vom 21. 2. 1910 (Pers. Akt. S. 30).

deutigen, aber leeren Rechtsbegriff eine Fülle möglicher, denkbarer und historisch sich wandelnder Rechtsinhalte entspricht; sie sind Ausdruck unterschiedlicher sozialer Ideale, die sich in entsprechender Vielfalt der politischen Parteiprogramme praktisch auswirken. So viele soziale Ideologien, so viele Gerechtigkeitsideale! Er verzichtete deshalb auf den Entwurf eines ein für allemal gültigen »Sozialmodells« oder Ordnungsschemas, nicht aber auf eine Ordnung und Sichtung der kulturellen Möglichkeiten solcher Modelle, deren Typen er für begrenzt hielt. Er reduzierte deshalb die ineinanderfließenden und vielfältigen Behauptungen »richtigen« Rechts auf die kulturphilosophisch wesentlichen und deutlich voneinander abgrenzbaren Standpunkte der »individualistischen«, »überindividualistischen« und »transzendentalen« Sozialmodelle; jede allgemeine Soziallehre muß entweder ausgehen und sich ausrichten vom Einzelmenschen, von der Gemeinschaft oder von objektiven Gütern als dem letzten bedingenden Zweck ihrer Wertsetzungen. Zugleich glaubte Radbruch, in der jedem Sozialmodell wesentlichen »Recht*sidee*« selber zwei antinomisch einander entgegenstehende und sich dialektisch ergänzende, notwendig jedem Rechtsideal inhärente Momente aufweisen zu können, auf deren »Geltung« sich die Rechtsordnung (wie immer sie politisch-historisch aussehen möge) notwendig gründen müsse: *Gerechtigkeit* und *Rechtssicherheit*. Die Verbindung dieser, oft miteinander kollidierenden Richtpunkte, glaubte er damals durch die »Unterordnung der Rechtssicherheit wie der Gerechtigkeit unter ein gemeinsames Rechtsideal, gleichviel ob der Macht, der Freiheit oder der Kultur« zu gewinnen. Dieses Ideal war für ihn der Ausdruck eines leitenden Rechts*zweckes*. Darin zeigt sich die Verbindung seines rechtsphilosophischen Denkens in jener Zeit mit der soziologischen Schule Jherings, den er immer besonders verehrt hat, aber auch der Einfluß Georg Jellineks.

Im Heidelberg jener Jahre, vor dem Ausbruch des ersten Weltkrieges, war aber das *soziologische* Interesse dem philosophischen durchaus gleich geachtet und mit ihm methodisch allenthalben verbunden. Die Repräsentanten einer soziologischen Theorie der Geisteswissenschaften waren Ernst Troeltsch und Max Weber, wobei besonders letzterer einen Kreis begabter Schüler auf die noch fast ganz ungetane Arbeit an rechtssoziologischen Problemen hingewiesen hatte. Zu diesen soziologisch denkenden Philosophen gehörte auch der universal gebildete, geistig überaus bewegliche und stets zum Reiten scharfer Attacken auf irgendwelche Traditionalismen, Rückständigkeiten und Eingebildetheiten angriffsbereite[1] Hermann Kantorowicz[2]. Dieser, aus Posen gebürtige, seit 1908 in Freiburg i. Br. für Strafrecht, Rechtsphilosophie und Geschichte der Rechtswissenschaft habilitierte, 1929 als ordentlicher Professor nach Kiel berufene, 1933 nach England emigrierte und 1940 in Cambridge gestorbene Gelehrte, einer der hervorragendsten Kenner der Geschichte der Rechtswissenschaft, war zeit seines Lebens Radbruchs engster, vielleicht einziger Freund. Die sachliche Grundlage dieser auch menschlich für Radbruch besonders wesentlichen Freundschaft[3] war eine rechtspolitische Kampf-Kameradschaft. Hermann Kantorowicz hatte im Jahre 1906 unter dem Decknamen Gnaeus Flavius eine Flugschrift, »Der Kampf um die Rechtswissenschaft« betitelt, erscheinen lassen, mit der er die sogen. »Freirechtliche Bewegung« in Gang setzte und ihr gleichzeitig den Namen gab. Es ging dabei um eine Erweiterung des freien richterlichen Ermessens gegenüber der starren Bindung an den Gesetzeswortlaut oder auch einseitig ausgelegten Gesetzessinn. Der damit eingeleitete Kampf gegen schematische Anwendung der Gesetze, gegen den dadurch bedingten Zwang zu juristischen Konstruktionen an Stelle von sachgerechten Argumenten wurde teilweise heftig abgelehnt, aber auch von Praktikern begeistert aufgenommen; so hat der Karlsruher Rechtsanwalt am badischen Oberlandesgericht Ernst Fuchs (1859–1929) als stärkste geistige Kraft unter den freirechtlich eingestellten Juristen in den gleichen Jahren gewirkt: 1907 erschien sein »Schreibjustiz und Richterkönigtum« und 1909 die (grundsätzlich Ersatz der dogmatischen durch die soziologische Methode fordernde) Kampfschrift »Die Gemeinschädlichkeit der konstruktiven Jurispru-

---

[1] »Er hat viele Gegner gehabt – meist aber gerade durch die andere Seite seiner Vorzüge; durch seinen eifrigen Glauben an die Vernunft, der Gefühlswiderstände manchmal unterschätzt, durch sein Unverständnis für fremde Eitelkeit und Unsachlichkeit, die er immer wieder auf die Zehen getreten hat, durch seine Gutgläubigkeit, die die weniger freundliche Haltung anderer zu ihm oft garnicht bemerkt, durch sein unverwüstlich junges Wesen, das die Geberden der Würde nicht liebt und sich gern in Scherzen gehen läßt.« (Brief an den Herausgeber v. 22. 11. 29).

[2] Vgl. *Gustav Radbruch* »In memoriam Hermann Kantorowicz« (Schleswig-Holst. Volks-Zeitung v. 12. 8. 1946).

[3] Mit Kantorowicz bin ich, wie Sie wissen, seit einem Vierteljahrhundert in engster Freundschaft, daß trotz der Verschiedenheit unseres Wesens diese Freundschaft nie gestört worden ist, spricht, glaube ich, stark für K.« (Brief an den Herausgeber v. 22. 11. 29).

denz«; er hat nach 1925 als Hauptmitarbeiter an der von Radbruch inaugurierten, justizkritischen Zeitschrift »Die Justiz«[1] gewirkt.

Neben der theoretischen Bedeutung der Wertphilosophie für Radbruchs wissenschaftliche Entwicklung und der praktischen Bedeutung der Freirechtslehre für seine Entwicklung als Rechtspolitiker und späterer Gesetzgeber hat die Heidelberger Zeit vor 1914 für Radbruchs geistige Gestaltwerdung noch eine weitere Anregung gegeben: es war die politische. Er betätigte sich im Dienst der Gemeinde als Stadtverordneter und Mitglied des Waisenrats, wurde Mitglied des Stadtverordnetenvorstandes und bemühte sich als Angehöriger der fortschrittlichen Volkspartei um soziale Reformen der verschiedensten Art. Auch beschäftigte ihn schon damals stark das Problem einer durchgreifenden Reform des Freiheitsstrafvollzuges; um sich ein eigenes Urteil zu bilden, arbeitete er in der Zeit von Anfang März bis Anfang April 1906 im Männerzuchthaus in Bruchsal[2]. Ohne mit allen Lehren des politischen Sozialismus in seiner damaligen Form durchweg übereinzustimmen – Radbruch hat sogar in der »Rechtsphilosophie« von 1914 die materialistische Geschichtsauffassung scharf kritisiert –, jedenfalls mehr ein »Revisionist« als ein »Radikalist« im Sinne des klassischen Marxismus, fühlte sich Radbruch doch innerlich von einem tiefen sozialen Solidaritätsgefühl und einem unstillbaren Reformeifer mehr und mehr zu einem ethisch-praktischen Sozialismus der Tat gedrängt. Die Gelegenheit, ihn zu bewähren, war näher, als er es vermuten konnte.

IV.

Im März 1914 erhielt Gustav Radbruch einen Ruf als außerordentlicher, etatsmäßiger Professor des Strafrechts nach Königsberg[3]. Er

---

[1] Über die sieben Jahrgänge dieser von Oberverwaltungsgerichtsrat *Wilhelm Kroner* herausgegebenen Zeitschrift des Republikanischen Richterbundes, dessen verantwortliche Mitarbeiter, außer *Radbruch* selbst, Prof. Dr. *Wolfgang Mittermaier* in Gießen und Rechtsanwalt Prof. *Hugo Sinzheimer* in Frankfurt a. Main waren, berichtet Radbruch in »Justizkrise im Weimarer Staat« (Der Tagesspiegel, 21. 11. 1948).

[2] Auf die Eingabe vom 15. 2. 06 erhielt er am 22. 2. die Erlaubnis, »sich unter den in der Eingabe bezeichneten Voraussetzungen in der Zeit von Anfang März bis Anfang April dieses Jahres zu Studienzwecken bei dem Männerzuchthaus Bruchsal zu beschäftigen.« Pers.Akt. S. 14.

[3] Mitget. i. d. Badischen Presse v. 25. 3. 1914, Nr. 147 (Abendblatt).

EINLEITUNG

sollte Nachfolger des als Ordinarius nach Tübingen berufenen Norbert H. Kriegsmann werden, eines hochbegabten Dogmatikers, der leider schon in den ersten Monaten des Krieges gefallen ist. Der Annahme des Rufes[1] und der Übersiedlung nach Ostpreußen folgte eine nur kurze Zeit des Sicheinlebens in die neuen Verhältnisse. Dann brach der Krieg aus. Schon vom 5. September ab stellte Radbruch sich als freiwilliger Krankenpfleger in den Dienst des Roten Kreuzes und war bis zum 21. Februar 1915 als solcher in Königsberg und Dirschau bei verschiedenen Lazaretten tätig. Am 9. November 1915, zwei Wochen vor seiner Einberufung als Soldat[2], verheiratete er sich, nachdem eine kurze, kinderlos gebliebene Ehe gelöst war, mit Lydia Schenk, der einzigen Tochter eines Gutsbesitzers aus dem Memelschen Kreis Heydekrug. In den nun folgenden Kriegsjahren machte er Stellungskämpfe im Elsaß, zwischen Maas und Mosel und westlich der Mosel mit, erhielt das Eiserne Kreuz und das lübische Hanseatenkreuz und war zuletzt Offizier[3]. Erst am 9. Dezember 1918 kehrte er nach Deutschland zurück, wurde aber schon bald darauf als Extraordinarius nach Kiel berufen, wo er noch im Jahre 1919 zum ordentlichen Professor ernannt wurde.

1. Hier begann Radbruch neben seiner Lehrtätigkeit aktiv politisch zu wirken. Die Erlebnisse des Krieges und der ersten Nachkriegszeit hatten diesen Zug seiner vielseitigen Natur besonders angeregt. Er fühlte sich verpflichtet, verantwortlich das politische Leben mitzugestalten; dabei war er bereit, sich (unerachtet tieferer historischer Einsichten und höherer geistiger Ziele) einem allgemeinen Parteiprogramm einzuordnen, wenn es wirkliche Reform des sozialen Lebens verhieß, denn es war stets seine Neigung gewesen, sich für die Schwachen und Unterdrückten, besonders aber für die wirtschaftlich Abhängigen einzusetzen. Jetzt schloß er sich der sozialdemokratischen Partei an; be-

---

[1] Mitget. i. d. »Badischen Presse« v. 8. 4. 1914, Nr. 165, Abendblatt (Pers. Akt. S. 31).

[2] Aus dieser Zeit berichtet Radbruch in einem Brief an seinen Freund Altmann folgende selbsterlebte Anekdote: »Als ich während des Krieges als ungedienter Landsturmmann meine militärische Ausbildung ‚genoß‘, mußte ich aus dem Munde des wackeren Unteroffiziers, der mich ausbildete, lebhaft erheitert die folgenden denkwürdigen Worte hören: ‚Leute, ich nehme ja alle erdenkliche Rücksicht auf euch, *aber in Humanität darf das doch nicht ausarten!*‹«

[3] Vgl. die von Radbruch selbst gemachten Angaben über seine militärische Dienstzeit. Pers. Akt. S. 234.

sonders nahm er an der Organisation der Jungsozialisten teil, weil ihm die Einführung dieser politischen Jugend in kulturelle Fragen am Herzen lag: das Problem der Eigengestaltung jugendlichen Lebens, wie es die Jugendbewegung schon vor dem Kriege gestellt und zu lösen versucht hatte, beschäftigte ihn aufs neue. Er machte selbst praktische Versuche. So versuchte er, den von evangelischen Jungsozialisten, die der Kirche entfremdet waren oder sich von ihrer Gemeinde getrennt hatten, an Stelle der Konfirmation gewünschten »Jugendweihen« einen tieferen ethischen Gehalt, bessere Form und mehr erzieherischen Sinn zu geben. Gleichzeitig beteiligte er sich an der Gründung der Volkshochschule und hielt zahlreiche Vorträge, um alle Bevölkerungsschichten mit den schwebenden Aufgaben der Strafrechtsreform vertraut zu machen, sie zur Stellungnahme und verantwortlichen Mitarbeit anzuregen.

In alledem ging es ihm letzten Endes um eine Versöhnung des Geistes mit der Politik, um eine Vergeistigung der politischen Programme und gleichzeitig um die Pflege echter menschlicher Werte. Jedem politischen Schwärmertum abhold, stets mit Festigkeit und strenger Folgerichtigkeit das einmal für recht erkannte politische Ziel anstrebend, und in klarem Bewußtsein von der Unvermeidlichkeit kämpferischer Auseinandersetzung um die Erringung oder Bewahrung politischer Macht, hat Radbruch als Politiker es in einzigartiger Weise verstanden, die Grundsätze des »fair play« und der Achtung vor der Überzeugung anderer nicht nur vorbildlich zu üben, sondern auch seiner Umgebung mitzuteilen.

Sein Wirken, das sich nach 1920 auch auf die Mitgliedschaft in der Reichstagsfraktion seiner Partei erstreckte, sollte der inneren Umstellung der deutschen Sozialisten von jahrzehntelanger kritischer Opposition zur positiven Mitarbeit als stärkster Regierungspartei dienen, ihr zu realisierbaren gesetzgeberischen Planungen verhelfen. Er wollte sie aus der ideologischen Verfestigung des Erfurter Programms lösen, um sie jenem elastischen, mehr sozialpolitisch-demokratischen wie revolutionär-diktatorischen Programm entgegenzuführen, das (als eine Frucht gerade auch des Einflusses von Radbruch) auf einem Parteitag in Heidelberg 1925 neu formuliert wurde.

2. Der Radius dieses Einflusses vergrößerte sich und seine praktischen Möglichkeiten wurden wesentlich verstärkt durch die Berufung Radbruchs zum Reichsjustizminister im Herbst 1921. Er trat damit in das vom damaligen Reichskanzler Wirth präsidierte Kabinett ein. In einem

besinnlichen Rückblick auf diese Zeit schildert Radbruch die Vorgänge. Reichspräsident Ebert habe »in seiner überzeugenden und verpflichtenden Weise« den Appell an ihn gerichtet[1]. Zuerst sollte er das preußische Justizministerium übernehmen, dessen Aufgaben vorwiegend auf dem Gebiet der Gerichtsorganisation lagen; infolge einer dazwischengekommenen Krise der Reichsregierung eröffnete sich aber die Möglichkeit, die »Entscheidung für das Gesetzgebungsministerium und gegen das Justizverwaltungsministerium« zu treffen, worin Radbruch auch später noch die für ihn richtige Wahl gesehen hat.

Wenn Radbruch anfangs besorgt war, man werde im Ministerium in ihm vor allem den »Parteimann« sehen und scheuen, so erkannte er bald, nachdem er mit seiner Begrüßungsansprache die Herzen durch den Ausspruch gewonnen hatte: er »fühle sich hier als Jurist unter Juristen«, daß man mit größerer Ängstlichkeit in ihm den »Professor« erwartet hatte. Schnell bildete sich aber ein festes Vertrauensverhältnis mit dem Stab der künftigen Mitarbeiter heraus: besonders enge Beziehungen fand Radbruch zu Staatssekretär Dr. Joël, Ministerialrat Bumke, dem späteren Präsidenten des Reichsgerichts, und Ministerialrat Zweigert, der Staatssekretär im Reichsministerium des Innern wurde. Trotz einer Überfülle an Amtsgeschäften fühlte sich Radbruch in der sachlich strengen Arbeits-Atmosphäre des Ministeriums wohl. Er widmete sich am liebsten der Ausarbeitung von Gesetzgebungsvorschlägen. An den politischen Entscheidungen hatte er weniger Anteil; desungeachtet wurde er gerade damals von politischen Gegnern in der Presse heftig angegriffen. Freilich blieb es ihm nicht erspart, daß schon bald nach seiner Amtsübernahme am 26. Oktober 1921 einige, sowohl innen- wie außenpolitisch schwierige, nur mit viel Takt, Festigkeit und Würde erfolgreich zu behandelnde Rechtsangelegenheiten zu regeln waren; dazu kamen die Strafprozesse vor dem Reichsgericht im Zusammenhang mit dem sog. Kapp-Putsch[2] und die Beendigung der (als eine Auflage des Friedensvertrags von 1920 durchzuführenden) Strafverfahren wegen inkriminierter Kriegshandlungen. Das Ereignis, welches die deutsche innen- wie außenpolitische Lage bis auf den Grund

---

[1] »Meine Ministerzeit«, abgedruckt in: Der innere Weg – Aufriß meines Lebens; aus dem Nachlaß herausgegeben von Lydia Radbruch, Stuttgart 1951.
[2] Die Niederschrift über den Kapp-Putsch wurde im »Inneren Weg« von der Herausgeberin auf zwei knappe Seiten gekürzt. Das Original-Manuskript liegt auf dem Staatsarchiv in Schleswig.

erschütterte und Radbruch vor die äußerst heikle Aufgabe stellte, der immer wieder mit verbrecherischen Mitteln angegriffenen Verfassung einen wirksamen gesetzlichen Schutz zu verschaffen, war die Ermordung des Außenministers Dr. Walther Rathenau[1] am 24. Juni 1922. Sie hatte den Erlaß eines von Radbruch entworfenen Gesetzes zum Schutz der Republik und die Errichtung eines besonderen Staatsgerichtshofs zur Folge.

[1] Über die Persönlichkeit Rathenaus schreibt Radbruch in der »S.V.Z.«: Zum erstenmal sah ich Walther Rathenau in einer Ausschußsitzung des Reichstages zusammen mit seinem großen Widersacher, mit dem er später den letzten Abend seines Lebens verbringen sollte: Hugo Stinnes. Der größere Eindruck war damals Stinnes, in Anblick und Machtgebärde der Dämon der Steinkohle. Im Vergleich zu ihm erschien Rathenau nur wie ein glatter Weltmann von unauffälliger Eleganz.

Welcher Irrtum! Die anonyme Maske des Weltmannes (ebenso wie seine nichtsverratende, einfach kaufmännische Handschrift) diente ihm nur dazu, die ausgeprägte Eigenart einer äußerst spannungsreichen Persönlichkeit zu verhüllen: Jude und Deutscher, Geschäftsmann und Denker, Unternehmer und Sozial-Reformer, Elitemensch und Demokrat – man könnte diese Reihe noch lange fortsetzen.

Niemals ist mir ein Mensch begegnet, dessen Wesen so restlos Ergebnis bewußter Selbstgestaltung gewesen wäre, bewußter Formgebung bis in jede Einzelheit persönlicher Äußerung. Dies darf keineswegs mißverstanden werden im Sinne durchsichtiger Pose und unechter Geste: seine bewußt gestaltete Form entsprach ganz seinem Wesen, sie war die äußere Repräsentation seiner eigensten Persönlichkeit. Wenn Adel bewußte Gestaltung eigenen Lebensstils bedeutet, dann hat das oft auf ihn angewandte Wort recht: jüdischer Edelmann.

Es umgab ihn eine kühle Luftschicht, eine Distanz, die er nicht betonte, die er sogar durch äußere Gebärden des Vertrauens und der Sympathie immer wieder durchbrechen zu wollen schien. Er liebte es, im Gespräch seinem Partner den Arm um die Schulter zu legen. Gerade in solchen Gebärden der Nähe verriet sich eine nicht selbstgewählte, vielmehr wesensnotwendige letzte Einsamkeit.

Distanz kennzeichnet auch die vielen freundschaftlichen Beziehungen, die in Rathenaus Briefen Ausdruck finden. Aber mit welcher Zartheit weiß er die eigene Überlegenheit zu verbergen, wenn es gilt, anderen Achtung zu bezeigen! Wie versteht er es, hilfreich zu sein, ohne Dankespflichten aufzubürden! Und in Briefen an eine Liebende vermag er es, unendlich feinfühlig Liebe abzulenken, ohne Kränkung zuzufügen.

Bemerkenswert seine Haltung zu dem Kanzler des Kabinetts, dem er angehörte: Joseph Wirth. Rathenau liebte es, Wirths amtlichen Vorrang zu betonen, sich ihm mit allen Zeichen großer persönlicher Hochschätzung unterzuordnen. Selbst ein Politiker der klugen Kalkulation, bewunderte er an Wirth dessen treffsichere politische Intuition (»Nur keine Eventualpolitik«, war ein Lieblingswort Wirths). Aus der Kompliziertheit seines eigenen Wesens heraus empfand Rathenau überhaupt Sehnsucht nach dem Einfachen, dem Ungebrochenen, nach alle-

EINLEITUNG

Der Auftakt seiner Gesetzgebungsarbeit hatte für Radbruch mit der Organisation der Arbeitsgerichte als Sondergerichte begonnen[1]. Es folgte dann im Dezember 1921 das gut vorbereitete, von Radbruch nur unterschriebene Geldstrafengesetz, das eine wichtige Etappe der Gesamtreform des Strafrechts vorwegnahm, und, ganz im Sinne von Liszts, die »kurzzeitigen Freiheitsstrafen«, deren erzieherisches Versagen unter den Fachleuten längst bekannt war, zurückdrängte. Entscheidenden Anteil hatte Radbruch auch an den Reichsratsgrundsätzen über den Vollzug der Freiheitsstrafen, die einen Versuch darstellten, die empfindliche Lücke mangelnder Reichsgesetzgebung über den Strafvollzug zu schließen; auch das bereits fertige Jugendgerichtsgesetz durchlief während der Amtszeit Radbruchs den Reichsrat[2]. Wichtige soziale Regelungen, wie das Mieterschutzgesetz, Pläne für eine Neufassung des Rechts der unehelichen Kinder, einige Wucherverordnungen, ein Gesetz über die Entschädigung der Schöffen und Geschworenen, das auch Mittellosen die Mitwirkung an den Laiengerichten ohne untragbare Lasten ermöglichen wollte, wurden unter Radbruchs Leitung ausgearbeitet oder gefördert. Gegen erhebliche Widerstände setzte Radbruch damals auch die beiden Gesetze über die Zu-

---

dem, worin er germanische Eigenart sah – nach eben dem Germanischen, das in einer Entartungsform ihm schließlich zum Schicksal geworden ist.

Rathenau hat dies Endschicksal klar vorausgesehen. Er war zu stolz, um sich davor schützen zu lassen, zu schicksalsgläubig, als daß er geglaubt hätte, sich seinem Schicksal entziehen zu können. So ist er ein Opfer geworden fanatischer Borniertheit junger Menschen, die von seinem Wesen, weder von seiner Problematik noch von seinem Adel auch nur einen Hauch gespürt hatten, die wahrscheinlich nie eines seiner Bücher auch nur gelesen haben, geschweige denn fähig gewesen wären, es zu verstehen.

Rathenaus Mutter hat an die Mutter eines seiner Mörder einen Brief geschrieben, ein Dokument schöner Menschlichkeit, der Rückstrahlung seines eigenen Wesens auf die Frau, mit der er lebenslang am festesten und tiefsten verbunden war:
»In namenlosem Schmerz reiche ich Ihnen, Sie ärmste aller Frauen, die Hand. Sagen Sie Ihrem Sohn, daß ich ihm im Namen und Geist des Ermordeten verzeihe, wie Gott ihm verzeihen möge, wenn er vor der irdischen Gerechtigkeit ein volles, offenes Bekenntnis ablegt und vor der göttlichen bereut. Hätte er meinen Sohn gekannt, den edelsten Menschen, den die Erde trug, so hätte er eher die Mordwaffe auf sich selbst gerichtet als auf ihn. Mögen diese Worte Ihrer Seele Frieden geben.«

[1] »Der innere Weg«, S. 153/154.
[2] Ebenda, S. 154.

lassung von Frauen zu den Justizämtern und zum Berufsrichteramt durch, die ohne Unterbrechung noch heute in Geltung stehen.

Seine persönlichste und größte Leistung als Gesetzgeber aber war der Entwurf zu einem neuen Reichsstrafgesetzbuch[1], der unter Mitwirkung eines Vertreters des österreichischen Bundesministeriums für Justiz — es war der bekannte Wiener Kriminalist Prof. Kadečka—beraten wurde, weil er als »Allgemeines deutsches Strafgesetzbuch« der Rechtsangleichung beider Staaten dienen sollte[2]. Dieser Entwurf war für Radbruchs Auffassung von den Aufgaben des Strafrechts kennzeichnend. Er sah grundlegende Neuerungen vor, wie die Beseitigung der Todesstrafe, die Ersetzung der Zuchthaus- und Ehrenstrafen durch andere Strafmittel, die Sonderbehandlung der Überzeugungsverbrecher. Mittels der von Frank und Goldschmidt übernommenen normativen Schuldlehre suchte Radbruch (unter Verzicht auf die Definition von Schuld»formen«) die Vorwerfbarkeit als allgemeinen Schuldbegriff gesetzlich zur Anerkennung zu bringen. Die Vereinfachung der Teilnahmebestimmungen und eine Verschmelzung von »Ideal«- und »Real«konkurrenz sollte das Strafrecht von begriffsjuristischen Formalien befreien. Alle diese Forderungen beruhten auf langjährigen Vorstudien und eigenen Gedanken, die teilweise bereits durch frühere Veröffentlichungen zur Diskussion gestellt waren.

Im Oktober 1922 gelangte »nach zwanzigjähriger Vorarbeit der erste amtliche Entwurf zum neuen StGB an das Kabinett«[3]. Aber am 22. November stürzte das Kabinett Wirth über innerparteilichen Auseinandersetzungen. Damit war Radbruch die Möglichkeit genommen, weiterhin für die Strafrechtsreform an führender Stelle tätig zu sein. Er kehrte in sein Kieler Lehramt zurück. Aber bereits ein Jahr später, am 13. August 1923, in der Zeit des Höhepunktes der Inflation, übernahm Radbruch das Ministerium noch einmal im Kabinett Stresemann[4].

---

[1] »Der innere Weg«, S. 155 ff.
[2] Ebenda, S. 156.
[3] Ebenda, S. 157.
[4] Sein Urteil über Stresemann faßte Radbruch in der S.V.Z. folgendermaßen zusammen:

Man hat kürzlich geistreich gesagt, in der Reihe der Menschenrechte sei eines vergessen worden: das Recht auf Irrtum. In der Tat hat man in Deutschland dieses Menschenrecht noch weniger als anderswo gelten lassen. Es war und ist bei uns schlechte Übung, Politikern lebenslang vorzuhalten, was sie im Wandel der Zeiten im Widerspruch zu ihrer späteren Haltung getan und gesagt haben. Dem

EINLEITUNG

Es war eine Zeit wachsender politischer Unruhe[1], die Radbruch weder zur Fortführung der Strafrechtsreform, noch zu neuen gesetzgeberischen Planungen kommen ließ. Am 2. November verließ er endgültig das Reichsjustizministerium[2]. »Während ich nach meiner ersten

Politiker ist das Recht versagt, »durch Irrtum zur Wahrheit zu reifen«. Es ist ein Zeichen für die Sonderstellung, die Gustav Stresemann in seiner letzten großen Periode gewonnen hat, daß man sich entwöhnt hatte, diesen wandlungsreichen Politiker mit seiner Vergangenheit zu konfrontieren.

Es kann nicht geleugnet werden, die von Stresemann gegründete Deutsche Volkspartei hat sich in der Politik des Weimarer Staates verhängnisvoll ausgewirkt. Man erinnert sich, welche Rolle die Frage der »Großen Koalition«, des Zusammengehens der drei demokratischen Parteien mit der als eine Partei der Rechten angesehenen Gruppe Stresemanns bei der Bildung oder Auflösung von Regierungskoalitionen immer wieder gespielt hat. Am schwersten hat jene Parteigründung aber auf ihren eigenen Gründer zurückgewirkt. Aus der eigenen Partei, dieser unnatürlichen Koppelung von einigen idealistischen Liberalen des Geistes mit anderen rücksichtslosen Liberalen der Wirtschaft, entstanden in Stresemanns Rücken immer neue Schwierigkeiten, deren Überwindung ihn einen großen Teil seiner Nervenkraft gekostet hat.

Gustav Stresemann hat im politischen Ränkespiel niemals vergessen, ein wie wichtiger Faktor das Vertrauen in die Persönlichkeit eines Politikers ist, niemals aufgehört, Vertrauen zu suchen und Vertrauen zu gewähren. Er war nicht ein bloßer kalter Rechner, sondern ein warmherziger Mensch, er war nicht nur ein politischer Taktiker, sondern er lebte auch aus der Idee – um es kurz zu sagen: aus der Idee Goethes.

Ehrgeiz? Gewiß: aber nicht jener blasse, verzehrende Ehrgeiz, der aus dem Gefühl der Minderwertigkeit entspringt, sondern der gesunde Ehrgeiz, der auf das Bewußtsein des eigenen Wertes und seiner erfolgreichen Durchsetzung gegründet ist – schon der klingende Tenor seiner festen Stimme drückte irgendwie aus, daß es mit seinem Selbstbewußtsein in bester Ordnung war. Ehrgeiz, jawohl, aber ohne Ehrgeiz wäre der volle Einsatz der Persönlichkeit, den die Politik fordert, wohl aber überhaupt unmöglich. Schon Vergil nennt nebeneinander gleichwertig die Vaterlandsliebe und die ungemessene Ruhmbegierde.

Um so ergreifender die letzte Phase von Stresemanns Leben. Erreicht war, was er für sich erstrebt hatte, jeder Ehrgeiz voll befriedigt, aber auch, wie er wußte, die Zeit seines Lebens nur noch kurz bemessen. Da bot er das Schauspiel eines Menschen, der nur noch seinem Werke gehörte, der sich an seinem Werke verzehrte und der nur noch *eine* persönliche Genugtuung kannte: sich auszuwirken in seinem Werk. Die Weimarer Republik hat erschreckend viele ihrer führenden Politiker vor der Zeit verloren: keiner war unter ihnen, der das Bild der sich im Brennen und Leuchten verzehrenden Kerze so in sich dargestellt hätte wie Gustav Stresemann: in serviendo consumor.

[1] »Der innere Weg«, S. 170 ff.
[2] Formell ausgeschieden mit dem 22.12.1922 (Pers.Akt. S. 34).

Ministerzeit nicht ohne Wehmut mitten aus begonnenen und nicht zu Ende geführten Arbeiten schied, war ich diesmal der Entbürdung von meinen Amtspflichten froh«, schreibt er in seinem Rückblick auf die Ministerzeit[1]. Als ihm am 27. Juni 1928 dieses Amt zum dritten Male angetragen wurde, lehnte er in dem Bewußtsein ab, daß von den »beiden Aufgaben, die sich auf die Dauer nicht vereinigen lassen: Politik und Wissenschaft[2]«, eben doch die letztere die eigentlich seinige war. Wie seine Politik auf wissenschaftlichen Erkenntnissen ruhte, mit wissenschaftlichen Mitteln begründet war und wie er sie andern auf wissenschaftliche Weise einsichtig zu machen versucht hatte; wie er stets in der leidenschaftslosen, aufmerksam prüfenden, grundsätzlich zur Selbstkorrektur bereiten Haltung des wissenschaftlichen Menschen politisch gehandelt hatte – so hat sich freilich auch seine wissenschaftliche Arbeit nie ganz von der Politik getrennt: in jenem höchsten Sinne nämlich, der sie als Lehre vom »gemeinen Besten« und als Kunst, es zu verwirklichen, begreift.

V.

1. In den nun folgenden Jahren seiner *Professur in Kiel* hat Radbruch die drei Hauptlinien seines Wirkens stetig weiter verfolgt.

a) Als Rechtsphilosoph bemühte er sich in mehreren Aufsätzen, welche die »Rechtsidee« als normativen Maßstab des positiven »Rechtsstoffs« behandeln, seine Lehre von der Antinomie der Rechtswerte weiter auszubauen.

b) Kriminalistische Arbeiten dienten der ferneren Vorbereitung des kommenden neuen StGB; so die ganz originale Studie »Der Überzeugungsverbrecher« von 1924, die er später zu einem Referat auf dem Kölner Juristentag 1926 erweitert hat. Im Stillen sammelte er Materialien zu seinen strafrechtsgeschichtlichen Zukunftsplänen; eine treffliche Studienausgabe der Peinlichen Gerichtsordnung Kaiser Karls V., der »Carolina«, mit Erläuterungen veröffentlichte er in dieser Zeit.

c) Auf dem *politischen Felde* kämpfte er nach wie vor mit den Mitteln des Rechts: in zwei großen Rechtsgutachten zum »Fall Fechenbach«[3]

---

[1] »Der innere Weg«, S. 176.
[2] Ebenda. Die Ablehnung geschah unter der Voraussetzung, daß das R. Just. Min. mit einem Sozialisten besetzt würde.
[3] Vgl. dazu *Radbruch* in »Justizkrise im Weimarer Staat« (Der Tagesspiegel v. 21. 11. 1948): »Felix Fechenbach, Kurt Eisners, des ersten bayerischen Staatspräsidenten, Sekretär, war wegen der Offenbarung längst bekannter Tat-

und zu dem Magdeburger Prozeß des Reichspräsidenten Ebert[1] suchte er Licht in verwickelte und von parteilicher Leidenschaft verdunkelte Vorgänge zu bringen, um so dem Recht zum Sieg zu verhelfen. Als ihm die Einladung zuging, die am Verfassungstag übliche Festrede vor dem versammelten Reichstag zu halten, entzog er sich diesem Auftrag nicht. Mit der ihm eigenen, sachbegeisterten und darum stets präzisen Beredsamkeit, die scharfe Antithesen zuspitzte, um sie wieder dialektisch zusammenzufassen, entwickelte er darin eine »Republikanische Pflichtenlehre«[2], die zur Stärkung des Staatssinns, des Rechtssinns und des Sozialsinns aufrief. Sie erblickte das Einigende in dem »eisernen Bestand politischer Ideen, der allen regierungsfähigen Parteien« gemeinsam bleiben müsse[3]. In dieser Rede, die erfüllt ist von politischem Ethos, hat Radbruch mit hoher politischer Erziehungskunst alle die anscheinend unüberwindbaren Fehler und Mängel des deutschen politischen Lebens aufgezeigt: Unduldsamkeit, Rechthaberei, mangelnden Sinn für Maß, Takt und Erreichbarkeit, Hinaufsteigerung praktischer Fragen zu Gewissensanliegen, zu enge Bindung des Politischen an bestimmte »Weltanschauungen«, die dadurch bedingte Starrheit des Parteiensystems, Überheblichkeit und als ihr Korrelat Unsicherheit im Verkehr mit dem Ausland, vor allem die verhängnisvolle Alternative

---

sachen unter dem Gesichtspunkt des Landesverrats zu vieljähriger Zuchthausstrafe verurteilt worden. Der tapfere Einsatz des Historikers Dr. Friedrich Thimme und die überraschende Entdeckung des Münchener Professors Kitzinger, schon im Zeitpunkt der Verurteilung Fechenbachs sei die Verfolgung verjährt gewesen, führten zur Freilassung Fechenbachs. Seine Rehabilitierung konnte aber nicht verhüten, daß er in der Hitlerzeit ums Leben gebracht wurde.«

[1] Ein politischer Gegner hatte den Reichspräsidenten des Landesverrats bezichtigt. Vgl. dazu Radbruch in »Justizkrise im Weimarer Staat« (Der Tagesspiegel v. 21. 11. 1948): »Ebert war während des ersten Weltkrieges in die Leitung eines ausgebrochenen Rüstungsstreiks eingetreten, aber erwiesenermaßen nur, um im Interesse der Landesverteidigung den Streik schnellstens ‚abzuwürgen'. Das mit dieser Beleidigung befaßte Gericht sah den Wahrheitsbeweis für den Landesverrat als gelungen an und verurteilte den Angeklagten nur wegen formaler Beleidigung. Sogar die damalige, rechtsgerichtete Reichsregierung sprach dem Reichspräsidenten sofort ihr Vertrauen aus. Später hat bei Gelegenheit eines anderen Prozesses auch das Reichsgericht die Annahme eines Landesverrats in der Person Friedrich Eberts für völlig unbegründet erklärt. Zu spät – denn inzwischen war Friedrich Ebert aus dem Leben geschieden.«

[2] Unter diesem Titel erschien die Rede in Kiel, o. J. (1926).
[3] Republ. Pflichtenlehre, S. 14.

zwischen völliger Uninteressiertheit am politischen Leben oder fanatischer Absolutierung des Politischen zum höchsten Lebenswert. In einer jedermann verständlichen, aber in keinem Wort banalen oder gar hohlen Sprache hat er aus einem Vers der Nationalhymne: »Einigkeit und Recht und Freiheit«, die positiven Werte der Verfassung entwickelt[1] und zu ihrer Verteidigung ermahnt.

2. Aufruf und Mahnung zur politischen Selbsterziehung, freilich vor einem anders gearteten Hörerkreis und über einen Gegenstand der Rechtsphilosophie, nicht der Rechtspolitik, enthielt auch die Antrittsvorlesung »Der Mensch im Recht«, mit der Gustav Radbruch am 13. November 1926 sein neues Lehramt in Heidelberg begann. Als Nachfolger des nach Bonn berufenen scharfsinnigen Dogmatikers und (das Erbe Rudolf Stammlers treu bewahrenden) Rechtsphilosophen Alexander Graf zu Dohna war Radbruch nach Heidelberg zurückgekehrt[2] – in jenes Heidelberg, das »die alte Heimat seines Geistes« war, dessen geistige Traditionen sich aber inzwischen verjüngt und vermehrt hatten.

Diese Rede stellte zunächst eine Betrachtung über die »verschiedenen Auffassungen des Menschen als Objekt der Rechtsordnung dar«. Sie wollte ferner zeigen, wie »sich das Recht den Menschen als sein Subjekt, als seinen Schöpfer vorstellte«[3]. Dabei ergab sich eine geschichtliche Entwicklungslinie, die vom »Recht des Gemeinschaftsbewußtseins für Gemeinschaftsmenschen«[4] über das »Recht individueller Gesetzgeber für beziehungslos gedachte Individuen«[5] zur neuzeitlichen Auffassung führt, die ein »Recht des Kollektivmenschen«[6] kennt, den Menschen als Glied der »organisierten Gemeinschaft« sieht. Wie stets übertrug auch diesmal Radbruch seinen philosophischen Gedankengang auf die politischen Verhältnisse. Mit dieser neuzeitlichen Auffassung vom Menschen im Recht, meinte er, bahne sich eine engere Verbindung von Demokratie und Sozialismus an: denn die vom Liberalismus dem Einzelnen garantierten »Rechte« wandeln sich im demokratischen Denken

---

[1] a. a. O. S. 6 f.
[2] Er hatte den Ruf zum 1. Okt. 1926 angenommen, die Anstellungsurkunde ist vom 27. Juli 1926 datiert (Pers.Akt. S. 68). Die Vereidigung fand am 2. Nov. 1926 statt (Pers.Akt. S. 90). Zuvor – am 10. 6. 1926 – war ein Ruf an die Handelshochschule Berlin von ihm abgelehnt worden.
[3] Der Mensch im Recht, S. 15 ff.
[4] a. a. O. S. 6. f.   [5] a. a. O. S. 8 f.
[6] a. a. O. S. 12 f.

mehr und mehr zu »Pflichten« um (»Eigentum verpflichtet«, »Wahlrecht ist Wahlpflicht«) und verbinden sich zu einer neuen sozialen Gesamtordnung. Die moderne Demokratie verstehe sich deshalb nicht als eine Summierung abstrakt frei und gleich gedachter Einzelner, sondern als soziologisches Beziehungsgefüge von Gruppen, Klassen und Parteien[1].

3. Diese »Philosophie einer sozialen Demokratie« hat Radbruch dann in den Mittelpunkt der Neubearbeitung seiner »Grundzüge der Rechtsphilosophie« gestellt. Er hat sie in einem Urlaubssemester zu Ende geführt, das ihm nach Ablehnung ehrenvoller Rufe nach Hamburg[2] und Berlin[3] gewährt wurde[4]. Er bedurfte der Ruhe und Sammlung[5]. Denn in vielfältiger Weise häuften sich immer neue Amtsgeschäfte: als Mitglied der Ständigen Deputation des Deutschen Juristentags, im Vorstand der Internationalen Kriminalistischen Vereinigung, als Mitglied der Berliner Akademie der Wissenschaften, im Beirat der Bruchsaler Strafanstalten[6], als Fakultätsdekan. Dazu kam eine ausgedehnte Vorlesungstätigkeit, oft wurde Radbruch auch zu Vorträgen nach auswärts gebeten[7]. Zudem verschärfte sich der strafrechtspolitische und politische Kampf immer mehr. Radbruch fühlte einerseits die Verantwortung, in diesen Auseinandersetzungen Stellung zu beziehen, sein Wort beizutragen, wo es helfen oder mahnen konnte; andererseits spürte er, seitdem er die Fünfzig überschritten hatte, auch deutlicher

---

[1] a. a. O. S. 13 f.
[2] Er hat den Ruf am 24. 12. 1928 erhalten und am 1. 2. 1929 abgelehnt (Pers. Akt. S. 144).
[3] Vgl. Frankfurter Zeitung Nr. 680 v. 12. 9. 1931.
[4] Der Antrag v. 10. 6. 1931 wurde am 20. 6. genehmigt (Pers.Akt. S. 222).
[5] Er mußte sich leider oft Arbeiten unterziehen, die ihn von seiner wissenschaftlichen Produktion abhielten. »Wieviel Zeit und Kraft habe ich dadurch verloren, daß ich mich durch die Pflicht zu Auftragsarbeiten, die widerwillig geleistet wurden und deshalb langsam fortschritten, von Neigungsarbeiten abhalten ließ!« schrieb er am 1. 12. 1940 an den Herausgeber.
[6] Seit dem 23. 1. 1929 (Pers.Akt. S. 130).
[7] So sprach er am 16. 12. 1930 in Darmstadt auf Einladung des »Amts für politische Bildung« vor der dortigen Studentenschaft über »Der Weg zur politischen Weltanschauung«; am 3. 3. 1931 sprach er in Heidelberg im Rahmen der städtischen Weiterbildungskurse für junge Erwerbslose über den »Geist der Weimarer Verfassung« (Pers.Akt. 3. 204 u. 214); am 24. 5. 1932 hielt er den Festvortrag zur Jahrhundertfeier der bad. Gefangenenfürsorge »Der Erziehungsgedanke im Strafrecht«.

die Grenzen, welche jedem menschlichen Leben gesteckt sind, und wünschte, wie er im Vorwort zur Neuausgabe der »Rechtsphilosophie« gesagt hat: »aufzuräumen und abzuschließen«.

Der theoretische Wert-Relativismus ist in dieser endgültigen Fassung als Grundprinzip einer kulturphilosophischen Rechtsphilosophie folgerichtig durchgeführt. Darunter verstand Radbruch eine Lehre von den Voraussetzungen, der Begründung und den praktischen Konsequenzen der innerhalb des abendländischen Kulturganzen denkmöglichen Rechtsideale. Er distanzierte sich damit sowohl von einer »wertblinden«, rein kausalen oder mechanistischen, pragmatisch-historischen oder naturalistisch-soziologischen Betrachtungsweise der sozialen Ordnung, wie von einer »wertüberwindenden« metaphysisch-religiösen Ordnungsidee, die sich auf ein axiomatisches Glaubensbekenntnis, sei es innerweltlicher Art, sei es transzendental, stützt. Indem er die Rechtswissenschaft als »wertbeziehende« Kulturwissenschaft betrachtete, rückte die Frage nach dem maß-gebenden Rechtswert für ihn in den Mittelpunkt. Dieser kann nicht in der »Rechtsidee« selber liegen, weil sie, als *formales* Prinzip, der Ausfüllung durch metajuristische Kultur-Werte bedarf. Der formale »oberste Rechtswert« war für Radbruch nicht allein die »Gerechtigkeit« als Prinzip der Gleichheit, sondern eine antinomische Trias einander ergänzender und widersprechender Leitgedanken: »Gerechtigkeit«, »Rechtssicherheit«, »Zweckmäßigkeit«. In welchem Rangverhältnis diese drei Leitgedanken zueinander stehen, bestimme sich nach der sozialen Grundanschauung, innerhalb deren das Recht seinen Platz nimmt. Diese könne »individualistisch«, auf den Einzelnen und seine »Freiheit« als obersten Wert bezogen sein, aber auch »überindividualistisch« oder kollektivistisch und damit auf eine »Gemeinschaft« ausgerichtet, deren Glied zu sein, erst dem Einzelnen seinen sozialen Sinn gebe; sie könne aber auch »transpersonalistisch« verstanden werden und damit den Wert des Rechts nach seiner Eignung für den Schutz eines gewissen objektiven, obersten »Gutes« oder eines Kreises von Kulturgütern bestimmen, in deren Verwirklichung sowohl der Sinn des menschlichen Einzeldaseins als auch seines Gemeinschaftslebens erblickt wird. Auf diese Trias möglicher Grundformen abendländischer Rechtsideale richtete Radbruch nun sämtliche allgemeinen und besonderen Probleme der Rechtsphilosophie aus, um jeweils die aus der eingenommenen Grundstellung folgenden Konsequenzen zu entwickeln. Insbesondere verwendete er den Gedanken zu einer umfassenden Systematik des politischen Parteienlebens. Er sah nämlich die drei Möglichkeiten der Sozialordnung – die individualistische, die kollektive und die transpersonalistische – gespiegelt in den Programmen der großen politischen Parteien – liberalen, sozialistischen, konservativen – und strebte eine Problemübersicht an, welche den grundsätzlichen Ernst der politischen Entscheidung sichtbar machen sollte, ohne die Freiheit der Entscheidung irgend jemand zu beschneiden oder gar durch eine Anweisung abnehmen zu wollen.

Seine Rechtsphilosophie ist also eine Klärung der möglichen und sinnvollen rechtsphilosophischen *Fragen;* sie bietet keine billigen oder diktatorischen Antworten an, sie will alles einschließen und nichts ausschließen. Vor jeder voreiligen oder gar einseitigen Antwort will sie warnen und damit der Wahrheitserkenntnis dienen, zur Toleranz und Selbstbescheidung erziehen und ausrüsten, tüchtig machen sowohl zum wissenschaftlichen als auch zum politischen Kampf, indem sie die »Wertbegründungen« für jede »Wertentscheidung« aufzeigt.

Radbruchs Rechtsphilosophie von 1932 war eine Exposition des Problembestandes und zugleich eine Explikation der ihn bedingenden Erkenntnisgründe. Insofern ist sie im besten Sinne des Wortes eine »Einführung« oder »Vorschule« aller rechtsphilosophischen Fragestellung überhaupt. Ihre Erkenntnisse stellen Stufen des Denkens dar, die niemand überspringen kann ohne sich in uferloser Spekulation zu verlieren, leerem Begriffsformalismus oder einseitigem Fanatismus für ein bestimmtes, vorgefaßtes und absolut gesetztes Rechtsideal zu verfallen. Aber das sind freilich Erkenntnisse, die nur *den* richtig belehren können, der sich belehren lassen *will;* sie setzen die hörbereite und ehrfürchtige Haltung eines Menschen zur Welt voraus, der an die ordnende Kraft der Vernunft glaubt, ohne deshalb dem Aberglauben an ihre Schöpfermacht zu frönen und zu wähnen, daß »die Welt, dividiert durch die Vernunft, ohne Rest aufgehe«.

Insofern diese abschließende Form, welche Radbruch seinem rechtsphilosophischen System gegeben hat, auch eine künstlerische Form war, erscheint das Buch in zweifachem Sinne als eine dauernde Leistung; es spiegelt die Anwendung einer ganz bestimmten Zeitphilosophie: des südwestdeutschen Neukantianismus, auf eine ganz bestimmte Zeitlage des deutschen Rechtslebens wider; dabei blickt die einmalige Persönlichkeit eines Denkers hindurch, dessen Philosophie durch Ursprünglichkeit des Philosophierens vorbildlich bleibt, auch wo der

Nachvollzug ihrer Methode und die Aneignung ihrer Ergebnisse unserem Fragen nicht mehr zu genügen vermögen.

4. Zog Radbruch in der Neuauflage der »Rechtsphilosophie« die Summe seines Erkennens, so bildet die etwas früher, aber auch in den Heidelberger Jahren (1927) erschienene kleine Schrift »*Kulturlehre des Sozialismus*« sein abschließendes politisches Bekenntnis. In ihr versuchte er, die »sozialistische Weltanschauung« als tragenden Grund einer Kulturerneuerung aufzuweisen und den Entwurf eines sozialistischen Kulturstaates zu wagen. Dabei leiteten ihn Gedanken Goethes aus Wilhelm Meisters Wanderjahren: »Glied sein in dem Organismus eines sozialen Ganzen – das sei die Bestimmung des künftigen Menschen«[1]; hier habe Goethe ahnend prophezeit, auch wie er vom »heraufdrohenden Maschinenwesen« sprach, das die traditionellen Wirtschaftsformen vernichten werde: »Es wälzt sich heran, wie ein Gewitter, langsam, langsam, aber es hat seine Richtung genommen, es wird kommen und treffen«[2]. Schon während seiner Soldatenzeit hat Radbruch diesen Gedanken konzipiert, 1919 zuerst in der Zeitschrift »Logos« skizziert, dann weiter verfolgt und bis zuletzt in Goethes Wanderjahren den eigentlichen sozialen Bildungsroman der Neuzeit, den maßgebenden Entwurf einer sozialistischen Gemeinschaftskultur gesehen.

VI.

1. Nach einem strengen Arbeitswinter, erfüllt von mündlichen und schriftlichen Diskussionen über die Weiterführung der seit dem Herbst 1932 gänzlich stockenden Strafrechtsreform, deren Krise ein Symptom der eingetretenen Staatskrise war, nahm Radbruch Anfang April am Kongreß der Internationalen Association de droit pénal in Palermo teil. Bei seiner Heimkehr hatte sich der Umschwung der Machtverhältnisse bereits vollzogen; auch in Baden waren die Nationalsozialisten zur Herrschaft gekommen[3]. Am 9. Mai 1933 wurde »mit Postzustellungsurkunde« in seiner Wohnung, dem schon von Graf zu Dohna bewohn-

---

[1] Gestalten und Gedanken, S. 97.
[2] Zit. i. »Gestalten und Gedanken«, S. 99.
[3] Radbruch hatte für das Sommersemester 1933, gemäß seinem vom 1. Oktober 1929 an erteilten Lehrauftrag für Staatskunde (Pers.Akt. S. 184), eine Vorlesung über »Die Staatsform der Demokratie« angekündigt. Auf Grund »kollegialer Besprechung« (Brief des Rektors an das Kultusministerium v. 28. 3. 1933) verzichtete er darauf (Pers.Akt. S. 248).

ten Professorenhaus an der Moltkestraße 27, ein offizielles Schreiben abgegeben[1], das seine Entlassung aus dem badischen Staatsdienst[2] auf Grund des »Gesetzes zur Wiederherstellung des Berufsbeamtentums« vom 7. April 1933 aussprach. »Nach seiner ganzen Persönlichkeit und seiner bisherigen politischen Betätigung bietet er nicht die Gewähr dafür, daß er jetzt rückhaltlos für den nationalen Staat eintritt«, lautete die Begründung.

Dies wurde einem Manne gesagt, der seine ganze Arbeit in den Dienst höchster Lebenswerte gestellt hatte und unablässig um die Bewahrung der geistigen Güter der Nation bemüht war, einem Bürger, der zudem drei Jahre lang als Soldat »für sein Land gekämpft«[3] hatte, und einem Denker, der durch überragende wissenschaftliche Leistung seinem Vaterland neues Ansehen, der deutschen Justiz in weitesten Kreisen des Volkes neues Vertrauen gewonnen hatte ... Er hat nichts darauf entgegnet, und die nun einsetzenden Ungerechtigkeiten und Kränkungen — selbst Haussuchungen blieben ihm nicht erspart[4] — schweigend getragen. Um so ergreifender klingen zwei Stimmen aus jenen Tagen zu uns, deren Äußerungen erhalten geblieben sind. Am 9. April 1933 schrieb Radbruchs langjähriger Sekretär, ein stiller, in bescheidensten Verhältnissen lebender ehemaliger Indologiestudent und polnischer Staatsangehöriger, an den Referenten im Kultusministerium:[5] »Ich möchte Ihnen doch sagen, daß ich in meinem ganzen Leben noch nie einem Menschen begegnet bin, der über ein solches Maß

---

[1] Pers.Akt. S. 250.
[2] Die endgültige Entlassung erfolgte erst am 12. Juli, weil infolge der DurchführungsVO zum Berufsbeamtengesetz vom 6. Mai 1933, die *vor* der Eröffnung des Entlassungsschreibens vom 29. 4. 33 in Kraft getreten war, die Zuständigkeiten in Karlsruhe sich verschoben hatten und die ursprüngliche Entlassung auch nach damaligem Recht sich als formell ungültig herausgestellt hatte (Pers.Akt. S. 272/297).
[3] Radbruchs eigene Worte in seiner Abschiedsrede vor den Heidelberger Studenten am 13. 7. 1948. Vgl. dazu seine Ausführungen, daß »nicht alles Militärische militaristisch« sei, in: »Glosse zu einem Schlagwort« (R. Ausgabe der »Hessischen Nachrichten« Nr. 11 S. 4 v. 26. 6. 1946); ferner seine Zustimmung zu dem Buch von General Bernhard Schwertfeger »Rätsel um Deutschland« (Rh. N. Ztg., Ende 1947).
[4] So meldet ein SA-Oberführer (Pers.Akt. S. 264), daß er am 20. 4. 1933 bei Radbruch eine Haussuchung mit Beschlagnahmungen durchgeführt habe, an den Hochschulreferenten im Kultusministerium.
[5] Pers.Akt. S. 254/258.

von Loyalität, Anständigkeit und Toleranz verfügte, wie Herr Prof. Radbruch. Ich, der Ausländer, möchte doch zum Ausdruck bringen, daß jedes andere Volk die Deutschen um einen Mann wie Prof. Radbruch, dessen Werke ja sogar ins Japanische übersetzt worden sind, beneiden könnte.« Und am 21. Juli schrieb ein ehemaliger Schüler Radbruchs, ein junger Nationalsozialist, der die Heidelberger NS-Studentengruppe gegründet hatte, an die gleiche Amtsstelle:[1] »Ich weiß, daß Prof. Dr. Radbruch ein überzeugter Marxist und somit schärfster Gegner des Nationalsozialismus war. Für diese Überzeugung ist Prof. Radbruch offen eingetreten; ja bereits vor dem Kriege war er Sozialist. Meines Erachtens muß er also schon in jener Zeit ein Idealist gewesen sein. Der Kampf, den Prof. Radbruch gegen den Nationalsozialismus geführt hat, war unzweifelhaft sauber und ehrlich.... Einen anderen Abgang hätte er wahrlich verdient.... Daß Prof. Dr. Radbruch ein Idealist und ein ehrlicher politischer Gegner war, darüber sind alle seine Gegner einer Meinung.«

Ein Mann, dem in solchem Unglück ein vertrauter Mitarbeiter und ein heftiger Widersacher im gleichen Sinn ein solches Zeugnis gaben, vermochte es, das ihm geschehene Unrecht unverbittert zu tragen und durfte, was er »für die Freiheit gelitten« hat, als eine Ehre achten[2].

2. Als Radbruch im Herbst 1926 seine Heidelberger Antrittsrede mit dem Goethewort schloß: »Schaff, das Tagwerk meiner Hände, hohes Glück! daß ich's vollende«, hatte er die ihm drohenden Jahre des inneren Exils, der erzwungenen Isolierung vom Öffentlichen nicht geahnt. Nun war dieses Tagwerk jäh unterbrochen; eine neue Lebensordnung mußte gefunden werden. Es gelang, dank seiner inneren Bereitschaft, jeweils der »Forderung des Tages« Genüge zu tun. Ein gelassenes Sichfinden in das Notwendige, wie er es stets geübt hatte, half ihm auch jetzt die schweren Anfangsmonate der Entfernung vom Amt zu überwinden. Bereits im Mai begann er täglich im Magazin der Universitätsbibliothek zu arbeiten[3]. Ein langgehegter, ausgereifter Plan wurde jetzt ausgeführt, ein schriftstellerisches Vorhaben, das ihn schon in den ersten Dozentenjahren beschäftigt hatte[4]: die Biographie Anselm v.

---

[1] Pers.Akt. S. 298/299.
[2] So *Radbruch* in seiner Abschiedsrede an die Heidelberger Studenten v. 13. 7. 48.
[3] Der Zutritt zum Magazin wurde ihm ab 9. Mai 1933 wieder gestattet (Pers. Akt. S. 270).
[4] Am 18. 6. 1910 erhielt Radbruch vom bad. Kultusministerium 500 Mark »zum Zwecke der Vorbereitung einer Biographie von Anselm Feuerbach« (Erlaß Nr. B 7417, Pers.Akt. S. 30).

Feuerbachs, des Gesetzgebers und Rechtsdenkers, eines einzigartigen Juristen künstlerisch-wissenschaftlicher Prägung, in dem er einen echten Ahnen eigener Geistesart erkennen und beschreiben durfte.

a) Im Jahre 1934 ist dieses Buch in Wien erschienen, da es in Deutschland keinen Verleger mehr fand. Mit ihm begann eine neue Phase von Radbruchs literarischem Schaffen. Die Verbindung denkerischer und dichterischer Sprache erscheint jetzt bewußt gepflegt; wie sie dem Thema als einem auf der Grenze von Kunst und Wissenschaft liegenden Gegenstand entsprach.

Es ist Biographie und Werkgeschichte, Ruhmesgeschichte und Deutung der geistesgeschichtlichen Umwelt zugleich. Beschreibung und Bewertung, Analyse und konstruktiver Nachvollzug der Gedanken, wie intuitive Einfühlung in die Pläne und Motive von Feuerbachs vielseitigem Werk wechseln ab. Die vielschichtige Persönlichkeit ist als ein lebendiges Ganzes angeschaut und meisterhaft dargestellt. Man sieht, wie vielerlei zusammenkommen muß, um ein geistiges Leben von herausgehobener Art zu bewirken: bedeutende Anlagen, anspornender Widerstand der Umwelt, aber auch fördernde Freunde und jene unwägbare Gunst des Augenblicks, die einem neuen Gedanken den erforderlichen Widerhall schafft; unsägliche Mühen und Anstrengungen des Geistes, immer erneutes Umformen verworfener Ideen, geduldiges Anpassen der eigenen Gedanken an die Wünsche, Forderungen und Traditionen der Zeitgenossen; Auflockerung der Fachgelehrsamkeit mit den kritischen Maßstäben einer weiten und tiefen Geistesbildung, die nicht nur aus Büchern gewonnen, sondern im Umgang mit Gleichstrebenden erprobt und bewährt ist, eine nie erlahmende Begeisterungsfähigkeit des Gemüts und ein mutiges Herz, das im Einsatz für das Recht keinem Kampf ausweichen will.... All dieses und noch mehr: das lebendige Ganze eines solchen vorbildlichen »Juristenlebens« wollte Radbruch – nicht zur Nachahmung, aber zur Selbstprüfung – der jungen Generation vor die Augen stellen. Aber er wollte auch, weil die Begriffe von Wahrheit und Recht seit alters untrennbar verbunden sind, dem Leser zeigen, daß Feuerbachs Leben, das viel Licht verbreitete, auch tiefe Schatten warf; daß es nicht nur von der Gunst einer besonderen Fügung angestrahlt, sondern auch von bitteren Erfahrungen, traurigen Ereignissen und düstern Stunden verdunkelt war; daß sein Weg auch die Umwege des Irrtums und die Abwege der Leidenschaft nehmen mußte. So ist es ihm gelungen, mit seinem »Feuerbach« nicht nur ein Juristen-, sondern ein Menschenbild zu gestalten, das wohl geistesgeschichtlich höchst interessant, aber mehr noch menschlich-erzieherisch verpflichtend ist.

b) Ausländische Hochschulen bemühten sich in diesen Jahren, Radbruch zu gewinnen. Es ergingen Rufe an ihn aus der litauischen Universität Kaunas[1], sowie an die Law School in New York. Später erhielt er von Zürich[2] und Lyon Lehraufträge für Rechtsphilosophie. Radbruch lehnte sie nach reiflicher Erwägung der schwierigen Umstände ab[3], folgte aber 1935 einer einjährigen Einladung nach England. Bis 1936 verbrachte er anregende Monate des Lernens und Forschens im University-College in Oxford und nutzte die Gelegenheit, das englische Gerichtswesen, besonders die einzigartige Stellung und Tradition des Richtertums näher kennenzulernen. Aus diesen Erfahrungen ist seine spätere Studie über den »Geist des englischen Rechts« (1947) hervorgegangen. In den gleichen Jahren wurden auch Übersetzungen seiner »Rechtsphilosophie« ins Portugiesische und Polnische veranstaltet, nachdem die »Einführung« bereits 1915 durch eine russische, eine polnische 1924, eine spanische 1930 und gleichzeitig durch eine japanische Übersetzung weite Verbreitung im Ausland gefunden hatte. Jetzt erschienen kleinere Arbeiten, teils Selbstreferate, teils strafrechtshistorische oder dogmatische Studien in ausländischen Zeitschriften; in englischer, französischer und italienischer Sprache. Die Breite der Wirkung Radbruchs im Ausland nahm auf diese Weise immer zu[4], während

---

[1] Im September 1934.
[2] Es handelte sich um einen Lehrauftrag für eine dreistündige Vorlesung über Grundzüge der Rechtsphilosophie, welchen die Erziehungsdirektion des Kantons Zürich für das Sommersemester 1937 erteilt hatte (Pers.Akt. S. 336 ff.).
[3] Die nationalsozialistische Karlsruher Zeitung »Der Führer« schrieb dazu in ihrer Nr. 426 v. 15. 9. 1934: »Professor Radbruch hat sich auf besondere amtliche Veranlassung in loyaler Weise dazu entschlossen, die an ihn ergangene Berufung nach Kowno abzulehnen. Hiermit entfallen alle gegen ihn in der letzten Zeit in einzelnen Blättern gerichteten Angriffe.« (Pers.Akt. S. 328). Die Ablehnung des Züricher Lehrauftrags wurde von Berlin aus gewünscht und Radbruch »in geeigneter Form nahegelegt«. (Pers.Akt. S. 352). Darauf schrieb Radbruch an den Rektor der Universität Heidelberg: »Obgleich Gründe mir weder mitgeteilt noch für mich ohne weiteres erkennbar sind, habe ich mich, wenn auch mit großem Bedauern veranlaßt gesehen, den Züricher Stellen meinen Verzicht auf den Lehrauftrag mitzuteilen.« (Pers.Akt. S. 254).
[4] Zu seinem 60. Geburtstag veröffentlichte die Handelsuniversität Tokio eine Festgabe mit Beiträgen japanischer Wissenschaftler.

ihm in Deutschland nur ein enger Kreis zur Aussprache und Anregung verblieb. Hier waren es, neben den Heidelberger Freunden Marianne Weber, Marie Baum, Karl Jaspers und Walter Jellinek, vor allem die engen geistigen Beziehungen zu dem Literarhistoriker Reinhard Buchwald (geb. 1884), der im benachbarten Ziegelhausen lebte, zu Gustav Hartlaub, dem Kunsthistoriker und Förderer des regen Mannheimer Kunstlebens (geb. 1884) und zu dem Historiker Franz Schnabel (geb. 1887), der 1934 aus seiner Karlsruher Professur entlassen worden war, die Radbruch neue Antriebe gaben. Aus vielen Gesprächen mit diesen Freunden sind die Ansätze zu jenen literarhistorisch, kulturhistorisch und kunsthistorisch gerichteten Studien des Jahrzehnts von 1934 bis 1944 hervorgegangen.

c) Zu seinem sechzigsten Geburtstag am 21. November 1938 sammelte Radbruch eine Reihe speziell *strafrechtsgeschichtlicher Studien*, von denen die zweite, über »Planetarische Kriminalanthropologie« den bisher unerforschten Beziehungen der Astrologie der beginnenden Neuzeit zum Strafrecht nachging und eine Fülle neuer Erkenntnisse zur Verbrechensgeschichte brachte – sie dürfte wohl durch Hartlaubs Studien über astrologische Symbolik in der alten Kunst mit angeregt worden sein. Die erste, über den »Ursprung des Strafrechts aus dem Stande der Unfreien«, hat eine bereits von Köstlin, v. Bar und Jastrow verfochtene Hypothese neu untersucht und mit überzeugenden Argumenten einsichtig gemacht. Die dritte zeugt von Radbruchs Vorliebe für die sozialgeschichtliche Deutung symbolischer Kunstwerke[1]; sie untersucht die »Hexenbilder Hans Baldungs« auf ihren möglichen (sicherlich ungewollten) Einfluß für die Enstehung der Hexenverfolgungen in Südwestdeutschland seit dem Ende des 16. Jahrhunderts. In der vierten Studie hat Radbruch den »Geistesgeschichtlichen Hintergrund der ersten Zuchthäuser« aufgehellt, indem er auf das theologische Fundament der im holländischen Calvinismus und seiner Sozialethik wurzelnden Einrichtungen der Amsterdamer Anstalten von 1597/99 aufmerksam machte. Einen theologischen Hintergrund hat auch die traurige Geschichte von »Peter Günther – Narr und Held«, einem Lübecker Kriminalfall aus dem Zeitalter der lutherischen Orthodoxie, worin der langwierige Prozeß gegen einen Handwerksgesellen, der aus religiöser Überzeugung die Gottheit Christi leugnete, bis zu seiner

[1] Vgl. dazu auch seinen Aufsatz »Totentänze« i. d. Kulturbeilage der »Hessischen Nachrichten« v. 5. 1. 1946.

Hinrichtung erzählt wird. Wie schon dieser und der Baldung-Aufsatz die Gedanken des Lesers in die Richtung von Toleranz und aufgeklärter Humanität zu leiten bemüht sind, tun es, und noch betonter die beiden letzten Studien. Die sechste berichtet das Urteil des Basler Philanthropen Isaak Iselin, des Förderers Pestalozzis und Basedows und Verfassers der für Herders Gedanken grundlegenden »Geschichte der Menschheit« (1764) über Cesare Beccaria (1738–1794), den »italienischen Montesquieu«, dessen in 22 Sprachen übersetzte Schrift »Dei delitti e delle pene« das zeitgenössische Ringen um die Grundlagen eines zweckmäßigeren und menschlicheren Strafrechts eröffnet hat. Die siebente Studie deutet die geistesgeschichtliche Gestalt Franz von Liszts unter dem Blickpunkt seines Kampfes für Gewährung rechtsstaatlicher Garantien für den Angeklagten im Strafrecht und soziale Sicherung vor dem Verbrecher durch zielbewußte Kriminalpolitik – also jener dialektischen Verbindung eines liberal-sozialen strafrechtlichen Denkens, die auch für Radbruch charakteristisch war.

Veröffentlicht hat Radbruch diese sieben Studien unter dem Titel »Elegantiae Iuris Criminalis« – der die »fröhliche geschichtliche Neugier« bezeichnen sollte, »aus der diese Arbeiten entsprungen sind, aber natürlich nicht ihre Methode, die mit der eleganten Jurisprudenz des 18. Jahrhunderts nichts gemein hat«[1]. Als eine Rechenschaftslegung über weit gespannte Arbeitsgebiete, »in einem zum Rückblick auffordernden« Zeitpunkt seines Lebens war das Buch gedacht; es enthält aber in allen seinen Teilen bereits Vorblicke auf eine weitere Stufe seines Denkens, gestattet Einblick in eine allmählich geschehene innere Wendung Radbruchs. Es war nicht eigentlich eine Wandlung, eher die Entfaltung einer bisher durch die ständige Aktivität seines Lebens und die von ihr beanspruchte Zurückdrängung kontemplativer Bedürfnisse noch nicht voll entwickelten Anlage: der metaphysischen. Das metaphysische Bedürfnis bricht sich nun mehr und mehr Bahn und bestimmt die Wahl seiner Forschungsgegenstände. Es führte ihn zuerst zu einer der Spranger'schen »Weltfrömmigkeit« verwandten Haltung[2], dann zur

---

[1] Elegantiae, Vorwort.

[2] »Ich hatte vor kurzem einen Briefwechsel mit Spranger über seinen Vortrag: ‚Weltfrömmigkeit' und meine alte Arbeit ‚Religionsphilosophie des Rechts', die beide sehr ähnliche Ideen vertreten. Dabei kam mir ein Gedanke…: das Religiöse, als eine in allen Menschen angelegte Möglichkeit ihres Wesens, als stillschweigende, notwendige Voraussetzung ihres Lebens, als Apriori des Lebens

Wiederbegegnung mit dem Christentum und läßt uns ergriffen teilnehmen an einer von Äußerung zu Äußerung sich verstärkenden und vertiefenden Religiosität.

VII.

1. Als Gustav Radbruch auf der ersten Seite seiner »Elegantiae« die Widmung »Renatae et Anselmo liberis carissimis« vollzog, sah er in seinen Kindern, in der eben erwachsenden jungen Generation die Erben jenes »lebendigen Geistes, dem er nach seinen Kräften ein Leben lang zu dienen bemüht war«[1]. Er konnte nicht ahnen, daß die schwersten Prüfungen seines Lebens erst noch bevorstanden.

Im Frühjahr 1939 wurde ihm die Tochter durch einen Sportunfall im Gebirge jäh entrissen. Sie hatte in München Kunstgeschichte studiert und bereits eine Doktor-Dissertation in Bearbeitung genommen. Radbruch hat diese Arbeit erweitert und zu Ende geführt[2]; sie ist 1941 in den Münchener Beiträgen zur Kunstgeschichte erschienen. Ihr Gegenstand: die Spiegelung der sozialen Verhältnisse des deutschen Bauernstandes zur Zeit der Bauernkriege in zeitgenössischer bildender Kunst, berührte sich mehrfach mit Radbruchs strafrechtsgeschichtlicher Forschung. Die Doppel-Arbeit ist also nicht nur als schönes Zeugnis der Pietät, sondern auch als Beitrag zu Radbruchs historischer Anschauung bedeutsam.

Als der zweite Weltkrieg ausbrach, kam Radbruchs einziger Sohn, 1918 geboren, der gerade den Arbeits- und Militärdienst hinter sich hatte, als Soldat ins Feld. Mitten in die seelische Einsamkeit und die mannigfaltigen Nöte des Lebens im Felde sandte der Vater ihm ein »Spruchbuch für Anselm«[3], eine Zusammenfassung von Lesefrüchten aus der dichterischen und philosophischen Literatur, eine »eiserne Ration« gleichsam des Denkens und Dichtens, die gewiß auch noch manchen Kameraden erquickt und erbaut hat. Im Herbst 1942 kamen die Nachrichten aus Rußland spärlicher, dann die Meldung einer schweren

---

überhaupt... die ‚anima naturaliter religiosa', der ‚Glaube des Ungläubigen'« (Brief an den Herausgeber v. 1. 11. 41).

[1] Elegantiae, Vorwort.
[2] Brief an den Herausgeber v. 26. 4. 39: »... ich will die von meiner Tochter begonnene Dissertation weiter und zu Ende führen – ein kleiner Trost in dem Geschick, das uns getroffen hat.«
[3] Es ist von F. v. Hippel redigiert und herausgegeben worden unter dem Titel »Kleines Rechtsbrevier«, Göttingen 1954.

Verwundung am 26. November, wenige Tage später ist Anselm Radbruch in einem Lazarett gestorben.

2. Aber auch diese härtesten Schläge haben die Arbeitskraft des Vaters nicht gebrochen und seinen Willen nicht gelähmt, die freundlichen wie die feindlichen Erfahrungen, erhebende wie niederdrückende Erlebnisse in geistige Produktion zu verwandeln. In aller Stille sammelte er sich zu einer »Bestandsaufnahme seiner geistigen Existenz«, die er in Gestalt von acht geistesgeschichtlichen Studien zusammenfaßte. Sie behandeln in neun einzelnen Essays: Ciceros Consolatio[1], Michelangelos Mediceerkapelle, Shakespeares Maß für Maß, Goethes juristisches und soziales Denken in den Straßburger Promotions-Thesen und im zweiten Band des Wilhelm Meister, den englischen Moralisten Dr. Johnson (1709–1784), die Familie Feuerbach als geistige Dynastie und den genialen französischen Graphiker Daumier[2] als Justizkritiker. Ihren Abschluß bildet ein feierlich-ernstes Bekenntnis zu Goethe.

3. Gleichzeitig mit dieser, 1943 beendeten und in aller Heimlichkeit vom Leipziger Verlag Koehler & Amelang gesetzten Arbeit, zog Radbruch die Summe seiner inzwischen zur vollen Klarheit des Bewußtseins gebrachten Religiosität in einer literarhistorischen Studie über *Theodor Fontane*. Sie sollte ursprünglich Teil einer Gemeinschaftsarbeit werden, für die er »Jaspers, Spranger, Ricarda Huch, Marianne Weber, Buchwald und Hartlaub gewonnen hatte«[3]. In dieser Gemeinschaftsarbeit dachte Radbruch den »zuweilen sehr gelockerten Zusammenhang des modernen Menschen mit dem religiösen Glauben« am Beispiel großer Persönlichkeiten sichtbar machen zu können; er dachte an Denker und Dichter, die »zwischen Skepsis und Glauben« beharren, ohne je »den Wert der positiven Religion zu unterschätzen«[4]. Dabei ging es ihm aber um mehr als um bloße Renaissance humanistischer

---

[1] »Ich habe in der Tat in den letzten Jahren große Freude gehabt an lateinischer Lektüre, besonders an Cicero, über dessen consolatio beim Tode seiner Tochter Tullia ich auch einen kleinen Aufsatz geschrieben habe« (Postkarte a. d. Herausgeber v. 26. 5. 43).
[2] Selbständig veröffentlichte er: »Karikaturen der Justiz«, Lithographien von *H. Daumier*, ausgewählt und eingeleitet von *Gustav Radbruch*, Heidelberg 1947.
[3] Zum 80. Geburtstag der Dichterin (18. 7. 1944) schrieb Radbruch »Vier lose Blätter für Ricarda Huch«, die damals nicht gedruckt werden konnten, aber 1954 zum Gedenken des 90. Geburtstages Ricarda Huchs von Lydia Radbruch veröffentlicht worden sind (»Die Sammlung«, 9. Jg., 7/8. Heft [1954], S. 355–360).
[4] Postkarte an den Herausgeber v. 14. 3. 42.

Immanenzreligion. »Unsere These ist ja gerade die, daß die ... erasmische Religiosität nicht aus eigener Kraft leben und sich fortpflanzen kann, vielmehr immer wieder auf einen positiven Glauben und eine kirchliche Gemeinschaft zurückgreifen muß – aus ihnen kommt sie her, aus ihr muß jede Generation sie von neuem entwickeln. Unsere Arbeit bewegt sich also durchaus in der Richtung ›konkreter‹ Religion«[1]. Radbruch selbst beschränkte sich, nachdem jener Plan zum Scheitern gekommen war[2], auf die Darstellung dieser Spannung von »Skepsis und Glaube« bei Fontane[3].

Die Dichtung, noch mehr die geistige Persönlichkeit Fontanes mußte Radbruch besonders anziehen, denn die Mischung von altpreußischer Strenge gegen sich selbst, Exaktheit, Pünktlichkeit, sich von selbst verstehendem Ethos bei gelassener Objektivität, heiterer Toleranz und Menschenfreundlichkeit war ihm verwandt. Auch der Sinn für Distanz und Gradunterschiede im Menschlichen und Geistigen, die Lust am romanischen Esprit und der Sinn für klassische Form ohne jedes Haften an Förmlichkeiten, ein gründlicher Haß gegen alles Verschwommene, Eingebildete, Beschränkte, Fanatische, waren Charakterzüge Fontanes, in denen Radbruch sich wiedererkennen durfte, – nicht weniger in der Tendenz, alles mit heller Vernunft zu durchleuchten, die mit praktischer Verständigkeit gemischt und erwärmt war von einem spielerisch-phantasievollen, reagiblen und tief angelegten Gemüt. Das war Fontanes Wesensart, die der Radbruchs in so vielem glich, weil er, wie Fontane, bei sehr genauer Kenntnis aller Werte und ihres unterschiedenen Ranges, bei heftigem Ja- aber auch Nein-Sagen zu ihnen, sich im Grunde doch an ihrer Fülle freute und gelten ließ, was irgend noch passabel schien, jedoch au fond eine heilige Scheu vor dem Divinatorischen bewahrte, die er hinter humoristisch-burleskem Spott verbarg. Wie Fontanes Romane der (im doppelten Sinn des Wortes) eitel gewordenen Aristokratie ebenso bittere Wahrheiten sagten, wie er den geltungssüchtigen und eigensinnigen Bourgeois, besonders aber die anspruchsvolle, hohle Bourgeoise noch in ihren letzten Verkleidungen: Sentimentalität, Hurra-Patriotismus oder Talmi-Bildung aufspürte, da-

---

[1] Brief a. d. Herausgeber v. 15. 3. 42.
[2] Brief an den Herausgeber v. Ostersonntag 1942: »Wo die Religion anfängt, hört leider die Toleranz oft auf.«
[3] Die Arbeit war im Dezember 1942 fertig und an den Verlag Koehler & Amelang in Leipzig abgegangen (Postkarte an den Herausgeber v. 21. 12. 42).

bei aber voll Liebe war für das echte und ursprüngliche Ethos des
»kleinen Mannes«, den schlichten, gerade gewachsenen, wirklichen
»Naturen« aller Stände gerecht wurde und mit dem Spürsinn des höchsten esprit de finesse für wirklichen Adel des Menschentums ihn überall
herausfand und ihm seine Reverenz erwies − in der Geschichte wie in
der Gegenwart −; so hat auch Radbruch in seinem politischen Denken
und Handeln nie einseitig, immer aus der Fülle der Menschlichkeit geurteilt.

Die »gläubige Skepsis« Fontanes endlich war durch und durch die
Radbruchs Seele gemäße Form des religiösen Verhaltens[1]. Deshalb erscheint unter den Schriften Radbruchs dieses schmale Bändchen vielleicht als tiefste und gültigste Aussage, denn zwischen den Zeilen, im
Ungesagten, kann man noch mehr lesen, als in den Worten, die schon
vielsagend genug sind.

Auch diese Arbeit wurde von Koehler & Amelang in Leipzig während des Krieges gesetzt; die Matern überstanden die Fliegerangriffe[2]
und harrten ebenso wie die »Gestalten und Gedanken«[3] auf den Zeitpunkt ihres möglichen Erscheinens.

VIII.

1. Gleich nach der Besetzung Heidelbergs durch amerikanische Truppen, im April 1945, begann Radbruch für eine baldige Wiedereröffnung der Universität zu wirken. Sommerüber beschäftigte ihn außer
kleineren publizistischen Aufgaben die Vorbereitung künftiger Vorlesungen; auch dachte er an eine Neuausgabe seiner »Einführung« für
die aus dem Krieg heimkehrenden Studenten. Bereits körperlich leidend und durch eine Schreibhemmung der Hand sehr behindert[4],

---

[1] »Ich für meine Person liebe die Skepsis und werde wohl in ihr verbleiben, −
schon weil Skepsis zur Nachsicht und Güte stimmt, Glaube nur zu oft zum Fanatismus.« (Brief an den Herausgeber v. 19. 5. 43).
[2] Brief an den Herausgeber v. 6. 2. 44: »Die Matern zu meinem Fontane-Büchlein sind erhalten geblieben, das Manuskript meiner gesammelten Aufsätze
ist erst nach dem Angriff in Leipzig angekommen...«.
[3] »Beim Verlag liegt fertig meine Aufsatz-Sammlung, Gestalten und Gedanken...« (Brief a. d. Herausgeber v. 8. 1. 45).
[4] »Ich arbeite unter so vielen nicht zu überwindenden Hemmungen, unter
denen die Schreibhemmung die härteste ist«, schrieb Radbruch schon am 17. 4.
1944 an den Herausgeber.

EINLEITUNG

meinte er im Juni 1945[1]: »Die Wendung der Verhältnisse kommt für mich zu spät und erlaubt mir nur noch ein Wirken im engen Kreis – aber ich würde auch eine politische Rolle in keinem Fall übernehmen, sondern mich auf die nächste Aufgabe und den inneren Beruf beschränken, d. h. auf Wissenschaft und Lehre.«

Dieses selbstgewählte, in weiser Beschränkung als erreichbar ins Auge gefaßte Ziel hat er in den ihm noch vergönnten Jahren mit seltener Anstrengung und Hingabe verfolgt und auch erreicht. Am 7. September 1945 wurde, auf Antrag des Rektors der Universität, vom Präsidenten des Landesbezirks Mannheim, das ihm zugefügte Unrecht der Entlassung aus dem Amt förmlich und feierlich wiedergutgemacht[2]: Radbruch kehrte auf seinen alten Lehrstuhl zurück und übernahm gleichzeitig die Dekanatsgeschäfte seiner Fakultät.

Drei Aufgaben standen dabei für ihn im Vordergrund: durch Wiederherstellung der akademischen Selbstverwaltung der Hochschule ihre alte Freiheit zurückgewinnen und gleichzeitig die Forschungsarbeit wieder in Gang zu setzen; die aus dem Heer oder aus der Gefangenschaft entlassenen Studenten zum selbstverantwortlich bestimmten geistigen Leben anzuleiten und ihnen das Mitwirken an öffentlichen Aufgaben zu erleichtern[3]; die Anknüpfung neuer und Wiederaufnahme zerrissener oder fallengelassener Beziehungen zur internationalen Wissenschaft zu pflegen.

2. Im Dienst dieser Ziele übernahm Radbruch nicht nur sein Lehramt und das Dekanat, sondern auch die Mitgliedschaft in der Heidelberger Akademie der Wissenschaften, äußerte er sich unermüdlich in Zeitungsaufsätzen zu dringenden Tagesfragen der Rechtspolitik[4] und öffnete er sein Haus zahlreichen Besuchern, worunter (wie einst) die

---

[1] Brief an den Herausgeber v. 12. 6. 45.

[2] Pers.Akt. 276 ff.

[3] Vgl. seinen Artikel »Jugend in Gefahr« (Rhein-Neckar-Zeitung v. 9. 10. 1945) und »Soll der alte Korpsstudent wiederkommen?« (Rhein-Neckar-Zeitung Nr. 228 v. 3. 6. u. 29./30. 10. 1949).

[4] So zur *Abschaffung der Todesstrafe* durch Art. 102 des Staatsgrundgesetzes für die Bundesrepublik Deutschland: vgl. »Forderung der Menschlichkeit« (Heilbronner Stimme 4. Jg. Nr. 136, v. 15. 6. 1949); »Das Ende der Todesstrafe« (Rhein-Neckar-Zeitung Nr. 87 S. 3 v. 14. 5. 1949), »Kriminalistische Zeitbetrachtung« (Rhein-Neckar-Zeitung, Nr. 40 S. 5. Osterausgabe 1947), wo er auch (wie auf der Versammlung der J.K.V. im Herbst 1932) die Straflosigkeit der Abtreibung für den Fall der sozialen Indikation« forderte. Ferner zur Frage der

Rat- und Hilfesuchenden die meisten waren. Er begnügte sich nicht mit den vorgeschriebenen Fachvorlesungen über Strafrecht und Rechtsphilosophie, sondern gab zuerst mit seinem Merkblatt »Fünf Minuten Rechtsphilosophie«, später mit einer von Studenten ausgearbeiteten Nachschrift seines Rechtsphilosophie-Kollegs: der »Vorschule zur Rechtsphilosophie«, ferner mit einer »Einführung in das Strafrecht an Hand von Fällen«, die er gemeinsam mit dem leider schon in der ersten Nachkriegszeit verstorbenen, langjährigen Fakultätskollegen Herbert Engelhard ausgearbeitet hatte, den Studierenden das unerläßliche wissenschaftliche Handwerkszeug. Er veröffentlichte laufend die schon seit längerer Zeit fertiggestellten Arbeiten[1], sann aber auch über neuen Plänen. So dachte er an eine umfassende Darstellung der »Verbrechen und der Strafe in der deutschen Vergangenheit«, deren Vorarbeiten noch in die Kriegsjahre zurückreichen[2]. Dazwischen gab er eine reizvolle lyrische Anthologie von Eichendorff bis Rilke, mit einer feinsinnigen Einleitung über das Wesen lyrischer Dichtung heraus. Endlich versuchte er mit seinem »Geist des englischen Rechts«, der durch lange Absperrung vom Ausland gewachsenen Unkenntnis der Rechtsvorstellungen anderer Völker bei der jüngeren Juristengeneration abzuhelfen.

3. Diese verschiedenen Publikationen wie auch nachgelassene Notizen zeigen, daß Radbruchs rechtsphilosophisches Denken seit 1932 mancherlei neue Stoffe aufgenommen und, bei gleichbleibender Methode, gewisse Abwandlungen seiner Grund-Thesen erfahren hat. Sie kommen zum Ausdruck in seiner neuen Lehre von der »Natur der Sache«, in seiner Wendung zum »übergesetzlichen Recht« und in dem dadurch begründeten Bedürfnis, die »wertüberwindende« Hal-

---

Anwendung von bestimmten Drogen im Strafverfahren vgl. den Aufsatz »Wahrheitsserum und Lügenentlarver« i. Stuttgarter Zeitung Nr. 87 S. 3 v. 14. 6. 49: »Man darf annehmen, daß ... die Einführung solcher Methoden in unserem Lande und, wie wir hoffen dürfen, durch alle deutschen Gerichte endgültig ausgeschlossen ist«.

[1] »Ich habe in letzter Zeit alle kleineren Arbeiten, die noch unfertig waren, unter Dach gebracht und so literarisch mein Haus bestellt«, schrieb er am 8. 1. 45 in einem Brief an den Herausgeber.

[2] Brief an den Herausgeber v. 15. 3. 42: »Ich nehme meine Bücher mit, zu Vorarbeiten für eine Arbeit, die Koehler u. Amelang in Verlag nimmt: Das Verbrechen und die Strafe in der deutschen Vergangenheit«. Und am 19. 8. 44: »Ich habe mich an der ‚Geschichte des Verbrechens...' stumpf gearbeitet.«

tung der Religion oder einer religiös fundierten Metaphysik mit dem bisherigen Relativismus und Methodendualismus zu verbinden[1].

a) Über »*Natur der Sache*« hat er zweimal nach dem Kriegsende geschrieben[2]: in einem Abschnitt der »Vorschule der Rechtsphilosophie« von 1947 und in einem Beitrag zur Festschrift für Rudolf v. Laun, 1948. Die Gedanken darüber wurzeln in seiner Abhandlung »Rechtsidee und Rechtsstoff« von 1924, wo er die »Natur der Sache« im Recht erkannte als die jeweilige »Tatsache des sozialen Lebens«, welche, als eine »sozialbegrifflich vorgeformte Gegebenheit«, den »Stoff« für die Bildung von »Rechtssätzen« abgebe. »Nach der Natur der Sache entscheiden«, heiße also: »sich den Sinngehalt solcher Lebenstatsachen zu eigen machen und (phänomenologisch) zu Ende denken«. Zugleich mit dieser Formulierung erkannte er freilich auch, daß man »eine Rechtsentscheidung nur aus einer sozialen Tatsache *rechtlicher* Art ableiten« könne; die Rechts»wirklichkeit« gehöre also zum »Stoff« der Rechts- »idee«. Damit war damals schon eine Beziehung angedeutet, die »den schroffen Dualismus zwischen Wert und Wirklichkeit, zwischen

---

[1] Vgl. dazu seine Ausführungen in »Gesetz und Recht« (Stuttgarter Rundschau, Januar 1947): Jedenfalls dann scheint uns gesetzliches Unrecht gegeben zu sein, wenn der Machthaber die Anwendung der Rechtsidee, der Gerechtigkeit und der Humanität nicht einmal erstrebte, wenn er sich, wie in den Nürnberger Gesetzen, von dem Gedanken der rechtlichen Gleichheit, dem Gedanken gleicher Menschenrechte für alles, was Menschenantlitz trägt, bewußt entband, wenn er also bloße Machtsprüche erließ, aber keine Rechtsnormen – denn man kann den Begriff des Rechts nicht anders bestimmen als dahin, daß es ein Versuch sei, die Rechtsidee zu verwirklichen.

Die Gefahren der Anerkennung eines übergesetzlichen Rechts werden auch bei dieser Eingrenzung unverkennbar. Alle Bedenken vermögen aber das Problem nicht beiseite zu schieben, die Antinomie zwischen Gerechtigkeit und Rechtssicherheit nicht aufzulösen, die allem Rechte eingestiftet ist und die in zwei scheinbar einander widersprechenden Worten des Evangeliums zum Ausdruck kommt: in dem Worte des Paulus (Röm. 3, 1): »Jedermann sei untertan der Obrigkeit, die Gewalt über ihn hat, denn es ist keine Obrigkeit ohne von Gott«, und in dem Worte des Petrus (Apg. 5, 29): »Man muß Gott mehr gehorchen denn den Menschen.«

[2] Eine Vorarbeit war schon früh fertig, denn Radbruch schrieb am 8. 1. 45 an den Herausgeber: »Dann sind fertig zwei Aufsätze: über die ‚Natur der Sache' und über den Seelsorger bei der Hinrichtung; auch schon am 26. 5. 43 schrieb Radbruch: »gleichzeitig schicke ich Ihnen... über die Natur der Sache', italienisch. Mir liegt viel an diesem Aufsatz.« (Postkarte a. d. Herausgeber v. 26. 5. 43).

Sollen und Sein in etwas zu entspannen« vermag. Das erkannte Radbruch jetzt. Deshalb stellte er dem »historischen, traditionellen, konservativen Element« der Natur der *Sache und* dem »objektiven Sinn« oder »Wesen« der *Natur* der Sache (also dem Sinn- und Seins*ganzen* der sozialen Wirklichkeit) nun die »Rechts*idee*« mit einem metaphysischen Pathos entgegen; er ordnete jetzt im Unterschied zur »Rechtsphilosophie« von 1932 die »sozialen Gegebenheiten, Notwendigkeiten *und* Zwecke« der »Idee des Rechts« unter. Damit erreichte er freilich noch keine Antwort auf die Frage nach dem *Inhalt* der Rechtsidee, die er ja früher als eine Trias von (formaler) Gerechtigkeit, (prinzipieller) Rechtssicherheit und (idealer) Zweckmäßigkeit bestimmt hatte.

b) Sie bahnte sich aber an in der jetzt entschlossen genommenen Wendung zum »*übergesetzlichen Recht*«. In einem Aufsatz »Gesetzliches Unrecht und übergesetzliches Recht« in der »Süddeutschen Juristenzeitung« (1946) hatte Radbruch sich erstmals klar für eine Überordnung des formalen Gerechtigkeitswertes *über* den der formalen Rechtssicherheit ausgesprochen[1]. In der »Vorschule« hat er sogar als die »Richtung«, in welche dieser neue Gedanke ihn führte, das Wort »Naturrecht« gebraucht. Er meinte damit nicht die Sozialmodelle einer der traditionellen Naturrechtslehren, sondern den Gedanken eines legitimierenden Grundes und normierenden Maßes in jedem positiven Recht selbst[2]. Indessen wäre mit diesem Gedanken, wenn auch mehr als nur die »Idee des Richtmaßes selbst« (wie bei Stammler), so doch noch keine Richtschnur von praktischer Brauchbarkeit gewonnen. Das hat Radbruch selbst gefühlt. Er hat deshalb Hinweise gegeben, wo diese legitimierenden Gründe zu suchen sind: in den Menschenrechten, in einem gewissen »eisernen Bestand« rechtlicher Vorstellungen. Aber eine systematische, materielle Gerechtigkeitslehre hat er – auch in den späten Schriften und nachgelassenen Notizen – nicht entworfen. Er

---

[1] Vgl. auch »Wissenschaft und Verbrechen« (Volk und Zeit 2. Jg., 5. Ausgabe, Mai 1947, S. 1): »Wir müssen uns gegenüber den Anforderungen rücksichtsloser Zweckmäßigkeit... wieder darauf zurückbesinnen, daß es sittliche und rechtliche Normen gibt, von denen auch eine noch so große Zweckmäßigkeit nicht entbinden kann.«

[2] Doch sah er in der Naturrechtsidee, wie sie »innerhalb des Katholizismus noch heute wirksam ist« und »in den gleichgerichteten neueren Bestrebungen innerhalb der Evangelischen Kirche... Wurzeln, aus denen der Gedanke eines übergesetzlichen Rechts neue Lebenskraft ziehen kann«. (»Erwiderung«: Stuttgarter Rundschau, März 1947).

konnte es auch nicht, weil er jetzt erkannt hatte, daß seine dreifache Gliederung des obersten Rechtswertes in Gerechtigkeit, Sicherheit und Zweckmäßigkeit nur die Entfaltung *ein* und derselben Idee in drei Wirkungsrichtungen darstellte. Der Konflikt zwischen Gerechtigkeit und Rechtssicherheit, Rechtssicherheit und Zweckmäßigkeit, Zweckmäßigkeit und Gerechtigkeit, erschien ihm als Gespräch der Gerechtigkeit mit sich selbst, als eine unaufhebbare reale Daseinsspannung allen Rechts – wenn man so will, als die wesenhafte Paradoxie allen Rechts – das eben »kein Letztes, sondern ein Vorletztes ist, das von der Liebe überwunden wird.«[1] Die konkrete Entscheidung sah er deshalb nicht mehr als eine *Prinzipien-* sondern als eine *Maß*frage[2]; das Problem der Gerechtigkeit sei nicht generell, sondern nur von Fall zu Fall lösbar. »Übergesetzliches« Recht war deshalb für ihn weder ein absolutiertes Rechtsideal, noch ein Katalog von Moralgesetzen, auch keine bloße Richtungsnorm, sondern der jeweils konkret für eine der drei Wirkungsmöglichkeiten der Rechtsidee ausschlaggebende Entscheidungsmaßstab. Diesen sah er – noch einmal zu Kant zurückkehrend und zu ihm sich bekennend – im Menschen als ihn bindende Pflicht, womit er die sachlich prüfende, unvoreingenommene, der Billigkeit Raum gebende *Gewissensentscheidung* des jeweils zur Entscheidung berufenen Richters, Gesetzgebers oder sonstigen Pflegers des Rechts meinte.

c) So haben sich die Antinomien bei ihm auch im Alter nicht formal verschliffen oder ihren Gehalt verloren; er hat sie festgehalten und nur die Akzente etwas anders gesetzt... Das hatte ihm nach eigenem Zeugnis die Erfahrung[3] aus der Zeit des nationalsozialistischen Regimes und

---

[1] Dieses Wort stammt von Walther Schönfeld.
[2] »Man muß sich darauf besinnen, daß der etwa hundertjährigen Herrschaft des Positivismus Jahrtausende vorangegangen sind, die an ein übergesetzliches Recht glaubten, mochten sie es nun Naturrecht, Vernunftrecht oder Gottesrecht heißen. Freilich: es dürfen nur seltene Ausnahmefälle, Fälle himmelschreienden Widerspruchs zwischen Gesetz und Gerechtigkeit sein, in denen man formell ordnungsgemäßen Gesetzen auf Grund übergesetzlichen Rechts die Rechtsgeltung wird versagen dürfen. Die Entscheidung darüber ist eine Frage des Maßes, der flüssigen Übergänge – scharfe Grenzen zwischen gesetzlichem Unrecht, das der Rechtsgeltung ermangelt, und ungerechten Gesetzen, die trotz ihrer Ungerechtigkeit um der Rechtssicherheit willen ertragen werden müssen, können nicht gezogen werden.« (Privatissimum der Rechtspflege i. »Wiesbadener Kurier«, 1947, Sept.).
[3] So hatte er es stets gehalten. Vgl. die charakteristische Anmerkung: »Ich wurde mir zu meinem Erstaunen bewußt, wie sehr ich noch im positivistischen

der Besatzung nach dem Kriege, die neue Intensität der religiösen Lebenswerte des Christentums und die Auseinandersetzung mit einer oberflächlichen »Daseins«, »Lebens«- oder »Existenz«-philosophie nahegelegt. Eine darüber hinausgehende Untersuchung war von seiner philosophischen Basis aus nicht möglich, und niemand sollte von ihm Antwort auf Fragen erwarten, die er gar nicht gestellt hat. Wer in vorschnellem Anschluß an ein historisches oder zeitgenössisches philosophisches »System« diese exakte, ehrliche und weitsichtige Position überspringen zu können, wenn nicht gar mißachten zu dürfen glaubt, irrt. Es ist noch sehr die Frage, ob Radbruchs Einsichten mit den gedanklichen Mitteln der überlieferten abendländischen Rechtsphilosophie überhaupt zu erschüttern sind. Der Neuhegelianismus hat nur die Absolutierung einzelner der von Radbruch in ihrer Relation zueinander aufgezeigten Kulturwerte behauptet, ohne dafür einen anderen Beweis, als den einer Geschichtsmetaphysik zu finden, die gerade ein solches »Bekenntnis« voraussetzt, wie es ja Radbruchs Rechtsphilosophie für jedermann offen hält. Die Rechtsphänomenologie der Husserl-Schüler hat zwar eine Reihe von apriorischen Rechtsbegriffen aufgezeigt, aber diese formalen Charaktere sind verschiedenartigster Zweckbestimmung oder ideologischer Rangstufung ausgesetzt. Inwieweit eine neue Rechtsontologie aus Heideggers Seins-Interpretation erwachsen könnte, die außerhalb des bisherigen Ganges abendländischer Metaphysik liegt, steht hier nicht zur Erörterung und darf füglich nicht zur Kritik an Radbruch herangezogen werden; erst recht nicht, wie schon gesagt, eine vitalistisch-biologische, intuitionistische »Lebens«philosophie oder gar ein auf die pure Aktion sich gründender »Existentialismus«. Darum konnte Radbruch mit guten Gründen davon absehen, seine »Rechtsphilosophie« umzuarbeiten. Darum konnte es auch nur die Aufgabe dieser Neuausgabe sein, sie stehen zu lassen, wie sie ist und als das gelten zu lassen, was sie ist.

4. Wie so manches Goethewort, hat Radbruch immer wieder dieses gern zitiert: »Es hat der Mensch, er sei auch, wer er mag, ein letztes Glück und einen letzten Tag.« Welches zarte innere Ereignis sein wirklich letztes Glück bedeutet haben mag, bleibe hier ungefragt. Dem Sichtbaren folgend, wie es Sache des Historikers ist, erkennen wir in

Zeitalter wurzle, obgleich meine »freirechtliche« Tendenz gerade auf Loslösung von ihm gerichtet war. Und *jetzt* will mir der Positivismus sogar als ein Ideal wieder erscheinen, das uns bitter nottut.« (Brief an den Herausgeber v. 26. 4. 39).

dem, was Gustav Radbruch am 21. November 1948, seinem siebzigsten Geburtstag[1], an sachlicher wie menschlicher Wirkung auf seine Umwelt zum Bewußtsein gekommen sein muß, etwas, das wohl »Glück« genannt werden darf. Es war ihm vergönnt, den Wunsch, mit dem er seine Heidelberger Antrittsrede von 1926 geschlossen hatte, erfüllt zu sehen. Am 13. Juli 1948 nahm er in einer ergreifenden Ansprache an die Studenten von seinem Lehrstuhl Abschied[2]. Die zum 11. September ausgesprochene Entpflichtung[3] von seinem Lehramt[4] brachte ihm die ersehnte Ruhe, aber auch Freiheit, wissenschaftliche Arbeitspläne zum Abschluß zu bringen. Das ist insofern gelungen, als Radbruch die Neuausgabe seiner um sieben weitere Stücke vermehrten »Elegantiae« noch selbst fertigstellen konnte. Die »Geschichte des Verbrechens« zu vollenden und das beabsichtigte umfangreiche Nachwort zur Neuausgabe seiner »Rechtsphilosophie« zu schreiben, war ihm nicht mehr vergönnt.

Sein einundsiebzigster Geburtstag wurde sein »letzter Tag«. In den Abendstunden des 21. November 1949 wurde er von Störungen der Herztätigkeit befallen. Trotz sorgsamster ärztlicher Betreuung konnten die Folgen der eingetretenen Embolie eines Herzkranzgefäßes nicht mehr aufgehalten werden. In der Morgenfrühe des 23. November 1949 ist Gustav Radbruch gestorben.

IX.

Die künftigen Wirkungen Radbruchs auf die Rechtswissenschaft und das Rechtsleben lassen sich heute noch nicht beurteilen. Sie werden aus dem folgen, was er als Lebender gewesen ist und gewirkt hat. Wir wollen es noch einmal zusammenfassen.

---

[1] Eine von »Freunden und Verehrern« dargebrachte Festschrift; das Titelblatt einer weiteren, von Kollegen und Schülern geplanten; Festnummern der Süddeutschen Juristenzeitung und des Archivs für Rechts- und Sozialphilosophie; eine Sammlung von wissenschaftlichen und kulturellen Beiträgen von ausländischen, sowie eine ähnliche von deutschen Verehrern; die Promotion honoris causa durch die Philosophischen Fakultäten von Göttingen und Heidelberg: – das waren äußere Zeichen der Bedeutung dieses Tages.
[2] Vgl. den Bericht von Edwin *Kuntz*, Gustav Radbruchs Abschied von seinem Lehrstuhl (Rhein-Neckar-Ztg. v. 17. 7. 48).
[3] Pers.Akt. S. 292.
[4] Radbruch hatte die Emeritierung mit Schreiben v. 29. 1. 1948 beantragt (Pers.Akt. S. 280).

1. Radbruch hat in einer Zeit wachsender Entfremdung des kulturellen vom sozialen Leben, die ursprüngliche und wesenhafte Beziehung von Recht und Kultur wieder sichtbar gemacht und verstärkt, indem er zeigte, daß eine von Kulturwerten bestimmte Rechtsphilosophie möglich ist, und besseres zu leisten vermag als eine positivistische, historische oder logizistische Rechtslehre; außerdem hat er die Hauptprobleme der Rechtswissenschaft mit den Grund- und Zeitfragen anderer Geisteswissenschaften in Beziehung gebracht. Damit hatte die Jurisprudenz den Anschluß an die geistigen Strömungen der Zeit wieder gefunden. Der Jurist stand nicht mehr isoliert da, und die Kulturträger konnten am Recht nicht mehr einfach vorbeisehen, die Kulturwissenschaftler an der Rechtswissenschaft nicht mehr, wie es lange Zeit üblich war, vorbeigehen. »Die schwindende Anziehungskraft der Jurisprudenz auf geistige Menschen« wurde erneuert. Des weiteren hat Radbruch mit dem, was er »Ästhetik des Rechts« nannte, mit seinem Willen, nicht nur die Philosophie, sondern auch die Dichtung und Kunst auf ihre Erkenntnis vom Wesen des Rechts hin zu befragen, ganz neuen Forschungen Bahn gebrochen. Er hat mitnichten eine »ästhetische Jurisprudenz« begründet, aber erwiesen, daß auch das Recht und gerade es, dort seinen Platz hat und behauptet, wo es um das Menschlichste am Menschen geht, das aber ist ja das Thema der Kunst. Die Fäden, welche sich aus Radbruchs wissenschaftlichem Werk zur Literatur und Kunstgeschichte hinüberspinnen, sein Bemühen um einen breiten kulturgeschichtlichen Unterbau aller strafrechtshistorischen und strafrechtsdogmatischen Untersuchungen war deshalb keine müßige Spielerei, sondern Durchführung eines ernsten wissenschaftlichen Reformprogramms, an dem uns noch viel zu erfüllen übrig bleibt.

2. Durch die Verknüpfung des Rechts mit der Politik, die sich gleichfalls als roter Faden durch das ganze Werk Radbruchs hindurchzieht und eine politische applicatio, eine Mahnung oder Warnung (auch noch im Zusammenhang mit scheinbar entlegenen philosophischen oder dogmatischen Problemen) ausspricht, hat er das anscheinend so lebensfremde Werk der Jurisprudenz, die isolierte Begriffsarbeit der Juristen mitten in das soziale Leben gestellt, seiner Forderung und Kritik ausgesetzt, aber auch den Anspruch auf soziale Gestaltung durch die Juristen neu angemeldet. Der Gesetzgeber, der Richter, der Anwalt waren ihm maßgebende Figuren im Spiel der alltäglichen wie der hohen Politik; darum erkannte er in dem mangelnden Sinn des deutschen Volkes

für den Ernst und die soziale Tragweite rechtlicher Entscheidungen einen schweren Fehler. Er wollte die »Rechtswissenschaft nicht von der Politik befreien, damit sich nicht eines Tages die Politik von der Rechtswissenschaft befreie« — diesen treffsicheren Ausspruch seines Freundes Hermann Kantorowicz hätte Radbruch selber tun können. Indem er so die soziale Verantwortung, die politische Macht, welche mit jeder Rechtsfrage und ihrer Entscheidung unvermeidbar verbunden ist, mit ganzem Ernst herausstellte, hat er die Verbindung von Jurisprudenz und Ethik wieder erneuert, die durch das schwindende Bewußtsein vom religiösen Grund allen Rechts mehr und mehr fraglich geworden war. Das Wort Kants »Die wahre Politik kann keinen Schritt tun, ohne vorher der Moral gehuldigt zu haben«, war sein Leitspruch. So hat er, dessen »Relativismus« angeblich das Rechtsethos geschwächt und die kulturelle Bedeutung des Rechts verkannt haben soll, gerade beides in für seine Zeit gültigen Formen wissenschaftlicher Erkenntnis neu erfaßt und verdeutlicht.

3. Seine, aus liberalem Erbe des 19. und Aufklärungswillen des 18. Jahrhunderts gespeiste, religiös bedingte Toleranz, war keine müde Resignation oder Unentschlossenheit, sie war ein Ausdruck höchster menschlicher Reife, der »nichts Menschliches fremd« war, die alles verstand, aber keineswegs alles gutzuheißen oder gelten zu lassen bereit war. Wer diese Haltung im deutschen Geistesleben vertritt, hat es noch immer schwer gehabt, weil sie unserer Ungeduld, unserer Lust an Schwermut und Tiefsinn, unserem Drang zur Selbstübersteigerung und zur Hingabe an ein Eines, das jedes Andere — möglichst »a priori« — ausschließt, nicht gemäß ist und auch nicht entgegenkommt. Es ist vielmehr eine Haltung, die mit einem lebhaften Sinn für Humor, Takt und Maß zusammengehört. Es sind das Werte des abendländischen Menschentums, die man im Französischen mit »mesure«, im Englischen mit »comprehensiveness«, »fairness« und ähnlichen Worten andeutet. In ihr lebt ein lateinisches Erbe. Wollte man Radbruchs Wesensart mit präzisen Eigenschaftswörtern umschreiben, so müßte man solche der lateinischen Sprache wählen und sie in ihrem altrömischen Sinne verstehen: prudentia, modestia, clementia, humanitas, aber auch auctoritas und disciplina.

Diese römischen virtutes, durch welche seine Gestalt, die vom Werk untrennbar ist, eine hohe Vorbildlichkeit besitzt, sind in nur leichter Abwandlung ihres Sinnes später zu den christlichen Grund- oder Kardinaltugenden geworden — und ihre Vorläufer sind die aretai des attischen Menschentums aus dem 5. vorchristlichen Jahrhundert gewesen. Es sind also doch wohl mehr als nur lateinische oder nur deutsche oder auch nur abendländische — es sind allgemein *menschliche* Züge, die Radbruchs Wesen und Werk in reiner Menschlichkeit auszeichnen. Menschliche Züge aber zeugen von kreatürlicher Wesensart. Die Seele, die sie vereint, die sie dunkler oder heller, verworrener oder klarer spiegelt, aber immer als menschliche Seele und nur als solche, sie ist jene »anima naturaliter christiana«, die Radbruch lebenslang als Höchstes im Menschen verehrt und gepflegt hat[1]. Sie leuchtete aus ihm und hat den Pfad aller erhellt, die ihm begegnet sind.

---

[1] »Wir sind zu Christen bestimmt«. So Radbruch in seiner Abschiedsrede vor den Heidelberger Studenten am 13. 7. 1948.

Grand Dieu! comment seroit-il possible que nous eussions toujours raison? et que les autres eussent toujours tort? Les bons esprits trembleront donc de décider, et les autres auront reçu, en dédommagement, le plaisir de l'affirmative.

Montesquieu (Cahiers III, f° 309 r° et v°).
Editions Grasset, Paris 1941, p. 225

GUSTAV RADBRUCH

RECHTSPHILOSOPHIE

AN
HERMANN KANTOROWICZ*

Veterrima quaeque, ut ea vina, quae vetustatem ferunt, esse debent suavissima verumque illud est, quod dicitur, multos modios salis simul edendos esse, ut amicitiae munus expletum sit.   Cicero de amicitia*

VORWORT DES VERFASSERS

Für jeden Schriftsteller kommt einmal der Zeitpunkt, da er das Bedürfnis fühlt, aufzuräumen und abzuschließen und die bleibende Lebensfrist für andere Aufgaben frei zu machen. Dieses Buch soll die rechtsphilosophischen Arbeiten des Verfassers zum Abschluß bringen.*
Es bezeichnet sich als dritte Auflage der »Grundzüge der Rechtsphilosophie«. Die zweite Auflage erschien im Jahre 1922 als bloßer Neudruck der ersten. Sie wurde auf das Jahr der ersten Auflage, 1914, zurückdatiert. Eine Neuauflage war damals nötig, eine Umarbeitung unmöglich, die Notwendigkeit gründlicher Umgestaltung nach den umwälzenden Ereignissen des Krieges und der Revolution aber bereits erkannt. Die Zurückdatierung des Neudrucks sollte zum Ausdruck bringen, daß das Buch in dieser Gestalt nicht den Anspruch erhebe, den Stand der Gedanken seines Verfassers zur Zeit seines Erscheinens zum Ausdruck zu bringen.
Die nunmehr vorgelegte Neubearbeitung beruht auf einer erneuten Niederschrift des ganzen Buches. Sie ist viel eher ein neues Buch als eine neue Auflage. Einige Abschnitte des Allgemeinen Teils (§§ 11–14) und der ganze Besondere Teil (§§ 16–29) sind neu hinzugekommen. In diesem Besonderen Teile stellt der Verfasser sich nicht die Aufgabe, die Gegenstände nach allen ihren Seiten zu erschöpfen, sondern nur, sie unter den durch den Allgemeinen Teil herausgestellten Gesichtspunkten in Angriff zu nehmen und so eine Probe auf das Exempel des Allgemeinen Teils zu machen. Dabei ist jedoch die Staatsphilosophie, soweit sie sich von der Rechtsphilosophie trennen läßt, ausgeschieden worden. Auch die bereits in dem alten Buch behandelten Teile haben mannigfache Änderung erfahren. Manches ist berichtigt, z. B. gegenüber der Zweckmäßigkeit des Rechts der Gerechtigkeit eine selbständigere Bedeutung eingeräumt worden. Anderes, so die Ausführungen

über das Problem der Willensfreiheit, wurde weggelassen, nicht weil es dem Verfasser unrichtig, sondern weil es ihm in diesem Zusammenhang entbehrlich erschien. Vieles früher ausführlicher Darlegung Bedürftige konnte gekürzt werden. Manche Wendung, vielleicht der ganze Tonfall des Buches hat sich geändert, weil nach fast zwanzig Jahren dem älter Gewordenen in seinem Munde unecht erschienen wäre, was im Munde des Jüngeren natürlich klang. Mag sein, daß manchen das alte Buch besser gefällt als das neue. Aber auch das alte Buch ist ja nicht aus der Welt und das neue will neben jenes, nicht an seine Stelle treten.

Nach wie vor bekennt sich der Verfasser aber zu der gleichen Denkweise: zu jenem Rationalismus*, der »in der Nacht bleiben will, die man Aufklärung nennt« (Larenz)*, und zu jenem Relativismus*, »der sich als geradezu unwissenschaftlich von selbst erledigt« (Sauer). Er macht die irrationalistische Zeitmode nicht mit. Der in diesem Buche vertretene Rationalismus glaubt freilich nicht, daß die Welt dividiert durch die Vernunft ohne Rest aufgehe. Er sieht aber in der rationalen Aufdeckung letzter Widersprüche seine Aufgabe, nicht in ihrer irrationalen Vernebelung. Dem Relativismus legt der Verfasser in der Gegenwart eine noch größere Bedeutung bei als in der Zeit, da dieses Buch zum erstenmal hervortrat. Denn der Relativismus ist die gedankliche Voraussetzung der Demokratie: sie lehnt es ab, sich mit einer bestimmten politischen Auffassung zu identifizieren, ist vielmehr bereit, jeder politischen Auffassung, die sich die Mehrheit verschaffen konnte, die Führung im Staate zu überlassen, weil sie ein eindeutiges Kriterium für die Richtigkeit politischer Anschauungen nicht kennt, die Möglichkeit eines Standpunktes über den Parteien nicht anerkennt. Der Relativismus mit seiner Lehre, daß keine politische Auffassung beweisbar, keine widerlegbar ist, ist geeignet, jener bei uns in politischen Kämpfen üblichen Selbstgerechtigkeit entgegenzuwirken, die beim Gegner nur Torheit oder Böswilligkeit sehen will: ist keine Parteiauffassung beweisbar, so ist jede Auffassung vom Standpunkt einer entgegengesetzten zu bekämpfen; ist aber auch keine widerlegbar, so ist jede auch vom Standpunkte der gegnerischen zu achten. So lehrt der Relativismus zugleich Entschiedenheit der eigenen und Gerechtigkeit gegen die fremde Stellungnahme.

Diese Rechtsphilosophie gehörte im Jahre 1914 als ein bescheidener Beitrag in die Reihe jener Arbeiten, welche nach jahrzehntelangem Stillstande, während dessen nur Rudolf Stammler das rechtsphilosophische Banner aufrecht erhielt, die rechtsphilosophische Arbeit erst wieder in Gang setzten. Seither ist ein unübersehbares Schrifttum erwachsen. Sich mit diesem Schrifttum in diesem Buche auseinanderzusetzen, erklärt der Verfasser sich für unfähig. Er hält es angesichts der reichen bibliographischen Angaben anderer Lehrbücher (Stammler, Sauer) auch für überflüssig, es vollzählig anzuführen.

Er möchte den Studierenden eher das Wie als das Was der Rechtsphilosophie nahebringen, sie weniger an Ergebnisse binden als zum rechtsphilosophischen Denken anleiten. Den Mitstrebenden aber, und besonders dem Freunde, den er sich am liebsten als seinen Leser dachte, ruft er jenes Horazische zu:

> Vive, vale. Si quid novisti rectius istis,
> Candidus imperti; si non, his utere mecum.*

Radbruch

ÜBERSICHT

I. ALLGEMEINER TEIL

§ 1. Wirklichkeit und Wert 87
Wertblindes, bewertendes, wertbeziehendes, wertüberwindendes Verhalten 87 ff. Einordnung des Rechts 91 f.

§ 2. Rechtsphilosophie als Rechtswertbetrachtung 93
Methodendualismus 93 ff. Relativismus 96 ff.

§ 3. Die Richtungen der Rechtsphilosophie 102
Naturrecht 102 f. Historische Schule 104 f. Hegel 106. Materialistische Geschichtsauffassung 106 ff. Allgemeine Rechtslehre 109 f. Jhering 110 f. Stammler 111 f. Relativismus 112 f. Kulturphilosophie 113. Andere Richtungen 113 ff.

§ 4. Der Begriff des Rechts 119
Recht – die auf die Rechtsidee gerichtete Wirklichkeit 119. Gerechtigkeit als Rechtsidee 120 ff. Billigkeit 122. Ableitung des Rechtsbegriffs 123. Apriorische Rechtsbegriffe 124 f.

§ 5. Recht und Moral 127
Äußerlichkeit bzw. Innerlichkeit nach dem Gegenstande 127 ff., nach dem Zwecksubjekt 129 f., nach der Verpflichtungsweise 130 ff., nach der Geltungsquelle 133 f. Moral als Geltungsgrund des Rechts 134 f., als Ziel des Rechts 135 f.

§ 6. Recht und Sitte 138
Widerspruchsvoller Charakter der Sitte 138 f. Soziale Funktion der Sitte 140 ff.

§ 7. Der Zweck des Rechts 142
Individualistische, überindividualistische, transpersonale Rechtsauffassung 142 ff. Dialektisches Verhältnis zwischen ihnen 143 ff. Die transpersonale Auffassung insbesondere 145.

§ 8. Rechtsphilosophische Parteienlehre 152
Bedeutung der Parteiideologien 152 f. Individualismus 153 ff. Liberalismus und Demokratie insbesondere 156 ff. Soziale Rechtsauffassung und Sozialismus 158 ff. Konservatismus 160 ff. Politischer Katholizismus 162 f.

§ 9. Antinomien der Rechtsidee 164
Gerechtigkeit, Zweckmäßigkeit, Rechtssicherheit 164 f. Spannung zwischen ihnen 166 ff.

ÜBERSICHT

§ 10. Die Geltung des Rechts 170
Juristische Geltungslehre 170 f. Soziologische Geltungslehre 172 ff. (Machttheorie 172, Anerkennungstheorie 173 f.). Philosophische Geltungslehre 176 ff. Antinomien 178 ff.

§ 11. Geschichtsphilosophie des Rechts 180
Form und Stoff des Rechts 180. Bewußte und unbewußte Rechtsfortbildung 182 f. Legitimitäts- und Katastrophentheorie 184 f.

§ 12. Religionsphilosophie des Rechts.................... 187
Urchristentum 187 f. Tolstoi 189. Katholizismus 189. Luther 190.

§ 13. Die Psychologie des Rechtsmenschen................ 192
Das objektive Recht als Lebensform 192 ff. Das subjektive Recht als Lebensform 196 ff.

§ 14. Ästhetik des Rechts 201
Ästhetik der rechtlichen Ausdrucksformen 201. Recht als Gegenstand der Kunst 202.

§ 15. Die Logik der Rechtswissenschaft 205
Rechtswissenschaft und Wissenschaften vom Rechte 205 f. Interpretation 206 ff. Konstruktion und Systematik 213 f. Rechtswissenschaft als verstehende Kulturwissenschaft 215 f. Übergang zum Besonderen Teil 217.

II. BESONDERER TEIL

§ 16. Privates und öffentliches Recht 220
Apriorität dieser Begriffe 220 f. Liberale 221 f., konservative und soziale Auffassung ihres Verhältnisses 222. Soziales Recht 222 ff.

§ 17. Die Person 225
Person als Gleichheitsbegriff 225 f. Teleologische Deutung des Problems der juristischen Person 227. Individualismus: Fiktionstheorie, Überindividualismus: reale Verbandsperson, Transpersonalismus: Zweckvermögen 228 f.

§ 18. Das Eigentum 230
Apriorität des Eigentumsbegriffs 230. Okkupations- und Spezifikationstheorie 231. Individualistische Theorien des Eigentums 232 ff. (Goethe 232 ff. Fichte 236). Soziale Theorie 237 ff. (Enzyklika »Quadragesimo anno« 237. Weimarer Verfassung 238).

§ 19. Der Vertrag 239
Statik und Dynamik des Rechtslebens 239. Contrat Social und privatrechtlicher Vertrag 241 f. Willens- und Erklärungstheorie 242.

ÜBERSICHT

§ 20. Die Ehe 244
Das Problem 244 ff. Die überindividualistische Eheauffassung 246 ff. (Enzyklika »Casti connubii« 246 f. Weimarer Verfassung 247 f.). Die individualistische Eheauffassung 248 ff. Sowjetrußland 250 f.

§ 21. Das Erbrecht 253
Testierfreiheit, Intestaterbrecht, zwangsweise Erbteilung, zwangsweise Erbvereinigung im Verhältnis zur individualistischen, überindividualistischen und transpersonalen Auffassung 253 ff.

§ 22. Das Strafrecht 258
Lehre vom Grund der Strafe 258 ff. (Einwilligungstheorie 258 f. Vergeltungstheorie 259). Lehre vom Zweck der Strafe 260 ff. Gerechtigkeit 260 (ausgleichende 260, austeilende 261). Zweckmäßigkeit 261. Individualistische Theorien 261 (Generalprävention 261 f. Spezialprävention 262 f.). Faschistisches Strafrecht 263. Sowjetstrafrecht 263 ff. Rechtssicherheit 264 f.

§ 23. Die Todesstrafe 266
Überindividualistische Rechtfertigung 266. Todesstrafe und Vertragstheorie 267 ff. Todesstrafe und Notwehr 269 f.

§ 24. Die Gnade 272
Gnade als Rechtseinrichtung 272 f. Gnade vor Recht 273 f.

§ 25. Der Prozeß 276
Richterliche Unabhängigkeit 276 f. Prozeßrechtsverhältnis 277 f. Rechtskraft 278.

§ 26. Der Rechtsstaat 280
Priorität des Rechts oder des Staates? 280. Identitätslehre 280 f. Lehre von der Selbstverpflichtung 283 f. Lösung des Problems 284 f. Wert des formalen Rechtsstaates 285.

§ 27. Das Kirchenrecht 287
Katholizismus 287 f. Rudolf Sohm 287 ff. Luther 290 ff. Evangelische Kirchenverfassung 292 f.

§ 28. Das Völkerrecht 294
Das Problem 294 f. Individualismus: Weltstaat 295 f. Überindividualismus: Souveränitätsdogma und Völkerrechtsverneinung 296 f. Transpersonalismus: Völkerrecht 299 f. Die Wirklichkeit des Völkerrechts 300 f.

§ 29. Der Krieg 302
Ethik 302 f. Rechtsphilosophie 303 f. Geschichtsphilosophie 304 ff. Religionsphilosophie des Krieges 306 f.

I. ALLGEMEINER TEIL

> Immer wieder, wenn wir sinnen,
> stürzt die Welt in wilde Stücke.
> Immer wieder, still von innen,
> fügen wir die schöne Brücke.
> *Richard Dehmel*

§ 1

Wirklichkeit und Wert

Rechtsphilosophie ist ein Teil der Philosophie. Es ist deshalb unerläßlich, zunächst die allgemeinen philosophischen Voraussetzungen der Rechtsphilosophie aufzuzeigen[1].

In der Gegebenheit, dem ungeformten Rohstoff unseres Erlebens, liegen Wirklichkeit und Wert chaotisch durcheinander. Wir erleben Menschen und Dinge behaftet mit Wert und Unwert und ohne jedes Bewußtsein, daß dieser Wert und Unwert von uns, den Betrachtenden, herkommt, nicht von den Dingen und den Menschen selber. Der Adel eines Menschen glänzt um sein Antlitz wie ein Heiligenschein. Aus dem Geäst alter Eichen weht uns ein Schauer von Heiligkeit an. Wir glauben, der Giftpflanze ihre Giftigkeit anzusehen, und rechnen sie ihr wie einen moralischen Makel an[2].

Es ist die erste Tat des Geistes, das Ich aus der Gegebenheit zurückzuziehen und ihr gegenüberzustellen und damit die Wirklichkeit vom Werte zu scheiden. Er lernt, sein wertendes Bewußtsein bald abzublenden, bald bewußt einzusetzen. So schafft einerseits unser *wertblindes* Verhalten aus dem Chaos der Gegebenheit erst das Reich der Natur – denn Natur ist nichts anderes als die Gegebenheit, wie sie sich gereinigt von verfälschenden Bewertungen darstellt. Umgekehrt wird der Geist in einem bewußt *bewertenden* Verhalten sich der Maßstäbe dieser Bewertung, der Normen, und ihres Zusammenhanges bewußt, der der Natur als Reich der Werte gegenübertritt. Das wertblinde Verhalten, methodisch ausgeübt, ist das Wesen des naturwissenschaftlichen Den-

---

[1] Die folgenden Ausführungen haben zum Hintergrund die philosophischen Lehren *Windelbands*, *Rickerts* und *Lasks*, insbesondere ist *Lasks* Rechtsphilosophie, jetzt in seinen Gesammelten Schriften, Bd. 1, 1923 S. 275 ff., für diese Ausführungen und dieses Buch wegweisend geworden.

[2] Vgl. *Eduard Spranger*, Lebensformen, 5. Aufl. 1925. S. 37.

kens, die bewertende Haltung, systematisch durchgeführt, kennzeichnet die Wertphilosophie in ihren drei Zweigen: Logik, Ethik und Ästhetik.

Neben die wertblinde und die bewertende Haltung treten aber, auf verschiedene Weise zwischen ihnen vermittelnd, zwei andere Haltungen: die wertbeziehende und die wertüberwindende. Zunächst mag die *wertbeziehende* Haltung an einigen Begriffen veranschaulicht werden, die ihr Ergebnis[1] sind.

Der Begriff der Wissenschaft ist nicht identisch mit dem Werte der Wahrheit; die Wissenschaft einer Zeit umfaßt nicht nur ihre wissenschaftlichen Errungenschaften, sondern auch ihre wissenschaftlichen Verirrungen. Aber wenn wir ihre Arbeiten, erfolglose wie glückliche, in dem Begriff der Wissenschaft zusammenfassen, so geschieht es, weil sie alle zum mindesten erstrebten und beanspruchten, Wahrheit zu sein: Wissenschaft ist diejenige Gegebenheit, die, ob sie nun die Wahrheit erreicht oder verfehlt, doch die Bedeutung, den Sinn hat, der Wahrheit zu dienen. Ebenso ist Kunst, in dem Sinne, in dem sie Gegenstand der Kunstgeschichte ist, nicht eitel Schönheit, sondern ein Gemenge von Stil und Ungeschmack, zur Einheit eines Begriffs verbunden nur durch das allen ihren Leistungen gemeinsame Streben nach Schönheit. Moral, in dem Sinne, wie etwa die Völkerkunde sie schildert, umfaßt auch die Verirrungen des Gewissens, aber nur deshalb, weil auch sie auf das Gute, das sie tatsächlich verfehlten, ihrem Sinne nach hinstrebten. Alle diese und manche andere Begriffe sind eingeschlossen in den Begriff der Kultur. Dieser Begriff hat deshalb die gleiche Struktur wie sie: Kultur, wie der Historiker sie beschreibt, ist keineswegs purlauterer Wert, vielmehr ein Gemisch von Humanität* und Barbarei, Geschmack und Geschmacklosigkeit, Wahrheit und Irrtum, aber in allen ihren Erscheinungen, als Werthemmung wie als Wertförderung, als Wertverfehlung wie als Wertverwirklichung, nie ohne Beziehung auf den Wert gedacht: Kultur ist zwar nicht Wertver-

([1] Zu der hier vertretenen Vierheit der Reiche des Denkbaren vgl. *Goethe* über die Vierzahl [anläßlich der vier Elemente]: »Die faßliche Zahl, die in ihr enthaltene doppelte Symmetrie und die daraus entspringende Bequemlichkeit macht eine solche Lehre zur Fortpflanzung geschickt«. Gesch. d. Farbenlehre [zu Jul. Caesar Scaliger] Bd. 40 S. 179. – Über Quaterniome auch *Boll* [Sternglaube und Sterndeutung, 2. Aufl. S. 67.] Vgl. ferner über die Rolle der Vierzahl in Metrik und Rhetorik *Th. Birt*, Horaz' Lieder, Studien 1925 S. 139–141. – »Die 4 hat bei fast allen Völkern mystischen Charakter«: *Willy Hartner* i. e. Vortrag »Zahlensysteme der Primitiv-Völker« [Frankfurter Zeitung v. 11. 11. 41].)

§ 1 WIRKLICHKEIT UND WERT

wirklichung, aber Kultur ist die Gegebenheit, die die Bedeutung, den Sinn hat, Werte zu verwirklichen oder, mit Stammlers Worten, »Streben nach dem Richtigen«[1]. Es hat sich uns also gezeigt, daß die wertbeziehende Haltung die methodische Haltung der Kulturwissenschaften ist[2].

Neben die wertblinde, die bewertende und die wertbeziehende Haltung tritt schließlich das *wertüberwindende*, das religiöse Verhalten[3]. Religion ist letztendige Bejahung alles Seienden, lächelnder Positivismus, der über alle Dinge sein Ja[4] und Amen spricht[5], Liebe ohne Rücksicht auf Wert oder Unwert des Geliebten, Seligkeit jenseits von Glück und Unglück, Gnade jenseits von Schuld und Unschuld, Friede, der höher ist als alle Vernunft und ihre Probleme, der »fröhliche metaphysische Leichtsinn« (Scheler) der Kinder Gottes, denen »alles zum Guten dienen muß«. Mit diesem neutestamentlichen Worte klingt das Schlußwort der Schöpfungsgeschichte zusammen: »Und Gott sah an alles, was er gemacht hatte, und siehe da: es war sehr gut«[6].

Religion bedeutet Überwindung des Unwerts – und damit notwendig zugleich Überwindung des Werts, der nur als sein Gegensatz denkbar ist: Wert und Unwert werden gleich *gültig* und damit *gleich*gültig;

---

[1] Lehrb. d. RPh. 2. Aufl. 1923. § 29, Anm. 1.

([2] Gegen die wertbeziehende Haltung als Grundlage des Rechtsbegriffs *Silvio Trentin*, La crise du droit et de l'Etat, 1935, p. 131 sv. mit dem [mich nicht treffenden] Einwand, jedes Gesetz sei dann dem Rechte gemäß. – Gegen Windelband und Rickert: *Ottmar Dietrich*, Die Grenzen der Geschichte, 1905. Er stellt vier andere Ordnungsprinzipien auf: 1. das morphologische, 2. das chronologisch-topologische, 3. das ätiologische, 4. das teleologische. Diese seien ohne Unterschied anwendbar in Natur- und Geisteswissenschaft.)

([3] Über die Religion ähnlich wie hier: *Dostojewski*, Dämonen II S. 388.)

[4] 2. Kor. 1, 19/20: »Denn der Sohn Gottes, Jesus Christus, ... der war nicht Ja und Nein, sondern er war Ja«.

([5] »Jedes Ding hat seinen Gegensatz – nur Gott hat keinen Gegensatz« [Gedanke eines persischen Denkers]. – »St. Augustinus spricht: Alle Dinge sind in Gott: St. Dionysius spricht: Alle Dinge sind nichts.« [Meister Eckehart]*. – »Alle creatûre sind ein lûter nicht. Ich spreche nicht, das sie klein sîn oder itel sîn, sie sind ein lûte nicht. Swaz nicht wesens hat, das ist nicht. Alle creatûre hant kein wesen [Eckehart, Predigten Nr. 40, p. 136, 23]. – »Als der Herr von jemandem gefragt wurde, wann sein Reich kommen werde, da sagte er: *Wenn die Zwei eins sein werden* und wenn das, was außen ist, sein wird wie das, was innen ist.« [*Clemens-Brief*.]*)

([6] Zu diesem Worte *Max Brod*, Heidentum, Christentum, Judentum, Bd. 1. S. 64 f.)

»Wer alles gleiche (gleichermaßen) schätzt, der tritt schon in der Zeit in den gewünschten Stand der lieben Ewigkeit« (Angelus Silesius)*. Mit dem Gegensatz von Wert und Unwert aber wird auch der Gegensatz von Wert und Wirklichkeit aufgehoben. Das Wertwidrige ist entweder in irgendeinem letzten Sinne doch werthaft oder es ist wesenlos. Denn wir nennen es Wesen eines Dinges[1], wenn der Wert als Prinzip seines Seins begriffen wird.

Religion als Überwindung des Gegensatzes von Wert und Unwert setzt aber eben deshalb diesen Gegensatz voraus. Religion ist Bejahung alles Seienden *trotz alledem*[2]. Sonst unterschiede sich ihre schöne Läßlichkeit in nichts von der stumpfen Gleichgültigkeit des wertblinden Verhaltens[3]. Gegenstand religiöser Bejahung ist nur, was als Wert oder Unwert zuvor durch das Reich der Werte hindurchgegangen ist: die Religion liegt jenseits, die Natur diesseits des Reiches der Werte. Religion entspringt aus der Unerträglichkeit des Kontrastes zwischen Wert und Wirklichkeit[4] – und muß ihr in jedem Augenblick von neuem entspringen, darf niemals ein Dauerzustand werden, soll nicht sofort das wertüberwindende zum wertblinden Verhalten absinken. Sie ist nicht ein Kloster, in das man eintritt, um nie wieder herauszukommen, sondern eine Wegkapelle, in der man zu kurzer Andacht den Wanderstecken an die Mauer lehnt.

Den vier Haltungen entspricht also eine vierfache Formung der Gegebenheit: Sein, Wert, Sinn und Wesen. Man kann das Verhältnis dieser vier Reiche auch so ausdrücken: Natur und Ideal, und über die Kluft zwischen ihnen zwei Verbindungen, der niemals vollendbare Brückenschlag der Kultur und der in jedem Augenblick ans Ziel gelangende Flügelschlag der Religion – Werk und Glaube! –

---

[1] *Lask*, Logik der Philosophie. 1911. S. 7: »Übersein«.

([2] »Omne est bonum«. Vgl. *August Brunner*, S. J., Grundfragen der Philosophie, 1933, S. 75 ff.)

([3] »Kein Gewissen zu haben, bezeichnet das Höchste und Tiefste: Denn es erlischt nur im Gott, doch es verstummt auch im Tier.« [*Hebbel*].)

([4] »Wir müssen mit unserem Glauben aus dem Dualismus heraus. Mit unserem Denken können wir es nicht. Es ist durchaus wahr: wir sind Dualisten – der einzige Monist, das ist Gott ... Für uns kommt alles aus Gottes Hand; das heißt den Teufel besiegen. Das böse Reich und der Teufel gehen mich nichts an, es gibt nur einen Gott. Und zuletzt eine Metamorphose voller Jubel.« *Christoph Blumhardt*. Vgl. *Julie Schlosser*, Das innere Licht, 1926, S. 102.)

§ 1 WIRKLICHKEIT UND WERT

Es gilt nunmehr, in diese vier Betrachtungsweisen das Recht einzuordnen.

Recht ist Menschenwerk und kann wie jegliches Menschenwerk nur aus seiner Idee begriffen werden. Mache man doch einmal den Versuch, ein so einfaches Menschenwerk wie etwa einen Tisch anders als durch Bezugnahme auf seinen Zweck zu definieren. Etwa so: ein Tisch ist eine Platte mit vier Beinen. Gegen eine solche Definition würde sich sofort der Einwand erheben, daß es Tische mit drei, mit einem Bein, ja Klapptische ohne Beine gibt, wesensnotwendig für den Tisch also nur die Tischplatte ist. Die Tischplatte aber ist nichts anderes als andere zusammengefügte Bretter auch, von ihnen schlechterdings durch nichts anderes unterschieden als durch ihren Zweck, so daß man etwa zu der Begriffsbestimmung gelangt, der Tisch sei eine Vorrichtung, um für daran Sitzende etwas darauf zu setzen. Eine zweckblinde, d. h. wertblinde Betrachtung eines Menschenwerkes ist also unmöglich, und so auch eine wertblinde Betrachtung des Rechts oder irgendeiner einzelnen Rechtserscheinung. Eine Naturwissenschaft vom Verbrechen, wie die Kriminalanthropologie sie erstrebte, ist nur möglich, wenn man dem rechtswertbezogenen Verbrechensbegriff einen natürlichen Begriff des Verbrechens vorher substituiert hätte. Es wäre ein Wunder über alle Wunder, eine nicht erwartbare prästabilierte Harmonie zweier grundverschiedener Betrachtungsweisen, wenn ein durch Wertbeziehung gebildeter Begriff wie der des Rechts oder der des Verbrechens sich mit einem durch wertblinde Betrachtung gewonnenen Naturbegriff zur Deckung bringen ließe.

Recht kann nur begriffen werden im Rahmen des wertbeziehenden Verhaltens. Recht ist Kulturerscheinung, d. h. wertbezogene Tatsache. Der Rechtsbegriff kann nicht anders bestimmt werden denn als die Gegebenheit, die den Sinn hat, die Rechtsidee zu verwirklichen. Recht kann ungerecht sein (summum ius – summa iniuria), aber es ist Recht nur, weil es den Sinn hat, gerecht zu sein[1].

([1] Die Frage, welcher Natur der Rechtsbegriff sei, ob wertender oder wertbeziehender Natur, wurde im Mediceerkreise auf eine Frage Cosimo Medicis hin besprochen. Der Philosoph Messer Giovanni Argyropulos antwortete, sie seien der Moralphilosophie untergeordnet [wertbeziehend], aber gehörten nicht eigentlich zur Philosophie [nicht bewertend]. Der Jurist Messer Ottone Niccolini wandte sich erregt dagegen. Vgl. *Montoriola*, Briefe des Mediceerkreises, 1926, S. 9, 10; *Gutkind*, Cosimo di Medici, Oxford 1938, S. 241.)

Die Rechtsidee selber aber, das konstitutive Prinzip und zugleich der Wertmaßstab für die Rechtswirklichkeit, gehört dem bewertenden Verhalten an.

Auch dieses bewertende Verhalten ist jedoch nicht das letzte Wort, das über das Recht gesprochen wird. Es bleibt die Möglichkeit, das Recht für werthaft und doch in einem allerletzten Sinne, »vor Gott«, nach Art der Bergpredigt für wesenlos zu erklären, wie umgekehrt die Möglichkeit besteht, nach Art der Antike das Recht nicht nur im Reiche der Werte, sondern im absolutesten Wesen der Dinge zu verankern. Diese Stellungnahmen aber gehören der wertüberwindenden Betrachtung an.

Drei mögliche Betrachtungen des Rechts haben sich uns ergeben: die wertbeziehende Betrachtung, die Betrachtung des Rechts als Kulturtatsache – sie macht das Wesen der *Rechtswissenschaft* aus; die bewertende Betrachtung, die Betrachtung des Rechts als Kulturwert – durch sie wird die *Rechtsphilosophie* gekennzeichnet; schließlich die wertüberwindende Betrachtung des Rechts, die Betrachtung seines Wesens oder denn seiner Wesenlosigkeit – das ist die Aufgabe einer *Religionsphilosophie des Rechts*.

> Der Mensch ist nicht geboren, die Probleme der Welt zu lösen, wohl aber zu suchen, wo das Problem angeht, und sich sodann in der Grenze des Begreiflichen zu halten.
>
> *Goethe zu Eckermann*

§ 2

Rechtsphilosophie als Rechtswertbetrachtung

Also wäre Rechtsphilosophie die bewertende Betrachtung des Rechts, die »Lehre vom richtigen Recht« (Stammler). Die Methode dieser unserer Rechtswertbetrachtung ist aber durch zwei Wesenszüge gekennzeichnet: Methodendualismus und Relativismus.

1. Die Kantische Philosophie* hat uns über die Unmöglichkeit belehrt, aus dem, was *ist*, zu erschließen, was *wertvoll*, was *richtig* ist, was sein *soll*. Niemals ist etwas schon deshalb richtig, weil es ist oder weil es war – oder auch, weil es sein wird. Daraus ergibt sich die Ablehnung des Positivismus, der aus dem Seienden, des Historismus, der aus dem Gewesenen, und auch des Evolutionismus, der aus dem Werdenden auf das Gesollte schließt[1]. Auch mit der Erkenntnis einer bestimmten Richtung der Entwicklung ist die Richtigkeit ihres Ziels, die Unrichtigkeit des »Gegen-den-Strom-Schwimmens« noch nicht erwiesen. Das Unvermeidliche ist nicht deshalb schon erstrebenswert, das Unmögliche nicht deshalb schon auch unrichtig, Don Quixote zwar ein Tor, aber ein edler Tor. »Den lieb ich, der Unmögliches begehrt!« Sollenssätze, Werturteile, Beurteilungen können nicht induktiv auf Seinsfeststellungen, sondern nur deduktiv auf andere Sätze gleicher Art gegründet werden. Wertbetrachtung und Seinsbetrachtung liegen als selbständige, je in sich geschlossene Kreise nebeneinander. Das ist das Wesen des *Methodendualismus*[2].

---

[1] Diesen evolutionistischen Standpunkt vertrat für die Rechtspolitik *Franz v. Liszt* in einem Aufsatz (Z. f. d. ges. Str. RW. Bd. 26, 1906, S. 553 ff.), der damals lebhaft diskutiert wurde; Übersicht der Äußerungen von *Radbruch*, Z. f. d. ges. Str. RW. Bd. 27. S. 246, 742 und *Kantorowicz*, Aschaffenburgs Monatsschr. f. Kr. Ps. Bd. 4. S. 78 ff.

[2] Hier wird Methodendualismus nur als Gegensatz zum Methodenmonismus, aber mit Einschluß des Methodentrialismus verstanden, zu dem unten in § 3 unter 9 Stellung genommen werden soll.

Freilich wird bisweilen gerade im Gebiete der Rechtswissenschaft der Anspruch erhoben, die richtige Regelung aus der »Natur der Sache«* abzuleiten. Dieser Anspruch kann in der Tat gewisse Gründe für sich anführen. Das Rechtsideal ist ein Ideal eben für das Recht und weiter für das Recht einer bestimmten Zeit, eines bestimmten Volkes, für ganz bestimmte soziologische und historische Verhältnisse. Die Idee gilt für einen bestimmten Stoff, ist auf diesen Stoff hingeordnet – und ist also von dem Stoff, den sie beherrschen will, wiederum mitbestimmt. Wie die künstlerische Idee sich dem Material bequemt, wie sie eine andere wird, wenn sie in Bronze, eine andere, wenn sie in Marmor sich verkörpern soll, so ist es jeder Idee eingeboren, materialgerecht zu sein[1]. Wir nennen dieses Verhältnis die *Stoffbestimmtheit der Idee*, indem wir uns den Doppelsinn dieser Bezeichnung – *durch* den Stoff bestimmt, weil *für* den Stoff bestimmt – bewußt zu eigen machen[2]. Die Stoffbestimmtheit der Idee ist hinsichtlich der Rechtsidee von Eugen Huber in jener Lehre von den »Realien der Gesetzgebung« wie von François Gény in seiner Theorie von den Gegebenheiten (donnés) veranschaulicht worden[3]. Man ist nun versucht, diese Stoffbestimmtheit der Idee einer Vorgeformtheit der Idee im Stoffe gleichzusetzen, und in der Tat besteht die psychologische Möglichkeit, in und aus dem Stoffe die Idee zu erschauen[4]. So mag Michelangelo in jenem verhauenen Marmorblock visionär die Gestalt des David vorgeschaut haben, die er aus ihm erlöste[5]. Dasselbe bedeutet es, wenn der Jurist nach der »*Natur der*

([1] Ein anderer glücklicher Vergleich bei *Cardozo*, The growth of the law, 1924, p. 89: "The search is for the just word, the happy phrase, that will give expression to the thought, but somehow the thought itself is transfigured by the phrase, when found.")

[2] Vgl. zum Vorigen *Lasks* Lehre von der Bedeutungsdifferenzierung, Logik der Philosophie, 1911, S. 57 ff., 169 ff., auch *Radbruch*, Rechtsidee und Rechtsstoff. Archiv f. Rechts- und Wirtschaftsph. Bd. 17, 1923/24, S. 343 ff.

[3] *Eugen Huber*, Zeitschr. f. RPh. Bd. 1, 1914, S. 39 ff. und Recht und Rechtsverwirklichung, 1921, S. 281 ff.; *François Gény*, Science et technique en droit privé positif I. 1922, S. 96 ff. II. 1915, S. 370 f.

([4] *Schiller* rühmt »Goethes solide Meinung, immer von dem Objekt das Gesetz zu empfangen und aus der Natur der Sache heraus ihre Regeln abzuleiten«. [*Gundolf* und *Deibel*, Goethe im Gespräch, S. 34.])

([5] Tschuangtse erzählt von dem Holzarbeiter Tsching, der einen Glockenspiel-Ständer schnitzen sollte. Er übt in langen Exerzitien die Hingabe an die Sache, lernt nacheinander vergessen Lohn, Ruhm, den eigenen Körper. Dann geht er in den Hochwald und betrachtet Baum um Baum auf ihre Form, bis ihm in

§ 2 RECHTSPHILOSOPHIE ALS RECHTSWERTBETRACHTUNG

Sache« entscheidet[1]. Aber solche Schau der Idee in dem Stoffe, den sie zu formen bestimmt ist, ist ein Glücksfall der Intuition, nicht eine Methode der Erkenntnis. Für das methodische Erkennen bleibt es also dabei, daß Sollenssätze nur aus anderen Sollenssätzen deduktiv abgeleitet, nicht auf Seinstatsachen induktiv gegründet werden können.

Diese Unableitbarkeit des Werts aus der Wirklichkeit (wie übrigens auch die Stoffbestimmtheit der Idee) kennzeichnet jedoch ein logisches, nicht etwa ein kausales Verhältnis. Der Methodendualismus will nicht behaupten, daß die Wertungen, die Beurteilungen durch die Seinstatsachen unbeeinflußt seien. Kein Zweifel, daß die Bewertungsakte das kausale Ergebnis, der ideologische Überbau von Seinstatsachen sind, etwa des sozialen Milieus derer, die sie vollziehen. Die Wissenssoziologie hat uns über die soziale Standortbestimmtheit der Ideologien belehrt[2]. Von dem *kausalen* Verhältnis zwischen Seinstatsachen und Werturteilen ist hier nicht die Rede, vielmehr von dem *logischen* Verhältnis von Sein und Wert. Nicht dies wird behauptet, daß Wertungen nicht durch Seinstatsachen *verursacht*, vielmehr daß sie aus ihnen nicht *begründet* werden können. Ein ganzes ethisches Gedankengebäude kann aus dem Klassenressentiment seines Begründers entstanden sein; aber im System seiner Ethik hat dieses Ressentiment keine Stätte, und die systematische Begründung dieser Ethik ist nicht schon dadurch widerlegt, daß ihre Entstehung aus Ursachen entlarvt wird, die sich mit ihrer Begründung nicht decken. In die Diskussion über eine Theorie dürfen die psychologischen Ursachen ihrer Entstehung nicht eingeführt werden – es sei denn, um die Diskussion abzubrechen, um aufzuzeigen, daß eine weitere Diskussion zwecklos sei, da die Zähigkeit der aufgewiesenen Seinsgebundenheit des Denkens eine Verständigung ausschließe.

Man möchte einwenden, daß eine solche auf den ideellen Gehalt der Wertungen beschränkte und von ihrer Seinsgrundlage absehende Betrachtung Wesenlosigkeiten zu ihrem Gegenstand habe, »bloße Ideologien«, nicht wirkliche und wirkende Mächte; Rechtsphilosophie sei

---

einem Baum der Glockenspiel-Ständer erscheint. »Meine himmelgeborene Art und die himmelgeborene Art der Bäume sammelten sich darauf.« [Alfred *Paquet*, Frankfurter Zeitung v. 15. 12. 40].)

[1] Zur Geschichte des Begriffs »Natur der Sache« *Isay*, Rechtsnorm und Entscheidung, 1929, S. 78 ff.

[2] Vgl. *Mannheim*, Ideologie und Utopie, 1929, und Wissenssoziologie, im Handwörterbuch der Soziologie 1931.

nur der politische Parteienkampf, und das heißt letzten Endes der wirtschaftliche Interessenkampf, in die Ebene des Geistes erhoben, und deshalb eine wesenlose Luftspiegelung der Wirklichkeit. Aber es wird sich später, bei der Analyse der marxistischen Geschichtsauffassung, zeigen, daß, wenn Rechtsphilosophie vergeistigte Politik, Politik vergeistigter Klassenkampf ist, diese Vergeistigung zugleich eine Eigengesetzlichkeit des Geistes entfesselt und damit seine Rückwirkung auf die Mächte ermöglicht, deren Vergeistigung er bedeutet. Die Ideen kämpfen nicht in den Wolken den Kampf der Interessen noch einmal aus, wie die Walküren über der Walstatt, sie steigen vielmehr wie die homerischen Götter auf das Schlachtfeld herab und kämpfen, selbst Machtgebilde, Seite an Seite mit den anderen Mächten. Ist Rechtsphilosophie einerseits der politische Parteienkampf, in die Sphäre des Geistes transponiert, so stellt sich andrerseits der politische Parteienkampf zugleich als eine großartige rechtsphilosophische Diskussion dar. Alle großen politischen Wandlungen waren von der Rechtsphilosophie vorbereitet oder begleitet. Am Anfang stand die Rechtsphilosophie, am Ende die Revolution.

2. Sollenssätze sind nur durch andere Sollenssätze begründbar und beweisbar. Eben deshalb sind die letzten Sollenssätze unbeweisbar, axiomatisch, nicht der Erkenntnis, sondern nur des Bekenntnisses fähig. Wo also entgegengesetzte Behauptungen über die letzten Sollenssätze, entgegengesetzte Wert- und Weltanschauungen einander streitend gegenübertreten, kann zwischen ihnen nicht mehr mit wissenschaftlicher Eindeutigkeit entschieden werden. Die wissenschaftliche Wertbetrachtung – so hat man gesagt – vermag zwar zu lehren, was man kann und was man will, nicht aber, was man soll. Wissenschaft kann auf dem Gebiete des Sollens, genauer gesprochen, ein Dreifaches leisten:

Erstens kann sie die zur Verwirklichung des gesollten Ziels notwendigen Mittel ermitteln. Freilich nennen wir die Anleitung zur Wahl der richtigen Mittel für ein rechtliches Ziel nicht Rechtsphilosophie, sondern Rechtspolitik. Die Erwägung der durch ein Rechtsziel bedingten Mittel kann aber nicht nur solcherart sein, daß nach der Weise der Rechtspolitik vom Ziele her ausgeblickt wird auf die Mittel, sondern daß umgekehrt von den Mitteln her zurückgeblickt wird auf das Ziel, d. h. die Tragweite des Ziels durch die Aufzeigung der dafür unerläßlichen Mittel und der mit ihnen unvermeidlich verbundenen Nebenwirkungen erst voll in das Bewußtsein erhoben wird. Solche Erwägung der Mittel zum Zwecke der Klärung des durch sie zu verwirklichenden rechtlichen Ziels aber ist Rechtsphilosophie.

Es ist zweitens Aufgabe der Rechtsphilosophie, das rechtliche Werturteil nicht nur bis in die fernsten Mittel seiner Verwirklichung hinab zu durchdenken, sondern es auch in entgegengesetzter Richtung klarzulegen bis zu seinen letzten weltanschaulichen Voraussetzungen hinauf. Die Rechtsphilosophie stellt die Kantisch formulierte Frage: Wie ist dieses einzelne rechtliche Werturteil möglich, d. h. welche Voraussetzungen anzuerkennen ist man genötigt, um folgerichtig dieses Werturteil fällen zu dürfen? Wie der Paläontologe aus einem Knochenrest das ganze Knochengerüst eines vorzeitlichen Lebewesens zu rekonstruieren sucht, so hat der Rechtsphilosoph aus einer einzelnen rechtlichen Wertung das ganze Wertsystem zu entwickeln, durch das sie bedingt ist. Wie jene Erwägung nicht um der Mittel, so wird aber auch diese nicht um der Voraussetzungen willen vollzogen, sondern um der rechtlichen Wertung willen, die durch sie bedingt wird. Es soll dem Wertenden ins Bewußtsein erhoben werden, daß er, indem er ein bestimmtes rechtliches Sollensziel billigt, nicht nur die mit kausaler Notwendigkeit damit verbundenen Mittel, sondern auch die mit logischer Notwendigkeit damit verbundenen allgemeineren Wertungen nicht abzulehnen vermag; es soll ihm nach beiden Richtungen die volle Einsicht in die Tragweite jenes Ziels verschafft werden.

Eben dadurch ergibt sich schließlich die Möglichkeit, die überhaupt denkmöglichen letzten Voraussetzungen und damit alle Ausgangspunkte rechtlicher Wertung systematisch zu entwickeln, die Systeme rechtlicher Wertung in ihrem Gegensatz und in ihrer Verwandtschaft erschöpfend darzustellen, im Rahmen einer Topik der überhaupt möglichen Weltanschauungen eine Topik der möglichen Rechtsauffassungen zu entwerfen und so zwar nicht *das* System der Rechtsphilosophie, aber die vollständige Systematik ihrer möglichen Systeme zu geben.

Man darf gegen diese Methode nicht einwenden, daß sie ein rein empirisches und somit nicht philosophisches Verfahren sei. Sie bleibt nicht bei der Tatsächlichkeit faktischer rechtsphilosophischer Wertungen stehen, sie erforscht vielmehr ihren Sinn und zwar nicht nur ihren subjektiven, wirklich gedachten, sondern ihren objektiven, ihren gemeinten Sinn. Was der Wertende bei seiner Wertung sich gedacht hat, ist nur ihr Ausgangspunkt, ihr Denkziel aber, was er diesem Ausgangspunkte gemäß nach Maßgabe kausaler und logischer Folgerichtigkeit hätte denken müssen. Ihre Aufgabe ist nicht, rechtliche Zielgedanken zu registrieren, sondern sie zu klären und damit möglicherweise zu korrigieren. Dadurch, daß sie dem Einzelnen den objektiven Sinn seines Wollens zum Bewußtsein bringt, wird sie ihn in seinem Werturteil entweder durch seine vertiefte Begründung befestigen oder aber umgekehrt durch die Erkenntnis des Abstandes zwischen dem gedachten und dem wahren Sinn erschüttern, und in beiden Fällen erkennend dem Leben dienen.

Freilich, die Wahl zwischen den aus den entgegengesetzten letzten Voraussetzungen systematisch entwickelten Rechtsauffassungen vermag die relativistische Rechtsphilosophie dem Einzelnen nicht abzunehmen. Sie beschränkt sich darauf, ihm die Möglichkeiten der Stellungnahme erschöpfend vorzulegen, überläßt aber seine Stellungnahme selbst seinem aus der Tiefe der Persönlichkeit geschöpften Entschlusse – keineswegs also seinem Belieben, vielmehr seinem Gewissen. Sie übt diese Selbstbeschränkung, weil sie in bezug auf die letzten Werturteile ein Ignorabimus sprechen zu müssen glaubt. Aber auch wenn nur ein Ignoramus geboten wäre, würde sie bei ihrer Methode verharren in der Meinung, dem Genius, der einstmals mit wissenschaftlicher Eindeutigkeit zwischen den möglichen Weltanschauungen zu entscheiden fähig wäre, durch deren systematische Entwicklung wenigstens nützliche Vorarbeit geleistet zu haben.

Die hier dargelegte Methode nennt sich *Relativismus*[1], weil sie die

---

[1] oder Problematizismus; so *Windelband*, Einleitung i. d. Ph., 1914, S. 219. (Oder auch *Perspektivismus* [im Sinne von Standortsbedingtheit]. *Petraschek*, Krit. Viertelj.schr. f. Gesetzgebg. u. Rechtsw., Folge 3, Bd. 27, S. 136, sagt mit Recht, daß hier nur ein »*partieller Relativismus*« vertreten werde [nur in Bezug auf die verschiedenen Auffassungen des Gemeinwohls, nicht auf Gerechtigkeit und Rechtssicherheit]. In einer ausführlichen Besprechung dieses Buches spricht *Georges Gurvitch*, L'expérience juridique, 1933, S. 200 ff., von einer »*antinomischen*« Philosophie des Rechts. *Eduard Spranger*, *Universitas*, Jahrg. 3, 1948, S. 410, zieht die Kennzeichnung des hier vertretenen Standpunktes als »*dialektisch*« vor: es handele sich bei den verschiedenen Auffassungen des Gemeinwohls um drei einseitige Ansichten, die zu einer höheren, freilich nicht spannungslosen Einheit aufgehoben werden müßten; die dialektische Rechtsphilosophie steigere sich zu einer »*existentiellen*« Rechtsphilosophie, wenn die Konfliktsituation mehr sei als eine Wahl zwischen These und Antithese und mit dem Einsatz der ganzen Person durchgekämpft werde. Auch *Vincenzo Palazzolo* in seiner Besprechung dieses Buches im Archivio della Cultura Italiana 1941, Heft 2, S. 38, 46 will die hier vertretene Lehre existentialistisch fortgebildet wissen.

§ 2 RECHTSPHILOSOPHIE ALS RECHTSWERTBETRACHTUNG

Richtigkeit jedes Werturteils nur in Beziehung zu einem bestimmten obersten Werturteil, nur im Rahmen einer bestimmten Wert- und Weltanschauung, nicht aber die Richtigkeit dieses Werturteils, dieser Wert- und Weltanschauung selbst festzustellen sich zur Aufgabe macht[1].

Karl Jaspers, Vernunft und Existenz, Groningen 1935, S. 72, meint den Unterschied der Existenzphilosophie von einem Relativismus im tadelnden Sinne, wenn er von einer Sophistik einer bequemen Toleranz redet, welche gelten, aber sich nicht berühren läßt, und ihr eine Wahrheit der Toleranz gegenüberstellt, welche hört und gibt, d. h. den eigenen Standpunkt in einem dauernden Prozeß der Kommunikation der Nachprüfung unterstellt. In diesem Sinne liegt in unserem Buche nicht Relativismus vor, vielmehr Existentialismus. Wir wissen uns jedenfalls frei von jener Vorstellungsweise, von der einmal *Kuno Fischer* spricht: »als ob der Glaube ein Ding wäre, das man erst begutachten, dann wählen könnte.«)

[1] Die bedeutendsten Vertreter des Relativismus sind *Georg Jellinek* (Allgemeine Staatslehre, 3. Auflage 5. Neudruck, 1929); *Max Weber* (Ges. Aufsätze zur Wissenschaftslehre 1922; vgl. auch *Marianne Weber*, M. Weber, 1926, S. 328 ff.) und *Hans Kelsen* (Allgemeine Staatslehre, 1925, S. 38 f., 369 ff.). Dem Verfasser ist diese seine Grundanschauung im Gedankenaustausch mit dem Manne erwachsen, dem dieses Buch gewidmet ist; vergl. neben vielfältigen anderweitigen Äußerungen *Kantorowicz*, Zur Lehre vom richtigen Recht 1909.
(In der 3. Auflage waren an dieser Stelle die Zustimmungen und Ablehnungen gegenüber dem Relativismus der früheren Auflagen registriert. Von ihnen sei hier nur noch die gründlichste Stellungnahme gegen den Relativismus genannt: *Emge*, Über das Grunddogma des rechtsph. Relativismus, 1916. Es sollen hier auch nicht die Äußerungen zur 3. Auflage vollzählig gesammelt werden [z. B. *Selchow*, Die Not unseres Rechts, 1932, S. 378 ff., *Wilhelm Sauer*, System d. Rechts- u. Sozialph., 2. Aufl., 1949, S. 467, *Du Pasquier*, Introduction à la théorie générale et à la philosophie du droit, 1937 Nr. 281]. Genannt werden muß aber die ausführliche Auseinandersetzung mit dem Relativismus, die *Arnold Brecht* in zahlreichen Aufsätzen vollzogen hat, in einer mehr empirischen als schulphilosophischen Weise, aber mit wichtigen Ergebnissen in der Richtung auf gewisse absolute Bestandteile des richtigen Rechts. Die drei grundlegenden Aufsätze sind in der amerik. Zeitschrift Social Research erschienen [Febr. 1939, Sept. 1939, Mai und September 1940]; eine vollständige Aufzählung in dem Aufsatze »Beyond Relativism in political theory« in: The American Political Science Review, Bd. 41, Nr. 3, Juni 1947, S. 473, Anm. 4; dieser letzte Aufsatz berichtet über ein Round Table-Gespräch über die Probleme des Relativismus. Die klärendste Erörterung des Problems vom philosophischen Standpunkt: *Eduard Spranger*, Der Sinn der Voraussetzungslosigkeit in den Geisteswissenschaften, 1929. Über den Relativismus im historischen Denken feinsinnige Ausführungen bei *Friedrich Meinecke*, Vom geschichtlichen Sinn und vom Sinn der Geschichte, 1939, S. 7 ff.)

Der Relativismus gehört aber der theoretischen, nicht der praktischen Vernunft an. Er bedeutet Verzicht auf die wissenschaftliche Begründung letzter Stellungnahmen[1], nicht Verzicht auf die Stellungnahme selbst[2]. Nicht mit dem Pilatus des Evangeliums, in dem mit der theoretischen auch die praktische Vernunft verstummt (»Was ist Wahrheit?«), fühlt unser Relativismus sich verwandt, sondern eher mit Lessings Nathan, dem das Schweigen der theoretischen gerade der stärkste Appell an die praktische Vernunft ist: »Es strebe von euch jeder um die Wette, die Kraft des Steins in seinem Ring an Tag zu legen.« Denn der Relativismus ist mehrfacher weltanschaulicher Begründung fähig. Er kann ohne eigene Stellungnahme bei der Darlegung letzter wertender Stellungnahmen deshalb stehen bleiben, weil er an ihrer aller Berechtigung gleichermaßen zweifelt – das ist der Skeptizismus des Pilatus; oder weil er an die Berechtigung einer unter ihnen fest glaubt, nur sie nicht nachzuweisen vermag – das ist der Agnostizismus Nathans[3]. Aber noch eine dritte Auffassung ist möglich, die gleich der Auffassung Nathans Relativismus mit Aktivismus verbindet. Auch deshalb kann der Relativismus auf eigene Stellungnahme zwischen streitenden Wertungen verzichten, weil er sie alle und zwar jede von ihnen in ihrem ausschließ-

---

[1] Vgl. *F. A. Lange*, Geschichte des Materialismus, Bd. II 3. Aufl. 1877, S. 455: Alle absoluten Wahrheiten sind falsch, Relationen dagegen können genau sein... Eine relative Wahrheit, ein Satz, der nur auf Grund einer willkürlichen Voraussetzung wahr ist, ... gerade ein solcher Satz ist zugleich eher fähig, unsre Einsicht dauernd zu fördern, als ein Satz, welcher mit einem Schlage dem Wesen der Dinge möglichst nahe zu kommen sucht...

[2] Der beste Beweis dafür – *Max Webers* große ethische Persönlichkeit! (»Gesinnungslosigkeit und wissenschaftliche Objektivität haben keinerlei Verwandtschaft«, so *Marianne Weber* über Max Weber in der Vortragsreihe »Gründer der Soziologie« [Sozialwiss. Bausteine, hgg. v. F. K. Mann Bd. 4, 1932, S. 141 ff.]. Vgl. auch *Karl Jaspers*, Max Weber, Rede, 1921 [2. Aufl. 1926] und *Max Weber*, Deutsches Wesen im politischen Denken, im Forschen und Philosophieren, 1932.) Wenn M. Weber die Deutung seines Standpunktes als Relativismus als gröbliches Mißverständnis zurückweist *(Marianne Weber*, S. 339), so meint er einen Relativismus, der nicht nur die Erkennbarkeit der Werte, sondern auch den Glauben an Werte verneint. (Über Max Webers und meinen »Relativismus« vgl. *A. v. Schelting*, Max Webers Wissenschaftslehre, 1934, S. 323 Anm. – Über meinen Relativismus vgl. auch *F. Orestano*, Filosofia del diritto, 1941, p. 23. –)

[3] Für einen solchen »gemäßigten« Relativismus *Anraths*, Das Wesen der sog. freien wissenschaftl. Berufe, 1930, S. 200 ff. (mit wertvollen Folgerungen für die Berufstätigkeit des Anwalts; vgl. *Radbruch*, Justiz, Bd. 7, S. 52 ff.).

§ 2 RECHTSPHILOSOPHIE ALS RECHTSWERTBETRACHTUNG

lichen Pflichtcharakter für ihren Vertreter für gleichberechtigt hält, weil er des Glaubens lebt, daß was für unser Bewußtsein sich ausschließt, für ein höheres Bewußtsein sich vertrage, ja fordere. Das ist der Antinomismus, den in einem schönen Worte einmal Walther Rathenau veranschaulicht hat: »Wir sind nicht Komponisten, sondern Musikanten. Da mag denn jeder sein Instrument so schön spielen, wie er kann; auch Variationen sind ihm erlaubt, wenn nur alle Saiten klingen. Alle Instrumente sind gleich nötig. Für die Harmonie sei keiner besorgt; die schafft ein anderer.«[1] Aber auch auf den großen Namen Goethes darf sich der Relativismus berufen. Am 22. Januar 1811 schrieb er nach der Lektüre einer »vergleichenden Geschichte der philosophischen Systeme« an Reinhard: »Bei Lesung dieses Werks begriff ich aufs Neue, was der Verfasser auch sehr deutlich ausspricht: daß die verschiedenen Denkweisen in der Verschiedenheit der Menschen gegründet sind und eben deshalb eine durchgehende gleichförmige Überzeugung unmöglich ist. Wenn man nun weiß, auf welcher Seite man steht, so hat man schon genug getan; man ist alsdann ruhig gegen sich und billig gegen andre.« Daß aber Goethes Relativismus nicht dem Skeptizismus des Pilatus, sondern dem Agnostizismus Nathans gleicht, bezeugt das schöne Zahme Xenion:

> Wenn ich kennte den Weg des Herrn,
> ich ging ihn wahrhaftig gar zu gern;
> führte man mich in der Wahrheit Haus,
> bei Gott! ich ging nicht wieder heraus.

([1] »Von einem hohen und fernen Standpunkt aus, wie der des Historikers sein soll, klingen Glocken jedermann schön, ob sie in der Nähe disharmonieren oder nicht: discordia concors« [*Jacob Burckhardt*, Auswahl S. 51].)

> Wo recht viel Widersprüche schwirren,
> mag ich am liebsten wandern;
> Niemand gönnt dem andern –
> wie lustig! – das Recht zu irren.
>
> *Goethe*

§ 3
Die Richtungen der Rechtsphilosophie

Die auf Methodendualismus und Relativismus gegründete Rechtsphilosophie soll jetzt als Ergebnis der rechtsphilosophischen Entwicklung des vergangenen Jahrhunderts aufgewiesen werden. Deshalb sind die rechtsphilosophischen Richtungen hier nicht in ihrer sachlichen Stellungnahme, vielmehr nur in ihrer methodologischen Eigenart zu kennzeichnen[1].

1. Von ihrem Anbeginne bis zum Anfang des 19. Jahrhunderts war alle Rechtsphilosophie *Naturrechtslehre**. Gewiß begreift die Bezeichnung Naturrecht Erscheinungen grundverschiedener Art in sich. Das Naturrecht der Antike kreiste um den Gegensatz von Natur und Satzung, das Naturrecht des Mittelalters um den Gegensatz von göttlichem und menschlichem Recht, das Naturrecht der Neuzeit um den Gegensatz zwischen Rechtszwang und Einzelvernunft. Bald dient das Naturrecht einer tieferen Befestigung des gesetzten Rechts, bald gerade umgekehrt dem Kampfe gegen das gesetzte Recht. Aber in allen seinen Formen ist es durch vier, zu verschiedenen Zeiten freilich verschieden betonte Wesenszüge gekennzeichnet: Es liefert inhaltlich bestimmte rechtliche Werturteile. Diese Werturteile sind entsprechend ihrer Quelle – Natur, Offenbarung, Vernunft – allgemeingültig und unwandelbar. Sie sind der Erkenntnis zugänglich. Sie gehen, einmal erkannt, widersprechendem gesetzten Rechte vor: Naturrecht bricht positives Recht.

Den Anspruch des Naturrechts, allgemeingültige und unwandelbare inhaltlich bestimmte Rechtssätze abzuleiten, darf man nicht schon durch den üblichen Hinweis auf die bunte Mannigfaltigkeit der Rechts-

([1] Zur Geschichte der Rechtsphilosophie vgl. das Sammelwerk »Great Jurists of the world«, herausg. von *Macdonell* und *Manson*, London 1913; *Erik Wolf*, Große Rechtsdenker, 2. Aufl. 1944.)

anschauungen verschiedener Epochen und Nationen rein empirisch widerlegt glauben. Der Naturrechtslehrer würde diesen Schluß von dem, was ist, auf das, was sein soll, diese »pöbelhafte Berufung auf vorgeblich widerstreitende Erfahrung« (Kant), mit Recht zurückweisen und in der Vielfältigkeit der Rechtsanschauungen nur die Vielfältigkeit des Irrtums gegenüber der einen, naturrechtlichen, Wahrheit erblicken: error multiplex, veritas una. Nicht Rechtsgeschichte und Rechtsvergleichung, sondern Erkenntnistheorie, nicht die Historische Schule, sondern die Kritische Philosophie, nicht Savigny, sondern Kant hat den entscheidenden Schlag gegen das Naturrecht getan. Kants Kritik der Vernunft hat gezeigt, daß die Vernunft nicht ein Arsenal fertiger theoretischer Erkenntnisse, anwendungsreifer ethischer und ästhetischer Normen sei, vielmehr nur das Vermögen, zu solchen Erkenntnissen und Normen zu gelangen, ein Inbegriff nicht von Antworten, sondern von Fragen, von Gesichtspunkten, mit denen man an die Gegebenheiten herantritt, von Formen, die erst durch die Aufnahme eines gegebenen Stoffes, von Kategorien, die erst durch die Anwendung auf ein gegebenes Material Urteile oder Beurteilungen bestimmten Inhalts zu liefern vermögen. Solche inhaltlich bestimmten Erkenntnisse oder Bewertungen sind niemals das Produkt »reiner« Vernunft, sondern immer nur ihrer Anwendung auf bestimmte Gegebenheiten – und deshalb niemals allgemein, sondern immer nur für diese Gegebenheiten gültig. Demgemäß kann zwar der *Frage* nach dem »natürlichen«, d. h. dem richtigen Rechte Allgemeingültigkeit, jeder ihrer Beantwortungen aber nur für einen gegebenen Gesellschaftszustand, nur für eine bestimmte Zeit und für ein bestimmtes Volk Geltung zugestanden werden. Nur die Kategorie des richtigen, gerechten Rechtes ist allgemeingültig, aber keine ihrer Anwendungen. Will man für das demnach nur durch die Einheitlichkeit der kategorialen Form gekennzeichnete »richtige Recht« dennoch den Namen Naturrecht festhalten, so muß man es dem unwandelbaren Naturrecht alten Stils (mit Stammler) als ein »Naturrecht mit wechselndem Inhalt«* oder, wie man wohl gesagt hat, als »Kulturrecht« gegenüberstellen.

Wäre nun richtiges Recht, gleichviel ob Naturrecht alten Stils oder Naturrecht mit wechselndem Inhalt, entgegen der relativistischen Auffassung eindeutig erkennbar, so wäre der Schluß unvermeidlich, daß von ihm abweichende Satzung vor ihm erbleichen müßte wie der entlarvte Irrtum vor der enthüllten Wahrheit. So sehr man sich darum bemüht hat, es ist keine Begründung dafür denkbar, daß ein zweifelsfrei als ungerecht erkanntes gesetztes Recht seine Geltung bewahre. Es wird später gezeigt werden, daß die Geltung gesetzten Rechtes allein auf die Unerkennbarkeit des richtigen Rechtes gegründet werden kann. Dagegen muß der folgerichtige Vertreter eines eindeutig erkennbaren Naturrechts die Zweidimensionalität der Rechtswelt leugnen, »materielles« und »formelles Naturrecht« (mit Lask* zu sprechen), Richtigkeit und Geltung des Rechts gleichsetzen. Er vermag dem gesetzten Recht eine selbständige Daseinsberechtigung neben dem Naturrecht nicht zuzuerkennen, er gelangt zu einer völligen Aufzehrung des gesetzten Rechts durch das richtige Recht, der Rechtswirklichkeit durch den Rechtswert, der Rechtswissenschaft durch die Rechtsphilosophie.

2. Der Naturrechtslehre stellt die *Historische Schule* das entgegengesetzte Extrem gegenüber: die Aufzehrung des richtigen durch das gesetzte Recht, des Rechtswerts durch die Rechtswirklichkeit, der Rechtsphilosophie durch die Rechtswissenschaft. Wenigstens ist dies der erste Eindruck des Programms der Historischen Schule, als verwürfe sie mit der naturrechtlichen jegliche Rechtsbewertung, jegliche Rechtsphilosophie, als verträte sie die positivistische Selbstbeschränkung der Wissenschaft auf die rein empirische Erforschung der historischen Rechtswirklichkeit. So hat sie sich in der Tat später praktisch ausgewirkt. Aber das unausrottbare philosophische Bedürfnis hat der Wertbetrachtung, wo man sie offen verbannte, noch immer wieder heimlich Eingang geschafft. Ein aufmerksamer zweiter Blick zeigt, daß auch die Historische Schule nicht jede Bewertung des Rechts ablehnt, vielmehr nur die *unterschiedliche* Bewertung der einzelnen geschichtlichen Rechtserscheinungen, daß sie sie alle gleich hoch bewertet, weil ihr das durch Geschichte und Volksgeist notwendig Hervorgebrachte schon deshalb auch als das Richtige erscheint. Ehrfurcht vor allem Bestehenden, Gewordenen, aber auch Werdenden, Pietät aller Wirklichkeit gegenüber ist ihr Grundzug, und nicht mit Unrecht hat man sie nicht nur als Quietismus, sondern auch als Pietismus, als eine »pietistische Richtung« gekennzeichnet (Thibaut)*. Zwar nicht eine Wertphilosophie des Rechts, wohl aber eine Religionsphilosophie des Rechts wäre damit als Hintergrund der Historischen Schule aufgewiesen. Aber auch die unterschiedliche Bewertung der einzelnen Rechtserscheinungen hat die Historische Schule nicht dauernd vermeiden können. Müßte sie folgerichtig alles positive Recht für gleichermaßen richtig erklären, da ja

§ 3 DIE RICHTUNGEN DER RECHTSPHILOSOPHIE

keines sich denken läßt, das nicht notwendiges Ergebnis seiner historischen und nationalen Voraussetzungen wäre — also auch die gesetzgeberischen Erzeugnisse des Naturrechtszeitalters, so führte sie der Kampf gegen das Naturrecht dazu, sehr entschiedene Unwerturteile über Naturrecht, Aufklärung, Revolution, die »Willkür des Gesetzgebers« zu fällen und ebenso entschiedene positive Werturteile über eine organische Rechtsentstehung durch die »inneren, stillwirkenden Kräfte«, den »Volksgeist«. »Wer von der organischen Auffassung von Recht und Staat durchdrungen ist, wird nur allzu leicht und allzu gern vergessen, daß Orkane und Erdbeben ebenso zum regelmäßigen Naturlauf gehören wie das stille Wachstum der Tiere oder der Pflanzen«[1]. Aus dem wertblinden Rechtspositivismus, aus der wertüberwindenden Religionsphilosophie des Rechts ist also unvermerkt eine Rechtsphilosophie romantischer Färbung, ja eine Rechtspolitik konservativer Richtung geworden[2]. Friedrich Julius Stahl*, der Theoretiker des Konservatismus, hat sogar den Kern der geschichtlichen Richtung nicht in ihrer »Ansicht über das Faktische, wie das Recht entsteht, sondern in der über das Ethische, wie es entstehen, welchen Inhalt es erhalten soll,« gefunden und demgemäß seine eigene Lehre als eine »Philosophie des Rechts nach geschichtlicher Ansicht« bezeichnet[3].

Nun ist in der Tat die sprunglose Allmählichkeit geschichtlichen Werdens eine apriorische Notwendigkeit historischer Erkenntnis. Ein geschichtlicher Vorgang ist erst dann historisch erkannt, wenn er als Fortsetzung, nicht Unterbrechung des geschichtlichen Prozesses aufgezeigt worden ist. Mag eine geschichtliche Tat sich im Bewußtsein der Handelnden noch so trotzig von allem Überkommenen losreißen, als getane Tat verfällt sie unwiderruflich jener notwendigen Denkform der Geschichtswissenschaft, jener Kategorie der bruchlosen Allmählichkeit. Nachträglicher historischer Betrachtung enthüllt sich auch das selbstherrlichste Wollen ebenso unausweichlich als ein aus längst gereiften Verhältnissen notwendig entsprungenes Müssen, wie die kühnste Überwindung der Schwerkraft, der stolzeste Triumph des Luftpiloten dennoch in diese Welt mit ihrer Schwerkraft unentfliehbar einge-

[1] *Anton Menger*, Das bürgerl. R. u. d. besitzlosen Volksklassen, 4. Aufl. 1908, S. 13.
[2] Vgl. *Rothacker*, Einleitg. i. d. Geisteswissenschaften, 2. Aufl. 1930. S. 60 ff.; *Zwilgmeyer*, Die Rechtslehre Savignys, 1929, S. 32 ff.
[3] Höchst charakteristische programmatische Spätschriften der Historischen Schule sind *J. J. Bachofens* Selbstbiographie u. Antrittsrede (Neudruck 1927).

schlossen bleibt. Aber nur auf die nachträgliche Betrachtung der getanen Tat hat die historische Anschauungsweise Anspruch; als Norm auf handelnde Menschen angewandt, bringt die Forderung, sich im politischen Neuschaffen als geschichtlich gebunden zu betrachten, die Geschichte selber zum Stillstand. Der Irrtum alles Historismus beruht also darauf, daß er seine Kategorie geschichtlicher Erkenntnis zu einer Norm des politischen Handelns erhebt.

3. Dem Methodenmonismus der Historischen Schule, der nur die Wirklichkeit kennen will, scheint auf den ersten Blick nahe verwandt die *Hegelsche Rechtsphilosophie* mit ihrem berühmten Leitwort aller Identitätsphilosophie: »Was vernünftig ist, das ist wirklich, und was wirklich ist, das ist vernünftig«*. In der Tat teilt Hegel mit der Historischen Schule den Gegensatz zum Naturrecht. Er stellt nicht wie die Naturrechtslehre die individuelle Rechtsvernunft in Gegensatz zur Rechtswirklichkeit, findet vielmehr das Vernunftrecht in der historischen Rechtswirklichkeit[1]: »Was vernünftig ist, das ist wirklich.« Trotz dieser gemeinsamen Gegnerschaft ist aber der tiefe Gegensatz zur Historischen Schule unverkennbar. Beruht für die Historische Schule die Gleichsetzung von Wirklichkeit und Wert auf dem Glauben an den die Geschichte durchwaltenden unerforschlichen Ratschluß Gottes, so beruht sie für Hegel auf der dialektischen Nachkonstruktion der im historischen Prozeß sich vollziehenden Selbstenfaltung der Vernunft: »Was wirklich ist, ist *vernünftig.*« Vernunft steht gegen Volksgeist, Rationalismus gegen Irrationalismus und Romantik. Dieser sachliche Gegensatz fand seinen Ausdruck in scharfen persönlichen Auseinandersetzungen zwischen Hegelianismus und Historischer Schule. Nennt Hegel Savignys* Kodifikationsfeindlichkeit »einen der größten Schimpfe, der einer Nation oder jenem Stande (dem Juristenstande nämlich) angetan werden konnte«, so ist von der Gegenseite Hegels Lehre als die »feindselige Macht« (Stahl), ja als eine »frivole Philosophie« (Puchta) bezeichnet worden. Man empfand dort deutlich die radikalen Entwicklungsmöglichkeiten, welche der Hegelianismus in sich trug[2].

[1] In diesem Sinn sagt *Lassalle*, Syst. d. erw. Rechte, Bd. 1, 1861, S. 70: »Das Naturrecht ist selbst historisches Recht.«

[2] Das letzte System der Rechtsphilosophie im Geiste Hegels veröffentlichte *Adolf Lasson* 1882. Der sogenannte Neu-Hegelianismus *Kohlers* und *Berolzheimers* (Kohler, Lehrb. d. RPh. 3. Aufl. 1923, Berolzheimer, System der Rechts- und Wirtschaftsph., 5 Bände, 1904 ff.) hat dagegen mit Hegel wenig zu schaffen. Hegelianismus ohne Dialektik ist kein Hegelianismus.

4. Sie haben sich am folgenreichsten in der von Karl Marx und Friedrich Engels begründeten »*materialistischen Geschichtsauffassung*« ausgewirkt[1]. Hatte Hegel Sein und Sollen in eins gesetzt, aber, wenn er die Wirklichkeit als die Selbstentfaltung der Vernunft ansah, im Sollen die bestimmende, im Sein die bestimmte Seite dieser Einheit gesehen, so hielt der historische Materialismus an jener Ineinssetzung von Sollen und Sein fest, ließ aber das Sollen oder, wie Karl Marx sagt*, das Bewußtsein durch das Sein bestimmt werden. »Damit wurde die Hegelsche Dialektik auf den Kopf oder vielmehr vom Kopf, auf dem sie stand, wieder auf die Füße gesetzt« (Friedrich Engels). Die ökonomische Geschichtsauffassung lehrt ein Doppeltes: sie ist einerseits Ideologienlehre, andererseits Notwendigkeitslehre. Sie stellt einerseits eine historische Hypothese auf: »daß die jedesmalige ökonomische Struktur der Gesellschaft die reale Grundlage bildet, aus der der gesamte Überbau der rechtlichen und politischen Einrichtungen sowie der religiösen, philosophischen und sonstigen Vorstellungsweise eines jeden geschichtlichen Zeitabschnittes in letzter Instanz zu erklären ist.« Sie enthält andererseits eine politische Prognose: die ökonomische Entwicklung werde mit Naturnotwendigkeit zu einer sozialistischen Wirtschafts- und somit Rechtsordnung führen, und findet in dieser historisch-kausalen, nicht bloß teleologischen Begründung, in dieser Begründung nicht auf seine Wünschbarkeit, sondern auf eine Zukunftsnotwendigkeit die Überführung des Sozialismus »von der Utopie zur Wissenschaft«. Der erste dieser beiden Sätze scheint die Rechtsphilosophie zu einem unselbständigen Bestandteil der Sozialphilosophie, der zweite die Sozialphilosophie ihrerseits zur empirischen Sozialwissenschaft zu machen.

Aber beide Sätze bedürfen der Einschränkung. Einerseits wird in der späteren Fortbildung oder Klarstellung des historischen Materialismus die Eigengesetzlichkeit der Ideologie und so auch des Rechtsgebietes wiederhergestellt. Schon Karl Marx nennt das Ideelle »das im Menschenkopf *umgesetzte* und *übersetzte* Materielle«, ohne freilich die Form, die das Materielle im Menschenkopf annimmt, genauer zu kenn-

---

[1] Wichtiger als das unübersehbare Schrifttum *über* den historischen Materialismus ist seine Anwendung und Erprobung an der geschichtlichen Erfahrung. Für das Recht vgl. *Karl Renner*, Die Rechtsinstitute des Privatrechts und ihre soziale Funktion, 1929 und *E. Paschukanis*, Allg. Rechtslehre und Marxismus, 1927.

zeichnen. Und Friedrich Engels sagt später[1], sie beide hätten »die formelle Seite über der inhaltlichen vernachlässigt«.

Ein Beispiel mag die Umformung veranschaulichen, die sich an dem Materiellen vollzieht, wenn es ins Ideelle »um- und übersetzt« wird. Das Verlangen nach bürgerlicher Freiheit und seine Erfüllung entsprangen dem Interesse und der Macht der aufsteigenden Bourgeoisie. Aber die Freiheit, welche sie meinte, war nicht nur Freiheit für sich selber, sondern Freiheit für alle – und zwar eben deshalb, weil sie diese Freiheit als ihr *Recht* verlangte. Recht erhebt seinem Wesen nach den Anspruch auf Gerechtigkeit, Gerechtigkeit aber fordert Allgemeinheit des Gesetzes, Gleichheit vor dem Gesetze. Eine Forderung in der Form Rechtens stellen, heißt also, dem andern zugestehen, was man für sich beansprucht. Weil die Bourgeoisie *in der Form Rechtens* Freiheit forderte, deshalb wurde diese Freiheit Freiheit für alle, deshalb konnte sie sich auch als Koalitionsfreiheit für das kämpfende Proletariat auswirken und so zum Kampfmittel gegen dieselbe Bourgeoisie werden, deren Interessen sie ursprünglich entsprungen war.

Dieses Beispiel zeigt ein Doppeltes: Zunächst, daß jene »Umsetzung und Übersetzung« ökonomischer Interessen und Mächte in die Kulturform des Rechts die Entfesselung einer sich der Herrschaft des ökonomischen Interesses immer mehr entziehenden *Eigengesetzlichkeit* des Rechts bedeutet. Sodann, daß dieses eigengesetzlich sich entfaltende Recht fähig ist, seinerseits auf eben das ökonomische Machtverhältnis ändernd zurückzuwirken, aus dem es entsprungen ist, daß also zwischen ökonomischer Basis und rechtsideologischem Überbau eine *Wechselwirkung besteht*[2].

Ist so die Selbständigkeit der Rechtsphilosophie innerhalb der Sozialwissenschaft wiederhergestellt, so ist andererseits auch die Ineinssetzung von Sozialphilosophie und Sozialwissenschaft, von Sein und Sollen, von unausweichlicher Entwicklungstendenz und erstrebenswertem Ziel der Kritik unterworfen. Kein Zweifel, daß die hinreißende agitatorische Wucht des Kommunistischen Manifestes gerade darauf beruht, daß seine Verfasser den Sozialismus nicht wie ihre utopischen Vorläufer

---

[1] Brief an Mehring v. 14. Juli 1893.
[2] Vgl. *Friedr. Engels* Brief an Conrad Schmidt v. 27. Oktober 1890, mit einer Exemplifikation gerade am Recht; auch *Radbruch*, Klassenrecht und Rechtsidee, Zeitschr. f. soziales R. Jhrg. 1, 1929, S. 75 ff.

auf den schwankenden Boden der Wünsche und Hoffnungen, der wohlmeinenden, aber ohnmächtigen Humanitätsgründe, der metaphysischen Ideologien gründeten, sondern mit der sieghaften Selbstsicherheit des Intellekts auf das feste Fundament eines beweisbaren und unwiderlegbaren Kalküls stellten, als ein unaufhaltsames Schicksal darstellten, das jeden Widerstand entmutigt und jeder Hoffnung Flügel leiht. Kein Zweifel aber auch, daß die Lehre von der Zukunftsnotwendigkeit des Sozialismus die sozialistische Überzeugung zwar zu befestigen, aber nicht zu begründen vermag. Der Sozialist bejaht den Sozialismus in Wahrheit nicht deshalb, weil er ihn unvermeidlich kommend weiß, sondern weil er den gegenwärtigen Gesellschaftszustand als Unrecht empfindet, als »Ausbeutung«, als »Unterdrückung«, die sozialistische Gesellschaftsordnung aber als eine Forderung der Gerechtigkeit. Sozialismus ist in Wahrheit nicht nur Prognose, sondern auch Parole, nicht nur Prophetie, sondern auch Programm, nicht Fatalismus, sondern Politik. Seit der Sozialismus nicht mehr zum Warten verdammt, sondern zum Handeln berufen ist, dringt diese aktivistische Einsicht auch in seine Theorie mehr und mehr ein. Die empirisch-kausale materialistische Geschichtsauffassung sucht unbewußt oder bewußt ihre Ergänzung in einer teleologischen Sozial- und Rechtsphilosophie des Sozialismus[1].

5. So war im Historismus, im Hegelianismus, im Materialismus durch den Positivismus, der sie zu ersticken drohte, die Flamme der Philosophie, durch die Seinsbetrachtung die Wertbetrachtung immer wieder durchgeschlagen – jetzt erlosch sie wirklich. Wir treten in die Jahrzehnte des *juristischen Positivismus** ein. Man sucht nicht mehr in der Rechtswirklichkeit auch den Rechtswert, man erklärt vielmehr alle Rechtswertbetrachtung für unwissenschaftlich und beschränkt sich bewußt auf die empirische Erforschung des Rechts. Den Platz der Rechtsphilosophie nimmt die *Allgemeine Rechtslehre* ein, das jetzt erst ausgebaute höchste Stockwerk der positiven Rechtswissenschaft, der die Aufgabe gesetzt wird, die mehreren Rechtsdisziplinen gemeinsamen allgemeinsten Rechtsbegriffe zu untersuchen, vielleicht auch über die nationale Rechtsordnung sich erhebend, die verwandten Rechtsbegriffe verschiedener Rechtsordnungen vergleichend darzustellen, ja, über das

---

[1] Das bedeutendste Beispiel solcher Denkrichtung ist *Hendrik de Man*, Psychologie des Sozialismus, 1926; dazu vgl. *Radbruch*, Überwindung des Marxismus? Gesellschaft 1926, II. S. 368 ff.

Rechtsgebiet überhaupt hinausschreitend, seine Beziehungen zu anderen Kulturgebieten zu erforschen[1].

Diese rein empiristische Allgemeine Rechtslehre wäre hier höchstens als die Euthanasie der Rechtsphilosophie zu erwähnen, wenn nicht auch in ihr der unausrottbare philosophische Trieb fast wider Willen zum Durchbruch käme. Die Rechtsbegriffe, die sie entwickelt, sind zum großen Teil Begriffe, die nicht bloß als allen gegebenen Rechtsordnungen gemeinsam induktiv nachgewiesen werden, vielmehr solche, die als für jede denkbare Rechtsordnung gültig apriorisch erkannt werden können. Es wird sich uns später erweisen, daß etwa Begriffe wie Rechtssubjekt und Rechtsobjekt, Rechtsverhältnis und Rechtswidrigkeit, ja der Begriff des Rechtes selber, nicht zufälliger Besitz einzelner oder auch aller Rechtsordnungen, sondern notwendige Voraussetzung sind, eine Rechtsordnung als *Rechts*ordnung überhaupt zu begreifen. Solche Begriffe gehören nicht mehr einer empirischen Allgemeinen Rechtslehre an, sondern bereits einer Philosophie des positiven Rechts – freilich eben nur: des *positiven* Rechts. Aus einer kritischen Analyse des positiven Rechts gewonnen, können sie auch niemals aus dem Bannkreis des positiven Rechts heraus, zu einer Bewertung des positiven Rechts führen. Auch sie gehören zwar einer Wertbetrachtung an, aber deren Gegenstand bildet nicht das Recht, sondern die Erkenntnis des Rechts; nicht wann ein Recht richtig ist, sondern wie ein Recht richtig begriffen werden könne, lautet die Frage, auf die sie antworten. Sie gehören der juristischen Erkenntnistheorie an, der theoretischen Philosophie, nicht aber der Rechtsphilosophie als einem Zweige der praktischen Philosophie.

6. Die Allgemeine Rechtslehre wäre nicht denkbar ohne *Rudolf von Jhering**. Dieser aber weist schon zu entschieden über den Positivismus hinaus, um noch in dessen Rahmen gewürdigt werden zu können. In seiner Brust haben sich alle bisher erörterten Denkmotive zusammengefunden und miteinander jene Auseinandersetzung vorgenommen, aus der die Wiedergeburt der Rechtsphilosophie und die Revision der juristischen Methode hervorgegangen ist, die wir erlebt haben.

Jhering hat das Programm der Historischen Schule erfüllt und überwunden. Erfüllt, indem er den Zusammenhang des Rechts mit dem

---

[1] Das Programm der Allg. Rechtslehre entwarf *Karl Bergbohm* (Jurisprudenz u. Rechtsphilosophie, 1892). Ihre Hauptvertreter waren *Ernst Rudolf Bierling, Adolf Merkel, Karl Binding*.

§ 3 DIE RICHTUNGEN DER RECHTSPHILOSOPHIE

Volksgeiste, den die Historische Schule programmatisch behauptet, niemals aber im einzelnen darzulegen unternommen hatte, am »Geiste des römischen Rechts« genial aufzeigte. Aber auch überwunden. An die Stelle des dunklen Dranges setzt er den zielbewußten Willen als den Träger der Rechtsentwicklung: »Der Zweck ist der Schöpfer des ganzen Rechts« und »Im Kampfe sollst du dein Recht finden« – das sind die Leitmotive seiner beiden Werke »Der Zweck im Recht« und »Der Kampf ums Recht«. Dem Irrationalismus der Historischen Schule stellt er von neuem einen Rationalismus gegenüber, aber, anders als Hegel es tat, auf ihrem eigensten Gebiet, nicht als »eine logische Dialektik des Begriffs«, sondern als »die praktisch zwingende des Zweckes«, nicht als eine philosophische, sondern als eine historisch-soziologische Lehre. Denn, mindestens in seiner Darstellungsweise, hat auch Jhering den Empirismus noch nicht überwunden. Der Zweck, den er, bezeichnend genug, für den »Schöpfer« des Rechts erklärt, ist ja nicht die überempirische Zweckidee, welche, in der Tatsächlichkeit der Rechtsentwicklung vielleicht gänzlich wirkungslos, lediglich den Maßstab ihrer Beurteilung zu bilden hat, vielmehr die empirische Tatsache menschlicher Zwecksetzung, nicht ein Gegensatz, sondern eine Unterart der Ursache: die Zweckursache, die causa finalis. Auf dem Boden des Methodenmonismus verharrend, kennt auch er nur *eine* wissenschaftliche Betrachtungsweise: die kausale – die in seinem Sinne teleologische Betrachtungsweise ist nichts anderes als Kausalbetrachtung in ihrer Anwendung speziell auf die Kausalität menschlichen Handelns. Manchmal will es freilich scheinen, als handhabe Jhering halb bewußt jene durch die Theorie vom Staatsvertrage der Rechtsphilosophie so geläufige Fiktionsweise, welche vom Rechtfertigungsgrunde unter dem Bilde der Entstehungsursache handelt, als meine er das teleologische Verhältnis eines Rechtsinstitutes zu einer überempirischen Zweckidee, wo er von ihrem kausalen Verhältnis zu einer empirischen Zwecksetzung redet, als sei er unter dem Kleide des Soziologen in Wahrheit Rechtsphilosoph. Wie dem aber auch sei, nur noch eines Schrittes hätte es für Jhering bedurft, um von der Soziologie zur Rechtsphilosophie fortzuschreiten: sobald er sich nicht nur als kontemplativen Zuschauer fremder Zwecksetzung, sondern als selbst zwecksetzenden Akteur der Rechtsentwicklung ins Auge faßte, hätte er nicht eine tatsächliche Zwecksetzung, sondern den fordernden Zweck selbst vor sich sehen, die Konfrontation der empirischen Rechtswirklichkeit mit einem normativen Rechtsmaßstabe erleben, den Dualismus der Rechtswirklichkeits- und Rechtswertbetrachtung einsehen und schließlich den Utilismus partieller Zwecksetzungen in einer letzten absoluten Zweckidee überwinden müssen. Er tat diesen Schritt, als er in »Scherz und Ernst« der konstruktiven »Begriffsjurisprudenz« die teleologische Begriffsbildung gegenüberstellte – damit war ja der Jurist als schöpferisch mitwirkender Faktor der Rechtsentwicklung erkannt; und die Fortsetzung des Werkes vom »Zweck im Recht« würde daraus sicherlich die notwendige Konsequenz des Methodendualismus gezogen haben, hätte nicht der Tod dem Verfasser die Feder aus der Hand genommen[1].

So führte Jhering von dem Irrationalismus Savignys über den Rationalismus Hegels bis unmittelbar an die Überwindung des beiden gemeinsamen Methodenmonismus heran.

7. Die Neubegründung der Rechtsphilosophie, die Wiederherstellung der Selbständigkeit einer Betrachtung des Rechtswerts neben der Erforschung der Rechtswirklichkeit auf dem Boden des Methodendualismus der kantischen Philosophie war das große Werk *Rudolf Stammlers*[2]. Stammler hat freilich die Aufgabe der Rechtsphilosophie mehr gestellt als gelöst[3]. Er hat mit zäher Beharrlichkeit und ohne Scheu vor

---

[1] Über Jhering jetzt *Franz Wieacker*, Rudolf von Jhering, 1942. Über den Rechtsfall, der Jherings Bekehrung von der Begriffsjurisprudenz herbeiführte, *H. Kantorowicz*, Deutsche Richterzeitung vom 15. 1. 1914, S. 24.)

[2] Wirtschaft und Recht, 5. Aufl. 1924; Lehre v. richtigen Recht, 2. Aufl. 1926; Theorie d. Rechtswissenschaft, 2. Aufl. 1923; Lehrb. d. RPh. 3. Aufl. 1928; Beitrag RPh. in: Das gesamte deutsche Recht, hrsg. v. Stammler, 1931; RPh. Abh. u. Vorträge, 1925. – Aus dem umfassenden kritischen Schrifttum über St. seien hervorgehoben *Max Weber*, jetzt Ges. Aufs. z. Wissenschaftslehre, 1922, S. 291 ff., 556 ff.; *M. E. Mayer*, in der krit. Vierteljahresschr. f. Gesetzgebg. u. Rechtsw., 1905, S. 178 ff.; *Binder*, Rechtsbegriff und Rechtsidee, 1915; *Erich Kaufmann*, Kritik d. neukant. RPh., 1921, S. 11 ff. Für St. insbes. *Graf Dohna*, Kantstudien, Bd. 31, S. 1 ff. Ich schließe mich in Anerkennung und Vorbehalt der schönen Würdigung St.s durch *Somló*, Jurist. Grundlehre, 1917, S. 45, Anm. 2, Wort für Wort an.

([3] Ebenso würdigt *Eduard Kohlrausch* in seiner Rektoratsrede Verdienst und Grenzen R. Stammlers: »Das kritische Bedürfnis war wieder erweckt. Das allein war schon ein Verdienst, das man nicht darüber schmälern oder vergessen sollte, daß das Bedürfnis nicht auch *befriedigt* wurde.« »Was der juristische Neukantianismus bot, waren zwar Werturteile an Stelle bloßer Konstatierungen; auch a priori gültige; aber nicht produktiv weiterführende; nicht synthetische Werturteile, sondern analytische, an deren Möglichkeit ohnedies kein Zweifel bestand.«)

§ 3 DIE RICHTUNGEN DER RECHTSPHILOSOPHIE

Wiederholung immer der gleichen Ausführungen zwei Gedanken dem rechtsphilosophischen Bewußtsein seiner Zeit förmlich eingehämmert: daß neben der Erforschung des positiven Rechts in voller Selbständigkeit die »Lehre vom richtigen Rechte« entwickelt werden müsse, daß aber diese Lehre vom richtigen Rechte nur eine Methode, kein System der Rechtsphilosophie darstelle. Die Lehre vom richtigen Rechte will und kann keinen einzigen Rechtssatz entwickeln, der mit Allgemeingültigkeit als richtig erwiesen werden könnte. Sie erkauft die Allgemeingültigkeit ihrer Begriffe um den Preis ihres rein formalen Charakters. So ist sie weniger eine Rechtsphilosophie als eine Logik der Rechtsphilosophie, eine Erkenntnislehre der Rechtswertbetrachtung, eine Kritik der Rechtsvernunft – ein ungemein verdienstlicher Vorbau zu jeder möglichen Rechtsphilosophie, aber noch nicht das Gebäude selber[1].

8. Hier setzen die Bemühungen derjenigen ein, die es nicht vergessen können, daß es in ihren großen Zeiten noch immer die Aufgabe der Rechtsphilosophie gewesen ist, dem Leben zu dienen, indem sie großen politischen Bewegungen ihr Ziel, sei es stellte, sei es doch klärte, und die deshalb die Rechtsphilosophie aus dem Bannkreis unaufhörlicher Untersuchung ihrer eigenen Methode herausführen wollen zu einem mit entschiedenen Werturteilen erfüllten System. Gewiß kann keine Rechtsphilosophie sich an der von Kant begründeten und von Stammler neu befestigten Erkenntnis vorbeischleichen, daß allgemeingültig erkennbar nur ist, was formalen Charakter an sich trägt. Ihr bleibt, wenn sie nicht nur die Methode will, sondern das System, nur übrig, auf seine Allgemeingültigkeit zu verzichten. Will sie aber andererseits nicht bei der Willkür eines einzelnen Systems stehenbleiben, so bleibt ihr keine

---

[1] Wie St. aus der Marburger neukantischen Schule (Cohen, Natorp) hervorgegangen und deshalb an dieser Stelle zu nennen sind *Max Salomon*, Grundlegung der RPh., 2. Aufl. 1925 und *C. A. Emge**, Vorschule der RPh., 1925, Geschichte der RPh., 1931. Nach Salomon ist Rechtswissenschaft »Rechtsproblematik«, Aufzeigung der rechtlichen Probleme, also das positive Recht nur ein Inbegriff bestimmter Lösungsmöglichkeiten. Diese Probleme sind Gegenstand einer bloßen Rechtstechnik, Rechtsphilosophie aber die Lehre von der Idee des Rechts als der Vorfrage der Rechtsproblematik. Emge erklärt für den Gegenstand der Rechtsphilosophie die logischen Voraussetzungen, denen die Rechtswissenschaft ihre Eigenart verdankt. (Von *Emges* späteren Schriften sei neben seinem Aufsatz in Beitr. z. Kultur- u. Rechtsph. [Festschrift für Gustav Radbruch, S. 90 ff., 1948] nur zitiert sein Aphorismenband »Diesseits und Jenseits des Unrechts«, 1942 – wohl die wesensgemäßeste Form seines Denkens. Vgl. jetzt *Max Salomon*, Das Recht als Idee und als Satzung, 1929. –)

andere Wahl, als ein System der Systeme zu entwickeln ohne eigene Stellungnahme zwischen ihnen. Das aber ist die Aufgabe des rechtsphilosophischen *Relativismus*. Menschlicher Erkenntnisdrang wird immer neue Versuche unternehmen, diese relativistische Selbstbescheidung zu durchbrechen – auch die jüngste Vergangenheit hat eine ganze Reihe solcher Versuche gezeigt[1]. Der Relativismus begrüßt einen jeden solchen Versuch als eine Klärung einer einzelnen rechtsphilosophischen Stellungnahme, als die persönlichkeitserfüllte Veranschaulichung einer unter den systematischen Möglichkeiten, ohne die gerade eine relativistische Rechtsphilosophie ein farb- und gestaltloses Reich der Schatten bleiben müßte. Aber er kann es sich nicht nehmen lassen, den angemaßten Anspruch solcher Versuche auf Allgemeingültigkeit zurück- und ihre Bindung an ganz bestimmte weltanschauliche Voraussetzungen aufzuweisen.

9. Aber auch in einer anderen Richtung drängt die rechtsphilosophische Entwicklung über den engen Rahmen von Stammlers Rechtsphilosophie hinaus. Stammler glaubt Recht und Rechtsidee streng scheiden zu müssen, den Rechtsbegriff ohne jede Bezugnahme auf die Rechtsidee ableiten zu können. Wir haben (in § 1) bereits gesehen, daß kein Menschenwerk ohne Beziehung auf eine Idee begriffen werden kann, nicht einmal ein Tisch, geschweige denn das Recht. Der Rechtsbegriff kann nur bestimmt werden als die Wirklichkeit, die zur Rechtsidee hinstrebt. Hinter dieser Auffassung des Rechtsbegriffs steht aber die Grundanschauung, daß im Gegensatz zu Stammlers Lehre mit der bloßen Antithese von Sein und Sollen, von Wirklichkeit und Wert nicht auszukommen ist, daß vielmehr zwischen Wirklichkeitsurteil und Wertbeurteilung der Wertbeziehung, zwischen Natur und Ideal der Kultur ihr Platz gewahrt werden muß: die Rechtsidee ist Wert, das Recht aber wertbezogene Wirklichkeit, Kulturerscheinung[2]. So wird der Übergang vollzogen von einem Dualismus zu einem Trialismus der Betrachtungsweisen (wenn man hier von der vierten, der religiösen Betrachtungsweise, einmal absieht). Dieser Trialismus macht die Rechtsphilosophie zu einer *Kulturphilosophie des Rechts*[3].

([1] Zum Verhältnis der Existenzphilosophie zum Relativismus vgl. *Karl Jaspers*, Vernunft und Existenz, S. 72.)

([2] Vgl. dazu jetzt *Kelsens* hervorragende Schrift »Staatsform und Weltanschauung«, 1932.)

[3] Diese Richtung der Rechtsphilosophie wurde begründet von *Emil Lask* (oben § 1 Anm. 1) und wird vertreten von *Max Ernst Mayer*, RPh., 1922; *Wilhelm*

§ 3 DIE RICHTUNGEN DER RECHTSPHILOSOPHIE

10. Neben der auf Methodentrialismus und Relativismus aufgebauten Rechtsphilosophie, die wir als das Ergebnis des geschilderten Entwicklungsganges der neueren Rechtsphilosophie ansehen, behaupten sich aber ihre früheren Entwicklungsstufen auch in der Gegenwart[1]. Die Naturrechtslehre hat sich am Leben erhalten, ja erneut an Kraft gewonnen[2]. In imponierender Geschlossenheit und Unbeirrtheit ragt das mittelalterliche Naturrecht in Gestalt der katholischen Rechtsphilosophie in die Gegenwart hinein[3]. Und das Vernunftrecht der Aufklärung feiert in Anlehnung an Kant und Fries seine Auferstehung in einem durch seinen unentwegten Vernunftglauben eindrucksvollen System[4]. Ein anderer mutig unzeitgemäßer Fortsetzer der Aufklärungstradition untergründet das von ihm verfochtene »eudämonistische Prinzip« mit einer »auf möglichst umfassender Empirie gestützten Intuition«, mit einer Metaphysik auf empirischer Basis[5]. Auch die vielberufene Hegel-Renaissance wirkt sich, sogar in Abkehr von dem von gleicher Seite bisher vertretenen Standpunkt des kantischen Kritizismus, machtvoll

---

Sauer, Lehrb. d. R.- u. Sozialph., 1929, System der Rechts- u. Staatsphilosophie, 2. Aufl., 1949. Grundlagen der Gesellschaft, 1924; *Tsatsos*, Der Begriff des positiven Rechts, 1928; *Ravà*, Compiti della Filosofia di fronte al Diritto 1907 und Introduzione alla Fil. del. Dir. 1919. Vgl. *Angerthal*, Unters. z. Kulturidee i. d. neueren RPh., Königsberger Diss., 1929; aber auch die scharfe Kritik *Kelsens* in Schmollers Jahrbuch, Bd. 40, 1916, S. 1180 ff. Trialismus und Relativismus werden wie in diesem Buche miteinander verbunden von *Kantorowicz* (vgl. Rechtswissenschaft u. Soziologie, 1911, S. 21 ff. Staatsauffassungen, Jahrbuch f. Soziologie, Bd. 1, 1925, S. 101 ff.).

[1] Vgl. *Larenz*, Rs.- u. Staatsph. d. Gegenwart, 1931; *Recaséns Siches*, Direcciones contemporáneas del Pensamiento jurídico, Barcelona-Buenos Aires, 1929.

[2] *Griess*, Naturrechtliche Strömungen der Gegenwart in Deutschland, Freiburger Diss., 1926; Jus naturae et gentium, eine Umfrage, Zeitschr. f. Intern. Recht, Bd. 34, 1925, S. 113 ff.

[3] Vgl. etwa *Cathrein*, Recht, Naturrecht und positives Recht, 2. Aufl. 1909; *v. Hertling*, Recht, Staat u. Gesellschaft, 4. Aufl. 1917; *Mausbach*, Naturrecht u. Völkerrecht, 1918; *Hölscher*, Sittliche Rechtslehre, 2 Bde. 1928. (Jetzt auch *Petraschek*, System der Rechtsphilosophie, 1932. H. *Rommen*, Die ewige Wiederkehr des Naturrechts, 1936. [2. A. 1947]; *K. Schilling*, Christliche Rechts- und Sozialphilosophie, 1933.)

[4] *Leonard Nelson*, System d. phil. Rechtslehre u. Politik, 1929 (S. 85: »Gerechtigkeit ist Recht«). Vgl. dazu meine Besprechung Jur. Woch. Schr. 1925 Bd. 1, S. 1252 f.

[5] *Arthur Baumgarten*, RPh., 1929, Die Wissenschaft vom Rechte und ihre Methode, 2 Bde. 1920, 1922.

aus[1]. Aber auch Hegels philosophischer Widersacher, Schopenhauer, ist jüngst für die Rechtsphilosophie wieder entdeckt worden[2]. Andererseits hat die Allgemeine Rechtslehre in der gewandelten Gestalt einer »Juristischen Grundlehre« eine bedeutende Darstellung gefunden[3]: den bloßen juristischen Allgemeinbegriffen mit ihrer empirischen Allgemeingeltung werden hier die juristischen Grundbegriffe, Voraussetzungen jeder möglichen Rechtswissenschaft, gegenübergestellt. Gleichfalls Rechtsphilosophie des positiven Rechts, wenn überhaupt Rechtsphilosophie, eine eigenartige Verbindung des Positivismus mit seinem scheinbaren Gegenteil, der »normlogischen« Sollenslehre, ist die sogenannte Reine Rechtslehre[4], die in ihrer unerbittlichen Entlarvung aller Hypostasierungen und Fiktionen die Aufgabe eines originellen Philosophen aus Ludwig Feuerbachs Schule[5] wieder aufzunehmen scheint: als »hohe Polizei des Wissens« alle »Rechtsphantasmen zu zerstören«, um schließlich »sich selbst zu vernichten«. Von der Reinen Rechtslehre werden immer häufiger Verbindungen hergestellt zu der phänomenologischen Untersuchung des Rechts[6]. Solche auf die »Natur der Sache« gerichtete »Wesensschau« braucht nicht zugleich ein Werturteil zu bedeuten: die von dem positiven Recht aufgestellten Sollensbestimmungen können mit guten Gründen von den von der Phänomenologie ermittelten Seinsgesetzen abweichen[7]. So dürfte das Problem der Phänomenologie des Rechts ein anderes sein als dasjenige der Wertphilosophie des

[1] *Julius Binder*, Ph. d. Rs., 1925 (S. 67: Bei Hegel »finden wir, was wir bei Kant vergebens gesucht haben; die Wirklichkeit der Ideen in der empirischen Welt, eine ideenerfüllte Wirklichkeit und die Geschichte als den Prozeß der Erscheinung der Idee in der Wirklichkeit«). Mit seinem früheren Buche »Rechtsbegriff und Rechtsidee«, 1915, war Binder dagegen der zu S. 20 Anm. 1 gekennzeichneten Richtung zuzurechnen.
[2] *Georg Stock*, RPh., 1931.
[3] *Somló*, Juristische Grundlehre, 1917, 2. Auflage 1927.
[4] Eingeleitet von *Hans Kelsen* durch sein Buch »Hauptprobleme der Staatsrechtslehre«, 1911, 2. Aufl. 1923, und seither in zahlreichen Schriften Kelsens und seiner Schüler vertreten.
[5] *Ludwig Knapp*, System d. RPh., 1857. (Über Knapp vgl. Luigi Secco, 1936.)
[6] Zuerst vertreten von *Adolf Reinach*, Die apriorischen Grundlagen d. Bürgerlichen Rechtes, 1913, dem *Felix Kaufmann, Fritz Schreier, Gerhart Husserl, Wilhelm Schapp* gefolgt sind. (Eine Hinwendung zur Logik der Rechtswissenschaft kennzeichnet die Schriften von *Engisch*, Einheit der Rechtsordnung, 1935, Logische Studien zur Gesetzesanwendung, 1943, sowie die Schriften seines Schülers *Ilmar Tammelo*, Unters. z. Wesen d. Rechtsnorm, 1947, Drei rechtsphilosophische Aufsätze, 1948.) [7] So wenigstens *Reinach*, S. 133.

§ 3 DIE RICHTUNGEN DER RECHTSPHILOSOPHIE

Rechts[1]. Schließlich hat auch der Schrei nach dem Führer in der Rechtsphilosophie Widerhall gefunden: eine »pragmatische Rechtslehre« stützt sich auf die »Grundvorstellung der Führung«; sie fragt weniger nach der Idee als nach der Persönlichkeit, welche aus »dem inneren Erlebnis der Notwendigkeit« die Idee schöpferisch hervorbringen wird[2]. Der ausländischen*, insbesondere der hochentwickelten italienischen und französischen Rechtsphilosophie kann hier im einzelnen nicht gedacht werden[3].

[1] Andere Fragen als die der Rechtsphilosophie beantwortet in seinen Untersuchungen über die »Wirklichkeitsethik« auch *Ernst Weigelin*, Einführung in die Moral- und Rechtsphilosophie, 1927.

[2] *Wilhelm Glungler*, Prolegomena zur Rechtspolitik, 2 Bde. 1931 u. a. (*H. Nicolai*, Rassengesetzliche Rechtslehre, 1932. *Hermann Göring*, Die Rechtssicherheit als Grundlage der Volksgemeinschaft, 1935. Dagegen *Fritz von Hippel*, Die nationalsozialistische Herrschaftsordnung als Warnung und Lehre, 1946.)

([3] Vgl. vor allem *Giorgio Del Vecchio*, Lezioni di Filosofia del Diritto, 6. Aufl., 1948; dt. Übersetzung unter dem Titel: Lehrbuch der Rechtsphilosophie, 1937. In Italien bestehen in den juristischen Fakultäten besondere Lehrstühle für Rechtsphilosophie und deshalb auch eine besonders reiche und wertvolle rph. Literatur, aus der nur noch hervorgehoben seien: *Adolfo Ravà*, I Compiti della filosofia di fronte al dir., R. 1907, Elementi della fil. di dir., 1919 und *Eugenio di Carlo*, Fil. del dir., 1940; zuletzt Breve Storia della fil. del dir. 1949. Überblick über die ausländische Rechtsphilosophie bei *Del Vecchio* S. 132 ff., S. 161 ff. und Anhang I u. II: ferner bei *Wilh. Sauer* Rechtsph. 1936 § 6–14 [dazu System 1949 S. 476 ff.]. Über Rechtsphilosophen verschiedener Nationen *Luis Recaséns Siches*, Direcciones contemporaneas del pensamiento juridico, 1928; Modern theories of law, hrsg. von *W. Ivor Jennings*, 1933, und *W. Friedmann*, Legal Theory, 1944. Über englische und amerikanische Rechtsphilosophie *Radbruch*, Anglo-American Jurisprudence through continental eyes, [Law Quarterly Review, Vol. 52, 1936, S. 530 ff.]; und *Archibald Hunter Campbell*, Gustav Radbruchs Rechtsphilosophie und die englische Rechtslehre, Veröffentlichung der Deutsch-Englischen Gesellschaft, 1949. Ein anschauliches Bild über die rechtsphilosophischen Bestrebungen in USA [und nicht nur dort] bieten die Essays in honour of *Roscoe Pound*, Interpretations of modern legal philosophy, ed. by *Paul Sayre*, 1947. Zur vergleichenden Rechtsphilosophie *Radbruch*, Psicologia del sentimento giuridico dei popoli, Riv. internaz. di Fil. del Dir., Anno 18, 1938, p. 241 ff.; *Friedrich Darmstaedter*, in der Internat. Zeitschrift für Theorie des Rechts 1938, S. 143 ff. Besonders fruchtbar für internationalen Gedankenaustausch haben sich die Kongresse des Internationalen Instituts für Rechtsphilosophie und Rechtssoziologie erwiesen, Paris 1933 [Rechtsquellenlehre], Paris 1935 [Recht, Moral, Sitte], Rom 1937 [Zweck des Rechts: Gemeinwohl, Gerechtigkeit, Rechtssicherheit]. Vgl. Annuaire de l'Institut int. de Ph. d. D. et de Sociologie jur., über die Tagung in Rom auch Rivista int. di fil. del D. 1937, S. 346 ff.)

Soviel Stimmen soviel Sprachen, kaum noch einander verständlich, viel Scharfsinn, selten spielende Streiflichter des Feinsinns oder das erschreckende und beglückende Wetterleuchten des Tiefsinns, am seltensten das schlicht für sich selbst zeugende Siegel der klassischen Einfachheit![1]

([1] Sehr beachtlich sind die rechtsphilosophischen Ausführungen von *Hermann Heller*, Staatslehre, 1934, bes. S. 182 ff.)

>»Wer sich vor der Idee scheut, hat auch zuletzt den Begriff nicht mehr.«
Goethe*

§ 4
Der Begriff des Rechts

Die Frage nach dem Begriffe des Rechts scheint auf den ersten Blick nicht der Rechtsphilosophie zu gehören, sondern der Rechtswissenschaft*. In der Tat hat die Rechtswissenschaft immer von neuem den Versuch unternommen, den Rechtsbegriff aus den einzelnen Rechtserscheinungen induktiv zu gewinnen, und es kann kein Zweifel sein, daß es grundsätzlich möglich ist, durch Vergleich der einzelnen Rechtserscheinungen den allgemeinen Begriff zu gewinnen, der ihnen allen zugrunde liegt. Freilich kann man auf solche Weise den Begriff des Rechts nur gewinnen[1], nicht aber begründen. Allgemeinbegriffe können aus der Erfahrung in beliebiger Anzahl abgeleitet werden, z. B. alle Menschen mit einem bestimmten Anfangsbuchstaben oder einem bestimmten Geburtsdatum, aber die Allgemeinheit solcher Begriffe für einen größeren oder kleineren Kreis von Einzeltatsachen verbürgt noch nicht ihren Wert. Daß sie nicht zufällige, sondern notwendige, d. h. leistungsfähige, fruchtbare Allgemeinbegriffe sind, kann im Wege generalisierender Induktion niemals dargetan werden. Daß der Rechtsbegriff ein solcher notwendiger Allgemeinbegriff ist und was dies bedeutet, soll durch die Art seiner Ableitung jetzt gezeigt werden.

Der Begriff des Rechts ist ein Kulturbegriff, d. h. ein Begriff von einer wertbezogenen Wirklichkeit, einer Wirklichkeit, die den Sinn hat, einem Werte zu dienen. *Recht ist die Wirklichkeit, die den Sinn hat, dem Rechtswerte, der Rechtsidee zu dienen.* Der Rechtsbegriff ist also ausgerichtet an der Rechtsidee[2].*

Die Idee des Rechts kann nun keine andere sein als die Gerechtig-

---

([1] Über die Methode der Gewinnung der Gebietskategorien vgl. *Ludwig Landgrebe*, Vom Wesen der wissenschaftl. Grundbegriffe [Geistige Arbeit, 6. Jg. Nr. 17, 1939, 5. 9.])
[2] Übereinstimmend *Binder*, Rechtsbegriff u. Rechtsidee, 1915 (S. 60: »alles, worin die apriorische Norm des Rechts – oder die Rechtsidee – funktioniert, ist

keit*¹. »Est autem ius a iustitia, sicut a matre sua, ergo prius fuit iustitia quam ius«, sagt die Glosse zu 1. 1 pr. D. 1, 1. Wir sind aber auch berechtigt, bei der Gerechtigkeit als einem letzten Ausgangspunkte Halt zu machen, denn das Gerechte ist wie das Gute, das Wahre, das Schöne ein absoluter, d. h. ein aus keinem andern Werte ableitbarer Wert².

Man möchte versucht sein, in der Gerechtigkeit nur eine Erscheinungsform des sittlich Guten zu erblicken. Sie ist es in der Tat, sofern man sie als menschliche Eigenschaft, als Tugend betrachtet, etwa mit Ulpian als »constans ac perpetua voluntas ius suum cuique tribuendi«. Aber man kann diese Gerechtigkeit im subjektiven Sinne nicht anders definieren denn als die Gesinnung, die auf objektive Gerechtigkeit gerichtet ist, so etwa wie die Wahrhaftigkeit auf die Wahrheit. Nur von dieser objektiven Gerechtigkeit ist hier die Rede. Diese aber macht einen ganz anderen Gegenstand zum Objekte ihrer Bewertung als den, auf welchen das sittliche Werturteil gerichtet ist: sittlich gut ist immer nur ein Mensch, ein menschlicher Wille, eine menschliche Gesinnung, ein menschlicher Charakter. Auch die Sozialethik bewertet zwar den

---

Recht.«); *Gurvitch*, L'Idee du Droit Social, 1931, S. 96: »La notion de droit est... essentiellement liée a l'idée de Justice. Le droit est toujours un essai en vue de réaliser la Justice»; *del Vecchio*, Filosofia del Diritto, 1930, S. 158: »La forma logica (del diritto) non ci dice punto ciò che è giusto e ciò che è ingiusto, ma ci dice solo quale è il senso di qualunque affermazione di giusto o ingiusto; è insomma il contrassegno della giuridicità.« – Gegen die hier dargelegte Auffassung *Somló*, Jur. Grundlehre, 1917, S. 131 ff.

(¹ Gerechtigkeit, nicht Zweckmäßigkeit die Idee des Rechts! Vgl. dazu Erzbischof *Konrad Groeber* [Freiburg i. Br.] in seiner Sylvesterpredigt 1940 gegen die Lehre »Recht ist, was dem Volke nützt«: 1. gleichbedeutend mit dem Satz »Der Zweck heiligt die Mittel; 2. Leugnung der grundlegenden Tatsache, daß es ein *in sich* Gutes und Schlechtes gibt; 3. müßte für alle Völker zutreffen – auch für *Feindvölker* und würde auch bei ihnen jede zweckvolle Greueltat rechtfertigen; 4. *Wer* soll über die Zweckmäßigkeit entscheiden? Letzten Endes nur der *Erfolg*! 5. Wie, wenn dem Volksnützlichen Hindernisse rechtlicher Art entgegenstehen, z. B. Verträge? Verlieren sie dann jeden Wert? Wer das vertrete, würde sich des ehrenhaften sittlichen Charakters und der Vertrauenswürdigkeit begeben; 6. Das im Augenblick nützlich Erscheinende kann sich in der Zukunft als verhängnisvoll und schädlich herausstellen, werde dann etwa Recht zu Unrecht?; 7. Zusammenfassend: Letzten Endes bedeutet dieser Satz eine ‚Katastrophe des Rechtslebens'. Er schließt Gott als die höchste moralische Macht aus.«)

² Zum Begriff der Gerechtigkeit *Max Rümelin*, Die Gerechtigkeit, 1920, *del Vecchio*, La Giustizia, 2. Aufl. 1924.

Menschen in seinen Beziehungen zu anderen Menschen, jedoch nicht diese Beziehungen selbst. Gerecht aber im Sinne der objektiven Gerechtigkeit kann nur ein Verhältnis zwischen Menschen sein. Das Ideal des sittlich Guten stellt sich in einem Idealmenschen, das Ideal der Gerechtigkeit in einer idealen Gesellschaftsordnung dar.

Die Gerechtigkeit ist aber noch unter anderem Gesichtspunkte zwiefacher Art. Man kann gerecht nennen die Anwendung oder Befolgung eines Gesetzes oder aber dieses Gesetz selbst. Jene erste Art der Gerechtigkeit, insbesondere die Gerechtigkeit des gesetzestreuen Richters, würde man besser Rechtlichkeit nennen. Hier jedenfalls ist nicht von jener Gerechtigkeit die Rede, die am positiven Recht, sondern an der das positive Recht gemessen wird.

Gerechtigkeit in solchem Sinne bedeutet Gleichheit[1]. Aber die Gleichheit selbst ist verschiedener Bedeutung fähig[2]. Sie kann einerseits ihrem Gegenstande nach auf Güter bezogen werden oder auf Menschen: gerecht ist der Lohn, der dem Werte der Arbeit entspricht, aber auch die Strafe, die den einen trifft gleich dem andern. Sie kann andererseits ihrem Maßstabe nach absolute[3] oder relative Gleichheit sein: Lohn gleich Arbeit, aber Bestrafung mehrerer nach dem Verhältnis ihrer Schuld.

Beide Unterscheidungen verbindet die berühmte Lehre des Aristoteles von der Gerechtigkeit. Die *absolute* Gleichheit zwischen *Gütern*, z. B. zwischen Arbeit und Lohn, zwischen Schaden und Ersatz, heißt bei ihm *ausgleichende Gerechtigkeit*, die *verhältnismäßige* Gleichheit in der Behandlung verschiedener *Personen*, etwa die Besteuerung nach Maßgabe der Tragfähigkeit, die Unterstützung nach Maßgabe der Bedürftigkeit, die Belohnung und Bestrafung nach Verdienst und Schuld, ist dagegen das Wesen der *austeilenden Gerechtigkeit*. Die ausglei-

([1] Zur Gerechtigkeit jetzt das ausgezeichnete Buch von *Hans Nef*, Gleichheit und Gerechtigkeit, Zürich 1941.)
([2] *R. v. Jhering*, Der Zweck im Recht I 287 [Volksausgabe] stellt die Frage: »Welchen Wert hat die Gleichheit unabhängig von jeder inhaltlichen Bestimmung derselben?« Nicht *an sich* sei sie erstrebenswert, sondern weil sie Bedingung des Wohls der Gesellschaft sei – sonst Verschiebung des Gleichgewichts und Kampf um seine Herstellung! – Jhering sieht also in der Gleichheit eine Konsequenz der Zweckmäßigkeit, während sie von mir als absoluter Wert betrachtet wird.)
([3] »Der größte Feind des Rechts ist das Vorrecht« [Marie v. Ebner-Eschenbach, S. 103].)

chende Gerechtigkeit fordert mindestens zwei Personen, die austeilende Gerechtigkeit deren mindestens drei. Jene zwei Personen stehen einander gleichberechtigt gegenüber, von jenen mindestens drei Personen aber ist die eine, die den andern Lasten auferlegt oder Vorteile gewährt, den andern übergeordnet. Die ausgleichende Gerechtigkeit ist die Gerechtigkeit im Verhältnis der Nebenordnung, die austeilende Gerechtigkeit will im Verhältnis der Über- und Unterordnung gelten. Die ausgleichende Gerechtigkeit ist die Gerechtigkeit des Privatrechts, die austeilende Gerechtigkeit die Gerechtigkeit des öffentlichen Rechts.

Damit ist bereits das Verhältnis der beiden Arten der Gerechtigkeit zueinander hinreichend geklärt. Die ausgleichende Gerechtigkeit ist Gerechtigkeit zwischen Gleichberechtigten, setzt also einen Akt der austeilenden Gerechtigkeit voraus, der den Beteiligten die Gleichberechtigung, die gleiche Verkehrsfähigkeit, den gleichen Status verliehen hat[1]. So ist die austeilende Gerechtigkeit die Urform der Gerechtigkeit[2]. In ihr haben wir die Idee der Gerechtigkeit gefunden, auf die der Rechtsbegriff orientiert werden muß.

Damit soll nicht behauptet sein, daß das Recht sich erschöpfend aus der Gerechtigkeit konstruieren lasse. Der Grundsatz der austeilenden Gerechtigkeit sagt einerseits nicht, wer als gleich, wer als ungleich zu behandeln sei, setzt vielmehr voraus, daß unter einem aus ihr selbst nicht zu entnehmenden Gesichtspunkt die Gleichheit oder Ungleichheit bereits festgestellt sei. Gleichheit ist ja nicht eine Gegebenheit, die Dinge und Menschen sind so ungleich, »wie ein Ei dem andern«, Gleichheit ist immer nur Abstraktion von gegebener Ungleichheit unter einem bestimmten Gesichtspunkte. Andererseits ist dem Gedanken der austeilenden Gerechtigkeit auch nur das Verhältnis, nicht die Art der Behandlung verschiedener Personen zu entnehmen, wohl die geringere Strafwürdigkeit des Diebstahls im Verhältnis zum Morde, aber nicht, ob der Dieb gehängt und der Mörder gerädert oder der Dieb mit Geldstrafe, der Mörder mit Zuchthausstrafe zu belegen sei. In beiden Rich-

---

[1] So auch *Emge*, Geschichte d. RPh., 1931, S. 34 f.

[2] Überdies möchte im Gegensatz zur austeilenden die ausgleichende Gerechtigkeit gar nicht einen absoluten Wert darstellen, vielmehr ein Zweckmäßigkeitsverfahren im Dienste höchstmöglicher gleichzeitiger Erfüllung zweier Egoismen. Vgl. *Paschukanis*, Allg. Rechtslehre u. Marxismus, S. 143 f. – andererseits aber auch den schönen Aufsatz von *Ernst Marcus*, Moslemische Revue, Bd. 2, 1925, S. 13 ff., der die Äquivalenz als die gemeinsame Wurzel von Naturgesetz, Rechtsgesetz, Sittengesetz schildert.

tungen bedarf die Gerechtigkeit, sollen aus ihr Sätze richtigen Rechts abgeleitet werden können, der Ergänzung durch andere Grundsätze[1].* Die Gerechtigkeit ist nicht das erschöpfende — wohl aber ist sie das spezifische Rechtsprinzip, dasjenige, das für die Begriffsbestimmung des Rechts maßgeblich ist: Recht ist die Wirklichkeit, die den Sinn hat, der Gerechtigkeit zu dienen.

Im Herrschaftskampfe um das Recht tritt aber mit der Gerechtigkeit in Wettbewerb die *Billigkeit*[2].* Schon Aristoteles hat in jenem berühmten Kapitel der Nikomachischen Ethik (V, 14) sich um das Dilemma bemüht, daß die Billigkeit besser als die Gerechtigkeit sein solle und doch nicht wohl etwas der Gerechtigkeit Entgegengesetztes sein könne, vielmehr nur eine Art der Gerechtigkeit. Schon er hat aber auch die Lösung angedeutet, daß Gerechtigkeit und Billigkeit nicht verschiedene Werte, sondern verschiedene Wege sind, zu dem einheitlichen Rechtswerte zu gelangen. Die Gerechtigkeit sieht den Einzelfall unter dem Gesichtspunkte der allgemeinen Norm, die Billigkeit sucht im Einzelfall sein eigenes Gesetz, das sich schließlich aber gleichfalls zu einem allgemeinen Gesetz erheben lassen muß, — denn die Billigkeit ist gleichwie die Gerechtigkeit letzten Endes generalisierender Natur. So stellt sich in dem Unterschied von Gerechtigkeit und Billigkeit der bereits früher angedeutete Methodenunterschied einer deduktiven Entwicklung des richtigen Rechts aus allgemeinen Grundsätzen und einer intuitiven Erkenntnis des richtigen Rechts aus »der Natur der Sache« uns dar. Billigkeit ist die Gerechtigkeit des Einzelfalles[3], die Rücksichtnahme auf sie zwingt uns also nicht, etwas zu ändern an unserer Formel: *daß Recht die Wirklichkeit sei, die den Sinn hat, der Gerechtigkeit zu dienen.*

Damit wäre der Weg gezeigt, die Begriffsbestimmung des Rechts zu gewinnen, aber noch nicht die Begriffsbestimmung selber gewonnen. Wir verlangen zu erfahren, welcher Art denn diese Wirklichkeit sei, die der Gerechtigkeit zu dienen bestimmt ist, und wir vermögen in der Tat aus diesem Sinn der Rechtswirklichkeit Rückschlüsse auf ihr Wesen zu tun. Gerechtigkeit bedeutet Richtigkeit in ihrer Hinordnung

---

[1] Den nur formalen Charakter der G. zeigt an dem Beispiel der Steuergerechtigkeit anschaulich *F. K. Mann*, Festgabe f. Schanz, 1928, S. 112 ff.

[2] Vgl. *Max Rümelin*, Die Billigkeit im Recht, 1921; *Binder*, Ph. d. Rs., S. 396 ff.

([3] So auch *Maggiore*, L'Equità e il suo valore nel diritto [Rivista internazionale di filosofia del diritto, 1923, fasc. 3].)

gerade auf das Recht, und vermöge dieser Stoffbestimmtheit der Idee sind wir in der Lage, aus der Idee Folgerungen zu ziehen für den Stoff, dem sie gilt.

Die Wirklichkeiten, die den Sinn haben, Ideen zu dienen, haben die psychologische Natur von Wertungen und Forderungen und stellen damit eine besondere Art Wirklichkeit dar, ein Zwischengebilde zwischen der Idee und den andern Wirklichkeiten: sie gehören als psychologische Tatsächlichkeiten selbst der Wirklichkeit an, erheben sich aber zugleich über die andern Wirklichkeiten, indem sie an sie Maßstäbe anlegen und Anforderungen stellen. Solcher Art ist das Gewissen, das der sittlichen, der Geschmack, das der ästhetischen, der Verstand, das der logischen Idee zugeordnete Kulturgebilde. Die im gleichen Verhältnis der Rechtsidee entsprechende Tatsächlichkeit ist die Anordnung. Auch von ihr kann jener besondere Wirklichkeitscharakter, also Positivität und zugleich Normativität ausgesagt werden. Die Anordnung als eine speziell auf die Rechtsidee, die Gerechtigkeit, bezogene Wirklichkeit teilt aber ferner mit der Gerechtigkeit den Gegenstand, auf den sie sich bezieht: das Verhältnis der Menschen zueinander: sie hat sozialen Charakter. Wie schließlich das Wesen der Gerechtigkeit ist, dieses Verhältnis im Sinne der Gleichheit zu gestalten[1], so gehört es zum Wesen der rechtlichen Anordnung, ihrem Sinne nach auf Gleichheit gerichtet zu sein, den Anspruch der Generalisierbarkeit zu machen, generellen Charakter an sich zu tragen. Eine Anordnung für einen einzelnen Menschen oder eine einzelne Beziehung, etwa eine »Maßnahme« nach Art. 48 WRV*, ist Rechtssatz nur dann, wenn sein individueller Charakter darauf beruht, daß sein Rechtsgrund nur auf diese individuelle Person oder auf diese individuelle Beziehung zutrifft, wenn also das Substrat, dagegen nicht, wenn die Anordnung selber individuellen Charakter hat. Wir fassen das Wesen der rechtlichen Anordnung dahin zusammen, daß sie positiver und zugleich normativer, sozialer und genereller Natur ist, und bestimmen in diesem Sinne das Recht als den *Inbegriff der generellen Anordnungen*[2] *für das menschliche Zusammenleben.*

Diese Begriffsbestimmung ist nicht induktiv aus den einzelnen Rechtserscheinungen gewonnen, sie ist deduktiv aus der Rechtsidee

([1] Vgl. *Filangieri*, Scienza della legislazione I 1807 p. 104: Io definico la giustizia è l'ugualianza della utilità [Gleichheit in der Zweckmäßigkeit].)
([2] »Anordnungen« – steht im Widerspruch zu der späteren Ausführung, daß die Rechtsnormen keine Imperative seien. Besser »Wertungen«!)

abgeleitet worden. Sie ist also nicht juristischer, sondern vorjuristischer, d. h. im Verhältnis zur Rechtswissenschaft apriorischer Natur[1].* Der Rechtsbegriff ist nicht ein gewöhnlicher, zufälliger, sondern ein notwendiger Allgemeinbegriff, das Recht ist nicht deshalb Recht, weil die einzelnen Rechtserscheinungen sich ihm einordnen lassen, vielmehr sind umgekehrt die Rechtserscheinungen nur deshalb »Rechts«erscheinungen, weil der Begriff des Rechts sie umfaßt. Es haben nicht die Rechtserscheinungen den Rechtsbegriff demokratisch über sich gesetzt, sondern er hat »von Gottes Gnaden«, d. h. von Gnaden der Idee, die Herrschaft über sie ergriffen. Erst wenn wir das Chaos der Gegebenheit unter dem Gesichtspunkte des Rechtsbegriffs betrachten, scheidet sich, wie durch das Schöpferwort Wasser und Land, das juristisch Wesentliche vom juristisch Unwesentlichen ab. Wenn man das Recht (mit Savignys Wort)* auffaßt als »das Leben der Menschen selbst, von einer besonderen Seite angesehen«, unter einem besonderen Gesichtspunkt betrachtet, so ist dieser für die Welt des Rechts konstitutive Gesichtspunkt eben der apriorische Rechtsbegriff.

Im Rechtsbegriff sind aber eine Reihe von einzelnen Rechtsbegriffen enthalten, die mit ihm seine apriorische Natur teilen[2], die Eigenschaft, nicht Ergebnisse, sondern Werkzeuge der Rechtswissenschaft, nicht zufällige Verallgemeinerungen empirischer Rechtserscheinungen, sondern unumgängliche Kategorien des juristischen Denkens zu sein. So ergibt sich aus der zugleich positiven und normativen Natur des Rechts der Begriff des *Rechtssatzes* und mit dem Rechtssatz die Begriffe seiner Bestandteile: es läßt sich a priori, d. h. im voraus sagen, daß es keinen Rechtssatz geben kann, der nicht etwas regelte, also sowohl jenes Etwas wie diese Regelung enthalten müßte: *Tatbestand* und *Rechtsfolge*. Mit den Eigenschaften der Positivität und Normativität ist weiter die Frage nach der rechtsetzenden Stelle, die Frage nach der *Rechtsquelle* untrennbar verbunden; kein Recht, das nicht auf die Frage nach dem Ursprung seines normativen Charakters eine Antwort schuldig und zu einer Antwort fähig wäre! Aus dem normativen Charakter des Rechts

---

[1] »ein relatives Apriori der Rechtswissenschaft« – *Somló*, Jur. Grundlehre, S. 127.
[2] Über solche allgemeingültige Rechtsbegriffe (»logische Funktionen unserer juristischen Denkart«) vgl. *Emilio Betti*, Methode und Wert des heutigen Studiums des römischen Rechts i. Tijdschrift voor Rechtsgeschiedenis XV, 2; auch *Poetsch*, Vom Beruf des römischen Rechts in der heutigen Universität, 1920, S. 44.

ergibt sich die doppelte Möglichkeit, ihr gemäß und ihr zuwider zu handeln, und damit die Begriffe der *Rechtmäßigkeit* und *Rechtswidrigkeit*, vor denen wiederum jegliche Rechtstatsache sich auszuweisen die apriorische Verpflichtung hat. Aus der Geltung des Rechts für das Zusammenleben der Menschen, für ihr Verhältnis zueinander folgt, daß ihr Inhalt sein muß, *Rechtsverhältnisse* und als ihre Bestandteile *Rechtspflichten* und Berechtigungen, *subjektive Rechte* zu begründen; keine Rechtsordnung ist denkbar, die sich nicht in Rechtsverhältnisse, in Rechte und Pflichten auflösen ließe. Und Rechte und Pflichten wiederum sind nicht denkbar ohne Subjekte, denen sie zustehen, ohne Objekte, auf die sie sich beziehen; *Rechtssubjekt* und *Rechtsobjekt* sind wiederum Begriffe, von denen nicht die eine Rechtsordnung Gebrauch machen, deren aber eine andere entraten könnte, sondern notwendige Begriffe jeglichen denkbaren Rechts.

Es werden uns im weiteren Verlaufe unserer Betrachtungen noch weitere apriorische Rechtsbegriffe begegnen. Denn Apriorität ist ein Relationsbegriff, kennzeichnet ein Verhältnis bestimmter Begriffe zu einem bestimmten Tatsachenmaterial; der Rechtsbegriff entfaltet sich in seiner Apriorität voll also erst an der Fülle der Rechtstatsachen, und man kann diese Entfaltungen im voraus ebensowenig erschöpfend abzählen, wie die Tatsachen, die man an den Rechtsbegriff heranführen wird. Der Gedanke einer »Kategorientafel«, d. h. einer symmetrischen Tabelle abzählbarer apriorischer Rechtsbegriffe[1], ist also nicht realisierbar.

---

[1] *Stammler*, Th. d. RW., 1911, S. 222 f.

Übrigens hat man immer die Moralgesetze so schwebend wie möglich halten wollen. Warum werden sie nicht in Schrift und Druck festgelegt, wie das göttliche und das bürgerliche Gesetz? *Vielleicht, weil ein ehrlich geschriebenes Moralgesetz auch die Rechte der Menschen aufnehmen müßte.* Strindberg

(Quanto latius officiorum quam juris patet regula, quam multa pietas, humanitas, liberalitas, justitia, fides exigunt, quae omnia extra publicas tabulas sunt. *Seneca*

How small of all that human hearts endure, that part which laws or kings can cause or cure! *Dr. Johnson)*

§ 5
Recht und Moral*

Aus dem von uns festgestellten Begriffe des Rechts muß sich die Unterscheidung des Rechts von andern Normenarten erschöpfend ableiten lassen. Diese Unterscheidung soll für die nächstverwandten Normenarten: Moral und Sitte, hier durchgeführt werden.

Wenn man, wie es meist geschieht, Recht und Sittlichkeit nebeneinanderstellt, vergleicht man inkommensurable Größen. Recht ist ein Kulturbegriff, Sittlichkeit ein Wertbegriff. Wie die Idee der Gerechtigkeit im Rechte, so wird die Idee der Sittlichkeit in der Moral, d. h. in der psychologischen Tatsächlichkeit des Gewissens, zur Kulturwirklichkeit. Vergleichbar sind nur entweder zwei Wertbegriffe: *Gerechtigkeit* und *Sittlichkeit* oder zwei Kulturbegriffe: *Recht* und *Moral*.

Man pflegt den Unterschied zwischen Recht und Moral mit dem Schlagwort »*Äußerlichkeit des Rechts, Innerlichkeit der Moral*« zu bezeichnen. In dieser Formel verbergen sich aber vier verschiedene Bedeutungen:

1. Man hat den Gegensatz »Äußerlichkeit-Innerlichkeit« zunächst auf das *Substrat* des Rechts und der Moral bezogen, indem man das äußere Verhalten rechtlicher, das innere moralischer Regelung unterstellt glaubte: cogitationis poenam nemo patitur. Dieser Satz scheint auch zunächst aus der Auffassung des Rechts als eines Inbegriffs von Satzungen für das Zusammenleben der Menschen notwendig zu folgen, denn Zusammenleben ist nur dort, wo der Einzelne mit anderen Einzelnen handelnd in Beziehung tritt.

Nun kennt aber die Rechtserfahrung trotzdem vielfach rechtlich erhebliches *inneres* Verhalten, sowohl in der Weise, daß das zugehörige innere Verhalten für die rechtliche Behandlung eines bestimmten äußeren Verhaltens maßgeblich ist (z. B. Schuldformen, guter Glaube), wie auch gelegentlich in der Art, daß inneres Verhalten für sich allein rechtliche Wirkungen hervorzurufen vermag; so wenn die Gefährdung des »geistigen Wohls« eines Kindes zur Anordnung der Fürsorgeerziehung führen kann. Ebensowenig wie die rechtliche Beurteilung auf äußere Handlungen, beschränkt sich andererseits die moralische Beurteilung auf das innere Verhalten; im Gegenteil, gerade dies entzieht sich ihr. Wie man die »frommen Wünsche«, denen niemals die Tat folgt, »die guten Vorsätze«, mit denen der Weg zur Hölle gepflastert ist, nicht zum Verdienst anrechnet, darf man folgerichtig in der »bösen Lust«, in der »Anfechtung«, in der »Versuchung« noch keine Schuld finden[1]. Das passive Triebleben selbst ist moralisch unerheblich, moralisch erheblich lediglich der aktive Wille, der sich mit ihm auseinandersetzt. Der Wille aber unterscheidet sich vom Trieb nur eben durch seine Aktivität, nur die Handlung beglaubigt sein Dasein, und so darf man das Anwendungsgebiet der Moral mit Fug gerade in den menschlichen Handlungen suchen.

Auch das äußere Verhalten ist also moralischer, auch das innere rechtlicher Beurteilung zugänglich. Es gibt kein Gebiet inneren und äußeren Verhaltens, das nicht sowohl moralischer wie rechtlicher Wertung unterzogen werden könnte. Was zunächst als ein Unterschied des Gegenstandes von Moral und Recht erschien, läßt sich aber als Unterschied ihrer *Interessenrichtung* aufrechterhalten: das äußere Verhalten interessiert die Moral nur, sofern es ein inneres Verhalten beglaubigt; das innere Verhalten tritt in den Gesichtskreis des Rechts nur, sofern es ein äußeres Verhalten gewärtigen läßt. Wenn z. B. die strafrechtliche Reformbewegung in der verbrecherischen Tat wesentlich nur ein Symptom für die verbrecherische Gesinnung ihres Täters, in dieser Gesinnung den eigentlichen Strafgrund zu sehen lehrt, so ist diese verbrecherische Gesinnung doch wiederum nur als die mögliche Quelle weiterer verbrecherischer Taten von rechtlicher Bedeutung.

[1] »Ja, die bösen Gedanken! Wir können nicht hindern, daß die Vögel über uns hinfliegen. Aber wir können hindern, daß sie auf unseren Köpfen Nester bauen« (*Luther*, zitiert in einem Brief von Th. Fontane; die Stelle aus Luthers Tischgesprächen auch abgedruckt im Luther-Buch des Verlags Langewiesche, S. 269). »Die Gedanken sind gekommen, daran bin ich nicht schuld und ich habe sie nicht kommen heißen. Ich habe nicht gewußt, sie waren böse. Dann habe ich mit den Gedanken gekämpft, und ich will nicht müde werden, solange ich lebe« (*Otto Ludwig*, zitiert von Weigelin, Moral- u. RPh. S. 60 Anm. 1).

§ 5 RECHT UND MORAL

Wie die Gesinnung nur als Symptom künftiger Handlungen rechtlich erheblich ist, so sind andererseits sogar Handlungen dann rechtlicher Regelung unzugänglich, wenn sie nur als Symptome für Gesinnungen in Betracht kommen. Beziehungen, welche sich zwar in Handlungen äußern, bei denen aber die Handlungen nicht als das, was sie sind, sondern nur nach Maßgabe dessen, was sie bedeuten, was sie von der Seele des Täters offenbaren, erheblich sind, müssen ausschließlich moralischer Bewertung anheimfallen. So hat sich z. B. das Recht von der Freundschaft zurückgezogen, ist doch in der Freundschaft das äußere Verhalten Nebensache ohne Eigenbedeutung, von Bedeutung nur, sofern und soweit es eine Gesinnung bezeugt, nur als »Freundschaftsbeweis«. Leo Tolstoi hat aus der Auffassung, daß *alles* Verhalten zwischen Mensch und Mensch nur als Ausdruck einer Liebesgemeinschaft zwischen den Menschen von Bedeutung sei, folgerichtig jeglichem Rechts- und Staatsleben die Berechtigung abgesprochen. Diese edelste Form des Anarchismus wurzelt in dem Widerwillen, der seelenlosen Äußerlichkeit einen auch noch so begrenzten Eigenwert zuzuerkennen, in dem großartig einseitigen Gedanken, daß allem Äußeren nur genau so viel Wert zukomme, als Seele darin ist, und in dem tiefen Gefühl dafür, zu welcher Selbstentseelung die Berufsgewohnheit des Juristen führen kann, gerade umgekehrt lebendige Menschenseelen immer nur als die nebensächliche Quelle ihrer allein juristisch wesentlichen Taten gleichsam mit einem Seitenblick zu streifen. »Die äußere hastende, nutzlose Tätigkeit, die in der Festsetzung und Anwendung der äußeren Lebensformen besteht, verhüllt vor den Leuten die eigentlich wesentliche innere Tätigkeit, die Veränderung des Bewußtseins, die allein imstande ist, das Leben zu verbessern.« Es ist das Wesen und die Todsünde des Rechts und seiner Vertreter »zu glauben, es gebe Verhältnisse, in denen man mit einem Menschen ohne Liebe verkehren könne; aber solche Verhältnisse gibt es nicht«[1].

2. Die Antithese »Äußerlichkeit—Innerlichkeit« kann weiter auf die *Zwecksubjekte* des Rechts und der Moral zielen. Der rechtliche Wert kennzeichnet eine Handlung als gut für das Zusammenleben, der moralische Wert als gut schlechthin. Rechtlicher Wert ist Wert einer Handlung für andere oder für die Gesamtheit der andern, moralischer Wert

---

[1] *Tolstoi*, Das Gesetz der Gewalt und das Gesetz der Liebe, 1909, S. 102; Auferstehung, Teil II, Kap. 40. Dazu das schöne Buch von *Boris Sapir*, Dostojewsky u. Tolstoi über Probleme des Rechts, 1932.

Wert einer Handlung schlechthin. Die Scholastik pflegte zu sagen, daß die Moral ab agenti, das Recht ad alterum sei. Deshalb steht dem rechtlich Verpflichteten immer ein Interessierter, Fordernder, Berechtigter gegenüber, während man der moralischen Verpflichtung nur symbolisch einen solchen Berechtigten zuordnet, wenn man sie als Verpflichtung gegen den Gott in der eigenen Brust, gegen das eigene Gewissen, gegen die Menschheit in der eigenen Person, gegen das bessere Selbst bezeichnet. Im Rechtsgebiet kann von »Pflicht und Schuldigkeit« gesprochen werden, die moralische Pflicht dagegen ist nicht Schuldigkeit, nicht Pflicht gegen einen Gläubiger, sondern Pflicht schlechthin. Auch die sogenannten Pflichten gegen andere sind es nicht in dem Sinne, daß ihre Erfüllung von den andern gefordert werden könnte; »so dir jemand einen Streich gibt auf den rechten Backen, dem biete den andern auch dar, und so jemand mit dir rechten will und deinen Rock nehmen, dem lasse auch den Mantel« – diese Gebote[1] wollen nicht ein Recht auf Backenstreich und Mantel geben, sondern gerade die Nichtigkeit jeglichen Rechts auf der einen wie auf der andern Seite veranschaulichen. Petrazycki hat die »*imperativ-attributive*« Natur des Rechts, die rein imperative der Moral zur Grundlage ihrer Unterscheidung gemacht, und es ist kein Zufall, daß Tolstoi, der alle menschlichen Beziehungen rein ethisch auf spontan überströmende Liebesfülle, nicht auf den nötigenden Druck eines Anspruchs gegründet wissen will, in der letzten seiner Schriften die juristische Betrachtungsweise gerade in der Person Petrazyckis bekämpft[2].

3. Die Gegenüberstellung von Äußerlichkeit und Innerlichkeit scheint zum Dritten die Verschiedenheit ihrer *Verpflichtungsweisen* zu betreffen. Die Moral verlangt, daß man seine Pflicht tue aus Pflichtgefühl, das Recht läßt auch andere Triebfedern zu. Der Moral genügt nur die normgemäße Gesinnung, dem Rechte schon das vorschriftsmäßige Verhalten, oder in der Ausdrucksweise Kants: die Moral fordert »*Moralität*«, das Recht nur »*Legalität*«.

([1] der Nächstenliebe: »Alteritas« [Thomas v. Aquin].)
[2] *L. v. Petrazycki*, Über die Motive des Handelns und über das Wesen der Moral und des Rechts, 1907; *Tolstoi*, Über das Recht, Briefwechsel mit einem Juristen, 1910. Über Petrazycki vgl. *Gurvitch*, Arch. d. Phil. d. Dr., 1931, S. 403 ff. Auch *del Vecchio*, Fil. del. Dir., S. 171 ff., gründet den Unterschied von Recht u. Moral wesentlich auf dies Merkmal: che questo concetto della bilateralità è la chiave di volta dell' edificio giuridico.

§ 5 RECHT UND MORAL

Diese Unterscheidung ist richtig, unrichtig aber, sie als eine Unterscheidung der Verpflichtungsweisen aufzufassen. Eine Pflicht zu bloßer Legalität ist ein Widerspruch in sich, wenn man unter Pflicht das Unterordnungsverhältnis des Willens zu einer Norm versteht – und eine andere Begriffsbestimmung dürfte kaum möglich sein[1]. Will man Legalitäts»pflichten« anerkennen, dann muß man sich dazu verstehen, von einer Verpflichtbarkeit des Körpers ohne gleichzeitige Verpflichtung des Willens zu reden, dann muß man sich entschließen, ganz allgemein das Verhältnis des Normsubstrats zur Norm, welcher Art auch jenes Substrat sein mag, Pflicht zu nennen, von einer Verpflichtung der Gedanken durch die logische Norm, von einer ästhetischen Pflicht des Marmors gegenüber dem Meißel sprechen.

Moralität und Legalität bedeuten demnach nicht einen Unterschied der Verpflichtungsweisen, sondern eben dies, daß nur die moralische Norm in dem Willen ein verpflichtbares Substrat hat, während das Substrat des Rechts, das Verhalten, die Verpflichtbarkeit begriffsnotwendig ausschließt, nichts anderes also als einen bloßen Unterschied der Substrate, als die Tatsache, daß nur die Moral den Einzelmenschen mit seinen Beweggründen zum Gegenstande hat, das Recht dagegen das Zusammenleben, in welchem nur das äußere (nur mittelbar auch das innerliche) Verhalten des Einzelmenschen, aber nicht dessen Beweggründe als solche vorkommen. So verstanden ist aber die Legalität gar keine Eigentümlichkeit des Rechts, sondern allen Werten gemeinsam, die nicht den Einzelmenschen und seine Beweggründe zu ihrem Gegenstand haben, also auch den logischen und ästhetischen Werten. Dann muß man es folgerichtig unter den Gesichtspunkt der Legalität bringen, daß wie der Wert einer Rechtshandlung so auch der ästhetische Wert eines künstlerischen oder der logische Wert eines wissenschaftlichen Werkes ohne Rücksicht auf die Beweggründe des Erzeugers zu beurteilen ist, daß die Kulturleistung der Menschheit nicht deshalb an Wert verliert, weil sie großenteils das Ergebnis menschlichen Ehrgeizes ist, und umgekehrt der »schlechte Musikant« deshalb nicht besser wird, weil er ein so »guter Mensch« ist[2].

---

[1] In der Tat verweisen *Binder*, Rechtsnorm und Rechtspflicht, 1912, und *Löwenstein*, Der Rechtsbegriff als Relationsbegriff, 1915, S. 57 ff., den Pflichtbegriff aus dem Gebiete des Rechts.
[2] Inwieweit für Kant selbst diese Deutung der Legalität zutrifft, untersucht *Haensel*, Kants Lehre v. Widerstandrecht, 1926, S. 32 ff.

Aus dieser Betrachtung ergibt sich, daß die Rechtsnormen in ihrer Urgestalt die Natur von Maßstäben haben, an denen das Zusammenleben der Einzelnen gemessen wird, nicht von Befehlen, die sich an die Einzelnen richten, daß es seinem primären Charakter nach aus »Bewertungsnormen«, nicht aus »Bestimmungsnormen« zusammengesetzt ist[1]. Aber das Recht will menschliches Verhalten nicht nur beurteilen, sondern ihm gemäßes menschliches Verhalten auch herbeiführen, ihm widersprechendes menschliches Verhalten verhindern. Die rechtlichen Maßstäbe werden deshalb transformiert in »Imperative«, d. h. den menschlichen Willen bestimmende Verbote und Gebote, — nicht etwa in den menschlichen Willen bewertende »*Bestimmungsnormen*«. Aber der Unterschied zwischen Norm und Imperativ wird ausführlicherer Darlegung bedürfen[2].

Man kann ihn am besten veranschaulichen an irgendeinem Satze, in welchem eine Norm mit einem Imperativ verbunden, normativer Gehalt in imperativer Form erscheint[3]. »Tue deine Pflicht!« Wenn man in diesem Satze den Sinn von seinem Träger, das Ausgesprochene vom Ausspruch loslöst, so erhält man auf der einen Seite ein Seinsgebilde, zeitlich und räumlich bestimmt, kausal verursacht und weiterwirkend, eine Lautfolge, die jetzt hier erklingt, diesem psychophysischen Prozesse im Sprechenden entspringt und jenen andern im Hörer hervorruft; auf der andern Seite einen unzeitlichen, unräumlichen, unkausalen Bedeutungsgehalt, eine sittliche Notwendigkeit, die unabhängig vom Ort, vom Zeitpunkt, von der Wirksamkeit dieses Ausspruches gilt. Jener Satz ist nun ein Imperativ, sofern er ist und wirkt, eine Norm, sofern er bedeutet und gilt, Imperativ, sofern sich durch ihn ein Wollen durchsetzt, Norm, sofern sich in ihm ein Sollen setzt — beides zwar in dem vorliegenden Satz, aber keineswegs immer

---

[1] Diese Auffassung ist für die strafrechtlichen Lehren von Unrecht und Schuld bekanntlich von größter Bedeutung.

[2] Nach der folgenden Begriffsentwicklung ist Kants »kategorischer Imperativ« in Wahrheit eine Norm.

[3] Dabei ist unter der imperativen Form jede Form des Strebens nach Motivsetzung durch gesprochenes oder geschriebenes Wort zu verstehen, der sinnhafte Imperativ, nicht nur der grammatische Imperativ. Folgende Skala veranschaulicht die wachsende imperative Kraft der sprachlichen Befehlsformen: Komm! – Du sollst kommen! – Du wirst kommen! – Du kommst! Die französische Gesetzessprache bevorzugt das imperative Futurum (sera puni), die deutsche das imperative Präsens (wird bestraft).

§ 5 RECHT UND MORAL

verbunden. Die Norm ist eine Nichtwirklichkeit, die verwirklicht sein will, der Imperativ eine Wirklichkeit, die wirken will. Die Norm will Zweck, der Imperativ nur Mittel zum Zweck sein. Die Norm als Zweck ist nicht befriedigt, ehe sie nicht selbst erfüllt ist, der Imperativ, als bloßes Mittel zum Zweck, ist erledigt, wenn sein Zweck erfüllt ist, sei es durch seine eigene motivierende Kraft, sei es auch ohne sein Eingreifen durch eine schon vorhandene Motiviertheit in gleicher Richtung. Die Norm fordert normgemäßes Verhalten aus normgemäßem Motiv, dem Imperativ geschieht durch wie auch immer motiviertes imperativgemäßes Verhalten Genüge. Mit andern Worten: die Norm verlangt Moralität, der Imperativ Legalität – aber wiederum ist, auch für diese sekundäre imperativische Gestalt des Rechts, die Legalität nicht etwa eine Verpflichtungsweise, da das Wesen eines Imperativs eben nicht darin liegt zu verpflichten, sondern zu bestimmen, nicht darin zu gelten, sondern zu wirken[1].

4. Man hat endlich die Äußerlichkeit des Rechts und die Innerlichkeit der Moral in der Verschiedenheit ihrer *Geltungsquellen* gesucht: man spricht dem Recht »*Heteronomie*« zu, weil es als ein fremder Wille von außen her verpflichtend an die Rechtsunterworfenen herantrete, der Moral »*Autonomie*«, weil ihre Gesetze einem jeden nur durch die eigene sittliche Persönlichkeit auferlegt werden[2]. Aber eine heteronome Verpflichtung, eine Verpflichtung durch fremden Willen ist ein Widerspruch in sich. Ein Wollen kann ein Müssen hervorbringen, wenn es von der Macht zu zwingen begleitet ist, niemals aber ein Sollen – das fremde Wollen nicht, ja nicht einmal das eigene: der Ausdruck »Autonomie« wird verstanden nur, wenn man unter dem verpflichtenden Selbst der Selbstverpflichtung nicht irgendein Wollen, sei es auch das Verlangen des Gewissens, überhaupt nicht irgendeine empirisch-psychologische Wirklichkeit, sondern die sittliche Persönlichkeit, ein rein normatives, ideales und irreales Gebilde, mit andern Worten die verpflichtende Norm selbst versteht: nicht das Gewissen verpflichtet, sondern die Norm, die in ihm spricht. Und so gelangt man zu dem Dilemma: das Recht entweder als Willen aufzufassen – dann aber auf die Begründung seiner Gesolltheit, seiner verpflichtenden

---

[1] Gegen diese Ausführungen *Brodmann*, Recht u. Gewalt, 1921, S. 13 f.; *Kelsen*, in Schmollers Jahrb. Bd. 40, 1916, S. 1234 ff.
[2] Über die Frage der Heteronomie oder Autonomie des Rechts *Darmstaedter*, Recht u. Rechtsordnung, 1925.

Kraft, seiner Geltung zu verzichten oder aber das Recht als gesollt, verpflichtend, geltend anzusehen — diese Geltung dann aber autonom, als Forderung der eignen sittlichen Persönlichkeit des Rechtsunterworfenen zu begründen[1].

Damit ist bereits angedeutet, daß es neben allen Unterscheidungen zwischen Recht und Moral auch Beziehungen zwischen ihnen geben muß — nicht freilich in dem Sinne, daß das Recht das »ethische Minimum« (Georg Jellinek) oder das »ethische Maximum« (Gustav Schmoller) sei; extensives ethisches Minimum, weil es nur einzelne moralische Pflichten zur Rechtspflicht erhebe, intensives ethisches Minimum, weil es sich mit äußerer Erfüllung begnüge und nicht innere Gesinnung erfordere; ethisches Maximum aber infolge der Zwangsgewalt seiner Durchsetzung im Gegensatz zu der physischen Ohnmacht der Moral. Beide Ansichten verkennen die Möglichkeit tragischer Konflikte zwischen Recht und Moral, wie sie sich aus dem Satzungscharakter des Rechts, dem Überzeugungscharakter der Moral in der Gestalt des Überzeugungsverbrechers ergeben können. Vielmehr decken sich Recht und Moral im *Inhalt* ihrer Forderungen nur teilweise und zufällig. Die Beziehung beider Normengebiete besteht vielmehr darin, daß die Moral einerseits *Zweck* des Rechts und, eben deshalb, andererseits *Grund* seiner verpflichtenden Geltung ist.

5. Nur die Moral vermag die verpflichtende Kraft des Rechts zu begründen. Aus den Rechtssätzen als Imperativen, Willensäußerungen kann, wie gezeigt wurde, vielleicht ein Müssen, niemals aber ein Sollen abgeleitet werden. Von rechtlichen Normen, rechtlichem Sollen, rechtlicher Geltung, Rechtspflichten kann erst dann die Rede sein, wenn der rechtliche Imperativ vom Einzelgewissen mit moralischer Verpflichtungskraft ausgestattet wird. Der Anschein, als würde durch die Begründung der Rechtsgeltung auf die Moral diese Geltung in naturrechtlicher Weise von der Richtigkeit des Rechts, in anarchistischer Weise von der Zustimmung des Einzelgewissens abhängig gemacht, kann erst bei der späteren Erörterung des Geltungsproblems zerstreut werden. Hier ist zu zeigen, daß durch diese Auffassung keineswegs die gewonnene inhaltliche Scheidung von Recht und Moral wieder zerstört, das Recht als ein bloßes Teilgebiet der Moral einverleibt, die Rechtsnorm zu einer moralischen Norm bestimmten Inhalts gemacht wird. Die Naturalisation der Rechtspflicht im Reiche der Moral stellt

---

[1] Ebenso *Rudolf Laun*, Recht u. Sittlichkeit. Hamburger Rektoratsrede, 1925.

§ 5 RECHT UND MORAL

sich als ein Fall einer noch zu wenig untersuchten Allgemeinerscheinung dar: der Umkleidung desselben Materials mit doppeltem Wertcharakter. So wird der logische Wert der Wahrheit nochmals zum Objekt einer Bewertung, der ethischen Bewertung, zu einem moralischen Gut, wenn er zum Gegenstand der Tugendpflicht der Wahrhaftigkeit erhoben wird. Solcher Art sind alle »Kulturpflichten«, welche Werkwerte wie die Wahrheit in Gestalt der Wissenschaft, die Schönheit in Gestalt der Kunst zu Aufgaben moralischen Handelns machen, und manche Pflichten der »Sozialethik«, wie eben die Gerechtigkeit, in der das richtige Recht, oder die Rechtlichkeit, in der das positive Recht als moralisches Gut erfaßt wird. Wie nun die Selbständigkeit der logischen Gesetze des Wahrheitswertes, der ästhetischen Gesetze des Schönheitswertes durch ihre Erhebung zu moralischen Gütern nicht beeinträchtigt, sondern gerade anerkannt wird, genau so bleibt die Eigengesetzlichkeit des Rechtsgebiets bei seiner Annexion durch die Moral vollständig gewahrt. Mit Recht sagt Kant, »daß alle Pflichten bloß darum, weil sie Pflichten sind, mit zur Ethik gehören; aber ihre *Gesetzgebung* ist darum nicht allemal in der Ethik enthalten, sondern von vielen derselben außerhalb derselben«[1]. Die Moral unterwirft sich hier einer fremden Gesetzgebung, überläßt sich der spezifischen Dialektik eines andern Vernunftgebiets, signiert gleichsam durch Blankoakzept einen erst in einem andern Normengebiet festzustellenden Pflichtgehalt. Sie stempelt Recht und Gerechtigkeit zu moralischen Aufgaben, überläßt aber die Feststellung ihres Inhalts einer außermoralischen Gesetzgebung[2].

6*. Diese Sanktion des Rechts durch die Moral ist aber nur deshalb möglich, weil das Recht bei aller möglichen Verschiedenheit seines Inhalts die Moral doch zu seinem Zwecke hat. Freilich kann es der Verwirklichung moralischer Pflichten nicht dadurch dienen wollen, daß es diese mit der Sanktion von Rechtspflichten versähe, denn die moralische Norm, die nur um ihrer selbst willen erfüllt werden will, kann eben deshalb dadurch, daß ihr andersartige Imperative gleichen Inhalts zur Seite treten, nicht gewinnen. Das Recht dient der Moral nicht durch die Rechtspflichten, die es auferlegt, sondern durch die Rechte, die es gewährt. Es ist nicht mit seiner Pflichtseite, sondern mit seiner Recht-

---

[1] Metaphysik der Sitten, hrsg. v. Vorländer, 1907, S. 22 f.
([2] Vgl. zum Abschnitt 1: *Dulckeit*, Naturrecht und positives Recht bei Kant, S. 6 ff.)

seite der Moral zugekehrt[1]. Es gewährt den Einzelnen Rechte, damit sie ihren moralischen Pflichten um so besser genügen können. Man denke etwa an die in dieser Richtung gesuchte Rechtfertigung des Eigentums: »Eigentum verpflichtet. Sein Gebrauch soll zugleich Dienst sein für das Gemeine Beste« (Art. 153 RV.). So erst erklärt sich das ethische Pathos, das auf dem subjektiven Rechte ruht, die Tatsache, daß der Gedanke: »Mein Recht!« genau wie der Gedanke: »Meine Pflicht!« jenes Gefühl der Erhabenheit einflößt, welches die Einzelseele immer dann erlebt, wenn sie sich eines in ihr waltenden übergreifenden Bewußtseins, der Menschheit im Menschen ehrfürchtig bewußt wird. Der moralische Stolz, sonst immer nur mit dem verknüpft, was man sich selber abringt, ist im subjektiven Recht mit dem, was man andern abringt, verbunden; der Trieb und das Interesse, durch die Norm sonst immer gefesselt, wird hier umgekehrt durch die Norm entbunden. Mein Recht ist im Grunde das Recht, meine moralische Pflicht zu tun[2] – und deshalb ist es umgekehrt meine Pflicht, mein Recht zu wahren. In seinem Rechte kämpft man für seine Pflicht, für seine moralische Persönlichkeit. Und so konnte Jhering* den »Kampf ums Recht« geradezu als eine Pflicht »der sittlichen Selbstbehauptung« predigen. Freilich, der Idealtypus des Kampfes ums Recht, des Kampfes, in welchem man in Gestalt seines Interesses seine moralische Persönlichkeit verteidigt, läßt eine Entwicklung nach zwei entgegengesetzten Extremen zu: er kann sich einerseits zum reinen Kampfe um die moralische Persönlichkeit, ohne Rücksicht auf das eigene Interesse, bis zur Selbstvernichtung, erheben (Michael Kohlhaas), andererseits aber auch

---

[1] Die Frage, ob Recht oder Rechtspflicht die Primärform des Rechts darstellen, beantwortet sich deshalb für die Rechtsphilosophie anders als für die Jurisprudenz. Für die Jurisprudenz läuft die logische Reihe so ab: durch das objektive Recht die Rechtspflicht, durch die Rechtspflicht (möglicherweise) ein subjektives Recht; für die Rechtsphilosophie aber wie folgt: um der moralischen Pflicht willen das subjektive Recht, um des subjektiven Rechts willen das objektive Recht und die Rechtspflicht. – (Ist Anm. 1 verträglich mit der Auffassung der Rechtsnorm, nicht als Imperativ, sondern als Werturteil?)

([2] »Recht = Freisein zur Pflichterfüllung« sagt unter Zustimmung zu meinen Ausführungen auch *Br. Bauch*, cit. bei *Dulckeit*, Naturrecht und positives Recht bei Kant, S. 22. – »Recht – Befähigung zur Pflichterfüllung« – schon bei *Christian Wolff*, vgl. *del Vecchio*, Lehrbuch der Rechtsphilosophie, S. 97 – »Der Mensch hat ein Recht zu den Bedingungen, unter denen allein er pflichtmäßig handeln kann, und zu den Handlungen, die seine Pflicht erfordert.« [*Fichte*, Zurückforderung der Denkfreiheit, ed. Strecke, S. 12]).

§ 5 RECHT UND MORAL

zum nackten Interessenkampfe ohne jeden moralischen Hintergrund, ja zum bloßen Machtstreit einer gänzlich leeren Rechthaberei ohne jeden auch nur Interessengehalt hinabsinken (Shylock). Das Recht ist eben nur die *Möglichkeit* der Moral und eben deshalb auch die Möglichkeit der *Unmoral*. Das Recht kann die Moral nur ermöglichen, nicht erzwingen, weil die moralische Tat begriffsnotwendig nur eine Tat der Freiheit sein kann; weil es aber die Moral nur *ermöglichen* kann, muß es unumgänglich auch die *Unmoral* ermöglichen[1].

So stellt sich das Verhältnis von Moral und Recht als ein reiches Spannungsverhältnis dar. Das Recht steht zunächst genau so fremd, genau so unterschiedlich und möglicherweise gegensätzlich neben der Moral wie stets das Mittel neben dem Zweck, um erst nachträglich, eben als Mittel moralischer Wertverwirklichung, an der Werthaftigkeit seines Zweckes teilzunehmen und so, unter dem Vorbehalt seiner Eigengesetzlichkeit, in die Moral aufgenommen zu werden.

---

[1] Ähnlich *Max Ascoli*, Intorno alla concezione del diritto nel sistema di Benedetto Croce, 1925; Zweck des Rechts: salvare nell' uomo la possibilità di divenir buono (S. 35); dennoch amoralità del diritto (S. 41 ff.).

> Ein mächtiger Antipode der Aufrichtigkeit
> der Menschen *gegeneinander* ist die städtische
> Höflichkeit. Das *größte* Unglück des Weisen
> und das *größte* Glück der Toren gründet sich
> auf die Konvenienz.
>
> *Franz Schubert*

§ 6

Recht und Sitte*

Die Versuche, Recht und Sitte begrifflich voneinander abzugrenzen[1], sind noch immer gescheitert. Wenn man das Recht als gemacht, die Sitte als gewachsen auffaßte, so konnte diese Auffassung schon durch den Hinweis auf das Gewohnheitsrecht widerlegt werden; wenn man das Recht für erzwingbar, die Sitte für nur freiwillig erfüllbar erklärte, so konnte dagegen einerseits hingewiesen werden auf die Unerzwingbarkeit zahlreicher Rechtspflichten, nicht nur der völkerrechtlichen Pflichten und der staatsrechtlichen Pflichten der höchsten Staatsorgane (quis custodiet custodes?), sondern auch mancher Pflichten einzelner Rechtsgenossen (§ 888 Abs. 2 ZPO), andererseits darauf, daß jener Zwang psychologischer Art, der zur Geltung des Rechts freilich unerläßlich ist, der Sitte nicht anders eignet als dem Rechte, wie etwa der »Weinzwang« an der Wirtstafel oder der Anschlag »Besichtigung ohne Kaufzwang gestattet« beweist[2].

Die Vergeblichkeit aller bisherigen Versuche läßt die Unmöglichkeit einer Grenzziehung zwischen Recht und Sitte vermuten, und diese Unmöglichkeit kann in der Tat bewiesen werden. Kulturbegriffe, wertbezogene Begriffe können nur mit Hilfe der Wertidee definiert werden, an der sie orientiert sind. So haben wir die Moral als die Wirklichkeit bestimmt, deren Sinn es ist, die Idee des Guten darzustellen, so das Recht als die Wirklichkeit, deren Sinn es ist, der Gerechtigkeit zu dienen. Eine Wertidee aber, an der die Sitte orientiert werden könnte, ist nicht aufzufinden, und damit entfällt die Kommensurabilität zwischen Recht und Moral einerseits, Sitte andererseits. Die Sitte kann den

---

([1] Recht und Sitte: *del Vecchio*, Homo juridicus, 1936, p. 16 f., 20 ff.)

[2] Auch *Stammlers* Begriff der »Konventionalregel« hat das Problem der Lösung nicht näher gebracht. Der Geltungsanspruch der Sitte ist eher noch »selbstherrlicher« als der des Rechts.

andern Kulturbegriffen nicht koordiniert werden, sie hat im System der Kulturbegriffe keinen Platz[1].

Die Sitte steht zum Rechte und zur Moral nicht in einem systematischen, sondern in einem historischen Verhältnis. Sie ist die gemeinsame Vorform, in der Recht und Moral noch unentfaltet und ungeschieden enthalten sind, der »Indifferenzzustand, der die Form des Rechtes und der Sittlichkeit nach verschiedenen Seiten hin aus sich entläßt« (Georg Simmel). So entwickelt sich die Sitte des Almosens einerseits zu der moralischen Pflicht der Wohltätigkeit, andererseits zu der Rechtseinrichtung der Armenpflege. Die Bestimmung der Sitte ist, vom Rechte und der Moral aufgezehrt zu werden, nachdem sie das Recht sowohl wie die Moral erst vorbereitet und ermöglicht hat.

Aus diesem Charakter der Sitte als einer Vorschule von Recht und Moral erklärt sich die Entartung der Sitte, die alsbald eintritt, wenn sich Recht und Moral als selbständige Kulturformen herausgebildet und voneinander abgelöst haben. Nunmehr wird die Sitte ein in sich widersinniges Mischprodukt rechtlicher und moralischer Bewertung. Man kann ihr die Äußerlichkeit des Rechts in allen ihren Bedeutungen mit demselben Rechte beilegen wie die Innerlichkeit der Moral. Sie teilt einerseits die Äußerlichkeit des Rechts: sie interessiert sich nur für das äußere Verhalten, sie verpflichtet immer nur im Interesse eines Außenstehenden, eines Berechtigten, sie tritt mit ihren Geboten von außer her an den Adressaten heran, und sie ist zufrieden, wenn dieser sie, sei es aus welchem Beweggrunde immer, äußerlich befolgt. Sie nimmt andererseits aber auch die Innerlichkeit der Moral für sich in Anspruch: nicht an dem Händedruck ist ihr gelegen, sondern an der Teilnahme, die er bezeugt; nicht nur dem Andern – sich selbst schuldet man, den Anstand zu wahren; unser gesellschaftliches Gewissen, nicht das Komplimentierbuch auferlegt uns unsere »gesellschaftlichen Verpflichtungen«; und nur wer die Sitte achtet, ist Gentleman, wer sie nur äußerlich »mitmacht«, aber Parvenu. Diese einander ausschließenden Auffassungen sind in der Sitte dennoch untrennbar miteinander verbunden, und zwar durch das Mittel der Fiktion, der »konventionellen Lüge«. Man ist stillschweigend übereingekommen, sich so zu verhalten, als stünde hinter der Äußerlichkeit der Sitte die zugehörige Innerlichkeit, hinter dem Schein das Sein, hinter dem Gruß die Er-

[1] Gegen diese Ausführungen *Weigelin*, Sitte, Recht u. Moral, 1919, S. 91 ff.; *Baumgarten*, Wissenschaft v. Recht, Bd. 1, 1920, S. 190.

gebenheit, hinter der Spende, soweit sie sich in vierstelligen Ziffern ausdrückt, die schon formelhaft gewordene »Großherzigkeit«. Man ist darüber einverstanden, mit Augurenlächeln Papier für Gold zu nehmen[1], ohne die peinliche Frage der Deckung aufzuwerfen. Aber gerade weil die Sitte die doppelte Kraft äußerlicher und innerlicher Verpflichtungsweise, sei es auch nur durch eine Fiktion, in sich vereinigt, ist sie viel mächtiger als Moral und Recht. »Nicht die Sittlichkeit regiert die Welt, sondern eine verhärtete Form derselben, die Sitte. Wie die Welt nun einmal geworden ist, verzeiht sie eher eine Verletzung der Sittlichkeit als eine Verletzung der Sitte. Wohl den Zeiten und den Völkern, in denen Sitte und Sittlichkeit noch eins ist! Aller Kampf, der sich im Großen wie im Kleinen, im Allgemeinen wie im Einzelnen abspielt, dreht sich darum, den Widerspruch dieser beiden wieder aufzuheben und die erstarrte Form der Sitte wiederum für die innere Sittlichkeit flüssig zu machen, das Geprüfte nach seinem inneren Wertgehalte neu zu bestimmen«, sagt Berthold Auerbach. Die eindringlichste Kritik an der Sitte hat aber – wie am Recht – Leo Tolstoi geübt; immer wieder findet sich in seinen Romanen der Gegensatz der formlosen Güte der niederen Volksklassen zu den gütelosen Formen der »guten Gesellschaft«.

Mit ihrer moralischen Echtheit verliert aber die Sitte auch ihre soziale Funktion. Im Gegensatz zu der »alten guten Sitte« ist die »feine Sitte« nicht mehr Volkssitte, sondern Standessitte; Sitte war »ländlich-sittlich«, Anstand ist »urban«; Sitte war bäuerlich, Höflichkeit ist höfisch; Sitte war eine Sache der »Gemeinschaft« gewesen, Konvention ist Sache der »Gesellschaft«[2] – oder vielmehr der »guten Gesellschaft«. Sitte hatte volksverbindend gewirkt, Konvention wirkt volksspaltend. Konvention ist der Ausdruck für den Willen und die Fähigkeit, zu einer bestimmten, höheren Gesellschaftsschicht gerechnet zu werden, der Freimaurergruß der Eingeweihten, der sofort geändert wird, wenn Uneingeweihte von ihm Kenntnis erlangen und Gebrauch machen. War Sitte von langem Bestande, ein Band zwischen den wechselnden Geschlechtern gewesen, so ist deshalb Konvention der Mode unterworfen, denn Mode nennen wir jenes Bestreben der »höheren« Schicht, sich durch äußere Kennzeichen von der »niederen« Schicht zu

---

([1] *Theodor Fontane:* Nimm den Biedertuer als Biedermann.)
[2] Vgl. *Tönnies*, Die Sitte, 1908.

§ 6 RECHT UND SITTE

unterscheiden[1], jenen immer sich beschleunigenden Wettlauf der niederen mit der höheren Schicht, die immer von neuem jene Zeichen ihrer höheren Würde zu ändern sich genötigt sieht, sobald auch die niedere Schicht sie sich angeeignet hat[2]. Dieser ständische Charakter der Konvention wird durch nichts so deutlich erwiesen wie dadurch, daß man nicht so sehr Befolgung als Kenntnis und Beherrschung der Konvention verlangt[3]. Während nämlich Moralvorschriften überhaupt nur bewußt verletzt werden können und bei der Verletzung der Rechtsvorschriften das Bewußtsein der Rechswidrigkeit jedenfalls die Schuld erhöht, verzeiht die Konvention genau umgekehrt am schwersten dem Tölpel, der »nicht weiß, was sich schickt«, sieht aber lächelnd alles nach dem Schwerenöter, der sich mit Anmut über eine Umgangsform bewußt hinwegzusetzen weiß.

Dennoch wäre es irrig, auch nach der Sonderung von Recht und Moral der Sitte jede soziale Funktion abzusprechen. Auch in der »Gesellschaft« leben immer noch zahlreiche »Gemeinschafts«fragmente fort, Volksschichten und primitive Völker, in denen die Sitte noch ihre ungebrochene Einheitlichkeit bewahrt und an denen sie ihr Erziehungswerk noch zu üben hat. Wie aber im Gesamtleben die Herrschaft der Sitte ihre Umbildung zur Moral (und zum Recht) vorbereitet, so wird dem Einzelnen in der Erziehung die Moral zunächst in der Form der Sitte nahegebracht; keine Erziehung kann in ihren Anfängen der kategorischen Norm entraten: »Das tut man nicht« − und das heißt doch des Hinweises auf die Sitte. Diese Funktion, welche die Sitte auch noch in der Gegenwart hat, ändert aber nichts an der früheren Feststellung, daß sie dem Recht und der Moral nicht systematisch nebengeordnet, sondern geschichtlich vorgeordnet sei − auch Streitaxt und Wurfspeer sind noch heute in Gebrauch, ohne doch in einer systematischen Waffenkunde anderswo als in der geschichtlichen Einleitung erscheinen zu dürfen.

([1] Vgl. *Schillers* Lied an die Freude »Deine Zauber binden wieder, was *die Mode streng geteilt:* alle Menschen werden Brüder ...«)
([2] »Alte Sitte« − neueste Mode.)
([3] Vgl. den französischen Ausdruck »savoir-faire«.)

Falk: Glaubst du, daß die Menschen für die Staaten erschaffen werden? Oder daß die Staaten für die Menschen sind?
Ernst: Jenes scheinen einige behaupten zu wollen. Dieses aber mag wohl das Wahrere sein. *Lessing*

(Weil ich weiß, daß du ein Freund des Allgemeinwesens bist, so beachte, wie deutlich die Heilige Schrift zeigt, daß der Staat durch nichts anderes glücklich wird, als wodurch es der Einzelne wird. *Augustin*)

§ 7
Der Zweck des Rechts

Aus unsern Betrachtungen ergab sich, daß Gerechtigkeit zwar die spezifische Rechtsidee ist, genügend, um aus ihr den Begriff des Rechts zu entwickeln, daß die Idee des Rechts sich aber in der Gerechtigkeit nicht erschöpft. Gerechtigkeit allein erwies sich aus doppeltem Grunde als nicht genügend, inhaltlich bestimmte Rechtssätze aus sich ableiten zu lassen: Gerechtigkeit gebietet zwar, die Gleichen gleich, die Verschiedenen nach Maßgabe ihrer Verschiedenheit verschieden zu behandeln, läßt aber die beiden Fragen offen, wer als gleich oder verschieden anzusehen und wie sie zu behandeln seien. Gerechtigkeit bestimmt nur die Form Rechtens. Um den Inhalt des Rechts zu gewinnen, muß ein zweiter Gedanke hinzutreten: die Zweckmäßigkeit[1]. Während die Frage der Gerechtigkeit unabhängig von allen Zweckmäßigkeitsfragen und so auch vom Staatszwecke zu stellen und zu beantworten war, tritt im Rahmen der Frage nach dem Zwecke des Rechts der Staat zum erstenmal in den Gesichtskreis unserer Betrachtungen. Da Recht zu wesentlichem Teile Staatswille und der Staat zu wesentlichem Teile Rechtseinrichtung ist, sind die Fragen nach dem Zwecke des Rechts und dem Zwecke des Staates untrennbar.

Wenn die Frage nach dem Zwecke des Rechts gestellt wird, so wird nicht etwa nach den empirischen Zwecksetzungen gefragt, die das Recht hervorgebracht haben mögen, sondern nach der überempirischen Zweckidee, an der das Recht zu messen ist. Die Antwort auf diese Frage

[1] »... jedes Recht entweder an formal-juristischen oder an materialen Prinzipien orientiert, wobei unter letzteren das utilitarische und das Billigkeits-Prinzip zu verstehen sind.« *Max Weber*, Ges. Aufsätze z. Sozial- u. Wirtschaftsgesch., S. 292.

aber kann nur gewonnen werden durch die Besinnung, welchem von den Werten, denen in gleicher Weise wie dem absoluten Wert des Gerechten absolute Geltung zuzusprechen ist, neben ihm das Recht zu dienen bestimmt und geeignet ist. Wir können es jedoch bewenden lassen bei dem Hinweise auf die überkommene Trias letzter Werte, des ethischen, des logischen, des ästhetischen Wertes, der Ideale des Guten, des Wahren und des Schönen, weil sofort einleuchtet, daß das Recht nur einem unter diesen Werten unmittelbar zu dienen bestimmt sein kann, nämlich dem ethischen Werte des Guten.

Freilich nimmt nun der ethische Wert des Guten auf die bereits oben (§ 4) geschilderte Weise die andern absoluten Werte in sich auf: der logische Wert des Wahren, der ästhetische Wert des Schönen werden, indem sie als Ziele sittlichen Handelns in die ethische Güterlehre eingehen, nochmals mit – ethischem – Wertcharakter umkleidet. Ethische Güterlehre und ethische Pflichtenlehre stehen in einem gegenseitigen Abhängigkeitsverhältnis, indem einerseits aus der sittlichen Pflichterfüllung reflexartig ein sittliches Gut hervorgeht: die sittliche Persönlichkeit, und andererseits die sittlichen Güter, wie etwa die Wahrheit, umgekehrt sittliche Pflichtforderungen, wie etwa die Wahrhaftigkeit, hervorrufen[1].

Die ethischen Güter, die sich auf diese Weise ergeben, sind nun nicht alle gleichzeitig erreichbar. Man kann vielmehr dem einen nur dienen um den Preis, die andern zu vernachlässigen oder gar zu verletzen. Dies wird sofort deutlich, wenn wir uns die Substrate der verschiedenen ethischen Güter vergegenwärtigen.

Es gibt im ganzen Bereich der Erfahrungswelt nur drei Arten von Gegenständen, die absoluter Werthaftigkeit fähig sind: menschliche Einzelpersönlichkeiten, menschliche Gesamtpersönlichkeiten, menschliche Werke. Wir können nach Maßgabe dieser ihrer Substrate drei Arten von Werten unterscheiden: *Individualwerte, Kollektivwerte* und *Werkwerte*[2] Individualwert ist die ethische Persönlichkeit. Ethischer

---

[1] »Das Sittliche wird erkennbar als die zu den Wertinhalten des Lebens hinzutretende Form des Sollens. Seinem Gehalt nach aber ist es die persönliche Richtung auf den höchsten objektiven Wert unseres eigenen inneren Wesens.« *Spranger*, Lebensformen, 3. Aufl., 1922, S. 257 f.

([2] Eine ähnliche Dreiteilung der Werte bei *Karl Jaspers*, Psychologie der Weltanschauungen, S. 193 f. – Vgl. *Nohl*, Einführung in die Philosophie, S. 66: Rechtsfunktion – Machtfunktion – Kulturfunktion des Staates; *Cardozo*, The growth of the law, 1924, p. 83: certainty, justice, utility.)

Art ist aber auch der Wert, dessen Gesamtpersönlichkeiten fähig sind, falls man solche anerkennt. Der ästhetische und der logische Wert offenbaren sich in den Werken der Wissenschaft und der Kunst als Werkwerte.

Daß man nun allen diesen Werten gleichermaßen zu dienen nicht in der Lage ist, läßt sich leicht zeigen. »Persönlichkeit auf wissenschaftlichem Gebiet hat nur der, der rein der Sache dient. Und nicht nur auf wissenschaftlichem Gebiete ist es so. Wir kennen keinen großen Künstler, der je etwas anderes getan hätte als seiner Sache und nur ihr zu dienen«[1]. *Die Werkwerte fordern also das Gegenteil dessen, was die Individualwerte verlangen:* nicht Persönlichkeit, sondern Sachlichkeit. Im Bereiche des Individualwerts der sittlichen Persönlichkeit gilt eine »Gesinnungsethik«, z. B. Wahrheit um jeden Preis, im Bereiche der Kollektivwerte eine »Verantwortungsethik«, z. B. diplomatische Lüge um des Allgemeinwohls willen[2]. *Die Kollektivwerte fordern also das Gegenteil dessen, was die Individualwerte verlangen.* »Der eine fragt: Was kommt danach?, der andere fragt nur: Ist es recht?« sagt, freilich in anderem Sinne, Theodor Storm. Schließlich bestehen zwischen gesamtpersönlichem Machtzweck und dem Kulturzweck kaum lösbare Spannungen: »Nun ist die Macht an sich böse, gleichviel wer sie ausübe. Unfehlbar gerät man dabei in die Hände solcher Kräfte, welchen gerade an dem Weiterblühen der Kultur am wenigsten gelegen ist.«[3] *Die Kollektivwerte fordern also das Gegenteil dessen, was die Werkwerte verlangen.*

Es heißt also sich entscheiden, ob man den Individual-, den Kollektiv- oder den Werkwerten in der Rangordnung der Werte die erste Stelle

---

[1] *Max Weber*, Wissenschaft als Beruf, 1919, S. 13.
[2] *Max Weber*, Politik als Beruf, 1919, S. 56 f. Ein Beispiel für die Aufopferung der Gesinnungsethik um der Verantwortungsethik willen findet sich in *Wera Figners* Erinnerungen: »Der Verstand riet, gemeinsam mit den Genossen zu gehen, die den Weg des politischen Terrors einschlugen. Das Gefühl aber zog uns zurück in die Welt der Elenden und Enterbten. Später erst erkannten wir, daß jene Stimmung der Drang nach einem sittlich reinen Leben, nach höheren persönlichen Werten war. Nach einem inneren Kampfe hatten wir unser Gefühl, unsere Stimmung gemeistert; wir verzichteten auf die moralische Befriedigung, die uns das Leben und die Arbeit auf dem flachen Lande gegeben hätte, und stellten uns in Reih und Glied mit den Genossen, die uns durch ihren politischen Instinkt überlegen waren.«
[3] *Jacob Burckardt*, Weltgeschichtliche Betrachtungen, 3. Aufl. 1918, S. 96.

§ 7 DER ZWECK DES RECHTS

einräumen will[1]. Je nach der Entscheidung, je nach der Abzielung der Lebensanschauung und insbesondere der Rechts- und Staatsauffassung auf die eine oder die andere dieser Wertgruppen unterscheiden wir *individualistische, überindividualistische*[2] und gänzlich *transpersonale* Auffassungen[3]. Bringen wir uns den Gegensatz dieser Auffassungen in einer Reihe von Kernsätzen zur Anschauung, deren jeder mit dem Glauben an seine Unbestreitbarkeit kategorisch ausgesprochen wird.

Popper-Lynkeus: »Wenn irgendein selbst noch so unbedeutendes Individuum, das keines anderen Leben mit Absicht gefährdet, ohne oder gar wider seinen Willen aus der Welt verschwindet, so ist das ein ungleich wichtigeres Ereignis als alle politischen, religiösen oder nationalen Ereignisse und als sämtliche wissenschaftlichen, künstlerischen und technischen Fortschritte aller Jahrhunderte und aller Völker zusammen.« *Schiller:* »Alles darf dem Besten des Staates zum Opfer gebracht werden, nur dasjenige nicht, dem der Staat selbst nur als ein Mittel dient[4]. Der Staat selbst ist niemals Zweck, er ist nur wichtig als eine Bedingung, unter welcher der Zweck der Menschheit erfüllt werden kann, und dieser Zweck der Menschheit ist kein anderer als die Ausbildung aller Kräfte des Menschen.« Diesen individualistischen Stellungnahmen treten ebenso schroff überindividualistische gegenüber: Es sei absolute Sittlichkeit nichts anderes, »als das absolute Leben im Vaterlande und für das Volk«, »die absolute sittliche Totalität nichts anderes als das Volk selber«, der Staat »die Grundlage und der Mittelpunkt der andern konkreten Seiten des Volkslebens, der Kunst, der Sitten, der Religion, der Wissenschaft; alles geistige Tun hat nur den Zweck, sich dieser Vereinigung bewußt zu werden« *(Hegel).* »Die (italienische) Nation ist ein Organismus mit Zwecken, Leben, Wirkungsmitteln, die nach Kraft und Dauer denen ihrer getrennten oder zu

---

([1] Über die südamerikanische Staatsauffassung vgl. einen Artikel in der Frankfurter Zeitung vom 3. 1. 1942 [Vorabendblatt]: »der Begriff vom Staat und seinen Aufgaben... ist nichts Objektives, dem subjektive Ziele unterzuordnen wären... ein solches System nennt man in Südamerika »Personalismus«.)

([2] Statt »überindividualistisch« sagt man besser »autoritär«.)

[3] In anderer, verbreiteterer Terminologie wird dem Individualismus der *Universalismus* gegenübergestellt; vgl. z. B. *G. Jellinek*, Allg. Staatslehre, 3. Aufl., S. 174. *Windelband*, Einleitg. i. d. Ph., 1914, S. 64; *Spann*, Haupttheorien der Volkswirtschaftslehre, 20. Aufl. 1930, S. 26 ff.

([4] Vgl. *Henriette Feuerbach*, S. 348: Kein Land wird groß außer auf dem Boden der Kultur und mit dem idealen Ziel der Kunst und Wissenschaft.)

Gruppen vereinten Einzelglieder überlegen sind; sie ist eine sittliche, politische und wirtschaftliche Einheit, die sich im (faschistischen) Staate wesensmäßig (integralmente) verwirklicht« *(Mussolini,* Carta del Lavoro). Der transpersonalen Auffassung gibt das Wort *Kurt Eisners** Ausdruck. »Ich wenigstens werte mein Leben nicht so hoch wie eine Schöpfung ewiger Kunst und schätze die Kunst nicht so niedrig ein, daß sie weniger Wert sei als lebendige Wesen«, wie jenes andere unsäglich harte Wort: »Eine Statue des Phidias wiegt alles Elend der Millionen antiker Sklaven auf« *(Treitschke)** und schon ein Wort *Plutarchs:* »Wir schätzen ein Werk und verachten dessen Schöpfer.« Als der Tempel auf der Nilinsel Philä einer Bewässerungsanlage geopfert wurde, erhob *Sir George Birdwood* darüber in der Öffentlichkeit Klage. Darauf richtete *Sir George Knollys* an ihn die Frage: Was würde Sir George Birdwood tun, wenn er sich in einem brennenden Hause allein befände mit einem lebenden Kinde[1] und der Dresdener Madonna Raffaels?[2] Sir George Birdwood erwiderte, er würde der Dresdener Madonna den Vorzug geben[3]. Andererseits sagt *Friedrich Nietzsche:* »Große Menschen ohne Werke tun vielleicht mehr not als große Werke, um die man einen solchen Preis von Menschenleben zahlen muß.« Und *Gerhart Hauptmann* hat während des Krieges auf einen Angriff Romain Rollands wegen der Zerstörung von Kunstwerken durch Kampfhandlungen gesagt: »Rubens in Ehren, aber ich gehöre zu jenen, denen die zerschossene Brust eines Menschenbruders einen weit tieferen Schmerz abnötigt.«

Fassen wir nunmehr die veranschaulichten Gegensätze in begriffliche Form:

([1] *Hermann Bahr*, Selbstbildnis, 1923, S. 123 bekennt sich als »den Philister, der, wenn er wählen müßte, sich keinen Augenblick besinnen würde, das Manuskript von Goethes Faust verbrennen zu lassen, um das Leben eines Säuglings zu retten.« –)

([2] Zu Birdwood-Knollys: *Ernst v. Hippel*, Einführung in die Rechtstheorie. 1932, S. 82. – Ein aktuelles Beispiel: der Verkauf der Rembrandts durch die Sowjetregierung. – Es ist auch das Problem von *G. B. Shaws* »Arzt am Scheideweg«, wie es bei Shaw Bd. 5, S. 358 ff. formuliert wird [»die einfache Wahl zwischen einem Menschen und einem Bilderhaufen«, S. 369]. – Genau das hier besprochene Problem: Kunstwerk oder Menschenleben behandelt *Otto Linck* in seiner Novelle »Sankt Martin« Heilbronn 1945 bei Eugen Salzer. – [Vgl. Harald Kellers Brief an mich.].)

[3] Analyse dieses Beispiels bei *Spranger*, Lebensformen, 2. Aufl. 1922, S. 285.

§ 7 DER ZWECK DES RECHTS

Für die individualistische Auffassung stehen Werkwerte und Kollektivwerte im Dienste der Persönlichkeitswerte. Kultur ist nur Mittel persönlicher Bildung. Staat und Recht sind nur Einrichtungen zur Sicherung und Förderung der Einzelnen.

Für die überindividualistische Auffassung stehen Persönlichkeitswerte und Werkwerte im Dienste der Kollektivwerte, Sittlichkeit und Kultur im Dienste von Staat[1] und Recht.

Für die transpersonale Auffassung stehen Persönlichkeitswerte und Kollektivwerte im Dienste der Werkwerte, stehen Sittlichkeit wie Recht und Staat im Dienste der Kultur.

Die letzten Ziele sind, schlagwortmäßig zusammengefaßt, für die individualistische Auffassung: *Freiheit*, für die überindividualistische Auffassung: *Nation*, für die transpersonale Auffassung: *Kultur*.

Recht und Staat sind für die individualistische Auffassung Beziehungen zwischen den Einzelnen, für die überindividualistische Auffassung ein Ganzes über den Einzelnen, für die transpersonale Auffassung gemeinschaftliche Beziehungen der Einzelnen zu etwas außerhalb ihrer selbst, zu ihrer gemeinsamen Arbeit, ihrem gemeinsamen Werk[2].

Die überindividualistische Lehre veranschaulicht ihre Auffassung von Staat und Rechtsgemeinschaft mit dem Bilde des *Organismus*: wie im menschlichen Leibe so sei auch in einem guten Staate nicht das Ganze um der Glieder willen da, sondern die Glieder um des Ganzen willen.

Die individualistische Auffassung bedient sich zu ihrer Veranschaulichung des Bildes vom *Vertrage*[3]. Wie die Lehre vom Organismus, so

---

[1] Überindividualistische Auffassung = totaler Staat, d. h. Staat, der weder die Interessen des Individuums noch die Sachgesetze der Kultur als Grenzen seiner Tätigkeit anerkennt. Dazu vgl.: »Bei einem Luftalarm in Tokio bemerkte man Licht hinter einem Fenster. Ein Arzt nahm eine unaufschiebbare Operation an seinem verunglückten Kinde vor. Ihm erwiderte ein Truppführer: »Kinder werden neu geboren, aber ein nicht ausgeführter Befehl des Kaisers bringt unauslöschliche Schande«. Das Licht wurde gelöscht [das Kind jedoch im Dunkeln operiert und gerettet].)

[2] Nutzbar zu machen für die Unterscheidung der Rechtsauffassungen sind auch *Darmstaedters* Kategorien der Gegenseitigkeit und Gemeinsamkeit.)

[3] Die ausschließliche Zuordnung der Vertragstheorie zur individualistischen Auffassung bestreitet *Gutermann* in einem Aufsatz über dieses Buch, Arch. f. Soz. Wiss. u. Soz. Pol., Bd. 41, S. 507. (Eine überindividualistische Verwendung der Vertragsidee: Ich anerkenne den Staat dadurch, daß ich lebenslang seine Wohltaten hinnehme, er hat mich erzogen, ja gezeugt. Ich handle gegen diesen Vertrag und entziehe mich meiner Leistung trotz Annahme der überwiegenden Vor-

gilt die Lehre vom Vertrage nicht dem wirklichen Staat. Sie will nicht behaupten, daß die *wirklichen* Staaten im Wege des Vertrages zweckbewußt geschaffen seien, vielmehr nur, daß ein *richtiger* Staat sich als durch einen Vertrag seiner Mitglieder entstanden denken lassen muß. Der Vertrag »ist keineswegs als ein Faktum vorauszusetzen nötig«, »sondern er ist eine bloße Idee der Vernunft, die aber ihre unbezweifelte praktische Realität hat, nämlich jeden Gesetzgeber zu verbinden, daß er seine Gesetze so gebe, als sie aus dem vereinigten Willen eines ganzen Volkes haben entspringen *können,* und jeden Untertan, sofern er Bürger sein will, so anzusehen, *als ob* er zu einem solchen Willen mit zugestimmt habe. Denn das ist der Probierstein der Rechtmäßigkeit eines jeden öffentlichen Gesetzes« (Kant). Die Vertragstheorie erklärt also den Staat für gerechtfertigt nicht *weil,* sondern *wenn* er sich als durch Vertrag entstanden denken läßt, *weil* er nämlich nur dann als im Interesse jedes seiner Mitglieder gelegen angesehen werden kann. Man muß deshalb überall, wo die Vertragstheorie den Ausdruck »Wille« gebraucht, den dadurch verbildlichten Ausdruck »Interesse« einsetzen, wenn man die Vertragstheorie richtig verstehen will[1].

Die transpersonale Auffassung schließlich braucht nicht selten das Gleichnis eines *Baus,* in dem die Bauleute weder durch ein Ganzes, das sie umfaßt, noch durch unmittelbare Beziehungen, die sie verknüpfen, verbunden sind, sondern durch die gemeinsame Arbeit, die sie tun, und das gemeinsame Werk, das daraus entstehen soll[2].

Als technische Ausdrücke endlich schlagen wir in teilweisem Anschluß an Ferdinand Tönnies* die Worte »*Gesellschaft*« für das auf

leistung des Staates, wenn ich nicht bereit bin, mich seinem Willen zu unterwerfen, auch wo er fehlt. Vgl. *Darmstaedter*, Platon und Fichte. Über die Vertragsidee in Platons Kriton: Vertrag mit dem bereits als bestehend gesetzten Staat.)

[1] Deshalb ist es nicht eine Verbesserung, sondern nur ein anderer Ausdruck des Grundgedankens der Vertragslehre, wenn *Theodor Herzl*, Judenstaat, 6. Aufl. S. 72 ff., den Staat statt auf Vertrag auf negotiorum gestio gründen will.

([2] Zu meiner dritten Auffassung vgl. die französische Institutionentheorie *Haurious* und seiner Nachfolger; vgl. Deutsche Juristenzeitung 1935 Sp. 279 ff.: »Eine in der Verwirklichung einer Idee, der Schaffung eines Werkes verbundene Gemeinschaft nennt die französische Theorie Institution.« Die Institutionen-Theorie unterscheidet zwischen institution-personne und institution-chose; letztere stehe im Dienst der ersteren. Ein Vertragsverhältnis kann institution-chose sein.)

§ 7 DER ZWECK DES RECHTS

Grund des Individualismus gestaltete Zusammenleben, »*Gesamtheit*« für das überindividualistisch aufgefaßte Kollektivgebilde und »*Gemeinschaft*« für die transpersonale Form menschlicher Beziehungen vor[1]. Während Gesellschaft und Gesamtheit unmittelbar soziale Beziehungen und Gebilde sind, ist die Gemeinschaft ein Gebilde, dessen sozialer Zusammenhang durch eine gemeinsame Sache vermittelt wird.

Gesellschaft, Gesamtheit, Gemeinschaft stehen zueinander in einem dialektischen Verhältnis. Jede von ihnen schlägt in die andere um. Man kann jede von ihnen nur erreichen, indem man eine andere erstrebt[2].

Endziel der Gesellschaft ist die Persönlichkeit, aber Persönlichkeit gehört zu jenen Werten, die man nur erreichen kann, wenn man sie nicht erstrebt. Persönlichkeit ist nur der unverhoffte Lohn selbstloser Hingabe an die Sache, nur Geschenk und Gnade. »Wer da suchet, seine Seele zu erhalten, der wird sie verlieren, aber wer sie verliert, der wird ihr zum Leben helfen.«* Zur Persönlichkeit wird man durch selbstvergessene Sachlichkeit[3]. Der Junge, der sich in heißem Bemühen eine Charakterhandschrift einüben möchte, bekommt gewiß eine häßliche, aber niemals eine charakteristische Handschrift. So wird, wer sein Streben unmittelbar darauf richtet, Persönlichkeit zu werden, wohl ein Geck mit dem Spiegel in der Hand, aber nimmermehr Persönlichkeit.

Was von der Persönlichkeit gilt, gilt aber auch von der Gesamtheit, von der Nation. Auch nationale Eigenart ist durch noch so heißes Bemühen unmittelbar nicht zu erreichen, sie ist nur Geschenk und Gnade. Ein Volk wird zur Nation nicht, indem es nach nationaler Eigenart strebt[4], sondern indem es sich allgemeingültigen Aufgaben selbstver-

---

([1] *H. H. Dietze*, Naturrecht in der Gegenwart, 1936, hat genau meine Terminologie: »Gesellschaft, Gemeinschaft, Gesamtheit« – Die drei Zwecke auch bei *Nohl*, Pädagogische Aufsätze, 1929², S. 148 f. – *Barker*, Introduction to »Gierke, Natural law and the theory of society« Vol. I 1934 p. XXVII n: »Gierke often confronts the reader with the dilemma ‚Organism or Mechanism – which will you take?' But is there not a tertium quid – the organisation of men created and sustained by a common human purpose?«)

([2] Für die transpersonale Auffassung vgl. das schöne Bild des *Orchesters* bei *Marie Baum*, Rückblick auf mein Leben, S. 55 f.)

([3] Er setzt sein Selbst hintenan – und sein Selbst kommt voran. Er entäußert sich seines Selbst – und sein Selbst bleibt erhalten. Ist es nicht also: Weil er nichts Eigenes will, darum ward sein Eigenes vollendet. [Laotse].)

([4] »Es gibt keine patriotische Kunst und keine patriotische Wissenschaft« usw. *Goethe*, Maximen und Reflexionen, Nr. 690 [zit. bei *Cassirer*, Goethe und die geschichtliche Welt, 1932, S. 8].)

gessen hingibt. Bewußte »Heimatkunst« und »Vaterlandsdichtung« bleibt künstlerisch immer zweiten Ranges. Aber Kunst, die sich um der Menschheit große Gegenstände müht, ist zugleich unentrinnbar national. Eine deutsche Wahrheit, einen deutschen Gott als Aufgaben deutschen Strebens gibt es nicht, aber was ein Deutscher um der Sache willen tut, wird unentrinnbar deutsch. Nation wie Persönlichkeit sind historische Kategorien, die die Geschichte nachträglich anwendet, nicht Ideale für das kulturelle Handeln[1].

So verweisen Gesellschaft wie Gesamtheit auf Werk und Gemeinschaft. Aber Werk und Gemeinschaft ihrerseits verweisen wiederum zurück auf Gesellschaft und Gesamtheit, in einer Wechselwirkung, deren Ring nirgends durchbrochen werden kann. Wie Persönlichkeit nur durch sachliche Hingabe an das Werk zur Entwicklung gelangt, so ist das wahrhaft große Werk wiederum nur der Überfluß einer reichen Persönlichkeit: »Das Größte schafft nur, wer nicht anders kann.« Und wie Persönlichkeit, so ist auch Nation Voraussetzung wahrer Werkgemeinschaft. Nicht das vereinzelte Werk ist ja Ziel der Gemeinschaftsarbeit, nicht das Buch, das in der Bibliothek verstaubt, die Bildsäule, die verschüttet in der Erde ruht, vielmehr die Kultur[2], d. h. das gegliederte Ganze, die lebendige Einheit, zu welcher alle Kulturwerke sich zusammenfinden. Diese Einheit liegt aber nicht in den Werken selbst, sondern in dem Bewußtsein, das sie zusammenfaßt, und nicht in einem Einzelbewußtsein, das ihre Fülle gar nicht aufzunehmen vermöchte, sondern im Gesamtbewußtsein der Nation, das die Einzelnen umfaßt und die Generationen verbindet.

Es ist also nur die Betonung eines Gliedes in einem geschlossenen Ringe, nicht die Durchbrechung dieses Ringes, wenn bald die Einzelpersönlichkeit, bald die Gesamtpersönlichkeit, bald die Werkkultur als der Endzweck des individuellen und kollektiven Lebens angesprochen wird. Die drei möglichen Rechts- und Staatsauffassungen ergeben sich

---

([1] Dazu vgl. *Dostojewski*, Die Dämonen, deutsche Ausg. v. Piper-Verlag 1919, S. 228: Rede des Stepan Trophimowitsch: »Shakespeare oder ein Paar Stiefel, Raffael oder eine Petroleumlampe...« »daß Shakespeare und Raffael höher als die Aufhebung der Leibeigenschaft, höher als das Volk, höher als der Sozialismus, höher als die junge Generation, höher als die Chemie, höher fast als die ganze Menschheit stehen...« usw.)

([2] Gegen Kultur als Endziel *Paul de Lagarde* Auswahl, [hgg. v. Mario Krammer, S. 23].)

aus der Betonung verschiedener Elemente eines unteilbar Ganzen[1]. Ihre empirische Verkörperung aber finden sie in den politischen Parteien. Nur der Gedanke der Werkkultur drückt sich nicht in der Politik einer bestimmten Partei aus. Er ist nicht ein Programm, sondern ein Lebensgefühl – etwa das Lebensgefühl der Jugendbewegung, das sich in dem Worte »Gemeinschaft« ausspricht. Da der Transpersonalismus in eigentümlicher Weise individualistische und überindividualistische Elemente miteinander verbindet, kann er zum persönlichen Gesinnungshintergrund aller Parteistellungen werden. Es gab aber noch keinen Staat, der sich nach ihm gebildet hätte, er scheint aus empirischen Gründen nur partiellen Rechtsgemeinschaften – etwa Universitäten, religiösen Orden, der katholischen Kirche – angemessen zu sein, nicht aber der totalen Rechtsgemeinschaft des Staates. Zwar ist auch dem Transpersonalismus der Gedanke einer Staatsform zugeordnet: der berufsständische Staat; aber wo dieser Gedanke des transpersonalen Werkstaats, des stato corporativo, Wirklichkeit wurde, ist er zur bloßen Fassade eines überindividualistischen Machtstaates geworden. Dennoch ist es der transpersonale Maßstab, an dem die Nationen von der Geschichte nachträglich gemessen werden. Der Selbsterhaltungstrieb lebender Völker will, daß der Staat ihnen, den Einzelmenschen oder den Gesamtheiten, diene. Aber die Geschichte schätzt umgekehrt die Staaten nach dem ein, was bleibt, wenn die Menschen und die Völker dahingegangen sind: nach ihren Werken.

Im folgenden soll aber nicht der Versuch gemacht werden, das Idealbild eines an der transpersonalen Werkkultur orientierten Staates im luftleeren Raum zu konstruieren[2], es sollen vielmehr nur die individualistische und die überindividualistische Staats- und Rechtsauffassung in den Parteiideologien aufgezeigt werden, in denen sie geschichtliche Gestalt angenommen haben.

---

[1] Diese Ausführungen zeigen, daß ich keineswegs einen »relativen Gegensatz zu einem absoluten hypostasiere«, wie *Erich Kaufmann*, Neukantische Rechtsphilosophie, 1921, S. 71 Anm. mir vorwirft.
[2] Andeutungen in dieser Richtung bei *Radbruch*, Kulturlehre des Sozialismus, 2. Aufl. 1927, und *Radbruch*, Wilhelm Meisters sozialpolitische Sendung. Logos Bd. 8, 1919, S. 152 ff.

> Über Parteien in der Luft steht niemand.
> Zwischen den Kämpfern
> Lauft ihr Narren umher, sichere Opfer der Schlacht.
> *Adolf Glasbrenner**

(*Friedrich Theodor Vischer* in »Auch Einer« [II, 192]:
»Das führt mich wieder auf die Parteien in allen Streitfragen. Kein Mensch von schwingendem Gehirn hängt niet- und nagelfest an der Hälfte einer ganzen oder der einen Seite einer zweiseitigen Wahrheit. Fordert es aber Zweck und ernster Augenblick und exakte Bestimmung, so wird kein rechter Kerl die Kraft der Einseitigkeit scheuen.«

»Leben und Wirken heißt eben so viel als Partei machen und ergreifen.« *Goethe*, Werke Bd. 38, S. 140)

§ 8
Rechtsphilosophische Parteienlehre*

Von Parteiauffassungen, d. h. von Parteiideologien werden wir im folgenden zu handeln haben. Man mag einwenden, daß man mit der Parteiideologie die Partei nicht von ihrer wesentlichen Seite her ins Auge fasse. Real sei nur das Parteiinteresse, die Parteiideologie ein bloßer Vorwand, bloß die schöne Fassade dieses Interesses.

Nehmen wir einmal an, eine Partei sei wirklich auf Grund bloßer politischer Interessen ohne jede Mitwirkung politischer Ideen gegründet worden. Auch eine solche Partei wäre mit soziologischer Notwendigkeit gezwungen, sich eine Ideologie zu bilden, d. h. ihr Sonderinteresse als auch im Interesse der Allgemeinheit gelegen zum mindesten vorzugeben. Solche Parteiideologie wäre freilich zunächst nichts als das berückende Gewand, mit dem das Interesse seine Blöße deckt, aber mit soziologischer Zwangsläufigkeit wird sie bald mehr werden. Die Ideologie einer Partei wendet sich ja nicht nur kämpfend gegen den Gegner, sondern auch werbend an neu zu gewinnende Anhänger. Um die Kerntruppe, die durch ein Interesse an diese Partei gebunden ist, schart sich ein immer weiterer Kreis von Parteimitgliedern, deren Parteizugehörigkeit nicht durch das Interesse, sondern durch die Idee der Partei bestimmt wird, die deshalb auf folgerichtige und restlose Durchführung der Idee auch auf Kosten des Interesses dringen und so die Partei an die Idee binden, die sie ihrerseits an die Partei gebunden hat.

Noch auf eine andere Weise wächst die Idee einer Partei über ihr In-

§ 8 RECHTSPHILOSOPHISCHE PARTEIENLEHRE

teresse hinaus. Auch die Armeen des Parteikampfes müssen, um nicht überflügelt zu werden, ihre ideelle Front breiter und breiter strecken. Der Wettbewerb der Parteien nötigt jede von ihnen, über *alle* Fragen des öffentlichen Lebens eine programmatische Ansicht zu haben, auch über solche, die mit ihrem ursprünglichen Interesse nur in sehr lockerem oder gar keinem Zusammenhange stehen. So nimmt ein Parteiprogramm immer mehr Forderungen in sich auf, die nur noch ideologisch motiviert, nicht mehr soziologisch bedingt sind.

In dem Augenblick, da das Interesse sich auf die Idee beruft, liefert es sich seinerseits der Logik dieser Idee aus, die sich nunmehr nach ihrem eigenen Gesetz weiter entfaltet, möglicherweise auch gegen das Interesse, das sie in seine Dienste gerufen hat. Geister wie Gespenster mag man nach Belieben rufen können, aber man kann sie nicht nach Belieben wieder heimschicken. Das Interesse kann sich der Idee nicht bedienen, ohne seinerseits der Idee dienstbar zu werden. Das Interesse wird, auch ohne es zu wollen, mit soziologischer Notwendigkeit zum Vehikel der Idee. Hegel nennt es die »List der Vernunft«*, daß sie wider Willen auch die Interessen für sich wirken läßt.

Wir beschäftigen uns also nicht mit einem bloßen Hirngespinst, sondern mit einer wirklich wirksamen soziologischen Macht, wenn wir uns nunmehr den Parteiideologien zuwenden[1].

Am frühesten hat die *individualistische* Rechts- und Staatsauffassung ihren Niederschlag in der Parteiideologie gefunden und zwar in einer ganzen Reihe verschiedener Ideologien. Der Punkt, von dem diese Ideologien nach verschiedenen Seiten ausstrahlen, ist der Begriff des Individuums[2].

---

[1] Zum Folgenden *Binder*, Ph. d. Rs. S. 288 ff.; *M. E. Mayer*, RPh., S. 71 ff. und zu seinen Ausführungen *M. Salomon*, Arch. f. R. u. WPh. Bd. 18, 1924/25, S. 431 ff.

[2] Das Individuum als Zwecksubjekt der Rechtsnorm und das Individuum als Angriffspunkt für die motivierende Kraft der Rechtsnorm sind verschiedene Probleme. Hier wird das erstere behandelt, das letztere dagegen in meinem Vortrag Der Mensch im Recht, 1927. Wie die Römer den Menschen im Recht im letzteren Sinne auffaßten, hat *Goethe* einmal ausgesprochen: »Eigentlich interessierte sie nur der Mensch, insofern man ihm mit Gewalt oder durch Überredung etwas abgewinnen kann« – der sehr kluge und sehr eigennützige Mensch, der homo oeconomicus, der bis heute auch der homo juridicus geblieben ist. Wie dagegen die Römer das Individuum als Zwecksubjekt der Rechtsnorm sahen, hat *Hegel* in dem unten S. 155 f., Anm. 2 mitgeteilten Ausspruche gezeigt.

Man wird zunächst geneigt sein, das Individuum, von dem der Individualismus auszugehen habe, in dem empirischen einzelnen Menschen zu suchen. Aber von der konkreten Individualität mit allen ihren Launen, Grillen und Spleens führt überhaupt kein Weg zu einer allen gleichermaßen dienenden Rechts- und Staatsordnung (»Allen zu gefallen ist unmöglich«), vielmehr nur zur Verneinung jedes Rechts und jedes Staates[1]. Max Stirner*, der mit dem »Einzigen«, d. h. dem konkreten Ich, begann, mußte folgerichtig mit dem *Anarchismus* enden. Anarchismus ist diejenige Form des Individualismus, die von der empirischen, konkreten Individualität ausgehen zu können meint.

Aber so wenig Recht und Staat es sich zur Aufgabe machen können, dem wirklichen einzelnen Menschen mit allen seinen noch so unvernünftigen und unsittlichen Neigungen zu dienen, ebensowenig können Staat und Recht sich auf das Idealbild des vollkommen sittlichen und vernünftigen Menschen ausrichten: es liegt im Wesen der Vernunft und der Sittlichkeit, nicht Ergebnis des Rechtszwangs, sondern nur Tat der Freiheit sein zu können. Daran scheiterte der *aufgeklärte Despotismus*, auch er eine Form des Individualismus[2], denn er wollte den Einzelnen dienen – aber auch gegen ihren Willen dienen, wollte das nicht Erzwingbare: Vernunft und Sittlichkeit erzwingen. Aufgeklärter Despotismus ist diejenige Form des Individualismus, die sich Sittlichkeit und Vernunft der Einzelnen zum Ziele unmittelbaren Zwanges setzt.

Der Begriff des Individuums, auf das *Liberalismus* sowohl wie *Demokratie* abzielen, muß also in der Mitte liegen zwischen der empirischen Individualität und der sittlichen Persönlichkeit. Es ist das natürliche Individuum, insofern es zur sittlichen Persönlichkeit werden kann, der personifizierte Inbegriff der Fähigkeit zum Sittlichen – die personifizierte Freiheit. In fortschreitender Präzisierung ergeben sich also die Sätze: Das Recht soll dem Individuum dienen – das Recht soll die individuelle Sittlichkeit ermöglichen – das Recht soll die individuelle Freiheit bewirken – soweit es sie bewirken kann, d. h. nicht die innere Freiheit, sondern die äußere Freiheit, die ihr zur Voraussetzung dient, die Befreiung von dem Motivzwang der gesellschaftlichen Umwelt, mag

---

([1] *Madariaga*, Anarchie oder Hierarchie, S. 81: »In den Funktionen dient der Einzelne dem Staate, der Staat dient dem Einzelnen in den Werten.«)

[2] Gegen diese Kennzeichnung *Gutermann*, Arch. f. Soz. W. u. Soz. Pol. Bd. 41 S. 506.

§ 8 RECHTSPHILOSOPHISCHE PARTEIENLEHRE

er nun in dem Terrorismus des Kampfes aller gegen alle oder in den Suggestionen des sozialen Milieus bestehen.

Das Individuum der individualistischen Staatsauffassung ist also einesteils das *isolierte Individuum*, das durch kein Band mehr mit andern Individuen verbunden ist als durch die Bänder, die das Recht selbst knüpft. Das Sozialphänomen Recht hat also nach individualistischer Auffassung die Aufgabe, paradox gesprochen: das Soziale, d. h. die Bestimmtheit eines jeden durch alle oder durch andere, zu zerstören und durch ein berührungsloses Nebeneinander freier Individuen zu ersetzen, weniger paradox ausgedrückt: den wild gewachsenen Irrationalismus vielfältig verschlungener gesellschaftlicher Verknüpfung durch ein rationales Minimalsystem rechtlicher Beziehungen zu ersetzen. Das Rechtssprichwort sagt: »Recht scheidet wohl, aber es freundet nicht«. Wir empfinden diese befreiende Wirkung, diese, wenn eine Hyperbel erlaubt ist, antisoziale Funktion des Rechts jedesmal, wenn wir in schwer entwirrbaren persönlichen Beziehungen es als den letzten Ausweg ansehen, die Sache einmal »rein geschäftlich«, d. h. rein juristisch zu betrachten[1].

Ist das Individuum des rechtsphilosophischen Individualismus aber nichts als die personifizierte Freiheit, so ist in ihm zugleich die Gleichheit aller Individuen gesetzt. Verschiedenheit, Eigenart, »Individualität« gilt zwar für das empirische Individuum und für die sittliche Persönlichkeit (»Vor jedem schwebt ein Bild des, was *er* werden soll«), das rechtsphilosophische Individuum aber, gedacht als das bloße Vermögen empirischer Individualitäten zu individualisierter Sittlichkeit, ist selbst aller individualisierenden Merkmale unfähig. Es ist ein *individualitätsloses Individuum*, dem naturwissenschaftlichen Atom vergleichbar und oft verglichen, in tausendfacher Vervielfältigung, in unendlicher Spiegelung doch stets sich selber gleich. »Der abstrakte Mensch, die künstlichste, regelmäßigste, raffinierteste aller Maschinen, ist konstruiert und erfunden und ist anzuschauen wie ein Gespenst in nüchterner, heller Tageswahrheit« (Tönnies)[2].*

---

[1] *Schopenhauer* vergleicht die menschliche Gesellschaft mit einer Gesellschaft von Stachelschweinen, die sich einander drängen, um sich aneinander zu erwärmen, aber doch voneinander fernhalten müssen, um einander nicht mit ihren Stacheln zu verletzen. Die mittlere Entfernung, die sie endlich herausfinden, ist bei Schopenhauer die menschliche Höflichkeit – er hätte auch sagen können: das nach individualistischer Art gedachte Recht.

[2] *Hegel*, Ph. d. Geschichte (Reclam), S. 361, zeigt, wie die Römer diesen Begriff

Besonders geeignet, die abstrakte Natur des rechtsphilosophischen Individuums sichtbar zu machen, ist das Bild des Gesellschaftsvertrages. Dieser Vertrag bedeutet ja nicht die wirkliche Übereinstimmung des wirklichen Willens wirklicher Menschen, vielmehr wird als gewollt fingiert, was jedermann *vernünftigerweise* nicht nicht wollen kann, weil es in seinem *wahren* Interesse gelegen ist. Der Kontrahent des Gesellschaftsvertrages wird also als ein reines Vernunftwesen fingiert, das sein wahres Interesse kennt und sich nur dadurch bestimmen läßt. Nicht wirkliche Menschen, sondern ein abstraktes Vernunftschema in unendlicher Wiederholung ist es, das den Gesellschaftsvertrag eingeht.

So kommt es, daß die individualistische Staatsauffassung manchem gerade so unindividualistisch erscheint — wenn man nämlich diesen Ausdruck nicht auf das Individuum, sondern auf die Individualität bezieht. Gerade weil dem Individualismus die sittliche Individualität ein Wert höchster Ordnung, Recht und Staat nur Mittel in ihrem Dienste sind, kann diese selbst sich erst jenseits der juristischen Sphäre verwirklichen, kann die empirische Individualität wiederum nur in der generalisierten Gestalt personifizierter Möglichkeit zum Sittlichen, personifizierter Freiheit, also in der Gestalt des individualitätslosen Individuums in der Rechtsordnung vorkommen. So bleibt gerade für den Individualismus die Individualität diesseits und jenseits der Rechtsidee.

Schieden sich *Liberalismus und Demokratie* von Anarchismus und aufgeklärtem Despotismus durch einen verschiedenen Begriff des Individuums, so unterscheiden sie sich voneinander durch eine verschiedene Bewertung des Individuums. Es war irreführend, wenn man früher die Demokratie als »Linksliberalismus«, als eine gesteigerte Art des Liberalismus also, kennzeichnete. Daß zwischen Liberalismus und

---

des individualitätslosen Individuums schufen: »Die abstrakte allgemeine Persönlichkeit war (bei den Griechen) noch nicht vorhanden, denn der Geist mußte sich erst zu dieser Form der abstrakten Allgemeinheit, welche die harte Zucht über die Menschheit ausgeübt hat, bilden. Hier in Rom finden wir nunmehr diese freie Allgemeinheit, diese abstrakte Freiheit, welche einerseits den abstrakten Staat, die Politik und die Gewalt über die konkrete Individualität setzt und diese durchaus unterordnet, andrerseits dieser Allgemeinheit gegenüber die Persönlichkeit erschafft, – die Freiheit des Ichs in sich, welche wohl von der Individualität unterschieden werden muß. Denn die Persönlichkeit macht die Grundbestimmung des Rechts aus: sie tritt hauptsächlich im Eigentum ins Dasein, ist aber gleichgültig gegen die konkreten Bestimmungen des lebendigen Geistes, mit denen es die Individualität zu tun hat.«

Demokratie nicht nur ein Maß-, sondern ein Artunterschied besteht, ergibt sich aus dem Gegensatz ihrer extremsten Formen, des Anarchismus als des zum Äußersten gesteigerten Liberalismus und des Sozialismus als der zu Ende gedachten, nämlich über die Politik hinaus in der Wirtschaft fortgesetzten Demokratie. Dieser weltanschauliche Gegensatz zwischen Liberalismus und Demokratie soll aus seinen politischen Auswirkungen jetzt schrittweise herausgearbeitet werden.

Die Demokratie* will die unbedingte Herrschaft des Mehrheitswillens, der Liberalismus verlangt für den Einzelwillen die Möglichkeit, sich unter Umständen auch dem Mehrheitswillen gegenüber zu behaupten. Für den Liberalismus sind Ausgangspunkt des staatsphilosophischen Denkens die Menschenrechte, die Grundrechte, die Freiheitsrechte des Einzelnen, Teilstücke seiner natürlichen vorstaatlichen Freiheit, die mit dem unbedingten Anspruch auf Achtung in den Staat eingebracht werden, weil der Staat seine Aufgabe und seine Rechtfertigung ausschließlich in ihrem Schutze hat: »Der Endzweck aller politischen Gesellschaft ist die Erhaltung der natürlichen und unverjährbaren Menschenrechte« (Erklärung von 1789)*. Nach demokratischer Auffassung stellt dagegen der Einzelne seine vorstaatliche Freiheit restlos zur Disposition des Staatswillens, des Mehrheitswillens, um als Entgelt dafür nur die Möglichkeit zurückzuerhalten, sich an der Bildung dieses Mehrheitswillens zu beteiligen. Aus dieser Verschiedenheit der Grundanschauungen ergeben sich für Liberalismus und Demokratie ganz verschiedene politische Organisationsprinzipien, der lange verkannte Gegensatz zwischen Montesquieu und Rousseau: der Liberalismus huldigt der Gewaltenteilungslehre Montesquieus, deren Sinn es ist, die beiden Anwärter des Absolutismus, Monarch und Majorität, zugunsten der unversehrten Freiheitsrechte des Individuums gegeneinander auszuspielen; die Demokratie verwirft mit Rousseau die Gewaltenteilung, weil sie den dadurch bekämpften Mehrheitsabsolutismus ihrerseits gerade erstrebt.

Hier Mehrheit, dort Freiheit; hier Teilnahme am Staat und damit möglicherweise an der Mehrheit, dort Freiheit vom Staat; hier »staatsbürgerliche Freiheit«, dort »bürgerliche Freiheit«; hier vom Staate erst gewährte politische Freiheitsrechte, dort vom Staate belassene natürliche Freiheiten; hier Gleichheit der gewährten Freiheitsrechte, dort allen gleichermaßen belassene Freiheit zum Gebrauche sehr verschiedener natürlicher Fähigkeiten, Gleichheit des Starts beim Wettlauf, die sich schnell in Ungleichheit verwandelt; hier überwiegt der Gedanke der Gleichheit den der Freiheit, dort umgekehrt der Freiheitsgedanke den Gleichheitsgedanken. Denn es ist aus allem Gesagten verständlich, daß es sich bei dieser Unterscheidung nicht um Ausschaltung des liberalen Elements durch das demokratische oder umgekehrt handelt, sondern um Überwiegen des einen oder des andern in ihrer nach faschistischer Ausdrucksweise »demoliberalen« Mischung.

Und nunmehr sind wir in der Lage, zu dem weltanschaulichen Gegensatz durchzustoßen, aus dem die geschilderten Einzelgegensätze entspringen. Algebraisch gesprochen: Demokratie mißt dem Individuum nur einen endlichen, Liberalismus einen unendlichen Wert bei. Für die Demokratie ist also der Wert des Individuums multiplizierbar, der Wert der Majorität der Individuen höher als derjenige ihrer Minorität; der unendliche Individualwert des Liberalismus ist dagegen begriffsnotwendig auch durch den Wertgehalt einer noch so großen Majorität unüberbietbar. Diese verschiedene Bewertung des Individuums dürfte in einer verschiedenen Struktur des beiderseitigen ethischen Wertbegriffs begründet sein. Dem Liberalismus scheint der sittliche Wert grundsätzlich in einem einzelnen Individuum vollkommen in Erfüllung gehen zu können. Jeder einzelne ist zur Verwirklichung des für alle gleichen vollen, also unüberbietbaren, also unendlichen sittlichen Wertes berufen. Für die Demokratie erhält dagegen der sittliche Wert erst durch seine Anwendung auf die verschiedensten Individuen seinen Inhalt, und für jedes Individuum einen andern Inhalt – nur an einer unendlichen Zahl von Individuen vermag sich der ganze Reichtum der sittlichen Welt zu entfalten.

Neben den liberalen und den demokratischen tritt aber weiter der *soziale* Individualismus*. Er entsprang der Kritik an der politischen und bürgerlichen Gleichheit bei sozialer und wirtschaftlicher Ungleichheit, wie diese das Wesen des »demoliberalen« Individualismus ist. Eine solche nur rechtsformale Gleichheit bedeutet Verschleierung und Vertiefung gesellschaftlich-realer Ungleichheit. Die für alle gleiche Eigentumsfreiheit gestaltet sich in der gesellschaftlichen Wirklichkeit für den Eigentümer an Produktionsmitteln aus einer bloßen Herrschaft über Sachen zu einer Herrschaft über Menschen, für die besitzlosen Klassen aber zur Eigentumshörigkeit. Die für alle gleiche Vertragsfreiheit wird für den Besitzenden zur Diktatfreiheit, für den Besitzlosen zu wehrloser

§ 8 RECHTSPHILOSOPHISCHE PARTEIENLEHRE

Diktatunterworfenheit. Die für alle gleichen politischen Rechte bedeuten in der Hand der Besitzenden, die die Parteikassen zu füllen und die Presse zu finanzieren in der Lage sind, im Vergleich zu den Besitzlosen eine um ein Vielfaches gesteigerte Macht. Diese Kritik an der nur rechtsformalen Gleichheit bedeutet aber letzten Endes eine Kritik an dem isolierten und individualitätslosen Individuum, von dem die demoliberale Auffassung ausgeht, bedeutet das Postulat der Orientierung von Recht und Staat an dem konkreten und vergesellschafteten Individuum[1] – nicht zwar an der Individualität jedes einzelnen, von der, wie gezeigt wurde, überhaupt kein Weg zu einer denkbaren Rechts- und Staatsauffassung führt, aber auch nicht an dem abstrakten Gattungsbegriff des als personifizierte Freiheit gedachten Menschen, sondern an einer Vielzahl gesellschaftlicher Typen, etwa des Arbeitgebers und des Arbeitnehmers, des Arbeiters und des Angestellten[2]. Indem so die soziale Rechts- und Staatsauffassung die gesellschaftlichen Machtunterschiede, die Macht- oder die Ohnmachtstellung des Einzelnen für die juristische Betrachtung allererst sichtbar macht, schafft sie die Möglichkeit ihrer rechtlichen Berücksichtigung, einer unterschiedlichen Behandlung des sozial Mächtigen und des sozial Machtlosen, der Stützung der Schwachen und Beschränkung der Starken, ersetzt sie den demoliberalen Gedanken der Gleichheit durch den sozialen Gedanken der Ausgleichung. Das so gekennzeichnete soziale Recht stellt sich demnach als Sieg der Billigkeit über erstarrte Gerechtigkeit dar.

Während der soziale Gedanke die Ausgleichung gesellschaftlicher Ungleichheit erstrebt, fordert der *Sozialismus*[3] die Beseitigung ihrer Ursache: des Privateigentums an Produktionsmitteln, und damit die

---

[1] *Karl Marx* (Zur Judenfrage): »Erst wenn der wirkliche individuelle Mensch den abstrakten Staatsbürger in sich zurücknimmt und als individueller Mensch in seinem empirischen Leben, in seiner individuellen Arbeit, in seinen individuellen Verhältnissen Gattungswesen geworden ist, erst wenn der Mensch seine forces propres als gesellschaftliche Kräfte erkannt und organisiert hat und daher die gesellschaftliche Kraft nicht mehr in Gestalt der politischen Kraft von sich trennt, erst dann ist die menschliche Emanzipation vollbracht.«

[2] Vgl. *Radbruch*, Von der individualistischen zur sozialen Rechtsauffassung, Hanseatische Rechts- und Gerichtszeitschrift, 13. Jahrg., 1930, Sp. 457 ff. (auch Archives de Phil. du Droit 1931, S. 387 ff.).

([3] Bei der Eingliederung des Sozialismus ist die oben Anm. 1 zitierte Marx-Stelle nicht voll ausgeschöpft. Es ergibt sich der folgende dialektische Dreitakt: Demoliberalismus – Gleichheitsbegriff des Rechtssubjekts unter Ignorierung der sozialen und wirtschaftlichen Ungleichheit; soziales Recht – Berücksichtigung

Beseitigung ihrer selbst. Aber wie der soziale Gedanke, so ist auch der Sozialismus eine Form des rechtsphilosophischen Individualismus[1]. Ökonomische Betrachtung mag den Sozialismus zum Individualismus in einen Gegensatz stellen, weil er das Wirtschaftsleben nicht als ein Zusammen- und Gegeneinanderwirken freier Individuen betrachtet, sondern einer überindividuellen Regelung unterstellen will. Für die rechtsphilosophische Betrachtungsweise aber kommt es nur darauf an, daß auch diese überindividuelle Regelung letzten Endes den Individuen zu dienen bestimmt ist. So gipfelt sogar das Kommunistische Manifest in dem Endziel einer »Assoziation, worin die freie Entwicklung eines jeden die Bedingung der freien Entwicklung aller ist«. Daß aber dieses Ziel der Freiheit aller durch das Mittel einer Beschränkung der Freiheit aller erreicht werden soll, ist ein Paradoxon, das die sozialistische Auffassung mit allen andern individualistischen Auffassungen teilt, das Grundproblem des rechtsphilosophischen Individualismus, mit dem schon die Lehre vom Gesellschaftsvertrage zu ringen hatte. Aus dem Verhältnis des Sozialismus zum »bürgerlichen« Individualismus ergibt sich aber die Zweiheit seiner taktischen Richtungen: die Übergangsform zum sozialistischen Gemeinwesen, die Diktatur des Proletariats, wird auf der einen Seite als demokratische Majoritätsherrschaft, auf der andern als Minderheitsherrschaft einer proletarischen Elite verstanden. In der einen Form verflicht sich also der sozialistische mit dem demoliberalen Gedanken, in der andern hält er eine zum mindesten vorübergehende Lösung von der Form des Rechtsstaats und Volksstaats für notwendig.

Den individualistischen Parteiideologien trat eine überindividualistische *konservative* Parteiideologie erst viel später gegenüber[2]. Jene sind aggressive, diese defensive Ideologien. Die individualistischen Parteien wollten die politischen Tatsachen ihrer Ideologie gemäß neu gestalten; die konservativen Parteien unterbauen die bestehenden poli-

dieser Ungleichheit und entsprechend Zerschlagung des Gleichheitsbegriffs »Rechtssubjekt« in eine Mehrheit sozialer Typen; Sozialismus – Überwindung jener Ungleichheit und Rückkehr zu dem nunmehr der Wirklichkeit adaequaten Gleichheitsbegriff des Rechtssubjekts.)

([1] Sozialismus als Individualismus: »Le socialisme est l'individualisme logique et complet. Il continue, en l'agrandissant, l'individualisme revolutionnaire« *Jean Jaurès,* zit. b. Bouglé, Idées égalitaires, p. 35.)

[2] Vgl. *Mannheim,* Das konservative Denken, Archiv f. Sozialwissenschaft und Sozialpolitik, Bd. 57, S. 68 ff., 470 ff.

§ 8 RECHTSPHILOSOPHISCHE PARTEIENLEHRE

tischen Tatsachen mit einer nachträglichen ideologischen Konstruktion. Die individualistischen Ideologien sind deshalb rational, die konservativen irrational: historisch oder religiös. Jenen ist der Staat wie eine Maschine aus ihren Teilen zusammengesetzt, diesen wie ein Organismus von einer geheimnisvollen Lebenskraft gestaltet. Das Bild des Organismus, der Herrschaft des Hauptes über die Glieder, dient dem Konservatismus zur Veranschaulichung seiner Lehre, daß, wie der Organismus im Wechsel seiner Zellen seine Identität behauptet, so auch das Volk die Einheit nicht nur seiner gegenwärtigen, sondern auch aller seiner vergangenen und zukünftigen Mitglieder ist, »ein heiliges Band zwischen den Geschlechtern« (Treitschke), daß schon deshalb nicht das Volk sich seinen Herrscher setzt, sondern der Herrscher über das Volk gesetzt ist, daß er im Namen des Ganzen, nicht im Auftrage der Einzelnen herrscht, daß er seine Sanktion nicht von unten, durch den Volkswillen erhält, sondern von oben, durch Geschichte und Religion, durch Legitimität und Gottesgnadentum, durch das Charisma des Führers[1]. »Autorität, nicht Majorität« sagte Stahl*, und Mussolini ersetzte die Dreiheit von 1789 durch die neue: »Autorität, Ordnung, Gerechtigkeit« – Gerechtigkeit im platonischen Sinne der ständischen Ordnung verstanden.

Wichtiger fast noch als die Folgerungen, die sich aus der organischen Staatstheorie für die Stellung des Herrschers ergeben, sind ihre Ergebnisse für die Stellung der Einzelnen. Die individualistische Rechtsphilosophie geht aus von Individuen und Summen von Individuen, die überindividualistische von Individualitäten und Ganzheiten aus Individualitäten. Unter dem Bilde des Organismus wird ein reich geglie-

---

[1] Die gleiche politische Funktion, wie sie bisher die organische Staatstheorie ausübte, übernimmt neuerdings die *Integrationslehre* (*Smend*, Verfassung u. Verfassungsrecht, 1928). Sie bringt gegenüber der Organismuslehre den Gedanken zur Geltung, daß »zwar der Einzelne im Ganzen, aber nicht minder das Ganze im Einzelnen lebt« (*Litt,* Individuum u. Gemeinschaft, 3. Aufl. 1926, S. 284). Das Ganze lebt nur dadurch, daß es von den Einzelnen immer von neuem erlebt wird. In der Integrationslehre wird also die organische Staatsauffassung aktualisiert, aus dem Statischen ins Dynamische, aus dem Substantiellen ins Funktionelle gewandt. Die politische Funktion der Integrationslehre wie der organischen Theorie besteht aber darin, auch nichtdemokratische Verfassungsformen auf den Volkswillen, zwar nicht den Willen der Volksmehrheit, aber den integrierenden Willen der Volkheit, einer zahlenmäßig nicht bestimmbaren und kontrollierbaren und deshalb weitgehend nach Belieben konstruierbaren Volksgemeinschaft gründen zu können.

derter Staat gefordert, vielfältige Zwischenbildung zwischen dem Ganzen und den Einzelnen, Mannigfaltigkeit und Ungleichheit der Funktionen, verschiedene Art und verschiedener Rang der Land- und Ortschaften, Stämme, Stände und Individualitäten. Anders als in der individualistischen hat also in der konservativen Ideologie die Individualität ihren Platz. Das Individuum der individualistischen Staatsauffassung war abstrakt gewesen, isoliert und individualitätslos. Weil der Konservatismus das Individuum nicht mehr isoliert denkt, sondern als Glied eines Organismus, ist er in der Lage, es als Individualität aufzufassen. Seine Freiheit ist nicht die für alle gleiche Freiheit, die abstrakte Möglichkeit zu allem und jedem, sondern die Freiheit, sich nach seiner begrenzten Eigenart zum Nutzen der Gesamtheit auszuwirken, nicht Freiheit von allem, sondern Freiheit zu etwas, also Freiheit ohne Gleichheit. Hatte die Individualität in der individualistischen Ideologie gerade deshalb keine Stätte, weil sie für sie Endzweck war, so hat sie in der konservativen Ideologie gerade deshalb ihren Platz, weil sie nur ein Mittel im Dienste der Gesamtheit darstellt. Wie das Individuum, so ist aber auch das Ganze selbst Individualität. Der individualistische Gedanke, wie er mit dem individualitätslosen Individuum beginnt, kann folgerichtig nicht endgültig Halt machen, ehe er in der nationalitätslosen Menschheit an sein Endziel gelangt. Für die überindividualistische Auffassung ist in der Individualität des nationalen Ganzen ein Endzweck erreicht. So führt konservatives Denken zu der doppelten Gliederung der Welt in Nationen, des Staates in Berufsstände.

In der Gegenwart kommt freilich der konservative Staats- und Rechtsgedanke in den ihm am nächsten stehenden Parteien nur zu gebrochenem Ausdruck. Dem Konservatismus ist jener historische oder religiöse Monismus wesenseigentümlich, der in der Wirklichkeit auch den Wert findet. Parteien, die der Wirklichkeit ein Ideal, sei es auch das Ideal einer Vergangenheit, gegenüberstellen, fehlt notwendig diese Struktur des konservativen Denkens. Sie geraten aber zu der konservativen Denkweise in noch tieferen Gegensatz, wenn sie auch die restlose Wiederherstellung der Vergangenheit zu fordern nicht in der Lage sind, sondern der Gegenwart ein neues, mit Vergangenheitselementen durchwebtes Zukunftsideal gegenüberstellen. Vollends vertieft sich dieser Widerspruch, wenn sie ihr Ideal nicht mit verfassungsmäßigen, sondern mit revolutionären, nämlich gegenrevolutionären Mitteln verfolgen. Aber auch in dem politischen Zukunftsbild dieser Parteien lassen

§ 8 RECHTSPHILOSOPHISCHE PARTEIENLEHRE

sich bisher nur die allgemeinen konservativ-organisch-überindividualistischen Züge zeigen. Es läßt sich im Grunde zurückführen auf das gern gebrauchte, aber vieldeutige Schlagwort: »Gemeinnutz vor Eigennutz«. Alle Einzelforderungen haben mehr agitatorischen als programmatischen Charakter. Der irrationalen Denkweise dieser Parteien entspricht es, nicht die politische Macht zu fordern zur Verwirklichung eines vorher aufgestellten Programms, sondern umgekehrt zu sagen: erst die Macht, dann das Programm![1] So war auch das Programm des Faschismus vor seiner Machtergreifung restlos in dem Schlagwort beschlossen: Italia a noi!, und auch von seiner nach der Machtergreifung angenommenen berufsständischen Verfassungsform hat man mit Recht gesagt, sie sei »kein in sich selbst ruhendes Staatssystem, sondern nur ein geschickt geformtes Instrument der einfachen Diktatur«[2].

Eine Mittelstellung zwischen den überindividualistischen und den individualistischen Parteien nimmt schließlich der politische *Katholizismus* ein. Die evangelische und die katholische Kirchenauffassung verhalten sich zueinander genau wie der individualistische und der überindividualistische Staatsgedanke. Für die evangelische Auffassung ist die Kirche eine menschliche Einrichtung im Dienste der religiös allein wertvollen Einzelseelen. Nach katholischer Ansicht ist die Kirche dagegen, ganz abgesehen von allem Wert, den sie für die Heiligung der Einzelseelen haben mag, eine von Gott selbst angeordnete Einrichtung mit überindividualistischem religiösen Eigenwert. Der Staat, der nach katholischer Ansicht der so aufgefaßten Kirche ein- oder doch zugeordnet ist, kann als »Obrigkeit von Gott« und so als von einem Abglanz dieses überindividualistischen Wertes der Kirche gestreift, aber auch als weltlicher Staat und als bloßes Werkzeug individualistischer Sicherungs- und Wohlfahrtszwecke angesehen werden. Der Katholizismus hat deshalb die Möglichkeit, nach rechts wie nach links, sowohl an die überindividualistischen wie auch an die individualistischen Parteien Anschluß zu nehmen.

Insoweit läßt sich unser Parteiwesen rechtsphilosophisch durchleuchten. Insoweit ist es also sachbedingt. Durch das Dickicht der weitergehenden Parteizersplitterung, durch das Gestrüpp der kleinen Parteien kann keine Leuchte einen Weg weisen.

([1] Vgl. etwa *Otto Dietrich*, Die philosophischen Grundlagen des Nationalsozialismus [Vortrag in Köln 15. 11. 1934].)
[2] Vgl. *Ludwig Bernhard*, Der Staatsgedanke des Faschismus, 1931, S. 42.

> Haben Sie schon je einen Gedanken zu Ende gedacht, ohne auf einen Widerspruch zu stoßen?
> *Ibsen*
>
> (Contraria juxta se posita magis elucescunt.)

§ 9
Antinomien der Rechtsidee

Wir blicken auf den bisher durchmessenen Weg zurück.

Der Rechtsbegriff, ein Kulturbegriff, d. h. ein wertbezogener Begriff, drängte uns zum Rechtswert, zur Rechtsidee: Recht ist, was seinem Sinne nach der Rechtsidee zu dienen bestimmt ist. Die Rechtsidee fanden wir in der *Gerechtigkeit* und bestimmten das Wesen der Gerechtigkeit, der austeilenden Gerechtigkeit, als Gleichheit, gleiche Behandlung gleicher, entsprechend ungleiche Behandlung verschiedener Menschen und Verhältnisse. An der Gerechtigkeit vermochten wir zwar den Rechtsbegriff zu orientieren, aber nicht den erschöpfenden Leitgedanken für die Ableitung des Rechtsinhalts zu gewinnen. Denn Gerechtigkeit weist uns zwar an, Gleiche gleich, Ungleiche ungleich zu behandeln, sagt uns aber nichts über den Gesichtspunkt, unter dem sie zunächst einmal als gleich oder ungleich zu kennzeichnen seien; sie bestimmt ferner nur das Verhältnis, aber nicht die Art der Behandlung. Beide Fragen können nur aus dem Zwecke des Rechts beantwortet werden. Neben die Gerechtigkeit trat damit als zweiter Bestandteil der Rechtsidee die *Zweckmäßigkeit**. Nun ließ sich aber die Frage nach Zweck und Zweckmäßigkeit nicht eindeutig beantworten, sondern nur relativistisch durch die systematische Entwicklung der verschiedenen Rechts- und Staats-, der verschiedenen Parteiauffassungen. Dieser Relativismus kann aber nicht das letzte Wort der Rechtsphilosophie bleiben. Das Recht als Ordnung des Zusammenlebens kann nicht den Meinungsverschiedenheiten der Einzelnen überlassen bleiben, es muß *eine* Ordnung über allen sein.

Damit tritt uns eine dritte ebenbürtige Forderung an das Recht, ein dritter Bestandteil der Rechtsidee[1] entgegen, die *Rechtssicher-*

([1] In naher Beziehung zu der hier begründeten Wert-Trias die Unterscheidung von Rechtswert, Wohlfahrtswert, Machtwert des Staates. Vgl. *Thomas Würtenberger*, Das System der Rechtsgüterordnung i. d. Carolina, 1932, S. 3 u. dort Zitierte.)

heit*¹. Die Sicherheit des Rechts fordert Positivität des Rechts: wenn nicht fest*gestellt* werden kann, was gerecht ist, so muß fest*gesetzt* werden, was rechtens sein soll und zwar von einer Stelle, die, was sie *festsetzt*, auch *durch*zusetzen in der Lage ist². Die Positivität des Rechts wird damit in höchst merkwürdiger Weise selbst zur Voraussetzung seiner Richtigkeit: es gehört ebensosehr zum Begriffe des richtigen Rechts, positiv zu sein, wie es Aufgabe des positiven Rechts ist, inhaltlich richtig zu sein*.

Von den drei Bestandteilen der Rechtsidee, gilt für die zweite, die Zweckmäßigkeit, die relativistische Selbstbescheidung. Die andern beiden aber, Gerechtigkeit wie Rechtssicherheit, stehen über den Gegensätzen der Rechts- und Staatsauffassungen, über dem Kampfe der Parteien. *Daß* dem Streite der Rechtsansichten ein Ende gesetzt werde, ist wichtiger, als daß ihm ein *gerechtes* und *zweckmäßiges* Ende gesetzt werde, das Dasein einer Rechtsordnung wichtiger als ihre Gerechtigkeit und Zweckmäßigkeit, diese die zweite große Aufgabe des Rechts, die erste von Allen gleichermaßen gebilligte aber die Rechtssicherheit, d. h. die Ordnung, der Friede³. Auch der Forderung der Gerechtigkeit unterstellen sich Alle gleichermaßen. Der gesamte politische Tageskampf stellt sich als eine endlose Diskussion über die Gerechtigkeit dar. Anderen vorzuenthalten, was er selbst beansprucht, anderen gewähren zu müssen, was er selbst sich nimmt, für sich nicht fordern zu dürfen, was sonst auch ein anderer fordern könnte: das ist die Art der Vorwürfe, Forderungen und Widerlegungen, die zwischen dem Politiker und seinem politischen Gegenüber wie Federbälle unaufhörlich hin und wider fliegen; die stillschweigende Voraussetzung davon aber bei allen streitenden Teilen, daß, was dem einen recht ist, dem andern billig sein müsse – d. h. aber die Idee der Gerechtigkeit. Die Idee der Gerechtigkeit ist absolut, zwar formal, aber dafür allgemeingültig. Wie die Rechtssicherheit ist sie eine überparteiliche Forderung – aber

---

(¹ Statt Rechtssicherheit kann man auch sagen »Unverbrüchlichkeit« oder »Stetigkeit«.)

² Diesem Gedankengange stimmt zu *Max Rümelin*, Die Rechtssicherheit, 1924, S. 3.

³ »La paix, la sécurité sont les premiers bienfaits que le Droit doit nous procurer. Alors même que nous serions en désaccord profond, irreductible sur les fins supérieures du Droit, nous pouvons cependant nous entendre pour lui faire remplir ces fins intermédianes auxquelles nous sommes tous intéressés.« *Cuche*, Conférences de Ph. d. Dr., 1928, S. 19.

von der Staats- und Rechtsauffassung, von der Parteistellung abhängig ist es, inwieweit diese Forderungen den andern Forderungen an das Recht voranzugehen oder nachzustehen haben, inwieweit die Zweckmäßigkeit oder Gerechtigkeit des Rechts der Rechtssicherheit oder umgekehrt die Rechtssicherheit ihnen aufzuopfern sei. Allgemeingültige Elemente der Rechtsidee sind Gerechtigkeit und Rechtssicherheit, relativistisches Element aber nicht nur die Zweckmäßigkeit selbst, sondern auch das Rangverhältnis der drei Elemente zueinander.

Unsere Betrachtung hat uns von einem Bestandteil der Rechtsidee zum andern unaufhaltsam gedrängt: die drei Bestandteile der Rechtsidee fordern einander – aber sie widersprechen zugleich einander[1].

Gerechtigkeit und Zweckmäßigkeit stellen entgegengesetzte Forderungen, Gerechtigkeit ist Gleichheit, Gleichheit des Rechts fordert Allgemeinheit des Rechtssatzes. Gerechtigkeit generalisiert in irgendeinem Grade. Aber Gleichheit ist in der Wirklichkeit nicht gegeben, Gleichheit ist immer nur Abstraktion von gegebener Ungleichheit unter einem bestimmten Gesichtspunkte. Unter dem Gesichtspunkte der Zweckmäßigkeit aber bleibt jede Ungleichheit wesentlich; Zweckmäßigkeit muß soweit wie irgend möglich individualisieren. So treten Gerechtigkeit und Zweckmäßigkeit miteinander in Widerspruch. Er wird uns etwa veranschaulicht durch den Kampf zwischen Verwaltung und Verwaltungsgerichtsbarkeit, das Ringen zwischen Gerechtigkeits- und Zweckmäßigkeitstendenz im Strafrecht[2] und auf anderm Gebiete durch den Widerspruch pädagogischer und disziplinärer Forderungen in jeder Massenerziehung. Dieses Spannungsverhältnis aber ist unaufhebbar[3].

Mit Gerechtigkeit und Zweckmäßigkeit auf der einen Seite tritt nun aber weiter auf der andern Seite in Widerspruch die Rechtssicherheit. Rechtssicherheit fordert Positivität, das positive Recht aber will gelten ohne Rücksicht auf seine Gerechtigkeit und Zweckmäßigkeit. Positivität ist ein Faktum, positives Recht setzt eine Macht voraus, die es setzt; so treten Recht und Faktum, Recht und Macht, die doch Gegensätze sind, zugleich in nahe Verbindung. Rechtssicherheit fordert aber nicht

---

[1] Vgl. *Radbruch*, Die Problematik der Rechtsidee, in dem Jahrbuch Die Dioskuren, 1924, S. 63 ff. Über das »Spannungsverhältnis« zwischen Gerechtigkeit und Rechtssicherheit auch *Petraschek*, RPh. des Pessimismus. 1929, S. 181 ff., 408 f.

([2] oder zwischen Staatsräson und Ausnahmegesetz im Verfassungsrecht.)

[3] Vgl. *Isay*, Rechtsnorm u. Entscheidung, 1929, S. 135 ff.

§ 9 ANTINOMIEN DER RECHTSIDEE

nur die Geltung der Rechtssätze, die die Macht setzt und die sich faktisch durchsetzen, sie stellt auch Anforderungen an ihren Inhalt, die Forderung sicherer Handhabbarkeit des Rechts, seiner Praktikabilität; diese prägt dem Rechte vielfach Züge auf, die mit der individualisierenden Zweckmäßigkeit in Widerspruch stehen, zieht z. B. scharfe Grenzen da, wo das Leben nur fließende Übergänge kennt, oder nimmt in den Tatbestand äußere Symptome statt der eigentlich gemeinten inneren Tatsachen auf.

Ja, die Anforderungen der Rechtssicherheit können schließlich sogar zu den Folgerungen aus der Positivität, die doch selbst eine Forderung der Rechtssicherheit ist, in Widerspruch treten, so wenn im Interesse der Rechtssicherheit derogatorisches Gewohnheitsrecht* oder revolutionäres Recht, das sich auf Kosten des bisherigen positiven Rechts durchzusetzen vermocht hat, nunmehr als geltend betrachtet wird. Auch diese Erscheinung im Gebiete der Geltung des Rechts hat ihre Parallelerscheinungen im Inhalte des geltenden Rechts selbst. Wie im Interesse der Rechtssicherheit rechtswidrige Tatsachen objektives Recht vernichten und neu schaffen können, so können um der Rechtssicherheit willen auch subjektive Rechte durch rechtswidrige Fakta entstehen und vergehen. Im Interesse der Rechtssicherheit gewährt die Rechtskraft auch der inhaltlich unrichtigen Entscheidung Geltung für diesen Einzelfall – dem unrichtigen Präjudiz* möglicherweise sogar über den Einzelfall hinaus[1]. In der Verjährung, der Ersitzung, dem privatrechtlichen Besitzschutz und dem völkerrechtlichen status quo wird im Interesse der Stetigkeit, also der Sicherheit des Rechtslebens auch dem rechtswidrigen Zustand entrechtende oder berechtigende Wirkung beigemessen[2].

Man könnte versucht sein, den Widerstreit zwischen Gerechtigkeit, Zweckmäßigkeit und Rechtssicherheit dadurch zu schlichten, daß man für die drei Prinzipien eine redliche Arbeitsteilung nach Maßgabe des Arbeitsgebiets in Vorschlag brächte: an der Gerechtigkeit wäre zu ermessen, ob eine Anordnung überhaupt die Form Rechtens an sich trage, dem Begriff des Rechts überhaupt unterstellbar sei; nach Maßgabe der Zweckmäßigkeit wäre zu entscheiden, ob sie ihrem Inhalte nach richtig sei; schließlich wäre nach dem Maße der gewährten Rechtssicherheit

---

[1] Auch das von *W. Jellinek*, Schöpferische Rechtswissenschaft, 1928, für die Rechtsprechung aufgestellte »Ideal der Einhelligkeit« gehört hierher.
[2] Gegen diesen Satz *M. Rümelin*, Die Rechtssicherheit, 1924, S. 24, Anm. 4.

zu beurteilen, ob ihr Geltung zugesprochen werden könne. In der Tat entscheiden wir allein nach dem Maßstabe bezweckter Gerechtigkeit, ob eine Anordnung überhaupt rechtlicher Natur sei, ob sie dem *Begriffe* des Rechts entspreche[1]. Aber über den *Inhalt* des Rechts bestimmen alle drei Prinzipien. Zwar wird die Hauptmasse des Rechtsinhalts vom Prinzip der Zweckmäßigkeit beherrscht, aber auch diese Rechtsinhalte werden modifiziert durch die Gerechtigkeit, wenn etwa ein durch Zweckmäßigkeit gebotener Grundsatz aus Gründen der rechtlichen Gleichheit auch über den Rahmen seiner Zweckmäßigkeit hinaus Anwendung verlangt. Es gibt jedoch ferner eine Reihe von Rechtsvorschriften, die überhaupt nicht durch Zweckmäßigkeit, sondern nur durch Gerechtigkeit oder Rechtssicherheit diktiert sind. Die Gleichheit vor dem Gesetze oder das Verbot der Ausnahmegerichte etwa beruhen auf Forderungen nicht der Zweckmäßigkeit, sondern allein der Gerechtigkeit. Und allein durch die Forderung der Rechtssicherheit geboten sind die sogenannten »Richtungsnormen«[2], welche durch ihr bloßes Dasein ihren Zweck bereits voll erfüllen, ohne ihrem Sosein, ihrem Inhalte nach unter der Herrschaft eines Zweckes zu stehen, Rechtssätze, deren Gegenteil genau so richtig wäre, die nur eine einheitliche, gleichviel welche, Regelung bezwecken, z. B. die Polizeiverordnung »Rechts fahren!«, welche ihren Zweck, Zusammenstöße zu vermeiden, nicht besser erfüllt als die entgegengesetzte Anordnung »Links fahren!« ihn erfüllen würde[3]. Schließlich wird sich auch zeigen, daß die *Geltung* ungerechten und unrichtigen positiven Rechtes nicht schlechthin behauptet werden, die Geltungsfrage also einer Beurteilung nicht allein vom Standpunkte der Rechtssicherheit, sondern auch vom Standpunkte der Gerechtigkeit und der Zweckmäßigkeit fähig ist.

---

[1] Damit ist natürlich nicht über ihre *Zulässigkeit* entschieden: so ließ Art. 48 der Weimarer RV. »Maßnahmen« zu, die wegen ihrer individuellen Natur keinen Rechtscharakter haben.

[2] Vgl. *Marschall v. Bieberstein*, Vom Kampf des Rechtes gegen die Gesetze, 1927, S. 116, 12 f.

[3] Solcher Richtungsnormen würde es auch in einer Gemeinschaft vollkommener Wesen bedürfen, welche die Pflichten der Gerechtigkeit restlos kennten und erfüllten. Es ist deshalb unrichtig, das Recht nur für einen Notbehelf menschlicher Sündigkeit zu erklären, bestimmt zu verschwinden, wenn je einmal das Menschengeschlecht in sündenfreier Sittlichkeit emporgediehen wäre. Auch die »himmlischen Heerscharen« können eines Exerzierreglements nicht entraten. (Daß es auch im Himmel und in der Hölle noch des Rechts bedürfe, zeigt – mit

§ 9 ANTINOMIEN DER RECHTSIDEE

Unser Ergebnis wäre also dieses, daß die drei Seiten der Rechtsidee: Gerechtigkeit, Zweckmäßigkeit und Sicherheit des Rechts das Recht nach allen seinen Seiten gemeinsam beherrschen, obgleich sie zueinander in scharfen Widerspruch treten können*. Verschiedene Zeitalter werden freilich geneigt sein, auf das eine oder das andere Prinzip den entscheidenden Ton zu legen. So suchte der *Polizeistaat* das Prinzip der Zweckmäßigkeit zum alleinherrschenden zu machen und schob in den Machtsprüchen seiner Kabinettsjustiz Gerechtigkeit und Rechtssicherheit unbedenklich beiseite. So versuchte das *Naturrechtszeitalter* aus dem formalen Prinzip der Gerechtigkeit den gesamten Rechtsinhalt hervorzuzaubern und zugleich seine Geltung abzuleiten. So sah in verhängnisvollster Einseitigkeit das vergangene Zeitalter des *Rechtspositivismus* nur die Positivität und Sicherheit des Rechts und bewirkte, daß die planvolle Untersuchung der Zweckmäßigkeit und gar der Gerechtigkeit gesetzten Rechts auf lange Zeit zum Stillstand, Rechtsphilosophie und Rechtspolitik Jahrzehnte hindurch nahezu zum Schweigen gebracht waren. Aber die Einseitigkeiten der einander ablösenden Rechtszeitalter sind gerade geeignet die widerspruchsvolle Vielseitigkeit der Rechtsidee zu veranschaulichen*.

Wir haben Widersprüche aufgezeigt, ohne sie lösen zu können. Wir sehen darin keinen Mangel eines Systems. Philosophie soll Entscheidungen nicht abnehmen, sie soll gerade vor Entscheidungen stellen. Sie soll das Leben nicht leicht machen, sondern gerade problematisch. Ein philosophisches System soll einem gotischen Dom gleichen, in dem die Massen einander tragen, indem sie einander widerstreben. Wie verdächtig wäre eine Philosophie, welche die Welt nicht für eine Zweckschöpfung der Vernunft hielte und sie doch in einem System der Vernunft widerspruchslos aufgehen ließe! Und wie überflüssig wäre ein Dasein, wenn nicht die Welt letzten Endes Widerspruch und das Leben Entscheidung wäre![1]

---

anderer Begründung – Marsilio Ficino [*Montoriola*, Briefe des Mediceerkreises, S. 103].)

[1] So weist auch *A. Baumgarten* (RPh., S. 34) auf die »antinomiale Struktur der Welt« hin und bekennt sich (Die Wissenschaft vom Recht, Bd. 1, 1920, S. 52 ff.) zu einer »Philosophie der Widersprüche«.

>»Du sollst, weil ich will, ist Unsinn; aber: Du sollst, weil ich soll, ist ein richtiger Schluß und die Base des Rechts.«
>
> *Seume**

§ 10
Die Geltung des Rechts*

In dem Gedanken der Rechtssicherheit berührt sich das Problem der Rechtsidee mit dem Problem der Geltung des Rechts, das wir nunmehr ausdrücklich zur Erörterung stellen[1]. Die Frage der Geltung des Rechts ist die Frage der »Normativität des Faktischen« (Georg Jellinek)*: Wie kann aus einem Faktum eine Norm, wie kann aus dem Rechtswillen des Staates oder der Gesellschaft ein rechtliches Sollen hervorgehen, da doch, wie es scheint, ein Wollen, wenn es von der Macht begleitet ist, zwar ein Müssen, aber niemals ein Sollen hervorrufen kann?

1. Nun kommt freilich jenes Wollen für die Rechtswissenschaft nicht nach seiner physischen Tatsächlichkeit, sondern nur nach seiner inhaltlichen Bedeutung in Frage. Den reinen Inhalt eines Befehls ohne Rückgriff auf die Tatsache seiner Befohlenheit kann man aber gar nicht anders angeben als mit den Worten: dies soll sein! Der von seiner psychologischen Grundlage losgelöste Sinn eines Wollens ist ein Sollen, der aus der Tatsächlichkeit des Befehlsvorganges sauber herauspräparierte Inhalt des Imperativs — eine Norm. Die Rechtswissenschaft begreift also den Rechtsinhalt mit methodologischer Notwendigkeit als etwas Geltendes, etwas Gesolltes, etwas Verpflichtendes[2].

Aber auf der Suche nach dem *Grunde* dieser Geltung stößt *die juristische Geltungslehre* mit Notwendigkeit irgendeinmal auf die Tatsächlichkeit eines nicht weiter ableitbaren autoritativen Wollens. Sie wird die Geltung eines Rechtssatzes aus andern Rechtssätzen ableiten,

---

[1] Zum Problem der Rechtsgeltung vgl. insbesondere *Emge*, Vorschule d. RPh., S. 81 ff. u. *Burckhardt*, Organisation der Rechtsgemeinschaft, 1927, S. 163 ff. Ferner *R. v. Laun*, Staat und Volk, 1933, S. 357 ff.; *F. Medicus*, Macht und Gerechtigkeit, 1934.

[2] An dieser Stelle sei der vielgewundene Gedankengang in bezug auf das Problem der *Rechtspflicht* noch einmal zusammengefaßt. Die *Rechtsphilosophie* vermag aus eigner Kraft den Gedanken der Rechtspflicht nicht zu begründen. Sie kennt das Recht in normativer Form nur als Maßstab, als Imperativ nur in rein

die Geltung einer Verordnung aus dem Gesetze, die Geltung eines Gesetzes aus der Verfassung. Die Verfassung selbst aber kann und muß eine solche rein juristische Geltungslehre als eine causa sui auffassen. Sie kann wohl die Geltung eines Rechtssatzes im Verhältnis zu andern Rechtssätzen, aber niemals die Geltung der höchsten Rechtssätze, der Grundgesetze, und deshalb niemals die Geltung der Rechtsordnung als Ganzen dartun. Die Rechtswissenschaft, rein immanent wie sie ist, gefangen und befangen in einer bestimmten Rechtsordnung, deren Sinn zu ermitteln ihre einzige Aufgabe ist, kann die Geltung einer Rechtsordnung immer nur an ihrem eigenen Geltungsanspruch messen, niemals aber über den Geltungsanspruch einer dieser Rechtsordnungen im Verhältnis zu andern Ordnungen unparteilich entscheiden.

Sie steht deshalb »Normenkollisionen« in allen ihren zahlreichen Gestalten hilflos gegenüber. Sie kann im Streite zwischen Sitte, Moral und Recht immer nur die Partei des Rechts nehmen, das ihr zum Gegenstande gegeben ist, niemals aber ein unparteilicher Richter über den Streitteilen sein. Sie kann die Konkurrenz zwischen Inlands- und Auslandsrecht nicht unparteilich entscheiden, sondern nur nach Maßgabe des Geltungsanspruchs des Inlandsrechts, des sogenannten »internationalen Privat-« oder »Strafrechts«, das ja ein Bestandteil der nationalen Rechtsordnung ist. Sie kann in dem Kampfe zwischen Gesetzesrecht und Gewohnheitsrecht, zwischen Völkerrecht und Landesrecht, zwischen Staat und Kirche, zwischen Legitimität und Revolution, dem »Kampf des alten mit dem neuen Recht« (G. Jellinek)* immer nur der Sachwalter sein, der einseitig den Anspruch des Streitteiles darlegt, dem er dient, niemals aber der objektive Urteilsfinder. Ja, sie wäre sogar unfähig, den Imperativen eines Paranoikeres, der sich König dünkt, mit zwingenden Gründen die Geltung abzusprechen. Sie kann immer nur vom Standpunkt *einer* Rechtsordnung den Geltungsanspruch der andern kritisieren – tamquam e vinculis sermocinari (Bacon)* – nicht aber aus eigener Kraft begründen, warum sie denn

---

faktischer Gestalt (vgl. oben § 5). Zur Pflicht wird das rechtlich Gebotene erst dadurch, daß es zur sittlichen Pflicht erhoben wird, also im Bereiche der *Ethik*. Die Rechtspflicht ist damit als sittliche Pflicht, nicht als echte Rechtspflicht begründet (vgl. oben § 5). Echte Rechtspflicht gibt es nur für die *Jurisprudenz*. Sie hat den Sinngehalt der rechtlichen Imperative zu ihrem Gegenstand; dieser Sinngehalt, losgelöst von der Wollenstatsache, die ihn trägt, kann nur als ein pflichtbegründendes Sollen aufgefaßt werden – aber nur in jenem bedingten Sinne, der sofort oben im Text geschildert werden wird.

gerade den Standpunkt jener Rechtsordnung einnehme. Sie ist also nicht einmal imstande, die Wahl ihres Arbeitsgebietes aus eigener Kraft zu rechtfertigen. Der Rechtswissenschaft muß der Gegenstand ihrer Arbeit durch eine außerjuristische Betrachtungsweise angewiesen werden.

2. Zur unparteilichen Entscheidung aller jener Normenkollisionen scheint also ein Sprung aus der Welt des Sinns in die Welt des Seins unerläßlich. *Die* Rechtsordnung gilt, die sich faktische Wirksamkeit zu schaffen vermag, sei es, daß sie in langwieriger, überzeugender und gewöhnender Einwirkung die Gesinnung der Rechtsunterworfenen für sich gewonnen hat, sei es, daß sie ihnen durch Zwang und Strafe gewaltsam aufgenötigt worden ist. Erforderlich ist jedoch für die Geltung einer Rechtsordnung nicht ihre Wirksamkeit in jedem einzelnen Fall, es genügt ihre Durchsetzung im Durchschnitt der Fälle.

Schon diese typisierende Betrachtung zeigt, daß es sich hier um eine soziologisch-historische, deskriptive, nicht um eine juristische oder philosophische, normative Geltungslehre handelt. Normative Geltungslehren setzen sich die Aufgabe, die Geltung des Rechts für jeden Einzelfall darzutun. Aber die Geltung des Rechts einem einzelnen Menschen gegenüber kann nicht wohl darauf gegründet werden, daß es gewöhnlich, nämlich andern gegenüber, wirksam sei. Und noch in einem andern Merkmal zeigt sich die deskriptive Natur dieser Geltungslehre. Sie ist genötigt, je nach dem Grade der Wirksamkeit Grade der Geltung, also auch eine graduell verschiedene Geltung zweier gleichzeitiger, miteinander kämpfender Rechtsordnungen anzuerkennen, während eine normative Geltungslehre gerade die Aufgabe hat, bei solchem Kampfe der Rechtsordnungen zwischen ihnen über die Geltung zu entscheiden.

Die *historisch-soziologische Geltungslehre*[1] tritt in zwei Formen auf: der Machttheorie und der Anerkennungstheorie. Nach der *Machttheorie* gilt das Recht, weil es anbefohlen ist von einer Macht, die es durchzusetzen imstande ist. Aber Befehl und Macht bedeuten nur ein Wollen und Können, sie vermögen auf der Seite des Adressaten also allenfalls ein Müssen, nicht aber ein Sollen, Gehorsam vielleicht, aber niemals eine Pflicht zum Gehorsam hervorzubringen. Ebensowenig wie (nach Merkels treffendem Vergleich) ein wertloses Papier dadurch

---

[1] Über den Unterschied juristischer u. soziologischer Geltungslehre *Max Weber*, Wirtschaft u. Gesellschaft, 2. Aufl., 1926, S. 368 ff.

Geltung erlangt, daß jemand es mit der Pistole in der Hand einem andern als Zahlungsmittel aufnötigt, gewinnt ein Imperativ demjenigen gegenüber Geltung, der sich ihm zähneknirschend zu unterwerfen gezwungen ist, geschweige denn gegenüber dem, der sich ihm hohnlachend zu entziehen versteht. Denn gilt das Recht nur, weil hinter ihm die Macht steht, so kann es nicht gelten, insoweit diese Macht versagt; es würde, der Spartanermoral gemäß, Nichtertapptwerden Nichtgefehlthaben heißen, und spätestens mit der Verjährung würde nicht nur die Strafbarkeit, sondern auch die Rechtswidrigkeit der Tat dahinfallen.

Über die Machttheorie hinaus führt jedoch schon eine Analyse des Machtbegriffs. Die Macht findet ihre Grenze nicht an der Gewalt. Macht ist Geist:[1] alle Macht ist letzten Endes Macht über die Seelen. »Den Gebietenden macht nur der Gehorchende groß« (Schiller)[2]. Die größte Macht ist aber – das Recht: »Auch der Stärkste ist nicht stark genug, wenn er nicht seine Gewalt in Recht und den Gehorsam in Pflicht verwandelt« (Rousseau)* und deshalb ist das Recht die beste »Politik der Gewalt« (Jhering). Ja, noch deine Gewalt selbst ist nichts als meine Furcht: Qui potest mori, non potest cogi (Seneca)*. Alle Macht beruht auf der, willigen oder widerwilligen, Anerkennung der Machtunterworfenen.

Die Machttheorie hat sich also unter unsern Händen in die *Anerkennungstheorie* verwandelt. Diese Lehre, die die Geltung des Rechts auf die Zustimmung der Rechtsunterworfenen stützt, hat man wohl mit dem Einwande widerlegen wollen, sie mache die rechtliche Bindung von dem Belieben derer abhängig, die gebunden werden sollen, und zerstöre sie dadurch: sub hac conditione »si volam« nulla fit obligatio (1.8 D. 44,7). Sie bewirke dadurch, daß das Recht gerade dort versage, wo es sich erst bewähren solle: dem Verbrecher gegenüber, der durch die Übertretung des Gesetzes ihm doch wohl in unzweideutigster Weise seine Zustimmung entziehe. Aber dieser Einwand übersieht, daß die Anerkennung eine Funktion nicht des Willens, sondern des Gefühls

---

[1] »Wissen Sie, was mich auf dieser Welt am meisten in Erstaunen setzt? Es ist die Ohnmacht der materiellen Gewalt. Es gibt auf der Welt nur zwei Dinge, das Schwert und den Geist. Auf die Dauer ist es immer der Geist, der über das Schwert siegen wird.« Napoleon I. nach dem russischen Feldzug.

[2] Oboedientia facit imperantem. Über dieses angebliche Wort Spinozas *W. Jellinek*, Grenzen d. Verfassungsgesetzgebung, 1931, S. 16 Anm. 29.

ist, also nicht dem Gebiete der seelischen Spontaneität, sondern demjenigen der seelischen Passivität angehört, daß es ebensowenig in unserm Belieben steht, etwas recht oder unrecht wie etwas schön oder häßlich, gut oder böse, wahr oder falsch zu finden, daß, wie man Geschmack, Gewissen und Verstand nicht nach Belieben ausschalten kann, so selbst der Verbrecher das Rechtsgefühl, das ihn an eine Norm bindet, dadurch noch nicht abschütteln kann, daß er sie übertritt. Oft bringt der Verbrecher sogar gerade durch sein Verbrechen die Anerkennung des Rechtes, das er verletzt, zum Ausdruck: der Dieb verletzt fremdes Eigentum, um eigenes Eigentum zu begründen, anerkennt also im Grundsatz die Rechtseinrichtung des Eigentums und damit folgerichtig alles, was zum Schutze dieses Eigentums notwendig ist – also auch seine eigene Strafwürdigkeit; der Urkundenfälscher nimmt für die gefälschte Urkunde denselben öffentlichen Glauben in Anspruch, den er durch seine Fälschung erschüttert, anerkennt also das Rechtsgut, das er verletzt, und damit folgerichtig auch den Rechtsschutz, der sich gegen ihn selber wendet.

Diese Beispiele zeigen aber schon, daß die Anerkennungstheorie nicht bei der psychologischen Tatsächlichkeit der Anerkennung stehen bleibt, vielmehr als mittelbar anerkannt unterstellt, was man folgerichtig nicht anerkennen kann. Wie in der Lehre vom Staatsvertrage, so wird in der Anerkennungstheorie das, was in dem »wahren Interesse« des Einzelnen liegt, als von ihm gewollt fingiert. Streifen wir diese Fiktion ab, gründen wir die Geltung des Rechts nicht auf die fingierte Anerkennung seiner Geltung durch die Rechtsunterworfenen, sondern auf das wahre Interesse der Rechtsunterworfenen an seiner Geltung, so ist der Übergang vollzogen von der historisch-soziologischen zur philosophischen Geltungslehre.

3. Aber führt eine solche *philosophische Geltungslehre* nicht notwendig zur Gleichsetzung des geltenden mit dem richtigen, des richtigen mit dem geltenden Recht, zur Gleichsetzung positiver Geltung mit absoluter Gültigkeit, zum Rückfall in die Irrlehren des Naturrechts, das unrichtigem Recht schon deshalb auch die Geltung absprach und richtigem Recht schon deshalb auch die Geltung zuerkannte?

Zweifellos: wenn der Zweck des Rechts und die zu seiner Erreichung notwendigen Mittel wissenschaftlich deutlich erkennbar wären, wäre die Folgerung unausweichlich, daß vor diesem von der Wissenschaft einmal anerkannten Naturrecht die Geltung abweichenden positiven

§ 10 DIE GELTUNG DES RECHTS

Rechts erlöschen müßte wie der entlarvte Irrtum vor der enthüllten Wahrheit; für die Geltung erweislich unrichtigen Rechts läßt sich keine Rechtfertigung erdenken. Nun hat sich uns aber als unmöglich erwiesen, die Frage nach dem Zwecke des Rechts anders als durch die Aufzählung der mannigfaltigen Parteimeinungen darüber zu beantworten – und gerade nur aus dieser Unmöglichkeit eines Naturrechts kann die Geltung des positiven Rechts begründet werden; der Relativismus, bisher nur die Methode unserer Betrachtung, geht an dieser Stelle selbst als Bauglied in unser System ein.

Die Ordnung des Zusammenlebens kann den Rechtsanschauungen der zusammenlebenden Einzelnen nicht überlassen bleiben, da diese verschiedenen Menschen möglicherweise entgegengesetzte Weisungen erteilen, muß vielmehr durch eine überindividuelle Stelle eindeutig geregelt werden[1]. Da aber nach relativistischer Ansicht Vernunft und Wissenschaft diese Aufgabe zu erfüllen außerstande sind, so muß der Wille und die Macht sie übernehmen. Vermag niemand festzustellen, was gerecht ist, so muß jemand festsetzen, was rechtens sein soll[2], und soll das gesetzte Recht der Aufgabe genügen, den Widerstreit entgegengesetzter Rechtsanschauungen durch einen autoritativen Machtspruch zu beenden, so muß die Setzung des Rechts einem Willen zustehen, dem auch eine Durchsetzung gegenüber jeder widerstrebenden Rechtsanschauung möglich ist[3]. Wer Recht durchzusetzen vermag, beweist damit, daß er Recht zu setzen berufen ist. Umgekehrt: wer nicht Macht genug hat, einen jeden im Volke gegen den andern zu

---

([1] Eine solche Geltungslehre hätte *Carl Schmitt* als Dezisionismus bezeichnet. Er findet sie am deutlichsten bei Hobbes wieder [auctoritas, non veritas facit legem], vgl. »Die drei Arten des rechtswissenschaftlichen Denkens«, 1934, S. 27, auch 35 [zugleich Dezisionismus und Normativismus].)

[2] Festsetzen, was *rechtens sein soll,* nicht: was *richtig ist,* was ein Widerspruch in sich selbst wäre. Die Rechtsetzungsbefugnis des Machthabers kann eine bestimmte Rechtsansicht zwar zur Grundlage der Rechtsordnung machen, aber nicht als allgemeingültige Rechtswahrheit ausrufen, dem Machtkampfe, nicht aber dem Meinungskampfe der Rechtsansichten ein Ende setzen. Im Gegenteil fordert der gleiche Relativismus, der zur Entscheidung über die Geltung der Rechtsansichten die Macht beruft, daß diese Macht dem Meinungskampf der Rechtsansichten freies Feld läßt, – Legalität des Verhaltens, aber auch Freiheit der Kritik und der Propaganda. So ergänzt mit vollem Recht die Ausführungen dieses Buches *Gutermann,* Arch. f. Soz. Wiss. u. Soz. Pol., Bd. 41, S. 508.

[3] »Neminem oportet esse sapientiorem legibus.« Lord *Coke,* zit. v. Goodhart [Annuaire de l'Institut International de Philosophie de Droit, 1934, p. 52].)

schützen, hat auch nicht das Recht, ihm zu befehlen (Kant)*. Das erste Versprechen einer revolutionären Regierung ist, die soeben durch die Revolution gestörte »Ruhe und Ordnung« wieder aufzurichten und zu erhalten – es ist das erste aller ihrer Versprechen, weil allein durch die Aufrechterhaltung von Ruhe und Ordnung[1] eine revolutionäre Regierung sich zu legitimieren vermag. Karl Martell richtete an Papst Zacharias die Frage: »Soll derjenige, der die Gewalt hat, auch König sein?« Der Papst bejahte mit der Begründung: ne conturbaretur ordo[2]. »Herr ist, der uns Ruhe schafft« (Goethe, Faust, Teil II, Akt IV) – das ist die »Grundnorm«, auf der die Geltung alles positiven Rechtes beruht. Man hat sie in die Worte gefaßt: »Wenn in einer Gemeinschaft ein höchster Gewalthaber vorhanden ist, soll, was er anordnet, befolgt werden« oder kürzer mit Röm. 13, 1: »Ein jeder sei untertan der Obrigkeit, die Gewalt über ihn hat.[3]«

Die Verknüpfung von Macht und Recht*, die Rechtsentstehung durch Rechtsbruch, die völkerrechtliche Theorie der vollendeten Tatsache, die Normativität des Faktischen[4] erhält also nunmehr ihre philosophische Begründung. Aber wir gleiten damit keineswegs zurück in jene soziologische Geltungslehre. Das Recht gilt nicht, *weil* es sich wirklich durchzusetzen vermag, sondern es gilt, *wenn* es sich wirksam durchzusetzen vermag, weil es nur dann Rechtssicherheit zu gewähren vermag. Die Geltung des positiven Rechts wird also gegründet auf die Sicherheit, die ihm allein zukommt, oder wenn wir den nüchternen

([1] »De cette première dignité du droit, à savoir la certitude.« *Goodhart*, l. c. p. 55.– Vgl. *Bacon's* Titel des ch. III des VIII. Buches in seinem Advancement of Learning.)

[2] *Ranke*, Über die Epochen der neueren Geschichte, 8. Vortrag § 5.

([3] Auf diesen Spruch beruft sich für die Geltung des positiven Rechts auch *Kant*: vgl. *Dulckeit*, Naturrecht und positives Recht bei Kant, 1932, S. 56) Vgl. *Walter Jellinek*, Gesetz, Gesetzesanwendung u. Zweckmäßigkeitserwägung, 1913, S. 27 ff., auch S. 264 Anm. 1 in Georg Jellineks Allg. Staatslehre. 3. Aufl., ferner Grenzen der Verfassungsgesetzgebung, 1931, S. 16. Auch *Kelsen* sagt, »daß durch die Grundnorm als rechtserzeugende Autorität nur eine solche eingesetzt werden kann, deren Normen im großen und ganzen Gehorsam finden,« und findet in dieser Grundnorm »die Transformation der Macht zu Recht« (Naturrechtslehre u. Rechtspositivismus, 1928, S. 65). Auf Röm. 13, 1 hat sich in der Tat nach der Revolution v. 1918 durch den Abg. *Gröber* die Zentrumspartei berufen (Nationalversammlung, 13. Februar 1919): »Nach unserer Meinung ist jede Obrigkeit von Gottes Gnaden, ganz gleich ob sie monarchistisch oder republikanisch ist.«

([4] Telle est la nature des choses que l'abus est très souvent préférable à la correction, où, du moins, que le bien qui est etabli est toujours préférable au mieux qui ne l'est pas [*Montesquieu*, Cahiers II f. ⁰ 207 Ed. Grasset p. 120].)

§ 10 DIE GELTUNG DES RECHTS

Ausdruck »Rechtssicherheit« durch gewichtigere Wertformeln umschreiben wollen, auf den Frieden, den es zwischen streitenden Rechtsanschauungen stiftet, auf die Ordnung, die dem Kampfe aller gegen alle ein Ende setzt. Das positive Recht soll »Frieden im Handeln begründen während des Krieges der Meinungen, während des Kampfes der Philosophen« (Anselm Feuerbach). Die Gerechtigkeit ist die zweite große Aufgabe des Rechts, die nächste aber Rechtssicherheit, Friede, Ordnung. »Ich will lieber eine Ungerechtigkeit begehen als Unordnung ertragen« hat Goethe gesagt, und ferner: »Es ist besser, es geschieht Dir Unrecht, als die Welt sei ohne Gesetz[1].«*

Aber das darf nicht das letzte Wort der Rechtsphilosophie über die Geltungsfrage bleiben. Dargetan ist nur, daß auch Rechtssicherheit ein Wert ist und daß die durch das positive Recht gewährte Rechtssicherheit auch die Geltung ungerechten und unzweckmäßigen Rechts rechtfertigen kann. Nicht dargetan ist der unbedingte Vorrang der durch jedes positive Recht erfüllten Forderung der Rechtssicherheit vor den von ihm vielleicht unerfüllt gelassenen Forderungen der Gerechtigkeit und der Zweckmäßigkeit. Die drei Seiten der Rechtsidee sind gleichwertig, und in Fällen eines Widerstreits gibt es zwischen ihnen keine Entscheidung als die des Einzelgewissens. Die restlose Geltung alles positiven Rechts ist also jedem Einzelnen gegenüber nicht zu erweisen. Es wäre auch ein Wunder, wenn ein Wirkliches durch und durch Wert und Geltung hätte. Das Einzelgewissen wird und darf meistens einen Verstoß gegen das positive Recht als bedenklicher einschätzen als das Opfer der eigenen Rechtsüberzeugung[2], aber es kann »Schandgesetze« geben, denen das Gewissen den Gehorsam verweigert. In der Zeit des Sozialistengesetzes beschloß der Kongreß in Wyden, das Gothaer Programm dahin zu ändern, daß die Partei ihre Ziele mit *allen* Mitteln, nicht mehr bloß mit allen *gesetzlichen* Mitteln, erstrebe.

---

[1] Die gleiche Art des Rechtsgefühls beschreibt treffend *Theodor Fontane* (Meine Kinderjahre): »Solange Revolutionskämpfe des sicheren Sieges entbehren, begleite ich alle diese Auflehnungen... mit einer größeren oder geringeren, ich will nicht sagen in meinem Rechts-, aber doch in meinem *Ordnungs*gefühl begründeten Mißbilligung«; F. sucht den Grund dafür »in einem gewissen *Ordnungssinne*, in einem an die Zahl- bzw. die Machtüberlegenheit zu stellenden natürlichen Anspruch«.

[2] Der Wert der Rechtssicherheit wird der Rechtsüberzeugung gegenüber zu gering eingeschätzt von *Marschall v. Bieberstein*, Vom Kampf des Rechts gegen die Gesetze, 1927.

Freilich: »Jedem *Juristen* soll jede vorhandene gesetzliche Verfassung und, wenn diese höheren Orts abgeändert wird, die nun folgende immer die beste sein« (Kant).* Der *Richter*, der Auslegung und dem Dienste der positiven Rechtsordnung untertan, hat keine andere als die juristische Geltungslehre zu kennen, die den Geltungssinn, den Geltungsanspruch des Gesetzes der wirklichen Geltung gleich achtet. Für den Richter ist es Berufspflicht, den Geltungswillen des Gesetzes zur Geltung zu bringen, das eigene Rechtsgefühl dem autoritativen Rechtsbefehl zu opfern, nur zu fragen, was Rechtens ist, und niemals, ob es auch gerecht sei. Man möchte freilich fragen, ob diese Richterpflicht selbst, dieses sacrificium intellectus, diese Blankohingabe der eigenen Persönlichkeit an eine Rechtsordnung, deren künftige Wandlungen man nicht einmal ahnen kann, sittlich möglich sei. Aber wie ungerecht immer das Recht seinem Inhalt nach sich gestalten möge – es hat sich gezeigt, daß es *einen* Zweck stets, schon durch sein Dasein, erfüllt, den der Rechtssicherheit. Der Richter, indem er sich dem Gesetze ohne Rücksicht auf seine Gerechtigkeit dienstbar macht, wird also trotzdem nicht bloß zufälligen Zwecken der Willkür dienstbar. Auch wenn er, weil das Gesetz es so will, aufhört, Diener der Gerechtigkeit zu sein, bleibt er noch immer Diener der Rechtssicherheit. Wir verachten den Pfarrer, der gegen seine Überzeugung predigt, aber wir verehren den Richter, der sich durch sein widerstrebendes Rechtsgefühl in seiner Gesetzestreue nicht beirren läßt; denn das Dogma hat nur als Ausdruck des Glaubens, das Gesetz aber nicht nur als Niederschlag der Gerechtigkeit seinen Wert, sondern auch als Bürgschaft der Rechtssicherheit, und vornehmlich als solches ist es in die Hand des Richters gegeben. Ein gerechter Mann gilt mehr als ein nur rechtlicher, nur gesetzestreuer Mann, von »rechtlichen« Richtern aber pflegen wir nicht zu reden, sondern nur von »gerechten Richtern«, denn ein rechtlicher Richter ist eben dadurch und nur dadurch auch schon ein gerechter Richter.

Aber dem Richter, der im Gewissen gebunden ist, alles gesetzte Recht als geltend zu betrachten, kann ein Angeklagter gegenüberstehen, den sein Gewissen bindet, ungerechtes oder unzweckmäßiges Recht als ungültig zu betrachten, obgleich es gesetzt ist[1]. Das Recht

---

[1] »Ich habe geschworen, die Verfassung *gewissenhaft* zu beobachten: wie aber wenn mein Gewissen mir gebietet, sie *nicht* zu beobachten?« Bismarck zum Kronprinzen Fr. Wilh. Vgl. *Zechlin*, Bismarcks Staatsstreichpläne, S. 60 f.

§ 10 DIE GELTUNG DES RECHTS

kann ihm gegenüber seine Macht bewähren, aber seine Geltung niemals beweisen[1]. Dieser Fall des »Überzeugungsverbrechers« erweist sich gerade dadurch, daß es für ihn keine Lösung gibt, als ein wahrhaft tragischer Fall. Pflicht forderte vom Täter das Verbrechen, Pflicht fordert vom Richter die Bestrafung und vielleicht fordert sogar Pflicht, die für das aus Pflicht begangene Verbrechen verwirkte Bestrafung auf sich zu nehmen – um der Unverbrüchlichkeit des Rechtes, um der Rechtssicherheit willen. So hat Sokrates gedacht und gehandelt, als er es verschmähte, sich der Vollstreckung des Fehlurteils durch die Flucht zu entziehen: »Meinst du, daß ein Staat bestehen kann und nicht vielmehr vernichtet wird, in dem Urteile, die gefällt werden, keine Kraft haben, sondern durch einzelne Menschen ungültig gemacht und vereitelt werden?[2]«

([1] Sehr schön ist in der »Antigone« dem Unfehlbarkeitsanspruch Kreons für das positive Recht Antigones Bescheidung bezüglich ihrer überpositiven Gewissensüberzeugung gegenübergestellt: V. 925 ff.:

> Doch wenn dir solches [Kreons Gesetz] bei den Göttern wohlgetan,
> Will duldend ich bekennen, daß ich schuldig bin.
> Sind aber *diese* schuldig, mögen Härtres nicht
> Sie leiden, als sie wider Recht an mir getan.

Nicht ihr Gewissen, sondern die Götter haben die Entscheidung, ob sie recht getan. Wer den göttlichen Gesetzen gegen die menschlichen folgt, muß das Risiko des Irrtums tragen. *Bultmann*, Polis und Hades in der Antigone des Sophokles i. Theolog. Aufsätze zu Karl Barths 50. Geburtstag, 1936, S. 78 ff.)

[2] Vgl. *Alsberg*, Der Prozeß des Sokrates, 1926, S. 27 f.

> Der Stein leidet geduldig den bildenden Meißel und die Saiten, die der Tonkünstler anschlägt, antworten ihm, ohne seinen Fingern zu widerstreben. Der Gesetzgeber allein bearbeitet einen selbsttätigen widerstrebenden Stoff – die menschliche Freiheit...
>
> *Schiller*

§ 11
Geschichtsphilosophie des Rechts*

Das Thema der Geschichtsphilosophie ist die Geschichte unter dem Gesichtspunkte der Wertverwirklichung, die Geschichte als Weg zum, oder auch als Abweg vom Wert. Geschichtsphilosophie[1] des Rechts (oder Philosophie der Rechtsgeschichte)[2] hat also die Aufgabe, die Verwirklichung des Begriffs, der Idee, der Geltung des Rechts (wie sie in drei Problemkreisen das Thema unserer bisherigen Betrachtungen waren) in der Wirklichkeit des geschichtlichen Geschehens zu betrachten.

1. »Recht« ist nicht nur die Kategorie, die jeder rechtlichen Betrachtung vorausgeht und zugrunde liegt, nicht nur die Denkform, außerhalb derer man nichts Rechtliches zu denken vermag, sondern auch die reale Kulturform, die jede Tatsache der Rechtswelt ergreift und gestaltet. Eine neue Rechtsbestrebung verwirklicht sich ja nicht im rechtsleeren Raum, sondern entweder durch Umdeutung vorhandener Rechtsinstitute oder durch Einfügung neuer Rechtsinstitute in ein gegebenes Rechtssystem und wird in beiden Fällen in die Architektur eines gewaltigen, durch sie nur in Einzelheiten abgeänderten Rechtsgebäudes eingebaut und von dessen Stil unentfliehbar bestimmt. Der kategoriale Begriff des Rechts drückt sich als Wirklichkeit aus in der realen Kulturform des Rechts.

Hier nun entspringt die geschichtsphilosophische Frage nach dem Verhältnis von Stoff und Form des Rechts, zwischen den »données« und dem »construit« (Gény)*, zwischen den »Realien der Gesetzgebung« (E. Huber)* und ihrer legislativen Gestaltung, die mannigfach ver-

([1] Muster eines geschichtsphilosophischen Prinzips: *Quinet:* »l'histoire n'est au fond qu'un itinéraire des peuples vers Dieu«.)

([2] Rechts-Geschichte: die Statik des Rechts im Kampf mit der Dynamik der Geschichte.)

§ 11 GESCHICHTSPHILOSOPHIE DES RECHTS

schiedenen Einschätzungen der Gestaltungskraft der Rechtsform und der Widerstandskraft des Rechtsstoffes[1].

Die *Naturrechtslehre* glaubt, die Widerstandskraft des Stoffes gegen die Idee gleich Null setzen zu können. Der Stoff des Rechts wird von ihr völlig verflüchtigt. Sie betrachtet als Materie der Rechtsidee nicht eine bestimmte historische Lage, sondern den Naturzustand und schildert diesen Naturzustand nicht als ein soziologisches Verhältnis, vielmehr als ein ungeselliges Nebeneinander der Einzelnen, zwischen denen, durch keine vorhandene soziologische Bindung gehemmt, gesellschaftliche Beziehungen allererst zu stiften der Rechtsidee vorbehalten bleibt. Und weil die Naturrechtslehre keinen historischen oder soziologischen Stoffwiderstand kennt, leugnet sie die Wandelbarkeit der Rechtsidee, die ja nur aus ihrem stofflich-konkreten Element, nicht aus der ganz leeren und deshalb ganz allgemeinen reinen Form entspringen kann, behauptet sie ein ewig überall gleiches Rechtsideal.

Diese Lehre von der Allmacht der Rechtsform überwunden zu haben, ist das Verdienst der *Historischen Schule*. Die Gegebenheiten des »Volksgeistes« werden auf Kosten der Formkräfte der Vernunft betont. Daß in der Tat der Stoffwiderstand nicht gleich Null gesetzt werden kann, ergibt die einfache Überlegung, daß die entscheidenden Bewegungen in der sozialen Welt der Beeinflussung durch das Recht entzogen sind. Die Rechtsordnung kann nur dem einzelnen Menschen befehlen, sie kann auf soziale Vorgänge nur auf dem Umwege über den Einzelnen und deshalb sehr begrenzten Einfluß gewinnen; massenpsychologische Vorgänge z. B. sind durch sie nicht beherrschbar. Und sie kann keinerlei Wirkung auf natürliche Vorgänge ausüben. Die Wirtschaft, die zugleich natürlicher und sozialer Vorgang, Technik und Ökonomie ist, bewegt sich deshalb wesentlich unbeeinflußt durch das Recht und ist ihrerseits geeignet, auf das Recht zurückzuwirken[2].

Solche Erwägungen haben dazu geführt, der Lehre von der Allmacht die Lehre von der Ohnmacht der Rechtsform gegenüberzustellen. Die *materialistische Geschichtsauffassung*[3] sieht im Rechte lediglich eine Erscheinungsweise der Wirtschaft, in der Rechtsform also eine Erschei-

---

[1] Vgl. *Radbruch*, Rechtsidee u. Rechtsstoff, Arch. f. R. u. WPh., Bd. 17, 1923, S. 343 ff.
[2] Vgl. *Renner*, Die RInstitute des PrivatRs. u. ihre soz. Funktion, 1929, S. 145 ff.
([3] Zum Thema »Marxismus und Rechtsform« vgl. die Heidelberger Diss. v. *Heinz Michael*, Rechtsform und Sozialismus, 1933.)

nungsweise des Rechtsstoffs. Wenn sie das Recht als die Form der Wirtschaft bezeichnet, so ist es ihr nicht die formende, sondern die geformte Form, nicht eine Form, in die der Stoff gepreßt wird, sondern eine Form, die der Stoff annimmt, nicht innerstes Wesen, sondern äußere Erscheinung. Das Recht ist ihr durch und durch historisch und soziologisch bedingt, ohne jeden allgemeingültigen Formbestandteil. »Nicht zu vergessen, daß das Recht ebensowenig eine eigene Geschichte hat wie die Religion«, notieren in diesem Sinne Marx - Engels in ihrem Entwurf einer Deutschen Ideologie.

Es wurde in früheren Betrachtungen (§ 3 S. 111 f.) bereits gezeigt, daß auch der historische Materialismus genötigt war, die Eigengesetzlichkeit der Kulturformen und insbesondere der Rechtsform anzuerkennen, daß er das Ideelle dem Materiellen nicht schlechthin gleichsetzt, sondern als Umsetzung und Übersetzung des Materiellen in eine neue Form betrachtet, freilich der formalen Seite dieses Vorganges nicht ausreichende Beachtung geschenkt hat. Wir unsererseits haben festgestellt, daß Form Rechtens die Gerechtigkeits-, d. h. die Gleichheits- und Allgemeinheitsform ist und daß diese Form jedes Zweckstreben, das sich des Rechts bedienen möchte, unentrinnbar ergreift und der Alleinherrschaft seiner Zwecksetzung entzieht. Die geschichtsphilosophische Frage nach dem Verhältnis von Form und Stoff des Rechts ist also dahin zu beantworten, daß das jeweilige Recht ein Produkt aus Rechtsstoff und Rechtsform ist, in dem freilich bald das formale, bald das stoffliche Element überwiegt. Typisch nach der einen und nach der andern Seite sind das römische* und das deutsche Recht[1].

Mit der Auffassung von der ausschließlichen Stoffbestimmtheit der Rechtsform steht aber eine andere geschichtsphilosophische Lehre in nahem Zusammenhang: die Lehre von der Vergänglichkeit nicht nur jedes Rechtsinhalts, sondern der Rechtsform selber, die marxistische Lehre vom »Absterben des Rechts«. Nach ihr wäre die juristische Weltanschaung die »klassische Weltanschauung der Bourgeoisie« (Engels), welche die theologische Weltanschauung des Feudalismus abgelöst habe; im proletarischen Übergangsstaat würde an die Stelle dieses mit Gerechtigkeitsallüren auftretenden bürgerlichen ein »ungeschminktes«, d. h. auf die Rechtsform bewußt verzichtendes proletarisches Klassen-

([1] Beweis für das Überwiegen des Formelements im römischen Recht, daß es, wie *Renner* gezeigt hat, fähig war, ohne wesentliche Änderung der Rechtsordnung die Wandlung des Rechtslebens zum Kapitalismus zu überdauern.)

»recht« treten, um dann in der klassenlosen Gesellschaft gänzlich unterzugehen und einer bloßen »Administration von Sachen« Platz zu machen. Die Gerechtigkeit ist nur der ideologische Widerschein des Marktes mit seinem do ut des und bestimmt, mit der individualistischen Marktwirtschaft zu verschwinden. Freilich, die hier gemeinte Gerechtigkeit ist nur die privatrechtliche, die ausgleichende Gerechtigkeit. Mit dem Heraustreten aus dem »engen Horizont des bürgerlichen Rechts« (Marx) und der ausgleichenden Gerechtigkeit würde also nur die ausschließliche Herrschaft einer anderartigen, der austeilenden, öffentlich-rechtlichen Gerechtigkeit oder, mit andern Worten, die Publizierung des gesamten Rechts, das Aufgehen des individualistischen in einem sozialen Recht eintreten. Auch das sozialistische Gemeinwesen wird also ein Rechtsstaat sein, ein Rechtsstaat freilich, der statt von der ausgleichenden von der austeilenden Gerechtigkeit beherrscht wird. Ein menschliches Zusammenleben ist ohne Rechtsform überhaupt undenkbar[1].

2. Die Frage nach der Verwirklichung der *Rechtsidee* in der Geschichte kann auf doppelte Weise gestellt werden: Man kann von den Rechtsideen der einzelnen Weltanschauungen und Parteien ausgehen und untersuchen, inwieweit die Geschichte der Verwirklichung einer jeden von ihnen dient. Jeder Rechts- und Staatsauffassung würde danach eine besondere geschichtsphilosophische Konstruktion entsprechen. Man mag als Beispiele einer liberalen Geschichtsphilosophie Kants Idee einer allgemeinen Geschichte in weltbürgerlicher Absicht, einer sozialistischen Geschichtsphilosophie das Kommunistische Manifest, einer überindividualistischen L. v. Rankes Vorträge vor König Max von Bayern und sein Politisches Gespräch[2], als Beispiel schließlich einer transpersonalen Geschichtsphilosophie Jacob Burckhardts Weltgeschichtliche Betrachtungen anführen. Man kann andererseits aber auch die Frage erörtern, auf welche Weise überhaupt Ideen und insbesondere Rechtsideen auf die Geschichte Einfluß gewinnen, ob in Gestalt bewußter Zwecksetzungen Einzelner oder in der Form unbewußter Gesellschaftsvorgänge.

---

[1] Vgl. *Paschukanis*, Allgemeine Rechtslehre und Marxismus, und dazu *Radbruch*, Klassenrecht und Rechtsidee, Zeitschr. f. soziales Recht, Jhrg. 1, 1929, S. 75 ff., und *Kelsen*, Arch. f. Soz.W. u. Soz.P. Bd. 66. 1931, S. 449 ff.

([2] Vgl. *v. Selchows* Aufriß der Rechtsgeschichte unter dem Gesichtspunkt der »Ich-Zeit« und »Wir-Zeit«.)

Die Antwort auf diese Frage, die schon dem Gegensatz zwischen Hegel und Savigny zugrunde liegt[1], kann nur die sein, daß die Rechtsidee fortschreitend zu einer immer bewußteren und zweckhafteren geschichtlichen Triebkraft geworden ist. Man kann diese Entwicklung mit verschiedenen Schlagworten bezeichnen: als die Entwicklung vom Volksgeist zum Staatswillen, vom Gewohnheitsrecht zum Gesetzesrecht, vom »organischen« Wachstum des Rechts zum »Zweck im Recht« und zum »Kampf ums Recht« (Jhering), oder, wenn man an das normsetzende Sozialgebilde denkt, als die Entwicklung von der Gemeinschaft zur Gesellschaft (Tönnies) oder, wenn man an die Gestaltung der Rechtsstellung des Einzelnen denkt, als die Entwicklung vom Status, dem Stand, in dem man geboren wird, zum Contractus, der durch eigenen Willen gestalteten Gesellschaftslage (Henry Sumner Maine)*.

Freilich entsprechen die Zwecksetzungen, die fortschreitend an die Stelle der Triebhandlungen treten, nicht notwendig absoluten Zweckideen, sie können rein egoistische und willkürliche Zwecksetzungen sein. Aber vielfach werden wie die Triebhandlungen, so auch die bewußt egoistischen Zwecksetzungen zum unbewußten Werkzeug allgemeingültiger Zweckideen. Wundt hat diese Tatsache unter dem Namen der »Heterogonie der Zwecke«, Hegel als »List der Vernunft« geschildert. Unsere frühere Schilderung des Verhältnisses von Ideologie und Interesse im Parteileben (oben § 8) bietet ein anschauliches Beispiel. Auf diese soziologische Tatsache des »sic vos non vobis« ist die Theorie des Liberalismus, die Theorie von der prästabilierten Harmonie des allseitigen Eigennutzes und des allgemeinen Wohles gegründet, die Rückert ins Lyrische »umsetzt und übersetzt«: »Wenn die Rose selbst sich schmückt, schmückt sie auch den Garten.« Aber auch die marxistische Notwendigkeitstheorie von der zwangsläufigen Entwicklung zum Sozialismus durch soziale Kräfte, die keineswegs bewußt zu einer sozialistischen Gesellschaftsordnung hinstreben, beruht auf dem gleiche Gedanken. Auch die materialistische Geschichtsauffassung stellt zwar nicht einen subjektiven Idealismus idealer Motive, aber einen objekti-

---

[1] *Hegel gegen Savigny:* »Barbaren werden durch Triebe, Sitten, Gefühle regiert, aber sie haben kein Bewußtsein davon. Dadurch, daß das Recht gesetzt und gewußt ist, fällt alles Zufällige der Empfindung, des Meinens, die Form der Rache, des Mitleids, der Eigensucht fort, und so erlangt das Recht erst seine wahrhafte Bestimmtheit und kommt zu seiner Ehre.« Vgl. *Rothacker*, Einleitg. i. d. Geisteswiss. 2. Aufl. 1930, S. 62 f.

ven Idealismus siegreicher Ideen dar. Drängt sich nicht der Gedanke zur Wirklichkeit, so drängt sich doch (nach einem Worte von Karl Marx) umgekehrt die Wirklichkeit zum Gedanken.

Die unvermeidliche Entwicklung von triebmäßiger zu zweckhafter, von irrationaler zu zweckrationaler Rechtsgestaltung kann einer verschiedenen Wertbeurteilung unterliegen. Die Auffassung, daß die Vernunft der Dinge und der Verhältnisse höher sei denn alle Einzelvernunft, muß auf diese naturnotwendige Entwicklung notwendig mit einer kulturpessimistischen Einstellung antworten, während die andere Anschauung, daß in den Dingen und Verhältnissen keine Vernunft sei, die nicht vernünftige Einzelne ihnen eingestiftet hätten, in derselben Entwicklung den Siegeszug der Vernunft durch die Geschichte, den unendlichen Fortschritt kulturoptimistisch begrüßen muß [1].

3. Schließlich ist auch der Gedanke der *Rechtsgeltung* geschichtsphilosophischer Betrachtung fähig. Unter dem Gesichtspunkte der juristischen Geltungslehre kann nicht nur das Verhältnis eines Rechtssatzes zu einem andern innerhalb einer bestimmten Rechtsordnung, etwa des Gesetzes zur Verfassung, untersucht werden, sondern auch das Verhältnis der sich in der Geschichte ablösenden Rechtsordnungen zueinander. Auf die Geschichte angewandt wird die juristische Geltungstheorie zum Legitimitätsprinzip, zu der Forderung, daß jede neue Rechtsordnung sich aus ihrer Vorgängerin auf rechtmäßigem Wege entwickelt haben müsse, zur Verneinung der Rechtsgültigkeit jeder Rechtsordnung, die sich aus der ihr vorangegangenen Rechtsordnung nicht zu rechtfertigen vermag. »Recht muß Recht bleiben.«

Aber »alles, was in der gegenwärtigen Menschheit an Recht ist, ist zustande gekommen gegen die Form des Rechtes« (Fichte). »Wie viele Existenzen gibt es noch in der heutigen politischen Welt, die nicht im revolutionären Boden wurzeln?« (Bismarck)[2]. Es gibt nur eine einzige, jahrtausendlang nicht unterbrochene legitime Entwicklung: die Kette der Ordinationen, die von den Aposteln bis zu jedem einzelnen katholischen Priester führt. Die Legitimitätstheorie vermag also den ge-

---

[1] Es ist hier jedoch festzustellen, daß der große Theoretiker der »Gemeinschaft« aus der unaufhaltsamen Entwicklung von der Gemeinschaft zur Gesellschaft keineswegs kulturpessimistische Folgerungen zieht; *Tönnies* in Schmollers Jahrb., Bd. 49, 1925, S. 188 ff.

[2] Gedanken u. Erinnerungen I, 1898, S. 176 – in jener ausführlichen brieflichen Auseinandersetzung mit Gerlach über das Legitimitätsprinzip.

schichtsphilosophischen Aufgaben ebensowenig gerecht zu werden wie die juristische Geltungslehre den rechtsphilosophischen. Recht kann nicht nur aus Recht entstehen, immer wieder wächst neues Recht aus wilder Wurzel. Es gibt eine originäre Rechtsschöpfung, eine Urzeugung des Rechts aus der Tatsächlichkeit, Rechtsentstehung durch Rechtsbruch, neuen Rechtsboden auf erkalteter revolutionärer Lava.

Die beiden entgegengesetzten Anschauungen, der geschichtsphilosophische Neptunismus und der geschichtsphilosophische Vulkanismus, die Kontinuitätstheorie und die Katastrophentheorie der Rechtsgeschichte, wie man sie nennen könnte, sind Erscheinungsformen der umfassenderen Anschauungen des Historismus und des Rationalismus. Der Legitimismus entspricht der Anschauung, die aus der sprunglosen Allmählichkeit, einer Kategorie des geschichtlichen Denkens, eine Norm für das politische Handeln macht (vgl. oben § 3). Er erhebt, ganz entsprechend, die juristische Geltungslehre, eine Denkform der Rechtswissenschaft, zur politischen Doktrin. Dagegen kann jedoch geltend gemacht werden, daß auch die geschichtliche Katastrophe nicht aus der Geschichte herausfällt, daß auch sie nachträglich der Einsicht in ihre lang vorbereitete geschichtsnotwendige Verursachung anheimfällt. Dieser historischen entspricht aber auch eine rechtliche Kontinuität. Unverändert über allen Rechtskatastrophen steht der Grundsatz, daß jeweils zur Rechtsetzung berufen ist, wer zur Rechtsdurchsetzung fähig ist (oben S. 176). Die Revolution bewirkt, daß in die von dieser »Grundnorm« vorgesehene höchste Machtstelle andere soziale Kräfte einrücken, aber über allem Wechsel der Kräfte thront unverrückbar die Grundnorm selber. Sie bewirkt, daß sich die neue revolutionäre als Rechtsnachfolgerin der ehemaligen legitimen Regierung darstellt. Nur so begreift man, daß die revolutionäre Änderung der Staatsform die Identität des Staates selber nicht berührt, daß z. B. das deutsche Kaiserreich und die deutsche Republik nach 1918 dasselbe Deutsche Reich darstellten[1].

---

[1] Vgl. *Anschütz*, Reichsverfassung, dritte Bearbeitung, 10. A., 1929, S. 8 ff.

Nec ulla nobis magis res aliena quam publica.
Tertullian* (Apologie 38)

(Kein Mensch steht so hoch, daß er andern gegenüber nur gerecht sein dürfte.
Marie v. Ebner-Eschenbach [Werke, S. 102])

§ 12
Religionsphilosophie des Rechts*

Religion ist wertüberwindendes Verhalten, Überwindung des Unwerts und damit des Gegensatzes von Wert und Wirklichkeit, Ineinssetzung von Wert und Wirklichkeit, Rechtfertigung alles Seins, die gefühlsmäßige Theodizee (oben S. 2 f.). Die in Begriffen vollzogene Theodizee nennen wir im Gegensatz zur Wertphilosophie Religionsphilosophie. Jeder Gegenstand ist sowohl wert- wie religionsphilosophischer Betrachtung fähig – so auch das Recht[1].

Die erstrebte volle Ineinssetzung von Wert und Wirklichkeit ist aber für ein menschliches Bewußtsein unvollziehbar. Ein Aushilfsmittel der Religionsphilosophie gegenüber Tatsachen, die weder als wertvoll noch als nichtseiend begriffen werden können, ist der Begriff der Wesenlosigkeit: der Unwert, der jedem Versuch, ihn zu überwinden, trotzt, wird in einem tieferen Sinne als nichtseiend, als wesenlos angesehen. Aber nicht nur Unwerte können der religionsphilosophischen Betrachtung als wesenlos erscheinen, auch was die Wertphilosophie als wertvoll herausgestellt hat, kann unter dem absolutesten Gesichtspunkte der Religionsphilosophie: »vor Gott«, wesenlos sein. Die Frage der Religionsphilosophie des Rechts ist also, ob das Recht nicht nur wertvoll, sondern auch wesenhaft sei.

Eine vorchristlich-antike Mythologie des Rechts würde uns das Recht und den Staat von religiöser, endgültiger, wesenhafter Bedeutung dicht umsponnen zeigen. Dagegen erschienen dem Christentum in seiner Urform Recht und Staat ganz gottesfern, ganz wesenlos, ganz nichtig[2].

---

[1] Vgl. *Radbruch*, Über Religionsph. des Rechts in Radbruch u. Tillich, Religionsph. d. Kultur, 2. Aufl. 1921; vgl. ferner *Walter Simons*, Religion und Recht, 1936 (auch über Eigentum, Ehe usw.).

([2] *W. F. Otto*, Dionysos, 1933, S. 25: der griechische Gottesglaube offenbare im Gegensatz zum christlichen die »Heiligkeit des Seienden«.)

»Wer hat mich zum Erbschichter* über euch gesetzt?« sagt Jesus. Man lese aus der Erzählung vom Zinsgroschen* doch ja nichts anderes heraus als die tiefe Gleichgültigkeit Jesu gegen staatliche und rechtliche Dinge: Gebt meinetwegen auch dem Kaiser, was des Kaisers ist, wenn ihr nur Gott gebt, was Gottes ist — allein auf der zweiten Hälfte des Satzes liegt der Ton! In dem Gleichnis von den Arbeitern im Weinberge* schiebt Güte und Gnade mit einer großen Handbewegung die Frage nach Recht und Gerechtigkeit weit von sich. Und wenn in großartigem Sarkasmus das betrügerische Verhalten des ungerechten Haushalters* zum Gleichnis gewählt wird für die Vorbereitung auf die Rechenschaft vor Gott, so kommt, gerade weil dies nicht das Thema des Gleichnisses ist, nur mit um so schneidenderer, fast erschreckender Schärfe Jesu Ansicht von der Wesenlosigkeit rechtlicher Wertung zum Ausdruck. Ist der Unterschied von Recht und Unrecht, von Eigentum und Diebstahl denn gar so groß? in jeder Gestalt ist der Mammon »ungerechter Mammon« — das möchte die Auffassung sein, welche dem Gleichnis unausgesprochen zugrunde liegt, ja beinah ausgesprochen: denn der Herr lobte ja den ungerechten Haushalter, daß er klüglich getan habe. Die Gerechten und die Ungerechten verstehen einander ausgezeichnet, so ist Jesu Meinung, sie sind, wie Förster und Wilddieb, Inquisitor und Delinquent durch eine geheime Familienähnlichkeit und Sympathie unterirdisch miteinander verbunden. Man kann es nicht vermeiden, sich gemein zu machen mit dem, mit welchem man handgemein wird, der Verteidigung wird ihre Weise durch den Angriff vorgeschrieben: so wird die Art des Rechts durch das Unrecht notwendig bestimmt, das Recht als ein bestenfalls relativ Gutes mit dem Unrecht zusammen in einer Sphäre gemeinsamer Sündigkeit unlösbar verstrickt. Auf diesem Hintergrund wird das erschütternde Wort erst voll verständlich, die für alle Zeit radikalste Umwertung aller Werte: *Widerstrebet nicht dem Bösen!* Streitet euch nicht um den Rock, gebt auch den Mantel! Bietet selber dem Backenstreich die Wange dar! Rechtbehalten oder Unrechtleiden — beides ist gleich wesenlos. Wesenhaft im Verhältnis der Menschen zueinander ist einzig und allein die Liebe; nicht als Ergebnis einer Rechtsordnung über den Einzelnen, sondern nur als eine Ausstrahlung christlicher Liebe der Einzelnen tritt das Gemeinschaftsleben überhaupt in den Gesichtskreis der Religion. Die menschliche Gemeinschaft ist in ihrem Wesen keine Rechtsgemeinschaft, sondern eine reine, anarchische Liebesgemeinschaft:

§ 12 RELIGIONSPHILOSOPHIE DES RECHTS

»Ihr wisset*, daß die weltlichen Fürsten herrschen und die Mächtigen unter ihnen haben Gewalt. Aber also soll es unter euch nicht sein; sondern, welcher groß will werden unter euch, der soll ein Diener sein, und welcher unter euch will der Vornehmste werden, der soll aller Knecht sein[1].«

In dreifach verschiedener Weise hat die Entwicklung der Folgezeit zu dieser rein negativen Religionsphilosophie des Rechts Stellung genommen.

1. *Leo Tolstoi* hat das Recht nicht nur als wesenlos, sondern sogar als widerchristlich anzusehen gelehrt. Alles Äußerliche ist bedeutungsvoll nur als Ausstrahlung der Innerlichkeit, das Recht aber, indem es die Äußerlichkeit um ihrer selbst willen schätzt und die Innerlichkeit nur mit einem Seitenblick streift, lenkt ab von dem, was allein nottut[2]. Aber so radikal Tolstois völlige Verneinung des Rechts, sein christlicher Anarchismus scheinen mag, die Bergpredigt selber ist noch viel radikaler, denn radikaler als die Leidenschaft, die den Kampf gegen den Rechtszwang aufnimmt, ist doch wohl die überlegene Verachtung, die sich auf einen Kampf gar nicht einlassen will, vielmehr das Gebot, dem Bösen nicht zu widerstehen, nicht nur auf das Unrecht, sondern auch auf den Rechtszwang und nicht nur mit Tolstoi auf den aktiven, sondern auch auf den passiven Widerstand erstreckt. Gehorsam gegen die Obrigkeit, weil Auflehnung gegen sie der ganzen religiös gleichgültigen Frage eine ihr nicht zukommende Bedeutung beilegen würde – das ist der Standpunkt der Bergpredigt.

2. Dagegen räumt der *Katholizismus** dem Rechte und dem Staate eine relative religiöse Bedeutung ein. Der Gedanke des Naturrechts wird mit religiöser Färbung erneuert[3], und das Naturrecht zu der Liebesethik der Bergpredigt wenigstens als Vorstufe in Beziehung gesetzt. Nach Art des Ständestaates wird eine Stufenfolge der geistigen Stände aufgebaut[4], von denen jeder seine eigene Sittlichkeit hat und

---

[1] Die Frage nach dem Verhältnis zwischen Recht und Religion erscheint als innertheologisches Problem noch einmal in Gestalt der Frage nach dem Verhältnis der Gerechtigkeit und der Güte Gottes. Vgl. *Esposito*, Lineamenti di una Dottrina del Diritto, 1930, S. 145 ff.

([2] Vgl. *Boris Sapir*, Dostojewski u. Tolstoi über Probleme des Rechts, 1932, S. 65 ff.)

([3] Recht gehört nicht der Gnadenordnung an, jedoch der Schöpfungsordnung.)

([4] Jus naturale – Jus positivum – Jus divinum.)

nur der höchste die vollen Pflichten der christlichen Liebesethik. Auf einer der unteren Stufen dieses Baues finden auch Staat und Recht ihren Platz, werden also von einem Abglanz religiöser Bedeutung bestrahlt. Recht und Staat sind nicht wie bei Tolstoi widerchristlich — sie sind nur noch nicht vollchristlich. Das Recht erfährt sogar eine noch positivere Wertung; die Kirche hat ja nach katholischer Auffassung eine nicht von Menschen willkürlich gemachte, sondern von Gott selbst gesetzte Rechtsordnung. Es gibt ein jus divinum, das nicht nur irdisch-vorläufige, sondern jenseitig-absolute Geltung hat. Solange man es zufrieden war, in der Religion nicht sowohl eine unmittelbare innerliche Beziehung des Einzelnen als ein Verhältnis des einheitlichen Gesamtkörpers der Christenheit zu Gott zu erblicken, konnte der Widerspruch zwischen wertphilosophischer und religionsphilosophischer Wertung des Rechts als voll gelöst erscheinen.

3. Aber die *Reformation* will wieder jeden Einzelnen zu Gott in unmittelbare Beziehung setzen. Jeder Einzelne sieht sich Auge in Auge den letzten Forderungen christlicher Liebesethik gegenübergestellt. Damit zerbricht die Möglichkeit, das Recht einerseits, die volle Liebesethik andererseits als Pflichtenkreise verschiedener Stände zu betrachten: der Gegensatz zwischen Rechtsstandpunkt und Bergpredigt wird wieder in jede einzelne Menschenbrust gelegt. Rechtsphilosophie und Religionsphilosophie stehen wieder selbständig nebeneinander und in einem Widerspruch miteinander, der nicht verschleiert werden kann und soll: auf der einen Seite die Ethik der Heiligkeit des Rechts, der rechtlichen Selbstbehauptung, des Kampfes ums Recht, auf der andern die Lehre von der Wesenlosigkeit des Rechts, dem Nichtwiderstreben, der Verwerflichkeit des Rechtsstreits. Dort das Schwert, der Zorn und der Ernst, eitel Strafen, Wehren, Richten und Urteilen, zu zwingen die Bösen und zu schützen die Frommen, hier Gnade und Barmherzigkeit und eitel Vergeben, Schonen, Lieben, Dienen, Wohltun, Friede und Freude — Luthers starke Seele gefällt sich sichtlich in der Spannung zwischen diesen Gegensätzen. Er hat sie durch den Gegensatz von Amtsmoral und persönlicher Moral ausgedrückt, ohne jedoch der Amtsmoral gegenüber der persönlichen Moral ein festes, unbetretbares Gebiet anzuweisen. Es ist noch immer die Art religiöser Erneuerung und religiösen Heldentums gewesen, wie ein Sturmwind und Feuerbrand durch den Bezirk zu fegen, in dem sich, ungestört durch Religion, das Weltleben nach eigenem Gesetz entfalten zu können glaubte

§ 12 RELIGIONSPHILOSOPHIE DES RECHTS

– von Jesus bis Tolstoi. Religion, revolutionär und respektlos gegen Menschensatzung, wie sie nun einmal ist, läßt sich nicht durch die Zäune einer bürgerlichen Moral ihre Zuständigkeit begrenzen, und das war auch nicht Luthers Meinung. Luthers Formel bedeutet nicht die Überwindung, sondern gerade die schärfste Aufweisung eines unüberwindlichen Widerspruchs. Es gilt, in der Welt des Rechts und des Staates mit dem vollen Bewußtsein ihrer Bedingtheit und Bedrohtheit durch die unbedingte religiöse Forderung zu leben, in ihr zu leben wie in der Fremde, als lebte man nicht in ihr. Recht und Staat haben nur eine vorläufige Bedeutung[1], sie sind letztendig wesenlos[2].

Die Wesenlosigkeit des Rechts, wie die Bergpredigt sie verkündigte, hat Tolstoi zu einer Wesenwidrigkeit vertieft, hat der Katholizismus im Sinne einer relativen Wesenhaftigkeit eingeschränkt und Luther im Sinne einer nur vorläufigen Wesenhaftigkeit, aber letztendigen Wesenlosigkeit wiederhergestellt.

Die christliche Religionsphilosophie mit ihrer Lehre von der Wesenlosigkeit von Recht und Staat ist nun aber keineswegs fähig, die Lehren der Wertphilosophie vom positiven Werte des Rechts und des Staates aus den Angeln zu heben. Wesenlos sind Recht und Staat nur insofern, als das gesamte Weltleben wesenlos ist, für einen Standpunkt außerhalb dieser Welt, »vor Gott«. Die Wertphilosophie und so auch die Rechtsphilosophie aber nehmen einen innerweltlichen Standpunkt ein, fällen innerweltliche Werturteile und wissen sich eingeschlossen in die Bedingtheiten des Weltlebens. Jeder der beiden Standpunkte hat seine Naturgrundlage: der Verflochtenheit des Weltmenschen in die Gesellschaft tritt gegenüber die letztendige furchtbare Einsamkeit der gebärenden Frau und des sterbenden Menschen. »Wir arbeiten zu Hunderten zusammen, wir lieben zu zweit, wir sterben allein« (Iwan Goll).

([1] Eine positivere Stellung zum Recht bei *Karl Barth*, Rechtfertigung und Recht [Theolog. Studien Heft 1] 1938, gegründet auf 1. Tim. 2, 1–7 [der Staat garantiert die Freiheit der Kirche, die Kirche betet deshalb für den Staat].)
([2] Nichts anderes als diese lutherische Auffassung des Verhältnisses zwischen Christentum einerseits, Staat, Recht und Krieg andererseits war es, deren Bekenntnis den »Fall Dehn« hervorrief. Vgl. *Günther Dehn*, Kirche und Völkerversöhnung, 1932, S. 84 f.)

> Die Jurisprudenz, in die traditionelle
> Fakultätsfarbe gekleidet, spricht:
> Rot ist das Recht. Im Blute leben
> Muß meinen Jüngern sein Gebot
> Wenn sie nur mit der Logik streben,
> Hat's mit dem Rechten seine Not.
>
> *Karl Heinsheimer**
> in einem Festspiel

§ 13

Die Psychologie des Rechtsmenschen

Eduard Spranger hat den Begriff der geisteswissenschaftlichen Psychologie geprägt[1]. Im Gegensatz zu den Versuchen einer wertblinden naturwissenschaftlichen Psychologie durchforscht sie wertbeziehend das Seelenleben in seiner Richtung auf Kulturwerte, als Gestalten oder Verstehen von Sinngebilden, kurz als geistige Leistung. Sie untersucht die für eine geistige Leistung bestimmter Art notwendigen seelischen Strukturen oder »Lebensformen«. Als idealtypische Lebensformen schildert Spranger den theoretischen, den ökonomischen, den ästhetischen, den sozialen, den politischen, den religiösen Menschen.

Unter diesen Typen erscheint nicht der juristische Mensch, der »Rechtsmensch«. Er ist nach Spranger keine einfache Struktur, sondern ein komplexes Gebilde, eine Mischform der sozialen mit der theoretischen Struktur[2]. Auch wir sehen in der Lebensform des Rechtsmenschen ein komplexes Gebilde, da ja auch die Rechtsidee, auf die sie bezogen ist, ein komplexes Gebilde darstellt, die Dreieinigkeit von Gerechtigkeit, Zweckmäßigkeit und Rechtssicherheit. Mit Recht sagt nun zwar Spranger, daß »das, was man den Zweck im Recht genannt hat, selbst nicht mehr rechtlicher Natur« sei – vielmehr sozialer, politischer, kultureller Natur, so daß insoweit dem Rechte eine eigene neben der sozialen, politischen, theoretischen und künstlerischen Lebensform nicht entspräche. Die andern beiden Bestandteile aber sind spezifische Rechtswerte, unzurückführbar auf andere Werte. Die durch die Gerechtigkeit strukturierte spezifische Lebensform des Rechtsmenschen reiht sich also den von Spranger entwickelten Lebensformen gleichberechtigt an. Die Gerechtigkeit ist aber – um mit Spranger zu sprechen – in einem doppelten Sinne für die Struktur des Rechtsmen-

---

[1] Vgl. *Eduard Spranger*, Lebensformen, 3. Aufl. 1922. S. 3 ff.
[2] Vgl. *Spranger*, a. a. O., S. 326 ff. Zur Psychologie des Rechtsmenschen vgl. weiter *Riezler*, Das Rechtsgefühl, 1921.

schen entscheidend: als ideale und als positive Gerechtigkeit, d. h. als Rechtssicherheit.

Gerechtigkeit und Rechtssicherheit prägen den Rechtsmenschen in verschiedener, ja gegensätzlicher Weise: die Gerechtigkeit ist geeignet, eine überpositive und fortschrittliche, die Rechtssicherheit, eine positivistische und konservative Haltung zum Recht zu begründen; dem Gerechtigkeitssinn tritt der »Rechtssinn« als Ordnungssinn gegenüber. Der Rechtsmensch als Laie ist mehr an der Gerechtigkeit, der Rechtsmensch als Jurist mehr an der Rechtssicherheit orientiert, jener ist, um wiederum mit Spranger zu sprechen, mehr »Rechtsidealist«, dieser mehr »Rechtsformalist« oder, ohne Werturteil gesprochen: »Rechtsrealist«. Gerade deshalb wird man sagen dürfen, daß man das Rechtsgefühl von Laien und Juristen an entgegengesetztem Maßstabe zu messen hat: das Rechtsgefühl des Juristen daran, wie schwer er sich mit einer Ungerechtigkeit des gesetzten Rechts abfindet, das Rechtsgefühl des Laien daran, ob er sich überhaupt mit einer Ungerechtigkeit gesetzten Rechts im Interesse der Rechtssicherheit abzufinden vermag.

Wollen wir uns die beiden Lebensformen des Rechtsmenschen gestalthaft veranschaulichen, so mögen wir einerseits an Schiller denken, der in den Himmel zu greifen und die droben hangenden unveräußerlichen und unzerbrechlichen Rechte herunterzuholen aufruft[1] (und doch zugleich die heilige Ordnung, die segensreiche, preist), andererseits an Goethe[2], der lieber eine Ungerechtigkeit begehen als Unordnung ertragen wollte (aber doch beklagt, daß vom Rechte, das mit uns geboren, leider nie die Rede sei).

Beide Rechtsstrukturen führen, wenn sie einander nicht durchdringen, zu Entartungsformen. Auf der einen Seite steht der Ordnungsphilister, der in seiner beamtlichen Verkörperung Bürokrat heißt und den in seiner bürgerlichen Gestalt uns gerade Goethe im Osterspaziergang vor Augen stellt, auf der andern Seite der entfesselte Gerechtigkeitsfanatiker[3]. Die Gerechtigkeit ist, wie wir sahen, eine leere Kategorie, die sich mit dem mannigfachsten Inhalt erfüllen kann. So kann

[1] Lockes, »appeal to Heaven« (vgl. *del Vecchio*, Giustizia, 2. Ed. 1924, S. 73, Anm. 1).

[2] Über den Goethe-Ausspruch »Gerechtigkeit-Ordnung« vgl. jedoch *Trentin*, La crise du droit et de l'Etat, 1935, p. 274 sv.)

[3] Über »Rechtsfanatismus« als »Raserei leerer Abstraktheit« [raison raisonnante, nach *Taine*], vgl. *Curt Geyer*, Der Radikalismus, 1923, S. 96; die günstigste Disposition für politischen Radikalismus!)

die Raserei leerlaufender Gerechtigkeit auch das Ungeheuerlichste in ein ideales Gewand kleiden (Robespierre!). Gerechtigkeit ist ein polarer Wert, der des Widerstandes bedarf, um sich wesensgemäß durchzusetzen. Gerechtigkeit, die nicht der Liebe immer von neuem abgerungen wird, wird zur Ungerechtigkeit, wie Gnade zur haltlosen Schwäche würde, wenn sie ihrerseits nicht immer wieder der Gerechtigkeit abgekämpft werden müßte. Gerechtigkeit ohne Liebe verhärtet sich zur Selbstgerechtigkeit, an der sich die verdrängten Lebenskräfte früher oder später furchtbar rächen. Shakespeare hat das Bild des in Selbstgerechtigkeit und Ungerechtigkeit ausgleitenden Rechtszeloten, die Rebellion verdrängter und verwilderter Triebe gegen die selbstgerechte Norm uns in »Maß für Maß«* in der Gestalt des Statthalters Angelo vergegenwärtigt.

Rechtssicherheit wie Gerechtigkeit bergen aber deshalb noch weitere, gemeinsame Gefahren in sich, weil sie gleichermaßen fordern, daß Mensch und Leben an Begriffen gemessen werden. Der Begriff kennzeichnet sich gegenüber der Stetigkeit des Lebensstromes als diskontinuierlich und gegenüber der Konkretheit der Lebenserscheinungen als generell. Man darf, ohne paradox zu werden, sagen: daß es eine solche Diskontinuität des Lebensstromes, eine Besonderheit einzelner Handlungen überhaupt nicht gibt, daß es nur die beharrende Totalität eines Menschen gibt oder vielmehr nur die fließende Totalität seines Lebens. Das Leben und der Mensch sind nicht aus einzelnen Handlungen zusammengesetzt, ebensowenig wie das Meer aus einzelnen Wellen besteht. Sie sind Totalitäten, die einzelnen Handlungen ineinander verfließende Bewegungen eines unteilbaren Ganzen. Es ist vielleicht die tiefste Qual jener Menschen, die von der Maschine des Rechts ergriffen werden, daß sie ohnmächtig die Verzerrung erleben müssen, welche das Bild einer Tat und das Gesamtbild eines Lebens, aus dem sie gewaltsam herausgerissen wird, schon dadurch erfährt, daß sie eben in ihrer Vereinzelung und das Leben, dem sie entsprang, unter dem Aspekt dieser zufälligen Einzelheit ins Auge gefaßt wird. Es gehört aber zum unaufgebbaren Wesen der Rechtswissenschaft, nur die einzelnen Bäume sehen zu wollen und nicht den Wald.

Der Jurist sieht aber ferner den individuellen Menschen und den individuellen Fall immer nur durch die Brille des gesetzlichen Allgemeinbegriffs, nur wie durch einen dichten Schleier, der lediglich die gröbsten Umrisse zu sehen gestattet — eben durch die Augenbinde der

§ 13 Die Psychologie des Rechtsmenschen

Themis[1*]. Um die Armut dessen zu veranschaulichen, was das Recht von einer Lebenswirklichkeit erfaßt, genügt es, die Biographie eines großen Menschenlebens mit ihrem juristischen Niederschlag zu vergleichen. Für den Rechtsmenschen bestünde der Nachlaß Goethes aus seinem Geburts- und seinem Sterbeschein, aus der Urkunde über seine Zulassung zur Advokatur, aus seinem Trauschein und der Geburtsurkunde seines Sohnes, aus dem Grundbuchblatt über sein Haus am Frauenplan und sein Gartenhaus am Stern, aus den Verlagsverträgen über seine Werke und aus seiner Geheimratsbestallung![2] So kommt die konkrete Individualität als juristisch wesentlich nur in ihrer abstraktesten Eigenschaft in Betracht — eben der Eigenschaft als ein konkretes Individuum. Das rechtliche Denken verlangt, daß man sich mit dem konkretesten Leben und doch wiederum nur mit seinen abstraktesten Umrissen beschäftige — wesentlich auf der Überlegenheit dieser die Fülle des Lebens grausam vereinfachenden Abstraktionskraft beruht der Vorzug des römischen vor dem deutschen Recht. Der Jurist muß im lebendigen Menschen nur ein juristisches Schema zu sehen vermögen — das war es ja, was Tolstoi sein Verdammungsurteil über die Juristen fällen ließ: »daß alle diese Leute glauben, es gebe Umstände im Leben, unter denen ein unmittelbares Verhältnis des Menschen zum Mitmenschen nicht nowendig sei.«[3] Diese Haltung des Rechtsmenschen meint auch Spranger, wenn er ihm die »nächste Verwandtschaft mit dem Gelehrten« und seinem Streben nach theoretischer Allgemeingesetzlichkeit zuspricht. Ja, man ist versucht, von einer allernächsten Verwandtschaft zum Mathematiker zu sprechen. Wie der Mathematiker von der ganzen bunten Wirklichkeit nur die räumlichen und zahlenmäßigen Verhältnisse sehen darf, so darf auch der Jurist nur ganz bestimmte grobe Umrisse in dem farben- und gestaltenreichen Bild des Lebens beachten. Wirklich hat Savigny die Rechtswissenschaft als ein »Rechnen mit Begriffen« gekennzeichnet und in einer neueren Schrift, welche die Eignung zum Juristen zu ihrem Gegenstande hat, wird die These vertreten: schlechter Mathematiker — schlechter Jurist[4].

[1] Über dieses Symbol *E. v. Moeller*, Z. f. christl. Kunst, 1905, S. 107 ff., 142 ff.
([2] So behandelt in der Tat *A. B. Schmidt*, Goethe-Kreis und deutsche Rechtsgeschichte, 1935, als das rechtlich relevante in Goethes Leben dreierlei: 1. seine Nobilitierung, 2. den Erwerb des Gutes Ober-Roßla, 3. das Urheberrecht an seinen Werken!)   [3] Vgl. *Sapir*, Dostojewski u. Tolstoi, 1932, S. 78 ff.
[4] *Hollenberg*, Jurist ohne Eignung, 1931.

Das bedeutet bei weitem noch nicht: guter Mathematiker — guter Jurist. Die Entartungsform des »weltfremden Juristen« will gerade die Berufsgewohnheit bezeichnen, die schließlich verlernt hat, die strömende Fülle des Lebens überhaupt noch zu sehen, weil sie gewöhnt wurde, von ihr absehen zu müssen. Diese Entartungsform entsteht, wenn der Rechtsmensch über der Gerechtigkeit und der Rechtssicherheit der dritten Seite der Rechtsidee vergißt, der Zweckmäßigkeit. Wie sich der Rechtsmensch durch den Gedanken der Gerechtigkeit und Rechtssicherheit dem theoretischen Menschen nähert, so wird er durch den Gedanken der Zweckmäßigkeit dem sozialen, ja auch dem politischen Menschen verwandt. —

Wir orientierten bisher die Gestalt des Rechtsmenschen am objektiven Recht. Aber sie kann auch auf das subjektive Recht bezogen werden. Verkörpert sie sich in jener Beziehung vor allem im Richter, so nimmt sie in dieser Beziehung die Gestalt des Kämpfers ums Recht an. Das Rechtsgefühl[1] als das Gefühl eigenen Rechts, das ihn kennzeichnet, wird aber am schärfsten verstanden, wenn man es mit seinem Widerspiel vergleicht: dem Gewissen[2].

Man muß sich zunächst die Problematik dieser Doppelheit der ethischen Stimmen in jeder Menschenbrust recht bewußt machen, — einer ethischen Gesetzgebung, die immer nur Pflichten auferlegt, und einer andern, die zu fordern ermächtigt; der einen, die den Willen bindet, und der anderen, die ihn gerade umgekehrt entfesselt, jener, die das Interesse verabscheut und die Selbstsucht in Fesseln schlägt, und dieser, die das Interesse rechtfertigt und sich der Selbstsucht verbündet. Lauschen wir einen Augenblick ihrer Zwiesprache.

Das Gewissen spricht*: »So dir jemand einen Streich gibt auf deinen rechten Backen, dem biete den andern auch dar, und so jemand mit dir rechten will und deinen Rock nehmen, dem laß auch den Mantel.« Aber das Rechtsgefühl erwidert: »Laßt euer Recht nicht ungeahndet von anderen mit Füßen treten. Wer sich zum Wurm macht, kann nachher nicht klagen, wenn er mit Füßen getreten wird« (Kant)*. »Ich

---

[1] Über Rechtsgefühl vgl. *A. E. Hoche*, Das Rechtsgefühl in Justiz und Politik, 1932, auch *Herbert Engelhard*, i. Zeitschr. f. d. ges. Strafrechtswissenschaft, Bd. 44, S. 7 ff.)

[2] Dagegen erklärt *Isay*, Rechtsnorm und Entscheidung, 1929, S. 90, Rechtsgefühl und sittliches Gefühl für »wesenseins«, *Rümelin*, Rechtsgefühl u. Rechtsbewußtsein, 1915, S. 30, das Rechtsgefühl als »eines Stammes mit dem Gewissen«. Beide meinen aber nicht das Gefühl des *eigenen* Rechts.

§ 13 DIE PSYCHOLOGIE DES RECHTSMENSCHEN

aber sage euch«, so hebt das Gewissen von neuem an, »daß ihr nicht widerstreben sollt dem Übel!« Das Rechtsgefühl aber beharrt: »Lieber ein Hund sein, wenn ich von Füßen getreten werden soll, als ein Mensch!« (Kleist)*. Und wiederum das Gewissen: »Liebet eure Feinde, segnet die euch fluchen.« Und dagegen das Rechtsgefühl: »Der Kampf ums Recht ist ein Gebot der moralischen Selbsterhaltung« (Jhering)*. »Selig sind die Friedfertigen«, sagt das Gewissen, aber das Rechtsgefühl: »Wer das Recht auf seiner Seite fühlt, muß derb auftreten; ein höfliches Recht will gar nichts heißen« (Goethe).* Das Gewissen wird auch dadurch nicht zum Verstummen gebracht; wir können nur dem unendlichen Dialog nicht weiter zuhören, so ungern wir auch dem einen oder dem anderen Teil das letzte Wort lassen.

Wir sind, ein jeder, der Schauplatz des scheinbar unüberwindbaren Widerspruchs zweier ethischer Systeme: eines Systems der Pflicht und der Liebe, des Friedens und der Demut und eines Systems des Rechts und der Ehre, des Kampfs und des Stolzes. Seit der Annahme des Christentums geht ein Riß durch die sittliche Welt und durch das sittliche Leben jedes Einzelnen: neben unserem christlichen Gewissen steht unvermittelt unser vorchristliches Rechtsgefühl. Wir sind etwa fromme Christen und zugleich überzeugte Duellanhänger, oder wir glauben gleichermaßen an den Gott der Liebe und an das Recht zum Kriege. Bis in seine letzten Tiefen hat Ibsens dramatisierte ethische Kasuistik diesem Widerspruch unserer Seele nachgespürt; immer wieder – in Frau Alving, in Rosmer, im Baumeister Solneß – machen bei ihm die unterdrückten Rechte an das Leben ihren ethischen Anspruch gegenüber der lebensfeindlichen Tyrannei der Pflichten geltend, immer wieder lehnen sich bei ihm die »Trolle«, die alten Götter, die das Christentum zu Unholden degradiert hat, gegen die Despotie des christlichen Gewissens auf.

Erst Kant hat es vermocht, die beiden feindlichen ethischen Welten systematisch zu versöhnen durch denselben Gedankengang, dem später Jhering das Feuer seiner Beredsamkeit lieh: indem der Kampf ums Recht als der Kampf um die Möglichkeit sittlicher Pflichterfüllung, als sittliche Selbstbehauptung gekennzeichnet und dem Recht damit moralischer Pflichtgehalt verliehen wird. Das Gleichgewicht zwischen Rechtsgefühl und Gewissen, wie Kant, wie Jhering es schildert: die »bescheidene Bestimmtheit«, die sich der Dienstbarkeit des Rechts gegen die Pflicht immer bewußt bleibt, und das »robuste Gewissen«, das unter der Last der Pflichten sein Recht zu fordern nicht verlernt hat, ist nun aber zwar ein ethisches Ideal, aber keine psychische Wirklichkeit. Rechtsgefühl und Gewissen sind an derart verschiedene charakterologische Voraussetzungen geknüpft – so verschieden und unvereinbar, wie sie sich in pathologischer Reinkultur in dem Berechtigungswahn des Querulanten und dem Versündigungswahn des Melancholikers darstellen –, daß sie sich kaum je in demselben Menschen in gleicher Stärke vorfinden werden. Hat man doch Rechtsgefühl und Gewissen als das Zentrum zweier von Grund aus verschiedener Menschentypen, des Zorntypus und des Angsttypus, gekennzeichnet[1]. Der Leser mustre nur seine eigene Umgebung – auf den ersten Blick werden die, welche vornehmlich zum Gewissen, und die andern, die überwiegend zum Rechtsgefühl beanlagt sind, deutlich auseinandertreten, die Sanftmütigen und die Zornmütigen, die Gütigen und die Starken, die Heiligen und die Helden, die Duckmäuser und die Krakeeler, die Schafe und die Böcke. Deshalb werden auch nach Kant Philosophen, die sich weniger als allseitige Systematiker denn als Sittenlehrer berufen fühlen, Einseitigkeit durch entgegengesetzte Einseitigkeit zu heilen, immer wieder die Ethik ausschließlich vom Rechtsgefühl oder umgekehrt ausschließlich vom Gewissen her aufbauen, bald das Recht als die vornehmste der Pflichten preisen, bald dem Rechte jegliches Recht absprechen. Das eine hat in unsern Tagen Nietzsche getan, das andere Tolstoi. Der vornehme Mensch, sagt Nietzsche, »müsse seine Vorrechte und deren Ausübung unter seine Pflichten rechnen«. Dem Übel nicht zu widerstreben, Unrecht wehrlos zu dulden, ist nach Tolstoi unser Teil.

Aber die Seltenheit eines wohlgebildeten Rechtsgefühls erklärt sich nicht nur daraus, daß ein solches neben sich ein ebenso wohlgebildetes Gewissen fordert; es kommt vielmehr noch hinzu, daß das Rechtsgefühl, ganz anders als das Gewissen, einen rührigen Intellekt voraussetzt. Unsere Pflicht im einzelnen Fall kündigt das Gewissen an, ohne daß vorher die allgemeine Maxime, durch die sie begründet wird, in unser Bewußtsein getreten sein müßte; unser Recht wird uns dagegen immer nur durch die Besinnung auf die generelle Norm bewußt, aus der es erfließt. Denn die sittliche Norm gilt den Menschen in ihrer Vereinzelung, die rechtliche Vorschrift den Menschen in ihrem Verhältnis

[1] Vgl. *Kornfeld*, Das Rechtsgefühl, Zeitschr. f. Rechtsphilosophie, Bd. 1, 1914, S. 135 ff.

§ 13 DIE PSYCHOLOGIE DES RECHTSMENSCHEN

zueinander, und heischt die sittliche Pflicht von mir Anerkennung ohne Rücksicht darauf, ob sie auch für andere in gleicher Lage Geltung fordert, so kann ich mir begriffsnotwendig ein Recht nur dann beimessen, wenn ich es auch anderen in gleicher Lage zuzugestehen bereit bin. Ohne diese Verallgemeinerung* können Ansprüche immer nur mit dem Gefühle der Willkür, niemals mit demjenigen der Berechtigung erhoben werden. Das Rechtsgefühl verlangt also einen behenden Geist, der vom Besondern zum Allgemeinen und vom Allgemeinen wieder zum Besondern hinüberzuwechseln vermag. Den Kämpfer ums Recht kennzeichnet eine eigenartige Mischung von Intellektualismus, der allein das Einzelne in die Allgemeinheit zu erheben und so Gerechtigkeitsurteile darüber zu fällen vermag, und Leidenschaftlichkeit, die allein den abstrakten Gerechtigkeitsgedanken wieder mit dem wirksamen Feuer individuellen Lebens erfüllen kann.

Spranger hat den Kämpfer ums Recht im Gegensatz zu dem Rechtsmenschen als einen Machttypus schildern wollen. Auch der Ohnmachttypus des vergeblich, etwa mit der Rechtskraft eines unabänderlichen Urteils, Ringenden erscheint in diesem Sinne als ein gehemmter Machttypus, als eine passive Form des Machttypus. Aber damit ist der Kämpfer ums Recht nicht hinreichend charakterisiert: die Besonderheit dieses Machttypus liegt gerade darin, daß sich mit der im Dienste des Interesses wirksamen Macht die Weihe ethischen Wertes verbindet, daß Interesse und Wert, sonst immer einander entgegengesetzt, sich hier zu einem einzigen Gebilde vereinigen. Gerade darauf, daß sie die beiden entgegengesetzten Kräfte des Menschen, Wertbewußtsein und Trieb, zu einer einzigen Kraft verbindet, beruht die gewaltige explosive Wirkungskraft des Rechtsgefühls. Daraus erklärt sich auch, daß mehr als andere Gefühle das Rechtsgefühl der überwertigen Betonung und dadurch der Erkrankung ausgesetzt ist. So hat man gezeigt, daß die vielfältigen »Rentenneurosen« unserer Zeit in Wahrheit »Rechtsneurosen« sind, Erkrankungen des Rechtsgefühls[1]. Aber nicht nur in der Richtung übersteigerter Intensität, sondern auch in derjenigen der Verunreinigung vermag das Rechtsgefühl allzu leicht zu entarten. Neid, der haben möchte, was ein anderer hat, Mißgunst, die nicht dulden will, daß ein anderer habe, was man selbst nicht hat, Rachsucht, die einen andern leiden machen will, was man selbst gelitten hat, legen in Heuchelei oder Selbstbetrug das Gewand der Gleichheits- und Ge-

---
[1] Vgl. v. *Weizsäcker*, Der Nervenarzt, Jhrg. 2, 1929, S. 569 ff.

rechtigkeitsforderung an, und die in der Berechtigung enthaltene Rechtsmacht entartet zu einer Machtbegierde, die sich losgelöst vom Interesse am Gegner auswirken will. Man nennt es Schikane, wenn so das Recht ohne Rücksicht auf seine moralischen oder auch nur utilistischen Ziele, nur um seiner selbst willen verwirklicht sein will, und der »Kaufmann von Venedig«, wenn man ihn schon einmal nach berühmten Mustern auf eine rechtsphilosophische Formel ziehen will, zeigt gleich so mancher andern Geschichte vom weisen Richter, wie das Recht, in der Schikane mit sich selbst in Widerspruch geratend, sich durch eine Gegenschikane gleichsam selbst wiederherstellt — so stark ist die ihm eingestiftete sittliche Zielstrebigkeit.

Auch die Schilderung des Rechtsmenschen hat uns also wieder vergegenwärtigt, was uns in vielfältiger Auswirkung bereits begegnet ist: daß das Recht im labilen, stets bedrohten und immer neu wiederherzustellenden Gleichgewicht inmitten polarer Spannungen steht.

> Du dem die Musen von den Aktenstöcken
> die Rosenhände willig strecken,
> der zweener Herren Diener ist,
> die ärgre Feinde sind als Mammonas und Christ...
>
> *Goethe an H. P. Schlosser 1774**

§ 14
Ästhetik des Rechts*

Das Recht kann sich der Kunst und die Kunst kann sich des Rechts bedienen. Wie jede Kulturerscheinung bedarf das Recht körperlicher Ausdrucksmittel: der Sprache, der Gebärde, der Tracht, des Symbols, des Gebäudes. Wie jedes körperliche Ausdrucksmittel so unterliegt auch der körperliche Ausdruck des Rechts ästhetischer Bewertung. Und wie jede Erscheinung so kann auch das Recht als Stoff in die Kunst, in den eigentlichen Bereich ästhetischer Bewertung eingehen. Es muß also eine Ästhetik des Rechts gefordert werden[1]. Sie ist freilich nur in Ansätzen und Bruchstücken bisher ausgebildet.

In der Frühzeit der Völker, die eine Trennung und Eigengesetzlichkeit der Kulturgebiete noch nicht kennt, liegen nicht nur Recht, Sitte und Moral, Recht und Religion, sondern auch Recht und Kunst eng zusammen, ja ineinander. Für diese Zeit kann man mit *Jakob Grimm** der »Poesie im Recht«, mit *Otto Gierke** dem »Humor im Recht« oder mit *Hirzel** den mythologischen Gestaltungen der Rechtsidee, Themis und Dike, nachgehen. Mit der Sonderung der Kulturgebiete sind aber auch Recht und Kunst immer weiter auseinandergetreten, ja sogar einander feindlich gegenübergetreten. Die Dichtung ist auf das Recht nicht eben gut zu sprechen. Das Recht, das starrste unter den Kulturgebilden, und die Kunst[2], die wandlungsfähigste Ausdrucksform des wandelbaren Zeitgeistes, leben in einer natürlichen Feindschaft, die sich durch zahlreiche Äußerungen von Dichtern über

---

[1] Vgl. vor allem *Theodor Sternberg*, Einführung in die RW. I, 2. Aufl. 1912; Der Witz im Recht, Tokio 1938, S. 178 ff.; auch *Georg Müller*, Recht u. Staat in unserer Dichtung, 1924; *Hans Fehr*, Das Recht im Bilde, 1923; Das Recht in der Dichtung, 1931.

([2] Vgl. *Eugen Wohlhaupter*, Musik und Jus i. Neue Heidelberger Jahrbücher, 1941 [über Thibaut und Robert Schumann].)

das Recht[1], durch vielfache Abkehr junger Dichter vom Juristenberuf belegen läßt[2].

Vielleicht ist aber gerade durch die Sonderung des Rechts von der Kunst der spezifische ästhetische Wert des Rechts, den es nicht bloß der Beimischung aus dem ihm fremden Bereich der Kunst dankt, reiner hervorgetreten. Dies ließe sich deutlich nachweisen an der Rechtssprache, die sich erst mit dem strengen Abschluß des Rechts von andern Kulturgebieten ausbilden konnte und die gerade dadurch ihre besondere ästhetische Eigenart gewann, eine Eigenart freilich, die auf vielfachem Verzicht beruht. Die Rechtssprache ist kalt: sie verzichtet auf jeden Gefühlston; sie ist barsch: sie verzichtet auf jede Begründung; sie ist knapp: sie verzichtet auf jede Lehrabsicht. So entsteht die selbstgewählte Armut eines Lapidarstils, der unübertrefflich das selbstsichere Machtbewußtsein des befehlenden Staates zum Ausdruck bringt und der in seiner haarscharfen Genauigkeit einem Schriftsteller vom Range Stendhals zum stilistischen Vorbild dienen konnte[3].

Wenn Sprache des Rechts* der kalte Lapidarstil ist, so ist, in seltsamem Gegensatz dazu, Sprache des Kampfes ums Recht, des kämpfenden Rechtsgefühls die glühende Rhetorik. Das Rechtsgefühl verbindet in sich zwei scheinbar einander widersprechende Momente: das Gefühl, das sonst nur am Konkret-Anschaulichen zu haften pflegt, mit der abstrakten Allgemeinheit des Rechtssatzes. Für den Kämpfer ums Recht ist ja jene eigenartige Mischung von Kälte und Glut kennzeichnend, von verallgemeinerndem Intellektualismus, der den Einzelfall auf sein Prinzip zurückführt, und von individualisierender Leidenschaft, welche die Unbill, die es bekämpft, wie ein ungeheuerlich Einmaliges durchglüht. Die adäquate Ausdrucksform des Rechtskampfes ist aber die Rhetorik, deren Wesen es ist, das Allgemeine mit der Anschaulichkeit und Wirksamkeit des Besonderen auszustatten, während umgekehrt die Dichtung dem Besonderen die Symbolbedeutung eines Allgemeinen verleiht.

([1] Äußerungen von Dichtern über die Rechtswissenschaft: *Julius Rodenberg*, Der betrübte Jurist [Kneschke, Deutsche Lyriker seit 1850, S. 450 f.]: »Denn was mich quält und ängstet stündlich, Das ist vor Allem ja das Recht.« So leidenschaftlich hat nie ein Anwalt seinen Beruf verflucht, wie *J. G. Schlosser* [*Beutler*, Essays um Goethe, S. 145; ebenda über *Petrarca*].)

[2] Vgl. *Radbruch*, Einführung in die RW., 7. u. 8. Aufl. 1929, S. 207 f.

([3] Stendhal las jeden Morgen einige §§ des Code Napoléon »pour prendre le ton«. Unter seinen Mscrpt. in Grenoble sind Seiten und Seiten Abschriften aus dem Code in Stendhals Handschrift.)

§ 14 ÄSTHETIK DES RECHTS

Wiederum andere ästhetische Werte eignen dem Richterspruch und der Rechtswissenschaft. Wir begnügen uns mit einer richtigen Lösung rechtlicher Fragen, aber wir freuen uns nur an einer »eleganten« Lösung. Wenn Rudolf Sohm* an Celsus* die Fähigkeit rühmt, »an dem einzelnen Rechtsfall die allgemeine Regel zu entwickeln, welche, in knappste Sprachform gefaßt, mit der Schwungkraft eines geflügelten Wortes aufsteigend, leuchtend wie ein Blitz weithin die Landschaft erhellt«, so bekundet er seine ästhetische Freude an einer wissenschaftlichen Eigenart, die in hervorragendem Maße dem eigenen Wesen des unvergleichlichen Lehrers entsprach. Man kann jene Eleganz juristischer Lösungen auf die Formel bringen: simplex sigillum veri; sie bedeutet aber, daß Schönheit als Indiz der Wahrheit, ein ästhetischer als Maßstab eines logischen Wertes angesehen wird.

Von dieser Freude an der eleganten Auflösung scheinbar hoffnungslos verworrener juristischer Verknotungen leben die zahlreichen Geschichten von »weisen Richtern«, die dem Schrifttum aller Völker eigentümlich sind. Sie wirken durch die Überraschung, die es bereitet, die schlechthin einleuchtende Entscheidung aus unscheinbaren Worten oder Tatsachen unerwartet hervorgezaubert zu sehen.

Damit haben wir bereits den Übergang vollzogen von dem künstlerischen Ausdruck des Rechts zum Recht als Stoff der Kunst. Die Eigenschaft, die das Recht zu einem lockenden Gegenstand der Kunst machen muß, ist die ihm innewohnende vielfältige Antithetik, die Gegensätzlichkeit von Sein und Sollen, positivem und natürlichem, legitimem und revolutionärem Recht, Freiheit und Ordnung, Gerechtigkeit und Billigkeit, Recht und Gnade usw. Die Kunstformen, deren Wesen es ist, Antithetik zur Darstellung zu bringen, werden sich also besonders gern des Rechtes bemächtigen, vor allem das Drama – von Sophokles' »Antigone« bis zu Shakespeares »Kaufmann von Venedig« und »Maß für Maß«. Georg Jellinek[1] hat gezeigt, wie das Drama des Altertums die Heiligkeit und Unverbrüchlichkeit des objektiven Rechts verherrlicht, während die Sympathie des neuzeitlichen Dramas auf der Seite der Auflehnung des subjektiven Rechtsgefühls gegen die Rechtsordnung steht. Das positive Recht ist heute der Kunst entweder das harte Schicksal, an dem der Einzelne zerschellt, oder die dumpfe Gewalt, ge-

---

[1] Ausgew. Schriften u. Reden. Bd. 1, 1911, S. 208 ff. Vgl. auch *Radbruch*, Maß für Maß, Lübeckische Blätter v. 6. Sept. 1931 (Festschrift für den Lübecker Juristentag.)

gen die eine höhere Gerechtigkeit die Fahne der Empörung erhebt, vielleicht auch einfach der bürokratische Stumpfsinn, dem der Witz mit Vergnügen ein Schnippchen schlägt.

Damit ist neben dem Drama schon die andere Form angedeutet, die besonders geeignet ist, der Antithetik des Rechts Ausdruck zu gewähren: innerhalb des Schrifttums die Satire und innerhalb der bildenden Kunst die Karikatur. Ein guter Jurist würde aufhören, ein guter Jurist zu sein, wenn ihm in jedem Augenblick seines Berufslebens zugleich mit der Notwendigkeit nicht auch die tiefe Fragwürdigkeit seines Berufes voll bewußt wäre. Deshalb sieht auch der ernste Jurist gern jene Spötter, die ihm an den Rand seiner Gesetzbücher allerlei ironische Frage- und Ausrufungszeichen malen, einen Anatole France* etwa – noch lieber aber jene Grübler unter den Dichtern, die mit zweifelnder Menschlichkeit an die Fundamente der Gerechtigkeit rühren, einen Tolstoi, einen Dostojewski oder den großen Karikaturisten der Justiz, der beides ist, ein Spötter und ein Grübler, Daumier*: Nur der Banause fühlt sich in jedem Augenblick als fraglos nützliches Glied der menschlichen Gesellschaft. Der Schuhmacher des Sokrates wußte, wozu er auf der Welt sei: nämlich dem Sokrates und den Andern Schuhe zu machen; Sokrates wußte nur, daß er es nicht wußte. Uns Juristen aber ist das Schwierigste auferlegt; an unsern Lebensberuf zu glauben und doch zugleich in irgendeiner tiefsten Schicht unseres Wesens immer wieder an ihm zu zweifeln.

> Quelle vérité est-ce que ces montagnes bornent – mensonge au monde qui se tient au delà? *Montaigne**

§ 15
Die Logik der Rechtswissenschaft

Wir haben nach dem Abschluß unserer im engeren Sinne rechtsphilosophischen Betrachtungen das Recht in die Zusammenhänge der Geschichtsphilosophie, der Religionsphilosophie, der geisteswissenschaftlichen Psychologie und der Ästhetik eingestellt. In die Ethik hatten wir es schon im Rahmen der Betrachtungen über den Zweck des Rechts eingeordnet. Es bleibt übrig, über das Recht als Gegenstand der Logik, über die Methodologie der Rechtswissenschaft zu sprechen.

Wir wollen die Wissenschaften, die das Recht zu ihrem Gegenstande haben, als Wissenschaften vom Rechte bezeichnen, unter ihnen aber als Rechtswissenschaft in engerem Sinne diejenige Wissenschaft vom Rechte, die das Recht mittels der spezifisch juristischen Methode bearbeitet. Diese eigentliche Rechtswissenschaft, die systematische, dogmatische Rechtswissenschaft, kann definiert werden als die *Wissenschaft vom objektiven Sinn positiver Rechtsordnungen*, ihre Sonderstellung unter den andern Wissenschaften vom Recht ist damit gekennzeichnet.

1. Ihren Gegenstand bilden *positive* Rechtsordnungen. Sie ist Wissenschaft vom geltenden, nicht vom richtigen Recht, vom Rechte, das ist, nicht vom Rechte, das sein sollte. Sie scheidet sich dadurch ab von denjenigen Wissenschaften vom Rechte, die das seinsollende Recht zu ihrem Gegenstande haben, von der Rechtsphilosophie, der Wissenschaft vom Rechtszwecke, und der Rechtspolitik, der Wissenschaft von den Mitteln zu diesem Zwecke.

2. Die Rechtswissenschaft in engerem Sinne handelt von *Rechtsordnungen*, nicht vom Rechtsleben, von Rechtsnormen, nicht von Rechtstatsachen. Sie wird dadurch abgegrenzt gegenüber der Rechtstatsachenforschung – von der Papyrologie bis zur Kriminologie. Die Rechtsordnung, die Rechtsnormen sind unmittelbar wertbezogene Begriffe, Gegebenheiten, die ihrem Sinne nach der Gerechtigkeit dienen; das Rechtsleben, die Rechtstatsachen sind mittelbar wertbezogene Begriffe, Gegebenheiten, die ihrem Sinne nach jener Rechtsordnung, jenen

Rechtsnormen zu entsprechen haben, welche ihrerseits an der Idee der Gerechtigkeit orientiert sind.

3. Rechtswissenschaft ist Wissenschaft vom *objektiven Sinn*, nicht vom subjektiven Sinn des Rechts. Sie stellt fest, wie das Recht zu verstehen ist, nicht notwendig, wie es gemeint war. Vom Sein des Rechts, von den Gedanken, die seine Urheber hineinlegen wollten, und von den Gedanken, die die Ausleger ihm wirklich entnahmen, von dem Rechte als verursachter und ursächlich weiterwirkender Tatsache handelt nicht die Rechtswissenschaft in engerem Sinne, sondern die »Sozialtheorie des Rechts« (Georg Jellinek)[1]: Rechtsgeschichte[2*], Rechtsvergleichung, Rechtssoziologie*. –

Die Arbeit der eigentlichen, der dogmatischen, systematischen Rechtswissenschaft vollzieht sich in drei Stufen: *Interpretation*[3*], *Konstruktion* und *System*.

Das Wesen der juristischen *Interpretation* wird am deutlichsten, wenn man sie mit der philologischen Interpretation vergleicht. Die philologische Interpretation hat August Boeckh als die »Erkenntnis des Erkannten« gekennzeichnet – als das Nachdenken eines Vorgedachten. Philologische Interpretation ist auf die Feststellung einer Tatsache gerichtet, des subjektiv gemeinten Sinnes, der wirklich gedachten Gedanken wirklicher Menschen, die dem Geisteswerk zugrunde liegen, das Gegenstand der Interpretation ist – eine rein empirische Methode. Die juristische Interpretation aber richtet sich auf den objektiv gültigen Sinn des Rechtssatzes[4]. Sie bleibt nicht bei der Feststellung des vom Gesetzesverfasser gemeinten Sinnes stehen, kann dabei schon deshalb nicht stehenbleiben, weil an jedem Gesetzeswerk eine Vielheit von Urhebern beteiligt ist, also eine Mehrheit von Meinungen der Beteiligten über den Gesetzessinn möglich ist, die der Rechtsanwendung dienende juristische Auslegung aber notwendig zu einer einzigen Deutung des Gesetzes kommen muß. Aber auch wenn alle Beteiligten eines Sinnes wären, wäre damit noch nicht notwendig der maßgebliche Sinn des Ge-

---

[1] Vgl. *Kantorowicz* i. d. Erinnerungsgabe f. Max Weber I, 1923, S. 93 ff.

[2] Über das Verhältnis von Rechtsgeschichte u. Rechtsdogmatik *Franz Sommer*, Kritischer Realismus und positive RW. Bd. 1, 1929, S. 216 ff.

([3] Vgl. dazu die neuerschienene »Hermeneutik des Neuen Testaments« [1930] von *Frederik Torm*, Prof. in Kopenhagen.)

[4] *Marck*, Substanz- u. Funktionsbegriff in der RPh., 1925, S. 77 sieht in der Gegenüberstellung eines subj. und eines obj. Sinnes nur einen »graduellen Unterschied«.

setzes festgestellt. Gesetzgeber sind nicht die Gesetzesverfasser, Wille des Gesetzgebers nicht der Kollektivwille der an der Gesetzgebung Beteiligten, vielmehr der Wille des Staates. Der Staat aber spricht nicht in den persönlichen Äußerungen der an der Entstehung des Gesetzes Beteiligten, sondern nur im Gesetze selbst. Der Wille des Gesetzgebers fällt zusammen mit dem Willen des Gesetzes. Er bedeutet nur die Personifikation des Gesamtinhalts der Gesetzgebung, den Gesetzesinhalt reflektiert in ein fingiertes Einheitsbewußtsein. Der Wille des Gesetzgebers ist also nicht Auslegungsmittel, sondern Auslegungsziel und Auslegungsergebnis, Ausdruck für die apriorische Notwendigkeit einer systematisch-widerspruchslosen Auslegung der gesamten Rechtsordnung. Es ist deshalb möglich, als Wille des Gesetzgebers festzustellen, was im bewußten Willen der Gesetzesverfasser niemals vorhanden war. Der Ausleger kann das Gesetz besser verstehen, als es seine Schöpfer verstanden haben, das Gesetz kann klüger sein als seine Verfasser – es *muß* sogar klüger sein als seine Verfasser. Die Gedanken der Gesetzesverfasser haben notwendig Lücken, können sich Unklarheiten und Widersprüchen nicht immer entziehen, der Ausleger aber muß aus dem Gesetze für jeden denkbaren Rechtsfall eine klare und widerspruchslose Entscheidung entnehmen können, denn, so sagt der Code Civil* und stillschweigend mit ihm jedes andere Gesetzbuch, »ein Richter, der sich weigert, einen Bescheid zu geben unter dem Vorwand, daß das Gesetz den Fall unberührt lasse, daß es dunkel oder unzulänglich sei, kann auf Justizverweigerung belangt werden.« So ist die juristische Auslegung nicht Nachdenken eines Vorgedachten, sondern Zuendedenken eines Gedachten. Sie geht von der philologischen Interpretation des Gesetzes aus, um bald über sie hinauszugehen – wie ein Schiff bei der Ausfahrt vom Lotsen auf vorgeschriebenem Wege durch die Hafengewässer gesteuert wird, dann aber unter der Führung des Kapitäns auf freier See den eigenen Kurs sucht. Sie führt in unmerklichem Übergange von Auslegungen aus dem Geiste des Gesetzgebers zu Regeln, die der Ausleger selbst »als Gesetzgeber aufstellen würde«, wie der berühmte Einleitungsparagraph des Schweizer Zivilgesetzbuches* sagt. Sie ist ein unlösbares Gemisch theoretischer und praktischer, erkennender und schöpferischer, reproduktiver und produktiver, wissenschaftlicher und überwissenschaftlicher, objektiver und subjektiver Elemente. Soweit die Auslegung praktisch, schöpferisch produktiv, überwissenschaftlich ist, ist sie aber jeweils durch die sich wandelnden Rechtsbedürfnisse bestimmt. Der Wille des Gesetzgebers, dessen Feststellung ihr Ziel und ihr Ergebnis ist, wird deshalb nicht durch die Auslegung auf einen bestimmten Inhalt für alle Zeit fixiert, sondern bleibt fähig, auf neue Rechtsbedürfnisse und Rechtsfragen veränderter Zeitverhältnisse mit neuen Bedeutungen zu antworten, er ist nicht zu denken als der einmalige Willensvorgang, der das Gesetz hervorgerufen hat, sondern als der das Gesetz tragende wandelbare Dauerwille. »Gesetzgeber«, sagt Hobbes*, »ist nicht der, durch dessen Autorität das Gesetz zuerst gemacht wurde, sondern der, durch dessen Autorität es fortfährt, Gesetz zu sein.« Sinnbild dieser Auffassung ist die Legende, Solon habe sich, nachdem er sein Gesetzgebungswerk vollendet hatte, in die freiwillige Verbannung begeben: der empirische Gesetzgeber räumt dem nur im Gesetze selbst lebenden ideellen Gesetzgeber das Feld.

Will man diese Eigenart juristischer Auslegung richtig würdigen, so darf man sie nicht nach dem empirischen Vorbilde der philologischen Interpretation beurteilen, muß sich vielmehr erinnern, daß die philologische Interpretation ein spätes Produkt der Wissenschaftsgeschichte, die juristische Interpretation aber ungleich älteren Formen der Auslegung viel näher verwandt ist als ihr. Ursprüngliche Zeiten legen dem Wort eine von den Gedanken dessen, der es spricht, unabhängige[1], gleichsam magische Kraft bei[2]. Ihnen ist etwa das Orakelwort der Behälter eines verborgenen Sinnes[3], den, dem Uneingeweihten unerkennbar, erst seine Verwirklichung blitzartig beleuchtet. Wie viele Märchen sind nicht gegründet auf den dem Sprechenden unbewußten Doppelsinn seiner Worte! Wenn wir »Naturspiel« eine Naturerscheinung nennen, die der Zufall zum Träger eines Sinnes gemacht hat, eine Tropfsteinhöhle, die eine Säulenhalle, zwei Felsen, die Mönch und Nonne darstellen, so ist für primitive Zeiten auch das Wort ein Naturspiel, von unbewußter und ungewollter Bedeutung durchdrungen. Dann aber ist es nur folgerichtig, wenn eine solche Zeit auch die unbewußte und willenlose Natur als Träger von Sinnbedeutungen, die Na-

---

([1] Daß das Wort, das mündliche und zumal das schriftliche, sein eigenes Leben führt, nachdem es einmal in die Welt getreten, ist eine Erscheinungsform des *Animismus*.)
[2] »... wie das Wort so wichtig dort war, weil es ein gesprochen Wort war« (Goethe, Diwan).
([3] »Die Sprache ist Delphi« [Novalis, Fragmente Nr. 2057].)

turerscheinungen als Symbole ansieht[1], wenn sie nicht nur die menschlichen Geistesprodukte, sondern auch die Naturerscheinungen zum Gegenstand anthropomorpher Auslegung macht. So sagt Augustin, daß »die Kraft der Weissagung überall in der Welt verbreitet sei«, und noch Goethe: »Man freut sich mit Recht, wenn die leblose Natur ein Gleichnis dessen, was wir lieben und verehren, hervorbringt.«

Die Scholastik hat diese auf den überbewußten Sinn gerichtete Auslegungsweise zu einer wissenschaftlichen Methode erhoben. Man kennt ihre Lehre vom vierfachen Schriftsinn*:

»Littera gesta docet; quid credas, allegoria;
Moralis, quid agas; quo tendas, anagogia.«

Indem sie hinter dem buchstäblichen Sinn einen allegorischen, einen moralischen und einen anagogischen Sinn hervorholte[2], glaubte sie freilich auf Grund der Inspirationslehre*, wirklich gedachte Gedanken zwar nicht der menschlichen Verfasser der heiligen Schriften, wohl aber Gottes selber zu enthüllen[3].

Außerhalb der Wissenschaft ist dieser Auslegungsweise ein Nachleben noch bis auf unsere Tage beschieden. Die geistliche Kasualrede läßt unter dem Eindruck der Situation, der sie gilt, die einzelnen Worte heiliger Schriften ohne Rücksicht auf ihren ursprünglichen Sinn in immer neuen Bedeutungen aufleuchten. Gerade auf dem Reichtum dieser Deutungsfähigkeit beruht ja die unzerstörbare Lebendigkeit des Bibelwortes. Aber auch profanen Worten entlockt spielender Tiefsinn gern hinter dem gemeinten einen tieferen Sinn. Goethe drückt im Diwan den mehrfachen Sinn[4] in einem anmutigen Bilde aus: »Das Wort

([1] Sehr schön über die Sinnbildnatur aller Dinge in der Natur *Emerson*, Natur [Inselbuch Nr. 72] S. 28 ff., bes. S. 34, 36.)
([2] Beispiel: »*Jerusalem*« — buchstäblicher [oder historischer] Sinn: die wirkliche Stadt; allegorischer Sinn: die Kirche; moralischer [oder tropologischer] Sinn: der Idealstaat; anagogischer Sinn: das ewige Leben [die Vollendung] Vgl. die schönen Ausführungen von *Joseph Sauer*, Symbolik des Kirchengebäudes. 2. Aufl., 1924 S. 50 ff. [Die Heilige Schrift und die Symbolik]. — *Dante* deutet den Auszug der Kinder Israel aus Ägypten buchstäblich; allegorisch: als Erlösung durch Christus; moralisch: als Befreiung der Seele von der Sünde zur Gnade; anagogisch: Auszug aus der Knechtschaft des Verderbens in die ewige Freiheit der Herrlichkeit [Botticelli-Ausgabe (Phaidon) zu Tafel 36–38].)
[3] Vgl. *Hans Vollmer*, Vom Lesen und Deuten heiliger Schriften, 1907.
([4] Über den doppelten Sinn äußert sich Goethe auch in seinem Brief an Rosette Städel vom 27. 9. 1815 [Briefwechsel zwischen Goethe und Marianne v. Willemer, 3. Aufl., 1878, S. 69].)

ist ein Fächer! Zwischen den Stäben blicken ein Paar schöne Augen hervor; der Fächer ist ein lieblicher Flor.« Und in der Zeitschrift »Die Jugend« (1899, Nr. 6) fand sich das folgende schöne Wort: »Es ist für mich immer eine der reinsten Freuden gewesen, wenn sich aus der Oberflächlichkeit unbedachter Worte ein Senkblei in die Tiefen der Dinge werfen ließ und das Unsinnige den Rahmen für einen Sinn hergab, von dem es sich nichts träumen ließ. Das ist nicht heimtückische Überhebung, sondern Bescheidenheit, denn darin liegt etwas wie Trost und Hoffnung, daß auch unsere Weisheit, an deren Weisheit wir so oft zweifeln müssen, für einen uns verborgenen Sinn[1] Raum habe, den höhere Geister freundlich deutend ihr zusprechen – da doch bei dem Angeklagten in dubio immer die bessere Absicht angenommen wird.« Dieser Ausspruch ist mit den Initialen G. S. gezeichnet – er stammt von Georg Simmel![2]*

Freilich unterscheidet sich die juristische Auslegung von jenen intuitiven Formen der Auslegung durch ihre durchaus rationale Natur. Sie ist nicht magische oder mystische Auslegung, nicht ein Spiel des Tiefsinns, sondern logische Interpretation. Wenn aber der Ursprung der Logik in dem rhetorischen Unterricht der Sophisten lag, dann ist wissenschaftliche Logik ursprünglich vor allem Advokatenlogik; denn Rhetorik ist die Kunst des Beweisens und Widerlegens in der Wechselrede, vor allem in der Gerichtsrede. Solche logische Kunst des Beweisens und Widerlegens aus dem Gesetze aber fragt nicht: was hat der Gesetzgeber sich gedacht?, sondern: Was läßt sich für diese Sache aus dem Wortlaut des Gesetzes herausholen? Sie sucht nicht den vom Gesetzgeber wirklich gedachten, sondern einen ihm ansinnbaren Sinn, einen Sinn also, der dem Gesetze entnommen wird, obgleich er nicht hineingelegt wurde[3].

([1] In einem guten Buche stehen mehr Wahrheiten, als sein Verfasser hineinzuschreiben meinte [*Marie v. Ebner-Eschenbach*, Aphorismen, S. 88.] – *Hermann Bang*, Die Vaterlandslosen: Alles weiß man erst hinterher. Wir reden und wissen selbst nicht, aus welchem Winkel der Seele es kommt. Und die Worte, die wir sagen, führen uns immer weiter – einen Schritt weiter einem Ziele entgegen, über das wir uns selber nicht klar sind. [Neue Rundschau XXII, Dezember 1911, S. 1649].)

[2] Vgl. dazu *Simmel*, Hauptprobleme der Philosophie (Sammlung Göschen) 1910, S. 71 f.

[3] Vgl. *Stroux*, Summum jus, summa injuria. Ein Kapitel aus der Geschichte der interpretatio juris, 1926.

§ 15 DIE LOGIK DER RECHTSWISSENSCHAFT

Solche rationale, advokatorische Auslegung des Gesetzes nur aus dem Gesetze selber ist am nächsten verwandt jenem Biblizismus[1] der altprotestantischen Theologie, der nichts ohne die Heilige Schrift und alles auf die Heilige Schrift begründen wollte[2]. Luther selbst hat diesen Parallelismus betont: »Es ist schimpflich, wenn ein Jurist ohne Text redet, aber noch viel schimpflicher, wenn ein Theologe ohne Text redet[3].« Aber die Jurisprudenz kann sich für die Legitimität ihrer Methode nicht nur auf die immerhin fragwürdige Verwandtschaft mit einer überwundenen Methode der Theologie berufen. Sie darf sich vielmehr in der guten Gesellschaft durchaus moderner Wissenschaften fühlen.

In der Literaturwissenschaft* herrschte bis vor kurzem allein die philologische Auslegung, die Erforschung der wirklichen Gedanken des Dichters auf Grund aller seiner Äußerungen über sein Werk, seiner Entwürfe, seiner Tagebücher, seiner Briefe – die »Goethe-Philologie«. Aber diese Erforschung des subjektiv gemeinten Sinnes tritt mehr und mehr in den Hintergrund hinter einer Erforschung des objektiv gültigen Sinnes der Dichtung[4]. Dichter selbst bezeugen uns, daß sich der Gehalt ihrer Werke in jenem subjektiv gemeinten Sinne nicht erschöpft, daß dem Verfasser selbst bei späterer Lektüre des eigenen Werkes oft neue, ungeahnte Bedeutungen aufgehen. Solches Verstehen des Werkes[5] ausschließlich aus dem Werke selbst kann sich aber nicht nur auf eine einzelne Dichtung, sondern auch auf das Gesamtwerk eines Verfassers beziehen, auf sein »Oeuvre«. Dann ergibt sich aus dieser Methode eine neue Form der Biographik. Die überkommene Biographik schritt von der Persönlichkeit zum Werk, verstand das Werk als Ema-

([1] Biblizismus = altprotestantischer Neuscholastizismus. Vorher [Katholizismus] neben der Schrift die Tradition, nachher das religiöse Bewußtsein. Die Schrift als »Lehrgesetzbuch«. Lehre von den affectiones scripturae sacrae. Kritische Theologie: histor. Auslegung.)

[2] Vgl. *Radbruch*, Arch. f. Soz. W. u. SozPol., Bd. 4, S. 355 ff.

[3] *Leibniz*: »Merito partitionis nostrae exemplum a Theologia ad Jurisprudentiam transtulimus, *quia mira est utriusque Facultatis similitudo*.« Beide haben ein doppeltes Prinzip: scriptum und ratio (nach *C. Schmitt*, Erinnerungsgabe für Max Weber II, 1923, S. 27).

([4] Vgl. . . . *Heinrich Rickert*, Goethes Faust, S. 20: »den überpersönlich-künstlerischen Sinn des Werkes, der sich vom Leben des Künstlers loslösen läßt.«)

([5] *Friedrich Bollnow* [Deutsche Vierteljahrsschrift für Literaturwissenschaft und Geistesgeschichte Jg. 8 (1940) S. 117 ff.]: Was heißt einen Schriftsteller besser verstehen, als er sich selber versteht?)

nation der Persönlichkeit. Jene neue Biographik erschließt die Persönlichkeit nur aus dem Werk. Sie ist Biographik vom Werke aus. So hat uns Gundolf* Goethe geschildert: »Der Künstler existiert nur insofern er sich im Kunstwerk ausdrückt.« So Georg Simmel* Kant: Er setzt sich die Aufgabe, nicht den »realen historischen Menschen« Kant zu schildern, »sondern ein ideelles Gebilde, das nur in der Leistung selbst lebt als Ausdruck oder Symbol für den sachlichen, inneren Zusammenhang ihrer Teile.« Solcher Biographik ist der Schöpfer des Werkes nicht der verstorbene Mensch, der dieses Werk einstmals geschaffen hat, sondern der ewige Dichter oder Denker, der in diesem Werke lebt, sich wandelt, solange er lebt, und auf die neuen Fragen neuer Zeiten neue Antworten gibt – genau wie nach jenem Worte des Hobbes Gesetzgeber nicht der ist, durch dessen Autorität das Gesetz zuerst gemacht wurde, sondern der, durch dessen Autorität es fortfährt, Gesetz zu sein.

Aber nicht nur individuelle, sondern auch kollektive Geistesgeschichte vom Werke her ist möglich und üblich[1]. Philosophiegeschichte, Dogmengeschichte bemühte sich einstmals, die tatsächlichen Beeinflussungen eines Denkers durch andere Denker psychologisch festzustellen. Seit Hegel stellt sie sich dagegen die Aufgabe, ohne Rücksicht auf biographisch-psychologische Zusammenhänge die sachlichen Bezüge zwischen den Gedankensystemen zu entwickeln, ihre geschichtliche Folge zugleich als einen logischen Prozeß zu begreifen, die Entwicklung von einem System zum andern so zu verstehen, als habe sie sich in einem einzigen Bewußtsein vollzogen, den Gang des objektiven Geistes zu deuten wie das Werk *eines* Geistes – wie derselbe »Geist des Gesetzgebers« hinter dem Wechsel der Gesetze sich wandelt und doch beharrt[2].

Aber die Beispiele, die wir dem Leser vorgelegt haben, mögen immer noch nicht genügen, um den Eindruck zu zerstreuen, als sei die geschilderte Art überempirischer Auslegung ein Zauberkunststück, das aus einem Behältnis mehr und anderes herausholt, als hineingelegt worden

---

[1] Auch Rechtsgeschichte kann als Geistesgeschichte betrieben werden, als Erforschung der Bewegungen des objektiven Sinnes, und steht dann der Rechtsdogmatik näher, als das obige Schema (S. 210) erkennen läßt. Vgl. *Schönfeld*, Vom Problem der Rechtsgeschichte (Schriften d. Königsberger Gelehrtengesellschaft, 4. Jhrg. 1927), S. 351.

[2] »Toute la suite des hommes, pendant le cours de tant de siècles, doit être considérée comme un homme, qui subsiste toujours et qui apprend continuellement« (Pascal). »Die Geschichte der Wissenschaft ist eine große Fuge, in der die Stimmen der Völker nach und nach zum Vorschein kommen« (Goethe).

§ 15 DIE LOGIK DER RECHTSWISSENSCHAFT

ist. Kann man wirklich einem Geisteswerk mit dem Anspruch zu überzeugen, einen Sinn entnehmen, der von seinem Urheber nicht hineingelegt wurde? Einfache Beispiele genügen, um diese Frage zu bejahen: Auch ein Rätsel kann neben der Lösung, die sein Verfasser im Auge hatte, noch eine zweite von ihm nicht bedachte Lösung haben, die genau so richtig ist wie jene erste, und der Zug im Schachspiel hat im Zusammenhange des Spieles möglicherweise einen ganz andern Sinn, als ihn ihm der Spieler beilegte. Ein solcher Zug im Schachspiel, über den der Spielende nicht allein bestimmt, ist aber jeder Satz, den wir sprechen. »Die Sprache denkt und dichtet für uns« — das heißt: indem ich denke und spreche, füge ich meinen Gedanken in eine Gedankenwelt, die unter ihrer besonderen Eigengesetzlichkeit steht[1]. So wahr ich nicht in der Lage bin, eine Sprache und eine Begriffswelt für mich allein neu zu erzeugen, so wahr gebe ich, was ich ausspreche, den eigenen Gesetzen der Begriffswelt, in der ich mich bewegen muß, anheim, knüpfe ich mit jedem Ausspruch begriffliche Beziehungen, die ich nicht entfernt zu übersehen vermag. »Ein ausgesprochenes Wort«, sagt Goethe, »tritt in den Kreis der übrigen notwendig wirkenden Naturkräfte mit ein.« Es ist nicht anders in der geistigen als in der physischen Welt. Indem ich mich der Naturgesetze bediene, liefere ich mich ihnen zugleich aus — so werden auch die logischen Gesetze über mich Herr, sobald ich mich ihrer bediene. Der Sinn, den meine Äußerung haben sollte, ist deshalb unter Umständen durchaus nicht der Sinn, den sie hat — und zwar keineswegs etwa nur deshalb, weil es mir nicht gelungen ist, den gewollten Sinn zum Ausdruck zu bringen, vielmehr deshalb, weil jeder Sinn nur Teilsinn in einem unendlichen Sinnzusammenhang ist und in diesem Sinnzusammenhang unübersehbare Wirkungen hervorruft: »Was er webt, das weiß kein Weber.« Es ist ein zur Bescheidenheit mahnendes und doch unendlich erhebendes Bewußtsein, mit jedem seiner Gedanken sich eingefügt zu wissen einem unübersehbaren Sinnzusammenhang, in die Welt des »objektiven Geistes«, von dem jeder subjektive Geist nur Teil und Glied ist.

Aber es bedarf noch der Klärung, welches die eigenen, die »logischen« Gesetze sind, an deren Leitfaden wir den objektiven Sinn ermitteln. Verstehen bedeutet: eine Kulturerscheinung eben als Kulturerscheinung, d. h. in ihrer Beziehung auf den entsprechenden Kultur-

([1] Dichter sind Menschen, die von der Sprache beherrscht werden. Denker solche, die sie beherrschen und sich nicht von ihr verführen lassen [Arnold Zweig].)

wert sich zu eigen zu machen. Rechtswissenschaftliches Verstehen insbesondere also bedeutet: das Recht sich zu eigen machen als Verwirklichung des Rechtsbegriffs, d. h. als eine Gegebenheit, die den Sinn hat, die Rechtsidee zu verwirklichen, d. h. als einen Versuch zur Verwirklichung der Rechtsidee.

Es ergibt sich daraus für die Rechtswissenschaft die Aufgabe einer doppelten Verarbeitung ihres Stoffes, einer kategorialen Verarbeitung, welche das Recht als Verwirklichung des Rechtsbegriffs und der in ihm enthaltenen Rechtskategorien darstellt, und einer teleologischen Verarbeitung, welche das Recht als versuchte Verwirklichung der Rechtsidee schildert. Diese doppelte Verarbeitung nennt man *Konstruktion** und, wenn sie sich nicht nur auf ein einzelnes Rechtsinstitut, sondern auf das Ganze der Rechtsordnung bezieht, *System**. Es gibt deshalb eine zwiefache Konstruktion und Systematik: eine kategoriale und eine teleologische[1]. So bedeutet im Prozeßrecht die Zurückführung der Verfahrensvorschriften auf bestimmte Prinzipien, wie Verhandlungs- und Offizialmaxime, eine teleologische[2], dagegen die Erfassung des Verfahrens als eines Rechtsverhältnisses, z. B. die Lehre vom Rechtsschutzanspruch, eine kategoriale Konstruktion des Prozeßrechts. So steht am Eingang des Strafrechts die Lehre vom Strafzweck als teleologische, die Normentheorie als kategoriale Konstruktion. So wurde das Verwaltungsrecht nach der staatswissenschaftlichen Methode früher rein teleologisch behandelt, während die durch Otto Mayer* begründete juristische Methode seine kategoriale Behandlung bedeutet. So wechseln im Aufbau des Rechtssystems kategoriale und teleologische Gesichtspunkte. Kategorial ist z. B. die Unterscheidung von öffentlichem und privatem Recht, dagegen sind etwa Arbeitsrecht und Wirtschaftsrecht teleologische Begriffsbildungen. Eine rein kategoriale Disziplin ist die Allgemeine Rechtslehre. Und je nach der Betonung der kategorialen oder der teleologischen Aufgaben der Rechtswissenschaft haben im ständigen Wechsel formalistische und finalistische Epochen in der Geschichte der Rechtswissenschaft* einander abgelöst[3].

[1] Vgl. *Radbruch*, Zur Systematik der Verbrechenslehre, Festgabe für Frank Bd. 1, 1930, S. 158 ff. und dazu *Hegler*, Zum Aufbau der Systematik d. Zivilprozeßrechts, Festgabe f. Heck, Rümelin, Schmidt, 1913, S. 216 ff.

([2] *Friedrich List*, »Das nationalökonomische System der politischen Ökonomie« als Beispiel eines teleologischen Systems.)

[3] Vgl. *Hermann Kantorowicz*. Die Epochen der RWissenschaft, Die Tat, Jhrg. 6, 1914/15, S. 345 ff.

§ 15 DIE LOGIK DER RECHTSWISSENSCHAFT

Den drei oder vielmehr zwei Stufen juristischer Arbeit: Ermittlung des Sinnes und kategoriale und teleologische Weiterverarbeitung des Sinnes, Interpretation einerseits, Konstruktion und Systematik andererseits, entsprechen zwei Arten von Rechtsbegriffen: auf der einen Seite stehen die Begriffe, aus denen die Rechtssätze zusammengesetzt sind, insbesondere die Begriffe, die in den rechtlichen Tatbeständen der Gesetze vorkommen und durch Auslegung geklärt werden, die »*rechtlich relevanten Begriffe*«; auf der andern Seite die konstruktiven und systematischen Begriffe, mit denen man sich des normativen Inhalts eines Rechtssatzes bemächtigt, die »*echten Rechtsbegriffe*«. Jene Begriffe sind vorwiegend Begriffe von Tatsachen, wie etwa Sache, Wegnehmen, Absicht, diese sind Begriffe von Rechten, Rechtsverhältnissen, Rechtsinstituten, etwa den Rechten und Pflichten des Käufers und Verkäufers, dem Rechtsinstitut des Kaufes[1].

Mit den rechtlich relevanten Begriffen lehnt sich die rechtliche Begriffsbildung an vorwissenschaftliche Begriffe an. Stoff der Rechtswissenschaft ist ja nicht die formlose, amorphe Gegebenheit, sondern eine mittels vorwissenschaftlicher oder doch außerrechtswissenschaftlicher Begriffe vorgeformte Wirklichkeit. Rechtswissenschaft ist großenteils Begriffsarbeit zweiten Grades, die ihre Begriffe außerrechtswissenschaftlicher Vorarbeit dankt, z. B. den Begriff der Leibesfrucht der Biologie, den Begriff der Reblaus der Zoologie. Freilich übernimmt die Rechtswissenschaft keinen außerrechtswissenschaftlichen Begriff, ohne ihn zugleich umzuformen. Der Begriff »Leibesfrucht« lehnt sich zwar an den biologischen Begriff dieses Namens an, fällt aber nicht mit ihm zusammen. Das Recht grenzt ihn gegenüber dem Begriff des geborenen Menschen nicht nach streng biologischen Gesichtspunkten, sondern nach Rechtsbedürfnissen ab, betrachtet das menschliche Wesen als Leibesfrucht solange, als zu seinem Schutze die Abtreibungsstrafe genügt, als Mensch dann, wenn der verstärkte Schutz gegen Tötung erforderlich wird. Und der Begriff »Reblaus«, mag er auch für Zoologie und

---

[1] *Radbruch*, Der Handlungsbegriff i. d. Bedeutg. f. d. Strafrechtssystem, 1903, S. 29. Diese Zweiteilung der Rechtsbegriffe dürfte sich decken mit der »doppelten Wertbeziehung« der Rechtsbegriffe bei *Erik Wolf*, Strafrechtl. Schuldlehre I, 1928, S. 93 f.: auf den Rechtswert und auf den Rechtswissenschaftswert bezogene Begriffe. Auch die Unterscheidung von Rechtsinhaltsbegriffen und Rechtswesensbegriffen (Kelsen) dürfte mit der obigen zusammenfallen. Dagegen stellt *Somló*, Jur. Grundlehre, S. 27 ff. den Rechtsinhaltsbegriffen die juristischen Grundbegriffe, d. h. nur die *apriorischen* Rechtsbegriffe gegenüber.

Rechtswissenschaft den gleichen Umfang haben, ist für sie beide doch dem Inhalte, den Merkmalen nach verschieden bestimmt: für die Rechtswissenschaft ist die für die Zoologie ganz unwesentliche Eigenschaft der Reblaus als Weinbergschädling das wesensbestimmende Merkmal. Naturalistische Begriffe erleiden also, wenn die Rechtswissenschaft sie übernimmt, eine teleologische Umformung[1]. Diese Betrachtung zeigt zugleich, daß die drei Stufen juristischer Arbeit sich ineinander verschieben, daß die Auslegung nicht lediglich Voraussetzung der Konstruktion und Systematik ist, sondern die teleologische Konstruktion und Systematik ihrerseits vielfach zur Voraussetzung hat. —

Das Wesen rechtswissenschaftlicher Arbeit ist nunmehr soweit geklärt, daß wir uns anschicken können, die Rechtswissenschaft in das System der Wissenschaften einzuordnen, wie es sich nach den Ausführungen am Eingang dieses Buches (§ 1) darstellt. Rechtswissenschaft ist *verstehende Kulturwissenschaft*[2] und als solche durch drei Merkmale gekennzeichnet: sie ist *verstehende*, *individualisierende* und *wertbeziehende* Wissenschaft.

1. Die Rechtswissenschaft ist eine *verstehende* Wissenschaft, nicht auf die Tatsächlichkeit irgendeines gemeinten Sinns, sondern auf die objektiv gültige Sinnbedeutung der Rechtssätze gerichtet. Früher (oben § 10) schon entwickelte Sätze müssen hier in die Erinnerung zurückgerufen werden! Rechtssätze sind Imperative. Der Imperativ ist Äußerung eines Wollens. Der objektive Sinn eines Wollens ist aber ein Sollen. Man kann den Bedeutungsgehalt eines Willensvorganges, ohne auf die Tatsächlichkeit seiner Gewolltheit einzugehen, gar nicht anders ausdrücken als mit einem Sollen. Gegenstand der Rechtswissenschaft sind Fakta, Rechtsimperative, Wollenssätze, aber da diese Fakta von der Rechtswissenschaft nicht als solche, sondern nach ihrem objektiven Sinn betrachtet werden, werden sie von ihr wie Sollenssätze, Normen behandelt. Man kann dies dahin ausdrücken, daß die Rechtswissenschaft den Gegenstand einer Seinswissenschaft und die Methode einer Normwissenschaft habe[3], wenn man darüber nicht vergißt, daß sie letzten Endes Seinswissenschaft und zwar Kulturwissenschaft bleibt.

[1] Vgl. *Schwinge*, Teleologische Begriffsbildung im Strafrecht, 1930 und schon die zahlreichen Beispiele in der 1. Aufl. dieses Buches S. 198 ff.
[2] So außer den oben S. 25 Anm. 1. Zitierten, insbesondere *Erik Wolf*, Strafr. Schuldlehre I, S. 73 ff. (Vgl. jetzt *Bruno Leoni*, Il problema della scienza giuridica, 1940 [insbesondere Auseinandersetzung mit mir!].)
[3] Gegen diese Charakterisierung *Kelsen* in Schmollers Jb. Bd. 40, 1916, S. 1225 ff.

§ 15 DIE LOGIK DER RECHTSWISSENSCHAFT

2. Als Kulturwissenschaft ist aber die Rechtswissenschaft weiter *individualisierende* Wissenschaft. Es mag befremden, daß gerade die Rechtswissenschaft, von der der Begriff des Gesetzes seinen Ursprung nahm, nicht als Gesetzeswissenschaft, als generalisierende, sondern als individualisierende Wissenschaft bezeichnet wird[1]. Gewiß ist der einzelne Rechtssatz seinem Wesen nach generell. Gegenstand der Rechtswissenschaft aber sind nicht die einzelnen Gesetze, sondern die Rechtsordnung, zu der sich diese einzelnen Gesetze zusammenfügen, das »historische und damit individuelle System«[2], und die Rechtswissenschaft hat nicht die Aufgabe, über die Besonderheit des einzelnen, deutschen oder französischen, Rechtssystems hinaus zu allen Rechtsordnungen gemeinsamen Sätzen vorzudringen, sondern eben diese Rechtsordnungen in ihrer Individualität zu verstehen[3]. Ferner ist aber der einzelne Rechtsfall nicht nur Beispiel eines allgemeinen Gesetzes, wie für die Naturwissenschaft, sondern gerade umgekehrt das Gesetz nur um der Entscheidung der Einzelfälle willen da und in diesem teleologischen Sinne in der Tat das Recht nicht die Gesamtheit der Normen, sondern die Gesamtheit der Entscheidungen[4]. Daraus ergibt sich das besondere Interesse, das der Jurist gerade dem Umfang, den Grenzen und Grenzfällen des Gesetzes zuwendet. Es beweist, daß ihn das Gesetz nicht sowohl als eine allgemeine Aussage interessiert wie den Naturforscher, wie als eine denkökonomische Zusammenfassung vieler Einzelaussagen. Trotz des Gesetzescharakters des Rechts ergibt sich der idiographische Charakter der Rechtswissenschaft.

3. Indiviualisierende Wissenschaften würden nun aber in der Fülle individueller Tatsachen ertrinken, wenn ihnen nicht ein Kriterium zur Verfügung stünde, unter diesen individuellen Tatsachen wesentliche und unwesentliche zu unterscheiden. Dieses Kriterium ist die *Wertbeziehung*. Eine Kulturwissenschaft nimmt nur diejenigen Tatsachen in

---

([1] Über die individuelle Rechtsordnung als einen nicht normativistischen Ordnungsbegriff *Carl Schmitt,* Die drei Arten des rechtswissenschaftlichen Denkens, 1934, bes. S. 13, 24.)

[2] *Schönfeld,* Vom Problem d. Rechtsgeschichte, S. 324.

[3] Die Einheit des apriorischen Kategoriensystems, mittels dessen die Vielheit der nationalen Rechtsordnungen verarbeitet wird, macht die scheinbar national gespaltene Rechtswissenschaft doch wieder zu einer unsichtbaren Einheit, die man in diesem Sinne mit *Max Salomon* (Grundlegung der RPh.) als »Rechtsproblematik« charakterisieren kann.

[4] *Isay,* Rechtsnorm u. Entscheidung, S. 29.

sich auf, die zu den Kulturwerten, an denen sie orientiert ist, in freundlicher oder auch in feindlicher Beziehung als Wertverwirklichungen oder als Wertverfehlungen, als Wertförderungen oder als Werthemmungen stehen. Diese Wertbeziehung bedeutet aber zugleich die Wandelbarkeit des Gegenstandes der Kulturwissenschaften. Jede Umwertung der Werte, auf die bezogen wird, bedeutet zugleich eine Umschichtung der Gegenstände, die auf sie bezogen werden. Jedes neue Zeitalter entzieht bisher wertbezogenen Tatsachen ihre Wesentlichkeit und läßt umgekehrt bisher gleichgültige Tatsachen in die Wertbezogenheit emportauchen, für jedes Zeitalter verschiebt sich z. B. die Abgrenzung zwischen den geschichtlichen und den bloß antiquarischen Tatsachen – jedes Zeitalter schreibt die Geschichte neu[1]. So ist es auch kein Wunder, daß jedes Zeitalter seine Rechtswissenschaft neu schreiben muß. Kirchmann* glaubte in seinem berühmten Vortrage über »Die Wertlosigkeit der Jurisprudenz als Wissenschaft« den Wissenschaftscharakter der Jurisprudenz mit den berühmt gewordenen Worten erledigen zu können: »Drei berichtigende Worte des Gesetzgebers und ganze Bibliotheken werden zu Makulatur[2].« Und schon Pascal* hat gesagt: »Es gibt fast nichts Gerechtes und Ungerechtes, dessen Eigenschaft nicht mit dem Wechsel des Klimas wechselt. Drei Breitengrade weiter vom Pol stürzt die ganze Jurisprudenz um. Ein Meridian entscheidet über die Wahrheit, ein paar Jahre über den Besitz. Die Grundgesetze wechseln: das Recht hat seine Zeitalter. Komische Gerechtigkeit, der ein Fluß oder ein Gebirge Grenzen setzt! Wahrheit diesseits der Pyrenäen, Irrtum jenseits!« Aber diese Wandelbarkeit des Gegenstandes der Rechtswissenschaft nach Zeit und Ort ist nach dem Gesagten kein Beweisgrund gegen ihre Wissenschaftlichkeit – mit gleichem Rechte müßte man dann auch die Wissenschaftlichkeit der Geschichte leugnen. Man möchte freilich geltend machen, daß in solchen Worten nicht schon die Wandelbarkeit ihres Gegenstandes, sondern dessen willkürliche Wandelbarkeit gegen die Jurisprudenz als Wissenschaft geltend gemacht werden sollte. Aber jener Federstrich des Gesetzgebers, durch den der Rechtswissenschaft ein alter Gegenstand entzogen und ein neuer Gegenstand gegeben wird, ist nicht »willkür-

---

([1] Darüber, daß und warum »die Weltgeschichte von Zeit zu Zeit umgeschrieben werden müsse«, *Goethe*, Werke Bd. 40, S. 200 [Geschichte der Farbenlehre].)
[2] Über Kirchmann neben zahlreichen Apologien der Rechtswissenschaft vor allem *Sternberg*, J. H. v. Kirchmann, 1908.

§ 15 DIE LOGIK DER RECHTSWISSENFCHAFT

licher« als der Federstrich des Dichters, der die ästhetischen Werturteile ändert und damit die Literaturgeschichte neu zu schreiben zwingt, als der Schwertstreich des Feldherrn, der die politischen Werturteile ändert und damit eine neue politische Geschichtsschreibung fordert. Jener Federstrich ist nur ein diktierter Federstrich, diktiert von der Geschichte. Der einzige Unterschied der Wandelbarkeit des rechtswissenschaftlichen von der Wandelbarkeit etwa des geschichtswissenschaftlichen Gegenstandes ist der, daß sich dort die Wandlung schlagartig durch einen geschichtlichen Akt, hier meist, aber keineswegs immer, durch eine längere geschichtliche Entwicklung vollzieht. –

Mit diesen Betrachtungen endet der Allgemeine Teil der Rechtsphilosophie. Es gilt nunmehr, die Schlüsselprobleme der einzelnen Rechtsgebiete rechtsphilosophischer Betrachtung zu unterziehen. Da es keinen einzigen Gegenstand gibt, der nicht sowohl einzelwissenschaftlich wie philosophisch behandelt werden könnte, haftet der Auswahl der behandelten Fragen notwendig eine gewisse Willkür an. Sie ist durch den Gedanken mitbestimmt, die Fruchtbarkeit der im Allgemeinen Teil entwickelten Begriffe an dafür besonders geeigneten Problemen darzutun. Bevor jedoch jene Spitzenfragen der verschiedenen Rechtsgebiete in Angriff genommen werden, gilt es, die Grundeinteilung alles Rechts rechtsphilosophisch zu klären.

II. BESONDERER TEIL

> Jus privatum sub tutela juris publici latet.
> *Bacon**

§ 16
Privates und öffentliches Recht

Die Begriffe »privates« und »öffentliches Recht« sind nicht positivrechtliche Begriffe, die einer einzelnen positiven Rechtsordnung ebensogut fehlen könnten, sie gehen vielmehr logisch jeder Rechtserfahrung voran und verlangen für jede Rechtserfahrung von vornherein Geltung. Sie sind *apriorische Rechtsbegriffe*. Nicht in dem Sinne, daß der Unterschied privaten und öffentlichen Rechts von jeher erkannt worden wäre — das alte deutsche Recht kannte ihn nicht, erst die Rezeption des römischen Rechts hat ihn gebracht[1]. Auch nicht in dem Sinne, daß jede Rechtsordnung sowohl Gebiete öffentlichen wie Gebiete privaten Rechtes aufweisen müßte — der Sozialismus würde fast völliges Aufgehen des privaten Rechts im öffentlichen Recht bedeuten[2], der Anarchismus verlangt eine rein privatrechtliche Rechtsordnung. Noch weniger in dem Sinne, daß die Grenze zwischen privatem und öffentlichem Recht überall gleich verlaufen müßte — dieselben Erscheinungen, z. B. das

([1] In der Seminarsitzung vom 6. Juli 1932 wird mir der Einwand gemacht, das mittelalterliche und das angelsächsische Recht würden vergewaltigt, wenn man sie mittels der angeblich apriorischen Kategorien »öffentliches« und »privates« Recht verarbeiten wollte. Ich antworte: gewiß würde man diesen Rechtsordnungen als historischen und nationalen Individualitäten nicht gerecht, wenn man sie in öffentliches und privates Recht aufgliederte. Aber das betrifft nur die historische, die rechtsvergleichende Betrachtung. Ob nicht die *dogmatische* Entfaltung auch dieser Rechte dadurch gefördert würde, müßte erst der Versuch zeigen. Ich verwies weiter auf meine kritische Schilderung des mittelalterlichen Rechtes in der Einführung« mittels dieser Kategorien — dadurch gerade tritt sein Charakter erst klar hervor und wird sein Versagen verständlich [vgl. dazu die Einwendungen *v. Belows*, Der deutsche Staat des Mittelalters I, Register unter Radbruch].)
([2] Ein »sehr bekannter faschistischer Staatsrechtslehrer« sagte: il diritto privato è una porcheria [*Fritz Ermarth*, Der Faschistisch-korporative Staat, S. 51 n. 4].)

§ 16 PRIVATES UND ÖFFENTLICHES RECHT

Arbeitsverhältnis, sind bald privaten, bald öffentlichen Rechts. Endlich auch nicht in dem Sinne, daß jedes Rechtsgebiet eindeutig dem privaten oder dem öffentlichen Rechte müßte zugesprochen werden können — im Arbeitsrecht, im Wirtschaftsrecht liegen privates und öffentliches Recht in unauflöslicher Gemengelage[1]. Vielmehr sind die Begriffe »privates« und »öffentliches Recht« nur in dem Sinne apriorisch, daß in bezug auf jeden einzelnen Rechtssatz sinnvoll die Frage gestellt und die Antwort verlangt werden kann, ob er dem privaten oder dem öffentlichen Rechte angehöre[2].

Apriorische Rechtsbegriffe müssen aber aus dem apriorischen Begriff des Rechts ableitbar sein. In der Tat ist die Unterscheidung privaten und öffentlichen Rechts im Rechtsbegriff selber verankert. Mit dem Recht als einem Inbegriff positiver Normen ist das Vorhandensein einer normsetzenden Stelle vorausgesetzt. Sollen aber die von ihr für das Zusammenleben der Einzelnen gesetzten, also privatrechtlichen Sätze dem Daseinsgrunde alles positiven Rechtes: der Rechtssicherheit wirklich Genüge tun, so muß auch die normsetzende Stelle selber an sie gebunden sein — diese Bindung der normsetzenden Stelle gegenüber den Normadressaten, eine Bindung im Verhältnis der Über- und Unterordnung, ist aber notwendig öffentlichen Rechts.

Nicht nur im Rechtsbegriff, sondern schon in der Rechtsidee ist aber die Unterscheidung privaten und öffentlichen Rechts angelegt. Wenn die Gerechtigkeit entweder ausgleichende oder austeilende Gerechtigkeit, d. h. entweder Gerechtigkeit zwischen Gleichgeordneten oder Gerechtigkeit im Verhältnis der Über- und Unterordnung ist, so weist die Gerechtigkeit selber bereits auf ihre beiden Substrate hin, auf das private und auf das öffentliche Recht. —

Die Begriffe »privates« und »öffentliches Recht« sind also apriorisch; das Wert- und Rangverhältnis öffentlichen und privaten Rechts aber ist der geschichtlichen Wandlung, der weltanschaulichen Wertung unterworfen.

---

[1] Auch die von *Kelsen*, Arch. f. Soz. Wiss. u. Soz. Pol., Bd. 66, 1931, S. 495, mit Recht hervorgehobene Tatsache, daß der Begriff des Privatrechts vielfach als spanische Wand dienen müsse, hinter der sich Herrschaftsverhältnisse, wie das des Arbeitgebers, in Wahrheit Verhältnisse öffentlichrechtlicher Natur verbergen, kann an der Apriorität dieser Begriffe nichts ändern.
[2] Die gleiche Fragestellung bei *W. Burckhardt*, Organisation der Rechtsgemeinschaft, 1927, S. 10 ff. Gegen die Apriorität auch *E. Kaufmann*, Neukantische RPh., 1921, S. 86 f.

Für den *Liberalismus* ist das Privatrecht die Herzkammer allen Rechts, das öffentliche Recht ein schmaler schützender Rahmen, der sich um das Privatrecht und vor allem das Privateigentum legt. Die Erklärung der Menschen- und Bürgerrechte von 1789 sieht zwar in der Krone eine von der Nation widerruflich übertragene Vollmacht zum Nutzen aller, nicht zum eigenen Vorteil des Monarchen, im Privateigentum aber ein natürliches, unverjährbares, unverletzliches, geheiligtes Recht: der absolute Herrscher mußte den Thron nur räumen, damit ihn das absolute Kapital besteigen konnte.

Dieses vom Liberalismus angenommene Rangverhältnis des privaten und des öffentlichen Rechts findet seinen gedanklichen Ausdruck in der Lehre vom Gesellschaftsvertrage. Sie bedeutet »eine Vermittlung zwischen Privatrecht und öffentlichem Recht«[1], den Versuch, die Über- und Unterordnung im Staate auf eine Vereinbarung der ursprünglich gleichgeordneten Einzelnen zurückzuführen, d. h. das öffentliche Recht fiktiv in Privatrecht aufzulösen. Der auf die Spitze getriebene Liberalismus aber, der Anarchismus nämlich, will nicht nur fiktiv, sondern real das öffentliche Recht in Privatrecht auflösen. Indem er keine Bindung anerkennen will, die nicht Selbstbindung wäre, macht er die Lehre vom Gesellschaftsvertrage nicht nur zur Staatstheorie, sondern zum Organisationsprinzip des gesellschaftlichen Zusammenlebens.

Positivrechtlich aber prägt sich die liberale Auffassung von dem Rangverhältnis des privaten zum öffentlichen Recht in dem Eindringen privatrechtlicher Koordinationsvorstellungen in das öffentliche Recht aus, das zum Wesen des Rechtsstaats gehört. Der Staat stellt sich als Fiskus selbst unter das Privatrecht. Er tritt im Straf- und Verwaltungsprozeß mit den Einzelnen auf die gleiche Stufe als Prozeßpartei. Die umstrittene Rechtsfigur des öffentlich-rechtlichen Vertrages würde bedeuten, daß bei ihm der Staat sich auf die gleiche Rechtsebene wie der Einzelne stellt.

Die genau umgekehrten Folgerungen gelten für die entgegengesetzte Auffassung vom Vorrange des öffentlichen vor dem Privatrecht. Von diesem Standpunkte erscheint das Privatrecht nur als ein der Privatinitiative vorläufig und widerruflich belassener Spielraum inmitten des allumfassenden öffentlichen Rechts, gewährt in der Erwartung pflichtgemäßen Gebrauchs, entziehbar, sobald diese Erwartung sich nicht erfüllen sollte. Es ist der *überindividualistisch-konservative*

---

[1] L. v. Ranke, Politisches Gespräch, Ausgabe v. 1924, S. 34.

Standpunkt, jedoch stimmt mit ihm in dieser Frage der *individualistisch-soziale* Standpunkt grundsätzlich überein. Die Motive für den Vorrang des öffentlichen Rechts sind verschieden: dort endgültiger Vorrang des Staates vor den Einzelnen, hier Vorrang des Staates als Schützers der wirtschaftlich schwächeren Einzelnen; aus diesen verschiedenen Motiven ergibt sich aber das gleiche Rangverhältnis zwischen privatem und öffentlichem Rechte.

Die sozialrechtliche Auffassung dieses Verhältnisses folgt aus dem Wesen des Sozialrechts, seiner Abzielung auf den Einzelnen als Gesellschaftswesen[1]. Indem das soziale Recht[2] die gesellschaftliche Differenziertheit der Einzelnen, ihre soziale Macht- oder Ohnmachtstellung sichtbar macht und dadurch ihre Berücksichtigung durch das Recht, die Stützung sozialer Ohnmacht und die Beschränkung sozialer Übermacht allererst ermöglicht, setzt es an Stelle des liberalen Gedankens der Gleichheit den sozialen Gedanken der Ausgleichung, bringt es an Stelle der kommutativen die distributive Gerechtigkeit zur Geltung, ersetzt es, da die Ausgleichung durch die distributive Gerechtigkeit notwendig eine übergeordnete Stelle über den Einzelnen voraussetzt, die Selbsthilfe durch Hilfe der organisierten Gesellschaft, insbesondere Staatshilfe. Das bedeutet aber, daß auch hinter den privatesten Rechtsbeziehungen der Einzelnen und den daran beteiligten Privatpersonen als dritter und Hauptbeteiligter die große Gestalt der organisierten Gesellschaft, des Staates, auftaucht, beobachtend, eingriffsbereit und häufig eingreifend, daß auch das privateste Rechtsverhältnis als eine Angelegenheit nicht nur der daran beteiligten Privatpersonen, sondern als ein gesellschaftliches, d. h. aber als ein öffentlich-rechtliches Rechtsverhältnis erfaßt wird.

In einer sozialen Rechtsordnung liegen deshalb privates und öffentliches Recht nicht mit scharfen Grenzen nebeneinander, sie verschieben sich vielmehr ineinander. Diese Gemengelage, diese Durchwachsung des privaten mit öffentlichem Recht vollzieht sich vor allem in den neuen Rechtsgebieten des Arbeits- und des Wirtschaftsrechts. Wenn

---

[1] Auf diesen Zusammenhang macht aufmerksam *Kaspar Anraths,* Das Wesen der sog. freien wissenschaftlichen Berufe, 1930, S. 8 ff.

[2] Über die mannigfachen Bedeutungen dieses Wortes *Gurvitch,* L'Idée du Droit Social, 1931, S. 154 ff. Die *hier* vertretene Auffassung des sozialen Rechts steht am nächsten der Auffassung von *Duguit,* Les Transformations du droit privé depuis le Code Napoléon, 2. Ed., 1920.

mit den Mitteln sozialer Ausgleichung durch eine Macht über den Einzelnen jenes soziale Ohnmacht stützen, dieses sozialer Übermacht Schranken ziehen will, so müssen in beiden öffentliches und privates Recht zwar unterscheidbar, aber unscheidbar zusammenliegen.

Was sich hinsichtlich des objektiven Rechts als Publizierung des Privatrechts darstellt, erscheint im Hinblick auf das subjektive Recht als Durchdringung der privaten Berechtigung mit sozialem Pflichtgehalt, wie sie programmatisch etwa in dem Eigentumsartikel der Reichsverfassung* von 1919 zum Ausdruck kommt: »Eigentum verpflichtet. Sein Gebrauch soll zugleich Dienst sein für das Gemeine Beste.« Das soziale Recht zeigt also eine ähnliche Struktur wie das Lehnrecht des Mittelalters. Auch dieses verlieh Rechte als materielle Grundlage von Diensten, mit der Wirkung freilich, daß in der Folge nicht das Recht um des Dienstes willen verliehen, sondern das Amt auf das Recht gegründet und selbst als ein Vorrecht erschien. Aber das soziale Recht der Gegenwart ist vor einer ähnlichen Entartung dadurch geschützt, daß der Pflichtgehalt der Berechtigung unter rechtliche Garantien gestellt ist, wäre es auch nur unter die Garantie einer tatbereiten Gesetzgebung, die stets auf dem Posten ist, Rechte, die nicht pflichtgemäß ausgeübt werden, zu beschränken oder zu entziehen. So wurde über dem Privateigentum von der Weimarer Verfassung das Damoklesschwert der Enteignung, der Sozialisierung aufgehängt (Art. 153, 155, 156).

Der Charakter einer Rechtsordnung drückt sich durch nichts so deutlich aus wie durch das Verhältnis, in das sie öffentliches und privates Recht zueinander stellt, und durch die Weise, wie sie die Rechtsverhältnisse zwischen Privatrecht und öffentlichem Recht aufteilt[1]. Die Überwindung des Feudalismus fiel mit der Bewußtwerdung des Unterschieds von privatem und öffentlichem Recht zusammen. Die Entwicklung zum Polizeistaat offenbarte sich in der Befreiung des öffentlichen Rechts von privatrechtlichen Verunreinigungen, die parallele Entwicklung der Anfänge des Rechtsstaats umgekehrt in der Befreiung des Privatrechts aus öffentlich-rechtlichen Bindungen. So offenbart sich umgekehrt die nicht minder epochale Wandlung liberalen in soziales Recht, inmitten deren wir uns befinden, in neuen öffentlich-rechtlichen Beschränkungen, die dem privaten Rechte, die insbesondere der Eigentums- und Vertragsfreiheit auferlegt werden.

[1] Vgl. *Martin Drath*, Das Gebiet des öffentlichen und des privaten Rechts, Zeitschr. f. soziales Recht, Jhrg. 3, 1931, S. 229 ff.

> Erst wenn der wirkliche individuelle Mensch den abstrakten Staatsbürger in sich zurücknimmt und als individueller Mensch in seinem empirischen Leben, in seiner individuellen Arbeit, in seinen individuellen Verhältnissen Gattungswesen geworden ist, ... erst dann ist die menschliche Emanzipation vollbracht.
> *Karl Marx*

§ 17
Die Person

Wenn dem Begriffe des Rechtes mit dem Gedanken der Ordnung auch der Zweckgedanke innewohnt, wenn deshalb nicht nur das Verhältnis von Mittel und Zweck, sondern auch der Gedanke eines Zweckes der Zwecke, eines End- und Selbstzwecks als unentbehrliche rechtliche Denkform mit dem Rechtsbegriff selber gesetzt ist, dann muß man den Begriff der Person, des Rechtssubjekts, als eine nicht auf die Rechtserfahrung gegründete und beschränkte, sondern denknotwendige und allgemeingültige Kategorie der juristischen Betrachtung ansehen[1]; denn »Rechtssubjekt ist ein Wesen, das von einem bestimmten geschichtlich gegebenen Rechte im Sinne eines Selbstzwecks erachtet wird, Rechtsobjekt dagegen, das in gleicher Lage als bloßes Mittel zu bedingten Zwecken behandelt ist«[2].

Selbstzwecke schließen eine Rangordnung untereinander aus. Der Personbegriff ist deshalb ein Gleichheitsbegriff. Schon oben (im § 8) wurde gezeigt, daß der Individualismus, wenn er den Einzelmenschen als solchen Endzweck rechtlicher Ordnung betrachtet, in ihm nicht die konkrete Individualität sieht, daß vielmehr das Individuum des Individualismus ein individualitätsloses Individuum, nichts weiter als die individualisierte menschliche Freiheit ist und daß mit dieser individualitätslosen Freiheitskonkretion zugleich die Gleichheit aller Indivi-

---

([1] Gegen R. *Höhn* [Verneinung der Staatsperson] sagt *Hans Herz* in seiner Besprechung [Aschaffenburgs MoSchr. Jg. 25, S. 628 ff.] mit Recht, juristische Person sei nicht ein [individualistischer] Rechts*inhalts*-, sondern wie Recht, Pflicht usw. ein Rechts*form*begriff. »Solange der Staat überhaupt ein Rechtsbegriff ist, ... solange muß er als juristische Person aufgefaßt werden.« [=Zurechnungsendpunkt].)

[2] *Stammler*, Unbestimmtheit des Rechtssubjekts, 1907, S. 28 f.; Theorie der Rechtswissenschaft, 1911, S. 194 ff.

duen gesetzt ist. Wir sahen aber auch schon, wie sich gegen diesen Begriff eines seiner Eigenart enkleideten und deshalb auch seiner Vergesellschaftung enthobenen Individuums der individualistischen Rechtsauffassung die sozialrechtliche Denkweise auflehnte, wie sie es durch den konkreten und vergesellschafteten Menschen, etwa den Arbeitgeber und den Arbeitnehmer, den Arbeiter und den Angestellten in ihrer sozialen und wirtschaftlichen Machtverschiedenheit ersetzt.

Aber unberührt von dieser Entwicklung bleibt der Begriff der Person ein Gleichheitsbegriff, in dem der Mächtige und der Machtlose, der Besitzende und der Nichtbesitzende, die schwache Einzelperson und die mammutstarke Verbandsperson miteinander gleichgesetzt werden. Ohne diesen Gleichheitsbegriff wäre Privatrecht undenkbar, denn Privatrecht ist, wie wir sahen, das Gebiet der ausgleichenden Gerechtigkeit, d. h. des Gleichmaßes ausgetauschter Leistungen, Leistungen aber sind miteinander kommensurabel nur, wenn die Subjekte, die sie austauschen, als gleich gesetzt werden[1]. Individualistische und soziale Rechtsauffassung müssen daher gleichermaßen von dem Gleichheitsbegriff der Person ausgehen. Die soziale Auffassung löst nicht etwa diesen Gleichheitsbegriff in die unterschiedlichen Typen des Arbeitgebers, Arbeitnehmers, Arbeiters, Angestellten auf. Arbeitgeber, Arbeitnehmer, Arbeiter, Angestellter zu sein sind ihr nur verschiedene Situationen, in denen die als gleich gedachten Personen stehen. Wenn nicht im Hintergrunde jener sozialen Typen der Gleichheitsbegriff der Person stünde, so fehlte es an dem Generalnenner, ohne den eine Vergleichung und Ausgleichung, ohne den Erwägungen der Gerechtigkeit, ohne den Privatrecht und vielleicht überhaupt Recht nicht denkbar wären.

Diese Betrachtungen zeigen bereits die »Künstlichkeit des Rechtssubjekts gegenüber dem realen Vollsubjekt.«[2] Die rechtliche Gleichheit, die gleiche Rechtsfähigkeit, die das Wesen der Person ausmacht, wohnt Menschen und menschlichen Verbänden nicht inne, sondern wird ihnen erst von der Rechtsordnung beigelegt. Niemand ist Person von Natur oder von Geburt – das zeigt schon die Rechtseinrichtung der Sklaverei. Person zu sein, ist das Ergebnis eines Personifikationsakts der Rechts-

[1] »Um die Dinge als Waren aufeinander zu beziehen, müssen die Warenhüter sich zueinander als Personen verhalten«, sagt *Karl Marx*. Vgl. dazu *Paschukanis*, Allg. Rechtslehre u. Marxismus, 1929, S. 87 ff.

[2] Vgl. *Marck*, Substanz- und Funktionsbegriff in der Rechtsphilosophie, 1925, S. 117.

ordnung. Alle Personen, die physischen wie die juristischen, sind Geschöpfe der Rechtsordnung. Auch die physischen Personen sind im strengsten Sinne »juristische Personen«. Über die »fiktive«, d. h. künstliche Natur aller, der physischen wie der juristischen Personen ist also ein Streit nicht möglich. Das Problem der juristischen Person – fingierte Person oder reale Verbandsperson? – Ist vielmehr das Problem ihres metajuristischen Substrats. Steht, wie hinter der physischen Person der Mensch, so auch hinter der juristischen Person eine vorjuristische Wesenheit, die das Recht vorfindet und mit Rechtspersönlichkeit nur ausstattet? – das ist das Problem, um das der Streit über das Wesen der juristischen Person geht.

Welcher Art diese Wesenheit allein sein kann, sagt uns der diesen Betrachtungen vorangestellte rechtsphilosophische Personbegriff: Person sein, heißt Selbstzweck sein. Der Mensch ist also Person nicht weil er ein leiblich-seelisches Lebewesen ist, sondern weil er, nach Ansicht der Rechtsordnung, einen Selbstzweck darstellt. So bedarf es auch zum Nachweise der Anwartschaft von Personenverbänden auf die juristische Persönlichkeit nicht des Nachweises, daß sie gleich Menschen biologische Wesenheiten, Organismen seien, vielmehr nur des Nachweises, daß sich auch in ihnen wie in den Einzelmenschen Selbstzwecke darstellen. Die »organischen« Theorien der juristischen Person suchen dagegen statt eines teleologischen ein biologisches Substrat der juristischen Person, hypostasieren Zweckeinheiten zu naturalistischen Gebilden oder verbergen bestenfalls teleologische Feststellungen hinter einer naturalistischen Sprache. Freilich heißt es auch in der oben angeführten rechtsphilosophischen Begriffsbestimmung des Rechtssubjekts, es sei ein »Wesen«, das vom Rechte als Selbstzweck erachtet werde. Aber das Verhältnis zwischen Wesen und Zweck ist genau umgekehrt wie bei den organischen Theorien. Während die organischen Theorien der juristischen Person zunächst das Wesen ihres Substrats festzustellen versuchen, um dann diesem seinen Zweck abzulauschen, erschließt die teleologische Lehre aus der Selbständigkeit des Zwecks die Einheit des Wesens. Man wird freilich hinter der juristischen Person zunächst meistens nichts anderes entdecken als die Vielheit der an ihr beteiligten Einzelmenschen, ihrer Mitglieder, ihrer Organe. Gewiß kann im Einzelfalle hinter einer juristischen Person auch eine soziologische Einheit, eine »Gemeinschaft« stehen, aber für die Frage nach der »realen« Einheit hinter der juristischen Person ist diese Tatsache gleichgültig. Einheit ist ja niemals Einheit an sich, stets nur Einheit unter einem bestimmten Gesichtspunkte. Die Substrateinheit der juristischen Person muß Einheit unter dem Gesichtspunkte ihres einheitlichen Zweckes sein. Unter dem Gesichtspunkte des einheitlichen überindividuellen Zwecks fügen sich die Einzelpersonen, die zu seiner Verwirklichung zusammengeschlossen sind, zu einer Zweckeinheit zusammen. Reales Substrat der juristischen Person wären danach die durch einen überindividuellen Zweck zu einer »teleologischen Einheit« verbundenen Einzelpersonen, die in seinem Dienste stehen[1].

Aber die Vorfrage, ob Individuen auch überindividuelle, Menschen auch übermenschliche, sachliche Zwecke haben und verfolgen können, ob es deshalb Sonderzwecke juristischer Personen geben könne, die sich in individuelle Zwecke der an ihnen Beteiligten nicht auflösen lassen, ist in den bisherigen Betrachtungen noch nicht beantwortet. Ihre Beantwortung ist abhängig von der grundsätzlichen rechtsphilosophischen Stellungnahme, von der Entscheidung zwischen individualistischer, überindividualistischer und transpersonaler Rechtsauffassung, und die Zuordnung sowohl der drei unterschiedlichen Theorien wie der drei verschiedenen positivrechtlichen Typen der Person zu diesen drei Rechtsauffassungen ist eine schöne nachträgliche Bestätigung dieser unserer Grundlehre.

Ausdruck der individualistischen Rechtstheorie ist die *Fiktionstheorie* der juristischen Person. Nach ihr gibt es nur individuelle Zwecke. »Alles Recht«, sagt Savigny* in seltsamem Widerspruch zu seiner grundsätzlichen romantisch-überindividualistischen Einstellung, »alles Recht ist vorhanden um der sittlichen, jedem einzelnen Menschen innewohnenden Freiheit willen; darum muß der ursprüngliche Begriff der Person zusammenfallen mit dem Begriffe des Menschen.« Juristische Personen wären also Personen ohne spezifisches Substrat. Zwecksubjekt ist nur der einzelne Mensch. Wenn menschliche Verbände mit juristischer Persönlichkeit ausgestattet werden, werden sie nur wie Zwecksubjekte behandelt, als Zwecksubjekte, als Menschen im Großen fingiert. Die juristische Persönlichkeit hätte dann nur den Sinn einer getrennten rechtlichen Buchführung über bestimmte individuelle Einzelzwecke, einer legislativ-technischen Maßnahme, der ein spezifisches vorjuristisches Substrat nicht entspräche.

[1] Über die teleologische Einheit als Prinzip der juristischen Person vgl. *Georg Jellinek*, Allgemeine Staatslehre, 3. Aufl. Neudruck von 1921, S. 171.

§ 17 DIE PERSON

Dieser individualistischen tritt als überindividualistische Theorie der juristischen Person Gierkes* Lehre von der *realen Verbandsperson* gegenüber. Entkleiden wir sie ihrer organisch-naturalistischen Fassung, so läßt sie sich auf die Behauptung besonderer überindividueller Verbandszwecke zurückführen, die sich als eine bloße Summierung der individuellen Zwecke der Verbandsmitglieder nicht deuten lassen.

In Brinz'* Theorie vom *Zweckvermögen* schließlich nimmt die Theorie der juristischen Person transpersonale Gestalt an. Der juristischen Person werden auch hier spezifische Zwecke zugesprochen, die aber keine personalen Zwecke, weder Zwecke von Einzelpersonen noch von Verbandspersonen, sondern transpersonale, rein sachliche, etwa Kulturzwecke sind. Person bedeutet dann die Gebundenheit bestimmter Güter und Menschen für bestimmte sachliche, etwa kulturelle Aufgaben[1].

Jede dieser drei Lehren[2] geht von einer bestimmten Gestaltung der juristischen Person als von ihrem Prototyp aus: die Fiktionstheorie vom Einzelmenschen, die Theorie der realen Verbandsperson von dem privatrechtlichen Verein und der öffentlich-rechtlichen Körperschaft, die Lehre vom Zweckvermögen von der privatrechtlichen Stiftung und der öffentlich-rechtlichen Anstalt, und sucht ihm die andern Typen der juristischen Person gedanklich anzugleichen. Wie die Fiktionstheorie die juristischen Personen individualistisch umzudeuten genötigt ist, so sind umgekehrt die beiden andern Lehren zu einer überindividualistisch-transpersonalen Auffassung auch der physischen Person gezwungen. Wie einer solchen Auffassung auch das subjektive Recht zum Amt und Dienst wird, so bedeutet ihr die Personeneigenschaft des Einzelmenschen Organeigenschaft, ist »ihr auch der einzelne Mensch Subjekt nur, insofern er als Organ der Gemeinschaft betrachtet wird«[3]. In der Wirklichkeit des positiven Rechts aber stehen Einzelpersönlichkeiten als nur individualistisch, Vereine und Körperschaften als nur überindividualistisch, Stiftungen und Anstalten als nur transpersonal deutbare Phänomene unvermittelt nebeneinander.

---

[1] Transpersonaler Art scheint auch *Haurious* Auffassung der institution groupe zu sein. Vgl. *Gurvitch*, Arch. d. Ph. d. Dr. 1931, S. 151 ff.

([2] Verwertung der drei Auffassungen der juristischen Person bei *Robert Goldschmidt*, Grundfragen des schweizerischen Aktienrechts, 1937.)

[3] Vgl. *Binder*, Philosophie des Rechts, 1925, S. 448.

> Daß der Mensch, der sie besitzt, das Recht hat, die Juno Ludovisi zu zertrümmern!
> *Friedrich Hebbel*

> Gehört die Almwiese dem Hias'l, der sie bewirtschaftet?! Sie gehört dem Wanderer, der sie empfindet!
> *Peter Altenberg**

§ 18

Das Eigentum

Die Regelung der Beziehungen zwischen den Menschen muß in einer Welt, in welcher der Vorrat der Lebensgüter begrenzt ist, auch eine Regelung der Beziehungen der Menschen zu den Sachen, der Verteilung der Sachen unter die Menschen sein. Damit ist das Sachenrecht als ein Begriff aufgewiesen, dessen keine denkbare Rechtsordnung entbehren kann. Unter den Sachenrechten stellt sich aber weiter das Eigentum als eine solche nicht auf die Rechtserfahrung gegründete, sondern aller Rechtserfahrung vorausgehende Kategorie rechtlichen Denkens dar[1]. Es ist ausgeschlossen, die Vielfältigkeit möglicher Verhaltensweisen zu den Sachen auf eine Anzahl von Sachenrechten begrenzten Inhalts restlos aufzuteilen, es bedarf eines subjektiven Rechts, das dem Berechtigten die Sache ohne Beschränkung auf bestimmte Verhaltensweisen unterwirft – eines Rechts zum »letzten Wort« über die Sache: des Eigentums. Da im Eigentum die Berechtigung des Eigners zu allen einzelnen Verhaltensweisen enthalten ist, können daneben inhaltlich begrenzte Sachenrechte nicht als Rechte an eigener, sondern nur als Rechte an fremder Sache in Betracht kommen. Solche Rechte sind Geschöpfe der einzelnen Rechtsordnung, aber nicht denknotwendig; das Eigentum dagegen ist eine für die rechtliche Betrachtung unentbehrliche Denkform. An jede Rechtsordnung kann in Bezug auf jede Sache sinnvoll die Frage gerichtet werden, wer ihr Eigentümer sei. Die Antwort auf diese Frage freilich ist nur der Erfahrung zu entnehmen und der Kritik unterworfen. Eigentum ist eine apriorische Rechtskategorie, nicht aber Sondereigentum oder Gemeineigentum. Ob Sondereigentum oder Gemeineigentum gilt, kann uns nur die Rechtserfahrung, welches von ihnen gelten soll, nur die Rechtsphilosophie sagen. Die Rechtsphiloso-

[1] Vgl. *Stammler*, Theorie der Rechtswissenschaft, 1911, 253 ff.

§ 18 DAS EIGENTUM

phie des Privateigentums findet aber ihren Ausdruck in den Eigentumstheorien[1].

Die ältesten und noch immer verbreitetsten Eigentumslehren sind die *Okkupations-* und die *Spezifikationstheorie*. Die Besitzergreifung an herrenlosen Sachen erweitert die Herrschaft des Menschen über die Natur. Sie macht einen bloßen Naturgegenstand zum Wirtschafts- und Kulturgut, schafft also ein neues Stück Volksvermögen. So stellt sich die Okkupation, ohne an dem ergriffenen Gegenstand etwas zu ändern, zugleich als Spezifikation dar, z. B. als »Urproduktion«. Nach der im engeren Sinne sogenannten Spezifikations- oder Arbeitstheorie aber wird der Naturgegenstand der menschlichen Herrschaft nicht schon durch seine Aneignung, sondern erst durch seine Anbildung voll unterworfen, durch die Verarbeitung des Rohstoffs. Erst die güterschaffende Arbeit ist danach der Rechtstitel des Eigentums.

Gegen die Arbeitstheorie, als deren Abart die Besitzergreifungstheorie aufgewiesen worden ist, ist aber ein Doppeltes einzuwenden. Sie vermag einerseits ihrer Aufgabe, das Sondereigentum zu rechtfertigen, nur unter ganz bestimmten wirtschaftlichen Verhältnissen zu genügen, nur so lange nämlich, als die Gütererzeugung noch Werk des einzelnen Menschen mit eigenen Arbeitsmitteln, Handwerkerarbeit, bäuerliche Arbeit und insbesondere geistige Arbeit ist. Nachdem aber die Produktion im Fabrik- oder Latifundienbetrieb mit fremden Arbeitsmitteln arbeitsteilig und in diesem Sinne kollektivistisch vollzogen wird, muß dieselbe Arbeitstheorie unausweichlich zu sozialistischen Folgerungen, zur Enteignung des an der Arbeit unbeteiligten Eigentümers der Produktionsmittel und zum Gemeineigentum der Arbeitenden führen. Wenn der Arbeitstheorie gemäß das Bürgerliche Gesetzbuch (§ 950) die Anordnung trifft, daß, wer durch Verarbeitung oder Umbildung eines oder mehrerer Stoffe eine neue bewegliche Sache herstellt, das Eigentum an der neuen Sache erwirbt, so würde dieser Satz in seiner Anwendung auf den heutigen Wirtschaftszustand bereits den Sozialismus bedeuten, würde nicht die Auslegung unter dem Verarbeiter oder Umgestalter des Stoffs den verstehen, in dessen Namen, nicht den, mit dessen Händen die Arbeit geleistet wird. So fügt auch die Enzyklika Pius' XI.* über die Gesellschaftsordnung (1931) der Anerkennung der Arbeit als Besitztitel sofort die Einschränkung hinzu, »natürlich« nur

---

[1] Vgl. *Diehl* und *Mombert,* Ausgewählte Lesestücke zum Studium der politischen Ökonomie, Bd. 14: Das Eigentum 1924.

diejenige Arbeit, die der Mensch im eigenen Namen ausübe, besitze eigentumschaffende Kraft.

Neben diesem sachlichen Bedenken ihrer Zweischneidigkeit ist aber der Arbeits- wie der Okkupationstheorie ein methodologischer Einwand entgegenzuhalten: beide rechtfertigen unter der Voraussetzung der bestehenden Institution des Privateigentums den Eigentumserwerb, nicht aber diese Institution selber. Sie beantworten die Frage: wer soll Privateigentümer, nicht aber die Frage: soll Privateigentum sein? Die Antwort auf diese Frage kann nur aus der grundsätzlichen Auffassung von den letzten Zielen der Rechtsordnung gewonnen werden. Wie das Recht überhaupt, so kann man auch das Eigentum entweder als im Dienst der Einzelnen, der Eigentümer selbst, oder als im Dienst der Gesellschaft stehend ansehen und die individualistische von der sozialen Eigentumstheorie unterscheiden[1]. Die individualistische Eigentumstheorie entspricht der Auffassung des Liberalismus und der Demokratie, während sich in der sozialen Eigentumstheorie Konservatismus und Sozialismus begegnen, voneinander dadurch wiederum unterschieden, daß nach sozialistischer Auffassung das soziale Eigentum letzten Endes doch wieder dem Einzelnen, der aus den Einzelnen aufgebauten »Gesellschaft« dient, nach konservativer Auffassung aber in dem gesellschaftlichen Ganzen, in der Gesamtheit sein Endziel findet. Der individualistischen Auffassung entspricht der römische, der konservativ-sozialen der deutsche Eigentumsbegriff.

Die *individualistische Eigentumstheorie* oder, wie wir sie auch nennen können, die *Persönlichkeitstheorie* des Eigentums hat ihre edelste Gestalt durch Goethe* erhalten. Er hat sie gelebt und auch hier, was er lebte, bewußt gestaltet und deutlich ausgedrückt. Statt vieler Stellen seien nur deren zwei angeführt:

Epimetheus: Wie vieles ist denn dein?
Prometheus: Der Kreis, den meine Wirksamkeit erfüllt,
     nichts drunter und nichts drüber.

  Faust: Was du ererbt von deinen Vätern hast,
     Erwirb es, um es zu besitzen.
     Was man nicht nützt, ist eine schwere Last,
     Nur was der Augenblick erschafft, das kann er nützen.

---

[1] So *Jhering*, Zweck im Recht, Bd. 1, 4. Aufl. 1904, S. 404 ff.

§ 18 DAS EIGENTUM

Der statischen Auffassung vom, einmal erworben, dauernd begründeten Privateigentum tritt hier eine dynamische Auffassung gegenüber. Das Eigentum bedarf, um dieses Modewort zu gebrauchen, einer fortgesetzten »Integration«. Es muß immer wieder mit Wirksamkeit erfüllt, genützt und dadurch immer von neuem erworben und erschaffen werden, es ist ein in immer neuer Okkupation und Spezifikation dauernd gewirktes Werk. Kein Zweifel, daß Goethe bei dieser Eigentumslehre an die liebsten unter seinen Besitztümern dachte, an seine Sammlungen. Sie stellen eines seiner großen Werke und nicht das geringste unter ihnen dar: auch in ihnen hat er seine Persönlichkeit ausgelebt, ausgewirkt und ausgedrückt, an ihnen ist ihm Eigentum als Persönlichkeitserweiterung und Persönlichkeitsausdruck, als Persönlichkeitsprojektion bewußt geworden. Auf die Persönlichkeit hingeordnet und von ihr durchwaltet, wird ein solches Eigentum zu einem organischen Ganzen, in dem jeder Einzelgegenstand durch seine Einordnung in Reihen verwandter Gegenstände an Wert, auch an wirtschaftlichem Wert, gewinnt. Es entsteht eine neue Einheit, die wertvoller ist als die Summe ihrer Teile, durch sein Dasein selber wird das Eigentum produktiv[1]. Sammlergeist stellt oft nur die eine Seite des Eigentums in chemischer Reinheit dar: der »Raritätensammler« freut sich nicht sowohl an der Sache selbst als an ihrem Alleinbesitz, an der Ausschließung anderer. Bei Goethe aber steht Besitzfreude und Sachgenuß in schönem Gleichgewicht. »Mir ist Besitz nötig«, sagt er zum Kanzler v. Müller, »um den richtigen Begriff der Objekte zu bekommen. Frei von den Täuschungen, die die Begierde nach einem Gegenstande unterhält, läßt erst der Besitz mich ruhig und unbefangen urteilen. Und so liebe ich den Besitz, nicht der besessenen Sache, sondern meiner Bildung wegen und weil er mich ruhiger und dadurch glücklicher macht.« Sachbesitz um des vollen Sachgenusses willen! Der Sachgenuß aber erreicht bei ihm seine Fülle erst in der Mitteilung an andere. Der Sammler Goethe ist es, der in den »Wanderjahren«* die Formel seiner individualistischen Eigentumstheorie, zugleich aber ihre Wendung zur sozialen Eigentumslehre unübertrefflich geprägt hat: »Besitz und Gemeingut« –, das heißt: Besitz *als* Gemeingut.

([1] *Hans Carossa*, Führung und Geleit, S. 48 zeigt sehr schön, wie ein qualitativ-intensives Eigentum dem quantitativ-extensiven Eigentumsbegehren Grenzen setzt, daß »wer sich aus der Unzahl geformter Dinge ein paar einzig schöne wahrhaft zueignet, dadurch gegen Druck und Verlockung der übrigen Welt freier ist«.)

Für die Persönlichkeitstheorie ist Eigentum nicht Herrschaft des Menschen über die Sache, sondern eine Beziehung zwischen Mensch und Sache. Nicht nur der Mensch hat seine Würde, ihre Würde hat auch die Sache. Der Mensch nützt nicht nur die Sache, die Sache verlangt ihrerseits etwas vom Menschen, verlangt, ihrem Werte gemäß geschont und gepflegt, genützt und genossen zu werden, verlangt mit einem Worte: Liebe. So wird die Beziehung zwischen Mensch und Sache der Beziehung zwischen Mensch und Mensch angenähert, nicht nur wenn diese Sachen Haustiere sind, die als Sachen überhaupt zu bezeichnen jeder Nichtjurist sich scheut, sondern auch wenn sie sich als leblose Gegenstände darstellen. Der religiöse Mensch bringt dieses gegenseitige Pflichtverhältnis zwischen Mensch und Sache, diesen Anspruch der Sache, nicht nur besessen, sondern nach ihrem eigenen Gesetz behandelt zu werden, in dem Worte von der »Gottesgabe« zum Ausdruck. Als Gottesgabe nimmt insbesondere das »tägliche Brot« an der Heiligkeit des Brotes[1] teil, das sich im Meßopfer in den Leib des Herrn wandelt[2]. Daher verbietet die Mutter dem Kinde, mit dem Brot zu spielen, erzählt die Sage von der Bestrafung solcher, die sich gegen dies Verbot vergingen[3], knüpfte noch Mussolini zur Förderung der heimischen Landwirtschaft mit der Veranstaltung eines Feiertages zu Ehren des Brotes geschickt an diese Brotverehrung an.

Diese Ausführungen werden aber gerade gemacht, um die Enge des Anwendungsgebiets der Persönlichkeitstheorie zu zeigen. Nur zu einem kleinen Kreise von Sachen ist jenes Gemütsverhältnis denkbar, welches die Persönlichkeitstheorie des Eigentums voraussetzt, zur Kleidung und Wohnung, zu Büchern und Sammlungen, zu Werkzeugen und Werken. Jene Lehre paßt zu einer Wirtschaftswelt von Handwerkern und Bauern, nicht von Fabriken, Banken und Latifundien[4]. In dieser Welt haben sich die Sachen, die man um ihrer selbst willen schätzt, in Werte und Waren verwandelt, die nur noch nach ihrem Preise geschätzt werden[5], die man nicht hat, um sie dauernd zu besitzen, sondern um sie

---

([1] Zur Heiligkeit des Brotes vgl. ferner eine Stelle aus Kügelgen – zitiert bei *Engelhard*, Die Ehre als Rechtsgut im Strafrecht, 1921, S. 11.)

[2] Die Auffassung des Eigentums als »sachlichen Wertdienstes« hat schön ausgeführt *Brunstäd*, Das Eigentum und seine Ordnung, Festschrift für Binder, 1930.

[3] Vgl. etwa *Deecke*, Lübische Geschichten und Sagen, 5. Aufl. 1911, N. 216.

[4] Auf die relative Richtigkeit der Eigentumstheorien je für einen begrenzten Kreis von Wirtschaftsgütern weist *Tönnies* in dem Artikel »Eigentum« im Handwörterbuch der Soziologie hin.   ([5] Waren! [Kaufmannsgüter].)

§ 18 DAS EIGENTUM

möglichst schnell los zu werden, um sie durch Umsetzung in Geld erst wirklich zu »realisieren«. Wird im »Eigentum« die »Eigentümlichkeit«, die qualitative Zusammengehörigkeit der Sache mit ihrem Eigentümer betont, so wird nunmehr der Inbegriff der Gegenstände als »Vermögen« nur noch in seinem Geldwert, nur noch als quantitative Macht auf dem Gütermarkt erfaßt. Im Vermögen denaturiert das Eigentum: Vermögen ist alles Geldwerte und vornehmlich das Geld selber; Geld aber ist nicht eigentlich mehr Sache, sondern ein Anspruch auf Sachen, nicht anders als das Forderungsrecht, und so schießen unter der gegenwärtigen Wirtschaftsverfassung Sachen, Geld, Forderungsrechte zu einer neuen Begriffseinheit zusammen, die sich mit der alten Begriffseinheit des Eigentums nicht deckt, sondern kreuzt. Diese mangelnde Adäquanz zwischen den Begriffen der rechtlichen Eigentumsordnung und den Begriffsbildungen der Wirtschaftsordnung und die veränderte Funktion, die in dieser Wirtschaftsordnung der Eigentumsbegriff angenommen hat, ist kürzlich eindringlich geschildert worden[1]. Hier interessiert sie nur unter einem Gesichtspunkte, daß nämlich das Eigentum, abgesehen von einem ganz engen Kreise von Sachen, den Charakter des Gemütsverhältnisses verloren hat und zu einem bloßen Zweckverhältnis geworden ist[2].

Aber gegen die Persönlichkeitstheorie kann noch ein zweiter Einwand erhoben werden. Beccaria hat einmal das Eigentum als ein »fürchterliches Recht« bezeichnet. Eigentum hat ja nicht nur die positive Seite des Sachgenusses, sondern auch die negative der Ausschließung anderer, und in seiner soziologischen Gestaltung als Kapital schließt Eigentum andere nicht nur von einem bestimmten Eigentumsgegenstand, sondern vom Eigentum überhaupt aus. Das Kapital hat zu seinem Korrelat das Proletariat, das Eigentum in dieser Gestalt den eigentumslosen Menschen. Die Persönlichkeitsentfaltung im Eigentum vollzieht sich also in einigen Wenigen nur um den Preis, daß sie in unzähligen Andern eben dadurch unmöglich wird. Die Persönlichkeitstheorie bedarf also, will sie nicht mit dem Liberalismus nur eine Möglichkeit für die Starken sein, sondern mit der Demokratie allen die gleiche Chance

---

[1] Vgl. *Karl Renner*, Die Rechtsinstitute des Privatrechts und ihre soziale Funktion, 1929.

[2] *Tönnies* unterscheidet entsprechend Eigentum als Gegenstand des Wesenswillens und Eigentum als Gegenstand des Kürwillens. Vgl. Das Eigentum (Schriften der soziolog. Gesellschaft in Wien), 1926, S. 19 ff.

bieten, einer Umbildung. Sie muß dem Rechte des Eigentums das Recht auf Eigentum, d. h. das Recht auf Arbeit, an die Seite stellen. Dies tut, nicht als ein sozialistischer Verneiner des Privateigentums, sondern als das Privateigentum bejahender Demokrat, Fichte. Das Privateigentum schließt von dem Sachgenuß, den es dem einen gewährt, den andern aus. Es ist vom Standpunkte demokratischer Gleichheit berechtigt nur, soweit jener Genuß allseitig und dieser Ausschluß gegenseitig ist. Dieser Gedanke findet Ausdruck in der Annahme eines fiktiven gegenseitigen Gewährleistungsvertrages der Eigentümer. Wie die Einzelnen im Gesellschaftsvertrage sich gegenseitig ihre Freiheit garantieren, so garantieren sie sich in diesem Eigentumsvertrage gegenseitig ihr Eigentum. Dieser Vertrag kann aber als abgeschlossen und als gültig angesehen werden nur zwischen Eigentümern: der Eigentumslose hat kein Interesse, einem Vertrage beizutreten, durch den er lediglich die Achtung fremden Eigentums versprechen würde, ohne einen Anspruch auf die Achtung eigener Rechtsgüter zu gewinnen, er kann also als Kontrahent dieses Vertrages nicht fingiert werden. Deshalb ist jener Eigentumsvertrag für den Eigentumslosen unverbindlich. Jeder besitzt sein Eigentum nur unter der Bedingung, daß alle von ihrem Eigentum leben können. Von dem Augenblick an, wo jemand Not leidet, gehört keinem der Teil seines Eigentums mehr an, der notwendig ist, um den Notleidenden von der Not zu befreien. Wenn auch nur ein Einziger vom Eigentum ausgeschlossen ist, dann hört das Eigentum in der Gesellschaft auf zu bestehen.

Hinter der rechtsphilosophischen Fiktion des Vertrages der Eigentümer verbirgt sich eine soziologische Tatsache: daß in der Tat die auf das Privateigentum gegründete Wirtschaftsordnung nur berechnet war auf und klaglos funktionierte für einen Gesellschaftszustand, in dem lauter kleine Eigentümer in annähernder Gleichheit einander gegenüberstanden. An der Erhaltung dieses Gesellschaftszustandes bestand bei allen Beteiligten das gleiche Interesse. Wo jeder zum andern sprechen kann: do ut des, kann jeder auch zum andern sagen: habeas, quod habeo. Die Gegenseitigkeit des Warenmarktes schuf die gegenseitige Anerkennung des Eigentums. Solange in geschlossener Hauswirtschaft jede Wirtschaftseinheit sich selber genügte, war das Eigentum mehr Beziehung zu einer Sache als Beziehung zu andern Menschen; erst wenn die Sache Ware wird, tritt die Beziehung der eigenen Sache zu Andern und der fremden Sache zu uns, tritt der Anspruch gegenseitiger Achtung des Eigentums, tritt das Eigentumsrecht als ein Recht zwischen den Menschen deutlicher ins Bewußtsein, um diese Rechtfertigung durch die Gegenseitigkeit sofort wieder zu verlieren, nachdem die eigengesetzliche Entwicklung jener Wirtschaft des freien Marktes zur Scheidung von Eigentümern und Eigentumslosen und somit zur Entstehung einer Klasse geführt hat, die an der Anerkennung des Eigentumsrechtes ein Interesse nicht mehr besitzt[1].

Auch die individualistischen Eigentumstheorien waren aber nie rein individualistisch. Sie waren gegründet auf die Annahme einer prästabilierten Harmonie zwischen individualistischem Eigennutz und allgemeinem Wohl. Die *sozialen Theorien* des Eigentums unterscheiden sich von ihnen durch die Erkenntnis, daß diese prästabilierte Harmonie eine Illusion ist, daß die soziale Funktion des Eigentums mit seiner individualistischen nicht untrennbar verbunden, sondern neben ihr besonders erstrebt und gesichert werden muß[2]. Die gesellschaftliche Theorie des Eigentums hat neuerdings autoritative Prägung gefunden in der bereits erwähnten Enzyklika* »Quadragesimo anno«. Sie unterscheidet Eigentumsrecht und Eigentumsgebrauch. Im Eigentumsrecht kommt nur die individuelle, dem Einzelwohl zugeordnete Seite, die soziale, dem Gesamtwohle zugekehrte Seite des Eigentums aber im Eigentumsgebrauch zum Ausdruck. Die Individualfunktion des Eigentumsrechts gehört dem Naturrecht an, die Sozialfunktion, welcher der Eigentumsgebrauch untersteht, der Ethik; sie kann daher im Klagewege nicht erstritten werden — wenn nicht die ethische Sozialpflicht des Eigentümers zum Gegenstand positiver Gesetzgebung geworden ist. Der Gesetzgeber aber kann und soll den Eigentumsgebrauch mit Rücksicht auf die Erfordernisse des Allgemeinwohls genauer regeln, ja er darf (was freilich an einer wenig sichtbaren Stelle des Rundschreibens ausgesprochen ist) »bestimmte Arten von Gütern der öffentlichen Hand vorbehalten, weil die mit ihnen verknüpfte übergroße Macht ohne Gefährdung des öffentlichen Wohls Privathänden nicht überantwortet werden

---

[1] Vgl. *Paschukanis*, Allgemeine Rechtslehre und Marxismus, 1929, S. 102 ff.
[2] Die gesellschaftliche Theorie des Eigentums wird unanschaulich und formalistisch als *Legaltheorie* bezeichnet. Diese Bezeichnung soll zum Ausdruck bringen, daß nicht vorgesetzliches Naturrecht das Gesetz verpflichtet, das Eigentumsrecht in einem bestimmten Sinne zu regeln, sondern daß das Gesetz autonom über diese Regelung entscheidet. Da aber jenes Naturrecht, gegen das die Legaltheorie sich wendet, individualistischer Prägung ist, kann die Legaltheorie selber nur im Sinne der gesellschaftlichen Theorie des Eigentums verstanden werden.

kann«. So greifen individualistisches Naturrecht des Eigentums, soziale Ethik seines Gebrauchs und positivrechtliche Regulierbarkeit sowohl seines Gebrauchs zu sozialen Zwecken wie sogar seiner Entziehung aus sozialen Gründen kompromißartig ineinander, und zwar interessanterweise in einer den Eigentumsbestimmungen der Weimarer Verfassung genau entsprechenden Regelung. Auch in Art. 153 RV.* wurde zunächst das individualistische Eigentum gewährleistet, an diese Gewährleistung aber die sittliche Pflicht sozialen Gebrauchs geknüpft: »Eigentum verpflichtet. Sein Gebrauch soll zugleich Dienst sein für das Gemeine Beste.« »Diese Vorschrift bindet den Bürger nur moralisch, den Richter als Auslegungsregel, den Gesetzgeber als direktiver Rechtssatz« (Giese)*. Das von sozialen Gesichtspunkten geleitete Gesetz erscheint also als die dritte für das Eigentum rechtlich maßgebende Macht: »Sein Inhalt und seine Schranken ergeben sich aus den Gesetzen.« Die Gesetzgebung ist in der Lage, die »soziale Hypothek des Eigentums«* aus dem sittlichen in den rechtlichen Geltungsbereich zu erheben. Dadurch erhält aber schon die noch der Ethik anheimgegebene Sozialfunktion des Rechts eine Wendung zur Rechtspflicht. Zwar nicht unter die Sanktion eines geltenden Gesetzes sind die sozialen Pflichten des Eigentums gestellt, wohl aber unter die Sanktion eines möglicherweise zu erlassenden Gesetzes. Auch für die rechtliche Betrachtung erscheint also das Privateigentum schon heute als ein dem Einzelnen von der Allgemeinheit anvertrauter Spielraum der Privatinitiative, anvertraut in der Erwartung eines sozialen Gebrauchs, jederzeit entziehbar, wenn diese Erwartung sich nicht erfüllt, also als ein bedingtes und begrenztes, nicht mehr als ein in sich selbst gerechtfertigtes, schrankenloses, »geheiligtes und unverletzliches« Recht.

Inwieweit die Sozialfunktion des Privateigentums mit seiner individualistischen Funktion verträglich ist oder inwieweit unausrottbare individualistische Mißbräuche zwingen werden, von der Sanktion der Sozialfunktion des Privateigentums Gebrauch zu machen und das Privateigentum an gewissen Objekten, wie Grund und Boden und Produktionsmitteln, auf die Allgemeinheit zu überführen, das sind Fragen ökonomischer Tatsachenwissenschaft, nicht rechtsphilosophischer Wertwissenschaft, Fragen nicht des Zwecks, sondern seiner Erreichbarkeit, gerade deshalb freilich eindeutig zu beantwortende Fragen, deren Beantwortung aber hier nicht unseres Amtes ist.

> Ist's nicht genug, daß mein gesprochen Wort
> Auf ewig soll mit meinen Tagen schalten?
> Rast nicht die Welt in allen Strömen fort,
> Und mich soll ein Versprechen halten?
>
> *Faust*

§ 19
Der Vertrag

Das Sachenrecht und das Forderungsrecht stellen in der Welt des Rechts gleichsam Stoff und Kraft dar: das Sachenrecht ist das ruhende, das Forderungsrecht das bewegende Element der Rechtswelt. Das Forderungsrecht trägt den Keim seines Todes in sich: es geht unter, wenn es in der Erfüllung sein Ziel erreicht. Das Sachenrecht, zumal das Eigentum, ist auf dauernden Bestand angelegt. Es besteht fort, indem es sich erfüllt. Deshalb hat das Rechtsleben, solange es vorwiegend auf Sachenrecht gegründet ist, statischen, wenn aber das Forderungsrecht zu seiner Hauptgrundlage wird, dynamischen Charakter. Statisch war das Rechtsleben, solange noch die Arbeitsordnung auf das Eigentum gegründet, solange der Arbeitende Eigentümer der Arbeitsmittel und der Arbeitserzeugnisse oder solange der Arbeitsherr Eigentümer der Arbeitenden als Sklaven war. Dynamisch ist das kapitalistische Rechtsleben der Gegenwart. Eigentum wird Kapital, wenn es nicht mehr bloß Macht über Sachen, sondern Macht über Menschen verleiht. In der kapitalistischen Wirtschaftsordnung wirkt sich die Eigentumsfreiheit vorzüglich als Vertragsfreiheit aus, wird das Eigentum der wirtschaftliche Mittelpunkt machtverleihender Vertragsverhältnisse, die Vertragsverhältnisse »Konnexinstitute des Eigentums«[1], sei es, daß im Arbeitsvertrag das Eigentum die Arbeit, sei es, daß im Darlehen die Arbeit das Eigentum an sich zieht. Die wirtschaftlichen Werte sind in unaufhörlicher Bewegung von einem Forderungsrechte in das andere; ihr Ruhezustand, ihr Aufenthalt im Sachenrecht kürzt sich immer mehr ab, – noch der wirtschaftliche Endzustand, die Kapitalanlage, hat die Rechtsform des Forderungs- und Schuldverhältnisses. Die dynamische Unrast eines solchen Rechtslebens, in dem die Rechtsobjekte unablässig unterwegs sind, sticht deutlich von dem statischen Beharrungszustand eines Rechtslebens ab, unter dem in aller Regel die Rechtsobjekte an einen bestimmten Punkt der Rechtswelt gebunden sind.

---
[1] Vgl. *Karl Renner*, a. a. O., S. 43 ff.

Der Hebel dieser ganzen bewegten Welt aber ist der freie Vertrag. Will man sein Wesen recht erfassen, so tut man gut, sich auf die Stellung zu besinnen, welche ihm das Naturrecht in seinem System einräumte.

Der Naturrechtslehre war der Vertrag die Grundlage alles Rechts, die Lösung des Grundproblems individualistischer Rechtsphilosophie, wie das Recht ausschließlich den Individuen dienen und doch die Individuen, zugleich binden könne. Den Staat mit seiner rechtlichen Befehlsgewalt auf einen Vertrag seiner Mitglieder gründen, hieß, so schien es, alle Verpflichtung letzten Endes als Selbstverpflichtung aufweisen. Im Sozialkontrakt schien die Zurückführung aller Heteronomie auf Autonomie und damit die Auflösung alles öffentlichen in privates Recht geglückt.

Aber die Heteronomie war in Wahrheit keineswegs überwunden, die Autonomie keineswegs begründet, am wenigsten als Autonomie in dem hier gemeinten Sinn. Denn bedeutet Autonomie sonst die Verbindlichkeit nur der selbsterkannten Pflicht, so wird Autonomie hier in dem ganz andern Sinne der Selbstverpflichtung verstanden. Vertragswille ist aber wohl Wille, sich zu binden, nicht jedoch schon Bindung. Wille kann niemals Verpflichtung erzeugen, nicht fremde, aber auch nicht eigene Verpflichtung, er kann höchstens die Sachlage hervorbringen wollen, an die eine über ihm stehende Norm die Verpflichtung knüpft[1]. Nicht der Vertrag bindet also, sondern das Gesetz bindet an den Vertrag. Vertragsbindung ist nicht geeignet, der gesetzlichen Bindung als Grundlage zu dienen, sie setzt die gesetzliche Bindung gerade umgekehrt voraus.

Aber heteronom bleibt der Sozialkontrakt noch in einem viel gröberen Sinne: der bindende und der gebundene Wille sind in ihm nicht identisch. Dem Sozialkontrakt unterworfen sind die wirklichen Individuen, als seine Kontrahenten aber werden die als vernünftig, als nur ihrem wahren Interesse folgend gedachten Individuen fingiert. Der Sozialkontrakt will nicht ein Faktum, sondern nur ein Maßstab sein: nicht daß der Staat aus wirklichen Verträgen wirklicher Menschen hervorgegangen sei, soll behauptet werden, sondern daß sein Wert an dem gelungenen oder mißlungenen Versuch zu messen sei, ihn sich aus

---

[1] Vgl. *Reinach*, Die apriorischen Grundlagen des Bürgerlichen Rechts, 1913, S. 42 ff.; *Bassenge*, Das Versprechen, 1930, S. 10 ff.

§ 19 DER VERTRAG

einem Vertrag als reiner Vernunftwesen gedachter Menschen hervorgegangen zu denken. Im Sozialkontrakt liegt also eine heteronome Bindung der empirischen Individuen durch den fingierten Willen fingierter Vernunftwesen vor.

Es ist belehrend, mit dem so analysierten Sozialkontrakt den gewöhnlichen privatrechtlichen Vertrag zu vergleichen. Der Vertragswille im Privatrecht ist kaum weniger fiktiv als der Wille der Kontrahenten des Sozialkontrakts, ja er ist in einer Hinsicht sogar noch fiktiver. Während nämlich der Staat sich in jedem seiner Lebensmomente an dem Maßstab des Sozialkontrakts muß messen lassen, während der Sozialkontrakt also nicht als in einem bestimmten Momente abgeschlossen, sondern als in jedem Augenblick von neuem abschließbar gedacht werden muß, gehört der privatrechtliche Vertrag einem bestimmten Zeitpunkt an. Er ist aber über diesen Zeitpunkt hinaus dauernd verbindlich, und das bedeutet, daß in ihm in noch höherem Grade als im Sozialkontrakt bindender und gebundener Wille auseinanderfallen: der bindende Wille ist der Wille von gestern, der gebundene der Wille von heute und morgen. Der gebundene Wille ist der wankelmütige, empirische, der bindende der als konsequent gedachte Wille, der heute will, was er gestern wollte – und also ein fingierter Wille. Der Wille bindet sich also nicht selbst, vielmehr wird der wandelbare empirische Wille an den fingierten Dauerwillen gebunden. Vertragsbindung ist nicht Autonomie, sondern Heteronomie.

Wenn man aber den Vertragswillen im privatrechtlichen Vertrag deshalb für weniger fiktiv als den Vertragswillen des Sozialkontrakts erklären wollte, weil dort ein Faktum wenigstens einmal vorgelegen haben muß: die wirkliche Willensäußerung wirklicher Menschen, hier aber keinerlei faktischer Anknüpfungspunkt der Vertragsfiktion vonnöten sei, so wäre dieser Unterschied stark übertrieben. Denn einerseits knüpft auch die Fiktion des Sozialkontrakts an ein Faktum an: nur wer dem Staate angehört, kann als Kontrahent des Sozialkontrakts fingiert, nur ihm alles, was in den fingierten Sozialkontrakt eingeschlossen ist, als gewollt angesonnen werden. Andererseits wird an die wirkliche Willensäußerung der Kontrahenten des privatrechtlichen Vertrags eine Auslegung angeknüpft, die alles das als mitgewollt ansieht, was von ihnen folgerichtigerweise mitgewollt werden müßte. Wird also einesteils dem privatrechtlichen Kontrahenten der einmal geäußerte Wille als fortdauernd, so werden ihm anderseits die folgerichtigen Folgerungen des geäußerten Willens als mitgewollt angesonnen. Der Wille des Kontrahenten ist also zu einem guten Teil ihm angesonnener Wille des Gesetzgebers. Sein Wille bindet nicht sich selbst, sondern das Gesetz bindet ihn an seinen Willen.

Diese Erwägungen machen die Bahn frei für die Auffassung, daß die Willenstheorie des privatrechtlichen Vertrages, die Lehre also von der Begrenztheit der Verbindlichkeit des Vertrages auf den Bereich des von den Kontrahenten empirisch Gewollten, jedenfalls keine rechtslogische, keine naturrechtliche Denknotwendigkeit ist. Nicht der Wille bindet, sondern auch soweit die Verbindlichkeit des Vertrages an den Willen gebunden ist, ist sie an ihn gebunden durch das Gesetz. Wie für das Eigentum, so behält auch für den Vertrag die Legaltheorie recht. Aber auf dem Boden der Legaltheorie erhebt sich, nicht als rechtslogischer Begriffsstreit, wohl aber als rechtsphilosophischer Prinzipienstreit, der Kampf zwischen *Willenstheorie und Erklärungstheorie* von neuem: inwieweit soll das Gesetz den Willen, inwieweit die Erklärung als für die Verbindlichkeit des Vertrages maßgebend erklären? In diesem Kampfe stehen einander die Interessen der Privatautonomie und der Verkehrssicherheit, der individuellen Freiheit und des sozialen Friedens, kurz die individualistische und die soziale Rechtsauffassung gegenüber[1]. Die individualistische Rechtsauffassung verlangt, daß einerseits Verträge *nur* binden, soweit der Vertragswille reicht (Willenstheorie), daß aber andererseits Verträge auch stets binden, soweit der Vertragswille reicht (Vertragsfreiheit). Die soziale Rechtsauffassung stellt dieser Lehre die andern beiden Sätze gegenüber, daß der Vertrag nicht nur binden könne, soweit der Wille reiche – sondern soweit das Vertrauen des andern Teils auf die Erklärung reiche (Erklärungstheorie), und daß Verträge auch nicht schlechthin insoweit verbindlich sind, soweit der Wille reicht, vielmehr aus mancherlei Gründen unverbindlich sein können (Einschränkungen der Vertragsfreiheit).

Gesetzliche Einschränkungen der Vertragsfreiheit haben sich deshalb als notwendig erwiesen, weil in einem dialektischen Prozeß die Vertragsfreiheit sich selbst beschränkt und vielfach aufgehoben hatte. Von Anfang an waren ihr durch den sozialen Raum, in dem sie sich bewegte, durch das milieu contractuel[2] Grenzen gezogen. Beim Kaufvertrage

---

[1] Vgl. *Gysin*, Das Rechtsgeschäft in der modernen Privatrechtsjurisprudenz S.-A. aus der Zeitschrift des Bernischen Juristenvereins, 1929, S. 38.
[2] Vgl. *Emmanuel Lévy*, La Vision Socialiste du Droit, 1926, S. 99.

§ 19 DER VERTRAG

etwa wird der Preis nicht durch die beiden Vertragsschließenden bestimmt, sondern durch alle die, die Verträge über Gegenstände der gleichen Art abschließen, durch den Markt. Ferner aber konnte nur in einer Gesellschaft sozial gleich Mächtiger, einer Gesellschaft von lauter kleinen Eigentümern, die Vertragsfreiheit eine Vertragsfreiheit für alle sein. Wenn sich die Kontrahenten als Besitzende und Besitzlose gegenüberstehen, wird die Vertragsfreiheit zur Diktatfreiheit des sozial Mächtigen, zur Diktathörigkeit des sozial Ohnmächtigen. Je mehr sich schließlich die freie in eine gebundene kapitalistische Wirtschaft verwandelt, um so mehr wird die Vertragsfreiheit der Einzelnen durch die Herrschaft von Verbänden eingeschränkt. Hatte die Vertragsfreiheit selbst zunächst die Bildung von Verbänden aller Art ermöglicht, so ziehen nun diese Verbände ihrerseits der Vertragsfreiheit* immer engere Grenzen[1].

Wird so die juristische Vertragsfreiheit zu sozialer Vertragsknechtung, so entsteht für das Gesetz die Aufgabe, durch Einschränkungen der juristischen Vertragsfreiheit die soziale Vertragsfreiheit wiederherzustellen. In den mannigfachsten Formen sind solche gesetzlichen Einschränkungen der Vertragsfreiheit möglich und bereits Rechtens: in Gestalt von Nichtigkeitsvorschriften gegenüber bestimmten Abmachungen, in Gestalt von Lösungsbefugnissen bestimmter Behörden, in Gestalt zwingender gesetzlicher Bestimmungen, in Gestalt unabdingbarer Kollektivverträge, schließlich in Gestalt des Kontrahierungzwanges und des Zwangvertrages. Große neue Rechtsgebiete, wie das Arbeits- und das Wirtschaftsrecht, stellen sich im letzten Grunde als Inbegriffe solcher Einschränkungen der bisherigen Vertragsfreiheit dar. Wie das Eigentum, so wird auch die Vertragsfreiheit in die Grenzen des Gesetzes und damit das Individualinteresse in die Grenzen des Sozialinteresses verwiesen, wenn z. B. Art. 152 der Weimarer Verfassung bestimmte: »Im Wirtschaftsverkehr gilt Vertragsfreiheit nach Maßgabe der Gesetze[2].«

---

[1] Vgl. *Pappenheim*, Die Vertragsfreiheit und die moderne Entwicklung des Verkehrsrechts, Festschrift f. Georg Cohn, 1915, S. 291 ff.
[2] Vgl. zum Vorigen *Darmstaedter*, Sozialwirtschaftl. Theorie und sozialwirtschaftl. Praxis des kapitalistischen Zeitalters, Arch. f. R. u. WPh. Bd. 25, S. 180 ff.

Auch hier das tragische Grundphänomen, daß das Leben sich eine Form schafft, die ihm zwar unentbehrlich ist, aber schon durch die Tatsache, daß sie Form ist, gegen die Bewegtheit, wie gegen die Individualität des Lebens feindselig ist. Die alte Form ist ausgelebt, die neue noch nicht geschaffen, so glaubt man im Formlosen den angemessenen Ausdruck für das drängende Leben zu haben..

Georg Simmel

(»Fast alle Gesetze seien Synthesen des Unmöglichen, z. B. das Institut der Ehe. Und doch sei es gut, daß dem so sei, es werde dadurch das Möglichste erstrebt, daß man das Unmögliche postuliere«.

Goethe zu Kanzler v. Müller am 19. 10. 1823)

§ 20

Die Ehe

Nirgends zeigt sich die »Stoffbestimmtheit der Idee«, aber auch die Abhängigkeit der »Ideen« von den »Realien« des Rechts[1] anschaulicher als im Eherecht. In der Ehe tritt dem Recht ein natürlicher und sozialer Tatbestand von starker naturalistischer und soziologischer Eigengesetzlichkeit gegenüber, den es nicht selbstherrlich zu formen vermag, mit dem es sich vielmehr auseinanderzusetzen hat. Es ist kein Zufall, daß der römische Jurist als Beispiel für das Naturrecht, für die auch dem Gesetzgeber unumgehbare Natur der Sache, gerade die Geschlechtsgemeinschaft und die Zeugung und Aufzucht der Kinder anführt: »hinc descendit maris atque feminae coniunctio, quam nos matrimonium appellamus, hinc liberorum procreatio, hinc educatio.«*
Aufgabe der Rechtsphilosophie kann es nur sein, zu zeigen, wie sich das Recht mit dem als gegeben anzusehenden naturalen und sozialen Tatbestande der Ehe auseinandersetzen kann und soll; diesen Tatbestand selbst einer Kritik zu unterziehen, wäre die Aufgabe einer Sozialphilosophie der Ehe.

Diese rechtsphilosophische Aufgabe ist freilich in der Gegenwart dadurch besonders erschwert, daß der von der Rechtsphilosophie der Ehe als gegeben vorauszusetzende natürliche und gesellschaftliche Sachverhalt selbst in Bewegung geraten ist. Der natürlichen Grundlage der Ehe und der Familie, dem Geschlechtsverhältnis und Abstammungs-

---

[1] Vgl. *Eugen Huber*, Über die Realien der Gesetzgebung, Zeitschr. f. Rechtsphilosophie, Bd. 1, 1914, S. 39 ff.

§ 20 DIE EHE

verhältnis hatte sich eine soziologische Schicht überlagert und war für die juristische Form der Ehe bestimmend geworden, die infolgedessen nicht eindeutig durch die natürliche Grundlage bestimmt ist, wenn sie etwa das naturalistisch gleichförmige Geschlechtsverhältnis als rechtlich anerkannte Ehe oder rechtlich verworfenes Konkubinat, das naturalistisch gleichförmige Abstammungsverhältnis als eheliche oder uneheliche Kindschaft wertet. Die Entwicklung, deren Zeugen wir sind, ist nun der Einsturz jener soziologischen Zwischenschicht und damit die immer unmittelbarere Auflagerung des Eherechts auf der natürlichen Grundlage des Ehetatbestandes.

Wie hat sich jener Einsturz vollzogen? Die vorkapitalistische Entwicklung kannte noch Haus und Hof als Wirtschaftseinheiten, als Urzellen des Wirtschaftskörpers im Handwerk wie in der Landwirtschaft. Mann und Frau, Eltern und Kinder teilten und verbanden sich in gemeinsamen wirtschaftlichen Aufgaben. Der Kapitalismus hat die Produktionsgemeinschaft des Hauses, des Hofes, der Familie gesprengt. Stärkere soziologische Gebilde, die neuen Wirtschaftseinheiten, die Unternehmungen, zogen die einzelnen Glieder aus der Familie heraus und machten jedes von ihnen zum Glied einer anderen Wirtschaftseinheit. Der Mann ging in die Fabrik, die Frau half in fremdem Haushalt aus, die Tochter war als Verkäuferin im Warenhaus tätig, der Sohn vielleicht als Handlungsgehilfe auf dem Kontor – die Familie hörte auf, ein soziologisches Gebilde mit eigenen Produktionsaufgaben zu sein. Sie blieb auch in immer geringerem Grade Konsumtionsgemeinschaft, wurde von immer weiteren konsumtionswirtschaftlichen Aufgaben entleert: Spinnen, Weben und Lichterziehen, Waschen, Backen und Einmachen, der Hühnerhof und der Gemüsegarten schieden aus der Hauswirtschaft aus und wurden Aufgabe besonderer Gewerbebetriebe, ja auch bisherige Aufgaben der Familienerziehung wurden an Kinderhorte, Kindergärten, Schulen abgezweigt. Durch diese Entleerung büßte die Familie immer mehr den Charakter eines Organismus, einer Individualität ein. Dieselbe Mietskaserne nahm zahlreiche Familien auf, löste sie alle auf in eine gestaltlose und deshalb reibungsvolle Hausflur- und Treppenhausgemeinschaft. Die Familie hat ihre Gestalt verloren und ist zu einer bloßen Beziehung zwischen Familiengliedern geworden, während rings um sie herum neue Gemeinschaften, Betriebsgemeinschaften, Berufsgemeinschaften, politische Gesinnungsgemeinschaften sich zu bilden im Begriff sind. Das

Bestreben, aus dieser wirtschaftlich begründeten Entwicklung zu einer individualistischen Auflösung der Familie in ihre Elemente die kulturellen und juristischen Folgerungen zu ziehen, kommt in der Frauen- und in der Jugendbewegung zum Ausdruck. In dieser Entwicklung von Ehe und Familie aus Gemeinschaften zu Beziehungen, in denen sich nun Mann und Frau, Eltern und Kinder, unverbunden durch sachliche Aufgaben, in ausschließlich persönlicher, psychologischer und physiologischer Verbindung Auge in Auge gegenüberstehen, ist die ganze Problematik unserer heutigen Ehe- und Erziehungsfragen eingeschlossen[1].

Der soziale und naturale Sachverhalt der Ehe ist aber nicht nur, weil er in Bewegung geraten ist, für das Recht so schwer faßbar, sondern schon deshalb, weil er ohnehin äußerst komplex ist, weil er dem Recht die verschiedensten Seiten darbietet und das Recht ihn unter den mannigfachsten Gesichtspunkten regeln kann. Das Recht kann die Ehe als sexuelle, erotische oder ethische Lebensgemeinschaft, als Elternschaft, Stätte der Erziehung und Organ der Bevölkerungspolitik, als Wirtschaftseinheit, als soziale und kulturelle Urzelle der Gesellschaft, als weltliche und staatliche oder als religiöse und kirchliche Institution betrachten, und von jedem dieser Gesichtspunkte aus mußte das Eherecht sich völlig verschieden gestalten[2]. Alle diese rechtlichen Ehe- und Familienauffassungen lassen sich aber in die großen Gruppen individualistischer und überindividualistischer Auffassungen einteilen. Die individualistische Eheauffassung sieht die Ehe unter dem Bilde eines Vertragsverhältnisses, das die Ehegatten miteinander eingehen, die überindividualistische unter dem Begriffe des Ehestandes, in den die Eheschließenden eintreten. Jene hat überwiegend das Verhältnis der Ehegatten zueinander, diese ihr Verhältnis zu den Kindern als Ausgangspunkt.

Die *überindividualistische Eheauffassung* stellt sich in großartig geschlossener Gestalt in der *katholischen* Lehre von der Ehe dar, wie sie ihren letzten Ausdruck in der Eheenzyklika »Casti connubii« (1930) gefunden hat. Das päpstliche Rundschreiben erklärt wie das kirchliche Gesetzbuch (CJC. Canon 1013 § 1): »Der Hauptzweck der Ehe ist die

---

[1] Vgl. die Schilderung der Auflösung des Hauses bei *Renner*, a. a. O., S. 34 f. und insbesondere das ergreifende Bild der proletarischen Familie, S. 133 f.

[2] Schöne Ausführungen in der gleichen Richtung bei *Gundolf*, Goethe, 10. Aufl. 1922, S. 566.

§ 20 DIE EHE

Zeugung und Erziehung des Kindes«, »Zwecke zweiter Ordnung: die wechselseitige Hilfe, die Betätigung der ehelichen Liebe und die Regelung des natürlichen Verlangens, Zwecke, die anzustreben dem Ehegatten keineswegs untersagt ist, vorausgesetzt, daß die Natur des Aktes und damit seine Unterordnung unter das Hauptziel nicht angetastet wird.« Entsprechend dieser Zwecksetzung der Ehe bestimmt sich der Anteil, den einerseits der Wille der Ehegatten, andererseits die Norm an ihr hat. Die Freiheit der Ehegatten »hat nur das Eine zum Gegenstand, ob die Eheschließenden wirklich eine Ehe eingehen und ob sie dieselbe mit dieser Person eingehen wollen. Dagegen ist das Wesen der Ehe der menschlichen Freiheit vollständig entzogen, so daß jeder, nachdem er einmal die Ehe eingegangen ist, unter ihren von Gott stammenden Gesetzen und wesentlichen Eigenschaften steht.« Aus dieser Auffassung der Ehe als eines über den Vertragswillen der Ehegatten erhabenen Ehestandes ergibt sich die Ablehnung der aus dem Vertragscharakter der Ehe zu ziehenden Folgerungen, sowohl der rechtlichen Gleichstellung der Ehegatten wie der Auflösbarkeit der Ehe wegen Vertragsverletzung und durch Gegenvertrag. Die christliche Ehe ist »ein Sinnbild der vollkommenen Einheit zwischen Christus und der Kirche«, und wie Christus das Haupt der Kirche ist, ist der Mann das Haupt der Frau, wie Christus von der Kirche unlösbar, so die Ehegatten voneinander. In ihrer Entstehung wie in ihrer Bestimmung gehört schließlich die Ehe der Religion und der Kirche, nach ihrem Ursprunge im Sakrament sowohl wie in ihrem Ziel, »für die Erhaltung und Ausbreitung des Menschengeschlechts auf Erden zu sorgen, Verehrer des wahren Gottes heranzuziehen und der Kirche Christi Nachkommenschaft zuzuführen«.

Wenn gemäß dieser ihrer religiösen und kirchlichen Bestimmung nach katholischer Auffassung »die Familie höher steht als der Staat«, so stellt die *politisch-konservative* Auffassung die Ehe ganz auf staatliche Ziele ein. Noch moderne Ehebestimmungen stehen unter dem Einfluß dieser konservativen Eheauffassung[1]. Nach Art. 119 der Weimarer Verfassung dient, ganz wie nach CJC. Canon 1013 § 1, die Ehe dem doppelten Zweck der Zeugung und Erziehung des Kindes, – denn wenn in ihr neben der »Erhaltung und Vermehrung der Nation«, »die Grundlage des Familienlebens« gefunden wird, so sollte mit dieser zweiten Kennzeichnung offenbar auf die in Art. 120 geregelten Er-

---

[1] Zum Folgenden *Wieruszowski* in Nipperdey, Grundrechte und Grundpflichten der Reichsverfassung, Bd.2, 1930, S. 72 ff.

ziehungsaufgaben der Familie Bezug genommen werden. Aber diese beiden Ziele stehen, wie im CJC. unter kirchlich-religiösen Gesichtspunkten, so in der Weimarer Verfassung in weltlich-staatlichem Zusammenhange: wie die bevölkerungspolitische Aufgabe der Familie mit den Worten »Erhaltung und Vermehrung der *Nation*« gekennzeichnet wird, so wird die Erziehungsaufgabe sowohl nach ihrem Endziele: »gesellschaftliche Ertüchtigung« wie nach ihren Organen: »Überwachung durch die staatliche Gemeinschaft« ganz weltlich und staatlich aufgefaßt. Wie in der Eheauffassung der päpstlichen Enzyklika, so kommt auch in derjenigen der Weimarer Verfassung der überindividualistische Charakter der Ehe in ihrer Abzielung auf das Kind zum Ausdruck, in erhöhtem Maße aber darin, daß »Kinderreichtum« als ihr Ziel betrachtet wird, »Erhaltung und Vermehrung der Nation«, d. h. wenn nicht möglichste Steigerung, so doch jedenfalls keine Senkung der Bevölkerungsziffer. Dem Gedanken, daß die Verhältnisse, insbesondere die wirtschaftlichen Verhältnisse, eine Beschränkung der Bevölkerungsziffer gebieten könnten, dem Gedanken, daß aus eugenischen Gründen die Qualität des Nachwuchses vor seiner Quantität zu bevorzugen wäre, gewährte die Weimarer Verfassung keinen Raum. Eine rein quantitative Bevölkerungspolitik ist aber nur mit einer überindividualistischen Staatsauffassung vereinbar, einer Staatsauffassung, die nicht Glück und Vollkommenheit der Einzelnen, sondern militärische und wirtschaftliche Kraft der Nation, den expansiven Bevölkerungsdruck gegen die Grenzen, die ihre Nachgiebigkeit gegen den Bevölkerungsdruck anderer Nationen verhindert, als das Ziel des Staatslebens betrachtet. *Ein* Zugeständnis hatte man freilich der individualistischen Eheauffassung gemacht: die überindividualistische Auffassung der Ehe pflegt die Überordnung des Ehestandes über die Interessen der Ehegatten in der Überordnung des Ehemannes über die Ehefrau zum Ausdruck zu bringen, die Weimarer Verfassung aber verlangte entsprechend der vertragsmäßigen Auffassung der Ehe »Gleichberechtigung der beiden Geschlechter«.

Sieht die überindividualistische Auffassung in der Ehe wesentlich die Fortpflanzungsgemeinschaft, so wird sie von der *individualistischen Auffassung* als Liebesgemeinschaft charakterisiert. Mit dem Aufstieg des Liberalismus setzt das Ideal der Liebesehe ein und sucht in dem naturrechtlichen Lieblingsgedanken des Vertrages ihre rechtliche Form[1].

[1] Vgl. *Friedrich Engels*, Der Ursprung der Familie etc., 20. Aufl. 1921, S. 70 f.

§ 20 DIE EHE

Liebesehe und Rechtsform aber stehen in schwer überwindlichem Widerspruch[1]. Die Erotik, die launenhafteste und eigenwilligste Erscheinung, und das Recht, die rationalste und konsequenteste Ordnung des Menschenlebens, wollen sich nicht wie Stoff und Form ineinanderfügen. Erotik kann Ekstase oder leidenschaftslos-bewußte Freude, kann Mystik oder gewichtslos-heiteres Spiel sein; nur eines zu sein wehrt sie sich mit ihrem ganzen Wesen: »eheliche Pflicht«. So scheint erotische Ehe rechtsfreie Ehe, nicht Zwangsehe, sondern Gewissensehe, nicht Gewissens*ehe*, sondern »freie Liebe« sein zu müssen. So scheint sie sich einer Reihe anderer Erscheinungen einzugliedern, von denen sich das Recht immer folgerichtiger zurückgezogen hat, weil ihr Wesen der menschlichen Innerlichkeit angehört, die Innerlichkeit aber dem Rechtszwange unzugänglich ist: der Freundschaft und der Geselligkeit, der Kunst und der Wissenschaft, der Moral und der Religion.

Mit der Verneinung des Eherechts, mit der Forderung der freien Liebe ist aber das letzte Wort auch einer individualistischen Eheauffassung noch nicht gesprochen. Die Erotik stellt das Recht vor ein Dilemma: der Eros, als seelisches Faktum vergänglich und wandelbar, nimmt doch gerade in seinen höchsten Formen seinem Bewußtseinsinhalt nach Dauer, ja Ewigkeit für sich in Anspruch. Mag man um die Vergänglichkeit der Liebe wissen, jede neue Liebe glaubt selber, ewig zu sein. Es gilt von diesem Ewigkeitsglauben der Liebe dasselbe wie von dem Freiheitsbewußtsein des Willens[2]: wie der Wille, mag er noch so unwiderleglich als unfrei erkannt sein, doch immer wieder als frei erlebt wird, so erlebt die vergängliche Liebe sich selber immer wieder als ewig. Weist die Liebe in ihrer Vergänglichkeit die rechtliche Bindung ab, so will die Liebe in ihrem Ewigkeitsanspruch sich gerade binden und gebunden sein. Der Eros steht also zur Rechtsehe in einem seltsam zweideutigen Verhältnis: indem er zugleich ihr Widerstand entgegensetzt und in ihr erst seine letzte Erfüllung sucht. Das Eherecht und alle

---

([1] *Wilhelm v. Humboldt* fordert, »der Staat sollte überhaupt von der Ehe seine ganze Wirksamkeit entfernen und dieselbe vielmehr der freien Willkür der Individuen und der von ihnen errichteten mannigfaltigen Verträge, sowohl überhaupt als in ihren Modifikationen gänzlich überlassen«. [Die Grenzen der Wirksamkeit des Staates III 3 Schluß].)

[2] Über das Freiheitsproblem vgl. die in dieser Auflage nicht wiederholten Ausführungen über die Willensfreiheit in meinen Grundzügen der Rechtsphilosophie, 1914, S. 64 ff.

seine Bindungen können sich deshalb auf den erotischen Bewußtseins- und Willensgehalt selbst stützen. Seine Aufgabe wäre dann, seinerseits dieses erotische Ewigkeitsbewußtsein und diesen erotischen Ewigkeitswillen zu stützen, ihn aus der Illusion zur Realität zu erheben – nicht anders wie das Ethos, indem es Freiheit voraussetzt, diese Freiheit wirklich hervorbringt nach dem Worte: du kannst, denn du sollst. Diese Aufgabe des Eherechts ist aber deshalb nicht eine unendliche, sondern eine erfüllbare Aufgabe, weil die erotische Beziehung sich in der Ehe unversehens mit einer Fülle sachlicher Beziehungen verknüpft, welche als Dauerinhalt die Lücken und Wandlungen der erotischen Beziehung überbrücken, ihr Abklingen überdauern: gemeinsame Interessen mannigfachster Art, vor allem aber die gemeinsamen elterlichen Interessen substituieren der ursprünglichen subjektiven und zerbrechlichen Gefühlsgrundlage der Ehe ein festes, dauerndes, immer sich verstärkendes Fundament[1].

Diese Auffassung der Rechtsehe vermag jedoch ihre Problematik nicht zu überwinden. Rechtsformen pflegen auf den Durchschnittsfall der sozialen Erscheinungen zugeschnitten zu sein, die so geschilderte Rechtsform der Ehe aber ist orientiert an einem Idealfall. Die derzeitige Krisis des Eherechts beruht gerade darauf, daß diese auf den Idealfall zugeschnittene Form der Rechtsehe, wenn das Ideal sich nicht erfüllt, also nicht nur in ausnahmsweise unglücklichen, sondern sogar in durchschnittlichen Fällen, den Ehegatten zum Verhängnis werden muß; ist doch in jener Begründung der Ehe folgerichtig die Forderung ihrer Unauflöslichkeit beschlossen, einer Unauflöslichkeit, die, wenn der illusionäre Ewigkeitsanspruch des erotischen Erlebnisses sich nicht später in der Realität gemeinsamer elterlicher und anderer Interessen verfestigte, zu einem Kerker werden muß. So haben sich auch Vertreter dieser Eheauffassung genötigt gesehen, der durch den Ewigkeitsanspruch niemals ausgeschlossenen Vergänglichkeit des Eros in verschiedenem Grade Zugeständnisse zu machen, sei es durch die Forderung auf Erweiterung des Ehescheidungsrechtes, die Einführung des Zerrüttungs- statt des Verschuldensprinzips, sei es durch den Vorschlag der Einführung einer Zeitehe, Probeehe, Kameradschaftsehe.

Die in dieser Richtung der fast rechtsformlosen Vertragsehe radi-

---

[1] Zum Vorangehenden vgl. *Marianne Weber*, Die Idee der Ehe und die Ehescheidung, 1929.

§ 20 DIE EHE

kalste Gestalt hat das Eherecht in *Sowjetrußland* erhalten[1]: formfreie Begründung, bedingungs- und formfreie Lösbarkeit des ehelichen Verhältnisses. Seine Begründung ist staatlicher Mitwirkung nicht bedürftig, die Registrierung der Ehe bedeutet zwar eine Erleichterung ihres Beweises, nicht aber eine Voraussetzung ihres Bestehens. Die Ehe wird zu einem rein faktischen Zustand, sie ist nicht mehr Rechtsverhältnis, nur noch Tatbestand rechtlicher Wirkungen. In der »faktischen Ehe« wird der Gegensatz der bisherigen Ehe und des bisherigen Konkubinats aufgehoben und damit zwar einerseits die rechtliche Bindungskraft der bisherigen Ehe vermindert, andererseits aber auch die Rechtlosigkeit des Konkubinats durch rechtliche Sicherungen ersetzt. In der Ehe gilt entsprechend ihrem Vertragscharakter vollkommenste Gleichstellung der Ehegatten, gegenseitige Unterhaltspflicht, beiderseitiger Anteil an der Errungenschaft. Schließlich ist die Ehe ohne Bindung an bestimmte Voraussetzungen und ohne Bindung an bestimmte Formen auf Grund beiderseitiger Übereinstimmung wie auf einseitigen Wunsch auflösbar; auch hier hat die Registrierung nur deklaratorische, nicht konstitutive Bedeutung. »Man glaubt im Formlosen den angemessenen Ausdruck für das drängende Leben zu haben« (Simmel).

Das sowjetrussische Eherecht entspricht den Forderungen, die schon August Bebel* in seinem berühmten Buche »Die Frau und der Sozialismus« aufgestellt hatte. Schon er hatte die Ehe erklärt für »einen Privatvertrag ohne Dazwischentreten eines Funktionärs«. Es mag auffällig erscheinen, daß der Sozialismus, sonst überall gewillt, den sozialen Charakter der Rechtsverhältnisse, die gesellschaftliche Zweckbeziehung selbst privatrechtlicher Beziehungen zu betonen, dem Eherecht eine rein individualistische, entstaatlichte und entsozialisierte Gestalt zu geben strebt. Aber die individualistische Auflösung der Ehe und Familie ist nicht Forderung des Sozialismus, sondern, wie zu Anfang dieses Abschnitts geschildert wurde, Ergebnis der kapitalistischen Entwicklung. Der Sozialismus, seiner Tendenz gemäß, die Rechtsform der gesellschaftlichen Wirklichkeit anzupassen, zieht in seinen eherechtlichen Forderungen nur die Folgerungen aus einer gegebenen sozialen Lage. Die familienrechtliche Entwicklung stellt sich ihm aber nicht nur schlechthin als eine Entsozialisierung bisher sozialer Verhältnisse dar,

---

[1] Vgl. *Freund*, Zivilrecht der Sowjetunion (in Heinsheimers Zivilgesetzen der Gegenwart) 1927, und die verständnisvolle und vorurteilslose Würdigung von *Agnes Martens-Edelmann*, Zeitschrift f. Religion und Sozialismus, 1931, S. 38 ff.

sondern zugleich als Ersatz von sozialen Gebilden durch andere soziale Gebilde. Dieser wahre Sinn seiner familienrechtlichen Auffassung wird uns völlig deutlich durch einen Blick auf das Erziehungsrecht. Das Erziehungsrecht des Bürgerlichen Gesetzbuches ist auf die elterliche Gewalt gegründet, auf ein ursprüngliches Recht der Eltern. Auch die Weim. V. Art. 120 erklärte es, »für oberste Pflicht und natürliches Recht der Eltern, über deren Betätigung die staatliche Gemeinschaft wacht«. Aber Jugendwohlfahrtsgesetz und Jugendgerichtsgesetz zeigen, wenn auch nicht in ihren Äußerungen, so doch in ihren Regelungen, eine Verschiebung des Erziehungsrechts von der elterlichen Gewalt zur staatlichen Gemeinschaft. Nach ihren Vorschriften ist Familienerziehung letzten Endes anvertraute Gemeinschaftserziehung, anvertraut in der Voraussetzung, sie werde dem Gemeinschaftsinteresse gemäß ausgeübt werden, entziehbar, wenn dieses Vertrauen getäuscht wird. So begrenzt das neue Erziehungsrecht die Rechte des engeren Sozialgebildes nur, um die Rechte des umfassenden Sozialgebildes zu erweitern. Es fügt sich also durchaus der sozialrechtlichen Entwicklung ein.

Zusammenwirken und Widerstreit von Individualfunktion und Sozialfunktion, wie wir sie am Vertragsrecht, am Eigentumsrecht, am Eherecht beobachtet haben, sind aber schließlich auch die Leitmotive des Erbrechts, dem der nächste Abschnitt gewidmet ist.

> Man muß sich schämen, als Millionär zu sterben.
> *Carnegie**
>
> (»Diesmal haben die armen Leute den Sieg erfochten... Aber es hilft ihnen nichts, wenn sie nicht auch das Erbrecht besiegen.«
> *Heinrich Heine*, Werke Bd. 11 S. 159 [über die Revolution von 1830])

§ 21

Das Erbrecht

Eine Wirtschaftseinheit, ein landwirtschaftlicher, gewerblicher, kaufmännischer Betrieb ist nicht nur um des Erwerbsinteresses seines Inhabers willen da, sondern auch zum »Dienst für das Gemeine Beste«. Diese Sozialfunktion der Wirtschaftseinheit läßt ihren Fortbestand auch nach dem Tode des Inhabers erwünscht erscheinen. Es würde einen beträchtlichen unproduktiven Kraftaufwand bedeuten, wenn die Wirtschaftseinheiten, in denen sich die Gesellschaft selbst organisiert, mit den Menschen, die sie tragen, untergingen und von neuen Menschen immer von neuem geschaffen werden müßten. In jeder Gesellschaft muß deshalb die Berufung eines neuen an Stelle des verstorbenen Inhabers einer Wirtschaftseinheit rechtlich geregelt werden. Jede Gesellschaft bedarf einer »Sukzessionsordnung«[1].

Die individualistische Form dieser Sukzessionsordnung ist das Erbrecht. Wie das Eigentumsrecht so ist auch das Erbrecht auf dem Gedanken einer prästabilierten Harmonie von Individual- und Sozialinteresse aufgebaut. Das Interesse des Erblassers, wie es sich im Testament ausspricht, das Familieninteresse, wie es der Intestaterbfolge zugrunde liegt, verläuft nach dieser Meinung zugleich in der Richtung auf das gesellschaftliche Interesse. Die Einsicht in den illusionären Charakter dieser Annahme und das Streben nach einer zuverlässigen Gewähr für die Sozialfunktion ist aber bisher in bezug auf das Erbrecht weit weniger durchgedrungen als für das Eigentum. Das mag darauf zurückzuführen sein, daß das heutige Erbrecht ein undurchsichtiges Kompromiß zwischen entgegengesetzten Systemen und Prinzipien ist, daß es die Erbschaftsformen der Testierfreiheit und der Intestaterbfolge und wieder-

---

[1] Hierzu und zum Folgenden *Karl Renner*, Die Rechtsinstitute des Privatrechts und ihre soziale Funktion, 1929, S. 134 ff. Beachten: *Eugen Huber* i. Stammlers Zeitschrift für Rechtsphilosophie I, 69 f.

um der zwangsweisen Erbteilung und der zwangsweisen Erbvereinigung miteinander verbindet[1] und daß sich in ihm individualistische, soziale und familiäre Zweckbestimmung, letztere wiederum auf Grund einer mehr individualistischen oder einer mehr überindividualistischen Familienauffassung, fast unentwirrbar verschlingen[2].

Das individualistische Prinzip des Erbrechts ist die Testierfreiheit. Sie stellt sich als die über den Tod hinaus verlängerte Eigentumsfreiheit dar. Erscheint damit die gewillkürte Erbfolge als die Primärform des Erbrechts, so muß die mangels eines Testaments eintretende gesetzliche Erbfolge auf die Vermutung gegründet werden, die Rechtsnachfolge der nächsten Verwandten entspreche dem unausgesprochenen Willen des Erblassers.

Aber das Intestaterbrecht wie das Pflichtteilsrecht ist auch einer unmittelbaren individualistischen Begründung fähig, zwar nicht vom Standpunkte des Erblassers, wohl aber vom Standpunkte des Erben. Eine Zeit, welche die jähe Nötigung zu wirtschaftlichen Lebensumstellungen noch nicht kannte, pflegte darauf hinzuweisen, daß die Bedürfnisse, der Lebensstil, die Persönlichkeit derer, die das Leben des Erblassers teilten, sich auf der Grundlage seiner Vermögensverhältnisse gebildet hätten, daß man aus diesem Grunde sein Vermögen als eine Art Familienvermögen anzusprechen berechtigt sei und daß deshalb die Familienangehörigen mit ihren »anerzogenen Ansprüchen« ein soziologisch wohlbegründetes Recht hätten, auch nach dem Tode des Familienoberhauptes im Genusse seines Vermögens zu bleiben[3]. Wenn diese allzusehr auf ein »risikoloses Leben« eingestellte Beweisführung überhaupt gebilligt werden könnte, träfe sie aber jedenfalls nur für den engsten Verwandtenkreis, für die den Haushalt des Erblassers teilenden oder von ihm unterstützten Verwandten zu, wäre dagegen ungeeignet, das heutige durch keinen Verwandtschaftsgrad begrenzte Intestaterbrecht, das Erbrecht mit dem Erblasser ganz unverbundener »lachender Erben« zu begründen. Nachdem die »Großfamilie« aller durch das gleiche Blut und den gleichen Namen Verbundenen, abgesehen von seltenen adligen und selteneren bürgerlichen Familientagen,

---

[1] Die Unterscheidungen dieser drei Erbschaftsformen nach *Anton Menger*, Das bürgerliche Recht und die besitzlosen Volksklassen, 4. Aufl. 1908, S. 214 ff.
[2] Über die Grundsätze des Erbrechts vgl. die Übersicht von *Böhmer* in Nipperdeys Grundrechte und Grundpflichten der Reichsverfassung, Bd. 3 1930, S. 262 ff.
[3] Vgl. *Schäffle*, Kapitalismus und Sozialismus, 1870, 4. Vortrag.

§ 21 DAS ERBRECHT

aufgehört hat, eine soziologische Realität zu sein, hat das unbegrenzte Intestaterbrecht den Boden, auf dem es ruhte, verloren[1].

Die familiäre Funktion des Erbrechts kann freilich nicht nur individualistisch, sondern auch überindividualistisch aufgefaßt werden. Dann ist Familie nicht nur ein Inbegriff persönlicher Beziehungen zwischen verwandten Menschen, sondern ein überpersönliches Ganzes über diesen Menschen, das auf den Kreis jener persönlichen Beziehungen nicht beschränkt ist, vielmehr über den Abstand der Zeiten hin gegenwärtige und vergangene Generationen, über den Abstand der Grade hinweg nahe und entfernte Verwandte zu einer Einheit zusammenfaßt. Sinnbilder einer solchen überindividualistisch aufgefaßten Familie sind der »blanke Schild« und der »ehrliche Name« der Familie, denen der Einzelne Rücksicht und Opfer schuldig ist. Soll aber das Erbrecht die materielle Grundlage für den soziologischen Fortbestand eines so verstandenen Familienverbandes, den »splendor familiae« sichern, so muß das Erbgut unzersplittert erhalten werden. War für die familiäre Funktion des Erbrechts in ihrer individualistischen Fassung die »zwangsweise Erbteilung« geboten, so ist für die familiäre Funktion in ihrer überindividualistischen Fassung die zwangsweise Erbvereinigung angebracht, das Fideikommiß, das Anerbenrecht.

An diesem Punkte setzt aber der Widerspruch vom Standpunkte demokratischer Gleichheitsauffassung ein, wie er in der Auflösung der Fideikommisse (Weimarer Verfassung Art. 155) erfolgreich Ausdruck gefunden hat. Nicht nur in Gestalt der Fideikommisse schafft das Erbrecht Weniger auf der andern Seite eine ungeheure Menge »Enterbter«, bedeutet die Erblichkeit des Reichtums am andern Ende der Gesellschaftsordnung die Erblichkeit der Armut. Am Erbrechte hängt, sagt Walther Rathenau[2], »das ganze Wesen unsrer gesellschaftlichen Schichtung, die ganze unveränderliche, leblose Konstanz der nationalen Kräfteverteilung. Das lebendige Auf- und Niedersteigen des Lebens, das die Natur beherrscht, der organische Wechsel dienender und bestimmender Glieder, das spendende Spiel der goldnen Eimer erstarrt vor dieser Schicksalsmacht der Geschlechter, die Menschenwerk ist. Sie verurteilt den Proletarier zu ewigem Dienst, den Reichen zu ewigem

---

[1] Vgl. die Schriften des auch sonst verdienten Rechtsreformers *Georg Bamberger* (Justizrat in Aschersleben), Für das Erbrecht des Reiches, 1912; Erbrecht des Reiches und Erbschaftssteuer, 1917.
[2] Von kommenden Dingen, 1917, S. 129.

Genuß«. Aus solchen Erwägungen heraus ist immer wieder auch bei Aufrechterhaltung des Privateigentums die Einschränkung oder Abschaffung des privaten Erbrechts verlangt worden. Wenn man die Umgehung solcher Gesetze, etwa durch Schenkungen unter Lebenden, verhindern kann, würde eine solche Abschaffung des privaten Erbrechts in absehbarer Zeit das gesamte Volksvermögen in den Händen des Staates vereinigen und den Sozialismus begründen.

Aber man hat für das private Erbrecht und gerade auch für die zwangsweise Erbvereinigung neben »familiensozialistischen« auch soziale Motive angeführt. Wir sahen, daß die Sukzessionsordnung den Sinn hat, einmal aufgebaute Wirtschaftseinheiten über den Tod ihres Begründers hinaus zu erhalten. Das Bewußtsein, in seinen Werken fortzuleben, ist ein starker Antrieb zu wirtschaftlichem und kulturellem Schaffen. Der Grundsatz einer so verstandenen Sukzessionsordnung lautet: »Erbe darf nur der zur Weiterführung der wahren Eigentumszwecke Berufene sein[1].« In wem aber könnte, so fragt man, das Werk des Erblassers besser fortleben als in denen, die in und mit dem Wirkungskreise des Erblassers groß geworden sind oder die er selbst zu seinen Nachfolgern herangebildet hat – als in seinen gesetzlichen oder gewillkürten Erben?[2]

Daß mit dieser sozialen Begründung des Erbrechts das geltende Erbrecht, die Zersplitterung zwangsweiser Erbteilung, der Zufall unbegrenzter Intestaterbfolge nicht vereinbar ist, bedarf keiner Ausführung. Aber nicht nur von dem Erben, sondern auch von der Erbschaft aus gesehen, hat das Erbrecht jene soziale Funktion eingebüßt. Der Nachlaß stellt sich heute in der überwiegenden Menge der Fälle nicht mehr als eine auf einen bestimmten wirtschaftlichen Zweck hingeordnete Sachgesamtheit dar, die ohne Schaden nicht aufgelöst werden dürfte, sondern als ein Konglomerat, eine Summe, eine formlose Masse von Werten. Wir haben der Entwicklung vom Eigentum zum Vermögen, von der Qualität zur Quantität bereits in dem Abschnitt über das Eigentum gedacht. Ein zufälliger Haufen von Werten, ein Geldschrank voll der mannigfachsten Aktien, Obligationen, Staatsanleihen und Pfandbriefe ist aber keine der Erhaltung bedürftige Wirtschaftseinheit. Nur weil der Nachlaß meist diesen bloß quantitativen Charakter angenommen hat, konnte sich die zwangsweise Erbteilung überhaupt durchset-

[1] Vgl. *Buschauer*, Das Erbunrecht, 1918, S. 53.
[2] Vgl. *Schäffle*, a. a. O.

zen. Die im Wechsel der Menschen der Erhaltung bedürftigen Wirtschaftseinheiten sind dagegen mit der vielberufenen Entpersönlichung der Wirtschaft und Objektivierung der Unternehmungen aus der Hand sterblicher natürlicher Personen immer mehr in die Hand unsterblicher juristischer Personen übergegangen und deshalb aus dem Kreise des Erbrechts ausgeschieden.

So begegnen sich im Gebiete des Erbrechts die im Gebiete des Eigentums- und des Familienrechts aufgewiesenen Probleme, um sich zu voller Schärfe zuzuspitzen. Die ganze gegenwärtige Problematik des Erbrechts kam in der Weim. Verf. Art. 154 zum Ausdruck: dem individualistischen Erbrecht wurde der Anteil des Staates am Erbgut, der Individual- die Sozialfunktion des Erbrechts gegenüber und das Erbrecht unter das Richtbeil des Gesetzes gestellt.

> Soll er strafen, soll er schonen
> Muß er Menschen menschlich sehen.
> *Goethe**

§ 22

Das Strafrecht*

Die Theorie des Strafrechts unterscheidet herkömmlich Lehren vom Grunde und Lehren vom Zwecke der Strafe*.

Die Frage nach dem *Grunde der Strafe* entsprang der ganz bestimmten geschichtlichen Situation einer Zeit, in der dem Einzelnen ein noch nicht auf den Volkswillen gegründeter Staat, an dem er keinerlei tätigen Anteil hatte, fremd gegenüberstand. In dieser Lage bedarf auch die durch den Staatszweck gebotene Strafe noch besonderer Rechtfertigung gegenüber dem Einzelnen; denn, sagt Kant*, »der Mensch kann nie bloß als Mittel zu den Absichten *eines Andern* gehandhabt und unter die Gegenstände des Sachenrechts gemengt werden, wowider ihn seine angeborene Persönlichkeit schützt« – der Staat ist gegenüber dem Einzelnen schlechtweg »ein Anderer«! Nur auf zweierlei Weise kann bei solcher Auffassung des Staates die staatliche Strafe gerechtfertigt werden: mit dem Nachweise entweder, daß sie vom Verbrecher selbst gewollt oder daß sie von ihm verdient sei.

Die erste, die *Einwilligungs-Theorie*, hat im Sinne der Annahme tatsächlicher Einwilligung des wirklichen Verbrechers in seine Bestrafung Feuerbach in seinen Anfängen vertreten: wer mit Kenntnis des Strafgesetzes – und sie fordert Feuerbach als Voraussetzung der Bestrafung – das Verbrechen dennoch begangen hat, willigt mit dem Bedingten in die Bedingung ein, und es kann ihm die Strafe mit demselben Recht auferlegt werden, mit dem man die Erfüllung eines eingegangenen Vertrages zu fordern berechtigt ist. Diese empiristische Lehre erhält ihre vergeistigtere Gestalt in der Form eines dem Gesellschaftsvertrage ähnlichen, ihm etwa auch als Klausel möglicherweise eingefügten Vertrages, durch den sich der Einzelne für den Fall der Begehung eines Verbrechens im voraus der Strafe unterworfen hat – freilich nicht der wirkliche, sondern der als Vernunftwesen gedachte Einzelne, dem die folgerichtige Hinnahme der Konsequenzen seines Handelns als gewollt angesonnen wird. (Wir wiederholen früher Gesagtes): Der Dieb will durch Verletzung fremden Eigentumes eigenes Eigentum begründen, bejaht also grundsätzlich die Schutzwürdigkeit des Rechtsguts, das er verletzt, und muß folgerichtigerweise auch die zum Schutze dieses Rechtsguts unentbehrliche Bestrafung seines Störers, also seine eigene Bestrafung billigen. Der Urkundenfälscher nimmt für die gefälschte Urkunde den öffentlichen Glauben in Anspruch, den er durch die Fälschung selbst verletzt, bejaht also wiederum mit der Schutzwürdigkeit des Rechtsgutes und den zu seinem Schutze notwendigen rechtlichen Vorschriften auch das Strafgesetz, dem er selbst verfällt. Indem so als vom Täter durch seine Tat gewollt angesehen wird, was er folgerichtigerweise wollen müßte, wird, um mit Hegel zu sprechen, der Verbrecher als ein Vernünftiger geehrt, die Strafe als sein eigenes Recht in seiner Handlung enthalten angesehen.

Stellt die Einwilligungs-Theorie die individualistische Rechtfertigung der Strafe dar, so beruht die *Vergeltungstheorie*, die Begründung der Strafe darauf, daß sie verdient sei, auf autoritären Gedankengängen[1] – obgleich gerade ihr Hauptvertreter der große Begründer der Autonomie ist: Kant. Kant hat die von individueller Zustimmung und individuellem Interesse unabhängige Rechtfertigung der Strafe durch die Vergeltungstheorie in jenem berühmten Gleichnis zum Ausdruck gebracht: »Selbst wenn sich die bürgerliche Gesellschaft mit aller Glieder Einstimmung auflöste (z. B. das eine Insel bewohnende Volk beschlösse, auseinanderzugehen und sich in alle Welt zu zerstreuen), müßte der letzte im Gefängnis befindliche Mörder vorher hingerichtet werden, damit jedermann das widerfahre, was seine Taten wert sind *und die Blutschuld nicht auf dem Volke hafte*.*« Ganz unerwartet erscheint hier »das Volk« nicht als eine Summe der Einzelnen, sondern als Träger eines überindividualistischen Eigenwerts, der die individuellen Interessen der Einzelnen überdauert.

Die staatsfremde Rechtfertigung der Strafe gehört in ihren beiden Gestalten der Vergangenheit an. Der auf den Volkswillen, sei es auf die arithmetische Mehrheit, sei es auf eine andere Art der »Integration«* gegründete Staat ist dem Einzelnen gegenüber nicht mehr »ein Anderer«, vielmehr »wir alle«. Die Rechtfertigung des so verstandenen Volksstaates schließt die Berechtigung der zu seiner Erhaltung not-

---

[1] Vgl. *Richard Schmidt*, Die Strafrechtsreform in ihrer staatsrechtlichen und politischen Bedeutung, 1912, S. 10. R. Schmidt sieht nur in der Vergeltung als Straf*grund* eine überindividualistische, in der Vergeltung als Straf*zweck* aber eine rechtsstaatlich-liberale Auffassung. Vgl. unten S. 260/262 Anm. 1.

wendigen Strafe in sich ein. Die Lehre vom Grunde der Strafe geht also auf in der Lehre von der Rechtfertigung des Staats, und übrig bleibt nur die Lehre vom *Zwecke der Strafe,* d. h. von der Notwendigkeit der Strafe für den Staat, oder, genauer gesprochen, für den Staat, die Gesellschaft oder die Rechtsordnung. Diese verschiedenen Möglichkeiten einer Zweckbestimmung der Strafe werden sich von selbst entfalten, wenn wir uns nunmehr anschicken, die Idee der Strafe aus der Rechtsidee und ihrer dreifachen Verzweigung in Gerechtigkeit, Zweckmäßigkeit und Rechtssicherheit zu entwickeln.

1. Die *Gerechtigkeit* bietet zunächst die Gestalt der ausgleichenden Gerechtigkeit dar, um die Strafe auf sie zu gründen. Wie der Ware der Preis, der Arbeit der Lohn, dem Schaden der Ersatz, so würde danach dem Verbrechen die Strafe entsprechen – als *Vergeltung.* Freilich haben wir die ausgleichende Gerechtigkeit, die Gerechtigkeit zwischen Gleichgeordneten, in früheren Betrachtungen als die Gerechtigkeit des Privatrechts erkannt. In der Tat führt die Unterstellung der Strafe unter den Maßstab der ausgleichenden Gerechtigkeit auf eine Zeit zurück, in der Strafrecht noch Privatrecht war, in der der Staat an Stelle der dem Verletzten entzogenen Rache die Strafe vornehmlich handhabte, um dem Verletzten Genugtuung zu verschaffen. Aber auch nachdem das Strafrecht als ein vom Staate im eigenen Interesse gehandhabtes öffentliches Recht erkannt ist, ist es nicht sinnlos geworden, sie an der ausgleichenden Gerechtigkeit zu messen; denn es ist das Wesen des Rechtsstaates, daß der übergeordnete Staat sich in mancherlei Beziehungen auf die Ebene der Gleichordnung mit seinen Bürgern begibt: als Fiskus, im Strafprozeß, vor dem Verwaltungsgericht. So ließe sich also die Vergeltungslehre als eine rechtsstaatlich-liberale Auffassung des Strafrechts deuten[1]. Mit dieser Auffassung mischte sich freilich – ganz entsprechend der »nationalliberalen« Konzeption des Bismarckschen Reiches – untrennbar eine autoritär-überindividualistische Auffassung der Vergeltungslehre, etwa in Bindings* ganz an dem Gedanken der Autorität orientierter Strafrechtstheorie.

[1] Die einseitig überindividualistische Deutung, die ich dem Vergeltungszweck der Strafe in meinem Aufsatze in Aschaffenburgs Monatsschrift, Bd. 5, 1908/9, S. 1 ff., gegeben habe, lasse ich auf Grund der überzeugenden Ausführungen von *Richard Schmidt,* Die Strafrechtsreform in ihrer staatsrechtlichen und politischen Bedeutung, 1912, S. 189 ff., fallen. Vgl. auch *Dannenberg,* Liberalismus und Strafrecht im 19. Jahrhundert, 1925.

Der Gerechtigkeitstheorie treten die Zwecktheorien des Strafrechts gegenüber. Aber auch sie nehmen die Gerechtigkeit für sich in Anspruch — nur nicht die ausgleichende, vielmehr die *austeilende Gerechtigkeit*. Gerechte Strafe bedeutet für sie nicht dem Verbrechen entsprechende Strafe, sondern Bestrafung des einen im Verhältnis zum andern Verbrecher nach dem Verhältnisse ihrer beiderseitigen Schuld. Während freilich die Vergeltungslehre aus dem Gedanken der ausgleichenden Gerechtigkeit restlos entwickelt[1] werden kann, ist der Gedanke der austeilenden Gerechtigkeit nicht hinreichend, um die Zwecktheorien daraus abzuleiten; denn austeilende Gerechtigkeit der Strafe bedeutet zwar, daß gleich Belastete gleich, verschieden Belastete im Verhältnis ihrer Belastung zu bestrafen sind, sie läßt uns aber einesteils im Unklaren darüber, an welchem Maßstabe wir die Gleichheit oder Verschiedenheit ihrer Belastung zu messen haben, ob an der Schuld, an der Gefährlichkeit oder woran sonst, und sie sagt andrerseits nur über das Verhältnis der Strafen zueinander, nicht aber über ihre absolute Höhe und Art, nur über den Platz der Strafen in einem gegebenen Strafensystem, nicht aber über dieses Strafensystem selbst etwas aus, nicht darüber, ob dieses Strafensystem unten mit Kerker und körperlicher Züchtigung beginnen und oben mit grausam verschärften Todesstrafen enden oder unten mit Geldstrafe beginnen und oben mit lebenslänglichem Zuchthaus enden soll. Die Antwort auf diese von der Gerechtigkeitstheorie unbeantwortet gelassenen Fragen kann nur aus dem zweiten Element der Rechtsidee abgeleitet werden, aus der *Zweckmäßigkeit*. Mit diesem Rückgriff auf Zweck und Zweckmäßigkeit tritt aber die Strafe zugleich aus dem Rahmen der spezifischen Rechtsidee, der Gerechtigkeit, heraus, um Staats- und Gesellschaftszwecken dienstbar zu werden.

2. Noch einmal begegnet uns in diesem Zusammenhange eine rechtsstaatlich-liberale Auffassung der Strafe, dieses Mal aber nicht, wie die Vergeltungstheorie, auf die Idee der Gerechtigkeit und des Rechts, sondern auf die Idee der Zweckmäßigkeit und des Staates bezogen: die *Abschreckungstheorie* in der Gestalt, die Feuerbach ihr gegeben hat. Denn wie in der Strafrechtstheorie der Aufklärungszeit, so wird auch in Feuerbachs Strafrechtsdenken paradoxerweise gerade die Abschreckungstheorie zu einem Mittel, das Strafrecht an das Gesetz und an den Tatbestand zu binden und die Proportionalität zwischen Verbrechen und

([1] Nicht restlos; soweit nicht Talion, nur das Strafmaß, nicht aber die Strafart.)

Strafe zu gewährleisten, darin den Vergeltungstheorien nahe verwandt[1]. Das bedeutet aber, daß die Abschreckungs- wie die Vergeltungstheorie die Tat vom Täter oder den Täter vom Menschen loslöst. Der dabei zugrunde gelegte strafrechtliche Täterbegriff entspricht dem Personenbegriff des Privatrechts. Wie im überkommenen Privatrecht etwa der Arbeiter der individualitätslose Besitzer seiner Arbeitskraft, der Verkäufer der »Ware Arbeit«* ist, so ist im Vergeltungs- und Abschreckungsstrafrecht der Rechtsbrecher der individualitätslose Täter seiner Tat. Das Strafrechtsverhältnis wird dabei zu einem partiellen Verhältnis, in das nicht der ganze Mensch, sondern nur der Täter dieser Tat eintritt. Wie man nach individualistischer Auffassung des Arbeitsverhältnisses die Ware Arbeitskraft verkauft, so gilt man nach der entsprechenden Strafrechtsauffassung das Verbrechen ab[2]. Gerade in der nur partiellen Natur des Strafrechtsverhältnisses kommt der liberale Charakter der Vergeltungs- und Abschreckungstheorie besonders deutlich zum Ausdruck, hat doch der Liberalismus überall die personenrechtlichen Bindungen von Mensch zu Mensch in ihrer Totalität gelockert und durch scharfumrissene Teilbeziehungen ersetzt – im Strafrechtsverhältnis nicht anders als im Arbeitsverhältnis.

Der rechtsstaatlich-liberalen Vergeltungs- und Abschreckungstheorie steht die *Sicherungs- und Besserungslehre* als Theorie des sozialen Strafrechts gegenüber. Dem sozialen Recht ist es ja, wie früher gezeigt wurde, im Gegensatz zum individualistischen Recht eigentümlich, nicht auf das abstrakte und isolierte Individuum, die Person, den Täter zugeschnitten zu sein, sondern auf die konkrete und vergesellschaftete Individualität. Wie das Arbeitsrecht erkannt hat, daß die Arbeitskraft nicht etwas vom Menschen Loslösbares ist, sondern der ganze Mensch, unter einem bestimmten Gesichtspunkte gesehen, so erkennt das soziale Strafrecht, daß das Verbrechen nicht etwas vom Verbrecher Loslösbares ist, sondern wiederum der ganze Mensch unter einem bestimmten Gesichtspunkte. Man hat das neue Strafrecht unter das Schlagwort gebracht: »nicht die Tat, sondern der Täter«*, man sollte

---

[1] – aber auch darin, daß der Abschreckungs- wie der Vergeltungstheorie auch eine überindividualistische Wendung gegeben werden kann.

[2] *E. Paschukanis*, Allgemeine Rechtslehre und Marxismus, 1929, S. 149 ff. deutet das Parallelverhältnis geradezu als Kausalverhältnis: der Vergeltungsgedanke wird bestimmt durch die »Grundform, der die moderne Gesellschaft unterworfen ist, eben die Form des äquivalenten Tausches«. Gegen ihn *Kelsen*, Arch. f. Soz. Wiss. u. Soz. Pol. Bd. 66, 1931, S. 483 ff.

sagen: nicht der Täter, sondern der Mensch*. Der konkrete Mensch mit seiner psychologischen und seiner soziologischen Eigenart tritt in den Gesichtskreis des Rechts. Der Begriff des Täters löst sich unter dem Gesichtspunkte der Besserungs- und Sicherungstheorie in mannigfache charakterologische und soziologische Typen auf: den Gewohnheitsverbrecher und den Gelegenheitsverbrecher, den Besserungsfähigen und den Unverbesserlichen, den Erwachsenen und den Jugendlichen, den voll und den vermindert Zurechnungsfähigen. So darf sich die neue Strafrechtsschule mit Recht die »soziologische Schule«* nennen, denn sie hat Tatsachen, die bisher nur der Soziologie gehörten, in den juristischen Gesichtskreis gerückt.

Freilich hat gleichzeitig die Abschreckungstheorie eine Wiedergeburt erlebt, nicht zwar in ihrer soeben geschilderten rechtsstaatlich-liberalen Gestalt, sondern in überindividualistischer Umbildung: in dem terroristischen Strafrecht des Faschismus. Die dem 1930 erlassenen italienischen Strafgesetzbuch beigegebene Denkschrift ging ganz ausdrücklich aus von der faschistischen Auffassung des Staates als eines Organismus. »Der Staat stellt sich nicht mehr als die arithmetische Summe der Einzelnen dar, welche ihn zusammensetzen, sondern als Ergebnis, Synthese und Zusammenfassung der Individuen, Gruppen und Klassen, welche ihn darstellen, mit eigenem Leben, eigenen Zwecken, eigenen Bedürfnissen und Interessen, die nach Ausdehnung und Dauer das Leben der Individuen, Gruppen und Klassen überschreiten und sich auf alle vergangenen, gegenwärtigen und zukünftigen Generationen ausdehnen.« Das Strafrecht dieses Staates hatte nicht den Charakter der Verteidigung der Gesellschaft (difesa sociale im Sinne Ferri's*), sondern der Verteidigung des Staates selbst (difesa propria dello Stato) und sah das Mittel dieser Verteidigung in der Abschreckung und Unschädlichmachung, die sich in überaus zahlreichen Androhungen der Todesstrafe auswirkten. »Der Mensch, mit dem dieser den Übermenschen als Führer voraussetzende Staat rechnet, ist nicht der Schwache, Hilflose, Unterstützungsbedürftige, sondern ebenfalls wieder der Starke; der Verbrecher gilt daher in erster Linie als der aufbegehrende Feind des staatlichen Regimes, demgegenüber Abschreckung und Unschädlichmachung die wichtigste Funktion staatlicher Strafgewalt sein müssen.«[1]

---

[1] *Eberhard Schmidt*, Strafrechtsreform u. Kulturkrise (Staat u. Recht, Heft 79) 1931, S. 18.

Eine Regeneration des terroristischen Strafrechts stellt aber auch das Sowjetstrafrecht dar. Das Sowjet-Strafgesetzbuch von 1926 ist das Strafrecht eines Übergangsstaates, ein seltsames Gemisch aus autoritärem Strafrecht, das der Diktatur des Proletariats entspricht, und aus sozialem Strafrecht, in dem die klassenlose Gesellschaft der Zukunft vorgeahnt und vorweggenommen wird. Der sozialen Strafrechtsauffassung entspricht es, daß sich das Sowjetrecht nach seiner ausdrücklichen Erklärung »Vergeltung und Strafe nicht zur Aufgabe« macht, der autoritären Auffassung aber, daß neben der Sicherung und Besserung vor allem im Hinblick auf politische Verbrechen die Abschreckung als Strafzweck aufrechterhalten und besonders in der »höchsten Maßnahme des sozialen Schutzes« verkörpert wird, in der ausgiebig verwandten Todesstrafe.

Kennzeichnender noch als die Einmischung autoritärer Strafrechtselemente ist aber im Sowjet-Strafgesetzbuch der vollkommene Verzicht auf rechtsstaatliche Garantien. Vom Gesetze mit Strafe bedrohte Handlungen sind nicht Verbrechen, wenn sie im Einzelfall des gemeingefährlichen Charakters entbehren, nicht mit Strafe bedrohte Handlungen Verbrechen, wenn sie sich als gemeingefährlich darstellen: der Satz »nullum crimen sine lege«* gilt in Sowjetrußland nicht. Sogar dem Grundsatz »cogitationis poenam nemo patitur«* wird Abbruch getan, indem nicht nur Vorbereitungshandlungen allgemein unter Strafe gestellt werden, sondern sogar Personen, die »durch ihre Verbindung mit dem Verbrechermilieu oder durch ihre frühere Tätigkeit eine Gefahr bedeuten«, den Maßnahmen des sozialen Schutzes unterworfen werden.

3. Die folgerichtig durchgeführte Besserungs- und Sicherungstheorie würde in der Tat zu diesen Folgerungen führen, wenn sie nicht durch den dritten Teilgedanken der Rechtsidee abgeschnitten würden, durch den Gedanken der *Rechtssicherheit*. Es bedeutet eine unleugbare Komplikation der Spezialpräventionstheorie, daß sie nicht in der Lage ist, allein die Gestaltung des Strafrechtes zu bestimmen, daß diese vielmehr nur aus dem Zusammenwirken des spezialpräventiven Zweckgedankens mit der Gerechtigkeits- und der Rechtssicherheitsidee gewonnen werden kann. Dieses Zusammenwirken stellt sich zudem mehr als ein Gegeneinanderwirken dar. Das Spannungsverhältnis innerhalb der Rechtsidee wiederholt sich in der Einzelfrage des Strafrechts mit besonderer Anschaulichkeit. Bewahrt die Rechtssicherheitsidee den

Spezialpräventionsgedanken vor seiner letzten Konsequenz, die Strafe auch auf Vorbereitungen, Gesinnungen und Gedanken zu erstrecken, so tritt der Gerechtigkeitsgedanke, der in irgendeinem Maße die Gleichbehandlung auch ungleicher Personen und Verhältnisse fordert, der bis ins Letzte durchgeführten Individualisierung entgegen, wie sie sich aus dem spezialpräventiven Zweckgedanken ergeben würde. Gegenüber dieser antinomischen Gestaltung eines auf die Besserungs- und Sicherungsstrafe gegründeten Strafrechts bewährt der Vergeltungsgedanke eine größere methodische Leistungskraft: er dient gleichzeitig der Rechtfertigung der Strafe und ihrer Zweckbestimmung, erfüllt in sich zugleich den Gedanken der Gerechtigkeit und den der Rechtssicherheit.

Schließlich stellt sich die im Sinne der Vergeltungsidee gestaltete Rechtseinrichtung auch zweifellos als »Strafe« dar, während ein folgerichtig im Sinne der Besserungs- und Sicherungstheorie gestaltetes Strafrecht letzten Endes aufhört, »Strafrecht« zu sein. Hat doch, wie schon der Entwurf Ferri, so das Strafgesetzbuch der Sowjetunion in konsequenter Durchführung der Spezialpräventionslehre den Namen »Strafe« bereits durch andere Bezeichnungen: »Sanktion«, »Maßnahme des sozialen Schutzes«, ersetzt. Es braucht aber kaum betont zu werden, daß der Begriff der Strafe ebensowenig eine für die künftige Gestaltung des bisherigen »Straf«rechts maßgebende Norm und Grenze wie die methodische Bequemlichkeit der Vergeltungslehre als einer einheitlichen Lösungsmöglichkeit für alle Fragen der Strafrechtstheorie ein Wahrheitskriterium darstellt. Es möchte vielmehr gerade umgekehrt so liegen, daß die Entwicklung des Strafrechts über das Strafrecht einstmals hinwegschreiten und die Verbesserung des Strafrechts nicht in ein *besseres* Strafrecht ausmünden wird, sondern in ein Besserungs- und Bewahrungsrecht, das *besser als* Strafrecht, das sowohl klüger wie menschlicher als das Strafrecht wäre.

> Wer hat dir, Henker, diese Macht über mich gegeben? *Gretchen im Kerker*

§ 23

Die Todesstrafe*

Nur eine überindividualistische Rechtsauffassung kann die Todesstrafe rechtfertigen, nur sie dem Staate überhaupt ein Recht über Leben und Tod zuerkennen. So sagte Bismarck* in seiner Rede vom 1. März 1870: »Eine menschliche Kraft, die keine Rechtfertigung von oben in sich spürt, ist zur Führung des Richtschwerts nicht stark genug.« Daß die Abwendung von einer individualistischen Staatsauffassung der Hintergrund zur Wiedereinführung der Todesstrafe bilde, hat aber insbesondere die Denkschrift zum faschistischen italienischen Strafgesetzbuch* von 1930 in Worten zum Ausdruck gebracht, welche die erneuerte Todesstrafe geradezu als einen Triumph dieser Staatsauffassung feiern: »Eine solche Reform stellt ein weiteres glückliches Zeichen des veränderten Geistes der italienischen Nation, der wiedererworbenen Männlichkeit und Tatkraft unseres Volkes, der gänzlichen Befreiung unserer juristischen und politischen Kultur vom Einflusse fremder Ideologien dar, mit denen die Abschaffung der Todesstrafe unmittelbar verbunden ist.« Als diese Ideologien werden ausdrücklich die »individualistischen Ideen, welche jenseits der Alpen triumphierten«, verstanden, »der Irrtum der Kantischen Behauptung, daß das Individuum als ein Selbstzweck nicht auf die Stufe des Mittels herabgewürdigt werden könne«. »Im Gegenteil ist wahr, daß die Gesellschaft, angesehen als ein Organismus, der die ungezählten Reihen der Generationen in sich faßt, und der Staat, der ihre juristische Organisation ist, eigene Zwecke haben und um dieser willen leben, während das Individuum nichts als ein unendlich kleines und vorübergehendes Element des sozialen Organismus ist, dessen Zwecken es seine Handlungen und sein eigenes Dasein unterordnen muß.«

Auf der Grundlage der vom faschistischen Italien verdammten individualistischen Ideen war ein Italiener, bisher als ein Ruhm Italiens betrachtet, der erste Gegner der Todesstrafe gewesen: *Cesare Beccaria**

§ 23 DIE TODESSTRAFE

(Dei delitti e delle pene, § 16). Er führte den Beweis für die Unvereinbarkeit der Todesstrafe mit einer individualistischen Staatsauffassung in den Formen der Lehre vom Gesellschaftsvertrage. Die Todesstrafe stehe mit dem Gesellschaftsvertrag in Widerspruch, weil das Leben ein unverzichtbares Rechtsgut, der Selbstmord verwerflich und die selbstmörderische Einwilligung in die Todesstrafe im Gesellschaftsvertrag also wider die guten Sitten und folglich nichtig sei[1]. Diese Argumentation wäre freilich nur dann durchschlagend, wenn die Vertragstheorie die Berechtigung der Todesstrafe davon abhängig machen wollte, daß sie von dem Straffälligen *wirklich* gewollt wäre, nicht aber, wenn sie in ihrer richtigen rationalen Fassung die Todesstrafe schon dann für berechtigt erklärt, wenn sie sich vom Straffälligen gewollt *denken* läßt, d. h. wenn er sie vernünftigerweise nicht *nicht* wollen kann, wenn sie durch sein eigenes wahres Interesse geboten ist. Sobald die Disposition über das eigene Leben nur als ein Bild für das Interesse am eigenen Tode erkannt ist, kann ihre Unzulässigkeit kein Argument mehr bilden, kann die Frage nach der Berechtigung der Todesstrafe nicht mehr lauten: *durfte*, sondern nur: *konnte* der Straffällige in die Todesstrafe einwilligen?

Aber Beccarias Gegner *Rousseau* begeht genau denselben Denkfehler. Rousseau hält die Einwilligung in die Todesstrafe im Staatsvertrag deshalb für rechtsgültig, weil sie nur eventuell geschieht, nur für den ganz unerwartbaren Fall, daß man einen Mord begehen werde, weil also nicht in den Tod, sondern in die ganz entfernte Gefahr des Todes eingewilligt wird und weil es nicht gegen die guten Sitten sei, sich der Gefahr des Todes zu unterwerfen, um sein Leben zu erhalten; »um nicht das Opfer eines Mörders zu werden, willigt man ein zu sterben, wenn man selbst ein solcher werden sollte. Weit entfernt, über sein eigenes Leben zu verfügen, ist man in diesem Vertrage nur darauf bedacht, es zu beschützen, und es ist nicht zu vermuten, daß irgendeiner der Kontrahenten dabei von vornherein daran denkt, sich hängen zu lassen« (Contrat Social II, 5). Rousseau gewinnt also die Möglichkeit, eine einwandfreie Einwilligung des Mörders in seinen Tod zu konstru-

---

([1] Aus dem Recht des Staates über Leben und Tod wird das Recht zur Selbsttötung begründet [mit dem Argument Beccarias in umgekehrter Richtung: wer dem Staat das Recht über sein Leben zusprechen kann, muß zunächst einmal selbst das Recht über sein eigenes Leben haben] von *Sénancour* in dem Roman »Oberwasser«. Vgl. *Georg Brandes*, Literatur des 19. Jahrhunderts I 1882, S. 71 ff.)

ieren, indem er diese eventuelle Einwilligung in einen Zeitpunkt zurückverlegt, in welchem er noch gar nicht damit rechnete, zum Mörder zu werden. Wer sähe nicht, daß Rousseau mit diesem »einmal eingewilligt Haben« den Staatsvertrag zu einer zeitlich fixierten Tatsache, zu einem geschichtlichen Faktum macht und also in die durch die Eingangsworte des »Contrat Social« so entschieden abgelehnte historische Fassung der Vertragstheorie unversehens zurückgleitet? Wenn man im Staatsvertrag ein bloß fiktives Bild sieht, muß man ihn sich zeitlos, nicht *einmal* abgeschlossen, sondern in jedem Augenblicke erneuerbar denken. Ein rechter Staat muß in jedem Augenblick für jeden seiner Vorgänge die Bejahung der Frage gestatten, ob er sich als durch den Vertrag seiner sämtlichen Glieder entstanden denken lasse, also auch in dem Augenblicke, in dem der Mörder den Kopf auf den Block legt. Nur dann wäre also die Todesstrafe der Vertragstheorie gegenüber gerechtfertigt, wenn dargetan werden könnte, daß sogar in diesem Augenblicke die Einwilligung des Straffälligen in seinen Tod fingierbar sei.

Diesen verzweifelten Nachweis unternimmt in der Tat *Kant* gegen Beccarias »Sophisterei und Rechtsverdrehung«[1], indem er mit einem für seine Denkweise charakteristischen Kunstgriffe, was bei Rousseau als ein zeitliches Verhältnis erscheint, als ein transzendentales Verhältnis erfaßt. An die Stelle der angeblich einmal erteilten Einwilligung des Straffälligen in die Todesstrafe tritt das zeitlose Urteil seiner Vernunft über ihre Notwendigkeit. Als Kontrahent des Staatsvertrags ist ja nicht das empirische Individuum mit seinem wirklichen Willen zu denken — immer wieder wurde ja betont, daß die Vertragstheorie als gewollt nur fingiert, was *vernünftigerweise* nicht nicht gewollt werden kann —, sondern eben die dem empirischen Individuum anzusinnende Vernunft. »Wenn ich also ein Strafgesetz gegen mich als einen Verbrecher abfasse, so ist es in mir die reine rechtlich-gesetzgebende Vernunft (homo noumenon), die mich als einen des Verbrechens Fähigen, folglich als eine andere Person (homo phaenomenon), samt allen Übrigen in einem Bürgerverein dem Strafgesetze unterwirft.« Zwar nicht der empirische Wille, wohl aber »das eigene Urteil des Verbrechers, das man seiner Vernunft notwendig zutrauen muß«, stimmt nun, so meint Kant, der Todesstrafe auch noch im Augenblicke ihres Vollzuges notwendig zu.

[1] Metaphysik der Sitten, hrsg. v. Vorländer, 1907, S. 163 f.

§ 23 DIE TODESSTRAFE

Aber das Individuum kann auch dann, wenn man es nicht in seiner empirischen Tatsächlichkeit, sondern als Konkretion der Vernunft ins Auge faßt, als der Todesstrafe zustimmend nicht gedacht werden[1]. Für jede Strafe, die dem Bestraften nur das Leben, sei es auch in noch so elender Gestalt, beläßt, könnte der Nachweis der Zustimmung der eigenen Vernunft, des Interesses auch des Straffälligen selbst an seiner Bestrafung grundsätzlich geführt werden: auch die lebenslängliche Zuchthausstrafe läßt dem Bestraften noch immer eine Reihe von Rechtsgütern, die durch seine eigene Bestrafung, durch die damit bewirkte Abschreckung Anderer geschützt werden. Die Todesstrafe aber kann als auch den eigenen Interessen des Verbrechers dienlich in keiner Weise erwiesen werden, da sie ja das Subjekt dieser Interessen vernichtet[2]. Man wird also vom Standpunkt der Vertragstheorie mit Beccaria die Todesstrafe verwerfen müssen, aber nicht, weil der Verbrecher in sie nicht einwilligen *darf*, sondern weil er in sie mangels jeglichen Eigeninteresses an ihr vernünftigerweise nicht einwilligen *kann*. Die Todesstrafe ist unvereinbar mit einem Grundgedanken jeglicher individualistischer Staatsauffassung, den Stammler (R. R. 208) so formuliert: »Jede rechtliche Anforderung darf nur in dem Sinne bestehen, daß der Verpflichtete sich noch der Nächste sein kann[3].«

Aber beweist die Vertragstheorie nicht zu viel, spricht sie nicht mit ihrer Argumentation dem Staate jedes Recht ab, von seinen Mitgliedern die Einsetzung ihres Lebens, etwa im Kriege, zu verlangen? Keineswegs! Die Einsetzung, d. h. die Gefährdung des eigenen Lebens kann immer noch als auch im eigenen Interesse des zwar Gefährdeten, aber ja vielleicht Überlebenden gelegen erwiesen werden. Die Aufopferung des Lebens, den sicheren Tod pflegt aber der Staat auch im Kriege grundsätzlich nicht zu verlangen: Freiwillige vor! heißt es in solchen

[1] Gegen die folgenden Ausführungen *Nelson*, Die Rechtswissenschaft ohne Recht, 1917, S. 135 f.
([2] Wie aber, wenn jemand annimmt, daß der Tod das Subjekt *nicht* vernichte, d. h. daß der Mensch unsterblich sei? Dann ließen sich grundsätzlich Interessen denken, denen auch noch sein Tod diente, etwa die Tilgung seiner Schuld, die ihn rein eintreten läßt in das ewige Leben, – aber auch dann wohl kaum Interessen, deren Pflege dem Staat obliegt. [Solche Gedanken liegen übrigens den Fällen zugrunde, die *L. v. Weber* unter dem Titel »Selbstmord als Mordmotiv« in Aschaffenburgs Monatsschr. Bd. 18 behandelt!].)
[3] Die gleiche Beweisführung wie hier bei *Meß*, Nietzsche als Gesetzgeber, 1930, S. 70 f.

Fällen. Denn die *freiwillige* Aufopferung des Lebens für eine Idee steht auch mit dem Individualismus nicht in Widerspruch, sie bedeutet Erfüllung des Lebenswertes in der Hingabe des Lebens. Diese Lebenserfüllung durch Lebenshingabe *kann* sich zwar auch in der Todesstrafe vollziehen, wenn nämlich der Schuldige die Strafe als Sühne in seinen Willen aufgenommen hat. Auch dann aber bleibt der begriffliche Unterschied zwischen der auferlegten Todesstrafe und der freiwillig übernommenen Sühne bestehen[1].

Schwerer wiegt ein anderer Einwand gegen die individualistische Argumentation wider die Todesstrafe, den auch Bismarck in jener Rede erhob: die Zulässigkeit der Tötung in der Notwehr. Der Obrigkeit wie dem Einzelnen steht zwecks Prävention gegen einen nicht einmal notwendig mordwilligen Angreifer möglicherweise die Tötung zu – wie sollte sie ihm zur Repression gegen den überführten Mörder versagt sein? Schon Beccaria hat sich diesen Einwand gemacht[2]. Er anerkennt die Zulässigkeit der Tötung Anderer, wenn sie »wirklich das einzige Mittel wäre, um die Anderen von der Begehung von Verbrechen abzuhalten«, und denkt dabei daran, »daß im Falle offenen Aufruhrs, Tumults oder einer Zusammenrottung diese augenblicklich auch durch die Tötung der Aufrührer, die Widerstand leisteten, niedergeworfen werden können«. Er sieht aber in solcher Tötung »die Folge einer wirklichen Kriegserklärung«, die nicht auf das Recht und den Gesellschaftsvertrag begründet werden könne, sondern nur auf die Macht, freilich die gerechte und notwendige Macht. Denken wir seinen Gedankengang in den Formen der Vertragstheorie zu Ende! In der Notwehrlage ist der Gesellschaftsvertrag unfähig, die Rechtsgüter zu schützen, zu deren Schutze er eingegangen ist, weil die durch ihn eingesetzten Organe nicht augenblicklich erreichbar sind. Es tritt deshalb der Naturzustand und mit ihm das Recht der Selbsthilfe wieder in seine Rechte, jedoch im Rahmen des Rechtszustandes und unter Anerkennung seitens der Rechtsordnung. Das Notwehrrecht ist also ein dem Angegriffenen belassenes ursprüngliches Menschenrecht, während das Recht zur Todes-

---

[1] Daß auch psychologisch die Sonderart der Todesstrafe gegenüber jeder noch so hoffnungslosen Art des Lebenseinsatzes in ihrer Unentrinnbarkeit besteht, zeigt der von Sapir (Dostojewski und Tolstoi, S. 11) angeführte Ausspruch Dostojewskis.

[2] *Beccaria*, Über Verbrechen und Strafen, hrsg. v. Esselborn, 1905, S. 108, Anm. 1 u. S. 192.

§ 23 DIE TODESSTRAFE

strafe nur als ein erst auf Grund des Staatsvertrages geschaffenes Recht zu denken oder vielmehr auf individualistischer Grundlage *nicht* zu denken ist. Vor allem anderen aber ist gegen die Argumentation für die Todesstrafe aus dem Notwehrrecht noch ein anderes anzuführen: daß das Notwehrrecht auf die Zurückweisung des Angriffs gerichtet ist, gegebenenfalls auf die Vernichtung der Angriffsfähigkeit, die möglicherweise den Tod des Angreifers zu ihrer tatsächlichen Wirkung hat, aber nicht auf diese Tötung selbst, so daß auch dieses Recht nicht auf Vernichtung, sondern nur auf Gefährdung des Lebens gerichtet ist. Auf seiten des durch Notwehr und des durch Todesstrafe Getöteten drückt sich dieser begriffliche Unterschied in der sehr realen psychischen Tatsache aus, daß jener bis zum letzten Augenblick an die Möglichkeit des Entrinnens geglaubt hat, dieser aber das furchtbare Gefühl der Unentrinnbarkeit eines zeitlich genau bestimmten Todes durchleiden mußte.

Diese Ausführungen waren weniger der Frage der Todesstrafe selbst als der Aufgabe gewidmet, zugleich Schwierigkeit und Fruchtbarkeit der Denkform des Gesellschaftsvertrages für eine individualistische Rechtslehre aufzuweisen. Die entscheidenden Argumente gegen die Todesstrafe sind auf höherer und auf tieferer Ebene als in der Rechtsphilosophie zu suchen, einerseits in ethischen und religiösen Argumenten gegen ihre Zulässigkeit, andrerseits in statistischen und psychologischen Erfahrungsbeweisen gegen ihre Notwendigkeit.

> Die Art der Gnade weiß von keinem Zwang...
> *Shakespeare**

§ 24
Die Gnade*

Die Rechtseinrichtung der Gnade bedeutet die unverhohlene Anerkennung der Fragwürdigkeit alles Rechts, jener Spannungsverhältnisse innerhalb der Rechtsidee sowohl wie der Konfliktsmöglichkeiten zwischen der Rechtsidee und anderen Ideen, wie der ethischen und der religiösen. Gerade deshalb haben unproblematische Zeiten, Zeiten, die die All- und Alleinherrschaft der Vernunft anerkannten, wie das Zeitalter des Naturrechts und der Aufklärung, das Begnadigungsrecht bekämpft, zuerst Beccaria (§ 20), dem Kant folgt, wenn er in der Gnade »unter allen Rechten des Souveräns das schlüpfrigste« erblickt.

Die inneren Spannungen der Rechtsidee, die widersprechenden Forderungen der Gerechtigkeit, der Zweckmäßigkeit und der Rechtssicherheit, der Mangel einer diesen drei Seiten der Rechtsidee übergeordneten Norm und deshalb die Unentscheidbarkeit ihrer Konflikte – alles das ist oben (§ 9) dargelegt worden. Sinn der Gnade ist nun, das Spannungsverhältnis der streitende Elemente der Rechtsidee anders und nach der Meinung des Gnadensubjekts besser zu entspannen, als es im Urteil entspannt wurde. Die Gnade kann die Aufgabe haben, gegenüber dem positiven Recht die Gerechtigkeit, gegenüber der schematisierenden Gleichheit der Gerechtigkeit die individualisierende Zweckmäßigkeit zur Geltung zu bringen. Sie kann auch das Ziel verfolgen, die innerhalb jedes dieser Elemente möglichen Antinomien anders, als im Urteile geschehen ist, zu lösen, etwa gegenüber der prozessualen Rechtskraft des Fehlurteils das materielle Recht, gegenüber der Gerechtigkeit die Billigkeit, gegenüber der spezifisch kriminalpolitischen Zweckmäßigkeit die allgemeinpolitische Zweckmäßigkeit, die Staatsklugheit zur Geltung zu bringen[1].

([1] Vgl. jetzt *Wilhelm Grewe*, Gnade und Recht, Hamburg, Hanseatische Verlagsanstalt, 1936. – Über Gerechtigkeit und gegen Gnade und Billigkeit *Seume*, Spaziergang nach Syrakus I S. 42 ff. [Ausg. Hempel]. Vgl. auch *Gustav Hennig*, Zeitgemäßes u. Polit. aus Seumes Werken, S. 25.)

§ 24 DIE GNADE

So verstanden, scheint sich die Gnade als eine Rechtseinrichtung, »als ein besonders geartetes Mittel zu richtigem Rechte«[1] darzustellen im Sinne der deutschen Rechtssprichwörter »Recht ohne Gnade ist Unrecht« oder »Gnade steht beim Rechte«. Gegen diese Auffassung sind freilich Bedenken zu erheben, wenn man zum Begriff des Rechtes die Allgemeinheit seiner Normen, die Gleichheit der Adressaten diesen Normen gegenüber rechnet. Wer das Gnadenrecht handhabt, ist zwar bemüht, es nicht nach Willkür, sondern nach Richtlinien zu handhaben. Auch die Gnade strebt nach Allgemeingültigkeit der ihr zugrunde liegenden Maximen, und aus Maximen, nach denen das Begnadigungsrecht gehandhabt wurde, sind in der Rechtsgeschichte wiederholt neue Rechtssätze hervorgegangen, schon aus dem mittelalterlichen »Richten nach Gnade« und in neuester Zeit aus der bedingten Begnadigung. Aber sobald Richtlinien der Gnade die Form gesetzgebungsreifer Normen angenommen haben, hört, streng genommen, die Kompetenz der Gnade auf. Solche Normen richtigen Rechts soll die Gesetzgebung, nicht auf Kosten des Gesetzes die Gnade zur Geltung bringen, ähnlich wie die Billigkeit, sobald sie von den Einzelfällen aus zur Aufstellung genereller Rechtssätze gelangt ist, aufhört, Billigkeit zu sein, und selbst Gerechtigkeit wird. Gnade hat, freilich mit dem Willen zur Allgemeingültigkeit, das Recht des Einzelfalles, nicht neue Rechtsnormen zur Geltung zu bringen[2]. Freilich kostet es den Inhaber des Gnadenrechtes kaum zumutbare Überwindung, etwa bei der Entscheidung über Todesurteile seine allgemeine Stellung zur Todesstrafe, bei der Entscheidung über Bestrafungen wegen Abtreibung seine allgemeine Auffassung der Abtreibungsstrafe ganz auszuschalten.

Die Gnade erschöpft sich aber nicht darin, Rechtseinrichtung zu sein[3]. Jenen deutschen Rechtssprichwörtern, welche die Gnade als ein besseres Recht kennzeichnen, treten andere gegenüber, die die Gnade »besser denn Recht« nennen und sagen, daß Gnade »vor dem Rechte« gehe. Die Gnade hat sich nie darauf beschränkt, Spannungen innerhalb des Rechts auszugleichen, sie bedeutet vielmehr die Anerkennung

---

[1] Vgl. *Stammler*, Lehre von dem richtigen Rechte, S. 131.
[2] In diesem Sinne bezeichnet *Wolfgang Heimann* in einer Heidelberger Dissertation (1931) die Idee der Begnadigung als die Idee »richtiger Willkür« (Willkür im Sinne von Stammlers Terminologie).
([3] Ähnlich wie hier über die Unnormierbarkeit der Gnade *Carl Schmitt*, Die drei Arten des rechtswissenschftlichen Denkens, S. 26.)

der Tatsache, daß diese Welt nicht allein eine Welt des Rechts ist nach dem Worte »Fiat iustitia, pereat mundus«, daß es neben dem Recht noch andere Werte gibt und daß es nötig werden kann, diesen Werten gegen das Recht zur Geltung zu verhelfen. Wenn etwa freudige vaterländische Ereignisse Anlaß zu Begnadigungen geben, so ist solche Begnadigung nicht mehr auf Rechtswerte zu gründen. Solche nicht auf Rechtswerte gegründete Begnadigung fand aber ihren deutlichsten Ausdruck dann, wenn Personen, die nicht Organe der Rechtsgemeinschaft waren, ein Recht hatten, Begnadigungen herbeizuführen, wenn etwa nach der Erzählung von der Begnadigung des Barrabas in den Evangelien dem Volk von Jerusalem am Osterfeste oder wenn im Mittelalter religiösen Körperschaften, Klöstern, das alljährliche Recht zur Losbitte einer bestimmten Anzahl von Verurteilten zustand[1]. Wir erinnern uns schließlich an die Rolle, die in alten Zeiten der Zufall oder der in ihm vermutete Wille der Götter bei der Vollstreckung von Todesstrafen spielte, die Strafbefreiung des Delinquenten, wenn der Strick riß oder das Schwert fehlschlug. Man darf in solchen Einrichtungen der Vergangenheit nicht (mit Stammler)* »bloße Kuriosa der sozialen Geschichte«, bloße »Abirrungen« erblicken, kann vielmehr gerade ihnen wesentliche Aufschlüsse über den Sinn der Gnade entnehmen[2].

Gnade ist für diese Zeiten ein viel reicherer und weicherer Begriff als für unsere Gegenwart. *Wir* messen auch die Gnade auf der Waagschale des Rechts sorgsam nach Loten und nach Pfunden zu: Gnade ist eine nach Grundsätzen gehandhabte Rechtswohltat geworden, noch über die Gnade will die Gerechtigkeit herrschen wie über die Wohltätigkeit die Vernunft. Wie aber das Almosen von ehedem freiströmende Fülle war, nicht kanalisierte Wohltätigkeit, so weiß auch Gnade von keinem Zwang, – nicht einmal von dem Zwang der Gerechtigkeit. Sie bedeutet nicht bloß eine mildere Form des Rechts, sondern den leuchtenden Strahl, der in den Bereich des Rechts aus einer völlig rechtsfremden Welt einbricht und die kühle Düsternis der Rechtswelt erst recht sichtbar macht. Wie das Wunder die Gesetze der physischen Welt durch-

---

[1] (Material über Losbitte durch Geistliche: *Gwinner*, Einfluß des Standes im gemeinen Strafrecht, S. 248 ff. und seinen Aufsatz über das Losschneidungsrecht der Äbtissin von Lindau.) Die Erneuerung der Losbitte befürwortet *Meß*, Nietzsche als Gesetzgeber, 1930, S. 28: »Wäre es nicht im höchsten Maße würdig, wenn Pioniere, die für die Menschheit unter Einsatz ihres Lebens etwas Außerordentliches geleistet haben, mit dem Recht ausgezeichnet würden, die Begnadigung eines Verurteilten zu erbitten?« ([2] Barabbas im Evangelium!)

§ 24 DIE GNADE

bricht, so ist sie das gesetzlose Wunder innerhalb der juristischen Gesetzeswelt. In der Gnade ragen rechtsfremde Wertgebiete mitten in die Rechtswelt hinein, religiöse Barmherzigkeitswerte, ethische Duldsamkeitswerte. In der Gnade macht gegenüber dem allumfassenden Rationalisierungsanspruch des Rechts sogar der holde Zufall seinen Anspruch geltend, jenes »von Ohngefähr«, von dem Nietzsche gesagt hat, daß es der älteste Adel der Welt sei.

Die Gnade erschöpft sich also nicht darin, nach Jherings* Wort »Sicherheitsventil des Rechtes« zu sein. Sie ist ein Symbol, daß es in der Welt Werte gibt, die aus tieferen Quellen gespeist werden und zu höheren Höhen aufgipfeln, als das Recht[1].

([1] Denn nach dem Lauf des Rechts wird von uns keiner
  Einst selig und wir beten all' um Gnade.
  [*Shakespeare* Porzia])

> Meinst du, daß ein Staat bestehen kann und nicht vielmehr vernichtet werde, in dem Urteile, die gefällt werden, keine Kraft haben, sondern durch einzelne Menschen ungültig gemacht und vereitelt werden? *Sokrates**

§ 25

Der Prozeß

Der Zweck ist (nach Jherings Wort*) der Schöpfer des ganzen Rechts. Aber kaum geschaffen, verleugnet das Recht seinen Schöpfer, aus einem Zweck hervorgegangen, will es von Stund an ohne Rücksicht auf dessen Erfüllung um seines bloßen Daseins willen gelten, will es als ein Selbstzweck nach selbsteigenem Gesetz leben. Ängstlich wird die Eigengesetzlichkeit des Rechts gegen die Zwecktätigkeit des Staates, die Rechtspflege gegen die Verwaltung abgekapselt. Das ist der Sinn des Grundsatzes der *richterlichen Unabhängigkeit*[1].

Dieser Grundsatz hat also zu seiner Voraussetzung die Auffassung, daß Rechtsordnung und Staatsordnung nicht identisch sind, daß vielmehr das Recht als eine eigengesetzliche Welt dem Staate gegenübertrete. Wir haben als die drei Seiten der Rechtsidee Gerechtigkeit, Zweckmäßigkeit und Rechtssicherheit erkannt. Ist durch das Merkmal der Zweckmäßigkeit, die ja vor allem Staatszweckmäßigkeit ist, die Rechtsidee dem Staate eng verhaftet, so überschreitet sie mit den beiden andern Merkmalen den Rahmen des Staates; denn Gerechtigkeit fordert Allgemeinheit und Gleichheit der Norm gegenüber den Normbetroffenen ohne Rücksicht auf Staatszweckmäßigkeit, und Rechtssicherheit verlangt die Geltung des positiven Rechts, auch wenn es für den Staat unzweckmäßig ist. Mag auch der Inhalt des Rechts überwiegend durch Staatszweckmäßigkeit bestimmt sein, so liegt doch die Form Rechtens außerhalb und oberhalb des Einflußbereichs der Staatszwecke.

Gewiß wird nun das Recht auch hinsichtlich derjenigen seiner Bestimmtheiten, die sich dem Einflusse des Staatszweckes entziehen, in den

([1] Auch *Franz Lieber*, On civil liberty and self-government, 1859, S. 207 sagt: This independence of the judiciary forms but a part of what I have been obliged to call the far more comprehensive independence of the law. Lieber beruft sich auf seine Schrift: Die Unabhängigkeit der Justiz und die Freiheit des Rechts, 1848.)

Staat wiederum einbezogen, aber in derselben Weise einbezogen, wie die andern Kulturwerte, wie etwa Wissenschaft und Kunst, zu Staatsaufgaben erhoben werden, nämlich in ihrer ganzen, durch Zweckmäßigkeitserwägungen unbeeinflußten Eigengesetzlichkeit. Das Recht ist für den Staat gewiß nur Mittel zum Zweck, aber in demselben Sinne wie etwa die Wissenschaft: beide macht der Staat sich dienstbar, indem er ihnen dient. Von der Gerechtigkeit gilt, was von der Wahrheit gilt: Es ist zwar nicht das Zweckmäßige wahr (wie der Pragmatismus meint), aber das Wahre, gerade wenn es sich ohne Rücksicht auf irgendeinen Zweck entfalten kann, ist eminent zweckmäßig. Deshalb gilt gleichzeitig Pflege der Wissenschaft durch den Staat und Freiheit der Wissenschaft vom Staate. Wie aber nicht ohne Grund die Urteile der Rechtspflege »Erkenntnisse« genannt werden, so bedeutet die richterliche Unabhängigkeit nichts anderes als die Freiheit der Wissenschaft, übertragen auf das Gebiet der praktischen Rechtswissenschaft. —

Das aufgezeigte Verhältnis zwischen dem Rechte und seinem Zweck: Entstehung des Rechts aus Zwecken und doch Unabhängigkeit seiner Geltung von diesen Zwecken wiederholt sich in der Beziehung zwischen *materiellem und formellem Recht**. Das Prozeßrecht soll dem Zwecke dienen, dem materiellen Rechte zur Verwirklichung zu helfen, aber es gilt unbedingt, also auch soweit es dem Zwecke der Rechtsverwirklichung nicht dienlich, sondern vielleicht sogar hinderlich wäre. In allen andern Normgebieten stellen wir den kategorischen Imperativen als hypothetische Imperative solche Anordnungen gegenüber, welche die Erfüllung jener ersteren fördern sollen, aber eben deshalb nur gelten, sofern und soweit sie wirklich diesem ihrem Zweck genügen. Nur das Recht kennt ausschließlich kategorische Imperative, auch die im Dienste des materiellen Rechts stehenden Verfahrensnormen haben kategorischen, nicht hypothetischen Charakter. Der Befehlston des Rechtes kennt keine Grade. Der Gesetzgeber erhebt weder noch senkt er jemals seine gebietende Stimme, er fordert, was er fordert, durchgehends mit dem gleichen absoluten Verpflichtungswillen.

Diese Unabhängigkeit der Geltung des Prozeßrechts von seiner Zweckmäßigkeit für die materielle Rechtsverwirklichung[1] findet ihren

([1] Der scheinbar so komplizierte Gedanke von dem Eigenwert des Prozeßrechts gehört tatsächlich schon dem primitiven Rechtsdenken an. *Albert Schweitzer*, Zwischen Wasser und Urwald, 1926, S. 72, sagt vom Eingeborenen: »Als gerecht empfindet er die Strafe nur, wenn er wirklich überführt ist und bekennen

dogmatischen Ausdruck in der scharfen Unterscheidung des *Prozeßrechtsverhältnisses* von dem materiellen Rechtsverhältnis, zu dessen Feststellung es dienen soll, und führt auf dieser Grundlage zu mannigfachen praktischen Folgerungen, unter denen die anschaulichste die Entscheidung der bekannten Streitfrage ist, ob ein Verteidiger berechtigt sei, auf die Freisprechung eines Angeklagten zu plädieren, dessen Schuld ihm persönlich bekannt ist. Neben dem Rechtssatze, daß der Schuldige zu bestrafen sei, steht gleichwertig der andere, daß nur der Überführte zu verurteilen sei. Der Rechtsanwalt, der für die Freisprechung des Schuldigen, aber nicht Überführten eintritt, bleibt also noch immer Anwalt des Rechts, zwar nicht des materiellen, wohl aber des Prozeßrechts. Die Wertidee aber, die allein solche Geltung des Prozeßrechts auch in Fällen zu rechtfertigen geeignet ist, wo es seiner materiell-rechtlichen Aufgabe zuwiderläuft, ist die Rechtssicherheit. –

In zweiter Potenz endlich erscheint innerhalb des Prozeßrechts das bereits zwischen Recht und Rechtszweck und materiellem und formellem Recht aufgewiesene Verhältnis hinsichtlich der *Rechtskraft* des Urteils[1]. Wie das Recht gilt ohne Rücksicht darauf, ob es dem Zwecke genügt, um dessen willen es geschaffen ist, wie das Prozeßrecht gilt ohne Rücksicht darauf, ob es dem materiellen Recht dient, dem zu dienen es bestimmt ist, so beschreitet das Urteil, das Feststellung zugleich der materiellen Rechtslage und der Korrektheit des Verfahrens sein soll, die Rechtskraft ohne Rücksicht darauf, daß es vielleicht sowohl dem materiellen Recht widerspricht als prozessual unrichtig zur Entstehung gelangt ist.

Wiederum ist es die Rechtssicherheit, die die Rechtskraft auch des unrichtigen Urteils allein zu rechtfertigen vermag. Aber es entsteht gegenüber der Rechtskraft des Urteils ein Problem, das wir hinsichtlich der Rechtsgeltung des Gesetzes bereits kennengelernt haben. Wir sahen, daß nur die Rechtssicherheit die Rechtsgeltung unrichtigen Rechts zu stützen vermöge, daß aber Fälle durchaus denkbar sind, in denen die Unrichtigkeit des Rechtsinhalts, seine Ungerechtigkeit oder Unzweck-

---

muß. Solange er noch mit irgendeinem Scheine von Glaubwürdigkeit leugnen kann, entrüstet er sich in ehrlichster Weise über die Verurteilung, auch wenn er tatsächlich schuldig ist. Diesem Zug an dem primitiven Menschen muß jeder, der mit ihm zu tun hat, Rechnung tragen.«)
([1] »Dezisionistische« Deutung der Rechtskraft bei *Carl Schmitt*, Die drei Arten des rechtswissenschaftlichen Denkens, S. 25.)

§ 25 DER PROZESS

mäßigkeit solchen Grades ist, daß dagegen der durch die Geltung nun einmal gesetzten Rechts gewährleistete Wert der Rechtssicherheit nicht ins Gewicht fallen kann. Dieser möglichen Ungültigkeit gesetzten Rechtes wegen seiner Unrichtigkeit entspricht der Gedanke *absoluter Nichtigkeit* rechtskräftiger Urteile wegen bestimmter materiell-rechtlicher oder formell-rechtlicher Fehler. Nur lehnt sich in diesen Fällen nicht lediglich die inhaltliche Ungerechtigkeit und Unzweckmäßigkeit des Urteils gegen seine Geltung auf, spielt sich vielmehr der Konflikt innerhalb der Rechtssicherheit ab: gegen die von der Rechtssicherheit geforderte Rechtskraft des Urteils erhebt sich die von dem gleichen Gedanken der Rechtssicherheit nicht minder ausgehende Forderung der Verwirklichung des materiellen und formellen Rechts.

So veranschaulicht uns das Prozeßrecht besonders eindringlich einen Grund für die Fragwürdigkeit allen Rechts, daß nämlich im Gebiete des Rechts das Mittel die Tendenz hat, zum Selbstzweck zu werden: wie das Recht gegenüber der Rechtsidee so der Prozeß gegenüber dem materiellen Recht und so schließlich das rechtskräftige Urteil gegenüber dem materiellen wie dem formellen Recht.

> Mißtraut Euch, edler Lord, daß nicht der Nutzen
> Des Staats Euch als Gerechtigkeit erscheine!
> *Schiller**

§ 26

Der Rechtsstaat*

Wie ist die Bindung des Staates an sein Recht, wie sind Rechte des Einzelnen gegen den Staat, wie ist Staats- und Verwaltungsrecht – und Staats- und Verwaltungsunrecht –, wie ist der Rechtsstaat möglich? Dieses Problem pflegt von alters in Gestalt der Frage aufgeworfen zu werden, ob das Recht dem Staate oder der Staat dem Rechte »vorangehe«, d. h. ob der Staat seine Befehlsgewalt ihrem Umfang und ihren Grenzen nach dem Rechte verdanke oder umgekehrt die Geltung des Rechts durch den Staatswillen bestimmt und bedingt sei[1].

Die beiden möglichen Antworten auf diese Frage scheinen gleich schweren Bedenken zu begegnen. Der Auffassung, der Staat gehe dem Recht voran, steht die Tatsache im Wege, daß der Staat nicht nur Rechtsquelle, sondern selbst Rechtsgebilde, daß er in seinem juristischen Dasein das Produkt des Staatsrechts ist. Der entgegengesetzten Behauptung aber, daß das Recht vor und über dem Staate stehe, muß entgegnet werden, daß die Annahme eines vor- und überstaatlichen Rechts entweder eine Erneuerung der Naturrechtslehre oder die Verankerung des Staatsrechts im Gewohnheitsrecht bedeuten würde, während doch gerade die staatsrechtlichen Grundfragen nicht durch friedliche Rechtsübung, sondern im Kampfe der Rechtsansichten entschieden werden, den nur der Willensentschluß einer anerkannten Staatsgewalt beendigen kann.

Rettung aus diesem Dilemma verspricht die Lehre von der Identität von Staat und Recht (Hans Kelsen)*. Nach der Priorität des Rechtes oder des Staates darf, so behauptet sie, gar nicht gefragt werden, weil beide eines sind. Für den Juristen existiere der Staat nur, soweit und so wie er sich im Gesetze ausspricht – nicht als soziale Macht, nicht als historisches Gebilde, sondern nur als Schöpfer und Inbegriff seiner Ge-

---

[1] Vgl. zu diesem Problem *Georg Jellinek*, Allgemeine Staatslehre, 2. Aufl. S. 364 ff.

setze. Schon das Wort »Gesetzgebung« bezeichnet wie alle Worte mit dieser Endung sowohl einen Prozeß wie dessen Produkt, eine Wollung und ein Gewolltes zugleich. Sehen wir in der Gesetzgebung den Inhalt einer bestimmten Wollung, so stellt sie sich uns als Recht dar, sehen wir in ihr eine Wollung bestimmten Inhalts, so personifiziert sie sich zum Staat. Als ordnende Ordnung ist die Gesetzgebung Staat, als geordnete Ordnung Recht. Staat und Recht verhalten sich zueinander wie Organismus und Organisation. Der Staat ist das Recht als normierende Aktivität, das Recht der Staat als normierte Zuständlichkeit, eins vom andern zwar unterscheidbar, aber untrennbar.

Nach dieser Auffassung, die Staat und Recht gleichsetzt, wäre der Staat immer im Rechte, der unrechttuende Staat nicht mehr Staat, das Problem der Bindung des Staates durch sein Recht also zwar nicht zur Lösung, aber zum Verschwinden gebracht, denn man darf in der Feststellung, daß der Staat immer im Recht sei, ebensowenig ein Bekenntnis zum Polizeistaat wie in der Behauptung, daß der unrechttuende Staat nicht mehr Staat sei, ein Bekenntnis zum Rechtsstaat erblicken — es sei denn in einem Sinne, in dem *jeder* Staat Rechtsstaat wäre[1]. Die Identitätslehre hat rein definitorisch-analytische Bedeutung, aber keinerlei rechtsphilosophisch-politischen Gehalt.

Ist es nun der Identitätslehre in der Tat gelungen, das Problem der Priorität des Rechtes oder des Staates als falsch gestellt zu erweisen? Für eine rein juristische Betrachtungsweise trifft die Identität von Recht und Staat unbestreitbar zu. Für sie ist der Staat in der Tat das Gebilde, das sich im Staatsrecht selbst zur Darstellung bringt. Aber neben diesem Rechtsbegriff gibt es noch einen Wirklichkeitsbegriff vom Staate. Freilich ist dieser historisch-soziologische Wirklichkeitsbegriff ohne den Rechtsbegriff vom Staate nicht vollziehbar, ist er ein *Rechts*wirklichkeitsbegriff und von der Struktur jener Begriffe von wertbezogenen Wirklichkeiten. Der Staat als Rechtswirklichkeit ist nichts anderes als das Substrat, an dem sich das Recht und insbesondere das Staatsrecht verwirklichen sollte, aber keineswegs verwirklicht zu haben braucht, betrachtet unter ebendiesem Gesichtspunkt der Rechtsverwirklichung, d. h. im Vergleiche mit seiner rechtlichen Regelung. Der Rechtsbegriff verhält sich zum Wirklichkeitsbegriff vom Staate etwa derart, daß »der Träger des Herrschaftsrechts sich aus einem formalen Rechtssubjekt in einen Stab von Menschen verwandelt, die für die Er-

[1] Vgl. *Kelsen*, Allgemeine Staatslehre, 1925, S. 91, 100.

zwingung jenes Rechts zur Verfügung stehen, das Herrschaftsrecht selber in die Chance, d. h. Wahrscheinlichkeit, daß die Befehle des Stabes tatsächlich als legitim angesehen und tatsächlich befolgt werden«[1]. Wenn aber bestritten wird, daß die beiden so unterschiedenen Begriffe gleichermaßen für sich den Namen »Staat« in Anspruch nehmen dürften, so kann darauf hingewiesen werden, daß nicht nur in diesem Falle Norm und Normsubstrat mit demselben Worte bezeichnet werden, daß z. B. »Kunst« zugleich ein Idealbegriff und Maßstab ist, mittels dessen man das Unkünstlerische aus dem Reiche der Kunst verweist, wie ein Wirklichkeitsbegriff, der alle Kunstleistungen einer Zeit, künstlerische wie kitschige, umfaßt, daß ebenso »Wissenschaft« einerseits den Wahrheitsmaßstab der Erkenntnistätigkeit bedeutet, an dem man mißglückte Erkenntnis als unwissenschaftlich mißt, andererseits den historischen Kulturbegriff, der wissenschaftliche Wahrheit und wissenschaftlichen Irrtum wertneutral in sich schließt, daß schließlich der Kulturbegriff selbst sowohl als Ideal für die geschichtlich-gesellschaftlichen Kulturtatsachen wie als der Inbegriff dieser Kulturtatsachen selbst verstanden werden kann.

Die Unterscheidung zwischen Rechts- und Wirklichkeitsbegriff des Staates wird nun freilich dadurch kompliziert, daß es außer dem geschilderten noch einen andern Rechtsbegriff vom Staate gibt, der sich seinerseits mit dem Wirklichkeitsbegriff des Staates auf das engste berührt. Wir hatten an anderer Stelle (oben § 15) zwei Arten von Rechtsbegriffen unterschieden: echte Rechtsbegriffe, in denen der Inhalt von Rechtsnormen zusammengefaßt wird, und rechtlich relevante Begriffe, welche in den Rechtsnormen selbst, insbesondere in den Tatbeständen, als Bestandteile enthalten sind, ein Unterschied, der sich etwa an dem Vergleiche des Begriffs »Eigentum« als des Inbegriffs eines Rechtsinstituts mit allen seinen Voraussetzungen und Rechtsfolgen und des Begriffes »Vertrag« als eines rechtsbegründeten Tatbestandmerkmals veranschaulichen läßt. Der geschilderte Rechtsbegriff vom Staate ist nun nach Maßgabe dieser Ausdrucksweise ein echter Rechtsbegriff, nämlich der auf den Staat als Subjekt reflektierte Inhalt der Rechtsordnung oder doch des Staatsrechts, etwa das Deutsche Reich nach 1919 als die personifizierte Weimarer Verfassung. Aber das Deutsche Reich kommt an unzähligen Stellen in den Rechtssätzen der Weimarer Ver-

---

[1] Vgl. *Hermann Kantorowicz*, Staatsauffassungen, im Jahrbuch f. Soziologie, Bd. 1, 1925, S. 108, im Anschluß an Max Weber.

§ 26 DER RECHTSSTAAT

fassung selber als berechtigtes oder verpflichtetes Subjekt vor, Staat ist demnach nicht nur »Rechtswesensbegriff«[1], sondern auch »Rechtsinhaltsbegriff«[2]. Dieser Rechtsinhaltsbegriff vom Staate gehört in die Kategorie der rechtlich relevanten Begriffe. Rechtlich relevante Begriffe sind aber Begriffe der außerrechtlichen Wirklichkeit, auf die die Rechtsordnung Bezug nimmt, die sie vielleicht in gewissen Beziehungen zuschärft und umbildet, aber im Kerne aus dem Leben übernimmt. So meint insbesondere auch der Rechtsinhaltsbegriff vom Staate letzten Endes den Staat als Wirklichkeitstatsache, so daß der Wirklichkeitsbegriff des Staates als rechtlich relevanter Begriff in die Rechtswelt hineinragt.

Die Frage nach der Priorität des Rechtes oder des Staates bezieht sich nun einerseits auf den Normativbegriff des Rechts, andrerseits auf den Wirklichkeitsbegriff des Staates. Zwischen diesen beiden Begriffen aber besteht keineswegs Identität, sondern umgekehrt schärfste Spannung, die Spannung, wie sie zwischen einer Norm und einer Wirklichkeit zu bestehen pflegt, die aber hier noch eine Steigerung erfährt. Die Norm »Recht« ist für die Wirklichkeit »Staat« in gewissem Sinne eine inadäquate Norm, denn auch die *Idee* des Rechts ist nicht mit der Staats*idee* identisch, das Recht neben dem Staatszwecke einer Idee dienstbar, die mit dem näheren Staatszweck in Kollision geraten kann; der Rechtssicherheit, und einer zunächst staatsfremden Idee: der Gerechtigkeit. Der Staat nimmt freilich, sozusagen nachträglich, auch die Gerechtigkeit und die Rechtssicherheit unter seine Zwecke auf und ist bereit, ihnen die Staatsraison zum Teil zu opfern, so daß die Wesensfremdheit des Rechts als Maßstab, an dem der Staat gemessen wird, die Spannung zwischen Recht und Staat in etwas wieder entspannt wird.

Wir stehen also angesichts der Erfolglosigkeit des Versuchs, die Fragestellung als sinnlos aufzuweisen, erneut vor dem Problem der Priorität des Rechtes oder des Staates. Ein Versuch, die Priorität des Staates mit der Verbindlichkeit des Rechtes für den Staat zu vereinigen, ist die Lehre von der Selbstbindung des Staates an sein Recht (Georg Jellinek)*. Aber wir haben bereits in unserer Kritik der Vertragstheorie gesehen, daß die vermeintliche rechtliche Selbstbindung in Wahrheit nicht Autonomie, sondern Heteronomie ist, daß nicht der Wille sich selbst bindet, sondern der Wille von heute an den Willen von gestern,

---

([1] Über Rechtsinhalt und Rechtsform vgl. oben § 15 gegen Ende.)
[2] Vgl. *Kelsen*, a. a. O., S. 275.

der Wille des empirischen an den Willen eines als ideal gedachten Subjektes gebunden wird. So sind auch bei der angeblichen Selbstbindung des Staates an sein Recht bindendes und gebundenes Selbst verschieden, das gebundene Selbst der Staat als Rechtswirklichkeit, das bindende Selbst der Staat als Inbegriff seines Rechts, jenes der Staat in dem Sinne, in dem er in der Fragestellung allein in Betracht kam: seinem Wirklichkeitsbegriffe nach, dieses die Rechtsordnung selber, so daß wir uns der in keiner Weise vereinfachten Frage gegenübersehen, welche außerstaatliche Norm den Staat an sein Recht binde. Die Lehre von der »Normativität des Faktischen« in Georg Jellineks Ausführungen: es komme in letzter Linie darauf an, ob nach der Anschauung einer bestimmten Zeitepoche der Staat selbst durch seine abstrakten Willenserklärungen gebunden ist oder nicht, beantwortet das Problem nicht, sondern schneidet es ab. »Normativität des Faktischen« ist ein Paradoxon, aus einem Sein allein kann nie ein Sollen entspringen, ein Faktum wie die Anschauung einer bestimmten Zeitepoche kann nur normativ werden, wenn eine Norm ihm diese Normativität beigelegt hat.

Wir sehen uns also sowohl über das positive Recht wie über den Staat hinausgedrängt, und zwar nicht in die Welt der Tatsachen, sondern in eine Welt von Normen, die nicht mehr staatliche, positive sind und also nur naturrechtliche sein können. In der Tat setzt, wie bereits gezeigt wurde (§ 10), gerade der ganz zu Ende gedachte staatliche und rechtliche Positivismus einen naturrechtlichen Rechtssatz voraus: »Wenn in einer Gemeinschaft ein höchster Gewalthaber vorhanden ist, soll, was er anordnet, befolgt werden.« Wir haben in unsern Betrachtungen über die Geltung des Rechts die Rechtfertigung dieser Befehlsgewalt des jeweiligen Gewalthabers darin erkannt, daß nur er den Streit der Rechtsansichten autoritativ zu entscheiden, nämlich seine Entscheidung zur Geltung, d. h. Wirkung, zu bringen in der Lage ist – daß nur er Rechtssicherheit gewähren kann. Wenn aber die dadurch gewährte Rechtssicherheit der Grund des Rechtes der jeweiligen Staatsgewalt zur Rechtsschöpfung ist, so muß sie auch ihre Grenze sein. Nur um der sicheren Geltung seiner Gesetze willen hat der Staat das Gesetzgebungsrecht. Diese Sicherheit wäre aber vereitelt, wenn der Staat sich selber von der Bindung durch diese Gesetze befreien könnte. Derselbe Gedanke der Rechtssicherheit, der den Staat zur Gesetzgebung beruft, verlangt auch seine eigene Bindung an die Gesetze. Der Staat ist zur Gesetzgebung berufen nur unter der Bedingung, daß er sich durch seine Gesetze selbst für gebunden halte. Mit dem naturrechtlichen Satze vom Rechtssetzungsrecht des jeweiligen Gewalthabers ist also der andere Naturrechtssatz von der Bindung dieses Gewalthabers an seine eigenen Gesetze untrennbar verbunden. Der Gewalthaber hörte auf, zur Rechtssetzung berechtigt zu sein, sobald er sich selbst seinen Gesetzen entzöge. Mit der Ergreifung der Staatsgewalt wird die Verpflichtung zum Rechtsstaat notwendig und unablehnbar übernommen. Der Staat wird also an sein positives Recht gebunden durch überpositives, durch natürliches Recht, durch denselben naturrechtlichen Grundsatz, auf den die Geltung des positiven Rechts selber allein gegründet werden kann.

Man hat dieses Geringstmaß der Bindung des Staates lediglich an sein von ihm selbst gesetztes positives Recht für eine positivistische Entleerung des Rechtsstaatsgedankens erklärt, darauf aufmerksam gemacht, daß der Rechtsstaatsgedanke in seiner ursprünglichen Gestalt die Bindung des Staates an vorstaatliche Menschenrechte und überstaatliches Naturrecht bedeutete, verlangt, daß der Rechtsgedanke wieder die Anwendung einer bestimmten Rechts*idee*, nicht nur überhaupt des Rechts*begriffs* auf das Verhältnis des Einzelnen zum Staate* bedeuten müsse[1]. Aber man darf die Anwendung bloß des Rechtsbegriffs zur Konstruktion des Rechtsstaates nicht unterschätzen. Denn Recht ist nur, was den Sinn hat, Gerechtigkeit zu sein. Mit der Gerechtigkeit ist aber Gleichheit gesetzt. Eine staatliche Anordnung, die einzelnen Menschen und einzelnen Fällen als solchen gelten wollte, wäre nicht Recht, sondern Willkür. Diese Gedanke hat in der politischen Wirklichkeit auch Kraft genug, die Willkür und das Interesse zu zwingen, sich zum mindesten in das Gewand des Rechtes zu kleiden. Daß schon dies etwas bedeutet, wurde an anderer Stelle (oben § 3) veranschaulicht. Es wurde dort gezeigt, wie die von der Bourgeoisie in ihrem eigenen Klasseninteresse geforderte Freiheit, weil sie in der Form Rechtens angesprochen wurde, notwendig auch dem vierten Stande zugute kommen mußte, sogar gegen das Interesse der Bourgeoisie: als Koalitionsfreiheit. Weiter würden aber auch willkürliche Anordnungen des Staates von den Organen der Rechtspflege als Rechtssätze ausgelegt werden, also im Sinne des Gleichheitsprinzips. Die Auslegung, ausgeübt von einem Stande der »Rechtshonoratioren« (Max Weber)*, zu deren Berufsehre die kunstgerechte Handhabung des juristischen Handwerks gehört, ist das Vehikel jener Eigengesetzlichkeit der Rechts-

[1] *Darmstaedter*, Die Grenzen der Wirksamkeit des Rechtsstaates, 1930.

form, die das Recht von seiner Interessenwurzel losreißt und es schließlich sogar gegen das Interesse, in dem es wurzelt, zur Geltung bringt. Um dieser Eigengesetzlichkeit willen kann auch die unterdrückte Klasse ein Interesse haben an der Verwirklichung des von der herrschenden Klasse gesetzten Rechts. So wird gerade die unterdrückte Klasse in vielfältigen Kämpfen ums Recht zum Beschirmer eben der Rechtsordnung, welche die herrschende Klasse über sie verhängt hat, weil dieses Recht zwar *Klassen*recht ist, aber doch eben Klassen*recht*, weil es das Interesse der herrschenden Klasse nicht nackt zur Schau stellt, sondern im Gewande des Rechtes und weil, der Inhalt des Rechtes sei welcher er wolle, die Rechtsform immer gerade den Unterdrückten dient.

> Juristen sind oft Christi Feinde, wie man sagt:
> ein rechter Jurist ein böser Christ.
>
> *Luther**

§ 27

Das Kirchenrecht

Die Philosophie des Kirchenrechts ist nur ein Ausschnitt aus der Religionsphilosophie des Rechts, die Frage Kirche und Kirchenrecht nur eine Teilfrage des Problems Religion und Recht. Wenn der Katholizismus sagt, das Kirchenrecht sei von Gott, so muß ihm alles Recht irgendwie von Gott sein[1]. Wenn Luther das Recht für durchaus weltlich erklärt, so bezieht sich diese Kennzeichnung auch auf das Kirchenrecht: auch es ist Recht ohne Gott. Und man kann nicht mit Rudolph Sohm behaupten, das Kirchenrecht stehe im Widerspruch zum Wesen der Kirche, ohne mit Leo Tolstoi alles Recht im Widerspruch mit der Religion zu glauben, alles Recht als Recht wider Gott anzusehen.

Für den *Katholizismus* sind die Kirche im religiösen Sinne und die Kirche im rechtlichen Sinne eines, hat Kirchenrecht genau wie Kirchenlehre religiöse Bedeutung, beruht auch die Rechtskirche auf göttlicher Einsetzung. Mögen nun auch Kirchenlehre und Kirchenrecht für Gott, der sie eingesetzt hat, im Verhältnis von Zweck und Mittel stehen, für die Menschen hat das Kirchenrecht wie die Kirchenlehre nicht bloß bedingte, sondern kategorische Verbindlichkeit. Das heißt aber, daß die Rechtskirche nicht bloß Mittel zum Zweck des religiösen Lebens, sondern Selbstzweck ist. So folgt aus der göttlichen Einsetzung der Eigenwert der Kirche: ihr Wert erschöpft sich nicht darin, dem religiösen Leben ihrer Glieder zu dienen, sie trägt, ganz abgesehen von allen ihren Heilswirkungen für ihre Glieder, ihren Wert in sich. Sie ist also nicht ein individualistisches Gesellschaftsgebilde, nicht einmal eine überindividualistische Verbandspersönlichkeit, vielmehr transpersonale Werkgemeinschaft – Anstalt, nicht Körperschaft. Der Priester, der das Meßopfer darbringt, nicht für andere Gläubige, deren Anwesenheit ja nicht erforderlich ist, nicht einmal für sich selbst, da nicht ex opere operan-

([1] *Möhler* [Gründer der Tübinger kath. Theologenschule] in »Einheit der Kirche«, 1825, schildert das »*Recht als Organ der Liebe*«.)

tis, sondern ex opere operato das Meßwunder sich vollzieht, sondern eben um der Wandlung selbst willen, ist ein Sinnbild dieser überpersönlichen Sendung der Kirche. Sie wiederum ist für die Organisation der Kirche entscheidend, dafür, daß sie nicht von unten her, von den Nutznießern der kirchlichen Heilsgüter, sondern von oben her, von den Teilhabern der religiösen Heilskräfte her, daß sie also hierarchisch, herrschaftlich aufgebaut ist. Der göttliche Ursprung der Rechtskirche bestimmt aber auch ihre Stellung zum Staat und zum staatlichen Recht. Alles Recht nimmt an der Göttlichkeit des kirchlichen Rechts teil. Neben dem von Gott offenbarten Recht, auf dem die Rechtskirche beruht, steht das von Gott den Menschen eingestiftete natürliche Recht, dessen Verwirklichung dem Staate obliegt. Kirchliches Recht und staatliches Recht, sofern dieses seiner Bestimmung treu bleibt, fließen aus derselben göttlichen Quelle und können insoweit nicht miteinander in Widerspruch treten. Wenn aber das staatliche Recht sich seinem göttlichen Ursprung entfremden würde, steht dem göttlichen Recht der unbestreitbare Vorrang zu. So entfaltet sich in großartiger Geschlossenheit eine einheitliche Rechtswelt von dem beherrschenden Mittelpunkte des offenbarten göttlichen Rechtes aus.

Die Gefahren der Gleichsetzung von Geistkirche und Rechtskirche, die der Ausgangspunkt des katholischen Systems ist, hat Günther Holstein scharf ausgesprochen: »Wenn man das Wort und den Geist mit dem Recht und dem Amt sichern will und darum stets Recht, Amt und Geist miteinander verbunden glaubt, dann setzt man in Wahrheit Recht und Amt über Geist und Wort, dann entscheidet – das ist die unausweichliche Konsequenz – letztlich nicht Wort und Geist über Art und Führung des Amts, sondern Amts- und Rechtsautorität bestimmen durch ihre Entscheidung über Art und Inhalt des Wortes[1]«. Im Grunde ist es diese Gefahr, die von Dostojewski in seiner grandiosen Rechenschaft des Großinquisitors vor dem wiedererschienenen Heiland als die Wirklichkeit der katholischen Kirche dargestellt wird. Hier setzt auch Rudolph Sohms Lehre vom Widerspruch zwischen Kirche und Kirchenrecht ein. Mit dem Wesen der Kirche, die auf Glaube und Liebe gegründet sein soll, also auf Innerlichkeit und Freiwilligkeit, sind Rechtsformalismus und Rechtszwang unverträglich. Rechtsformalismus kann nicht über die Seligkeit entscheiden, Rechtszwang nicht christliches Leben erzwingen. In Wahrheit ist aber jene Spannung zwischen dem

[1] *Holstein*, Die Grundlagen des evangelischen Kirchenrechts, 1928, S. 220.

Rechtlichen und dem Religiösen nicht nur im Rechtszwang und Rechtsformalismus begründet, sondern in der Grundnatur rechtlicher Denkweise, für die sie nur symptomatische Bedeutung beanspruchen können: in ihrer »Äußerlichkeit«. Die rechtliche Denkweise heißt auf das äußere Verhalten als auf das Wesentliche, auf die Gesinnung, aus der es entspringt, wie auf eine Nebensache blicken, heißt sich mit dem äußerlich rechtgemäßen Verhalten begnügen, ohne die entsprechende Gesinnung zu fordern, heißt in der rechtlichen Pflichterfüllung nur die Erfüllung des fordernden Anspruchs eines Andern und einer von außen her gebietenden Rechtssatzung sehen, während für die religiöse Betrachtung Gesinnung, Glaube und Liebe es sind, worauf alles ankommt, beide nicht durch Anspruch eines Andern und Druck eines Gebots erzwungen, sondern freiströmender Überfluß der Seele. Im Rechte steht aber zudem meist nicht nur Pflicht der Berechtigung gegenüber, sondern, nämlich in den gegenseitigen Vertragsverhältnissen, eine Berechtigung des Einen der Berechtigung des Andern. Das ist das Wesen der ausgleichenden Gerechtigkeit, die also nur als Ausgleich zweier Egoismen zu kennzeichnen wäre, die bedeutet, daß man nach dem Satze »do, ut des« fremdem Vorteil nur zu dienen habe, wenn man seinen eigenen Vorteil darin finde, die also das genaue Gegenteil einer auf Liebe gegründeten Beziehung darstellt. Solche Widersprüche zwischen Recht einerseits, Liebe und Glaube andererseits zwingen aber, zu Ende gedacht, nicht nur, mit Rudolph Sohm einen Gegensatz zwischen Kirche und Kirchenrecht, sondern mit Leo Tolstoi einen Gegensatz zwischen Religion und Recht überhaupt anzunehmen; denn die Ansprüche christlicher Liebesethik wollen nicht nur für das Leben innerhalb der Kirche gelten, sondern auch für das Weltleben und stoßen auch hier überall mit dem Recht gegensätzlich zusammen. Also nicht nur das Kirchenrecht, vielmehr alles Recht wäre wider Gott.

Wie also nach katholischer Auffassung Gott der Kirche und der Welt ihr Recht vorgeschrieben hätte, so würde auch nach Rudolph Sohm und Leo Tolstoi die rechtliche Gestaltung von Kirche und Welt auf göttlicher Anordnung beruhen, nur daß diese göttliche Anordnung in genauem Gegensatze zu der katholischen Auffassung auf die Freiheit von aller rechtlichen Regelung, auf eine anarchische Liebesgemeinschaft gerichtet wäre. »Der Katholizismus lehrt, daß Christus seiner Kirche eine in den Grundzügen festgestellte und unabänderliche rechtliche Ausstattung mitgegeben habe. Sohm lehrt, daß Christus seiner Kirche von Anfang an eine unveränderliche Organisation von der Art gegeben habe, daß sie grundsätzlich und für alle Zeiten jede Verbindung mit dem Recht ausschloß. Das eine ist so verfehlt wie das andere[1]«. Nach *lutherischer* Auffassung hat Jesus der Kirche eine Rechtsordnung weder vorgeschrieben noch abgesprochen, ist das Recht weder von Gott, noch auch wider Gott, vielmehr nur ohne Gott – wider Gott nur dann, wenn es von Gott zu sein behauptet und wenn deshalb die Rechtskirche in den der Geistkirche vorbehaltenen Raum eindringt. »Das weltliche Regiment hat Gesetze, die sich nicht weiter erstrecken denn über Leib und Gut und was äußerlich ist auf Erden, denn über die Seelen kann und will Gott niemand regieren lassen denn sich selbst allein. Darum wo weltliche Gewalt sich vermißt, der Seelen Gesetz zu geben, da greifet sie Gott in sein Regiment und verführet und verderbet nur die Seelen. Darum muß man beide Regimente mit Fleiß scheiden und beide bleiben lassen, eines, das fromm macht, das andere, das äußerlich Frieden schafft und bösen Werken wehret« (Luther)[2].

Sohm und Tolstoi behaupten freilich, daß das Recht sich unausbleiblich »vermesse, den Seelen Gesetz zu geben«, da der Geltungsbereich des christlichen Lebens unbegrenzt ist, aber wo die rechtliche Denkweise anfängt, das christliche Leben notwendig aufhört. Aber wenn so Recht wider Christentum wäre, kann andrerseits doch Christentum nicht ohne Recht sein – wenigstens ein Christentum, das nicht als seine einzige Erfüllung ein Heldentum der Liebe ansieht. Die christliche Ethik selbst verlangt vom Menschen nicht das Übermenschliche, sondern nur das Menschliche, wenn sie fordert, den Nächsten zu lieben wie sich selbst, und setzt damit ein Mindestmaß von Sicherung der Selbsterhaltung, also auch die zu diesem Zwecke erforderlichen rechtlichen Einrichtungen stillschweigend voraus[3]. Nur wenn dem Triebe der Selbsterhaltung wenigstens zu einem Teile Genüge geschehen ist, kann der Antrieb zur Nächstenliebe überhaupt ins Bewußtsein treten.

So hat Luther fortschreitend neben der Liebe dem Rechte mehr und

[1] Vgl. *Kahl*, Lehrsystem des Kirchenrechts und der Kirchenpolitik, 1894, S. 74.
[2] Vgl. *Köhler*, Luther und die Juristen, 1873, S. 8 f.
([3] 1. Tim. 2, 2 handelt vom Gebet für Könige und Obrigkeiten, »auf daß wir ein ruhiges und stilles Leben führen mögen in aller Gottseligkeit und Ehrbarkeit.« Vgl. auch v. 3 u. 4 – Begründung für die Gottwohlgefälligkeit eines »ruhigen und stillen Lebens«: daß allen Menschen geholfen werde zur Erkenntnis der Wahrheit zu kommen.)

mehr Raum gewährt, ohne damit freilich das Spannungsverhältnis zwischen Liebe und Recht im Geringsten entspannen zu wollen — die Spannung wird vielmehr in jede Einzelseele verlegt und auf die äußerste Spitze getrieben. Christus habe mit seiner Lehre vom Nichtwiderstehen gegen das Böse den Menschen als Christen gemeint, nicht als obrigkeitliche Person. »Christus lässet der Oberkeit ihr Recht und Amt rein, lehret aber seine Christen als einzelne Leute außer dem Amt und Regiment, wie sie für ihre Person leben sollen, sogar daß sie keine Rache begehren und so geschickt seien, wenn sie jemand auf einen Bakken schlägt, daß sie bereit seien, wo es not wäre, den andern auch darzureichen.« Der Obrigkeit liegt es ob, das Recht zu wahren, der Verletzte selbst soll aber nichts dazu tun: »Also soll ihm die Gewalt entweder von sich selbst oder durch anderer Anregen, ohne seine eigene Klage, Suchen und Anregen helfen und schützen. Wo sie das nicht tut, soll er sich schinden und schänden lassen und keinem Übel widerstehen, wie Christi Worte lauten.« Später hat aber Luther nicht nur der Obrigkeit, sondern auch dem Einzelnen selbst gestattet, sein Recht zu wahren: »Ein Christ muß ja irgendeine Weltperson sein, weil er ja zum wenigsten mit Leib und Gut unter dem Kaiser ist . . ., sofern er in einem Stand oder Amt ist, Haus und Hof, Weib und Kind hat, denn solches ist alles des Kaisers. Ein Christ bist du für deine Person, aber gegen deinen Knecht bist du eine ander Person und bist schuldig, ihn zu schützen. Siehe, so reden wir itzt von einem Christen in relatione, nicht als von einem Christen, sondern gebunden in diesem Leben an eine ander Person, so er unter oder über ihm oder auch neben ihm hat[1].« Der Christ soll also zugleich in zwei Welten leben: als Christ in der einen, als Weltperson in der andern, aber er soll in der Welt des Rechts leben, als lebte er nicht in ihr.

Das Recht bleibt also ganz weihe- und wesenlos, ganz weltlich, ohne Beziehung zur Religion und religiös gleichgültig. »Weltlich Recht ist ein schwach, gering, unrein Recht, das kümmerlich den zeitlichen Frieden und des Bauchs Leben erhält.« Darin ist auch kein Unterschied zwischen Kirchenrecht und staatlichem Recht, denn Kirchen*recht* war für Luther *staatliches* Recht. Sein Interesse beschränkte sich durchaus auf die Reformation der Kirchenlehre, das Kirchenrecht war ihm Menschenwerk ohne jede religiöse Bedeutung. Die Form der katholischen Bischofskirche mochte als rechtliche Organisation ohne religiöse Be-

---

[1] *Köhler*, a. a. O., S. 12, S. 13 f.

deutung immerhin weiterleben, wenn sie sich nur mit dem Inhalt der wahren evangelischen Lehre erfüllte. Sie tat es nicht, und so galt es, außerhalb der katholischen Kirche für den Protestantismus eine neue rechtliche Organisation aufzurichten. Aber, so meinte Luther in apostolischem Idealismus, in großartiger und verhängnisvoller Gleichgültigkeit gegen alle religiös bedeutungslose Äußerlichkeit, rechtliche Organisation ist keine religiöse, sondern eine weltliche und deshalb keine kirchliche, sondern eine staatliche Aufgabe. Der Landesherr hat als »vorzügliches Glied der Kirche« die Pflicht, seine landesherrliche Macht auch der Kirche zugute kommen zu lassen und mit und in dem Staat auch die Kirche zu organisieren und zu regieren. »Das gesamte Recht wird für das weltliche Schwert und ihre Obrigkeit frei: es gibt kein wesenhaft verschiedenes kirchliches und weltliches Recht[1].«

Aus dieser Rechtsauffassung Luthers ergab sich, daß (anders als im Calvinismus) der protestantische Geist in seiner rein staatlichen Kirchenverfassung zunächst keinen organisatorischen Ausdruck fand, daß der *einen* Geistkirche innerhalb jeder Landesgrenze eine andere Rechtskirche entsprach, daß mit dem Staate auch die Kirche unter die Botmäßigkeit des absoluten Herrschers geriet. Der Staat, der zur Organisation der Kirche von Luther berufen worden war, war freilich von ihm als ein christlicher Staat angesehen worden, sein Oberhaupt nicht als Träger bloß der Staatsgewalt, sondern als verpflichtetes Glied der Kirche. Je mehr der christliche Staat sich verweltlichte, um so mehr mußten Staatsorgane im Verfassungsleben der Kirche als Fremdkörper erscheinen. So vollzieht sich in jahrhundertlanger juristischer und legislativer Arbeit die allmähliche Ausgliederung der evangelischen Kirche aus dem Staate, ihre Entwicklung zur Selbständigkeit und Einheit, bis sie endlich in dem Satze der Weimarer Verfassung ihren Abschluß findet: »Es besteht keine Staatskirche« (Art. 173). Gleichzeitig besinnt sich die evangelische Kirche mehr und mehr auf ihre wesensgemäße Rechtsform. Zum Unterschied von der katholischen Auffassung, die in der Kirche einen religiösen Eigenwert erblickt, ist für evangelische Auffassung die Kirche menschliche Zweckmäßigkeitseinrichtung im Dienste der religiös allein wertvollen Einzelseelen und entsprechend ihre Verfassung von unten, von den Einzelnen her aufzubauen. Der transpersonal-herrschaftlichen Organisation der katholischen Kirche entspricht in der evangelischen Kirche ein individualistisch-genossen-

---

[1] *Holstein*, a. a. O., S. 87.

schaftlicher Gestaltungswille. Wenn es erlaubt ist, politische Kategorien auf die kirchliche Verfassung anzuwenden, so müßte man sie ihrem Wesenszuge nach als zugleich demokratisch und liberal ansprechen: demokratisch, insofern ihre Organisation gemäß dem religiösen Gedanken des allgemeinen Priestertums letzten Endes von den einzelnen Kirchengenossen getragen wird, liberal insofern, als sie der Souveränität des Glaubens, d. h. der Souveränität Gottes, der den Glauben wirkt, Raum gibt, es ihr also versagt bleiben muß, dort Einfluß zu üben, wo innerhalb der Kirche das eigentlich religiöse Leben beginnt.

Damit sind wir aber an den Punkt gelangt, aus dem sich die Scheidung katholischer und evangelischer Kirchenrechtsauffassung folgerichtig entfaltet. Für den Protestantismus kann die Kirche im Glaubenssinn nicht die Form einer Rechtskirche annehmen, weil dieser Glaube nicht sowohl die fides quae creditur als die fides qua creditur bedeutet, weil der nicht als ein Inbegriff von intellektuellen Glaubenswahrheiten, sondern von individuellen, voluntaristisch-emotionalen Glaubensvorgängen aufgefaßte Glaube rechtlicher Formung unfähig ist. Für den Katholizismus dagegen ist das Kirchenrecht als die rechtliche Schale eines fixierten Kernes von Glaubenswahrheiten so möglich wie notwendig[1].

---

[1] Vgl. *Barion*, Rudolph Sohm und die Grundlegung des Kirchenrechts (Recht und Staat, Heft 81), 1931.

> Da es nun mit der unter den Völkern der Erde einmal durchgängig überhand genommenen Gemeinschaft so weit gekommen ist, daß die Rechtsverletzung an einem Platz der Erde an allen gefühlt wird; so ist die Idee eines Weltbürgerrechts keine phantastische und überspannte Vorstellungsart des Rechts, sondern eine notwendige Ergänzung des ungeschriebenen Kodex sowohl des Staats- als auch des Völkerrechts zum öffentlichen Menschenrechte überhaupt und so zum ewigen Frieden. *Immanuel Kant**

§ 28

Das Völkerrecht

Es liegt im Wesen rechtlicher Ordnung, universal zu sein. Recht kann eine Teilregelung nicht treffen, ohne schon durch die Auswahl des geregelten Teils menschlicher Beziehungen auch zu dem nichtgeregelten Teil — eben durch den Ausschluß von Rechtswirkungen — Stellung zu nehmen. Deshalb ist ein »rechtsleerer Raum« immer nur vermöge des eigenen Willens der Rechtsordnung rechtsleer und überhaupt nicht im strengen Sinne rechtsleer, nicht ein rechtlich ungeregeltes, sondern ein rechtlich im negativen Sinne, durch Verneinung jeder Rechtsfolge geregeltes Tatsachengebiet. Die Rechtsordnung hat in dem angeblich rechtsleeren Raum nichts gewollt — nicht etwa: nicht wollen gewollt, was doch wohl ein Widerspruch in sich wäre. Scheinbare Anarchie neben oder über einer Rechtsordnung ist also in Wahrheit anarchische Regelung des fraglichen Tatsachengebiets durch die Rechtsordnung, seine Auslieferung an das freie Spiel der in ihm wirkenden Kräfte. Auch eine andere Rechtsordnung gilt vom Standpunkte einer bestimmten Rechtsordnung nur, weil diese jener Raum gewährt hat — freilich erhebt jene andere Rechtsordnung auch ihrerseits den Anspruch, aus eigener Kraft zu gelten und ihrerseits anderen Rechtsordnungen erst die Möglichkeit zur Geltung geschaffen zu haben. Deshalb umfaßt der Geltungsanspruch jeder einzelnen Rechtsordnung den gesamten Erdball — die Tatsache, daß das »internationale Privat- und Strafrecht« ein Bestandteil der nationalen Rechtsordnung ist, zeigt ja deutlich, daß das inländische Recht auch über alle ausländischen Tatbestände, wenn auch meist negativ, durch Verneinung inländischer Rechtsfolgen, zu disponieren beansprucht. Jede Rechtsordnung erhebt den Anspruch, Weltrecht zu sein, in jeder Rechtsordnung ist das Postu-

§ 28 DAS VÖLKERRECHT

lat der »Einheit des normativen Systems« (Kelsen) enthalten. Damit ist einerseits die Denknotwendigkeit der Krönung des Rechtssystems durch ein Weltrecht begründet – behauptet doch jede einzelne nationale Rechtsordnung, selbst diesen weltrechtlichen Abschluß des Rechtssystems in sich zu enthalten; andererseits, da jede im Widerspruch mit allen anderen diesen Anspruch erhebt, durch das Erfordernis der Rechtssicherheit das Dasein eines Völkerrechts *über* allen nationalen Rechtsordnungen postuliert. Darin ist freilich auch die Problematik des Völkerrechts, der Widerspruch zwischen seinem eigenen universalen Geltungsanspruch, der jeder Rechtsordnung nur einen partikulären Geltungsbereich zuweisen kann, und dem universalen Geltungsanspruch jedes einzelnen Landesrechts, das ihm nur nach Maßgabe seines Willens Geltung zumessen kann, bereits angedeutet.

Für die *individualistische Rechtsauffassung* entspannt sich diese Problematik freilich sehr einfach. Der Einzelstaat ist bestimmt, in einem zukünftigen *Universalstaat* unterzugehen: das individualitätslose, also auch nationalitätslose Individuum, der atomistische Urbestandteil des individualistischen Staates, ist der geborene Weltbürger. Der Gedankengang, der mit dem individualitätslosen Individuum anhebt, führt unaufhaltsam zum nationalitätslosen Menschheitsstaat. Die Besonderung der Menschheit in Staaten und Nationen ist eine historische Zufälligkeit und Vorläufigkeit, von der individualistischen Staatsauffassung aus folgerichtig nur der die ganze Menschheit umfassende Weltstaat, ohne auf seinem Wege der Nation auch nur zu begegnen. »Wenn der Individualismus konsequent verfährt, so kann er zwar durch Erweiterung der Grenzen des Staates zum Weltstaat gelangen – zum Völkerrecht als einer überstaatlichen und zwischenstaatlichen Rechtsordnung wird er nicht gelangen können[1].« Möglich, daß vom Weltstaat zu den Nationen als verwaltungstechnischen Unterabteilungen, als gleichsprachigen Menschheitsprovinzen zurückgeschritten wird, aber für die systematische – nicht natürlich für die historische – Betrachtung wäre die so aufgefaßte Nation durch und nach, nicht vor dem Weltstaat, genau wie etwa die Gemeinde nur *im* Staate denkbar ist. »Die reine Rechtsidee nimmt an und für sich auf die Trennung der Gesellschaft in einzelne Staaten keine Rücksicht. Aus der Allgemeingültigkeit des Rechtsgesetzes folgt unmittelbar die Notwendigkeit einer Rechtsgemeinschaft, die sich über das Ganze der Gesellschaft erstreckt. Das Be-

[1] *Binder*, Philosophie des Rechts, 1925, S. 562.

stehen einer Mehrheit von Staaten wie überhaupt von politischen Gemeinwesen ist etwas rechtlich Zufälliges. Es ist rechtlich weder gefordert noch ist es rechtlich zu verwerfen. Es bleibt eine Frage der Zweckmäßigkeit, ob und wie weit entsprechend den zufälligen Grenzen, wie sie durch geographische Bedingungen oder durch Sprache, Sitten und Gebräuche, Religion, Rasse und ähnliches bestimmt werden, auch gesonderte Rechtsorganisationen in der Gesellschaft wünschenswert sind.« So Leonard Nelson[1]. Aus solchem Gedankengange könnte sich aber konsequent nur ein dezentralisierter Weltstaat, nicht aber ein Völkerbund ergeben. So ist in der Tat für Kant der Völkerbund als die losere Verbindung der Staaten nur das Surrogat für den praktisch nicht ausführbaren Weltstaat[2]. Der Weltstaat aber trägt dieselbe Individualitätslosigkeit an sich wie das individualitätslose Individuum, auf das er letzten Endes gegründet ist. Wie er ausgeht von der abstrakten Menschheit im Menschen, so mündet er aus in die Menschheit als abstrakte Allgemeinheit, nicht in die Menschheit als ein konkretes Ganzes, in die Menschheit als »natursystematischen Gattungsnamen«, nicht in die Menschheit als »historisch-reales Gattungssubjekt« (Scheler)*. Darum nennt Lagarde* den so aufgefaßten Menschheitsstaat die »graue Internationale«.

Der Gedanke des Weltstaates gehört einem Zeitalter an, in dem der Staat allein vom Rechtsgedanken aus gedacht war – als »Vereinigung von Menschen unter Rechtsgesetzen« (Kant)* – und noch nicht die doppelte Verbindung eingegangen war mit den Begriffen der Nation und der Macht. Der Gedanke des nationalen Machtstaates ist es, der seinen juristischen Ausdruck fand in dem *Souveränitätsdogma*. In den Versuchen, den souveränen Staat dennoch als unter dem Völkerrecht stehend zu denken, wiederholt sich aber Zug für Zug das vergebliche Bemühen der individualistischen Rechtstheorie, von dem souveränen Einzelmenschen mit seinen unveräußerlichen Menschenrechten zum Staat zu gelangen. Beide Male suchte man die Lösung des Problems in dem Gedanken der Selbstbindung – indem man wie den Staat auf den Contrat Social, so das Völkerrecht auf den Staatenkonsens gründete. Beide Male stellte sich genauerer Betrachtung die vermeintliche Selbstbindung als Fremdbindung heraus. »Man kann alles mit der Selbstver-

---

[1] System der philosophischen Rechtslehre und Politik, 1924, S. 511 f.
[2] *Herbert Kraus*, Das Problem internationaler Ordnung bei Immanuel Kant, 1931, S. 30.

§ 28 DAS VÖLKERRECHT

pflichtung erklären, nur das eine nicht, daß nämlich, wenn Völkerrecht sein soll, eine Fremdverpflichtung bestehen muß, kraft deren die freie Selbstlösung aus der angeblich freien Selbstbindung Rechtsverletzung wäre[1].« Nur indem man der konkreten Individualität das nur von seinem wahren Interesse folgerichtig geleitete abstrakte Individuum unterschob, konnte überhaupt der Schein der Selbstbindung entstehen. Von der konkreten Individualität aus führt der Weg nicht zum Gesellschaftsvertrag, sondern zur Anarchie. So führt auch von dem Ausgangspunkte der konkreten Staatsindividualität folgerichtiges Denken nicht zum Völkerrecht, sondern zur Staatsanarchie, denn »anarchisches Recht« (Georg Jellinek)* ist ein Widerspruch in sich, »Koordinationsrecht« nur auf der Grundlage eines Subordinationsrechts denkbar wie das Privatrecht, nicht als eine durch keine höhere Ordnung überhöhte Rechtsordnung wie das Völkerrecht. Nicht einmal die partielle Selbstbindung durch einen konkreten Vertrag ist auf dem Boden einer anarchischen Koordination begreiflich. Wenn keine höhere Norm meinen Willen von heute an meinen gestrigen Willen bindet, so ist nicht verständlich zu machen, warum er an ihn gebunden bleiben soll. Wie deshalb der Anarchismus in seiner schroffsten Form – bei Max Stirner* – sogar die Verbindlichkeit der Verträge leugnet, so führt das Souveränitätsdogma durch die Anerkennung der clausula rebus sic stantibus wenigstens zu einer erheblichen Lockerung der völkerrechtlichen Vertragspflicht. Vom Souveränitätsdogma aus ist also die Leugnung der Rechtsnatur des Völkerrechts, ja der bindenden Kraft der Staatenverträge, folgerichtig geboten[2].

Das Souveränitätsdogma selbst fordert aber eine immanente Kritik heraus. Die Konzeption des Völkerrechts als anarchischen Koordinationsrechts geht aus von der Möglichkeit des gleichzeitigen Bestehens einer Mehrheit souveräner Staaten. Die Wahrheit ist aber, »daß der Staat, sofern er als souverän erklärt, d. h. verabsolutiert als *höchstes* Rechtswesen vorausgesetzt wird, das *einzige* Rechtswesen sein muß, d. h., daß die Souveränität des einen Staates die Souveränität jedes an-

---

[1] Vgl. *Richard Thoma* in Ius naturae et gentium, eine Umfrage zum Gedächtnis des Hugo Grotius, S.-A. aus Bd. 24 der Zeitschr. f. internationales Recht, 1925, S.67.

[2] *Heller*, Souveränität, 1927, S. 161, bestimmt die Souveränität geradezu als die Eigenschaft eines Staates, kraft welcher er auf Grund seines absoluten Selbsterhaltungsanspruchs »sich gegebenenfalls auch gegen das Recht abolut behauptet«.

dern Staates und damit jeden andern Staat als souveränes Gemeinwesen ausschließt[1].« »Die Souveränität des einen Staates würde unmittelbar die des andern ausschließen und also als allgemeines Rechtsprinzip sich selbst vernichten[2].« Man denkt sich jeden Staat als souverän für sein Herrschaftsgebiet, aber ein absoluter Geltungsanspruch für ein begrenztes Geltungsgebiet ist eine contradictio in adiecto. Daß die Souveränität der Begrenzung auf ein bestimmtes sachliches Gebiet unfähig ist, ist ja im Kampfe gegen die Lehre von der Teilung der Souveränität im Bundesstaat allerseits zum Bewußtsein gelangt. Was aber für das sachliche Geltungsgebiet zutrifft, ist für das örtliche Geltungsgebiet nicht weniger richtig. Wenn nicht jede einzelne souveräne Rechtsordnung den Anspruch auf die Beherrschung des ganzen Erdballs geltend macht, so hat das seinen Grund nur darin, daß sie kraft weiser Selbstbeschränkung an der Staatsgrenze Halt macht, nicht darin, daß an dieser Grenze ihr eine andere Rechtsordnung Halt geböte – denn müßte sie ihr weichen, wäre sie ja nicht souverän. Jeder Staat zieht sich seine Staatsgrenze selbst (Art. 2 WRV)*, und es ist vom Standpunkte des Souveränitätsdogmas nichts als ein glücklicher Zufall, daß die selbstgesetzte Grenze eines Staates mit den selbstgesetzten Grenzen seiner Nachbarstaaten zusammenfällt[3]. Wenn aber Zufall das Unerklärliche ist, so ist damit gesagt, daß das Souveränitätsdogma eine so einfache Tatsache wie die übereinstimmende Grenzziehung zwischen den Staaten in den Verfassungen der Staaten nicht zu erklären vermag. Es vermag weiter auch die gegenseitige Anerkennung der Staaten als gleichberechtigter Völkersubjekte und Vertragskontrahenten nicht zu erklären. Vom Souveränitätsdogma aus erheben sich hier die gleichen Gegensätze, die sich im Verhältnis von Staat und Kirche in der Legal- und in der Privilegientheorie der Konkordate darstellen: jedem Staat würde jedem andern Staat gegenüber Anerkennung und vertragliche Zusage als eine im Wege einseitigen Rechtsaktes dem andern Teil gewährte Vergünstigung erscheinen. Das Bild, das das Souveränitätsdogma von dem Nebeneinander der Staaten bietet, ist also nicht das einer Rechtsgemeinschaft einander zu gegenseitiger Anerkennung verpflichteter Rechtssubjekte, sondern einer Arena voller Raubtiere, von denen jedes beansprucht, den Platz allein zu behaupten, und die, unfähig, einander

---

[1] So *Kelsen*, Allgemeine Staatenlehre, 1925, S. 106.
[2] So *Nelson*, a. a. O., S. 517.
([3] Illustrative Ausnahme: die polnisch-litauische Wilna-Grenze.)

zu vernichten oder zu vertreiben, einstweilen in widerwilliger Duldung fauchend und knurrend umeinander herumzustreichen.

Der Gedanke der Souveränität des Staates gleicht völlig dem naturrechtlichen Gedanken des souveränen Einzelmenschen, der sein vorstaatliches Menschenrecht in den Staat einbringt und ihn nach Maßgabe dieses Menschenrechts zu formen beansprucht. Inzwischen hat man erkannt, daß der Mensch nicht als Rechtssubjekt in den Staat eintritt, sondern vom Staat erst zum Rechtssubjekt erhoben wird. Souveränität aber ist nichts anderes als völkerrechtliche Subjekteigenschaft: ein Staat ist nicht Völkerrechtssubjekt, weil er souverän ist, sondern er ist souverän, weil er Völkerrechtssubjekt ist. Nicht aus naturrechtlicher Spekulation ist also der Begriff der Souveränität unabhängig vom Völkerrecht zu entwickeln, vielmehr gerade aus dem Völkerrecht, und nach dieser Methode gewonnen, bedeutet er nicht, daß ein Staat keine Rechtsmacht auf Erden mehr hat über sich, also, wie man notwendig schließen muß, nicht einmal ein Völkerrecht, sondern eben dies, daß er völkerrechts-unmittelbar ist, daß er »von Rechts wegen keinen anderen Rechtsnormen Gehorsam schuldet als denen des Völkerrechts«[1]. So hört ein Völkerrecht über souveränen Staaten auf, eine contradictio in adiecto zu sein, wird es sogar eine Tautologie.

Souveräne Nationalstaaten, zusammengeschlossen durch Völkerrecht und Völkerbund — das ist die außenpolitische Zielsetzung des *transpersonalen Kultur- und Werkgedankens*. Transpersonalismus wendet sich einerseits gegen die Auflösung der Nationalstaaten in einem Weltstaat. Er kann nicht übersehen, daß der Einzelne nur in der nationalen Gemeinschaft kulturschöpferisch ist. Aber er wendet sich ebensosehr gegen die Verabsolutierung des Nationalstaates in Gestalt der Staatenanarchie, denn er vermag ebensowenig zu übersehen, daß die Kulturaufgaben selbst internationaler Natur sind. Es gibt keine besondere deutsche Wahrheit, Schönheit und Sittlichkeit als Aufgaben des Kulturwirkens. Kulturnation und nationale Kultur sind keine Zweckgedanken. Wie die persönliche Note so darf auch die nationale Färbung nicht einmal ein Nebengedanke der Kulturarbeit sein. Wer nicht die Sache sucht, sondern das Seine, den eitlen Ausdruck individueller oder nationaler Eigenart, der verfehlt die Sache, ohne doch zur Persönlichkeit oder zur Nation zu gelangen. Wie die Persönlichkeit, so gehört auch die Nation

---

[1] Vgl. *Thoma*, a. a. O., S. 69: *Viktor Bruns*, Völkerrecht als Rechtsordnung, S.-A. aus der Zeitschr. f. ausländisches öffentliches Recht und Völkerrecht. S. 34.

zu jenen Werten, die man erreicht, wenn man sie nicht erstrebt – nur durch selbstvergessene Hingabe an die Sache. Es ist ein Zeichen, aber nicht ein Heilmittel unreifen und schwachen Nationalbewußtseins, in allen seinen Äußerungen nationalen Charakter zu erstreben. Das Leben, während es gelebt wird, steht unter den allgemeingültigen Gesetzen des Guten, des Wahren, des Schönen; nur das gelebte Leben verfällt den Wertungen »Persönlichkeit« und »Nation«. Sie gehören der Geschichte an, und es ist das Kennzeichen eines historischen Zeitalters, daß es Wertungen, welche ausschließlich der nachträglichen geschichtlichen Betrachtung angehören, als Zielsetzungen in das Leben übertragen zu können meint. Das Nationalbewußtsein war immer dann am stärksten, wenn sich eine Nation zur Mission einer übernationalen Idee berufen glaubte. Dies ist die Struktur des Nationalbewußtseins: das Bewußtsein eines Volkes, erstgeborener Träger eines Menschheitswertes, »Menschheitsvolk« zu sein. Das Nationalbewußtsein selbst weiß also nichts von der nationalen Eigenart des Geforderten und Erreichten – dessen nationale Bedingtheit und Gefärbtheit festzustellen, ist eine spätere Obliegenheit der Geschichte. Menschheitswerte, nicht mit dem Spiegel in der Hand nationale Sonderkultur zu schaffen und es nachkommenden Geschlechtern zu überlassen, im sachlich Wertvollen auch noch die nationale Charakterhandschrift zu erkennen: das allein ist die Art eines selbstbewußten Volkes. Weil also einerseits die Kultur auf übernationale Ziele gerichtet ist, weil andererseits diese Kulturziele nur in der Nation und in nationaler Gestalt ihre Verwirklichung finden können, ist internationale Kulturgemeinschaft auf dem Boden nationaler Kulturdifferenzierung, ist die einheitliche, aber dezentralisierte Organisation der Welt zu fordern.

Wieder hat sich die grundlegende Dreiteilung rechtsphilosophischer Standpunkte als fruchtbar erwiesen: Individualismus forderte den Weltstaat, überindividualistische Staats- und Rechtsauffassung führte zum Souveränitätsdogma und zur Leugnung des Völkerrechts, die transpersonalistische Anschauung erwies sich als Grundlage des Völkerrechts und des Völkerbundes[1]. Der letzteren Anschauung entspricht also die Entwicklungstendenz der Wirklichkeit, denn *es gibt* ein positives Völkerrecht, getragen von einem überstaatlichen Gemeinwillen,

([1] Individualismus und Transpersonalismus entsprechen vielleicht nicht dem Gegensatz von Weltstaat und Völkerbund, sondern dem Gegensatz von Einheitsstaat und Bundesstaat.)

§ 28 DAS VÖLKERRECHT

niedergelegt in ausdrücklich getroffenen Vereinbarungen und stillschweigend anerkanntem Gewohnheitsrecht. Freilich ist nur ein kleiner Teil internationaler Rechtsbeziehungen auf die eine oder die andere Weise geregelt. Aber für die Lückenausfüllung gelten die von dem klassischen Art. 1 des schweizerischen Zivilgesetzbuches aufgstellten Grundsätze der Rechtsfindung. Die anzuwendende Rechtsregel ist in erster Linie »bewährter Lehre und Überlieferung« zu entnehmen, d. h. jenen als allgemeingültig angesehenen Rechtsgrundsätzen*, die sich auf dem Boden des Naturrechts gebildet und, auch nachdem das Naturrecht aus einer absoluten Vernunftnotwendigkeit eine großartige Geschichtstatsache geworden ist, nicht aufgehört haben, die Geister zu beherrschen, also positives Völkerrecht geworden sind[1]. In zweiter Linie soll derjenige, dem die völkerrechtliche Entscheidung obliegt, »nach der Regel entscheiden, die er als Gesetzgeber aufstellen würde«. Damit scheint richtiges Recht zu positivem Recht hypostasiert, die scharfe Grenze zwischen absoluter Gültigkeit und wirklicher Geltung des Rechts verwischt zu werden. In Wahrheit trifft dieser Einwand für die internationale Rechtsanwendung ebensowenig zu wie für die innerstaatliche Rechtsprechung; denn hinter dem einzelnen auf solche Weise schöpferisch gefundenen Rechtssatz steht der staatliche und überstaatliche Gemeinwille, der die ganze inner- wie überstaatliche Rechtsordnung trägt: daß, wie zwischen den Einzelnen, so auch zwischen den Staaten Recht sein soll, und diesem Gemeinwillen zum Recht wohnt die keinerlei Lücken oder gar rechtsleere Räume duldende universale Geschlossenheitstendenz inne, von der im Anfange dieses Abschnittes die Rede war[2].

Das Souveränitätsdogma aber, das zwischen widerwilliger Völkerrechtsbejahung und offener Völkerrechtsleugnung unsicher schwankt, wird gekennzeichnet durch das Bekenntnis zum Recht des Krieges, der ganz entsprechend zugleich Erscheinung und Verneinung des Völkerrechts ist.

---

[1] Vgl. *Ernst Troeltsch*, Naturrecht und Humanität in der Weltpolitik, 1923, und dazu *meine* Ausführungen zu der Umfrage »Ius naturae et gentium«, S. 55 ff.
[2] Vgl. *Bruns*, a. a. O., S. 31.

Pax optima rerum.
Alter Siegelspruch der Universität Kiel[1]

Dulce bellum inexpertis.   *Erasmus**

§ 29

Der Krieg

Das Werturteil über den Krieg darf nicht, wie vielfach geschieht, auf seine günstigen oder ungünstigen Nebenwirkungen, sondern allein darauf gegründet werden, inwieweit er seiner ihm eigentümlichen Bestimmung genügt. Wenn wirklich der Krieg und nur er heroische Tugenden und vitale Kräfte zu erproben und zu erwecken geeignet wäre, so könnte doch darauf seine Beurteilung ebensowenig gestützt werden wie etwa die Beurteilung des Prozesses darauf, daß er den Scharfsinn übt und die Rechtskenntnisse erweitert. Der spezifische Sinn des Krieges aber ist Sieg und Niederlage, also Entscheidung eines Streites – ob Entscheidung eines Rechtsstreites oder Entscheidung eines Interessenstreites, d. h. einer Wertkollision, soll noch weiterer Erörterung unterliegen – und seine Kritik ergibt sich allein aus der Untersuchung, ob er sich als eine sinnvolle Methode der Streitentscheidung darstelle[2].

Deshalb ist – um nun den Krieg nacheinander mit dem methodischen Werkzeug aller derjenigen philosophischen Disziplinen zu bearbeiten, welche die Bewertung menschlichen Handelns zum Gegenstande haben – die *Ethik* unfähig, das Problem des Krieges zu lösen. Ihr Werturteil bezieht sich nicht auf den Krieg und die in ihm enthaltene Entschei-

---

([1] Zum Kieler Siegelspruch: *Dante*, De Monarchia Buch I cap. 4: »Daher ist klar, daß der Allgemeine Friede von allen Dingen, die auf unsere Glückseligkeit hinzielen, das beste ist.« – Über den Ursprung des Kieler Siegelspruchs: *Prahl*, Chronika der Stadt Kiel 1856 S. 101 und Festschrift zum 275jährigen Bestehen der Universität Kiel 1940 S. 113 [das Motto stammt von dem Völkerrechtslehrer Samuel Rachel]. Ferner: *Haseloff*, Die Hoheitszeichen der Universität Kiel i. d. Kieler Blättern 1942, S. 201 ff. S. 221: Pax optima rerum ein Vers des Silius Italicus. Abbildungen!)

[2] Vgl. zum folgenden *Radbruch*, Zur Philosophie dieses Krieges, Archiv f. Sozialwissenschaft Bd. 44, S. 139 ff.; *Scheler*, Der Genius des Krieges und der Deutsche Krieg, 1915, aber auch *Scheler*, Die Idee des Friedens und der Pazifismus, 1931.

§ 29 DER KRIEG

dung, sondern auf den Anteil des Einzelnen am Kriege, seine Schuldlosigkeit am Kriege oder seine Kriegsschuld. Kriegsschuld kann aber nicht wohl etwas anderes bedeuten, als den Krieg gewollt zu haben. So gefaßt, ist aber die Kriegsschuld überhaupt nicht eindeutig feststellbar, denn solange der Krieg als Rechtseinrichtung in Geltung ist, innewohnt in noch so feiner Verdünnung jeglichem diplomatischen Schritte der dolus eventualis eines Krieges, ist alle Politik an der Möglichkeit des Krieges orientiert. Daß nach jenem bekannten Wort der Krieg nur die Fortsetzung der Politik mit anderen Mitteln ist, gründet nicht sowohl darin, daß der Krieg durch die Politik, als darin, daß die Politik durch den Krieg in ihrem Wesen bestimmt wird. Wie die Geltung der Banknote, ohne daß die, durch deren Hände sie geht, meist auch nur entfernt daran denken, auf dem Goldbestande der Bank beruht, so schöpft auch der geringfügigste diplomatische Schritt, mag ihn auch kein Gedanke an die ultima ratio begleiten, seine Wirksamkeit aus dem Vorrat an Menschen und Flinten, an Pferden und Kanonen, an Flugzeugen und Tanks, die zu seiner Durchsetzung notfalls eingesetzt werden können. Die Politik verhält sich zum Krieg wie die Bedrohung mit der Gewalt zur Gewalt selber und muß auch gegen den Willen derer, die ihre Träger sind, mit derselben Notwendigkeit schließlich zum Kriege führen, welche auch sonst die unwirksam bleibende Drohung zur Gewalt werden läßt. Man kann nicht fortwährend *an* das Schwert schlagen, ohne im gegebenen Fall gezwungen zu sein, auch *mit* dem Schwerte zu schlagen*.

Nur die Frage nach der Schuld am Kriege ist eine Frage der Ethik, die Frage nach dem Recht des Krieges, nach dem gerechten Krieg aber eine Frage der *Rechtsphilosophie*. Die Rechtstheorien des Krieges suchen das Kriterium des gerechten Krieges darin, daß er Reaktion auf erlittenes oder bevorstehendes Unrecht, Vergeltung, Erfüllungszwang, vor allem Notwehr sei. Wäre aber der Krieg wirklich nichts anderes als die Erledigung von Rechtsfragen, dann wäre er schließlich für jeden, der nicht an eine prästabilierte Harmonie von Recht und Macht glaubt, dazu das denkbar untauglichste Mittel, eine Form der Prozeßführung, welche der bürgerliche Rechtsstreit schon seit der Beseitigung des gerichtlichen Zweikampfes weit hinter sich gelassen hat. Er wäre weiter gerade das nicht, als was man ihn preist: »der Beweger des Menschengeschlechts«; denn das Recht zum Kriege von erlittenem oder drohendem Unrecht abhängig machen, heißt, da das Recht immer auf der

Seite des Bestehenden ist, es immer nur demjenigen zusprechen, der die Erhaltung, niemals dem, der die Abänderung des überlieferten Staatensystems erstrebt, heißt der historischen Zufälligkeit der jeweils gegenwärtigen Teilung der Erdoberfläche von Rechts wegen Unabänderlichkeit für alle Zeiten beilegen. Vor allem aber heben die Rechtstheorien des Krieges den Begriff des Krieges selber auf. Wäre der gerechte Krieg wirklich nichts anderes als Notwehr gegen Unrecht, so wäre der Widerstand des Gegners, die Notwehr gegen Notwehr widersinnig und ein weiteres Unrecht, der Krieg eine Strafexpedition gegen einen sittlich minderwertigen Gegner, der Feind ein Verbrecher und der Charakter des Krieges als eines Zweikampfes zwischen gleichberechtigten Gegnern aufgehoben[1]. Nicht, bestehendes Recht zu beweisen, kann also Aufgabe des Krieges sein, sondern nur, neues Recht zu schaffen. Das Recht auf den Sieg ist nicht Voraussetzung, sondern Wirkung des Krieges, wird erst durch den Krieg gewonnen und bewiesen.

Damit ist aber der Übergang vollzogen von der Rechtsphilosophie zur *Geschichtsphilosophie* des Krieges. Denn die Bewertung von Vorgängen auf Grund ihrer Wirkungen gehört der Geschichtsphilosophie an. Gerechter Krieg wäre danach der siegreiche Krieg. Die Frage nach dem gerechten Krieg will aber andrerseits nicht erst durch den Krieg, sondern schon vor dem Kriege beantwortet sein. Das Recht zum Kriege, nach dem dann gefragt wird, kann nicht das erst durch den Sieg festgestellte Recht auf den Sieg sein, sondern nur das Recht, in den Kriegszustand einzutreten. Aber zugleich tritt an die Stelle der rechtsphilosophischen Auffassung vom gerechten Krieg, die stets nur die Anwendung auf die eine oder die andere Partei zuließ, der Begriff des beiderseits gleichermaßen gerechten Krieges, denn erst, wenn so die Gerechtigkeit des Krieges wirklich auf den Krieg in seiner Ganzheit und nicht nur auf die Stellung der einen oder der anderen Kriegspartei bezogen wird, ist die Achtung des Feindes, die Gleichberechtigung der Gegner, die zum Wesen des Krieges gehört, gedanklich untergründet. Das Dilemma aber, daß für die geschichtsphilosophische Betrachtung einerseits der Krieg für den Sieger durch den Sieg gerechtfertigt wird, andererseits der Eintritt in den Krieg auch für den nachher Besiegten be-

---

[1] Wenn der Kelloggpakt den Angriffskrieg ächtet, hat er deshalb den Krieg im bisherigen Sinne überhaupt ausgeschlossen. Die auch nach dem Kelloggpakt zulässige Verteidigung gegen einen Angriff ist kein Verteidigungs*krieg*, weil bei ihr Recht gegen Unrecht steht, der Krieg aber gleichberechtigte Gegner voraussetzt.

§ 29 DER KRIEG

rechtigt gewesen sein muß, löst sich durch die Besinnung auf den Unterschied von »Bedeutung« und »Sinn«. »Bedeutung« legen wir einem Ereignis bei, wenn es dabei »um Werte geht«, »Sinn«, wenn daraus Werte hervorgehen[1]. Ein Krieg, in dem um eine »gute Sache« gekämpft wird, ist auch, wenn diese unterliegt, bedeutungsvoll, wenngleich nicht sinnvoll. Die Kategorie des beiderseits gerechten Krieges bejaht nach dieser Terminologie nur die »Bedeutung«, aber nicht den »Sinn« des Krieges. Beiderseits gerecht ist der Krieg, wenn in ihm eine beiderseits kriegsgewichtige Frage zur Entscheidung steht, eine Interessen-, eine Wertkollision, für deren Entscheidung es ein anderes Mittel als den Krieg nicht gibt.

Ob freilich dem Kriege diese Bedeutung der Entscheidung einer Wertkollision untergelegt werden kann, ist davon abhängig, ob grundsätzlich im Siege die Entscheidung solcher Wertkollisionen gefunden werden kann. Dem Kriege kann eine Frage nur eingedeutet werden, wenn der Sieg die Antwort auf sie zu sein vermag. Nur wenn im Siege ein »Sinn« liegt, kann dem Kriege »Bedeutung« zugesprochen werden. Wir sehen uns also auf die Prüfung des früher hypothetisch aufgestellten Satzes zurückverwiesen, daß sich im Siege ein Recht auf den Sieg realisiere, das durch den Verlauf des Krieges nicht erst geschaffen, sondern nur bewiesen wird, auf die Frage also, ob die militärische Überlegenheit noch etwas jenseits ihrer selbst beweise, ob etwa die nationale Macht als Maßstab der nationalen Kultur dienen könne.

Nationale Kultur ist eine rein qualitative, quantitativ nicht meßbare Bestimmung der Nation, für die militaristische Auffassung aber werden die Nationen »Mächte«, nach der Quantität ihrer Macht voneinander verschieden und miteinander vergleichbar, also qualitativ einander gleich. Der Höhepunkt militaristischer Staatsauffassung, der Krieg, ist zugleich der Tiefpunkt nationaler Besonderung. Es ist ein Sinnbild, daß die vielfältige Buntheit der nationalen Friedensuniformen im Kriege für alle Nationen in der fast gleichen Erdfarbe unterging. Jede kämpfende Nation zwingt der andern die gleichen Kampfmittel auf. Man hat nun freilich in der Machtquantität der Staaten die Indexziffer für die Kulturqualität der Nationen sehen wollen, eine Proportionalität

---

[1] Abweichend von unserer Terminologie in § 1 wird also hier der zwar wertbezogene, aber nicht notwendig werthaltige Sinn, der Sinn als terminus medius, »Bedeutung« genannt und das Wort »Sinn« nur der werthaltigen Bedeutung vorbehalten.

von Kultur und Macht behauptet, den Krieg, in dem sich die Mächte messen, zugleich als das Examen rigorosum der Kulturen gepriesen. In der Tat kann sich der Höhengrad der Naturwissenschaft und der Technik, der Wirtschafts- und der Verkehrsorganisation, des Bildungswesens und der Sozialethik in einem entsprechenden Maße militärischer Überlegenheit ausdrücken, aber keineswegs läßt sich der ganze und nicht einmal der wesentlichste Kulturbesitz in militärische Energien umsetzen. Die Kulturwerte Goethe, Dante, Shakespeare, Molière können nicht als Torpedos verschossen, als Giftgase verblasen werden – und wenn dennoch Torpedos und Giftgase darüber entscheiden, welche Ausbreitung in der Welt eine Sprache und damit eine Kultur genießen soll, so entscheidet nicht das Gottesgericht des Krieges, sondern das Würfelspiel des Zufalls, und wenn die nachmalige Geschichtsschreibung die Weltgeschichte als das Weltgericht preist, so ist es nur, weil der Sieger stets auch die Geschichte schreibt. Die höchsten Kulturwerte lassen sich nicht in militärischen Machtziffern, sie lassen sich überhaupt nicht in Quantitätsbestimmungen ausdrücken. Kultur ist nicht vergleichbare Quantität, sondern unvergleichliche Qualität, und wer die Nationen nur sehen kann als konkurrierende oder gar kämpfende Kulturmassen verschiedener Größe, hat die Kulturnation aus seinem Gesichtskreise überhaupt ausgeschlossen.

So entläßt uns die Geschichtsphilosophie ohne die Möglichkeit, im Kriege etwas anderes zu finden als einen Machtstreit, möglicherweise mit kulturellen Konsequenzen zwar, aber ohne selbsteigene kulturelle Bedeutung. Die Apologie des Krieges kann also nur noch aus jener Quelle erwartet werden, aus der allem Sein letzten Endes auch eine Weihe und ein Wert zufließt: aus der *Religion*. Auch dem Kriege wie allem Sein gegenüber ist ja ein dreifaches Verhalten möglich: das wertblinde Verhalten der Wissenschaft, das wertende Verhalten der Philosophie und das wertüberwindende Verhalten der Religion. Blind gegen seinen Wert oder Unwert erforscht die Wissenschaft den Anlaß, die Ursache, die Gesetzlichkeit des Krieges. Bewertend sucht die Philosophie die Kriterien des gerechten Krieges festzustellen. Aber die Religion findet auch noch in dem ungerechtesten Kriege einen Wert höherer Art. Es gehört zu den paradoxesten Zügen der menschlichen Natur, daß in ihr der metaphysische Optimismus der religiösen Einstellung gerade dann überraschend emporquillt, wenn jede rein empirische Betrachtung verzweifelnden Pessimismus gebietet. Das Glück trägt zu

§ 29 DER KRIEG

sehr einen scheinbaren Wert in sich selbst, als daß es die Frage nach seinem eigentlichen metaphysischen Werte zu wecken vermöchte, aber das Unglück regt gerade dadurch, daß es ihm zunächst zu widersprechen scheint, die allem Menschentum eingestiftete religiöse Anlage mächtig an. Aber man darf niemals vergessen, daß die Theodizee, wenn das vermessene Wort erlaubt ist: eine Rechtfertigung Gottes, nicht eine Rechtfertigung der Menschen, daß Religionsphilosophie keine Ethik, daß die religiöse Abfindung mit der vollendeten Tatsache keine nachträgliche Rechtfertigung ihrer Verursacher ist. Das Wort des Evangeliums über Judas*, welches das Ärgernis für notwendig erklärt und doch über den, der es anstiftete, sein Wehe ruft, zeigt, daß das Werk und die Tat, die es hervorruft, völlig verschiedenen Gesetzen der Bewertung unterstehen. Die religiöse Betrachtung verhält sich zum Kriege etwa so wie zum Schmerze, den sie wegen seiner reinigenden Kraft heilig preist und dessen Zufügung sie dennoch verdammt.

Nur die Religion also darf auch im Kriege Segen finden, jeder andern Betrachtung muß er immer ein sinnloser und bedeutungsfremder Unglücksfall bleiben. Jede außer der religiösen Betrachtungsweise, der es allein gegeben ist, uns von allem Übel zu erlösen, darf im Kriege nur Unheil und noch im Siege nur das geringere von zwei Unheilen erblikken. Sich mit dem Kriege wie einem unabwendbaren Unheil abzufinden, geziemt aber am wenigsten dem Juristen. An ihn vor allem ist die Frage gestellt, ob über den Planeten, der uns Menschen anvertraut ist, der Zufall herrschen soll oder die Vernunft. Ob gerade an der Stelle, an der sich das Schicksal des Erdballs entscheidet, das Recht der Anarchie kraftlos das Feld räumen soll, statt seine Allherrschaft zu begründen. Ob der Dom der Rechtsordnung, eine Ruine schon vor der Vollendung, auf seiner Höhe in einen kümmerlichen Notbau auslaufen, oder ob er in stolzer Kuppel Abschluß und Vollendung finden soll.

HINWEISE

auf die rechtsphilosophischen Arbeiten Radbruchs

nach 1932 und

ERLÄUTERUNGEN

von Erik Wolf

zu den bei Radbruch zitierten Autoren

und Schriften

Zu dem Motto des Haupttitels S. 78:
Charles de Secondat, Baron de la Brède et de *Montesquieu* (1689–1755), der große französische Rechtsdenker des 18. Jhs., begründete zugleich in seinem »De l'Esprit des Lois« (1748) die moderne Lehre von der Gewaltenteilung im Staatsrecht. Das Zitat entstammt den, erst 1941 vollständig veröffentlichten, Tagebüchern (»Cahiers«, 1716–1755), p. 225. Es lautet in deutscher Übersetzung: »Großer Gott! wie ist es nur möglich, daß *wir* immer recht haben? und die anderen immer unrecht? Kluge Köpfe scheuen sich deshalb, Entscheidungen zu treffen; die anderen aber genießen – zum Schadensausgleich – das Vergnügen ihrer Selbstgewißheit.«

Zur Widmung S. 80: Vgl. »In memoriam Hermann Kantorowicz« (Schleswig-Holsteinische Volkszeitung v. 17. 8. 1946). Ferner: »Michelangelos Mediceerkapelle« i. Gestalten und Gedanken[3]·, 1954 (Anm. zu S. 31), sowie: Lyrisches Lebensgeleite, 1946, S. 204 (Anmerkung zu Stefan George).

Zum Motto der Widmungsseite 80: Mit Cicero hat sich Radbruch während seines ganzen Lebens beschäftigt. Vgl. »Cicero, Trauer und Trost um Tullia« (Gestalten u. Gedanken[3]·, S. 14–30, mit Lit.-Hinweis auf: *Boissier*, Cicero und seine Freunde, Dt. Ausgabe 1869; *Th. Zielinski*, Cicero im Wandel der Jahrhunderte, 3. Aufl. 1912; *Torsten Petersson*, Cicero, 1920; *Herbert Eulenberg*, Cicero, 1932. Besonders hat sich Radbruch mit der Nachwirkung Cicero's auf Hans v. Schwarzenberg, den Verfasser der Bambergischen Halsgerichtsordnung v. 1507 und bedeutendsten deutschen Rechtsdenker auf dem Gebiete des Strafrechts im 16. Jh., beschäftigt. Vgl. dazu: Verdeutschter Cicero. Zu Joh. v. Schwarzenbergs Officien-Übersetzung (Archiv f. Rechts- und Sozialphilosophie XXXVI [1942] S. 143 ff.) u. »Elegantiae«, 2. Aufl. 1950.

Zum Vorwort S. 81 f: a) *Abschluß der rechtsphilos. Arbeiten:* In der Tat hat Radbruch später nur noch ergänzende, erläuternde Studien kleinen Umfangs geschrieben. Zu den Wandlungen seiner rechtsphilos. Auffassung nach 1932 vgl. »Vorschule der Rechtsphilosophie«. Nachschrift einer Vorlesung. Herausgegeben von *Harald Schubert* und *Joachim Stoltzenburg*, Studenten der Rechte, 1947, Vorwort: »Dies Büchlein soll... auch andeuten, in welcher Weise ich mir die Fortbildung meiner Rechtsphilosophie... denke.«

b) *Rationalismus:* Vgl. dazu *Günter Spendel*, Über eine rationalistische Geisteshaltung als Voraussetzung der Jurisprudenz (Beiträge zur Kultur- und Rechtsphilosophie, Gustav Radbruch z. 70. Geburtstag, 1946, S. 68–89). Das Zitat von *Karl Larenz* steht in »Rechts- und Staatsphilosophie der Gegenwart«, 1931, S. 67.

c) *Relativismus:* Vgl. dazu »Le relativisme dans la philosophie du droit«. (Archives de philosophie du droit 1936, p. 105–110). Das Zitat von *W. Sauer* stammt aus »Philosophie der Zukunft«. 1923, S. 68 ff. Vgl. ferner S. 395 ff. und »Übersicht über die gegenwärtigen Richtungen in der deutschen Rechtsphilosophie« (Kant-Festschr. d. Anl. 6 Rechts- u. Wirtsch.Philos., 1924, S. 143).

d) Das *Horaz-Zitat am Schluß* stammt aus dem sechsten Brief des ersten Buchs der »Episteln« und lautet in der Übersetzung *Martin Wielands:* »– Und hiermit - gehab dich wohl! – Weißt du was Besseres, / so teile mir es unverhohlen mit; / wo nicht, so reicht dies für uns beide zu.«

Zu § 1 (Wirklichkeit und Wert).

Zu S. 88 (Humanität): Vgl. »Vorschule« § 32 Die Humanität als Rechtsbegriff.

Zu S. 89/90 (Anmerkungen): Zu dem zit. Eckehart-Spruch vgl. seine Predigt »Vom Schauen Gottes« i. Meister Eckeharts Schriften und Predigten, übers. u. hgg. v. *Hermann Büttner*, Bd. I, 1921, S. 205: »Gott sei Nichts! sagte Dionysius. Darunter kann man dasselbe verstehen, was Augustinus so ausdrückte: Gott sei Alles.« – *Zum »Clemens-Brief«:* ein Schreiben der römischen Gemeinde an die von Korinth, verfaßt ca. 95/96 n. Chr. durch den röm. Presbyter Klemens, i. d. röm.-kath. Kirche von hohem Ansehen. – *Zu Christoph Blumhardt:* gemeint ist der »jüngere« Bl. geb. 1842, gest. 1919, der in Bad Boll als Evangelist die Erweckungsbewegung seines Vaters Johann Christoph Bl., gest. 1880, weiter führte und auf neuere Theologen, wie Leonhard Ragaz und Karl Barth, stark gewirkt hat. – *Zum Angelus Silesius-Zitat:* der Zweizeiler findet sich *nicht* in der, nach der Ausgabe letzter Hand von 1675 vollständig herausgegebenen Edition von *W. Bölsche*, Jena 1921.

Zu § 2 (Rechtsphilosophie als Rechtswertbetrachtung).

Zu S. 93 (Motto): Das Zitat von Goethe steht im »Faust« II. Teil, Peneios, Manto zu Chiron.

HINWEISE UND ERLÄUTERUNGEN

Zu S. 93 (Kant): Vgl. dazu Kurt Roßmann, Über die Begrenzung von Glauben und Wissen in der Kritik der Reinen Vernunft Immanuel Kants (Beiträge zur Kultur- u. Rechtsphilosophie, Gustav Radbruch zum 70. Geburtstag, 1946, S. 56–67).

Zu S. 94 (Natur der Sache): Vgl. den ausführlichen Exkurs in »Vorschule« S. 19/22 mit Lit. Hinweis auf: *Wilh. Sauer*, Lehrbuch der Rechtsphilosophie 1929, S. 5 ff.; *Karl Petraschek*, System d. Rechtsphilosophie, 1932; *Giorgio Del Vecchio*, Lehrbuch d. Rechtsphilos., dt. übers., 1937; *Jennings*, Modern theories of Law, London 1932; *W. Friedmann*, Legal Theory, 1945. Ferner G. Radbruchs Beitrag zur Festschrift für *R. v. Laun*, Die Natur der Sache als juristische Denkform, 1948.

Zu § 3 (Die Richtungen der Rechtsphilosophie).

Zu S. 102 (Naturrechtslehre): Dazu vgl. etwas ausführlicher »Vorschule« S. 17 ff. und zum Naturrechtsproblem in der Gegenwart »Vorschule« S. 108/109. Eine ausgezeichnete Übersicht der Gegenwartsströmungen bei *Thomas Würtenberger*, Arch. f. Rechts- u. Sozialphilos. 38, 40/41 (149-1954).

Zu S. 103 (Stammler): Rudolf Stammler (1856–1937), Rechtsphilosoph, Prof. in Berlin, Begründer der neukantischen Rechtsphilosophie. Das Schlagwort »Naturrecht mit wechselndem Inhalt« findet sich bei *Stammler* nur in »Wirtschaft und Recht«, 1896, S. 183; über die damit bezeichnete Sache vgl. dessen »Lehre vom richtigen Recht«, 2. Aufl., 1926, S. 82 ff.

Zu S. 104 (Lask): Emil Lask (1875–1915), Prof. d. Philos. i. Heidelberg, »Rechtsphilosophie« (1905), vgl. Ges. Schriften Bd. I, S. 282 ff.

Zu S. 104 (Thibaut): Friedrich Justus Thibaut (1772–1840), der durch seine Auseinandersetzung mit Savigny über den Wert einer allgemeinen Zivilrechtskodifikation für Deutschland (1814) bekannte Jurist, hat solche Äußerungen über die »Historische Rechtsschule« in einem Aufsatz »Über die sogen. historische und nichthistorische Rechtsschule« (Archiv f. d. zivilist. Praxis, Bd. 21, 1838) S. 391 (Mysticismus und Frömmelei), S. 408 (mystisches, abgespanntes, kopfhängerisches Wesen), getan.

Zu S. 105 (Stahl): Friedrich Julius Stahl (1802–1855), Rechtsphilosoph und konservativer Politiker; »Geschichte der Rechtsphilosophie«, 2. Aufl. 1847, Vorrede XXI.

Zu S. 106 (Vernunft=Wirklichkeit): Das Wort *Hegels* steht in der Vorrede zu seiner »Rechtsphilosophie«, S. 14.

Zu S. 106 (Savigny): Friedrich Carl von Savigny (1779–1861), Rechtshistoriker, Prof. d. röm. Rechts in Berlin, der Gründer der »Historischen Rechtsschule« und einflußreichste deutsche Jurist des 19. Jhs. Das zit. Wort steht bei *Hegel*, Rechtsphilosophie, § 121 am Ende.

Zu S. 107 (Marx): Der Satz »Es ist nicht das Bewußtsein der Menschen, das ihr Sein, sondern umgekehrt ihr gesellschaftliches Sein, das ihr Bewußtsein bestimmt«, steht in »Zur Kritik der politischen Ökonomie« hgg. v. *Kautsky*, Berlin 1930, 11. Aufl., S. LV.

HINWEISE UND ERLÄUTERUNGEN

Zu S. 109 (Positivismus): Vgl. dazu Radbruch selbst in »Archiv f. Sozialwiss. u. Sozialpolitik« IV (1905); »Gesetz und Recht« (Stuttgarter Rundschau, Januar 1947, S. 5 ff. – Dazu *Grete Henry-Hermann* ebenda, März 1947, S. 21/22 – dazu wieder G. R.s »Erwiderung«, S. 22); »Privatissimum der Rechtspflege« (Wiesbadener Kurier, Jg. 1947); Vorschule § 25.
Zu S. 110 (Jhering): Rudolf (von) Jhering (1818–1892), Rechtssoziologe, Gründer der soziologischen Richtung der neueren Privatrechtslehre. Entsprechend »Vorschule« S. 15–17.
Zu S. 113 (Emge): Vgl. jetzt dazu *Carl August Emge*, Über das Gefüge des rechtsphilosophischen Bereichs (Beiträge zur Kultur- und Rechtsphilosophie, Gustav Radbruch zum 70. Geburtstag, 1948, S. 90–116).
Zu S. 117 (Ausländ. Rechtsphilosophie): Vgl. zur *englischen* RPh. (»Jurisprudence« als einer Allgemeinen Rechtslehre, keiner eigentlich systematischen Rechtsphilosophie) Radbruchs »Geist des englisch. Rechts«, 1947 S. 63 ff. mit Lit.

Zu § 4 *(Der Begriff des Rechts).*

Zu S. 119 (Motto): Das Goethe-Zitat stammt aus »Maximen und Reflexionen« Nr. 128 (Ausg. Schriften der Goethe-Gesellschaft 21. Bd. 1907 S. 23).
Zu S. 119 (Rechtswissenschaft): Vgl. »Vorschule« S. 9 ff. (über Begriff und Methode der Rechtswissenschaft).
Zu S. 119 (Rechtsidee): Vgl. »Vorschule« S. 23 f. (Die Idee des Rechts) mit Hinweis auf: *Giorgio Del Vecchio,* Die Gerechtigkeit, 1940; *Nef,* Gleichheit und Gerechtigkeit, 1941; *Emil Brunner,* Gerechtigkeit, 1943.
Zu S. 120 (Gerechtigkeit): Vgl. »Justice and Equity« (The New Commonwealth Institute Monograph) 1935.
Zu S. 123 (Formale Gerechtigkeit): Vgl. »Vorschule«, S. 24.
Zu S. 123 (Billigkeit): Vgl. »Vorschule«, S. 24 und »Justice and Equity« (The New Commonwealth Institute Monograph) 1935.
Zu S. 124 (Art. 48 WRV): Gemeint ist Art. 48 der Weimarer Reichsverfassung v. 1919. Er lautet in seinem Absatz 2: »Der Reichspräsident kann, wenn im Deutschen Reiche die öffentliche Sicherheit und Ordnung erheblich gestört oder gefährdet wird, die zur Wiederherstellung der öffentlichen Sicherheit und Ordnung nötigen Maßnahmen treffen.«
Zu S. 125 (Apriorische Rechtsbegriffe): Vgl. »Vorschule« S. 33 (apriorische Natur des Rechtsbegriffs).
Zu S. 125 (Savignys Wort): Das Zitat steht in Savignys Schrift »Vom Beruf unserer Zeit für Gesetzgebung und Rechtswissenschaft«, 1814, S. 30.

Zu § 5 *(Recht und Moral).*

Zu S. 127 (Recht und Moral): Vgl. »Vorschule« § 13 mit Lit.-Hinweis auf *Nef,* Recht und Moral, 1937.
Zu S. 135 (Subjektives Recht): Vgl. über die hier behandelten Wesenszüge des subjektiven Rechts § 21 der »Vorschule« (Subjektives und objektives Recht, S. 54/57).

Zu S. 136 (Jhering): »Der Kampf ums Recht«, 1872 (20. Aufl. 1921, gekürzt in »Quellenbuch zur Geschichte der deutschen Rechtswissenschaft«, herausgeg. v. *Erik Wolf*, 1949, S. 400 ff.).

Zu § 6 (*Recht und Sitte*).

Zu S. 138 (Recht und Sitte): Vgl. »Vorschule« § 14 (S. 38/39 mit Hinweis auf R. v. *Jhering*, Der Zweck im Recht, Bd. II und Ferdinand *Tönnies*, Die Sitte, 1909.

Zu § 7 (*Der Zweck des Rechts*).

Zu S. 145 (Popper-Lynkeus): Josef Popper, Deckname Lynkeus, Techniker und Sozialreformer (1838–1921). Aus welcher seiner zahlreichen Schriften G. R. das Zitat entnommen hat, ließ sich nicht feststellen (wahrscheinlich: »Das Individuum und die Bewertung menschlicher Existenzen«).
Zu S. 145 (Schiller): Das Zitat steht in der Abhandlung »Die Gesetzgebung des Lykurgus und Solon«.
Zu S. 146 (Eisner): Kurt Eisner (1867–1919), Sozialist. Aus welcher seiner Schriften das Zitat stammt, ließ sich nicht feststellen.
Zu. S. 146 (Treitschke): Heinrich v. Treitschke (1834–1896), Historiker und national-polit. Schriftsteller. Wo das Zitat bei ihm steht, war nicht feststellbar.
Zu S. 148 (Tönnies): Ferdinand Tönnies (1855–1936), Soziologe, schrieb 1887 das bekannte Werk »Gemeinschaft und Gesellschaft« (7. Aufl. 1925).
Zu S. 149 (»Wer da suchet...«): Die Bibelstelle ist Luk. 17, 33.

Zu § 8 (*Rechtsphilosophische Parteienlehre*).

Zu S. 152 (Motto): Adolf Glaßbrenner (1810–1878), Berliner Schriftsteller und demokratischer Politiker. Verfasser von »Berliner Volksleben«, 1847.
Zu S. 152 (Parteien): Vgl. dazu »Neue Parteien – neuer Geist« (Rhein-Neckar-Zeitung v. 1. 12. 1945).
Zu S. 153 (Hegel): Von der »List der Vernunft« spricht Hegel in der »Phänomenologie des Geistes«, Vorrede und Einleitung (hgg. v. J. Hoffmeister, Felix Meiner Leipzig [Philos. Bibl. 114] S. 46, 64).
Zu S. 154 (Stirner): Max Stirner (Deckname für Kaspar Schmidt) 1806 bis 1856, individualistischer Anarchist, schrieb »Der Einzige und sein Eigentum«, 1845.
Zu S. 155 (Tönnies): Das Zitat steht in »Gemeinschaft und Gesellschaft« III. Buch § 18 am Ende (S. 208 der 4/5. Aufl. v. 1922).
Zu S. 157 (Demokratie): Vgl. »Vorschule« § 34 (Der Gedanke der Demokratie), S. 101–104 mit Lit.Hinweis auf *Max Weber*, Politik als Beruf, 1919; *Anschütz-Thoma*, Handbuch des deutschen Staatsrechts 1930. Bd. I, S. 285–294 (Radbruchs Darstellung der polit. Parteien).
Zu S. 157 (Menschenrechte): Der article II der französischen Déclaration des droits de l'homme et du citoyen vom August 1789 lautet: »Le but de toute association politique est la conservation des droits naturels et impre-

scriptibles de l'homme. Ces droits sont la liberté, la propriété, la sûreté et la résistance à l'oppression.«

Zu S. 158 (Sozialer Individualismus): Vgl. dazu »Vorschule« § 33 (Das soziale Recht), S. 96–101 mit Lit.Hinweis auf Radbruchs Heidelberger Antrittsrede von 1926, »Der Mensch im Recht«; »Vom individualistischen zum sozialen Recht« (Hanseat. Rechtszeitschrift Jg. 73. 1930); »Kulturlehre des Sozialismus«, 2. Aufl., 1927.

Zu S. 161 (Stahl): Das bekannte Zitat steht in Stahls »Philosophie des Rechts«, 3. Aufl. 1854. Bd. III S. 176 ff.

Zu § 9 (Antinomien der Rechtsidee).

Zu S. 164 (Zweckmäßigkeit): Vgl. »Vorschule« S. 26/27; »Le relativisme etc.« (Archives de philosophie du droit etc.) 1936.

Zu S. 165 (Rechtssicherheit): Vgl. »Vorschule« S. 28/29 mit Lit.Hinweis auf *Germann*, Rechtssicherheit (i. Methodische Grundfragen, Basel 1946).

Zu S. 165 (Antinomie zwischen positivem und richtigem Recht): Vgl. dazu Radbruchs Auffassung des Goetheschen Spruches im Faust: »Es erben sich Gesetz und Rechte / wie eine ew'ge Krankheit fort ... Vom Rechte, das mit uns geboren ist / von dem ist, leider, nie die Frage« ... in »Gestalten und Gedanken[3].«, Anm. zu S. 104 (S. 216).

Zu S. 167 (Gewohnheitsrecht): Vgl. »Geist des englischen Rechts«, 2. Aufl. 1947, S. 40 ff. (Common Law and Equity).

Zu S. 167 (Präjudiz): Vgl. »Vorschule« § 17 (Das anglo-amerikanische Recht, S. 45/49); »Geist des englischen Rechts« S. 43 ff. (Methodik des Case-Law); »Oliver Wendell Holmes« (Südd. Juristen-Zeitung, 1946).

Zu S. 169 (Widerspruch von Gerechtigkeit, Zweckmäßigkeit, Sicherheit): In seinen neueren Schriften lehrte R. die Überordnung des (freilich formal begriffenen) Gerechtigkeitswerts *über* die Werte der Zweckmäßigkeit und Rechtssicherheit und bekannte sich zur Unverzichtbarkeit des Gedankens eines »überpositiven Rechts«. Vgl. dazu »Vorschule« S. 30 f. und 108 f.; ferner »Gesetz und Recht, (Stuttgarter Rundschau, Jan. 1947, S. 5 f.), sowie »Wissenschaft und Verbrechen«, in: Volk und Zeit, 2. Jg., 5. Ausgabe Mai 1947, S. 1: »(Wir müssen uns) wieder darauf zurückbesinnen, daß es sittliche und rechtliche Normen gibt, von denen auch eine noch so große Zweckmäßigkeit nicht entbinden kann. Schon Cicero hat in den Officien (3,30) das berühmte Wort gesprochen: ‚Nie ist etwas nützlich, wenn es nicht gleichzeitig sittlich gut ist. Und nicht weil es nützlich ist, ist es sittlich gut, sondern weil sittlich gut, ist es auch nützlich.' Und Jhering, der sein großes Werk vom Zweck im Recht unter das Motto stellte: ‚Der Zweck ist der Schöpfer des ganzen Rechtes', hatte selbst an verborgener Stelle früher die später von ihm wohl ganz vergessene Äußerung getan: ‚Es herrscht in der moralischen Welt nicht ausschließlich das Prinzip der Zweckmäßigkeit, und neben Rechtssätzen und Institutionen, die diesem Prinzip ihr Dasein verdanken, gibt es andere, die nichts bezwecken, sondern Folgen sind, Ausflüsse sittlicher oder juristischer Grundanschauungen, und die

daher mit jenem Maßstabe gar nicht gemessen werden können. Im 18. Jahrhundert hat man diesen Fehler oft begangen und dadurch das Edelste und Tiefste nicht selten ganz in den Staub gezogen.'«
Zu S. 169 (Rangordnung der Rechtswerte): Vgl. dazu »Vorschule« S. 30 (Die Rangordnung der Wertideen); »Le but du droit« (Annuaire de l'institut de philosophie du droit, 1937/38).

Zu § 10 (Die Geltung des Rechts).
Zu S. 170 (Motto): Johann Gottfried Seume (1763–1810), Schriftsteller.
Zu S. 170 (Rechtsgeltung): Vgl. »Vorschule« § 12 S. 34/35; »Gesetzliches Unrecht und übergesetzliches Recht« (Südd. Jur.Ztg., Aug. 1946).
Zu S. 170 (Jellinek): Georg Jellinek (1851–1911), Prof. des öffentl. Rechts in Heidelberg. Die Lehre von der »Normativität des Faktischen« entwickelte Georg Jellinek in seiner »Allgemeinen Staatslehre« (3. Aufl. hgg. v. Walter Jellinek, 1921, S. 337 ff.).
Zu S. 171: (Jellinek): Vgl. »Der Kampf des alten mit dem neuen Recht«, Akad. Rede, Heidelberg, 1907. Ferner: »Allgemeine Staatslehre«, S. 344/45: »Es wird nämlich dem geltenden Recht ein anderes mit dem Anspruch auf höhere Geltung gegenübergestellt, ein Recht, das den neuen nach Anerkennung ringenden Ansprüchen Verwirklichung verheißt.«
Zu S. 171 (Bacon): Das Zitat aus »De dignitate et augmentis scientiarum«, 1623, wird schon bei *Savigny*, Vom Beruf unserer Zeit für Gesetzgebung und Rechtswissenschaft, 1814, S. 15 A. 1 angeführt.
Zu S. 173 (Rousseau): Das Zitat steht in »Du Contrat Social« livre I chap. 3 und lautet im Urtext: »Le plus fort n'est jamais assez fort pour être toujours le maître, s'il ne transforme sa force en droit, et l'obéissance en devoir«.
Zu S. 173 (Seneca): Das Zitat stammt aus dem 91. Brief (an Lucilius) und lautet in deutscher Übersetzung: »Wir sind in niemandes Gewalt, wenn der Tod in der unsrigen ist.« (Propyläen-Verlag-Ausgabe, hgg. v. Thassilo v. Scheffer, o. J., Bd. II, S. 335).
Zu S. 176 (Kant): Das Zitat steht in »Metaphysik der Sitten« (Rechtslehre II. Th., 1. Abschn. Allgem. Anm. A): »Denn der, welcher die Staatsgewalt einschränken soll, muß doch mehr, oder wenigstens gleiche Macht haben, als derjenige, welcher eingeschränkt wird, und, als ein rechtmäßiger Gebieter, der den Untertanen befehle, sich zu widersetzen, muß er sie auch schützen können...«
Zu S. 176 (Macht und Recht): Vgl. dazu *Alfred Wicher*, Gerechtigkeit und Gewalt in Pascals Gedanken (Beiträge zur Kultur- und Rechtsphilosophie, Gustav Radbruch zum 70. Geburtstag, 1946, S. 40–55).
Zu S. 177 (Goethes Spruch): Vgl. dazu »Gestalten und Gedanken« S. 119 mit Lit.Hinweis auf *Paul Ammann*, Plutôt une injustice qu'un désordre (Jahrbuch der Sammlung Kippenberg, Bd. 9, 1931, S. 80 ff.); auch *M. Fischler*, Der Ordnungsgedanke in Goethes Rechtsdenken (Königsberger öffentl.-rechtl. Vorträge, 1941).
Zu S. 178 (Kant): Das Zitat steht in »Zum ewigen Frieden«. Anh. I (A 75).

HINWEISE UND ERLÄUTERUNGEN

Zu § 11 (Geschichtsphilosophie des Rechts).
    Zu S. 180 (Geschichte und Recht): Vgl. dazu »Vorschule« VIII. Abschn. § 27 (Die Rechtsphilosophie der Geschichte) u. § 28 (Die Philosophie der Rechtsgeschichte); ferner »Vorschule« V. Abschnitt (Die großen Rechtskulturen: § 16 Das römische Recht; § 17 Das anglo-amerikanische Recht; § 18 Code civil; § 19 Das BGB; § 20 Der Codex Iuris Canonici), S. 43–53.
    Zu S. 180 (Gény): François Gény, Prof. f. bürgerl. Recht in Nancy, entwickelt die Lehre in »Science et technique en droit privé positif«, tome I, chap. 3 § 33.
    Zu S. 180 (Huber): Eugen Huber (1849–1923), schweizerischer Rechtsgelehrter, Schöpfer des Zivilgesetzbuchs. Seine Lehre von den »Realien der Gesetzgebung« entwickelt er in »Recht und Rechtsverwirklichung«, 1921, S. 281 ff. Vgl. dazu *Walther Burckhardt*, Methode und System d. Rechts, 1936, S. 249.
    Zu S. 182 (Römisches Recht): Vgl. »Vorschule« § 16 (Das römische Recht) S. 43/44 m. Hinw. auf *F. Schulz*, Die Prinzipien des röm. Rechts, 1934.
    Zu S. 184 (Maine): Henry Sumner Maine (1822–1888), bedeutender englischer Rechtshistoriker. Seine berühmte Formel, die Rechtsentwicklung gehe »from status to contract« ist in seinem Ancient Law, 1861 geprägt.

Zu § 12 (Religionsphilosophie des Rechts).
    Zu S. 187 (Motto): Tertullian, geb. um 160 in Karthago, Kirchenlehrer, bekämpfte die Verbindung von Kirche und Welt. Das Zitat steht in seiner »Apologia« 38 (M I 465) und lautet vollständig: At enim nobis ab omni gloriae et dignitatis ardore frigentibus nulla est necessitas coetus, nec ulla magis res aliena quam publica: Uns nämlich, die der Eifer nach Ruhm und Ehre kalt läßt, ist keine (äußere) Gemeinschaftsform not und kein Ding ist uns fremder als der Staat.
    Zu S. 187 (Recht und Religion): Vgl. »Vorschule« § 15 (Recht und Religion), S. 40/41; »Evangelisch-Sozial als Problem« (i. d. Zeitschr. Evangelisch-Sozial, 1927, S. 2 ff.); ferner *Fritz v. Hippel*, Zum Verhältnis von Jurisprudenz und Christentum (Beiträge zur Kultur- u. Rechtsphilosophie, Gustav Radbruch z. 70. Geburtstag, 1946, S. 21–39).
    Zu S. 188 (Erbschichter): Die Bibelstelle ist Luk. *12*, 14: »Er aber sprach zu ihm: Mensch, wer hat mich zum Richter oder Erbschichter (= Verteiler des Erbes) über euch gesetzt?«
    Zu S. 188 (Zinsgroschen): Das Gleichnis Jesu steht Matth. *22*, 15 ff. Vgl. zu R.s Auffassung die bestätigenden Ausführungen von *Emil Brunner*, Gerechtigkeit, S. 133.
    Zu S. 188 (Gleichnisse): Das Gleichnis von den Arbeitern im Weinberg steht Matth. *20*, 1 ff.; das vom ungerechten Haushalter Luk. *16*, 1 ff.
    Zu S. 188 (»Ihr wisset...«): Matth. *20*, 25-26.
    Zu S. 189 (Katholizismus): Vgl. »Vorschule« § 20 (Der Codex Iuris Canonici, S. 52/53 mit Hinweis auf *Ulrich Stutz*, Der Geist des Codex Iuris Canonici, 1918); *Rudolf Sohm*, Kirchengeschichte im Grundriß, 17. Aufl. 1911.

HINWEISE UND ERLÄUTERUNGEN

Zu § 13 (Die Psychologie des Rechtsmenschen).
   Zu S. 192 (Motto): Karl Heinsheimer (1869–1929), Prof. d. Handels- und Zivilprozeßrechts in Heidelberg.
   Zu S. 194 (»Maß für Maß«): Vgl. dazu »Gestalten und Gedanken«, S. 40–49 (Shakespeare, Maß für Maß).
   Zu S. 195 (Themis): Altgriechische Gottheit der Fügung und Gründung, des »heiligen« Rechts, mit ihrer Tochter Dike, der Gottheit des Zuteilens und Zusprechens, die wichtigste »Rechtsgottheit« der Alten. Vgl. zu ihr *Erik Wolf*, Griechisches Rechtsdenken I, 1950, S. 24–34.
   Zu S. 196 (Gewissen): Die 4 Bibelzitate sind der Bergpredigt entnommen und finden sich Matth. 5, 39/40, 44 und 9.
   Zu S. 196 (Kant): Das Zitat setzt sich aus zwei Stellen der »Metaphysischen Anfangsgründe der Tugendlehre« zusammen: beide stehen in Eth. Elementarlehre 1. Buch, II. Hauptstück III: Von der Kriecherei (Erstausgabe 1797, S. 96 und 98).
   Zu S. 197 (Kleist): Das Zitat stammt aus Kleists Novelle »Michael Kohlhaas« (Tempel-Klassiker-Ausgabe, Bd. IV, S. 27).
   Zu S. 197 (Jhering): Das Zitat stammt aus Jherings »Kampf ums Recht«, vgl. die Neuausgabe in *Erik Wolf*, Quellenbuch z. Geschichte der Rechtswissenschaft, 1949, S. 413.
   Zu S. 197 (Goethe): Das Zitat steht in »Maximen und Reflexionen« Nr. 1219 (Ausg. Schriften der Goethe-Ges., 21. Bd. 1907, S. 253).
   Zu S. 199 (Verallgemeinerung des subjektiven Rechts): Vgl. über »allgemeine« Rechtssubjektivität (Stellung als Rechtsgenosse unter Rechtsgenossen) im Unterschied zur »gesetzlichen« Rechtssubjektivität (Verleihung von Befugnissen und Ansprüchen durch das objektive Recht) jetzt *Friedrich Darmstaedter*, Der Beruf des Juristen in unserer Zeit (Beiträge zur Kultur- und Rechtsphilosophie, Gustav Radbruch zum 70. Geburtstag, 1948, S. 203–217).

Zu § 14 (Ästhetik des Rechts).
   Zu S. 201 (Motto): H. P. Schlosser war der Bruder von Goethes Schwager. »Mammonas«: ein Teufel aus Milton's »Verlorenem Paradies« (So erläutert v. *Emil Staiger*, Goethes Gedichte III, S. 420, 1949).
   Zu S. 201 (Rechtsästhetik): Vgl. »Vorschule« IX. Abschnitt: Ästhetik des Rechts, S. 83–93 (§ 29 Die Ausdrucksformen des Rechts; § 30 Rechtsphilosophie in Bildern mit Hinweis auf Lit.: *G. Frommhold*, Die Idee der Gerechtigkeit in der bildenden Kunst, 1925; *Ursula Lederle*, geb. Grieger, Gerechtigkeitsdarstellungen in deutschen und niederländischen Rathäusern, Heidelberger Diss. 1937; *Hans Fehr*, Das Recht im Bilde, 1923; *Cornelius Veth*, Der Advokat in der Karikatur, 1927; *Heinerth*, Die Heiligen und das Recht); – (§ 31 Recht und Dichtung, mit Hinweis auf Lit.: *Hans Fehr*, Das Recht in der Dichtung, 1931 und Die Dichtung im Recht, 1936; *G. Müller*, Recht und Staat in unserer Dichtung, 1924; *Dietlinde v. Künssberg*, Das Recht in Pauli's Schwanksammlung, Diss. 1939; *Tho-*

mas Würtenberger, Die deutsche Kriminalerzählung, 1941; *Eugen Wohlhaupter,* Recht und Rechtswissenschaft in Leben und Dichtung Theodor Storms (Kieler Blätter II, 1939, S. 245 ff.); Das Recht in Leben und Dichtung Timm Krögers (Zeitschr. f. schlesw.-holst. Geschichte LXXII, 1944, S. 62 ff.); Gottfried Keller als Dichterjurist (Kunst u. Recht, Festgabe f. H. Fehr, 1948, S. 143 ff.); Ludwig Uhland als Dichterjurist (Schmollers Jahrb. LXVIII, 1946); *Erik Wolf,* Vom Wesen des Rechts in deutscher Dichtung: Hölderlin, Hebel, Stifter, Droste, 1948; *Hermann Blaese,* Schillers Staats- und Rechtsdenken (Kunst u. Recht, Festgabe f. H. Fehr, 1948, S. 48 ff.); *Ingeborg Becker,* Die Todesstrafe in der Dichtung Heinrichs von Kleist, Freiburger Diss., 1942.

Zu S. 201 (Grimm): Jacob Grimm, Die Poesie im Recht (Zeitschrift für geschichtliche Rechtswissenschaft, Bd. II, 1816).

Zu S. 201 (Gierke): Otto v. Gierke, Der Humor im deutschen Recht, 1871, 2. Aufl. 1887.

Zu S. 201 (Hirzel): Rudolf Hirzel, Themis, Dike und Verwandtes, 1907. Vgl. ferner: *Victor Ehrenberg,* Die Rechtsidee im frühen Griechentum, 1921; *K. Latte,* Heiliges Recht, 1920 u. Der Rechtsgedanke im archaischen Griechentum (Antike u. Abendland II, 1946, S. 63 ff.); *Erik Wolf,* Griechisches Rechtsdenken I: Vorsokratiker und frühe Dichter, 1950.

Zu S. 202 (Rechtssprache): Vgl. »Vorschule« S. 50/51 (Die Sprache des BGB).

Zu S. 203 (Sohm): Rudolph Sohm (1841–1917), Evangelischer Kirchenrechtslehrer der 2. Hälfte des 19. Jhs., Prof. i. Leipzig.

Zu S. 203 (Celsus): Bedeutender römischer Jurist der klassischen Zeit des 2. Jahrhunderts, zweimal Konsul, Berater des Kaisers Hadrian.

Zu S. 204 (France): Anatole France (eigentl. Thibaut) 1844–1924, franz. Schriftsteller, vgl. zu der von Radbruch erwähnten Justiz-Ironie insbes. seine Romane »Le crime de Sylvestre Bonnard« und »Les dieux ont soif«.

Zu S. 204 (Daumier): Vgl. »Karikaturen der Justiz«, Lithographien von *Honoré Daumier,* ausgewählt und eingeleitet von G. R. 1947, bes. S. 16 ff.; »Gestalten und Gedanken« (Daumier, Gens de Justice), 1943, S. 128 ff.

Zu § 15 *(Die Logik der Rechtswissenschaft).*

Zu S. 205 (Motto): Das Zitat aus Montaignes Essais steht II, 12 p. 336 der großen Edition Municipale. Vgl. dazu und zu Montaignes Rechtskritik die grundlegenden Analysen von *Hugo Friedrich,* Montaigne, 1950, S. 235 m. Anm.

Zu S. 206 (Rechtsgeschichte): Über Rechtsgeschichte als Universalrechtsgeschichte vgl. »Vorschule«, S. 11/12 und »Elegantiae«, 2. Aufl. 1950 über Feuerbachs Plan einer Universalrechtsgeschichte (Kap. XII: Anselm Feuerbach und die vergleichende Rechtswissenschaft).

Zu S. 206 (Rechtssoziologie): Vgl. *Max Weber,* Rechtssoziologie (i. Wirtschaft u. Gesellschaft, 1922, Kap VII); *Eugen Ehrlich,* Grundlegung der Soziologie des Rechts, 1913 (Neudr. 1929); *Franz Wilhelm Jerusalem,* Soziologie des Rechts I, 1925 und Kritik der Rechtswissenschaft, 1949.

Zu S. 206 (Interpretation): Vgl. »Vorschule« S. 9; »Arten der Interpretation« (Recueil d'études sur les sources du droit en l'honneur de F. Gény II); »Klassen- und Ordnungsbegriffe« (Zeitschrift f. Theorie des Rechts 12, 1938).

Zu S. 207 (Code Civil): Code Civil Art. 4: Le juge, qui réfusera de juger, sous prétexte du silence, de l'obscurité ou de l'insuffisance de la loi, pourra être poursuivi comme coupable de déni de justice.«

Zu S. 207 (Schweizer ZGB): Art. 1 des SZGB lautet: »Das Gesetz findet auf alle Rechtsfragen Anwendung, für die es nach Wortlaut oder Auslegung eine Bestimmung erhält. – Kann dem Gesetz keine Vorschrift entnommen werden, so soll der Richter nach Gewohnheitsrecht und, wo auch ein solches fehlt, nach der Regel entscheiden, die er als Gesetzgeber aufstellen würde. – Er folgt dabei bewährter Lehre und Überlieferung. –«

Zu S. 208 (Hobbes): Vgl. dazu Leviathan cap. XXVI: auctoritas, non veritas facit legem.

Zu S. 209 (Schriftsinn): »Über das Tatsächliche belehrt der Buchstabe; sein allegorischer Sinn ist zu glauben; sein moralischer weist zum Handeln an; sein anagogischer dessen Ziel.«

Zu S. 209 (Inspirationslehre): Bis zum 18. Jh. Annahme, daß alle Wörter der Hl. Schrift von Gott eingegeben seien; Schleiermacher lehrte: nicht die Sachen, sondern die Personen seien inspiriert d. d. Hl. Geist zu denken (19. Jh. 1. Hälfte); später sprach man von geschichtlicher Inspiration; seit Karl Barth (geb. 1886) ist die »neue Lehre« im Sinne des »Worts (Gottes) hinter den Wörtern (der Menschen)« einflußreich in der ev. Theologie geworden.

Zu S. 210 (Simmel): Georg Simmel (1858–1918), Philosoph und Soziologe, in der philos. Grundstimmung mit Radbruch verwandt.

Zu S. 211 (Literaturwissenschaft): Zu Radbruchs Auffassung von literarhistorischer Methode vgl. auch sein »Lyrisches Lebensgeleite«, Nachwort S. 195 ff., 2. Aufl. 1946. Vgl. dazu ferner *Heinrich Lützeler,* Umgang mit lyrischen Gedichten (Beiträge zur Kultur- und Rechtsphilosophie, Gustav Radbruch z. 70. Geburtstag, 1948, 265 ff.).

Zu S. 212 (Gundolf): Friedrich Gundolf (1880–1931), Literarhistoriker, Prof. i. Heidelberg. Das Zitat steht in »Goethe«, 31.–40. Tausend, 1922, Einleitung S. 2.

Zu S. 212 (Simmel): Das Zitat steht in *Georg Simmel,* Kant, 5. Aufl. 1921, S. 3/4.

Zu S. 214 (Konstruktion): Vgl. »Vorschule« S. 9/10.

Zu S. 214 (System): Vgl. »Vorschule« S. 10.

Zu S. 214 (Mayer): Otto Mayer (1846–1924), Prof in Leipzig, der Begründer der neueren deutschen Verwaltungsrechtswissenschaft, vgl. sein »Deutsches Verwaltungsrecht«, 3. Aufl. 1924, 2 Bände.

Zu S. 214 (Geschichte der Rechtswissenschaft): vgl. zur Geschichte der Rechtswissensch. »Vorschule« § 25 (Juristischer Positivismus, S. 75/76) und § 26 (Die Freirechtliche Bewegung); dazu Lit.-Hinweis auf *Stintzing-*

Landsberg, Geschichte der deutschen Rechtswissenschaft, Bd. I (1880), II (1884), III, 1. Hlb. Bd. (1889), III, 2. Hlb. Bd. (1910); *Erik Wolf*, Große Rechtsdenker der deutschen Geistesgeschichte, 2. Aufl. 1944; Schweizer Juristen der letzten hundert Jahre, hgg. v. *Hans Schulthess*, Zürich 1945.

Zu S. 218 (Kirchmann): J. H. v. Kirchmann (1802–1884), Richter und Politiker, daneben philosoph. Schriftsteller. Das Zitat aus »Die Wertlosigkeit der Jurisprudenz als Wissenschaft«, 1848 steht auf S. 37 der Neuausgabe v. *G. Neesse, 1938* und lautet vollständig: »Indem die (Rechts)Wissenschaft das Zufällige zu ihrem Gegenstande macht, wird sie selbst zur Zufälligkeit; drei berichtigende Worte des Gesetzgebers und ganze Bibliotheken werden zu Makulatur.«

Zu S. 218 (Pascal): Das Zitat stammt aus Pascal's »Pensées« Nr. 319 und lautet im Urtext: »On ne voit presque rien de juste ou d'injuste, qui ne change de qualité en changeant de climat. Trois degrés d'élévation du pôle renversent toute la Jurisprudence. Un méridien décide de la vérité; en peu d'années de possession. Les loix fondamentales changent. Le droit a ses époques. Plaisante justice, qu'une rivière ou une montagne borne! Vérité au deça Pyrenées, erreur au delà.«

Zu § 16 (Privates und öffentliches Recht).

Zu S. 220 (Motto): Der Spruch von Bacon »Daher ruht das ganze Privatrecht auf dem Boden des öffentlichen Rechts« steht in »De dignitate et augmentis scientiarum« v. 1623 VIII, 3.

Zu S. 220 (Priv. und öffentliches Recht): »Vorschule« § 22: Öffentliches und privates Recht, S. 57-59.

Zu S. 224 (Reichsverfassung): In etwas eingeschränkter Form ist der Grundsatz in die neuen westdeutschen Länderverfassungen übergegangen. Vgl. »Verfassung des Landes Baden«. Art. 15: »Eigentum verpflichtet gegenüber der Gemeinschaft. Sein Gebrauch darf dem Gemeinwohl nicht zuwiderlaufen«; sowie Art. 14 Abs. 2 GG.

Zu § 17 (Die Person).

Zu S. 228 (Savigny): Das Zitat steht in »System des heutigen römischen Rechts«, Bd. 11 (1840), S. 2.

Zu S. 229 (Gierke): Otto (von) Gierke (1841–1921), hat die Lehre von der »Realität der Verbandsperson« als Grundlage für das Verständnis des deutschen Rechts ausgebildet. Vgl. insbes. »Das Wesen der menschlichen Verbände«, Berliner Rektoratsrede 1902.

Zu S. 229 (Brinz): Aloys (von) Brinz (1820–1887), Prof. des römischen Rechts in München, hat die Lehre vom »Zweckvermögen« in einem Aufsatz im Archiv für Bürgerl. Recht, Bd. 32, S. 17 ff. entwickelt.

Zu § 18 (Das Eigentum).

Zu S. 230 (Motto von Hebbel): Das Zitat stammt aus den »Tagebüchern«, Wien 1846 (Ausg. v. Fricke, II. Bd. S. 243).

Zu S. 230 (Motto von Altenberg): Peter Altenberg (1859–1919), österr. Schriftsteller, Essayist.

Zu S. 231 (Enzyklika): Gemeint ist die päpstliche Enzyklika »Quadragesimo anno« vom 15. Mai 1931, gegen extremen Liberalismus und marxistischen Sozialismus gerichtet.

Zu S. 232 (Goethe): Vgl. ».Gestalten und Gedanken« S. 92–127 (Goethe, Wilhelm Meisters sozialistische Sendung).

Zu S. 237 (Enzyklika): Vgl. Note zu S. 231.

Zu S. 238 (Weimarer Verfassung): Vgl. Note zu S. 224.

Zu S. 238 (Giese): Friedrich Giese, Die Verfassung des Deutschen Reiches v. 11. August 1919 (Kommentar), 6. Aufl. 1925.

Zu S. 238 (»soziale Hypothek«): Vgl. dazu *Friedrich Brunstäd,* Das Eigentum und seine Ordnung (Festgabe für Julius Binder) 1930, S. 134.

Zu § 19 (Der Vertrag).

Zu S. 243 (Vertragsfreiheit): Vgl. zum Problem des Arbeitsvertrages (–»kein individueller Kaufvertrag, sondern sozialwirtschaftliches Verhältnis eigener Ordnung«–) *Theodor Heuss,* Die »Ware« Arbeit (Beiträge zur Kultur- und Rechtsphilosophie, Gustav Radbruch z. 70. Geburtstag, 1948, S. 231-243).

Zu § 20 (Die Ehe).

Zu S. 244 (latein. Zitat): »Dazu gehört die Verbindung der Geschlechter, welche wir Ehe nennen, die Erzeugung von Kindern und deren Aufzucht« Dig. 1, 1, 1, 2. (Ulpian im 1. Buch seiner Einführung).

Zu S. 251 (Bebel): August Bebel (1840–1913), sozialistischer Politiker und Schriftsteller, »Die Frau und der Sozialismus«, 1883, 50. Aufl. 1910.

Zu § 21 (Das Erbrecht).

Zu S. 253 (Motto): Andrew Carnegie (1835–1919), amerikanischer Großindustrieller, errichtete großartige Stiftungen (noch vor seinem Tode über 350 Mill. Doll.)

Zu § 22 (Das Strafrecht).

Zu S. 258 (Motto): Das Goethe-Zitat stammt aus der Ballade »Der Gott und die Bajadere«.

Zu S. 258 (Strafrecht): Vgl. »Vorschule« § 32 (Humanität als Rechtsbegriff) S. 94/95 mit Lit.Hinweis auf »Süddeutsche Juristenzeitung« (Sondernummer über Verbrechen gegen die Menschlichkeit) 1947.

Zu S. 258 (Strafe): Vgl. zur historischen Frage der Entstehung der Strafe »Elegantiae« Kap. I (Der Ursprung der Strafe aus dem Stande der Unfreien).

Zu S. 258 (Kant): Das Zitat stammt aus den »Metaphysischen Anfangsgründen der Rechtslehre«, 1797, II. Teil, 1. Abschnitt E I (Erstausgabe S. 196).

Zu S. 259 (Kant): Das Zitat stammt aus den »Metaphysischen Anfangsgründen der Rechtslehre«, 1797, II. Teil, 1. Abschnitt E I (Erstausgabe

S. 199), und endet mit den Worten: »... das auf diese Bestrafung nicht gedrungen hat; weil es als Teilnehmer an dieser öffentlichen Verletzung der Gerechtigkeit betrachtet werden kann.«

Zu S. 259 (»Integration«): Der Ausdruck stammt ursprünglich aus *Herbert Spencers* »Principles of Sociology«, p. V (1882) § 448, p. 265 ff. und ist in der deutschen Staatswissenschaft durch *Rudolf Smend,* Verfassung und Verfassungsrecht, 1928, Teil I Kap. 4 (Integration als grundlegender Lebensvorgang des Staates) bekanntgeworden.

Zu S. 260 (Binding): Karl Binding (1841–1920), bedeutender Kriminalist, Haupt der »Klassischen Strafrechtsschule«, Prof. in Leipzig. Hauptwerk: Die Normen (Bd. I 1872, Bd. II 1877, Bd. III 1918, Bd. IV 1920).

Zu S. 262 (»Ware Arbeit«): Vgl. dazu *Theodor Heuss,* Die »Ware« Arbeit (Beiträge zur Kultur- und Rechtsphilosophie, Gustav Radbruch z. 70. Geburtstag 1948) S. 231–243.

Zu S. 262 (Schlagwort): Es knüpft an die akademische Antrittsrede Franz von Liszts in Marburg (1882) an, wo es (Tl. VI, am Ende) heißt: »... die Tat ist des Täters... Aber die herrschende Ansicht bestimmt die Strafe für die von keinem Täter begangene Tat, d. h. ihre Strafen entsprechen dem Verbrechensbegriffe, der Abstraktion... Sie fragt: was verdient der Diebstahl... statt zu fragen: was hat dieser Dieb... verdient?... Die Fragestellung ist eine andere... Nicht der Begriff wird gestraft, sondern der Täter.«

Zu S. 263 (erste Zeile): Vgl. dazu *Wilhelm Clever,* Franz von Liszts Erbe (Beiträge zur Kultur- und Rechtsphilosophie, Gustav Radbruch z. 70. Geburtstag, 1948) S. 139–163.

Zu S. 263 (»soziologische Schule«): Vgl. dazu »Elegantiae Iuris Criminalis« 2. Aufl. 1950, Kap. XIV (Franz von Liszt – Anlage und Umwelt).

Zu S. 263 (Ferri): Enrico Ferri (1856–1929), italienischer Kriminalist, Begründer der positivist. Strafrechtsschule. Für die Lehre von der »difesa sociale« typisch sein Strafgesetzentwurf von 1921 (»Progetto Ferri«).

Zu S. 264 (nullum crimen...): Der Satz stammt in der Form »nulla poena sine (praevia) lege poenali« von Feuerbach, war im § 2 des StGB ausgesprochen, wurde 1935 von der nationalsozialist. Strafgesetzgebung in Deutschland aufgehoben, 1945 durch Gesetz des alliierten Kontrollrats wieder eingeführt.

Zu S. 264 (cogitatio): Der Satz stammt aus dem römischen Recht und findet sich als von Ulpian überliefert: Dig. 48, 19, 18.

Zu § 23 *(Die Todesstrafe).*

Zu S. 266 (Todesstrafe): Vgl. »Elegantiae Iuris Criminalis«, 2. Aufl. 1950, Kap. X: Ars moriendi (Scharfrichter – Seelsorger – Armesünder – Volk); »Forderung der Menschlichkeit« (Heilbronner Stimme 4. Jg. Nr. 136 v. 15. 6. 1949); »Das Ende der Todesstrafe« (Rhein-Neckar-Zeitung Nr. 87 v. 14. 5. 1949 S. 3).

Zu S. 266 (Bismarck): Vgl. dazu *Moritz Liepmann,* Die Todesstrafe, 1912, S. 11 Nr. 8: Nach der Rede stimmten trotzdem 118 Mitglieder des

Reichstags gegen die Todesstrafe, nur 81 dafür. Erst in dritter Lesung (23. Mai 1917) wurde mit 127 gegen 119 Stimmen die Beibehaltung beschlossen, um das Gesetz im ganzen nicht scheitern zu lassen.
Zu S. 266 (faschist. Strafrecht): Die von Radbruch in Übersetzung wiedergegebenen Sätze stehen in der »Relazione al Re«, n. 4: »Una tale riforma costituisce un altro felice segno del mutato spirito della Nazione Italiana, della riaquistata virilità ed energia del nostro popolo, della totale liberazione della nostra coltura giuridica e politica dall'influsso di ideologie straniere, alle quali l'abolizionismo si ricongiunge direttamente.«
Zu S. 266 (Beccaria): Dazu vgl. »Elegantiae Iuris Criminalis«, 2. A. 1950 Kap. XII (Isaak Iselin über Cesare Beccaria).

Zu § 24 (Die Gnade).
Zu S. 272 (Motto): Shakespeare, Der Kaufmann von Venedig, 4. Aufzug, 1. Szene.
Zu S. 272 (Gnade): Vgl. »Gestalten und Gedanken« (Shakespeare, Maß für Maß) S. 41 mit Lit.-Hinweis auf *Josef Kohler,* Shakespeare vor dem Forum der Jurisprudenz, 1883; *Chr. Jos. Reimer,* Der Begriff der Gnade in Shakespeares »Maß für Maß«, Marburger phil. Diss. 1931; *Wilhelm Grewe,* Gnade und Recht, 1936, S. 97 ff.
Zu S. 274 (Stammler): Das Zitat steht in »Die Lehre von dem richtigen Rechte« 2. Aufl. 1926, S. 98.
Zu S. 275 (Jhering): Das Zitat steht in »Der Zweck im Recht« Bd. I, S. 33.

Zu § 25 (Der Prozeß).
Zu S. 276 (Sokrates): Das Motto findet sich in Platons Dialog »Kriton« XI B.
Zu S. 276 (Jhering): Vgl. Jherings Motto vor dem 1. Band seines »Der Zweck im Recht«: Der Zweck ist der Schöpfer des ganzen Rechts.
Zu S. 277 (materielles und formelles Recht): Vgl. dazu »Vorschule« (Materielles und formelles Recht) S. 59/60.

Zu § 26 (Der Rechtsstaat).
Zu S. 280 (Motto): Schiller, Maria Stuart, I. Aufzug, 7. Auftritt (V. 797/798).
Zu S. 280 (Rechtsstaat): Vgl. »Geist des englischen Rechts« S. 33 ff.; über den englischen Rechtsstaat (Rule of Law).
Zu S. 280 (Kelsen): Hans Kelsen (1881–1972), Prof in Wien, Köln und Genf, Staatsrechtslehrer und Rechtsphilosoph, entwickelte die Lehre von der Identität von Staat und Recht in seiner Schrift »Der soziologische und der juristische Staatsbegriff«, 2. Aufl. 1928 und in seiner »Allgemeinen Staatslehre«, 1925.
Zu S. 283 (Jellinek): Die Lehre von der Selbstbindung des Staates an sein Recht: »Allgemeine Staatslehre«, 2. Buch, Kap. 11 (S. 367 ff. d. 3. Aufl. 1921).
Zu S. 285 (Bindung des Staates an die Rechtsidee): Vgl. hierzu »Vorschule« § 36 (Übergesetzliches Recht) S. 108/109 mit Lit.-Hinweis auf

»Gesetzliches Unrecht und übergesetzliches Recht« (Süddeutsche Juristenzeitung, 1946).

Zu S. 285 (Max Weber): Max Weber (1864–1920), der bedeutendste deutsche Soziologe, Prof. in Freiburg u. München. Die Lehre von den »Rechtshonoratioren« ist im VII. Kapitel (Rechtssoziologie) seines Hauptwerks »Wirtschaft und Gesellschaft« § 4 (Die Typen des Rechtsdenkens und die Rechtshonoratioren) entwickelt. S. 455 ff. d. posthumen Ausgabe, 1921.

Zu § 27 (Das Kirchenrecht).

Zu S. 287 (Motto): Das Zitat steht in Luthers Werken (Weimarer Ausgabe), Tischreden 4, 4915 und lautet vollständig: »Juristen sind oft Christi Feinde, wie man sagt: ‚Ein rechter Jurist, ein böser Christ; denn er rühmet und preiset die Gerechtigkeit der Werke, als würde man dadurch vor Gott gerecht und selig. Ist er aber erleuchtet und neu geboren und ein Christ, so ist er wie ein Monstrum, Wundertier untern Juristen, er muß ein Bettler sein und wird von anderen Juristen für aufrührerisch gehalten.'«

Zu § 28 (Das Völkerrecht).

Zu S. 294 (Kant): Das Motto-Zitat steht in dem Traktat »Zum ewigen Frieden«, 1795.

Zu S. 296 (Scheler): Max Scheler (1874–1928), Philosoph und Soziologe, Prof. i. Frankfurt, »Die Stellung des Menschen im Kosmos«, 1928, S. 16.

Zu S. 296 (Lagarde): Paul de Lagarde (angen. Name f. Bötticher) 1827 bis 1891. Orientalist, Sprachforscher und Politiker, »Deutsche Schriften«, 2 Bde., 1878/81.

Zu S. 296 (Kant): Metaphysische Anfangsgründe der Rechtslehre, 1797 II. Tl. 1. Abschn., § 45 (Erstausgabe S. 164).

Zu S. 297 (Jellinek): Der Ausdruck ist von *Georg Jellinek*, Allgemeine Staatslehre II. Buch, Kap. 11 am Ende (3. Aufl. 1921, S. 379) geprägt.

Zu S. 297 (Stirner): Vgl. oben Anm. zu S. 154.

Zu S. 298 (WRV Art. 2): Der Verfassungsartikel lautete: »Das Reichsgebiet besteht aus den Gebieten der deutschen Länder. Andere Gebiete können durch Reichsgesetz in das Reich aufgnommen werden, wenn es ihre Bevölkerung kraft des Selbstbestimmungsrechts begehrt.«

Zu S. 301 (Rechtsgrundsätze): Vgl. jetzt *Rudolf Laun*, Allgemeine Rechtsgrundsätze (Beiträge zur Kultur- und Rechtsphilosophie, Gustav Radbruch z. 70. Geburtstag, 1948, S. 117–138).

Zu § 29 (Der Krieg).

Zu S. 302 (Erasmus-Motto): Das Zitat steht als Titel über einer der friedensfreundlichen Schriften des Erasmus.

Zu S. 303 (Schwert): Vgl. zu dem hier berührten Problem des »Militarismus« die »Glosse zu einem Schlagwort« (Hessische Nachrichten, Reichsausgabe Nr. 11 v. 25. 6. 46 S. 4).

Zu S. 307 (Judas): Gemeint ist der Bibeltext Matth. 26, 24: »Des Menschensohn geht zwar dahin, wie von ihm geschrieben steht; doch weh dem Menschen, durch welchen des Menschen Sohn verraten wird!«

ANHANG

RECHTSPHILOSOPHISCHE AUFSÄTZE
VON GUSTAV RADBRUCH

Nr. 1

FÜNF MINUTEN RECHTSPHILOSOPHIE[1]

(1945)

Erste Minute

Befehl ist Befehl, heißt es für den Soldaten. Gesetz ist Gesetz, sagt der Jurist. Während aber für den Soldaten Pflicht und Recht zum Gehorsam aufhören, wenn er weiß, daß der Befehl ein Verbrechen oder ein Vergehen bezweckt, kennt der Jurist, seit vor etwa hundert Jahren die letzten Naturrechtler unter den Juristen ausgestorben sind, keine solche Ausnahmen von der Geltung des Gesetzes und vom Gehorsam der Untertanen des Gesetzes. Das Gesetz gilt, weil es Gesetz ist, und es ist Gesetz, wenn es in der Regel der Fälle die Macht hat, sich durchzusetzen.

Diese Auffassung vom Gesetz und seiner Geltung (wir nennen sie die positivistische Lehre) hat die Juristen wie das Volk wehrlos gemacht gegen noch so willkürliche, noch so grausame, noch so verbrecherische Gesetze. Sie setzt letzten Endes das Recht der Macht gleich, nur wo die Macht ist, ist das Recht.

Zweite Minute

Man hat diesen Satz durch einen anderen Satz ergänzen oder ersetzen wollen: Recht ist, was dem Volke nützt.

Das heißt: Willkür, Vertragsbruch, Gesetzwidrigkeit sind, sofern sie nur dem Volke nützen, Recht. Das heißt praktisch: was den Inhaber der Staatsgewalt gemeinnützig dünkt, jeder Einfall und jede Laune des Despoten, Strafe ohne Gesetz und Urteil, gesetzloser Mord an Kranken sind Recht. Das *kann* heißen: der Eigennutz der Herrschenden wird als Gemeinnutz angesehen. Und so hat die Gleichsetzung von Recht und vermeintlichem oder angeblichem Volksnutzen einen Rechtsstaat in einen Unrechtsstaat verwandelt.

Nein, es hat nicht zu heißen: alles was dem Volke nützt, ist Recht, vielmehr umgekehrt: nur was Recht ist, nützt dem Volke.

Dritte Minute

Recht ist Wille zur Gerechtigkeit. Gerechtigkeit aber heißt: ohne Ansehen der Person richten, an gleichem Maße alle messen.

---

[1] Zuerst veröffentlicht in: »Rhein-Neckar-Zeitung« vom 12. 9. 1945.

Wenn die Ermordung politischer Gegner geehrt, der Mord am Andersrassigen geboten, die gleiche Tat gegen die eigenen Gesinnungsgenossen aber mit den grausamsten, entehrendsten Strafen geahndet wird, so ist das weder Gerechtigkeit noch Recht.

Wenn Gesetze den Willen zur Gerechtigkeit bewußt verleugnen, z. B. Menschenrechte Menschen nach Willkür gewähren und versagen, dann fehlt diesen Gesetzen die Geltung, dann schuldet das Volk ihnen keinen Gehorsam, dann müssen auch die Juristen den Mut finden, ihnen den Rechtscharakter abzusprechen.

Vierte Minute

Gewiß, neben der Gerechtigkeit ist auch der Gemeinnutz ein Ziel des Rechts. Gewiß, auch das Gesetz als solches, sogar das schlechte Gesetz, hat noch immer einen Wert – den Wert, das Recht Zweifeln gegenüber sicherzustellen. Gewiß, menschliche Unvollkommenheit läßt im Gesetze nicht immer alle drei Werte des Rechts: Gemeinnutz, Rechtssicherheit und Gerechtigkeit, sich harmonisch vereinigen, und es bleibt dann nur übrig abzuwägen, ob dem schlechten, dem schädlichen oder ungerechten Gesetze um der Rechtssicherheit willen dennoch Geltung zuzusprechen, oder um seiner Ungerechtigkeit oder Gemeinschädlichkeit willen die Geltung zu versagen sei. Das aber muß sich dem Bewußtsein des Volkes und der Juristen tief einprägen: es *kann* Gesetze mit einem solchen Maße von Ungerechtigkeit und Gemeinschädlichkeit geben, daß ihnen die Geltung, ja der Rechtscharakter abgesprochen werden muß.

Fünfte Minute

Es gibt also Rechtsgrundsätze, die stärker sind als jede rechtliche Satzung, so daß ein Gesetz, das ihnen widerspricht, der Geltung bar ist. Man nennt diese Grundsätze das Naturrecht oder das Vernunftrecht. Gewiß sind sie im Einzelnen von manchem Zweifel umgeben, aber die Arbeit der Jahrhunderte hat doch einen festen Bestand herausgearbeitet, und in den sogenannten Erklärungen der Menschen- und Bürgerrechte mit so weitreichender Übereinstimmung gesammelt, daß in Hinsicht auf manche von ihnen nur noch gewollte Skepsis den Zweifel aufrechterhalten kann.

In der Sprache des Glaubens aber sind die gleichen Gedanken in zwei Bibelworten niedergelegt. Es steht einerseits geschrieben: Ihr sollt gehorsam sein der Obrigkeit, die Gewalt über euch hat. Geschrieben steht aber andererseits auch: Ihr sollt Gott mehr gehorchen als den Menschen – und das ist nicht etwa nur ein frommer Wunsch, sondern ein geltender Rechtssatz. Die Spannung aber zwischen diesen beiden Worten kann man nicht durch ein drittes lösen, etwa durch den Spruch: Gebet dem Kaiser was des Kaisers und Gott was Gottes ist –, denn auch dieses Wort läßt die Grenzen im Zweifel. Vielmehr: es überläßt die Lösung der Stimme Gottes, welche nur angesichts des besonderen Falles im Gewissen des Einzelnen zu ihm spricht.

Nr. 2

GERECHTIGKEIT UND GNADE[1]

(1949)

Während der Katholizismus eine großartige christlich fundierte Lehre von Recht und Gerechtigkeit entwickelt hat, hatte der Protestantismus, zum mindesten das Luthertum, eine solche Lehre nicht aufzuweisen. Das hat sich in den Zeiten des Nationalsozialismus als verhängnisvoll erwiesen. Die vermeintliche Eigengesetzlichkeit des Rechts, der juristische Positivismus, mündete damals folgerichtig in die notgedrungene Anerkennung des totalen Staates und seiner Gesetze aus: der Protestantismus vermochte ihnen eine übergesetzlich begründete Rechtsauffassung nicht entgegenzusetzen. Seither ist eine Fülle von Schriften erschienen, die bemüht sind, diese Lücke der evangelischen Dogmatik auszufüllen, so die bedeutenden Arbeiten der Schweizer Emil Brunner[2] und Alfred de Quervain[3], der Amerikaner Reinhold Niebuhr[4] und W. E. Hocking, des Franzosen Jacques Ellul[5] und des Deutschen Erik Wolf[6]. Es soll hier versucht werden, das Gemeinsame dieser Schriften festzustellen.

Versuchen wir zunächst, die überlieferte Tugendlehre des Protestantismus anschaulich zu machen. In ihr hat die Gerechtigkeit keine oder

---

[1] Zuerst veröffentlicht in: Festschrift für F. Carnelutti, Bd. 1, Rom 1949, S. 33–41.
[2] Gerechtigkeit. Eine Lehre von den Grundgesetzen der Gesellschaftsordnung, Zürich 1943.   [3] Kirche, Volk und Staat (Ethik II, 1), 1945.
[4] The children of light and the children of darkness. New York, 1945.
[5] Le fondement théologique du droit (Cahiers théologiques de l'actualité protestante, No. 15/16) Neuchatel, 1945.
[6] Rechtsgedanke und Biblische Weisung, 1948.

doch nur eine sekundäre Stellung. Für die Menschen untereinander gilt das Gebot der Liebe, für das Verhältnis des Menschen zu Gott die Haltung des Glaubens, für das Verhältnis Gottes zu den Menschen die Verheißung der Gnade. Diese drei Begriffe decken sich mit der Dreizahl der christlichen Tugenden: Liebe, Glaube und Hoffnung – denn die Hoffnung ist ja eben die Hoffnung auf Gnade.

Gnade und Liebe sind gleichen Wesens: Gnade bezeichnet die Vollkommenheit der göttlichen Liebe in ihrem Verhältnis zu der gebrechlichen Menschenliebe. Beide aber stehen in einem scharfen Gegensatze zur Gerechtigkeit und können nur aus diesem Gegensatz heraus begrifflich bestimmt werden: während Gerechtigkeit die Schätzung der Menschen nach Verdienst und Würdigkeit bedeutet, bedeuten Liebe und Gnade Bejahung ohne Rücksicht auf ihren Wert und Unwert. Die Unterscheidung von Liebe und Gnade entspricht der Unterscheidung von kommutativer und distributiver Gerechtigkeit: die Liebe steht im Gegensatz zur ausgleichenden Gerechtigkeit – beide beziehen sich auf das Verhältnis gleichgeordneter Menschen zueinander; die Gnade dagegen hat die gleichen Verhältnisse zum Gegenstande wie die austeilende Gerechtigkeit – beide beziehen sich auf das Verhältnis Übergeordneter zu Untergeordneten, die eine auf das Verhältnis Gottes, die andere auf das Verhältnis der Staatsgewalt zu den einzelnen Menschen.

In jenem System christlicher Tugenden hat die erste unter den weltlichen, den Kardinal-Tugenden, keine Stätte: die Gerechtigkeit. Sie tritt nur in einer für menschliche Vernunft unvollziehbaren Gleichsetzung mit der Gnade sekundär hinzu: die Gerechtigkeit Gottes ist zugleich Gnade – Vergebung der Sünden, Erlösung von der Schuld – und Gerechtigkeit – strafende Vergeltung. Die strafende Vergeltung durch das Jüngste Gericht und die Ewigen Strafen ist die Hauptstätte konfessioneller Gegensätze innerhalb des Christentums: des Gegensatzes zwischen Freiheit, Verdienst und Schuld einerseits und der Vorbestimmung Gottes andererseits, des Gegensatzes zwischen der Rechtfertigung durch Werke und der Rechtfertigung durch den Glauben. Eine weitere Frage tritt hinzu: die Frage nach der Gerechtigkeit Ewiger Strafen im Verhältnis zu zeitlicher Sündhaftigkeit. Schließlich erhebt sich noch die Frage, wie die Seligen die Ewige Qual der Verdammten ertragen und betrachten sollen: nicht natürlich mit Schadenfreude, aber ebensowenig mit Mitleid – verweist doch Vergil dem von ihm durch die Hölle geführten Dante das Mitleid mit den zu Recht Verdammten –, vielmehr nach Leibniz' Auffassung mit dem ästhetischen Wohlgefallen an der Verwirklichung der Gerechtigkeit, die man anzusehen habe comme une belle musique ou bien une bonne architecture contente les esprits bienfaits.

Vollends hat die Gerechtigkeit zwischen den Menschen in der Lehre Jesu kein sicheres Fundament – sie wird völlig beiseitegeschoben um der höheren Forderung willen, der Nächstenliebe. Das Gebot der Feindesliebe macht auch vor dem Rechtsfeinde nicht halt, vielmehr fordert die Bergpredigt die Wehrlosigkeit gegen das Böse, die Überbietung des Unrechts durch die Demut. Und in dem Gleichnis von den Arbeitern im Weinberge weist Christus mit einer großartigen Geste den Einwand der Ungerechtigkeit zurück: auf die Beschwerde der nach dem Recht abgelohnten Arbeiter gegenüber den weit über Verdienst belohnten Arbeitern antwortet der Dienstherr: Tolle, quod tuum est, et vade: volo autem et huic novissimo dare sicut et tibi. Aut non licet mihi, quod volo, facere? An oculus tuus nequam est, quia ego bonus sum? (Matth. 20, 14). Solche Worte haben Rudolf Sohm veranlaßt, einen unlösbaren Widerspruch zwischen Kirche und Kirchenrecht anzunehmen, Tolstoi bestimmt mit noch rücksichtloserer Folgerichtigkeit die Widerchristlichkeit alles Rechtsdenkens, befiehlt uns zu beten und die Liebe für die einzige Norm des menschlichen Zusammenlebens zu erklären.

Hier setzt die Arbeit der obengenannten Denker ein. Der Protestantismus ist jetzt ernstlich bemüht, auch für menschliches Recht und menschliche Gerechtigkeit ein Fundament innerhalb der christlichen Lehre zu finden. Der Katholizismus weist dem Recht und der Gerechtigkeit ihren Platz innerhalb der Schöpfungsordnung an: durch die Schöpfung ist den Kreaturen auch Recht und Gerechtigkeit angeschaffen worden. Die Schöpfung aber ist identisch mit der Natur, soweit diese als aus Gottes Hand hervorgegangen gedacht wird. So bedeutet die katholische Begründung des Rechts in der Schöpfungsordnung die Fortführung der antiken Lehre von einem Naturrecht, einer in der Natur begründeten, durch die Vernunft begreiflichen allgemeingültigen Ordnung des Zusammenlebens der Menschen. Natur und Schöpfung dürfen dabei freilich nicht als eine Ordnung naturgesetzlicher Notwendigkeiten verstanden werden, vielmehr zugleich als ein Inbegriff normativer Forderung, die im Sinne der »Natur der Sache« auf das »Wesen« – nicht auf das bloße »Sein« – der ursprünglichen menschlichen Verhältnisse gegründet werden.

Der Protestantismus dagegen ist nicht in der Lage, in solcher Weise das Recht auf dem Schöpfungsgedanken zu begründen: die Schöpfung Gottes kann, verderbt durch den Sündenfall und die Erbsünde der Menschen, nicht mehr zur Begründung normativer Forderungen dienen. So kann auch das Recht nicht mehr aus der Schöpfungsordnung abgeleitet werden — aber es wird als eine besondere Gabe Gottes gewürdigt (Quervain). Recht und Gerechtigkeit erscheinen bei aller Anerkennung ihrer in der menschlichen Sündhaftigkeit begründeten Unvollkommenheit als die bestmögliche Annäherung an die Brüderlichkeit unter den durch den menschlichen Egoismus geschaffenen Bedingungen (Niebuhr). Recht und Gerechtigkeit haben ihren Platz in der Sachlichkeit einer Ordnungswelt und treten in Gegensatz zu der Liebe, welche nur einer Person gelten kann, aber in jener Ordnungswelt kann der Christ sein wahres Christsein, sein Lieben, nicht anders auswirken, als indem er gerecht ist: er kann mit der eigentlichen Liebe erst da beginnen, wo die Gerechtigkeit schon erfüllt ist, er darf nicht zurückbleiben hinter der Gerechtigkeit, sondern (wie der Dienstherr der Arbeiter im Weinberg) nur darüber hinausschreiten in seiner Güte (Brunner). So wird das Verhältnis des Rechts zu Gott und zur Liebe wieder hergestellt. Denn, mag die Verbannung Gottes aus der Welt der Materie die Naturgesetze unberührt lassen, die Laboratoriumsarbeit in ihren Messungen nicht beeinträchtigen: wenn die metaphysische Verankerung des Rechts gelöst wird, dann verliert dieses einen Teil seiner Kraft (Hokking).

Ist die religiöse Betrachtungsweise geneigt, die Gerechtigkeit im Meer der Gnade aufzulösen, so zeigt umgekehrt die rechtliche Betrachtungsweise die Tendenz, die Gnade der Gerechtigkeit mehr und mehr anzugleichen, wenn sie nicht sogar der Gnade jeden Platz neben der Gerechtigkeit verweigert. So hat Kant die Gnade als das schlüpfrigste unter den Majestätsrechten bezeichnet, Beccaria jenen vollendeten Zustand der Gesetzgebung glücklich gepriesen, der einer Korrektur durch die Gnade nicht mehr bedürfen wird, Filangieri die Begnadigung nur in zwei Fällen zugelassen: 1. quando nella persona del delinquente concorrono i grandi meriti personali, e le grandi speranze, che i suoi talenti e le sue virtu offrono alla patria. 2. Il secondo e quello di una popolazione interamente delinquente. Andererseits hat Jhering die Gnade als das notwendige Sicherheitsventil des Rechts bezeichnet und damit ein Schlagwort geprägt, welches die rein juristische Auffassung der Gnade bezeichnen soll, Stammler im gleichen Sinne die Begnadigung als ein Betätigen von richtigem Recht bestimmt. Die Gnade hat nach dieser Auffassung die Aufgabe, gegenüber der Rechtskraft eines Fehlurteils – sei es einer ungenügenden Beweisführung oder einer unrichtigen Rechtsauffassung – das geltende Recht zur Geltung zu bringen; oder gegenüber einem nach positivem Recht zutreffenden aber ungerechten Urteil die Gerechtigkeit zu verwirklichen; oder ein strenger Gerechtigkeit genügendes Urteil im Sinne der Billigkeit, der Gerechtigkeit des Einzelfalls, zu korrigieren; oder schließlich ein allen Anforderungen der Gerechtigkeit genügendes Urteil im Sinne kriminalpolitischer Zweckmäßigkeit zu mildern, z. B. indem man einem zu Recht Verurteilten die bedingte Begnadigung, den Aufschub der Bestrafung gewährt und ihren Erlaß verspricht für den Fall, daß er sich innerhalb einer Bewährungsfrist tadelfrei verhalte.

Liegen alle diese Zweckbestimmungen der Gnade noch im Bereiche rechtlicher Begriffe, so wird dieser Bereich überschritten, wenn man der Gnade den weiteren Zweck zuerkennt, gegenüber einer rechtlich in jeder Beziehung korrekten Beurteilung der Staatsklugheit, also politischen Zielen, zu dienen, wenn z. B. verurteilte Revolutionäre, ungefährlich geworden durch die inzwischen erreichte Befestigung des staatlichen Zustandes, zum Zwecke der Versöhnung und Gewinnung bisher oppositioneller Volkskreise begnadigt werden. Schließlich gibt es Begnadigungen, die weder rechtliche noch politische Zwecke verfolgen, die überhaupt keine zweckrationale Handhabung der Gnade mehr bedeuten: die Begnadigungen und Amnestien an nationalen Feiertagen – und gerade sie sind das letzte Überbleibsel dessen, was ursprünglich Gnade hieß.

Das technische Zeitalter wird gekennzeichnet durch die Absicht restloser Voraussicht und Vorsorge oder (nach Max Webers Wort) durch die uneingeschränkte Herrschaft des »Zweckrationalismus«. Man kann diesen auch als die Ausschaltung des Zufalls oder (nach anderer Wertung) des Schicksals oder der göttlichen Vorsehung bezeichnen. Aber gerade Zeiten, wie sie uns beschieden waren und sind, haben uns die Grenzen eines solchen Zweckrationalismus erleben lassen – wie oft z. B. hat die Auslagerung besonders wertvoller Sachen bei Fliegergefahr gerade zum Verlust dieser Sachen geführt –, Zufall oder Schicksal haben sich stärker gezeigt als alle Voraussicht und Vorsorge, und diese Überlegenheit konnte dann nicht mehr in einem großen Sinne als

Schicksalserfüllung verstanden werden, vielmehr in der peinigenderen Weise eines eigenen Rechenfehlers. Wir müssen wieder lernen, der totalen Voraussicht und Vorsorge Grenzen zu ziehen und in bestimmtem Umfange das Schicksal frei walten zu lassen, ein Gefühl dafür zurückgewinnen, was man dem Zweckrationalismus unterwerfen, was man dem Schicksal überlassen kann. Das noch nicht technisch, vielmehr religiös bestimmte Mittelalter übte solche Zurückhaltung, maßte sich nicht an, Zufall oder Schicksal völlig auszuschalten, setzte vielmehr umgekehrt in alle seine Berechnungen Zufallsfaktoren ein. Ein Todesurteil z. B. führte noch nicht mit grausamer rechenhafter Folgerichtigkeit unausbleiblich zu seiner Vollstreckung, vielmehr ging dem Verurteilten auf dem Wege zum Richtplatz immer noch die Hoffnung zur Seite, die letzte Hoffnung, der Strick werde reißen, das Schwert fehlschlagen, eine alte Jungfer sich zur Heirat erbieten, oder man werde bei einer Massenhinrichtung das Glück haben, der Zehnte zu sein, den nach altem Recht der Scharfrichter verschonte. Auch die Begnadigung wurde damals nicht in der Verfolgung rationaler Zweckbestimmungen gesehen, vielmehr oft aus völlig irrationalen Motiven verstanden. Wenn durch Adel oder geistliches Amt hochgestellte Personen die Begnadigung eines Verurteilten erbaten, so folgte daraus zwar nicht eine Rechtspflicht zur Begnadigung, aber es entstand eine Situation, der man sich nicht leicht entziehen konnte. Weniger als eine rechtliche Verbindlichkeit und doch mehr als ein bloßer unverbindlicher Brauch. Diese »Losbitte« hat sich jedoch zuweilen zu einer wirklichen Rechtseinrichtung verdichtet, wenn etwa einer Äbtissin kraft Privilegs oder Herkommens das »Losschneidungsrecht« zustand, das Recht, wenn der Delinquent zur Richtstatt geführt wurde, den Strick, an dem man ihn führte, zu zerschneiden und dadurch seine Hinrichtung zu verhindern. Ein ähnliches Gnadenrecht stand in Italien jenen zahlreichen Bruderschaften zu, die nach dem Vorbilde der (noch heute bestehenden) Misericordia in Florenz es sich zur religiösen Pflicht machten, den Delinquenten vor der Hinrichtung geistlichen Trost, nach der Hinrichtung ein ehrliches Begräbnis zu sichern. In Rom war in diesem Sinne jene Bruderschaft tätig, die ihren Namen nach der kleinen Kirche S. Giovanni decollato führte. Sie hatte wie anderswo ähnliche Bruderschaften das Recht, alljährlich die Gefängnisse zu besuchen und drei Gefangene zur Begnadigung auszuwählen, zwischen denen dann das Los entschied.

Es wäre utopisch, solche irrationalen Rechtsformen der Begnadigung zurückrufen zu wollen, etwa, nach einem ernstlichen Vorschlage, »Pioniere, die für die Menschheit unter Einsatz ihres Lebens etwas Außerordentliches geleistet haben, mit dem Recht auszuzeichnen, die Begnadigung eines Verurteilten zu erbitten« — aber etwas von ihrem früheren irrationalen Geiste sollte der Begnadigung stets erhalten bleiben, nicht nur in jener Form der Amnestie bei hohen vaterländischen Anlässen, die ganz und gar dieses Geistes ist. Die Gnade in ihrem echten und ursprünglichen Sinn ist wie ein Lichtstrahl aus einem anderen Reiche in die dunkle und kühle Welt des Rechts, sie soll daran erinnern, daß die zweckrationale Betrachtung der Dinge nicht die einzig mögliche sei, daß es neben und über dem Rechte, das ganz und gar Vernunft und Zweck sein will, noch andere und höhere Wertordnungen gebe.

Die Begnadigung ist ihrem Wesen nach irrational, d. h. zwecklos, aber sie ist deshalb noch nicht sinnlos. Will man von einer Rechtfertigung der Gnade reden, so liegt sie in ihrer Wirkung, in der tiefen Erschütterung und dem lebensbestimmenden Umbruch, welche gerade die unerwartete und unverdiente Gnade hervorrufen kann, eine Wirkung freilich, die nur, wenn man sie sich nicht zum Zwecke setzt, wenn sie nicht erstrebt wird, erreicht werden kann. Die Gnade ist dem Wunder innigst verwandt: wie dieses die Naturgesetze durchbricht, so durchbricht diese die Rechtsgesetzlichkeit, und beiden gemeinsam ist jene Wirkung, die ein großes, unverdientes Glück auf jeden übt, der solcher Ansprache fähig ist. Ob wohl jener Barabbas, der nach der Erzählung der Evangelien anstelle Jesu durch den Volkswillen zur Begnadigung gelangte, von solcher Erschütterung und von solchem Umbruch in sich erfahren hat? Die Evangelien wissen nichts davon, auch die Legende hat sich dieses Mannes nicht bemächtigt, und auch die Kunst weiß bei der Darstellung Christi vor dem Volke von Barabbas kaum je etwas zu sagen. Nur ein Altarbild, das 1506 im Braunschweiger Dom aufgestellt wurde, zeigt einzigartig unter dem Altan, auf dem Christus dem Volke zur Begnadigung dargestellt wird, drei Gestalten im Halseisen, die beiden Schächer, welchen die Legende die Namen Dismas und Gismas gegeben hat, und neben ihnen Barabbas. Ihm werden die Fesseln gelöst, und er nimmt die Befreiung entgegen mit einem Gesichtsausdruck, der unbeschreiblich zwischen noch nicht überwundenem Zweifel und überwältigender Glückseligkeit schwankt. Dieser Künstler hat etwas verstanden von der Wirkung der Gnade.

ANHANG

Nr. 3

NEUE PARTEIEN – NEUER GEIST[1]

(1945)

Der Begriff Partei birgt einen seltsamen Widerspruch in sich: das Wort Partei sagt, daß sie nur ein Teil ist, aber es gehört zu ihrem Wesen, daß sie das Ganze des Staatslebens beherrschen will – und doch darf sie wiederum nur ein Teil im Ganzen bleiben, wenn sie nicht die furchtbarste unter allen Formen des Despotismus werden will; wir haben ja alle Schrecken eines Einparteienstaates, Fanatismus, Rechtlosigkeit, hemmungslose Gewalttätigkeit, zwölf schwere Jahre hindurch erlebt. Freilich pflegt der einzelne Staatsbürger nur in *einer*, in *seiner* Partei zu denken, aber der Staatsmann muß in Parteien denken; denn nur in dem Reichtum einander widersprechender Parteiforderungen kann der Volksgeist seinen echten und vollen Ausdruck finden. Jede Partei bedarf einer anderen Partei als Gegengewicht, wenn nicht alle Gefahren des Einparteienstaates wiederauferstehen sollen.

Aus dem Chaos der völligen Vernichtung auch unseres politischen Eigenlebens sind zuerst zwei der früheren Parteien wieder aufgetaucht: die Sozialdemokraten und die Kommunisten. Ihr Verhältnis zueinander ist noch nicht endgültig geklärt: werden sie miteinander wetteifern, oder werden sie sich miteinander verschmelzen, werden sie getrennt marschieren oder werden sie vereint schlagen? So oder so gleichviel: sie werden nur zwei Spielarten sein der einen großen sozialistischen Arbeiterbewegung.

Andere als sozialistische Parteien, bürgerliche Parteien im alten Sinne des Wortes, wird es in der neuen politischen Welt nicht mehr geben können. Der deutsche Wiederaufbau ist nur auf dem Grunde einer organisierten Wirtschaft, nur auf dem Wege eines Sozialismus irgendwelcher Art, nur durch Sozialisierung zum mindesten wichtiger Wirtschaftszweige, der Banken, des Bergbaus, der Schlüsselindustrien denkbar. Das ganze Parteien-Feld rechts, von der früheren Zentrumspartei an, ist ein einziges großes Trümmerfeld, auf dem eine neue Bautätigkeit nicht mehr möglich ist. Auch »liberal-demokratische« Parteibildungen dürfen schwerlich erhebliche Erfolge erwarten. Aber es gibt neben denen, die sich um die Fahne des Marxismus scharen, noch an-

---

[1] Zuerst veröffentlicht in: »Rhein-Neckar-Zeitung« vom 1. 12. 1945.

dere vollgültige Sozialisten, z. B. Sozialisten auf der Grundlage der Enzyklika Papst Pius XI. von 1931, die zwar den Namen Sozialismus noch verfehlt, aber die Sozialisierung in weitem Umfang billigt: »Mit vollem Recht kann man dafür eintreten, bestimmte Arten von Gütern der öffentlichen Hand vorzubehalten, weil die mit ihnen verknüpfte übergroße Macht ohne Gefährdung des öffentlichen Wohls Privathänden nicht überantwortet werden kann; berechtigte Bestrebungen und Forderungen solcher Art haben nichts mehr an sich, das mit christlicher Auffassung in Widerspruch stünde.«

Christlicher Sozialismus – das ist in der Tat der Sammelruf für alle Sozialisten nicht marxistischer Art. Für viele Deutsche ist es zu einem entscheidenden Eindruck geworden, daß alle anderen geistigen Mächte des öffentlichen Lebens – die Parteien, die Gewerkschaften, die Justiz, die Universitäten – vor dem Nationalsozialismus wehrlos und ruhmlos zusammenbrachen, höchstens unter der Erde einen opferreichen Kampf fortsetzen konnten, daß auf ihrem Platz im öffentlichen Leben nur allein die Kirchen der Macht der Bedrücker standhielten, Widerstand leisteten und sich behaupteten. Unter diesem Eindruck sind Viele zum Glauben zurückgekehrt, Unzählige mit Sehnsucht nach dem Glauben und Ehrfurcht vor dem Glauben erfüllt worden, konnten sich viele Andere zum mindesten der Einsicht in die Bedeutung des Christentums als eines starken politischen und kulturellen Machtfaktors nicht mehr entziehen. Diese Wiederbesinnung auf das Christentum konnte nicht ohne politische Wirkung bleiben. Sie vermag sich nicht damit zufrieden zu geben, daß die alten sozialistischen Parteien die Religion, besser die Religiosität, als »Privatsache« anzusehen und zu tolerieren bereit waren, sie will den positiven Einfluß des Christentums im Volks- und Staatsleben gesichert wissen. Sie sieht im Christentum den Kern der kulturellen Tradition unseres Volkes und will diese Tradition auch inmitten der großen Umwälzung der Wirtschaft zum Sozialismus erhalten und stärken. Sozialismus und Christentum gleichviel welcher Konfession sind die beiden Grundpfeiler eines neuen Parteigebildes, das sich an vielen Orten gleichzeitig und ohne bewußten Zusammenhang aus der Zeitlage heraus entwickelt hat und vor kurzem auch in Heidelberg unter dem Namen »Christlich-soziale Union« ins Leben getreten ist. Es ist wichtig, noch einmal zu betonen, daß die Fronten des christlichen und des marxistischen Sozialismus sich zu einander nicht etwa verhalten wie Christentum und Antichristentum, sondern wie Bejahung der christlichen Religion als wirksamer politischer und kultureller Macht im Volke und bloße Tolerierung christlicher Religiosität als einer Privatsache des einzelnen.

So ergibt sich eine Zweiheit großer Parteigebilde: marxistischer und christlicher Sozialismus. Mit diesen beiden werden andere Parteien schwerlich in erfolgreichen Wettbewerb treten können, wenn ein Wahlrecht geschaffen wird, das nicht wie die Verhältniswahl an dem Gedanken einer mathematischen Gerechtigkeit orientiert, sondern auf den Zweck hingeordnet ist, starken und eindeutigen Regierungsbildungen zur Grundlage zu dienen und dabei ausgeht von der Auffassung, daß eine Mehrheit von Parteien und der Streit zwischen ihnen in Gestalt des Zweiparteiensystems nicht etwa ein notwendiges Übel, sondern den belebenden Pulsschlag des Volkskörpers bedeute. Es ist das die Auffassung, die in England am frühesten Gestalt gewonnen hat und in dieser Gestalt bis auf den heutigen Tag für uns vorbildlich geblieben ist.

Freilich, englische Einrichtungen kann man zwar bewundern aber nicht nachahmen – man kann jedoch von ihnen lernen. Unnachahmlich ist es für uns, daß der Führer der Opposition im englischen Unterhaus als ein solcher ein besoldetes Amt bekleidet. Aber man kann daraus lernen, daß die Oppositionsparteien ebenso notwendig sind, wie die Regierungspartei; daß der Parteikampf nicht ein Vernichtungskrieg gegen intellektuell und moralisch Minderwertige ist, sondern eine Diskussion mit Andersdenkenden; daß auch dem Parteigegner Achtung gebührt und der Kampf gegen ihn nur mit fairen Mitteln geführt werden darf. Wir können von dem englischen Vorbild weiter lernen, daß Parteiprogramme nicht zu allumfassenden Lebensanschauungen übersteigert werden dürfen; daß es Bereiche gibt, die den Parteigegensätzen verschlossen bleiben müssen, z. B. die Geistlichkeit und die Seelsorge, die Gerichte und die Rechtspflege, die Universitäten und die Wissenschaft, der Sport und der menschlich gesellige Verkehr. Unser Parteiwesen ist schwer erblich belastet durch seine geschichtliche Vergangenheit, von der »Demagogenriecherei« des Polizeistaates über Bismarcks Haß gegen die »Reichsfeinde« bis zu den Gestapo-Methoden gegen sogenannte »Untermenschen«. Und auch heute noch möchte man oft verzweifeln, wenn man die neu erstehenden Parteien genau da wieder anfangen sieht, wo sie 1933 aufgehört haben, als hätten sie nichts gelernt und nichts vergessen in den zwölf Schreckensjahren, die hinter uns liegen. Geloben und versuchen wir über solche Nachwirkungen einer endgültig vergangenen Zeit hinweg zu einer Gesundung auch unseres Parteienwesens zu gelangen – wir würden sonst der unsagbar schweren Probleme, die unmittelbar vor uns liegen, nicht Herr werden können!

Nr. 4

GESETZLICHES UNRECHT UND ÜBERGESETZLICHES RECHT[1]

(1946)

I.

Mittels zweier Grundsätze wußte der Nationalsozialismus seine Gefolgschaft, einerseits die Soldaten, andererseits die Juristen, an sich zu fesseln: »Befehl ist Befehl« und »Gesetz ist Gesetz«. Der Grundsatz »Befehl ist Befehl« hat nie uneingeschränkt gegolten. Die Gehorsamspflicht hörte bei Befehlen zu verbrecherischen Zwecken des Befehlenden auf (MStGB § 47). Der Grundsatz »Gesetz ist Gesetz« kannte dagegen keine Einschränkung. Er war der Ausdruck des positivistischen Rechtsdenkens, das durch viele Jahrzehnte fast unwidersprochen die deutschen Juristen beherrschte. Gesetzliches Unrecht war deshalb ebenso wie übergesetzliches Recht ein Widerspruch in sich. Vor beide Probleme sieht sich die Praxis jetzt immer wieder gestellt. So wurde in der SJZ (S. 36) eine Entscheidung des Amtsgerichts Wiesbaden veröffentlicht und besprochen, nach der »die Gesetze, die das Eigentum der Juden dem Staat für verfallen erklärten, mit dem Naturrecht in Widerspruch stünden und schon zur Zeit ihres Erlasses nichtig gewesen seien«.

II.

Auf dem Gebiet des Strafrechts ist dasselbe Problem namentlich durch Erörterungen und Entscheidungen innerhalb der russischen Zone aufgeworfen worden.

1. In einer Hauptverhandlung vor dem thüringischen Schwurgericht in Nordhausen wurde der Justizamtsangestellte Puttfarken, welcher durch eine Denunziation die Verurteilung und Hinrichtung des Han-

---

[1] Zuerst veröffentlicht in: Süddeutsche Juristenzeitung 1 (1946) S. 105–108.

delsmanns Göttig herbeigeführt hatte, zu lebenslänglichem Zuchthaus verurteilt[1]. Puttfarken hatte Göttig wegen einer von ihm in einem Abort hinterlassenen Inschrift angezeigt: »Hitler ist ein Massenmörder und schuld am Kriege«. Die Verurteilung war nicht allein wegen dieser Inschrift, sondern auch wegen Hörens ausländischer Sender erfolgt. Das Plädoyer des thüringischen Generalstaatsanwalts, Dr. Kuschnitzki, ist durch die Presse (»Thüringer Volk«, Sonneberg, 10. Mai 1946) ausführlich wiedergegeben worden. Der Generalstaatsanwalt erörtert zunächst die Frage: war die Tat rechtswidrig? »Wenn der Angeklagte erklärt, er habe die Anzeige aus nationalsozialistischer Überzeugung erstattet, so ist dies rechtlich unbeachtlich. Es gibt keine Rechtspflicht zum Denunzieren, auch nicht aus politischer Überzeugung. Auch in der Hitlerzeit hat diese Rechtspflicht nicht bestanden. Entscheidend ist, ob er im Dienst der Rechtspflege tätig war. Dies setzt voraus, daß die Justiz in der Lage ist, Recht zu sprechen. *Gesetzmäßigkeit, Streben nach Gerechtigkeit, Rechtssicherheit sind die Erfordernisse einer Justiz.* Alle drei Voraussetzungen fehlen bei der politischen Strafjustiz in der Hitlerzeit.«

»Wer in diesen Jahren einen anderen denunzierte, mußte damit rechnen — und hat es auch getan —, daß er den Angeklagten nicht einem gesetzmäßigen Gerichtsverfahren mit rechtlichen Garantien für die Ermittlung der Wahrheit und für ein gerechtes Urteil überantwortete, sondern der Willkür.«

»Ich schließe mich insoweit in vollem Umfange einem Rechtsgutachten an, das der Dekan der Juristischen Fakultät der Universität Jena, Herr Professor Dr. *Lange,* zu dieser Frage erstattet hat. So bekannt waren die Verhältnisse im Dritten Reich, daß man genau wußte: Wenn jemand wegen eines Zettels »Hitler ist ein Massenmörder und an diesem Kriege schuld« im dritten Kriegsjahr zur Verantwortung gezogen wurde, daß dieser Mann dann mit dem Leben nicht davonkommen könnte. *Wie* die Justiz das Recht beugen würde, konnte ein Mann wie Puttfarken gewiß nicht übersehen, aber er konnte sich schon darauf verlassen, *daß* sie das fertigbringen würde.«

»Es bestand auch keine Rechtspflicht zur Anzeige aus § 139 StGB. Zwar wird in dieser Bestimmung derjenige mit Strafe bedroht, der von dem Vorhaben eines Hochverrats glaubhafte Kenntnis erhält und es

---

[1] Ein anderes Verfahren wegen Denunziation fand gegen die Denunzianten der Geschwister Scholl vor der Münchner Spruchkammer statt.

unterläßt, der Behörde hiervon rechtzeitig Anzeige zu machen; zwar steht fest, daß Göttig wegen *Vorbereitung zum Hochverrat* vom Oberlandesgericht Kassel zum Tode verurteilt worden ist, aber im Rechtssinn hat keineswegs eine Vorbereitung zum Hochverrat vorgelegen. Der von Göttig mutig verkündete Satz: »Hitler ist ein Massenmörder und am Kriege schuld« war allemal nur die blanke Wahrheit. Wer ihn verbreitete und verkündete, bedrohte weder das Reich noch seine Sicherheit. Er machte nur den Versuch, zur Beseitigung des Verderbers des Reiches beizutragen und so das Reich retten zu wollen, also das Gegenteil von Hochverrat. Jede Trübung dieses klaren Tatbestandes durch formaljuristische Bedenken ist abzulehnen. Es kann überdies zweifelhaft sein, ob der sogenannte Führer und Reichskanzler überhaupt jemals als legaler Staatschef anzusehen, ob er daher durch die Hochverratsparagraphen geschützt war. Keinesfalls also hat der Angeklagte bei seiner Anzeige Überlegungen über die rechtliche Subsumierung seiner Tat angestellt und dem Grade seiner Einsicht nach auch nur anstellen können. Er hat auch nie erklärt, daß er Göttig deshalb angezeigt habe, weil er in der Tat Göttigs ein hochverräterisches Unternehmen gesehen habe und sich deshalb zur Anzeige für verpflichtet hielt.«

Der Generalstaatsanwalt wendet sich sodann zu der Frage: war die Tat schuldhaft?

»Puttfarken gibt im wesentlichen zu, er habe Göttig aufs Schafott bringen wollen. Eine Reihe von Zeugen hat das bestätigt. *Das ist der Vorsatz des Mörders im Sinne von § 211 StGB*. Daß ein Gericht im Dritten Reich Göttig zum Tode verurteilt hat, steht der Täterschaft des Puttfarken nicht entgegen. *Er ist mittelbarer Täter*. Zwar ist zuzugeben, daß der in der Rechtsprechung des Reichsgerichts entwickelte Begriff der mittelbaren Täterschaft regelmäßig andere Tatbestände im Auge hat, vorwiegend solche, in denen der mittelbare Täter sich willenloser oder unzurechnungsfähiger Werkzeuge bedient. An den Fall, daß ein deutsches Gericht Werkzeug eines Verbrechers sein könnte, hatte früher niemand gedacht. Wir stehen aber heute nun einmal vor solchen Tatbeständen. Und der Fall Puttfarken wird *nicht der einzige sein*. Daß das Gericht *formell* rechtmäßig handelte, als es das Unrechtsurteil verkündete, kann der mittelbaren Täterschaft nicht entgegenstehen. Im übrigen sind insoweit etwa bestehende Bedenken durch das thüringische Ergänzungsgesetz vom 8. 2. 1946 aus dem Wege geräumt, das in

Art. II dem § 47 Abs. 1 StGB zur Behebung von Zweifeln folgende Fassung gibt: »Als Täter wird bestraft, wer schuldhaft die strafbare Handlung selbst oder durch einen anderen ausführt, auch wenn der andere rechtmäßig handelte«. Neues, mit rückwirkender Kraft ausgestattetes materielles Recht wird dadurch nicht gesetzt; es handelt sich lediglich um eine authentische Interpretation seit 1871 geltenden Strafrechts[1].«

»Ich selbst bin der Auffassung, daß nach sorgfältigem Abwägen des Für und Wider der Annahme eines Mordes in mittelbarer Täterschaft Bedenken *nicht* entgegenstehen können. Aber nehmen wir einmal an, und wir müssen damit rechnen, daß das Gericht vielleicht auch zu einer anderen Auffassung kommt, was käme da in Frage? Lehnt man die Konstruktion der mittelbaren Täterschaft ab, so wird man kaum umhin können, *die Richter, die Göttig wider Recht und Gesetz zum Tode verurteilten, als Mörder anzusehen.* Dann hätte der Angeklagte *Beihilfe zum Mord* geleistet und wäre aus diesem Gesichtspunkt zu bestrafen. Sollten sich auch dem gewichtige Bedenken entgegenstellen – und ich verkenne sie nicht –, so bleibt das Gesetz Nr. 10 des Alliierten Kontrollrates vom 30. Januar 1946, nach dessen Artikel 2c sich der Angeklagte eines Verbrechens gegen die Menschlichkeit schudlig gemacht hätte. Im Rahmen dieses Gesetzes kommt es nicht mehr darauf an, ob das nationale Recht des Landes verletzt ist. Unter Strafe gestellt sind unmenschliche Handlungen und Verfolgungen aus politischen, rassischen oder religiösen Gründen schlechthin. Nach Artikel 2, 3 ist der Verbrecher mit der Strafe zu belegen, die das Gericht als gerecht bestimmt. Auch Todesstrafe.«

»Ich bin im übrigen als Jurist gewöhnt, mich auf rein juristische Wertung zu beschränken. Man tut immer gut, sich *über* die Sache zu stellen und sie mit gesundem Menschenverstand zu betrachten. Juristerei ist stets nur das Instrument, das der verantwortungsbewußte Jurist benutzt, um zu einem rechtlich haltbaren Urteil zu kommen.«

[1] In einer Ausgabe des StBG in der thüringischen Fassung (Weimar 1946) sagt Professor Richard Lange (S. 13), es seien »über den Begriff der mittelbaren Täterschaft in Fällen, in denen der Täter die Rechtspflege zur Verfolgung seiner verbrecherischen Zwecke mißbraucht hatte (Prozeßbetrug, politische Denunziation) vielfach Zweifel aufgetaucht. Art. II des Gesetzes zur Ergänzung usw. vom 8. 2. 46 stelle deshalb klar, daß mittelbare Täterschaft auch dann strafbar ist, wenn der Benutzte die Erfüllung einer Amtspflicht oder selbst rechtmäßig gehandelt habe«.

Das Schwurgericht verurteilte nicht wegen mittelbarer Täterschaft, sondern wegen Beihilfe zum Mord. Danach müßten die Richter, die den Göttig wider Recht und Gesetz zum Tode verurteilt haben, des Mordes schuldig sein.

2. Wirklich wird in der Presse (Tägl. Rundschau vom 14. 3. 1946) von dem Generalstaatsanwalt des Bundeslandes Sachsen, Dr. J. U. Schroeder, die Absicht angekündigt, die strafrechtliche »Verantwortlichkeit für unmenschliche Richtersprüche« geltend zu machen, auch wenn solche Richtersprüche auf Grund nationalsozialistischer Gesetze ergangen seien:

»Die Gesetzgebung des nationalsozialistischen Parteistaates, auf Grund deren Todesurteile, wie die angeführten, ergangen sind, *entbehrt jeder rechtlichen Gültigkeit*«.

»Sie beruht auf dem sogenannten ›*Ermächtigungsgesetz*‹, das nicht mit der verfassungsmäßig nötigen Zweidrittelmehrheit zustandegekommen ist. Hitler hatte die kommunistischen Reichstagsabgeordneten gewaltsam an der Teilnahme der Sitzungen gehindert, sie unter Mißachtung ihrer Immunität verhaften lassen. Die verbliebenen Abgeordneten, namentlich aus dem Zentrum, wurden durch die Drohung mit der SA zur Abgabe ihrer Stimmen für die Ermächtigung genötigt[1].«

»Kein Richter kann sich auf ein Gesetz berufen und die Rechtsprechung danach handhaben, auf ein Gesetz, das nicht nur ungerecht, das *verbrecherisch* ist. Wir berufen uns auf die *Menschenrechte*, die über allen geschriebenen Satzungen stehen, auf das unentziehbare, unvordenkliche Recht, das verbrecherischen Befehlen unmenschlicher Tyrannen Geltung versagt.«

»Von diesen Erwägungen ausgehend, glaube ich, daß Richter angeklagt werden müssen, die mit den Geboten der Humanität unvereinbare Urteile gesprochen und wegen Nichtigkeiten auf Todesstrafe erkannt haben[2].«

3. Aus Halle wird gemeldet, daß die Scharfrichtergehilfen Kleine und Rose wegen aktiver Teilnahme an zahlreichen unrechtmäßigen

---

[1] Es hätte der Erörterung bedurft, inwieweit revolutionär entstandene Ordnungen durch die »normative Kraft des Faktischen« zu geltendem Recht geworden sind.

[2] Für die strafrechtliche Verantwortung für nicht rechtmäßige Richtersprüche auch *Buchwald* in seiner beachtlichen Schrift »Gerechtes Recht«, Weimar 1946, S. 5 ff.

Hinrichtungen zum Tode verurteilt seien. Kleine war von April 1944 bis März 1945 an 931 Urteilsvollstreckungen beteiligt, wofür er 26 433 RM an Vergütungen bezog. Die Verurteilung scheint auf Gesetz Nr. 10 des Alliierten Kontrollrats (Verbrechen gegen die Menschlichkeit) gegründet zu sein. »Die beiden Angeklagten übten ihren grausigen Beruf aus freien Stücken aus, denn jedem Scharfrichter steht es frei, jederzeit von seiner Tätigkeit aus gesundheitlichen oder sonstigen Gründen zurückzutreten.« (Liberaldemokratische Zeitung, Halle, 12. 6. 46).

4. Aus dem Bundesland Sachsen wird ferner der folgende Fall bekannt (Artikel des Generalstaatsanwalts Dr. J. U. Schroeder vom 9. 5. 46): Im Jahre 1943 war ein an der Ostfront eingesetzter sächsischer Soldat, der zur Bewachung von Kriegsgefangenen kommandiert war, desertiert, »angeekelt von der unmenschlichen Behandlung, die die Gefangenen erfuhren, vielleicht auch des Dienstes in Hitlers Truppen müde«. Er konnte es sich nicht versagen, auf der Flucht in der Wohnung seiner Frau einzusprechen, wurde hier entdeckt und sollte von einem Wachtmeister abgeholt werden. Es gelang ihm, sich unbemerkt seiner geladenen Dienstpistole zu bemächtigen und den Wachtmeister hinterrücks durch einen Schuß niederzustrecken. Im Jahre 1945 kehrte er aus der Schweiz nach Sachsen zurück. Er wurde verhaftet, und die Staatsanwaltschaft schickte sich an, gegen ihn wegen heimtückischer Tötung des Beamten Anklage zu erheben. Der Generalstaatsanwalt ordnete Freilassung und Einstellung des Verfahrens an. Er sah § 54 als gegeben an. Die Unverschuldetheit des Notstands begründet er damit, daß, »was damals von den Rechtswahrern als Recht ausgegeben wurde, heute nicht mehr gelte. Fahnenflucht aus Hitlers und Keitels Armee enthalte für unsere Rechtsauffassung keine Verfehlung, die den Flüchtigen entehre und seine Bestrafung rechtfertige; sie gereiche ihm nicht zur Schuld.«

Allerorten wird also unter dem Gesichtspunkt des gesetzlichen Unrechts und des übergesetzlichen Rechts der Kampf gegen den Positivismus aufgenommen.

III.

Der Positivismus hat in der Tat mit seiner Überzeugung »Gesetz ist Gesetz« den deutschen Juristenstand wehrlos gemacht gegen Gesetze willkürlichen und verbrecherischen Inhalts. Dabei ist der Positivismus gar nicht in der Lage, aus eigener Kraft die Geltung von Gesetzen zu begründen. Er glaubt, die Geltung eines Gesetzes schon damit erwiesen zu haben, daß es die Macht besessen hat, sich durchzusetzen. Aber auf Macht läßt sich vielleicht ein Müssen, aber niemals ein Sollen und Gelten gründen. Dieses läßt sich vielmehr nur gründen auf einen Wert, der dem Gesetz innewohnt. Freilich: *einen* Wert führt schon jedes positive Gesetz ohne Rücksicht auf seinen Inhalt mit sich: es ist immer noch besser als kein Gesetz, weil es zum mindesten Rechtssicherheit schafft. Aber Rechtssicherheit ist nicht der einzige und nicht der entscheidende Wert, den das Recht zu verwirklichen hat. Neben die Rechtssicherheit treten vielmehr zwei andere Werte: Zweckmäßigkeit und Gerechtigkeit. In der Rangordnung dieser Werte haben wir die Zweckmäßigkeit des Rechts für das Gemeinwohl an die letzte Stelle zu setzen. Keineswegs ist Recht alles das, »was dem Volke nützt«, sondern dem Volke nützt letzten Endes nur, was Recht ist, was Rechtssicherheit schafft und Gerechtigkeit erstrebt. Die Rechtssicherheit, die jedem positiven Gesetz schon wegen seiner Positivität eignet, nimmt eine merkwürdige Mittelstellung zwischen Zweckmäßigkeit und Gerechtigkeit ein: sie ist einerseits vom Gemeinwohl gefordert, andererseits aber auch von der Gerechtigkeit. Daß das Recht sicher sei, daß es nicht heute und hier so, morgen und dort anders ausgelegt und angewandt werde, ist zugleich eine Forderung der Gerechtigkeit. Wo ein Widerstreit zwischen Rechtssicherheit und Gerechtigkeit, zwischen einem inhaltlich anfechtbaren, aber positiven Gesetz und zwischen einem gerechten, aber nicht in Gesetzesform gegossenen Recht entsteht, liegt in Wahrheit ein Konflikt der Gerechtigkeit mit sich selbst, ein Konflikt zwischen scheinbarer und wirklicher Gerechtigkeit vor. Diesen Konflikt bringt großartig das Evangelium zum Ausdruck, indem es einerseits befiehlt: »Seid untertan der Obrigkeit, die Gewalt über euch hat«, und doch andererseits gebietet, »Gott mehr zu gehorchen als den Menschen«. Der Konflikt zwischen der Gerechtigkeit und der Rechtssicherheit dürfte dahin zu lösen sein, daß das positive, durch Satzung und Macht gesicherte Recht auch dann den Vorrang hat, wenn es inhaltlich ungerecht und unzweckmäßig ist, es sei denn, daß der Widerspruch des positiven Gesetzes zur Gerechtigkeit ein so unerträgliches Maß erreicht, daß das Gesetz als »unrichtiges Recht« der Gerechtigkeit zu weichen hat. Es ist unmöglich, eine schärfere Linie zu ziehen zwischen den Fällen des gesetzlichen Unrechts und den trotz unrichtigen Inhalts dennoch geltenden Gesetzen, eine andere Grenzziehung aber kann mit aller Schärfe vorgenommen werden: wo Gerechtigkeit nicht einmal erstrebt wird, wo die Gleichheit, die den Kern der Gerechtigkeit ausmacht, bei der Setzung positiven Rechts bewußt verleugnet wurde, da ist das Gesetz nicht etwa nur »unrichtiges Recht«, vielmehr entbehrt es überhaupt der Rechtsnatur. Denn man kann Recht, auch positives Recht, gar nicht anders definieren denn als eine Ordnung und Satzung, die ihrem Sinn nach bestimmt ist, der Gerechtigkeit zu dienen. An diesem Maßstab gemessen sind ganze Partien nationalsozialistischen Rechts niemals zur Würde geltenden Rechts gelangt. Die hervorstechendste Eigenschaft in Hitlers Persönlichkeit, die von ihm aus auch zum Wesenszuge des ganzen nationalsozialistischen »Rechts« geworden ist, war sein völliger Mangel an Wahrheitssinn und Rechtssinn: weil ihm jeder Wahrheitssinn fehlte, konnte er dem jeweils rednerisch Wirksamen ohne Scham und Skrupel den Akzent der Wahrheit geben; weil ihm jeder Rechtssinn fehlte, konnte er ohne Bedenken die krasseste Willkür zum Gesetz erheben. Am Anfang seiner Herrschaft stand jenes Sympathie-Telegramm an die Potempa-Mörder, am Ende die grauenhafte Entehrung der Märtyrer des 20. Juli 1944. Schon anläßlich des Potempa-Urteils hatte Alfred Rosenberg im »Völkischen Beobachter« die Theorie dazu geliefert: Mensch sei nicht gleich Mensch, und Mord sei nicht gleich Mord; die Ermordung des Pazifisten Jaurès sei in Frankreich mit Recht anders bewertet worden als der Mordversuch an dem Nationalisten Clemenceau; ein Täter, der aus vaterländischen Motiven gefehlt hat, könne unmöglich derselben Strafe unterworfen werden, wie ein anderer, dessen Beweggründe sich (nach nationalsozialistischer Auffassung) gegen das Volk richten. Damit war von vornherein ausgesprochen, daß nationalsozialistisches »Recht« sich der wesensbestimmenden Anforderung der Gerechtigkeit, der gleichen Behandlung des Gleichen, zu entziehen gewillt war. Infolgedessen entbehrt es insoweit überhaupt der Rechtsnatur, ist nicht etwa unrichtiges Recht, sondern überhaupt kein Recht. Das gilt insbesondere von den Bestimmungen, durch welche die nationalsozialistische Partei entgegen dem Teilcharakter jeder Partei die Totalität des Staates für sich beanspruchte. Der Rechtscharakter fehlt weiter allen jenen Gesetzen, die Menschen als Untermenschen behandelten und ihnen die Menschenrechte versagten. Ohne Rechtscharakter sind auch alle jene Strafdrohungen, die ohne Rücksicht auf die unterschiedliche Schwere der Verbrechen, nur geleitet von momentanen Abschreckungsbedürfnissen, Straftaten verschiedenster Schwere mit der gleichen Strafe, häufig mit der Todesstrafe, bedrohten. Alles das sind nur Beispiele gesetzlichen Unrechts.

Es darf nicht verkannt werden – gerade nach den Erlebnissen jener zwölf Jahre –, welche furchtbaren Gefahren für die Rechtssicherheit der Begriff des »gesetzlichen Unrechts«, die Leugnung der Rechtsnatur positiver Gesetze mit sich bringen kann. Wir müssen hoffen, daß ein solches Unrecht eine einmalige Verirrung und Verwirrung des deutschen Volkes bleiben werde, aber für alle möglichen Fälle haben wir uns durch die grundsätzliche Überwindung des Positivismus, der jegliche Abwehrfähigkeit gegen den Mißbrauch nationalsozialistischer Gesetzgebung entkräftete, gegen die Wiederkehr eines solchen Unrechtsstaats zu wappnen[1].

IV.

Das gilt für die Zukunft. Gegenüber dem gesetzlichen Unrecht jener vergangenen zwölf Jahre müssen wir die Forderung der Gerechtigkeit mit einer möglichst geringen Einbuße an Rechtssicherheit zu verwirklichen suchen. Nicht jeder Richter sollte auf eigene Faust Gesetze entwerten dürfen, diese Aufgabe sollte vielmehr einem höheren Gericht oder der Gesetzgebung (so auch Kleine, SJZ S. 36) vorbehalten bleiben. Ein solches Gesetz ist in der amerikanischen Zone auf Grund einer Übereinkunft im Länderrat bereits erlassen: das »Gesetz zur Wiedergutmachung nationalsozialistischen Unrechts in der Strafrechtspflege«. Dadurch, daß nach ihm »politische Taten, durch die dem Nationalsozialismus oder Militarismus Widerstand geleistet wurde, nicht strafbar« sind, werden z. B. die Schwierigkeiten des Deserteur-Falls (oben Nr. 4) gelöst. Dagegen ist das Schwestergesetz, das »Gesetz zur Ahndung nationalsozialistischer Straftaten«, auf die andern hier behandelten Fälle nur anwendbar, wenn die Strafbarkeit solcher Taten schon nach dem Rechte ihrer Begehungszeit bestand. Wir haben also unabhängig von diesem Gesetz die Strafbarkeit jener andern drei Fälle nach dem Recht des RStGB zu prüfen.

In dem hier besprochenen Denunzianten-Fall ist die Annahme mittelbarer Täterschaft eines Tötungsverbrechens in der Person des Denunzianten nicht zu beanstanden, wenn bei ihm ein Tätervorsatz in dieser Richtung bestanden hat, zu dessen Verwirklichung er sich des

---

[1] Für übergesetzliches Recht tritt auch *Buchwald* a. a. O., S. 8 ff. ein. Vgl. ferner *Roemer* in SJZ S. 5 ff.

Strafgerichts als Werkzeug und des juristischen Automatismus eines Strafprozesses als Mittel bedient hat. Ein solcher Vorsatz liegt besonders in solchen Fällen vor, »in denen der Täter ein Interesse an der Beseitigung des Verdächtigten hatte, sei es, um seine Frau zu heiraten, oder sich in den Besitz seiner Wohnung oder seiner Stellung zu setzen, sei es aus Rachsucht und dgl.« (so das erwähnte Gutachten von Professor Richard Lange in Jena). Wie mittelbarer Täter ist, wer sein Befehlsrecht gegen Gehorsamspflichtige zu verbrecherischen Zwecken mißbraucht hat, so ist auch der mittelbarer Täter, der zu verbrecherischen Zwecken durch eine Denunziation den Justiz-Apparat in Funktion gesetzt hat. Die Benutzung des Gerichts als eines bloßen Werkzeugs ist besonders deutlich in denjenigen Fällen, in denen der mittelbare Täter mit einer politisch tendenziösen Ausübung des Strafrichteramts, sei es aus politischem Fanatismus, sei es unter dem Druck der damaligen Machthaber, rechnen konnte und gerechnet hat. Hatte der Denunziant diesen Tätervorsatz nicht, wollte er vielmehr nur dem Gericht Material liefern und das weitere dessen Entscheidung überlassen, dann kann er als Verursacher der Verurteilung und mittelbar der Vollstreckung der Todesstrafe nur dann wegen Beihilfe bestraft werden, wenn das Gericht seinerseits durch das Urteil und dessen Vollstreckung sich eines Tötungsverbrechens schuldig gemacht hat. Diesen Weg ist das Nordhäuser Gericht in der Tat gegangen.

Die Strafbarkeit der Richter wegen Tötung setzt die gleichzeitige Feststellung einer von ihnen begangenen Rechtsbeugung (§§ 336, 344 StGB) voraus. Denn das Urteil des unabhängigen Richters darf Gegenstand einer Bestrafung nur dann sein, wenn er gerade den Grundsatz, dem jene Unabhängigkeit zu dienen bestimmt war, die Unterworfenheit unter das Gesetz, d. h. unter das Recht, verletzt hätte. Wenn an der Hand der von uns entwickelten Grundsätze festgestellt werden kann, daß das angewandte Gesetz kein Recht war, das angewandte Strafmaß, etwa die nach freiem Ermessen erkannte Todesstrafe, jedem Willen zur Gerechtigkeit Hohn sprach, liegt objektiv Rechtsbeugung vor. Aber konnten Richter, die von dem herrschenden Positivismus soweit verbildet waren, daß sie ein anderes als das gesetzte Recht nicht kannten, bei der Anwendung positiver Gesetze den Vorsatz der Rechtsbeugung haben? Auch wenn sie ihn hatten, bleibt ihnen als ein letzter, freilich peinlicher Rechtsbehelf die Berufung auf die Lebensgefahr, die sie selbst durch die Auffassung nationalsozialistischen Rechts als gesetzlichen Unrechts über sich herabbeschworen hätten, die Berufung auf den Notstand des § 54 StGB — peinlich, da das Ethos des Richters auf Gerechtigkeit um jeden Preis, auch den des Lebens, gerichtet sein sollte.

Am einfachsten erledigt sich die Frage der Strafbarkeit der beiden Scharfrichtergehilfen wegen der Vollstreckung von Todesurteilen. Man darf sich weder durch den Eindruck von Menschen bestimmen lassen, die sich aus der Tötung anderer Menschen ein Gewerbe machen, noch durch die damalige Hochkonjunktur und Einträglichkeit jenes Gewerbes. Schon als der Scharfrichterberuf noch eine Art erblichen Handwerks war, pflegten sich die Inhaber dieses Gewerbes immer wieder damit zu entschuldigen, daß sie nur exequierten, zu judizieren aber die Aufgabe der Herren Richter sei. »Die Herren steuern dem Unheil, ich exequiere ihr Endurteil« — dieser Spruch von 1698 kommt so oder ähnlich immer wieder auf den Klingen von Richtschwertern vor. Wie das Todesurteil eines Richters nur dann strafbare Tötung darstellen kann, wenn es auf Rechtsbeugung beruht, so kann der Nachrichter wegen einer Hinrichtung nur dann bestraft werden, wenn sie dem Tatbestand des § 345: vorsätzliche Vollstreckung einer Strafe, die nicht zu vollstrecken ist, darstellt. Karl Binding (Lehrbuch, Besonderer Teil, Bd. 2, 1905, S. 569) sagt über diesen Tatbestand: in analogem Verhältnis wie der Richter zum Gesetze stehe der Vollstreckungsbeamte zum vollstreckbaren Urteil; seine ganze und einzige Pflicht bestehe in dessen exakter Verwirklichung. Das Urteil bestimme seine ganze Tätigkeit: »Sie bleibt gerecht, soweit sie es befolgt, sie wird ungerecht, soweit sie von ihm abweicht. Da in dieser Verleugnung der einzigen für die Vollstreckung als solche maßgebenden Autorität der Kernpunkt der Schuld liegt, so kann man das Delikt (des § 345) als Urteilsbeugung bezeichnen«. Eine Nachprüfung der Rechtmäßigkeit des Urteils liegt dem Scharfrichter nicht ob. Die Annahme seiner Unrechtmäßigkeit kann ihm also nicht schaden, die Nichtaufgabe seines Gewerbes als rechtswidrige Unterlassung nicht zugerechnet werden.

V.

Wir sind nicht der in Nordhausen ausgesprochenen Meinung, daß »formaljuristische Bedenken« geeignet seien, »den klaren Tatbestand zu trüben«. Wir sind vielmehr der Meinung, daß es nach zwölf Jahren Verleugnung der Rechtssicherheit mehr als je notwendig sei, sich durch

»formaljuristische« Erwägungen gegen die Versuchungen zu wappnen, welche sich begreiflicherweise in jedem, der zwölf Jahre der Gefährdung und Bedrückung durchlebt hat, leicht ergeben können. Wir haben die Gerechtigkeit zu suchen, zugleich die Rechtssicherheit zu beachten, da sie selber ein Teil der Gerechtigkeit ist, und einen Rechtsstaat wieder aufzubauen, der beiden Gedanken nach Möglichkeit Genüge zu tun hat. Demokratie ist gewiß ein preisenswertes Gut, Rechtsstaat aber ist wie das tägliche Brot, wie Wasser zum Trinken und wie Luft zum Atmen, und das Beste an der Demokratie gerade dieses, daß nur sie geeignet ist, den Rechtsstaat zu sichern.

NACHWORT

Gustav Radbruchs Einfluß auf die Rechtsphilosophie der Gegenwart

Von Hans-Peter Schneider

»Not lehrt nicht nur beten, sondern auch philosophieren«. Diese von Skepsis und Glaube gleichermaßen erfüllte, mahnende Einsicht Gustav Radbruchs – jenem ursprünglich von ihm selbst konzipierten »Nachwort« zur 4. Auflage der »Rechtsphilosophie« entnommen[1] – läßt ein wenig von der lebendigen Ausstrahlungskraft seines Denkens vor allem auf die studentische Jugend der Nachkriegszeit ahnen, einer rechtspädagogischen Wirkung, die offenbar auch heute noch unvermindert anhält[2]. Demgegenüber hat man den Einflüssen Radbruchs auf die zeitgenössische Rechtsphilosophie bisher nur wenig Beachtung geschenkt, sei es aus mangelnder Distanz und verständlicher Scheu vor verfrühten Festlegungen oder aber in der fragwürdigen Annahme, mit einem bewundernden Bekenntnis zur Person Gustav Radbruchs der Würdigung seines Werkes enthoben zu sein. Diese Zurückhaltung hat gelegentlich den falschen Eindruck erweckt, als beruhe »die große Wirkung seines philosophischen Denkens« lediglich auf der Faszination einer »die Menschen ergreifenden, liebevollen Persönlichkeit«, während die »Frage, ob die dem philosophischen Schaffen Radbruchs heute beigelegte Bedeutung zu Recht bestehe, ... nur verneint werden« könne[3].

Zur Korrektur solcher Fehlurteile genügt es nicht, in beständiger Regelmäßigkeit auf die unteilbare Einheit von Leben und Werk Gustav Radbruchs zu verweisen, so richtig diese Beobachtung auch er-

---
[1] Vgl. das »Vorwort zur 4. Aufl.« von *Erik Wolf*, oben S. 12.
[2] *Arthur Kaufmann*, Vorwort zur »Gedächtnisschrift für Gustav Radbruch, 21. 11. 1878 – 23. 11. 1949«, hrsg. von Arthur Kaufmann mit einem Geleitwort von Gustav Heinemann, Göttingen 1968, S. 12.
[3] So *Paul Bonsmann*, Die Rechts- und Staatsphilosophie Gustav Radbruchs, Bonn 1966, S. 107.

scheinen mag. Vielmehr wird man sich verstärkt der Aufgabe widmen müssen, die konkrete Entfaltung, Übernahme und Weiterführung seiner Lehren in der heutigen Rechtsphilosophie zu erforschen, um der Aktualität vieler Fragestellungen und dem geradezu zeitlosen Vorbild jener nüchtern entsagenden Geisteshaltung[4] voll gerecht werden zu können. Der Versuch einer Wirkungsgeschichte Radbruchscher Rechtsphilosophie fällt indessen nicht leicht. Denn obwohl oder besser weil ihre Unvoreingenommenheit und gedankliche Weite keine einengende Schulenbildung zuließ, dafür aber um so mehr Schüler angezogen hat, läßt sich der Kreis unmittelbarer Einflußnahme nur schwer abgrenzen, zumal schon im Hinblick auf die zahlreichen Übersetzungen wichtiger Schriften Radbruchs[5] seine Resonanz im Ausland heute noch kaum abzuschätzen ist. Hemmend wirkt ferner der nahezu unerschöpfliche Ideenreichtum, dessen einzelne Facetten wohl niemals vollständig bis in die letzten Verzweigungen hinein aufweisbar sein werden[6].

Etwas gemindert werden diese Schwierigkeiten freilich durch den Umstand, daß inzwischen wenigstens einige grundlegende Fragen zum Verständnis des Gesamtwerks als geklärt angesehen werden können. So wird man die häufig erörterte Alternative »Umbruch oder Entwicklung in Gustav Radbruchs Rechtsphilosophie«[7] nunmehr im Sinne einer von Radbruch selbst erkannten und damit bewußt vollzogenen kontinuierlichen Fortbildung seiner Positionen zu verstehen haben[8].

---

[4] Darüber *Erik Wolf*, Sich ins Rechte denken. Zu einem Leitwort Gustav Radbruchs, in: Gedächtnisschrift, a. a. O. (Anm. 2), S. 79 f.

[5] Allein die 3. Auflage der »Rechtsphilosophie« vom Jahre 1932 ist bisher in folgende Sprachen übertragen worden: a) ins Spanische von *José Medina Echevarria* (Madrid 1933); b) ins Portugiesische von *Cabral de Moncadas* (Coimbra 1934); c) ins Polnische von *Znamierowski* (Warschau 1938); d) ins Englische mit der Ausgabe »The Legal Philosophies of Lask, Radbruch and Dabin«, eingel. von *E. W. Patterson* (Cambridge/Mass. 1950); e) ins Japanische von *Kotaro Tanaka* (Tokio 1951); eine arabische Übersetzung befindet sich in Vorbereitung.

[6] Eine annähernd vollständige Zusammenstellung der Literatur *über* Radbruch findet sich bei *Erik Wolf*, Große Rechtsdenker der deutschen Geistesgeschichte, 4. Aufl., Tübingen 1963, S. 763–765.

[7] So der gleichnamige Aufsatz von *Erik Wolf* in: Archiv für Rechts- und Sozialphilosophie XLV (1959) S. 481–503; wieder abgedr. in: Erik Wolf, Rechtsphilosophische Studien, Frankfurt a. M. 1972, S. 284–308.

[8] In diesem Sinne neuerdings *Wolfgang Lohmann*, Versuch einer methodologischen Erörterung der Radbruchschen Rechtsphilosophie, Esslingen 1964.

Entsprechendes gilt auch für die mit den Formeln »Methodendualismus oder Methodentrialismus« bezeichneten erkenntnistheoretischen Probleme[9], deren erneute Durchdringung den Rahmen einer Wirkungsgeschichte sprengen würde. Vielmehr sollen bei der Untersuchung von Einflüssen Radbruchs auf die zeitgenössische Rechtsphilosophie vier Grundthemen behandelt werden, die sowohl im Radbruchschen Denken eine zentrale Rolle spielen als auch für die gegenwärtige Diskussion im Vordergrund stehen: das Problem des »Relativismus« (I), die rechtstheoretische Bedeutung der »Natur der Sache« (II), das Verhältnis von »Mensch und Recht« (III) sowie die Idee des »sozialen Rechts« (IV). Alle Aspekte berühren letztlich die unvergängliche, niemals endgültig lösbare und daher permanent aufgegebene Kernfrage der Rechtsphilosophie nach den Grundlagen und Bedingungen »gerechten Rechts«, welche die bislang oft noch verborgene überzeitliche Wirkungskraft Gustav Radbruchs in helles Licht zu rücken vermag.

I.

Während die Anerkennung einer Relativität der Werte heute zu den unverlierbaren Einsichten wissenschaftlicher Ideologiekritik zu gehören scheint, erforderte jene Betrachtungsweise um die Jahrhundertwende noch erheblichen Bekennermut. Zwar hatten Georg Simmel, Heinrich Rickert und Max Weber bereits eindringlich dargelegt, daß theoretisch-rationale Werterkenntnis mit absoluter Gewißheit und logisch unwiderlegbarer Beweiskraft nicht möglich sei, und damit den Relativismus auch unter Geisteswissenschaftlern »akademiefähig« gemacht. Die Vehemenz, mit der er jedoch vor allem von rechtsphilosophischer Seite bekämpft wurde[10], trug ihm sehr rasch das Odium des Skeptizismus, Agnostizismus oder gar Nihilismus ein. In einer Zeit der Inflation materialer Wertlehren oder gar totalitärer Irrationalismen, zu denen Bekenntnis statt Erkenntnis gefordert war, mußte der nüchtern-asketische Rückzug auf die Wertfreiheit der Wissenschaft, das

---

[9] Dazu *Jisu Kim*, »Methodentrialismus« und »Natur der Sache« im Denken Gustav Radbruchs, Diss. jur. Freiburg i. Br. 1966.
[10] Insbesondere durch *Carl August Emge*, Über das Grunddogma des rechtsphilosophischen Relativismus, Berlin 1916, und *Wilhelm Sauer*, Lehrbuch der Rechts- und Sozialphilosophie, Berlin 1929; vgl. dazu auch oben S. 99 ff.

»Ignoramus«[11] bezüglich letzter Werte als Mangel an Überzeugung und Charakter mißverstanden werden.

Um so verdienstvoller erweisen sich daher rückblickend die Bemühungen Radbruchs, den Relativismus in der Rechtsphilosophie aus seinen erkenntnistheoretischen Fesseln gelöst und von der »Methode« in ein »Bauglied« des Systems verwandelt zu haben[12]. Denn mit dieser Umformung war klargestellt, daß der Verzicht auf eine wissenschaftliche Begründung letzter weltanschaulicher Positionen keineswegs auch die Preisgabe jeglichen Urteilsanspruchs bedeutete, sondern gerade umgekehrt persönliche Stellungnahmen überhaupt erst ermöglichte und theoretisch legitimierte. So erscheint der Relativismus bei Radbruch vor allem in der Gestalt eines kritischen Rationalismus, welcher einerseits zu Duldsamkeit und Achtung vor der gleichfalls unbeweisbaren wie unwiderleglichen Überzeugung des Gegners zwingt, andererseits aber unter Rekurs auf die praktische Vernunft eine »ergiebige Quelle sachlicher Einsicht«[13] darstellt. Demgemäß mündete relativistisches Denken für Radbruch erstens in den Positivismus, weil die Verbindlichkeit des geltenden Rechts wesentlich auf der Tatsache beruhe, daß absolut richtiges Recht weder erkennbar noch beweisbar sei, zweitens in den Liberalismus, da Gesetzgebung nicht als Akt der Wahrheit sondern des Willens und der Macht erscheine, welcher dem offenen Meinungskampf kein Ende setzen könne und deshalb die geistige Freiheit der Bürger achten wie schützen müsse, und schließlich in den Sozialismus, insofern die Gleichwertigkeit aller Rechtsüberzeugungen auch eine effektive Gleichheit der Durchsetzungschancen erfordere[14]. Mit jenen Thesen eines kritisch-aktiven Relativismus war Radbruch insbesondere nach dem Tode Max Webers rasch zum »Haupt dieser rechtsphilosophischen Denkrichtung in Deutschland«[15] emporgestiegen.

---

[11] *Radbruch*, Rechtsphilosophie, oben S. 98.
[12] *Ders.*, Le Relativisme dans la Philosophie du Droit, in: Archives de philosophie du droit et de sociologie juridique, No. 1/2 (1934) p. 105–110 (106); wieder abgedr. unter dem Titel »Der Relativismus in der Rechtsphilosophie«, in: Der Mensch im Recht, 2. Aufl., Göttingen 1961, S. 80–87 (81).
[13] Relativismus, S. 82.
[14] Ebenda, S. 82 ff.
[15] So *Zong Uk Tjong*, Der Weg des rechtsphilosophischen Relativismus bei Gustav Radbruch, Bonn 1967, S. 51; weitere Vertreter waren *Hermann Kantorowicz*, *Hans Kelsen* und *Arnold Brecht* (vgl. oben S. 99). – Dazu ferner *Tetsuo Yagi*, Relativism und Natural Law in Radbruchs Legal Philosophy,

Seither kann der relativistischen Herausforderung zu Rationalität und Objektivität der Wertbegründung nicht mehr ausgewichen werden. So erblickt vor allem *Karl Engisch* in der Frage des »Wertrelativismus ... das Problem, dem der Rechtsphilosoph am Ende seines Weges immer wieder begegnet«[16], und prüft gerade im Hinblick auf seine praktischen Konsequenzen gefährlicher Resignation und hilfloser Kapitulation vor menschlicher Willkür die verschiedenen Möglichkeiten, darüber hinauszugelangen. Hierbei stellt er ähnlich wie Radbruch fest, daß man zwar die rationale Erörterung und wissenschaftliche Diskussion von Werturteilen durch Aufweis denkbarer Alternativen zu bestimmten Problemlösungen oder durch Reflexion der jeweils zugrunde gelegten Axiomatik zielstrebig vorantreiben könne. »Welche Wertungen und welche Zwecksetzungen aber letztlich den Ausschlag geben sollen, bleibt Sache persönlichkeitsgebundener Entscheidung des einzelnen«[17]. Gewiß lassen sich für Engisch aus der »Notwendigkeit einer Ordnung, Sicherheit und Frieden stiftenden Rechtsgemeinschaft« äußerste Schranken legitimer Rechtsbehauptung ableiten. Innerhalb dieser Grenzen jedoch gibt es aus dem »Teufelskreis des Relativismus« kein Ausbrechen: »Soweit der Wertrelativismus wissenschaftlich und insbesondere rechtsphilosophisch gesehen ›Wahrheit‹ ist, womöglich schreckliche Wahrheit, müssen wir den Anblick dieses Gorgonenhauptes ertragen!«[18] Mit welch erschütternder Eindringlichkeit Engisch auch auf die aporetische Legitimität jener späteren naturrechtlichen Wendung des Radbruchschen Relativismus unter dem Eindruck der nationalsozialistischen Diktatur verweist[19], seiner letzten Konsequenz des »Ignoramus« im Labyrinth der Werte vermag selbst er sich nicht zu entziehen.

Doshisha Law Review 1957, p. 32–40. – *Alessandro Baratta*, Relativismus und Naturrecht im Denken Gustav Radbruchs, in: ARSP 45 (1959) S. 505–537. – Z. *Péteri*, Gustav Radbruch und einige Fragen der relativistischen Rechtsphilosophie, in: Acta Juridica Academiae Scientiarum Hungariae II, H. 1/2 (1960) S. 113–160. – *Mario A. Cattaneo*, Gustav Radbruch als Theoretiker und Verteidiger des Rechtsstaats, in: Gedächtnisschrift, a. a. O. (Anm. 2), S. 182–190.

[16] *Karl Engisch*, Auf der Suche nach der Gerechtigkeit. Hauptthemen der Rechtsphilosophie, München 1971, S. 246.
[17] Ebenda, S. 284. – Vgl. dazu auch *ders.*, Gustav Radbruch als Rechtsphilosoph, in: Gedächtnisschrift, a. a. O. (Anm. 2) S. 60–68.
[18] *Engisch*, Auf der Suche nach der Gerechtigkeit, a. a. O. (Anm. 16) S. 285 f.
[19] Ebenda, S. 253 f.

Den scheinbar unauflöslichen Zusammenhang zwischen relativistischer Redlichkeit des Denkens und positivistischer »Blankohingabe« der Person an das jeweils geltende Recht[20] nimmt *Ulrich Klug* zum Anlaß, die Radbruchsche Position des Relativismus sogar noch zu erweitern. Da jedes Urteil nur hypothetischen Erkenntnischarakter besitze, bestehe »kein grundsätzlicher Unterschied zwischen Werturteilen (Sollenssätzen) und Wirklichkeitsurteilen (Seinssätzen)«[21]. In diese Feststellung müsse auch die Relativismustheorie selbst einbezogen werden mit der Folge, daß die Annahme einer Relativität der Werterkenntnis ihrerseits lediglich als Hypothese denkbar sei. Auf diese Weise gelangt Klug zu einem nur »relativen« oder »kritischen Relativismus«, mit dem er die sachliche Aporie der Selbstauflösung des absoluten (universalen) Relativismus ebenso umschiffen zu können glaubt wie die formale Paradoxie seines Selbstwiderspruchs. Denn »die Behauptung, das Relativieren müsse relativiert werden, setzt lediglich voraus, daß es nicht widerspruchsvoll ist zu behaupten, der Erkenntnissatz, alle Aussagen hätten nur den Wert von Hypothesen, habe selbst nur den Wert einer Hypothese«[22]. Eben dies aber erscheint Klug nicht nur logisch widerspruchsfrei möglich, sondern auch sinnvoll, weil damit der kritische Relativismus durch den Hinweis auf die notwendig hypothetische Qualität aller Aussagen jeder Rechtsvorstellung naturrechtlicher oder positivistischer Provenienz die Begründungslast ihrer »Richtigkeit« aufbürdet.

Vor allem diese kritische Ausrichtung des Relativismus scheint gegenwärtig in einer gemäßigt pluralistischen Variante auch bei Vertretern der analytischen Philosophie *(Popper, Albert)* Anklang zu finden, wenngleich der Begriff »Relativismus« sorgsam vermieden wird und weitgehend durch »Kritizismus« ersetzt ist[23]. Der Sache nach geht es jedoch auch hier um das »Wissen vom Nichtwissen«, um das Eingeständnis der Begrenztheit und Relativität menschlicher Erkenntnismöglichkeiten, »relativ aber einzig in dem Sinn, daß wir eine andere Beschreibung und nicht diese vorbrächten, wenn unser Standpunkt ein

---

[20] *Radbruch*, Rechtsphilosophie, oben S. 178.
[21] *Ulrich Klug*, Thesen zu einem kritischen Relativismus in der Rechtsphilosophie, in: Gedächtnisschrift, a. a. O. (Anm. 2) S. 103–106.
[22] Ebenda, S. 105.
[23] Vgl. *Hans Albert*, Traktat über kritische Vernunft, Tübingen 1968, S. 73 ff.

anderer wäre«[24]. Daraus wird – ähnlich wie bei Radbruch – das Postulat einer auf allgemeine Toleranz gegründeten »offenen Gesellschaft« abgeleitet, die entsprechend dem »theoretischen Pluralismus« der Verwirklichung praktischer Wertalternativen Raum läßt[25]. Freilich neigt an dieser Stelle die analytische Philosophie zu einer empiristisch-sozialtechnologischen Betrachtungsweise des Ordnungsproblems, welche im Recht lediglich einen »Tatbestand des sozialen Lebens, ... der Steuerung des gegenseitigen Verhaltens« der Gesellschaftsmitglieder erblickt – eine positivistische Verkürzung, die ihr gelegentlich den Vorwurf des »ethischen Minimalismus« eingetragen hat[26].

Genau hier setzen daher neuere Bedenken gegen den Relativismus in der Rechtsphilosophie ein. Seine prinzipielle Berechtigung anerkannt, geht es heute vor allem darum, »die Grenzen dieses Relativismus abzustecken und ihn so zu verstehen, daß die Arbeit des Rechtsphilosophen trotz einer gewissen Relativität der rechtsphilosophischen Erkenntnisse sinnvoll bleibt«, oder mit anderen Worten, »die Absolutheit des Relativismus zu überwinden«[27]. Dies ist auf zweierlei Weise möglich: entweder man reduziert das prinzipielle menschliche Unvermögen absolut richtiger Rechtsgewinnung auf ein erkenntnistheoretisches Problem oder man versucht generell, über die Scheinalternative »Relativismus – Absolutismus« hinauszugelangen. Den ersten Weg beschreitet *Arthur Kaufmann* mit der Feststellung, daß im Unterschied zum Gesetz das Recht kein Produkt gesetzgeberischen Willens oder juristischer Vernunft sei, sondern eigenes »objektives Sein« besitze, welches »echter wissenschaftlicher Erkenntnis« zugänglich bleibe. Die mit dem Verstehensprozeß jedoch zwangsläufig verbundene »Subjektivität« und »Perspektivität« der Rechtserkenntnis dürfe indes nicht dazu verleiten, den Wahrheitsgehalt des Ganzen zugunsten mehrerer richtiger Teilmomente zu relativieren, letzteren aber absolute Aus-

---

[24] *Karl R. Popper*, Die offene Gesellschaft und ihre Feinde, Bd. II: Falsche Propheten, Bern 1958, S. 322.
[25] *Albert*, Traktat. a. a. O. (Anm. 23) S. 173 ff.
[26] So *Hans Ryffel*, Grundprobleme der Rechts- und Staatsphilosophie, Neuwied/Berlin 1969, S. 285.
[27] *Arthur Kaufmann*, Gedanken zur Überwindung des rechtsphilosophischen Relativismus, in: ARSP 46 (1960) S. 553 ff.; wieder abgedr. in: Arthur Kaufmann, Rechtsphilosophie im Wandel. Stationen eines Weges, Frankfurt a. M. 1972, S. 53–70 (53).

schließlichkeit beizumessen[28]. Zur Verdeutlichung verweist Kaufmann auf die antinomische Entgegensetzung der Rechtszwecke[29] beim »frühen Radbruch« als unzulässige Verabsolutierung »verschiedener Aspekte derselben Sache, nämlich der sozialen Gerechtigkeit«[30]. Denn eine aus solchem Boden erwachsende »Toleranz« berge die Gefahr in sich, daß aus der Leugnung objektiver Wahrheitserkenntnis paradoxerweise die Verabsolutierung subjektiver Wahrheitsmeinungen entspringe: eine »verlogene Toleranz der ›Koexistenz‹ einander feindlich und sich ausschließender Absolutismen«[31]. Daß diese Einwände keineswegs abwegig sind, zeigt schon die Radbruchsche Apologie des Relativismus als »aggressiver Überzeugung«: »Entschlossenheit zum Kampf auf der einen Seite, Duldsamkeit und Gerechtigkeit des Urteils auf der anderen – das ist die Moral des Relativismus«[32].

Andererseits dürften jedoch die absoluten Folgerungen aus dem Relativismus eine Art »unzerstörbarer Grundlage« im Sinne der überlieferten Postulate des klassischen Naturrechts (Menschenrechte, Volkssouveränität, Freiheit und Gleichheit) darstellen, »von der man sich entfernen kann, aber zu der man immer zurückkehren muß«[33]. Diese Perspektive steuert offenbar *Hans Ryffel* mit seinen »Kriterien des Richtigen« an, indem er die zweite Möglichkeit einer Überwindung des Relativismus durch Aufhebung falscher Alternativen ins Auge faßt[34]. Ein »konsequenter Relativismus«, wie ihn beispielsweise Radbruch vertreten habe[35], führe zwangsläufig zur »Gewalt als letztem Ausweg«, denn ließe ein Relativist »sich in irgendeinem Maße auf eine ›Verständigung‹ ein, so hätte er seinen Relativismus aufgegeben und bestimmte für ihn und zugleich für die anderen gemeinsame Kriterien anerkannt«. Daher bedeute der wissenschaftliche Relativismus, folgerichtig zu Ende gedacht, »im sozialen Bereich die Inthronisation des

---

[28] Ebenda, S. 57 ff. – Dazu ferner *Engisch*, a. a. O. (Anm. 16) S. 265.
[29] *Radbruch*, Rechtsphilosophie, oben S. 142 ff.
[30] *Kaufmann*, a. a. O. (Anm. 27) S. 67.
[31] Ebenda, S. 68.
[32] *Radbruch*, Der Relativismus in der Rechtsphilosophie, a. a. O. (Anm. 12) S. 81.
[33] Ebenda, S. 87.
[34] *Hans Ryffel*, Grundprobleme der Rechts- und Staatsphilosophie. Philosophische Anthropologie des Politischen, Neuwied/Berlin 1969, S. 269 ff., 289 ff., 299 ff.
[35] Ebenda, S. 276 f.

bellum omnium contra omnes«[36]. Statt dessen bezieht sich Ryffel auf ein absolutes »Gemeinsames« an Richtigkeitsvorstellungen, die freilich der oben beschriebenen »unzerstörbaren Grundlage« Radbruchs weitgehend entsprechen[37].

Ryffels Mißverständnis des Radbruchschen Relativismus erscheint symptomatisch für die eindimensionale und damit notwendig schiefe Behandlung des Problems in der Gegenwart. Es war keineswegs die Absicht Radbruchs, die Unentbehrlichkeit bestimmter gemeinsamer Grundüberzeugungen von »gerechtem Recht« zu leugnen, im Gegenteil: ein Kernbestand an unverzichtbaren Richtigkeitskriterien der »praktischen Vernunft« bildete gleichsam die »innere Gesinnung seines Relativismus«[38], welche er bereits vor den Erfahrungen mit dem Nationalsozialismus klar zum Ausdruck gebracht und danach lediglich verallgemeinert hat. Demgegenüber bedeutete der Relativismus für Radbruch von vornherein nur einen »Verzicht der theoretischen Vernunft« auf verbindliche Werterkenntnis[39], so daß man statt einer »Kehre« in seinem Denken allenfalls die allmähliche Hinwendung von der theoretischen zur praktischen Vernunft konstatieren kann. Das wird besonders deutlich, wenn man nun die Entfaltung und Nachwirkung einzelner Hauptlehren Radbruchs näher verfolgt.

II.

Als wichtigstes Element der »Entspannung« des Gegensatzes von Sein und Sollen sowie damit zugleich der Abschwächung seines Methodendualismus, dem methodologischen Korrelat zum Relativismus, entwickelte Radbruch den Gedanken der »Natur der Sache«. Zwar knüpfte er mit diesem Begriff an eine alte geistesgeschichtliche Überlieferung an, welche vom »natura rerum«-Prinzip der römischen Antike über die scholastische »rei natura«-Doktrin und die rationalistisch-kritische

---

[36] Ebenda, S. 274 ff. – Dazu auch *Engisch*, a. a. O. (Anm. 16) S. 265 f.
[37] *Ryffel*, Grundprobleme, a. a. O. (Anm. 34) S. 308 ff. – Vgl. auch *ders.*, Zur Rolle des »Absoluten« in der Philosophie der Politik, in: Mensch und Recht. Festschrift für Erik Wolf zum 70. Geburtstag, hrsg. von A. Hollerbach, W. Maihofer und Th. Würtenberger, Frankfurt a. M. 1972, S. 28–56.
[38] So *Baratta*, Relativismus und Naturrecht, a. a. O. (Anm. 15) S. 516.
[39] *Radbruch*, Der Relativismus in der Rechtsphilosophie, a. a. O. (Anm. 12) S. 81.

»natura rerum«- bzw. »nature des choses«-Konzeption bei Bodin, Vico und Montesquieu bis hin zur »Natur der Sache« Jherings und Dernburgs sowie zu den »Realien der Gesetzgebung« bei Eugen Huber reicht[40]. Die spezifische Eigenart der Neufassung durch Radbruch bestand jedoch darin, daß er entsprechend moderner phänomenologischer Ansätze (Reinach, Husserl) die »Natur der Sache« über ihre bisher nur heuristische Funktion hinaus zu einem materialen Kernbestandteil seines rechtsphilosophischen Denkens erhob und damit den Weg für das »ontologische Naturrecht« freilegte. »Von hier aus hat Gustav Radbruch als erster wieder eine materiale Rechtsphilosophie aufgebaut und in dem Bestreben, den schroffen Kantischen Dualismus von Sein und Sollen zu mildern, den Grundstein für die moderne Lehre von der ›Natur der Sache‹ gelegt«[41].

Den frühesten Hinweis enthält Radbruchs Aufsatz »Rechtswissenschaft als Rechtsschöpfung« vom Jahre 1905[42], wo die »Natur der Sache« freilich noch ausschließlich dem Bereich des Seins zugeordnet ist. Erst unter dem Einfluß Lasks gelangt er in der Skizze »Rechtsidee und Rechtsstoff« (1923) zu der Erkenntnis, daß nicht nur die Materie durch den Geist, sondern auch die Idee »durch den Stoff, weil für den Stoff bestimmt« sei (»Stoffbestimmtheit der Idee«), und faßt nunmehr gemäß der Sachbestimmtheit des Rechts auch die Möglichkeit ins Auge, »Rechtsentscheidungen aus der Natur des Rechtsstoffs zu begründen, ... weil der Rechtsstoff eine sozialbegrifflich vorgeformte Gegebenheit darstellt ... Nach der Natur der Sache entscheiden heißt, sich den Sinngehalt solcher sozialen Lebenstatsachen zu eigen machen und (phänomenologisch) zu Ende denken«[43]. In dieser vorwissenschaftlichen Gestalt fand die »Natur der Sache« auch in die »Rechtsphilosophie« Eingang, mehr im Sinne des »Glücksfalls der Intuition«, denn als

---

[40] Zu den verschiedenen Traditionslinien der Lehre von der »Natur der Sache« vgl. *Erik Wolf*, Das Problem der Naturrechtslehre. Versuch einer Orientierung, 3. Aufl., Karlsruhe 1964, S. 108–118.

[41] *Arthur Kaufmann*, Einleitung in »Die ontologische Begründung des Rechts«. hrsg. von Arthur Kaufmann, Darmstadt 1965 (Wege der Forschung, Bd. XXII), S. 2.

[42] *Radbruch*, Rechtswissenschaft als Rechtsschöpfung. Ein Beitrag zum juristischen Methodenstreit, in: ASSP 4 (1905) S. 355–370 (365).

[43] *Ders.*, Rechtsidee und Rechtsstoff. Eine Skizze, in: ARWP 17 (1923/24) S. 343 ff. (350); wieder abgedr. in: Die ontologische Begründung des Rechts, a. a. O. (Anm. 41) S. 5–13 (13).

»Methode der Rechtserkenntnis«[44]. Allmählich verdichtet und konkretisiert Radbruch jedoch unter Bezugnahme auf Dernburg die »Natur der Sache« zum objektiven »Sinn sozialer Lebensverhältnisse«, die ihr Maß und ihre Ordnung in sich tragen und von deren »Verhaltensregeln« es »über ideenbezogene Sinndeutung aufwärts zum Idealtypus des Rechtsinstituts« zu gelangen gelte[45]. Damit erscheint die Deduktion aus der »Natur der Sache« bei Radbruch schließlich in Wiederannäherung an Max Weber als »Ergebnis einer streng rationalen Methode«, welche allerdings den »schroffen Dualismus zwischen Wert und Wirklichkeit« nur »in etwas entspannen, aber nicht aufheben« sollte[46]. Das letzte Wort blieb also stets der Rechtsidee vorbehalten. Mit diesem eindrucksvollen Versuch, »die Distanz zwischen der Welt der Fakten und der Welt der Ideen zu vermindern«[47], wurde Radbruch »zum Wegbereiter einer neuen Rechtsontologie. Mit seinem Namen verbindet sich der Übergang zu einem neuen Kapitel der Rechtsphilosophie«[48].

[44] *Ders.*, Rechtsphilosophie, oben S. 95; vgl. auch S. 123: »intuitive Erkenntnis des richtigen Rechts aus der Natur der Sache«.
[45] *Ders.*, La natura della cosa come forma giuridica di pensiero, in: Rivista Internazionale di Filosofia del Diritto 21 (1941), p. 145–156; in erheblich veränderter und erweiterter Fassung unter dem Titel »Die Natur der Sache als juristische Denkform« neu veröffentlicht in: Festschrift für Rudolf Laun zum 65. Geburtstag, Hamburg 1948, S. 157–176, sowie als Sonderausgabe in der Reihe »Libelli«, Bd. 59, Darmstadt 1960, 1964. – Unter Bezugnahme darauf bezeichnete *Radbruch* die »Natur der Sache« als »wichtigstes Problem der heutigen Rechtsphilosophie« (vgl. Brief vom 14. 11. 1949 an Thomas Würtenberger, in: *Gustav Radbruch*, Briefe, hrsg. von Erik Wolf, Göttingen 1968, S. 257).
[46] *Ders.*, Vorschule der Rechtsphilosophie, 3. Aufl., Göttingen 1965, S. 23.
[47] So *Alessandro Baratta*, Natur der Sache und Naturrecht, in: Die ontologische Begründung des Rechts, a. a. O. (Anm. 41) S. 125. – Vgl. zur Entwicklung des Gedankens der »Natur der Sache« bei Radbruch ferner: *Yungback Kwun*, Entwicklung und Bedeutung der Lehre von der »Natur der Sache« in der Rechtsphilosophie bei Gustav Radbruch, Diss. jur. Saarbrücken 1964. – *Werner Maihofer*, Die Natur der Sache, in: ARSP 44 (1958) S. 148 ff., wieder abgedr. in: Die ontologische Begründung des Rechts, a. a. O. (Anm. 41) S. 56 ff. – *Jisu Kim*, Methodentrialismus, a. a. O. (Anm. 9) S. 344 ff. – *Hans Dieter Schelauske*, Naturrechtsdiskussion in Deutschland. Ein Überblick über die Jahrzehnte 1945–1965, Köln 1968, S. 302 ff.
[48] *Arthur Kaufmann*, Zur rechtsphilosophischen Situation der Gegenwart (1963), in: Rechtsphilosophie im Wandel, a. a. O. (Anm. 27) S. 179. – Ähnlich bezeichnet auch *Erik Wolf* Radbruchs Lehre von der »Natur der Sache« als »eindringendste Äußerung zu diesem Thema in der vergangenen Jahrhundert-

NACHWORT

Aus Radbruchs engerem Schülerkreis hat in den letzten Jahren vor allem *Arthur Kaufmann* den Gedanken der »Natur der Sache« aufgegriffen und für die Rechtserkenntnistheorie fruchtbar gemacht. Über die am »sozialen Lebensverhältnis« orientierte Idealtypik seines Lehrers hinaus stellt Kaufmann fest, daß allgemein »dem Recht seine ganze Wirklichkeit und Fülle, seine Seinsdichte, erst aus der konkreten ›Natur der Sache‹« zuwachse[49]. In rechtstheoretisch-methodologischer Hinsicht meine »Natur der Sache« daher den »›Sinn‹, in dem Rechtsidee bzw. Gesetzesnorm und Lebenssachverhalt identisch sein müssen, damit sie zueinander ›in Entsprechung‹ gebracht werden können (Identität des Sinnverhältnisses)«[50]. Die »Natur der Sache« wird damit für Kaufmann zum »Mittler des Gesetzgebungs- wie Rechtsfindungsverfahrens«, zum »tertium comparationis«[51]. Insofern überwinde die Denkfigur der »Natur der Sache« keineswegs die Differenz von Wert und Wirklichkeit, sondern stelle lediglich eine Verbindung zwischen beiden her, so daß sich jede Erkenntnis aus der »Natur der Sache« stets als komplexer Vorgang erweise: »eine Sachverhaltsanalyse unter einem leitenden Wertgesichtspunkt«[52]. Deshalb verlaufe der Schluß vom Sachverhalt zur Norm bzw. von der Norm zum Sachverhalt immer über die »Natur der Sache«[53]. Damit formt Kaufmann den Radbruchschen »Sinn des Lebensverhältnisses« um in ein hermeneutisches Prinzip des »analogischen« Prozesses der Rechtserkenntnis: »Die ›Natur der Sache‹ ist der Angelpunkt des Analogieschlusses, sie ist das Fundament des analogischen Verfahrens sowohl der Gesetzgebung als auch der Rechtsfindung. Denn sie ist die Mitte zwischen Sachgerechtigkeit und

hälfte überhaupt« (Umbruch oder Entwicklung in Gustav Radbruchs Rechtsphilosophie, abgedr. in: Erik Wolf, Rechtsphilosophische Studien, Frankfurt a. M. 1972, S. 285, Anm. 7).

[49] *Kaufmann*, Die ontologische Struktur des Rechts (1962), in: Rechtsphilosophie im Wandel, a. a. O. (Anm. 27) S. 130.

[50] *Ders.*, Analogie und »Natur der Sache«. Zugleich ein Beitrag zur Lehre vom Typus, Karlsruhe 1965; wieder abgedr. in: Rechtsphilosophie im Wandel, a. a. O. (Anm. 27) S. 308.

[51] *Ders.*, Freirechtsbewegung – lebendig oder tot? Ein Beitrag zur Rechtstheorie und Methodenlehre, in: JuS 1965, S. 1 ff.; wieder abgedr. in: Rechtsphilosophie im Wandel, a. a. O. (Anm. 27) S. 251 ff. (266).

[52] *Ders.*, Recht und Sittlichkeit, Tübingen 1964; wieder abgedr. in: Rechtsphilosophie im Wandel, a. a. O. (Anm. 27) S. 219 ff. (245).

[53] *Ders.*, Analogie und »Natur der Sache«, a. a. O. (Anm. 50) S. 308.

Normgerechtigkeit und als solche der eigentliche Träger des objektiven rechtlichen Sinnes, um den es bei aller Rechtserkenntnis geht«[54]. Als »Mittleres« zwischen dem besonderen Sachverhalt und der allgemeinen Norm gewinnt die »Natur der Sache« für Kaufmann schließlich eine gewisse Affinität zum Begriff des »Typus«[55], womit erneut die Brücke zum Weber/Radbruchschen »Idealtypus« geschlagen ist.

Diese ontologisch-hermeneutische Theorie der Rechtserkenntnis greift *Werner Maihofer* auf und überträgt sie in seine Lehre vom »konkreten Naturrecht«, mit der er zugleich »einige der Antworten auf die von Radbruch in der Schwebe gelassenen Fragen«[56] zu geben versucht. Hier erhält die »Natur der Sache« eine doppelte Bedeutung: Zunächst bildet sie ähnlich wie bei Kaufmann eine »außergesetzliche Rechtsquelle«, da jedes richterliche Urteil »unter dem Vorbehalt der Übereinstimmung des nach dem abstrakten Rechtssatz vorgezeichneten Sollens mit dem im konkreten Rechtssachverhalt aus der ›Natur der Sache‹ (der sozialen Rolle und Lage) geforderten Sollens« stehe. Darüber hinaus betrachtet Maihofer die »Natur der Sache« als »außerpositiven Maßstab der sachlichen Richtigkeit und menschlichen Gerechtigkeit allen materialen positiven Rechts«, insofern die »Natur der Sache« um einer sinnvollen und wertvollen materialen und nicht einfach formalen Ordnung willen allen anderen aus der »Idee des Rechts« sich ergebenden Forderungen vorgehe, eine Konsequenz, die »schon für Radbruch zwingend« gewesen sei. Solches Verständnis ermöglicht die praktische Zuordnung von Naturrecht und positivem Recht und öffnet das »Tor zum konkreten Naturrechtsdenken aus der Natur der Sache«. Damit erschließt Maihofer auch für die Rechtsphilosophie eine neue Perspektive: als »sachgesetzliche Rechtslehre ..., welche die Ansätze philosophischer Anthropologie und Soziologie des Rechts, aber auch der ›apriorischen Rechtslehre‹ in sich aufnimmt«, müsse sie »wieder zum Spiegel der in der ›Natur der Sache‹ selbst liegenden Grundlinien des Rechts

---

[54] Ebenda.
[55] Ebenda, S. 310: »Die ›Natur der Sache‹ verweist auf den *Typus*. Das Denken aus der ›Natur der Sache‹ ist typologisches Denken. So mündet eines der aktuellsten Probleme der gegenwärtigen Rechtsphilosophie: die ›Natur der Sache‹ in eines der aktuellsten Probleme der gegenwärtigen Rechtstheorie: den ›Typus‹«.
[56] *Werner Maihofer*, Die Natur der Sache, in: ARSP 44 (1958) S. 145 ff., wieder abgedr. in: Die ontologische Begründung des Rechts, a. a. O. (Anm. 41) S. 52 ff. (83).

werden: zum konkreten Naturrecht«[57]. Demgemäß könne »die Rechtsphilosophie über jenen für seine Zeit überragenden Entwurf eines Gustav Radbruch nur hinausgelangen, wenn sie als Rechtsphilosophie durch Sozialphilosophie hindurch, das heißt durch eine methodische und systematische Analyse der gesellschaftlichen Entwürfe des Menschen auf seine Bestimmung hin, betrieben« werde[58]. Dieses wissenschaftstheoretische Programm hat Maihofer inzwischen mit der Skizzierung einer »Realistischen Jurisprudenz« näher ausgeführt, wo die »Natur der Sache« freilich nicht mehr »als das den Rechtserscheinungen Zugrundeliegende, sondern als das im wörtlichen Sinne Vorausgesetzte« erscheint, also nicht »Wahrheit nach hinten, sondern Wahrheit nach vorne« meint und somit statt ihrer bisher vorwiegend konservativ-apologetischen Funktion nunmehr »kritischen« Charakter annimmt[59].

Mit den Schwierigkeiten und Grenzen des »Natur der Sache«-Denkens auf dem Boden »eines in seiner äußersten Entwicklung angelangten Neukantianismus« (Radbruch) und »eines erneuerten Ontologismus« (Maihofer) beschäftigt sich *Alessandro Baratta* vor dem Hintergrund des italienischen Subjektivismus[60]. Dabei entwickelt er im Anschluß an Sforza eine stärker idealistisch geprägte Konzeption. »Natur der Sache« ist für ihn »die Aktivität des Subjekts, die das Faktum setzt und qualifiziert, indem sie ihm immer wieder neuen Sinn gibt«, oder präziser gefaßt: »Die Natur des Faktums liegt im Akt«, der »das Faktum als Ausdruck seiner selbst und die ›objektive Norm‹, die den Sinn des Faktums für das Denken ausmacht und wiederum im Akt immer aktuelle, normative Bedeutung findet«, zugleich hervorbringe[61]. Indem Baratta so das Problem der »Natur der Sache« in die dialektische Spannungslage von Subjekt und Objekt, Denken und Handeln hineinprojeziert, gelingt es ihm, den Radbruchschen Dualismus von Wert und Sache zu überwinden. »Deshalb ist die Natur der Sache, als heuristisches Prinzip der materialen Gerechtigkeit, über die Gewalt des Faktischen

---

[57] Ebenda, S. 86.
[58] *Ders.*, Ideologie und Recht. Juristische Vorbemerkungen zum Thema, in: Ideologie und Recht, hrsg. von Werner Maihofer, Frankfurt a. M. 1969, S. 34.
[59] *Ders.*, Realistische Jurisprudenz, in: Rechtstheorie. Beiträge zur Grundlagendiskussion, hrsg. von Günther Jahr und Werner Maihofer, Frankfurt a. M. 1971, S. 427–470 (449 ff.).
[60] *Alessandro Baratta*, Natur der Sache und Naturrecht, in: Die ontologische Begründung des Rechts, a. a. O. (Anm. 41) S. 104–163 (158 ff.).
[61] Ebenda, S. 161.

und der ihr entsprechenden Gewißheit hinaus, die Selbsterhaltung der Wahrheit in der Entfaltung der Welt. In jener Entfaltung der gerechten Welt nach der Natur der Sache ist der Mensch das Prinzip und das Ende, der Mensch als das Seiende, dessen Sein ein Sein-Sollendes ist«[62].

Hatte Baratta sich damit in Hegelscher Richtung von der neukantianischen Erkenntnistheorie Radbruchs entfernt, so war er ihm unter anderem Blickwinkel um so näher gekommen, nämlich in der Hinwendung der »Natur der Sache« auf die »Aktivität des Menschen und seiner konkreten Geschichtlichkeit«[63], auf die »Humanität des Rechts«[64].

Es würde im Rahmen einer vorläufigen Bestandsaufnahme von rechtsphilosophischen Nachwirkungen Radbruchscher Gedanken gewiß zu weit führen, wollte man das Problem der »Natur der Sache« hier in solcher Breite erörtern, wie es ursprünglich durch Radbruch »die stärkste Anregung«[65] erfahren hat und später namentlich von Fechner, Bobbio, Larenz, Gutzwiller und anderen[66] aufgegriffen worden ist. Eine Linie soll freilich noch kurz verfolgt werden, soweit sie aus der »Natur der Sache« vor allem »in Übereinstimmung mit Intentionen des späteren Radbruch gewisse ›humane Unabdingbarkeiten‹ (zeitadäquat gefaßte ›Menschenrechte‹)« ableitet[67]. Aus solcher Sicht nimmt beispielsweise *Helmut Coing* an, die »Natur der Sache« beruhe »letzten Endes ... im sozialen Leben auf der Natur des Menschen und der Welt, in der er lebt«, so daß sich der »bescheiden klingende Aus-

---

[62] *Ders.*, Gedanken zu einer dialektischen Lehre von der Natur der Sache, in: Gedächtnisschrift, a. a. O. (Anm. 2) 173–181 (179 f.).
[63] *Ders.*, Juristische Analogie und Natur der Sache, in: Festschrift für Erik Wolf zum 70. Geburtstag, Frankfurt a. M. 1972, S. 137–169 (156 ff.).
[64] Dazu unten S. 367 ff.
[65] *Karl Engisch*, Zur »Natur der Sache« im Strafrecht. Ein Diskussionsbeitrag, in: Die ontologische Begründung des Rechts, a. a. O. (Anm. 41) S. 204.
[66] *Erich Fechner*, Rechtsphilosophie. Soziologie und Metaphysik des Rechts, 2. Aufl. Tübingen 1962, S. 146 ff. – *Norberto Bobbio*, Über den Begriff der »Natur der Sache«, in: ARSP 44 (1958) S. 305 ff.; *ders.*, Wegweiser zu richterlicher Rechtsschöpfung. Eine rechtsmethodologische Untersuchung, in: Festschrift für Arthur Nikisch, Tübingen 1958, S. 275 ff. – *Max Gutzwiller*, Zur Lehre von der »Natur der Sache«, in: Gutzwiller, Elemente der Rechtsidee. Ausgewählte Aufsätze und Reden, Basel 1964, S. 134 ff. – Vgl. im übrigen die ausführliche Sachbibliographie von *Winfried Hassemer* in: Die ontologische Begründung des Rechts, a. a. O. (Anm. 41) S. 664–727.
[67] Vgl. *Erik Wolf*, Das Problem der Naturrechtslehre, a. a. O. (Anm. 40) S. 115.

druck ›Natur der Sache‹ zu der Vorstellung einer durchgehenden Ordnung der sozialen Dinge zu erweitern scheint«[68]. Ähnlich sind auch die »sachlogischen Strukturen« bei *Günter Stratenwerth* — gefaßt als »ontische Gegebenheiten, die sich unter einem bestimmten (Wert-)Gesichtspunkt als wesentlich herausheben«[69] — maßgeblich durch die »Blickrichtung auf den Menschen als Person« (Personnatur) bestimmt. Diesem weiten Begriff der »Natur der Sache« unter Einbeziehung der »Natur des Menschen als materiell-generellem Sachverhalt« hat sich endlich auch *Herbert Schambeck* angeschlossen und in sorgfältiger Auseinandersetzung mit Radbruch die Notwendigkeit hervorgehoben, vor allem »das ›Geschöpf‹ Mensch und seine Wesenseigenschaften wie auch deren Bedeutung für die rechtliche Ordnung näher kennenzulernen«[70], wobei die Unterscheidung zwischen »Sache« und »Mensch« für naturrechtliches Denken strikt abgelehnt wird.

Zweifellos waren Radbruchs Vorstellungen von »Natur der Sache« stärker phänomenologisch ausgerichtet und auf die »Realien der Gesetzgebung« im Sinne Eugen Hubers bezogen. Dennoch blieb innerhalb des Gesamtentwurfs Radbruchscher Rechtsphilosophie die anthropologische Dimension keineswegs ausgeblendet, im Gegenteil: das Bild vom »Menschen als Allgemeintyp« rückte immer mehr ins Zentrum seines Interesses und bildete den Angelpunkt der Lehre vom »Zweck des Rechts«[71]. Dies hat offenbar schon Schambeck erkannt und daher zur Begründung seiner personalen Naturrechtslehre vor allem auf den »empirischen Durchschnittstypus« des Menschen im Radbruchschen Verständnis wesenhafter »Gleichheit« abgehoben[72]. Damit ist ein weiterer Themenkreis berührt, dessen zentrale Fragestellung nach dem »menschlichen Recht« sich ebenfalls zu einem der meistbeachteten Grundanliegen Gustav Radbruchs ausgeweitet hat.

[68] *Helmut Coing*, Grundzüge der Rechtsphilosophie, 2. Aufl., Berlin 1969, S. 180.
[69] *Günter Stratenwerth*, Das rechtstheoretische Problem der »Natur der Sache«, Tübingen 1957, S. 17 f.
[70] *Herbert Schambeck*, Der Begriff der »Natur der Sache«. Ein Beitrag zur rechtsphilosophischen Grundlagenforschung, Wien 1964; dazu die hier zitierte Vorstudie gleichen Titels in: ÖZöR N. F. 10 (1959/60) S. 452 ff., gekürzt abgedr. in: Die ontologische Begründung des Rechts, a. a. O. (Anm. 41) S. 170, 183.
[71] *Radbruch*, Rechtsphilosophie, oben S. 142 ff.
[72] *Schambeck*, Der Begriff der »Natur der Sache«, in: Die ontologische Begründung des Rechts, a. a. O. (Anm. 70) S. 184 f., unter Hinweis auf *Radbruch*, Rechtsphilosophie, oben S. 226.

III.

Mit seinem wissenschaftlichen »Weckruf«[73] zum »Menschen im Recht« folgte Radbruch weniger den anthropologischen oder psychologischen Anregungen damaliger Kultur- und Lebensphilosophie (Spranger, Rothacker) als vielmehr einem prägenden Grundzug seines eigenen Wesens: in humanistischem Geist verwurzelter Güte und Menschenfreundlichkeit. »Hellenistisch-römische φιλανϑρωπία und humanitas in ihrer Verschmelzung waren ein motus animi continuus seines Denkens und Tuns«[74]. Diese innere Haltung schärfte Radbruch nicht nur den Blick für die politischen und sozialen Probleme der Zeit, welche ihn zu praktischen Reformvorschlägen auf den Gebieten der Rechtspflege und des Strafvollzugs ebenso herausforderten wie im Bereich der Volksbildung und Staatsbürgerkunde, sondern lenkte auch sein rechtsphilosophisches Interesse schon frühzeitig auf die moralische Problematik des Ersten Weltkrieges als »sinnlosen und bedeutungsfremden Unglücksfalls«[75], auf die Notwendigkeit von »Völkerbundgesinnung«[76] und auf die Anerkennung vorstaatlicher »Menschenrechte«[77]. In diesem Sinne hat Radbruch selbst noch kurz vor seinem Tode mit der Vorbereitung des Aufsatzbandes »Der Mensch im Recht« dokumentieren wollen, wie seine »humanitäre Rechtsauffassung ... im Wechsel der geschichtlichen Ereignisse sich behauptete und zugleich fortbildete«[78]. Zutreffend erblickt daher Kaufmann im »Recht aus der Natur des Menschen, d. h. unabdingbare Menschenrechte« einen der »Grundgedanken, in die Radbruchs Rechtsphilosophie ausmündete und auf die seine ganze Lebensarbeit von Anfang an angelegt war und hinstrebte«[79]. So war es vor allem ein »rationaler Humanismus«[80], der

---

[73] *Fritz von Hippel*, Vorwort zu »Gustav Radbruch, Der Mensch im Recht. Ausgewählte Vorträge und Aufsätze über Grundfragen des Rechts, 2. Aufl., Göttingen 1961«, S. 6.
[74] *Erik Wolf*, Große Rechtsdenker, a. a. O. (Anm. 6) S. 751.
[75] *Radbruch*, Rechtsphilosophie, oben S. 307.
[76] *Ders.*, Völkerbundgesinnung, in: Neue Erde 1 (1919) S. 52–57.
[77] *Ders.*, Der Relativismus in der Rechtsphilosophie, a. a. O. (Anm. 12) S. 87; vgl. dazu auch oben S. 358, Anm. 33.
[78] *Ders.*, Vorwort zu »Der Mensch im Recht«, a. a. O. (Anm. 73) S. 7.
[79] *Arthur Kaufmann*, Der Mensch im Recht. Zum 80. Geburtstag von Gustav Radbruch (1958), in: Rechtsphilosophie im Wandel, a. a. O. (Anm. 27) S. 26.
[80] *Erik Wolf*, Große Rechtsdenker, a. a. O. (Anm. 6) S. 752.

Radbruchs »Äußeren Weg«[81] kennzeichnet und erheblichen Einfluß auf die Neuentfaltung der anthropologischen Dimension heutiger Rechtsphilosophie gewonnen hat. Bereits in seiner Heidelberger Antrittsrede über das Thema »Der Mensch im Recht« vom Jahre 1927 beschäftigte sich Radbruch ausführlich mit den einzelnen kulturhistorischen Varianten des Menschenbildes, auf die hin jeweils »das Recht angelegt« ist, und stellte für die Gegenwart eine zunehmende »Annäherung des juristischen Menschentyps an die soziale Wirklichkeit« fest: »Der Mensch im Recht ist fortan nicht mehr Robinson oder Adam, nicht mehr das isolierte Individuum, sondern der Mensch in der Gesellschaft, der Kollektivmensch« des »sozialen Rechtszeitalters«[82]. Demgemäß unterschied Radbruch später in seiner »rechtsphilosophischen Parteienlehre«[83] individualistische, kollektivistische und transpersonalistische Rechtsauffassungen je danach, ob der »Zweck des Rechts« durch Individualwerte, Kollektivwerte oder Werkwerte bestimmt wird[84]. Unabhängig davon stelle freilich aus rechtsphilosophischer Sicht der Mensch als »Person« für jede Rechtsordnung einen »Selbstzweck« dar[85], welcher trotz verschiedener »Lebensformen des Rechtsmenschen«[86] im allgemeinen Status der »Gleichheit« zum Ausdruck komme. Auf dieser gedanklichen Grundlage entwickelte Radbruch schließlich seine Lehre von den unverzichtbaren »Menschenrechten«, deren Aufgabe es sei, »äußere Freiheit zu garantieren«, und deren völlige Leugnung durch eine überindividualistische oder transpersonalistische Anschauung zwangsläufig zu »absolut unrichtigem Recht« führe[87]. Unter Hinweis auf die Charta der

[81] *Fritz von Hippel*, Gedenken an Gustav und an Lydia Radbruch, in: Gedächtnisschrift, a. a. O. (Anm. 2) S. 33.
[82] *Radbruch*, Der Mensch im Recht, Tübingen 1927; wieder abgedr. in: Der Mensch im Recht, a. a. O. (Anm. 73) S. 9–22 (16 ff.).
[83] *Ders.*, Rechtsphilosophie, oben S. 152 ff. (»Rechtsphilosophische Parteienlehre«).
[84] *Ders.*, Rechtsphilosophie, oben S. 142 ff. (»Der Zweck des Rechts«).
[85] *Ders.*, Rechtsphilosophie, oben S. 225 ff. (»Die Person«).
[86] *Ders.*, Rechtsphilosophie, oben S. 192 ff. (»Die Psychologie des Rechtsmenschen«).
[87] *Radbruch*, Vorschule der Rechtsphilosophie, a. a. O. (Anm. 46) S. 29; vgl. ferner *ders.*, Menschenrechte, in: Neues Europa 2 (1947) H. 28; Fünf Minuten Rechtsphilosophie (1945), oben S. 327 ff.; Gesetzliches Unrecht und übergesetzliches Recht, in: SJZ 1 (1946) S. 105–108, wieder abgedr. oben S. 339 ff. – Dazu insgesamt *Fritz von Hippel*, Gustav Radbruch als rechtsphilosophischer Denker,

Menschenrechte, die Strafbestimmungen über »Verbrechen gegen die Menschlichkeit« und den innerstaatlichen Rechtsschutz der Person erklärte Radbruch sodann die »Humanität« selbst zum »Rechtsbegriff«, und zwar in dreifacher Beziehung: »als Menschenfreundlichkeit gegen unmenschliche Grausamkeit, als Menschenwürde gegen unmenschliche Erniedrigung, als Menschenbildung gegen unmenschliche Kulturvernichtung«[88]. Damit war im Prinzip der »Humanität« letztlich ein »selbständiger Leitgedanke« des Rechts entdeckt[89].

Dieser Leitgedanke der Humanität kehrt vor allem bei *Erik Wolf* im Zusammenhang mit der Deutung des Radbruchschen Leitworts »Sich ins Rechte denken« wieder und gewinnt hier als ethisch-existenzielle Haltung des »In Ehrfurcht Seins« für die Rechtswelt ebenfalls dreierlei Gestalt: »zum Schutz der Menschenwürde (Individualität)«, »zum Zweck des Menschenwohls (Sozialität)« und »im Sinne des Menschenwerts (Personalität)«[90]. Von daher knüpft Wolf sowohl an eine seiner Naturrechtsthesen über »Recht als humanitäre Ordnung (›Menschlichkeit‹) des sozialen Daseins (humanitas)«[91] als auch an eigene rechtsanthropologische Betrachtungen an, die sich in Weiterführung Radbruchscher Denkformen allmählich zu einer »Theanthropologie« des Rechts verdichten. Ausgehend von der Erkenntnis, daß »die Zuordnung von Rechtlichem ... stets eine Zuordnung zum Personsein des Menschen überhaupt« bedinge, sieht Wolf schon 1931 auch im Straftäter »seinem Wesen nach ein personales Glied der Rechtsgemeinschaft mit verfallender Rechtsgesinnung«, dessen Besserung in erster Linie eine Änderung seiner »sozialen Einstellung« erfordere[92] – ein sehr moderner Gedanke, der die Fragwürdigkeit von Begriffen wie »Resozialisierung« oder »Wiedereingliederung in die Gesellschaft« deutlich vor Augen führt. Später hat Erik Wolf in einem Aufsatz über »Mensch und Recht« an verschiedenen Grundstrukturen menschlicher Existenz nachgewiesen, daß »alle Wesenszüge des Menschseins« zugleich das

---

Heidelberg 1951, S. 28 ff.; *Baratta*, a. a. O. (Anm. 15) S. 522 ff.; *Tjong*, a. a. O. (Anm. 15) S. 81 ff.

[88] *Radbruch*, Vorschule der Rechtsphilosophie, a. a. O. (Anm. 46) S. 97–99.

[89] Vgl. dazu *Erik Wolf*, Das Problem der Naturrechtslehre, a. a. O. (Anm. 40) S. 191 ff.; *Baratta*, Relativismus und Naturrecht, a. a. O. (Anm. 15) S. 516.

[90] *Erik Wolf*, Sich ins Rechte denken, a. a. O. (Anm. 4) S. 80.

[91] *Ders.*, Das Problem der Naturrechtslehre, a. a. O. (Anm. 40) S. 191.

[92] *Ders.*, Vom Wesen des Täters, Tübingen 1932, S. 15 ff., 34.

Recht mitbegründen, aber auch vom Recht begrenzt werden, und keiner den anderen im Recht verdrängen darf: »Mensch sein heißt in der Welt des Rechts sein«[93]. Allerdings verweist die »existentielle Fügung« der Geschöpflichkeit des Menschen, »das menschliche Geschick, im Recht zu sein und doch kein Recht zu haben«, Wolf in kritischer Auseinandersetzung auch mit Radbruchs »Lehre vom ›Menschenbild des Rechts und Rechtsbild des Menschen‹« auf den theologischen Ansatz des »Problems einer Rechtsanthropologie«, welcher allein die wahre Entsprechung zwischen Recht und Mensch durch das »theanthropologische Existential« von »Gebot und Gehorsam in ihrer dialektischen Einheit« herzustellen vermag[94]. »Hingeschaffen auf ›Das Wort‹« und »umgeschaffen durch ›Das Wort‹«, steht der Mensch im Gottesverhältnis der »Personalität« und im Nächstenverhältnis der »Solidarität« als den beiden Dimensionen endgültigen menschlichen »Ins Recht Kommens« auf dem Boden des »Nächstenrechts«[95]. So entfaltet Erik Wolf die Frage Radbruchs nach der spezifischen Humanität des Rechts in einem neuen rechtstheologischen Rahmen.

Mit ausdrücklicher Bezugnahme auf Radbruch betrachtet auch *Thomas Würtenberger* die »Humanität als Strafrechtswert«[96], und zwar vornehmlich unter dem Aspekt der »Menschenwürde als einer besonderen Werthaftigkeit der Persönlichkeit« sowohl des Verletzten wie des Rechtsbrechers, welcher niemals zum bloßen Objekt staatlicher Strafgewalt degradiert werden dürfe und gerade während des Strafvollzugs

---

[93] *Ders.*, Mensch und Recht, in: Lebendiges Wissen. Neue Folge, hrsg. von Heinz Friedrich, Stuttgart 1955, S. 350–357; wieder abgedr. in: Erik Wolf, Rechtsphilosophische Studien, a. a. O. (Anm. 48) S. 83–88 (83).

[94] *Ders.*, Das Problem einer Rechtsanthropologie, in: Die Frage nach dem Menschen. Festschrift für Max Müller, Freiburg/München 1966, S. 130–155; wieder abgedr. in: Erik Wolf, Rechtstheologische Studien, Frankfurt a. M. 1972, S. 160–185 (175 ff.).

[95] Vgl. *Erik Wolf*, Recht des Nächsten. Ein rechtstheologischer Entwurf, 2. Aufl., Frankfurt a. M. 1966; ferner *ders.*, Personalität und Solidarität im Recht, in: Vom Recht. Hannoversche Beiträge zur politischen Bildung, Bd. 3, Hannover 1963, S. 189–209; wieder abgedr. in: Rechtstheologische Studien, a. a. O. (Anm. 94) S. 138–159. – Dazu *Wilhelm Steinmüller*, Evangelische Rechtstheologie, Köln/Graz 1968, S. 257–453.

[96] *Thomas Würtenberger*, Humanität als Strafrechtswert, in: SJZ 3 (1948) Sp. 650–655; wieder abgedr. in: Würtenberger, Kriminalpolitik im sozialen Rechtsstaat. Ausgewählte Aufsätze und Vorträge (1948–1969), Stuttgart 1970, S. 1–9.

Schutz und Fürsorge verdiene. Aus dieser Grundeinsicht leitete Würtenberger in seiner Untersuchung »Über das Menschenbild im Strafrecht« wiederum unter Berufung auf Radbruchs »Mensch im Recht« die Notwendigkeit einer prinzipiellen »anthropologischen Wende« des Rechtsdenkens ab, verbunden mit der Anregung, »das Menschenbild unserer Zeit im richtigen Lichte zu sehen und aus einer wissenschaftlichen Interpretation des Menschseins die notwendigen Folgerungen für die Gestaltung des Rechtslebens zu ziehen«[97]. Freilich muß sich die Frage »nach der Seinsgestalt des Menschen, wie sie uns innerhalb der Rechtswelt entgegentritt..., am ›Gesamtentwurf‹ des Menschen orientieren, den die heutige philosophische Anthropologie in engem Zusammenwirken mit den empirischen Einzelwissenschaften uns darbietet«[98]. Ausgehend von Gustav Radbruchs »bedeutsamen anthropologischen Perspektiven«[99], führt Würtenberger somit die »Begegnung zwischen Jurisprudenz und philosophischer Anthropologie« auf den Spuren einer »Rechtsanthropologie« fort, welche in Verbindung mit der biologischen Verhaltensforschung, der Psychologie und der Soziologie für ihr zentrales Problem einer Ortsbestimmung der »Betroffenheit des Menschen durch das Recht« selbst gegenüber dem theologischen Zugang »die Legitimation sinnvollen Strebens nach Ergründung bedeutsamer Wesenszüge des Rechts auf dem Hintergrund eines integrativen Menschenbildes« in Anspruch nehmen könne[100]. Würtenbergers »Neubesinnung auf Möglichkeit und Aufgabe einer wissenschaftlichen Rechtsanthropologie« erhält also nicht zuletzt durch die Rückbesinnung auf Radbruchsches Gedankengut ihr besonderes Gewicht.

Ähnlich knüpft *Werner Maihofer* an die wertethische Trilogie der »Rechtszwecke« von Radbruch an[101], wenn er das »Personsein des Men-

[97] *Ders.*, Über das Menschenbild im Strafrecht, in: Das Polizeiblatt für das Land Baden-Württemberg 28 (1965) S. 97–105; wieder abgedr. in: Kriminalpolitik, a. a. O. (Anm. 96) S. 9–26 (9, 15, 26).
[98] *Ders.*, Jurisprudenz und philosophische Anthropologie, in: Freiburger Dies Universitatis, Bd. 7 (1958/59) S. 85–100 (91). – Dazu *Schelauske*, a. a. O. (Anm. 47) S. 155 f.
[99] *Würtenberger*, ebenda, S. 90.
[100] *Ders.*, Über Rechtsanthropologie, in: Mensch und Recht. Festschrift für Erik Wolf zum 70. Geburtstag, Frankfurt a. M. 1972, S. 1–21 (6 ff., 21).
[101] Vgl. *Radbruch*, Rechtsphilosophie, oben S. 142 ff. (150 f.) zum individualistischen, kollektivistischen und transpersonalen Zweckbegriff des Rechts: »Die drei möglichen Rechts- und Staatsauffassungen ergeben sich aus der Betonung verschiedener Elemente eines unteilbar Ganzen«.

schen unauflösbar und unaufgebbar aus dem Zusammenhang von Individualität, Sozialität und Humanität, das heißt von Selbstsein, Alssein und Menschsein« zu denken versucht[102]. Daher beziehe sich auch die Verpflichtung des Staates zur Achtung und zum Schutze der Menschenwürde auf alle drei Aspekte und Dimensionen des Menschseins: »Der Staat müßte mit anderen Worten nicht nur die elementaren und fundamentalen Bedingungen der Ermöglichung der Humanität: des Menschseins überhaupt, gewährleisten, sondern ebenso die der Sozialität: des Alsseins und der Singularität: des Selbstseins«[103]. Das ergibt sich für Maihofer aus einer »Fundamentaldialektik der menschlichen Person als Individualperson und Sozialperson, als Mitte der Eigenwelt der Subjektivität und als Glied der Gemeinwelt der Objektivität: als Selbstsein im Alssein«[104]. Von jenem Denkansatz aus entwirft Maihofer eine anthropozentrische Rechtsontologie der »konkreten Existenz«[105] und »realen Humanität«[106], welche als tragender Grund der Rechtsphilosophie diese zum wichtigsten »Garanten der Menschlichkeit von Recht« erhebt[107]. Solches »menschliche Recht« begreift Maihofer schließlich im Rahmen seiner »Anthropologie der Koexistenz« als einen »Systemzusammenhang der Regelungen und Ordnungen zwischen ICH und DU im WIR des Zwischenmenschlichen und der Gesellschaft«, dessen »Polarität von Personsystem und Sozialsystem« zugleich »Erfüllung und Verfremdung jeder ›Individualentfaltung‹ in den Objektivationen und Konkretionen der ›Sozialgestalten‹« bewirke, »das heißt mit anderen Worten: aller in der Sozialität des Alsseins sich vollbringenden Singularität des Selbstseins und zugleich Humanität des Menschseins überhaupt«[108]. Mit dieser Akzentu-

---

[102] *Werner Maihofer*, Ideologie und Recht. Juristische Vorbemerkungen zum Thema, in: Ideologie und Recht, a. a. O. (Anm. 58) S. 1–35 (34).
[103] *Ders.*, Rechtsstaat und menschliche Würde, Frankfurt a. M. 1968, S. 49 ff.
[104] *Ders.*, Vom Sinn menschlicher Ordnung, Frankfurt a. M. 1956, S. 42 ff.
[105] *Ders.*, Konkrete Existenz. Versuch über die philosophische Anthropologie Ludwig Feuerbachs, in: Existenz und Ordnung. Festschrift für Erik Wolf zum 60. Geburtstag, Frankfurt a. M. 1962, S. 244–279.
[106] *Ders.*, Realistische Jurisprudenz, a. a. O. (Anm. 59) S. 445 ff.
[107] *Ders.*, Zum Verhältnis von Rechtssoziologie und Rechtstheorie, in: Rechtstheorie, a. a. O. (Anm. 59) S. 247–301 (297 ff.).
[108] *Ders.*, Anthropologie der Koexistenz, in: Mensch und Recht. Festschrift für Erik Wolf zum 70. Geburtstag, Frankfurt a. M. 1972, S. 162–211 (207).

ierung des »Alsseins«, der sozialen Dimension menschlicher (Ko-)Existenz, kommt Maihofer bereits dem Leitbild des »sozial gebundenen, kollektiven Menschen als Grundlage des sozialen Rechts« bei Radbruch sehr nahe, das ebenfalls an bestimmte gesellschaftliche »Typen« (Arbeitgeber — Arbeitnehmer, Vermieter — Mieter, Gelegenheitstäter — Gewohnheitsverbrecher) anknüpft[109].

In die gleiche Richtung weist *Fritz von Hippels* Mahnung, den »antinomischen Dreiklang«[110] der Rechtszwecke bei Radbruch nicht im Sinne »eines ›Entweder — Oder‹ einander ausschließender Wahlmöglichkeiten« mißzuverstehen — weil »wir weder ein reines Freiheitssystem hinnehmen dürfen, das ohnmächtig ist gegenüber den Daueransprüchen des Menschen auf Gerechtigkeit und Rechtssicherheit, noch ein Regierungssystem, das zwar die Ruhe eines Friedhofs, nicht aber auch die Freiheit und die Würde des Menschen zu gewährleisten vermag« –, sondern beide Systeme »unter dem gemeinsamen und übergreifenden Gesichtspunkt einer hier wie dort gleichermaßen zu erstrebenden Rechtssicherheit und Gerechtigkeit zu versöhnen und bei aller Verschiedenheit der hier wie dort jeweils einzusetzenden Organisationsmittel zum Ausgleich wie zur Verflechtung eines Miteinander in einem gemeinsamen höheren Sinnganzen zu bringen«[111]. Der Aufbau einer solch »übergreifenden Sozialordnung« erfordert nach von Hippel freilich die Ergänzung der liberalen »Grundrechte« durch die »zugehörigen Grundpflichten«, um das »Fehlen einer jeden ursprünglichen Sozial- und Hilfspflicht« zu kompensieren[112].

Weil der »Mensch im Recht« nicht nur als »klug, verständig und aktiv, zur Bewältigung seiner Lebensaufgaben durchaus eigenständig befähigt« angesehen werden dürfe, sondern sich oft als »beschränkt, uneinsichtig, hilfs- und lenkungsbedürftig« erweise, warnt *Heinrich*

---

[109] *Radbruch*, Vorschule der Rechtsphilosophie, a. a. O. (Anm. 46) S. 102. — Dazu unten S. 376 ff.
[110] *Fritz von Hippel*, Gustav Radbruch als rechtsphilosophischer Denker, Heidelberg 1951; vgl. ferner *ders*., Zur Neuauflage von Gustav Radbruchs »Rechtsphilosophie« (1932) durch Erik Wolf (1950), in: Rechtstheorie und Rechtsdogmatik. Studien zur Rechtsmethode und zur Rechtserkenntnis, Frankfurt a. M. 1964, S. 401–406; *ders*., Gedenken an Gustav und an Lydia Radbruch, in: Gedächtnisschrift, a. a. O. (Anm. 2) S. 29–36.
[111] *Ders*., Lage und Entwicklungsmöglichkeiten heutiger Jurisprudenz, in: Freiburger Dies Universitatis, Bd. 16 (1969/70) S. 65–100 (78).
[112] Ebenda, S. 83 f.

NACHWORT

Henkel ebenfalls davor, mit Radbruch relativierend von einem fiktiven Menschenbild des rücksichtslosen »Durchschnittstyps« als »unverlierbarer methodologischer Einsicht« auszugehen[113], und empfiehlt statt dessen »zur Deutung und Verwirklichung des Rechts vom Menschen her« eine »ganzheitliche Rechts-Anthropologie«[114]. – Immerhin stimmen wohl beide Autoren darin überein, daß – wie *Alfred Verdross* in Anlehnung an Radbruch feststellt – letztlich »alles positive Recht nur als Mittel zur Verwirklichung humaner Ziele gerechtfertigt werden« könne, zumal »Gemeinschaft und Kultur keine Selbstzwecke sind, sondern im Dienste des Menschen stehen, der auf Erden allein ein Selbstzweck ist«[115]. – Ganz im Sinne Radbruchs mißt schließlich auch *René Marcic* der »Natur des Menschen« unmittelbar »normativen Charakter« bei, insofern nach einer allem Recht »innewohnenden materialen Urnorm ... jeder Mensch von jedem Menschen als Mensch anerkannt und behandelt werden« solle, und bezeichnet gerade dieses in Menschenrechten und Grundfreiheiten konkretisierte Spezifikum »Menschenwürde« als eigentliches »Materialdefiniens des positiven Rechts«[116].

Das überaus starke Echo, welches Radbruchs rechtsphilosophischer Appell »Zurück zum Menschen!« in der Gegenwart gefunden hat, beruht nicht zuletzt auf der namentlich bei *Maihofer* ausgewerteten Tatsache, daß sich seit einigen Jahrzehnten ein tiefgreifender Wandel des Menschenbildes abzuzeichnen beginnt, aufgrund dessen die individualistisch-liberale einer kollektivistisch-sozialen Welt- und Daseinsauffassung zu weichen scheint. Während die abstrakte Freiheit und Gleichheit des isoliert gedachten Individuums zunehmend an Überzeugungskraft verliert, »treten die Unterschiede sozialer Machtstellung

---

[113] *Radbruch*, Der Mensch im Recht, a. a. O. (Anm. 82) S. 12 f., wo von dieser Betrachtungsweise allerdings wörtlich gesagt ist: »Darin lag zugleich eine unverlierbare methodologische Einsicht *und* eine vergängliche, historisch bedingte Auffassung.«
[114] *Heinrich Henkel*, Einführung in die Rechtsphilosophie. Grundlagen des Rechts, München/Berlin 1964, S. 168 f., 172 ff.
[115] *Alfred Verdross*, Statisches und dynamisches Naturrecht, Freiburg 1971, S. 107; vgl. auch *ders.*, Beständigkeit und Geschichtlichkeit im Recht, in: Gedächtnisschrift, a. a. O. (Anm. 2) S. 129–139.
[116] *René Marcic*, Rechtsphilosophie. Eine Einführung, Freiburrg 1969, S. 262 ff. (271 ff.) m. w. Nachw.; vgl. auch *ders.*, Gustav Radbruch und Hans Kelsen, in· Gedächtnisschrift, a. a. O. (Anm. 2) S. 82–92.

und sozialer Ohnmachtstellung... überhaupt in den Gesichtskreis des Rechts«[117], wird der Ruf nach konkreter, effektiver Freiheit und Chancengleichheit durch das Recht immer lauter. Dabei erweist sich der Rechtsbegriff der »Person« gleichsam als Indikator einer gesamtgesellschaftlichen Entwicklung, die eigenverantwortliches Selbstsein in steigendem Maße durch fremdbestimmtes Alssein ersetzt, und rückt somit auch ins Zentrum der Rechtsphilosophie. Hier stellt sich mit wachsender Dringlichkeit die Frage, wie unter den so veränderten sozioökonomischen Bedingungen menschliche Selbstverwirklichung und Freiheit ermöglicht, Humanität und Solidarität gestärkt werden können. Eine Antwort darauf sucht Radbruch im Gedanken des »sozialen Rechts«.

IV.

Das liberalistische Erbe der »unsichtbaren Hand«, die für eine autonome bürgerliche Gesellschaft selbstverantwortlicher eigennütziger Individuen alles zum Besten wenden sollte, ist bis in die Gegenwart hinein mit sozialen Hypotheken belastet, zu deren Ablösung man programmatische Forderungen wie »sozialer Rechtsstaat«, »soziale Gerechtigkeit«, »soziale Grundrechte« oder sogar »soziale Marktwirtschaft« allmählich in normative Leitprinzipien der Rechts- und Verfassungsordnung umgeformt und damit der Idee des »sozialen Rechts« insgesamt zum Durchbruch verholfen hat. Diese Entwicklung ist um die Jahrhundertwende auf europäischem Boden fast gleichzeitig eingeleitet worden: in Deutschland vor allem durch Otto von Gierke und Franz von Liszt, in Frankreich durch Léon Duguit, Charles Gide, Léon Bourgeois und Georges Gurwitsch, in Österreich durch Anton Menger und Karl Renner sowie in der Schweiz durch Eugen Huber und Heinrich Pestalozzi. So hätte sich Radbruch zweifellos auf eine stattliche Ahnenreihe stützen können, als er nach dem Ersten Weltkrieg unter dem Eindruck von Massenelend und Fronterlebnis wachsende Sympathien für den juristischen Sozialismus empfand und sich zunehmend mit Problemen des »sozialen Rechts« zu beschäftigen begann. Bezeichnenderweise nimmt die sozialistische Rechtsanschauung bei Radbruch

---

[117] So *Radbruch*, Vom individualistischen zum sozialen Recht, in: Hanseatische Rechts- und Gerichtszeitung 13 (1930) Sp. 457–486; wieder abgedr. in: Radbruch, Der Mensch im Recht, a. a. O. (Anm. 73) S. 35–49 (37).

jedoch eine durchaus eigengeprägte Gestalt an, auf der bis heute ihre besondere Faszination ebenso wie ihre kontroverse Aufnahme durch zeitgenössische Autoren beruht: Radbruch entwirft die Lehre vom »sozialen Recht« unter dem Einfluß Lasks auf kulturphilosophisch-geistesgeschichtlicher (nicht materialistischer) Grundlage, stellt sie mit Bezugnahme auf Duguit in einen kollektivistisch-sozialethischen (nicht revolutionär-klassenkämpferischen) Rahmen und füllt sie im Anschluß an von Liszt mit empirisch-soziologischem (nicht ideologischem) Gehalt[118]. Diese undogmatische Betrachtungsweise trug der Radbruchschen Konzeption einerseits das Verdikt der »Unfruchtbarkeit«[119], andererseits den Vorwurf mangelnder »Konsequenz«[120] ein. Weniger »ein geschlossenes, in sich abgerundetes System«[121], als eine realanalytische Prognose gesellschaftlichen Rechtswandels, offenbart die Idee des »sozialen Rechts« bei Radbruch »ein Denken, das die ›soziale Frage‹ ganz ernst nimmt, also nicht ausweicht vor der Grundfrage, ob überhaupt Sozialität einer der Gründe menschlicher Existenz sei und wie sie es sei«[122], wobei sich Radbruch in bezug auf die Veränderungen des liberalistischen Menschenbildes im sozialen Zeitalter »über die revolutionierende Bedeutung dieser Entwicklung« durchaus im klaren war[123].

Nach ersten vorsichtigen Äußerungen über »Das Recht im sozialen Volksstaat« (1919)[124] widmete Radbruch dem Fragenkreis »Sozialismus und Recht« bereits in seiner »Kulturlehre des Sozialismus« vom Jahre 1922 ein besonderes Kapitel, in dem er ausführlich »die Hinwendung schon des heutigen Rechts zum vergesellschafteten Menschen« beschreibt und vom »Recht der sozialen Gemeinschaft« über-

---

[118] Dazu *Würtenberger*, Zur Idee des »sozialen Rechts« bei Gustav Radbruch, in: Gedächtnisschrift, a. a. O. (Anm. 2) S. 200–206.
[119] *Wilhelm Sauer*, Literaturbericht: Rechts- und Sozialphilosophie, in: ZStW 49 (1929) S. 120.
[120] *Norbert Reich*, Einleitung in »Marxistische und sozialistische Rechtstheorie«, hrsg. von N. Reich, Frankfurt a. M. 1972, S. 16.
[121] In diesem Sinne jedoch *Bonsmann*, a. a. O. (Anm. 3) S. 103.
[122] *Erik Wolf*, Umbruch oder Entwicklung in Gustav Radbruchs Rechtsphilosophie, in: Rechtsphilosophische Studien, a. a. O. (Anm. 48) S. 305.
[123] So *Arthur Kaufmann*, Der Mensch im Recht, a. a. O. (Anm. 79) S. 25.
[124] *Radbruch*, Das Recht im sozialen Volksstaat, in: Der Geist der neuen Volksgemeinschaft. Eine Denkschrift für das deutsche Volk, hrsg. von der Zentrale für Heimatdienst, Berlin 1919, S. 72–83.

dies »ein Stück kollektiver Sittlichkeit ..., eine neue Erfüllung des Rechts mit ethischem Pflichtgehalt« erwartet[125]. Später veranschaulicht er den Prozeß der »Sozialisierung des Rechts« vor allem am Beispiel eines »sozialen Strafrechts«[126] und bemüht sich gegenüber undifferenzierter vulgärmarxistischer Klassenrechtspolemik um den Nachweis, daß auch »die Ordnung eines sozialistischen Gemeinwesens vollends keine andere sein (könne) als eben eine Rechtsordnung«[127]. Bald darauf wandte sich Radbruch dem allgemeinen Problem des »sozialen Rechts« unmittelbar zu, das sich keineswegs nur in Fürsorgeregelungen zur Sicherung und Wohlfahrt der wirtschaftlich Schwachen erschöpfe, sondern »vielmehr auf einer Strukturwandlung allen Rechtsdenkens, auf einem neuen Begriff vom Menschen« beruhe: »Soziales Recht ist ein Recht, das nicht auf das individualitätslose, seiner Eigenart entkleidete, auf das als vereinzelt gedachte, seiner Vergesellschaftung enthobene Individuum zugeschnitten ist, sondern auf den konkreten und vergesellschafteten Menschen«[128]. Demgemäß bedeutet »soziales Recht« für Radbruch ein Vierfaches: (1) Sichtbarmachung der sozialen Macht- und Ohnmachtstellung des einzelnen sowie Stützung sozialer Ohnmacht und Schrankenziehung gegen soziale Übermacht; (2) statt formaler Gleichheit im individualistischen Recht materiale Ausgleichung nach Maßgabe der distributiven Gerechtigkeit; (3) »Publizierung« privater Rechtsbeziehungen zu »gesellschaftlichen Verhältnissen«, in die der Staat planend und lenkend eingreift; und schließlich (4) Gewinnung einer neuen Konkordanz von Rechtsform und Rechtswirklichkeit[129]. Daraus resultiere nicht nur ein »verändertes Rangverhältnis

---

[125] *Ders.*, Kulturlehre des Sozialismus. Ideologische Betrachtungen, Stuttgart/Berlin 1922; 4. Aufl., hrsg. von A. Kaufmann, Frankfurt a. M. 1970, S. 61 f.; vgl. auch *ders.*, Sozialismus und Kultur, in: Volk von morgen. Der Hamburger Reichsjugendtag der deutschen Arbeiterjugend, Berlin 1925, S. 91–95.
[126] Vgl. *Radbruch*, Sozialismus und Strafrechtsreform, in: Sozialistische Monatshefte 33 (1927) S. 522–526; sowie später *ders.*, Autoritäres und soziales Strafrecht, in: Die Gesellschaft 10 (1933) S. 217–229, wieder abgedr. in: Der Mensch im Recht, a. a. O. (Anm. 73) S. 63–79.
[127] *Ders.*, Klassenrecht und Rechtsidee, in: Zeitschrift für soziales Recht 1 (1929) S. 75–79; wieder abgedr. in: Der Mensch im Recht, a. a. O. (Anm. 73) S. 23–34 (33).
[128] *Ders.*, Vom individualistischen zum sozialen Recht, a. a. O. (Anm. 117), S. 36 f.
[129] Ebenda, S. 39.

zwischen öffentlichem und privatem Recht«, sondern auch eine »Durchwachsung« beider Bereiche sowie eine »Durchdringung des subjektiven Privatrechts mit sozialem Pflichtengehalt«[130]. Freilich steht im Zentrum der »sozialen Rechtslehre« Radbruchs unverrückbar der Mensch (und keineswegs die Gemeinschaft); zwar nicht als isoliert gedachtes Einzelwesen, sondern im Sinne eines sozial gebundenen, kollektiven, »vergesellschafteten« Gattungswesens, aber eben doch und gerade als individuelle Persönlichkeit. So kann er unter Hinweis auf Marx im »sozialen Gedanken« ebenso wie im »Sozialismus eine Form des rechtsphilosophischen Individualismus« erblicken[131] und mit den »Menschenrechten« eine Begrenzung des »sozialen Rechts« anerkennen, »die allen Gemeinschaftsrechten vorausgehen«, weil »ihr Wesen es ist, die äußere Freiheit zu garantieren und damit die innere Freiheit sittlichen Handelns zu ermöglichen«[132]. Damit erweist sich das »soziale Recht« bei Radbruch als real-wirksame Ausprägung von Humanität im Recht überhaupt[133].

Diese Verbindung des »Sozialen mit dem Humanen« in »Radbruchs Leben und Werk« wertet *Thomas Würtenberger* nicht nur als »ein hohes Verdienst um die Bewahrung des rechtsstaatlichen Erbes aus der Vergangenheit«, sondern zugleich als »Mahnruf für die Zukunft«[134] und versucht daher seinerseits, sie im Bereich des Strafrechts für die Strafzumessungspraxis und die Strafvollzugsreform fruchtbar zu machen. Entsprechend der Radbruchschen Formel vom »sozialen Recht« habe auch der Strafrichter die Aufgabe, bei all seinen Entscheidungen das Gebot der »sozialen Gerechtigkeit« sowie die Prinzipien der »Freiheit und Würde des Menschen« zu berücksichtigen[135]. Ferner sieht Würtenberger ebenfalls vor dem Hintergrund »des sozialen Rechtsdenkens Gustav Radbruchs ... in der Resozialisierung des

---

[130] Ebenda, S. 40; vgl. auch *Radbruch*, Rechtsphilosophie, oben S. 223 f.
[131] *Ders.*, Rechtsphilosophie, oben S. 158 ff. (160).
[132] *Ders.*, Vorschule der Rechtsphilosophie, a. a. O. (Anm. 46) S. 100 ff. (104).
[133] Das zeigt auch der Aufbau des X. Abschnitts der »Vorschule«, wo unmittelbar nach § 32 (»Die Humanität als Rechtsbegriff«) in § 33 »Das soziale Recht« behandelt wird.
[134] *Thomas Würtenberger*, Zur Idee des »sozialen Rechts« bei Gustav Radbruch, in: Gedächtnisschrift, a. a. O. (Anm. 2) S. 206.
[135] *Ders.*, Strafrichter und soziale Gerechtigkeit, in: Schweizerische Zeitschrift für Strafrecht 75 (1959) S. 35–55 (»Melanges O. A. Germann«); wieder abgedr. in: Kriminalpolitik, a. a. O. (Anm. 96) S. 124–138.

Rechtsbrechers das Hauptziel des Strafvollzugs«, zumal der »Gedanke des Sozialen im Recht« sich gegenwärtig immer mehr ausbreite und »soziale Verantwortung« wie »soziale Solidarität« auch »als rechtliche Maßstäbe menschlichen Zusammenlebens in einem demokratischen Gemeinwesen stärker als einst betont« würden[136]. »Die Wirkungskraft dieser ›sozialen Grundstimmung‹ und ›sozialen Bewegung‹ ist größer, als die im ganzen allzu schwachen sozialstaatlichen Fundamente unseres Grundgesetzes ahnen lassen«[137]. Allerdings verknüpft damit – ähnlich wie Radbruch – auch Würtenberger die Mahnung, »bei einem Neuaufbau des Rechts gemäß der Idee des Sozialen . . . stets die Grenzen einer jeden sozialen Rechtsauffassung zu beachten. Die Verwirklichung sozialer Rechtsgedanken darf niemals die Individualität des einzelnen ganz aufs Spiel setzen«[138]

Den sozialen Pflichtgehalt des Privatrechts fügt *Fritz von Hippel* in den »Gesamtrahmen einer Gesinnungswandlung und berichtigten Grundeinstellung gegenüber dem Nächsten« ein, und zwar »als die große und großartige Form eines auch in Freiheit wechselseitig einander Ergänzens und Aushelfens, . . . verbunden mit einer gerechten Lohn- und Preisgestaltung, . . . verbunden auch mit entschlossener Abwehr einer Unterwanderung guter privatrechtlicher Grundordnungen durch den Mißbrauch zivilistischer Grundrechte«[139]. In einer Anmerkung hierzu erinnert von Hippel daran, daß jene Grundverhältnisse »in klassischer Weise« von Gustav Radbruch gekennzeichnet worden seien, wenn dieser die Korrekturfunktion der austeilenden Gerechtigkeit nach Maßgabe bestehender Verschiedenheit der Personen und ihrer Lage hervorhebe und zur Verwirklichung »wahrer und endgültiger Gleichheit« unter Umständen sogar »Sonderrechte der Schwachen gegenüber den Starken« fordere. Dieser notwendige soziale Ausgleich soll freilich nach von Hippel nicht erst aufgrund permanenter staatlicher Intervention erfolgen, sondern muß bereits vom Privatrecht selbst »innerhalb seiner eigenen Kategorien« vorgenommen werden.

---

[136] *Ders.*, Horizonte der Strafvollzugsreform, in: Kriminalpolitik, a. a. O. (Anm. 96) S. 216–234 (217).
[137] Ebenda.
[138] *Ders.*, Zur Idee des »sozialen Rechts«, a. a. O. (Anm. 134) S. 206.
[139] *Fritz von Hippel*, Zum Aufbau und Sinnwandel unseres Privatrechts, Tübingen 1957, S. 51 f.

Auf rechtsphilosophischer Ebene hat sich vor allem *Wolf Paul* mit Radbruchs »Konzeption des sozialen Rechts« beschäftigt und ihre Nähe zu Aussagen der klassisch-marxistischen Rechtstheorie hervorgehoben[140]. Zwar lasse sich Radbruch weniger von ideologischen Vorurteilen als von der »gesellschaftlichen Wirklichkeit seiner Zeit« leiten und gewinne so eine eher reformistische Einstellung zur bürgerlichen Rechtsauffassung. Gerade darin aber erblickt Paul eine Parallele zu Marx, insofern das beiden Positionen gemeinsame »Zielbild eines humanen freiheitlichen Sozialismus« durchaus radikal kritische Perspektiven und Alternativen gegenüber dem rücksichtslosen Egoismus der bürgerlichen Gesellschaft eröffne. Im Unterschied zum dogmatischen Marxismus ordne Radbruch jedoch das Recht nicht ausschließlich dem »Überbau« zu, sondern behaupte nur einen »logischen« Vorrang des Rechtsideals, dessen Inhalte jeweils für eine bestimmte Zeit, für ein konkretes Volk sowie für reale soziologische und historische Verhältnisse dem Recht entsprechend der »Stoffbestimmtheit der Idee« erst vermittelt werden müssen. In diesem Punkt sei »Radbruchs Kritik der Marxschen Rechtstheorie« sogar »von der eigentlichen Rechtsentwicklung des Sozialismus bestätigt worden«[141]. Freilich weist Paul andererseits darauf hin, daß Radbruch mit Marx gleichwohl an bestimmten »fundamentalen Prinzipien wahrhaft menschlichen Zusammenlebens« festgehalten habe und die unverzichtbare Aufgabe des Rechts auch in einer sozialistischen Gesellschaft gerade darin sehe, diese Prinzipien zu verwirklichen, also »Ungleichheit auszugleichen, statt zu fördern, und ständig erneut eine Ordnung der Würde und Freiheit unter den Menschen zu garantieren«[142]. Insofern entdeckt Paul bei Radbruch letztlich »Ansätze des ›aufgeklärten‹ Marxismus, also des heute in Ost und West deutlich von Marx her argumentierenden systemoppositionellen, demokratischen und humanen Sozialismus«[143] im Rahmen einer umfassenden Rechtskritik und kritischen Rechtstheorie.

Trotz der starken Beachtung, die der Idee des »sozialen Rechts«

---

[140] *Wolf Paul*, Gustav Radbruchs Konzeption des sozialen Rechts und die marxistische Rechtstheorie, in: Gedächtnisschrift, a. a. O. (Anm. 2) S. 107–120.
[141] Ebenda, S. 116.
[142] Ebenda, S. 118 ff.
[143] *Ders.*, Die marxistische Rechtstheorie – Wissenschaft oder Philosophie des Rechts? in: Rechtstheorie, a. a. O. (Anm. 59) S. 175–223 (178 f.).

bei Radbruch gegenwärtig zuteil wird, besteht noch immer Uneinigkeit darüber, welcher Stellenwert ihr im Gesamtgefüge seiner Rechtsphilosophie zukommt. Handelt es sich hierbei nur um eine unverbindliche »Parteimeinung«, mit der sich Radbruch im Laufe seines Lebens zunehmend identifiziert hat, oder liegt darin zugleich eine rechtsphilosophische Aussage über »einzig richtiges Recht«[144]? Betrachtet man das »soziale Recht« lediglich aus dem Blickwinkel des Relativismus, dann scheint Radbruch mit seinem »rechtsphilosophischen Bekenntnis« zum Sozialismus in der Tat die Grenze wissenschaftlichen Denkens überschritten und eine (von ihm selbst immer wieder geforderte) weltanschaulich-ideologische Position bezogen zu haben[145]. Dieser subjektivierenden Erklärung sozialrechtlicher Auffassungen Radbruchs mit seiner »sozialistischen Gesinnung« oder »Überzeugung« steht jedoch die Tatsache entgegen, daß Radbruch die Entwicklung zum »sozialen Recht« in erster Linie als kulturhistorischen Vorgang begreift und auf realanalytische Beobachtungen einer sich wandelnden menschlichgesellschaftlichen Wirklichkeit stützt. So gesehen gewinnt Radbruchs Lehre vom »sozialen Recht« eine überpersönliche, objektive Dimension: Sie wird Teil der »Geschichtsphilosophie des Rechts«[146], welche »den wechselnden Spannungsgrad zwischen Rechtsform und Gesellschaftslage« aufzeigt, »das wechselnde Maß, in dem sich die Gesellschaftslage in der Rechtsform ausdrückt«[147]. Für Radbruch stellt sich daher die »soziale Entwicklung des Rechts« letztlich »nicht als Verwirklichung eines Programms dar, sondern als Selbstverwirklichung einer überbewußten geschichtlichen Notwendigkeit, die eher da war als sie erkannt wurde, die stärker als alle Widerstände und zielbewußter ist als alle Mißverständnisse der einzelnen Menschen«[148].

V.

Versucht man abschließend, den Ort im Gesamtwerk Gustav Radbruchs zu bestimmen, wo die Wurzeln seines Einflusses auf die zeitgenössische Rechtsphilosophie sich zu einem festen Stamm der Über-

---

[144] *Bonsmann* (a. a. O. [Anm. 3] S. 102 f.) läßt diese Frage offen.
[145] So *Paul*, a. a. O. (Anm. 140) S. 107.
[146] *Radbruch*, Rechtsphilosophie, oben S. 180 ff.
[147] Ders. bereits in »Rechtsidee und Rechtsstoff«, a. a. O. (Anm. 43) S. 8.
[148] Ders., Vom individualistischen zum sozialen Recht, a. a. O. (Anm. 117) S. 49.

lieferung vereinigen, dann treten jedenfalls für den deutschen Sprachraum die Arbeiten des späten Radbruch (nach 1945) ganz eindeutig in den Vordergrund, oder genauer gesagt: Die Hauptwirkung Radbruchscher Rechtsphilosophie geht aus von jener endgültigen Gestalt, die sie erst in den Nachkriegsjahren gefunden hat. Dies mag Radbruch selbst schon deutlich gespürt haben, wenn er nach seiner Emeritierung im Jahre 1948 schreibt: »Der Abschied vom Lehramt ist mir nicht leicht geworden, ich hatte in den letzten Jahren das Gefühl, pädagogisch stärker zu wirken als früher, da ich alles Rhetorische abstreifte, nur noch der Sache selbst dienstbar war«, und zugleich dankbar vermerkt, daß er gerade »nach dem Kriege überaus produktive Jahre gehabt« habe[149].

Zu der in dieser Zeit sich ausformenden Abrundung und Vollendung seiner Rechtsphilosophie brauchte Radbruch jedoch »nicht die Substanz der früheren Gedanken zu verändern, vielmehr nur die Akzente anders zu setzen, nur das, was dort noch im Schatten stand, ins volle Licht zu rücken«[150]. So hat Radbruch zwar bis zuletzt im Hinblick auf die »Antinomie der Rechtswerte« am Relativismus festgehalten, jedoch daneben andere Denkfiguren gleichfalls aus jüngeren Jahren, wie die »Natur der Sache«, die Idee der »Menschenrechte« oder das Prinzip des »sozialen Rechts«, stärker hervorgehoben und auf diese Weise ein neues »naturrechtliches« Fundament geschaffen, das als unverzichtbares und unverlierbares Erbe der Erfahrungen mit dem politischen Totalitarismus auch heute noch zur Begründung von »übergesetzlichem Recht« im Sinne eines legitimierenden, normierenden und limitierenden Richtmaßes für alles positive Gesetzesrecht[151] unentbehrlich erscheint.

Demgegenüber beruht die – zum Teil außerordentlich starke – Nachwirkung Radbruchs in anderen Ländern vorwiegend auf rechtsphilosophischen und strafrechtlichen Arbeiten aus der Vorkriegsperiode. Das gilt insbesondere für die bereits 1919 einsetzende, weit gefächerte Radbruch-Tradition in Japan, welche vor allem von *Toshita Tokiwa* und *Jiro Tanaka* getragen wurde und in den Jahren 1960 bis

---

[149] Brief an *Grete Kost* vom 28. 2. 1949, in: *Gustav Radbruch*, Briefe, a. a. O. (Anm. 45) S. 238 f.
[150] *Radbruch*, Nachwort zur 3. Auflage der »Kulturlehre des Sozialismus« (1949), a. a. O. (Anm. 125) S. 79.
[151] Dazu *ders.*, Gesetzliches Unrecht und übergesetzliches Recht, a. a. O. (Anm. 87); vgl. auch oben S. 339 ff.

1967 sogar eine erste Gesamtausgabe der Werke Radbruchs in zehn Bänden durch *Kotaro Tanaka* und *Tomoo Odaka* hervorgebracht hat[152]. – Ähnlich fand auch der Radbruchsche Relativismus schon 1939 über *Arnold Brecht* Eingang in das anglo-amerikanische Rechtsdenken[153], welches später von Radbruch selbst im »Geist des englischen Rechts« ausführlich beschrieben worden ist[154] und umgekehrt seinen eigenen rechtsphilosophischen Lehren mit den Würdigungen von *Chroust*, *Campbell*, *Patterson* und *Fuller* ebenfalls eine sehr freundliche Aufnahme bereitet hat[155]. – Starke Beachtung wurde Radbruch schließlich in Italien zuteil, wo sich 1941 zunächst *Palazzolo* sowie nach dem Zweiten Weltkrieg vor allem *Giuseppina Nirchio, Cattaneo, Pasini* und *Baratta* um die Verbreitung seiner Rechtsphilosophie verdient gemacht haben[156]. Insgesamt dürfte Radbruch damit schon jetzt neben Kelsen unter den deutschen Rechtsdenkern dieses Jahrhunderts die breiteste und vielfältigste internationale Anerkennung erfahren haben, auch

---

[152] Näheres hierüber bei *Koichi Miyazawa*, Gustav Radbruch und die japanische Rechtswissenschaft, in: Gedächtnisschrift, a. a. O. (Anm. 2) S. 366–376.

[153] *Arnold Brecht*, Relative and Absolute Justice, in: Social Research 6 (1939) p. 58–87; vgl. dazu auch die Briefe Radbruchs an Brecht vom 2./25. 7. 1939, in: Briefe, a. a. O. (Anm. 45) S. 129 f.

[154] *Radbruch*, Der Geist des englischen Rechts, Heidelberg 1946; 4. Aufl., Göttingen 1958.

[155] *Anton Hermann Chroust*, The Philosophy of Law of Gustav Radbruch, in: The Philosophical Review 53 (1944) p. 23–45. – *Archibald Hunter Campbell*, Gustav Radbruchs Rechtsphilosophie und die englische Rechtslehre (engl./deutsch), Hann. Münden 1949. – *Edwin W. Patterson*, Introduction, in: The Legal Philosophies of Lask, Radbruch and Dabin, Cambridge/Mass. 1950 (20th Century Legal Philosophy Series, vol. IV), p. XXVII sq. – *Lon L. Fuller*, The Legal Philosophy of Gustav Radbruch, in: Journal of Legal Education 1953/54, p. 481 sq.

[156] *V. Palazzolo*, La Filosofia del Diritto di Gustav Radbruch, in: Archivio della Cultura Italiana III (1941) f. III. – *Giuseppina Nirchio*, In torno al pensiero di Gustav Radbruch, in: Il Politico, Pavia 1953, n. 3. – *Mario A. Cattaneo*, L'ultima fase del pensiero di Gustav Radbruch: Dal relativismo al giusnaturalismo, in: Rivista di Filosofia I (1959) p. 61–80; ders., Gustav Radbruch als Theoretiker und Verteidiger des Rechtsstaats, in: Gedächtnisschrift, a. a. O. (Anm. 2) S. 182 ff. – *Dino Pasini*, Introduzione alla edizione italiane »Propedeutico alla Filosofia del Diritto« di Gustav Radbruch, Torino 1959. – *Alessandro Baratta*, Relativismus und Naturrecht im Denken Gustav Radbruchs, in: ARSP 45 (1959) S. 505–537; ders., Natura del fatto e diritto naturale, in: Rivista Internazionale di Filosofia del Diritto XXXVI (1959) p. 177 sq.

wenn die Radbruch-Rezeption im Ausland heute noch keineswegs abgeschlossen ist und daher ein endgültiges Urteil späterer Klärung vorbehalten bleiben muß.

Gewiß hat Radbruchs rechtsphilosophisches Denken neben bewundernder Zustimmung schon frühzeitig auch heftige, ja zum Teil unversöhnliche Kritik herausgefordert[157], die gegenwärtig freilich im Rückgang begriffen ist und bei der an die Stelle von pauschaler Ablehnung zunehmend eine differenzierte Betrachtungsweise tritt[158]. Vor allem verliert mit wachsender Distanz der Vorwurf an Gewicht, Radbruch habe seine Ansichten nach dem Zusammenbruch des nationalsozialistischen Regimes radikal geändert. Aus der Sicht des Spätwerks von Radbruch treten vielmehr neue Verbindungslinien zu früheren Äußerungen in den Vordergrund, werden die Spuren erkennbar, welche ins Zentrum seiner rechtsphilosophischen Existenz weisen: Auf das zeitlose Kontinuum eines »sozialen Humanismus«[159], dessen Grundanliegen freier, gleicher und solidarischer Gestaltung der Lebensbedingungen durch das Recht sich heute auf dem Felde der Rechtsphilosophie wohl niemand zu entziehen vermag. So konnte Radbruch im geplanten Nachwort zur Neuausgabe dieses Buches feststellen, daß seine »Gedanken ... sich in der Zwischenzeit gewandelt und doch behauptet« haben[160] – ein Ausspruch, der gerade für die Nachwirkungen seines Denkens in der Gegenwart noch heute Gültigkeit besitzt.

---

[157] Zusammengestellt bei *Erik Wolf*, Umbruch oder Entwicklung in Gustav Radbruchs Rechtsphilosophie? a. a. O. (Anm. 7) S. 298 ff.

[158] Das ergibt sich insbesondere aus den Rezensionen der »Rechtsphilosophie« seit der 4. Auflage (aufgeführt in: Radbruch, Rechtsphilosophie, 7. Aufl., Stuttgart 1970, S. 312 f.).

[159] Dazu *Baratta*, Relativismus und Naturrecht im Denken Gustav Radbruchs, in: ARSP 45 (1959) S. 516 ff., 536 f.

[160] Vgl. das »Vorwort zur 4. Auflage« von *Erik Wolf*, oben S. 12.

NAMENREGISTER

Albert, Hans 356 f.
Alsberg, Max 179
Altenberg, Peter 230, 321
Altmann, S. P. 44
Ammann, Paul 315
Angerthal, Max 115
Anraths, Kaspar 100, 223
Anschütz, Gerhard 186, 313
Aristoteles 121 ff.
Ascoli, Max 137
Auerbach, Berthold 140
Augustinus 89, 142, 209

Bachofen, Johann Jakob 105
Bacon, Francis 29, 171, 176, 220, 315, 320
Bahr, Hermann 146
Baldung, Hans 62 f.
Bamberger, Georg 255
Bang, Hermann 210
Bar, L. v. 62
Baratta, Alessandro 355, 359, 361, 364 f., 369, 383 f.
Barion, Hans 293
Barker, Ernest 149
Barth, Karl 183, 191, 310, 319
Basedow, Johann Bernhardt 63
Bassenge, Friedrich 240
Bauch, Bruno 136
Baum, Marie 62, 149
Baumgarten, Arthur 115, 139, 169
Bebel, August 251, 321
Beccaria, Cesare 28, 63, 235, 266 ff., 270, 272, 323, 332

Bechmann, G. Karl August 31
Becker, Ingeborg 318
Beling, Ernst 36 f.
Below, Georg v. 220
Bergbohm, Karl 110
Bernhard, Ludwig 163
Berolzheimer, Fritz 106
Betti, Emilio 125
Beutler, Ernst 202
Bieberstein, Fritz, Frhr. Marschall v. 168, 177
Bierling, Ernst R. 110
Binder, Julius 23, 112, 116, 119, 123, 131, 153, 229, 295
Binding, Karl 32, 36, 110, 260, 322, 349
Birdwood, Sir George 146
Birkmeyer, Karl 36
Birt, Theodor 88
Bismarck, Otto Fürst v. 178, 184, 266, 270, 322
Blaese, Hermann 318
Blüher, Hans 26
Blumhardt, Christoph 24, 90, 310
Bobbio, Norberto 365
Bodelschwingh, Friedrich v. 23
Bodin, Jean 360
Boeckh, August 206
Boehmer, Gustav 254
Boll, Franz 88
Bollnow, Friedrich 211
Bonsmann, Paul 351, 376, 381
Bouglé, C. 160
Bourgeois, Léon 375

385

NAMENREGISTER

Brandes, Georg 267
Brecht, Arnold 99, 354, 383
Brecht, F. J. 12
Brentano, Lujo 31 f.
Brinz, Aloys v. 229, 320
Brod, Max 89
Brodmann, Erich 133
Brunner, August 90
Brunner, Emil 312, 316, 329, 332
Bruns, Viktor 299, 301
Brunstäd, Friedrich 234, 321
Bücher, Karl 32
Buchwald, Reinhard 62, 65, 343, 347
Bultmann, Rudolf 179
Bumke, Erwin 46
Burckhardt, Jacob 18, 101, 144, 183
Burckhardt, Walther 170, 221, 316
Buschauer 256
Busse, Karl 31
Büttner, Hermann 310

Campbell, Archibald Hunter 117, 383
Cardozo, Benjamin N. 94, 143
Carlo, Eugenio di 117
Carnegie, Andrew 253, 321
Carnelutti, F. 13
Carossa, Hans 13, 233
Cassirer, Ernst 149
Cathrein, Viktor 115
Cattaneo, Mario A. 355, 383
Celsus 203, 318
Chroust, Anton Hermann 383
Cicero 65, 80, 309, 314
Clemens v. Alexandria 310
Clever, Wilhelm 322
Cohen, Hermann 113
Coing, Helmut 365 f.
Coke, Sir Edward 175
Cuche, P. 165

Dannenberg, Herbert 260
Dante 209, 302, 306, 330
Darmstaedter, Friedrich 117, 133, 147 f., 243, 285, 317
Daumier, Honoré 65, 204, 318
Deecke, Ernst 234

Dehmel, Richard 34, 97
Dehn, Günther 191
Deibel, Franz 94
Dernburg, Heinrich 360 f.
Diehl, Karl 231
Dietrich, Otto 163
Dietze, H. H. 149
Dionysius, St. 89
Dittrich, Ottmar 89
Dohna, Alexander Graf zu 33, 53, 57, 112
Dostojewski, Fjodor M. 89, 129, 150, 204, 270, 288
Drath, Martin 224
Duguit, Léon 223, 375 f.
Dulckeit, Gerhard 135 f., 176
Du Pasquier 99

Ebert, Friedrich 46, 52
Ebner-Eschenbach, Marie v. 121, 187, 210
Echevarria, José Medina 352
Eckehart, Meister 93, 310
Ehrenberg, Victor 318
Ehrlich, Eugen 24, 318
Eichendorff, Joseph Frhr. v. 69
Eisner, Kurt 51, 146, 313
Ellul, Jacques 329
Emerson, Ralph W. 209
Emge, Carl August 99, 113, 122, 170, 312, 353
Engelhard, Herbert 69, 196, 234
Engels, Friedrich 107 f., 182, 248
Engisch, Karl 36, 116, 355, 358 f., 365
Erasmus 28, 66, 302, 324
Ermarth, Fritz 220
Esposito 189
Eulenberg, Herbert 309

Fechenbach, Felix 51 f.
Fechner, Erich 365
Fehr, Hans 201, 317
Ferri, Enrico 263, 265, 322
Feuerbach, Henriette 65, 145
Feuerbach, Ludwig 65, 116, 372

NAMENREGISTER

Feuerbach, Paul Johann Anselm v. 17, 29, 59 ff., 65, 177, 258, 261, 318, 322
Fichte, Johann Gottlieb 136, 184, 236
Ficino, Marsilio 169
Figner, Wera 144
Filangieri, R. 28, 124, 332
Fischer, Kuno 99
Fischler, M. 315
Fontane, Theodor 65 ff., 128, 140, 177
France, Anatole 204, 318
Frank, Reinhard 49
Freund, Michael 250
Friedmann, W. 117, 311
Friedrich, Hugo 318
Fries, Jakob Friedrich 115
Frommhold, G. 317
Fuchs, Ernst 42
Fuller, Lon F. 383

Geibel, Emanuel 34
Gény, François 94, 180, 316
George, Stefan 34, 309
Germann, Oskar Adolf 314
Geyer, Kurt 193
Gide, Charles 375
Gierke, Otto v. 23, 149, 201, 229, 318, 320, 375
Giese, Friedrich 238, 321
Glaßbrenner, Adolf 152, 313
Glungler, Wilhelm 117
Goethe, Johann Wolfgang v. 29 f., 50, 57, 59, 65, 73, 88, 93 f., 101 f., 119, 146, 149, 152 f., 176 f., 193, 195, 197, 201, 208 f., 212 f., 218, 232 f., 244, 258, 306, 310, 312, 314 f., 317, 321
Goldschmidt, James 49
Goldschmidt, Robert 229
Goll, Iwan 191
Goodhart, A. L. 175 f.
Grayer, Kurt 193
Grewe, Wilhelm 272, 323
Grieß, Walter 115
Grimm, Jakob 201, 318
Gröber, Adolf (MdR) 176

Gröber, Konrad (Erzbischof) 120
Grolmann, Karl 28
Gundolf, Friedrich 94, 212, 246, 319
Gurwitsch, Georges 98, 120, 130, 223, 229, 375
Gutermann, A. 147, 154, 175
Gutkind, Curt Sigmar 91
Gutzwiller, Max 365
Gwinner, A. 274
Gysin, Arnold 242

Haensel, Werner 131
Hartlaub, Gustav 62, 65
Hartner, Willy 88
Haseloff, A. 302
Hassemer, Winfried 365
Hauptmann, Gerhart 21, 34, 146
Hauriou, Maurice 148, 229
Hebbel, Friedrich 90, 230, 320
Heck, Philipp 24
Hegel, Georg Wilhelm Friedrich 37, 106 f., 111 f., 116, 145, 153, 155, 184, 212, 259, 311, 313, 365
Hegler, A. 214
Heidegger, Martin 37, 73
Heimann, Wolfgang 273
Heine, Heinrich 253
Heinemann, Gustav 351
Heinerth, Hans Christoph 317
Heinsheimer, Karl 192, 317
Heller, Hermann 118, 297
Henkel, Heinrich 374
Hennig, G. 272
Henry-Hermann, Grete 312
Herder, Johann Gottfried 63
Hertling, Georg Frhr. v. 115
Herz, Hans 225
Herzel, Theodor 148
Heuss, Theodor 321 f.
Heyse, Paul 34
Hippel, Ernst v. 146
Hippel, Fritz v. 64, 117, 316, 367 f., 373, 379
Hirzel, Rudolf 201, 318
Hobbes, Thomas 29, 175, 208, 212, 319
Hoche, A. E. 196

NAMENREGISTER

Hocking, W. E. 329, 332
Höhn, Reinhard 225
Hollenberg, Detlev 195
Hollerbach, Alexander 359
Holmes, Oliver Wendell 314
Hölscher, E. E. 115
Holstein, Günther 288, 291
Holz, Arno 21, 34
Hommel, Karl F. 28
Horaz 83, 92, 310
Huber, Eugen 25, 94, 180, 244, 253, 316, 360, 366, 375
Huch, Ricarda 65
Humboldt, Wilhelm v. 249
Husserl, Edmund 37, 73, 360
Husserl, Gerhart 116

Ibsen, Henrik 164, 197
Isay, Hermann 95, 166, 196, 217
Iselin, Isaak 63, 322

Jahr, Günther 364
Jaspers, Karl 62, 65, 99 f., 114, 143
Jastrow, Ignaz 62
Jaures, Jean 160, 346
Jellinek, Georg 25, 41, 99, 134, 145, 170 f., 203, 206, 228, 280, 283 f, 297, 324
Jellinek, Walter 62, 167, 173, 176
Jennings, Ivor 117, 311
Jerusalem, Franz Wilhelm 318
Jhering, Rudolf v. 22, 24, 29, 41, 110 ff., 121, 136, 173, 184, 197, 232, 275 f., 312 ff., 317, 323, 332, 360,
Joel, Curt Walter 46
Johnson, Samuel 65, 127

Kadečka, Ferdinand 49
Kahl, Wilhelm 290
Kant, Immanuel 28, 33, 37, 72, 76, 93, 97, 103, 112f., 115 f., 130 ff., 135, 148, 176, 178, 183, 196 ff., 212, 258 f., 266, 268, 294, 296, 311, 315, 317, 321, 324, 332

Kantorowicz, Hermann 33, 42, 76, 80, 93, 99, 112, 115, 206, 214, 282, 309, 354
Kaufmann, Arthur 16, 351, 357 f, 360, 362 f., 367, 376 f.
Kaufmann, Erich 112, 151, 221
Kaufmann, Felix 116
Keller, Harald 146
Kelsen, Hans 99, 114 ff., 133, 176, 183, 215 f., 221, 262, 280 f., 283, 295, 298, 323, 354, 383
Kim, Jisu 353, 361
Kirchmann, Julius Hermann v. 217, 320
Kitzinger, Fr. 52
Kleine, Heinz 347
Kleist, Heinrich v. 197, 317
Klug, Ulrich 356
Knapp, Ludwig 116
Knolly, Sir George 146
Köhler, August 290 f.
Kohler, Josef 106, 323
Kohlrausch, Eduard 33, 112
Kornfeld, F. 198
Köstlin, Reinhold 62
Kost, Grete 382
Kraus, Herbert 296
Kriegsmann, Norbert H. 44
Kries, Johannes v. 36
Kroner, Wilhelm 43
Künssberg, Dietlinde v. 317
Kuntz, Edwin 74
Kwum, Yungback 361

Lagarde, Paul de 18, 150, 296, 324
Lamprecht, Karl 32
Landgrebe, Ludwig 119
Landsberg, Ernst 321
Lange, Friedrich Albert 18, 100
Lange, Richard 340 ff., 348
Laotse 149
Larenz, Karl 82, 115, 310
Lask, Emil 23, 39, 87, 90, 94, 104, 114, 311, 360, 376
Lassalle, Ferdinand 106
Lasson, Adolf 106

NAMENREGISTER

Latte, Kurt 318
Laun, Rudolf v. 70, 134, 170, 311, 324, 361
Lederle, Ursula 317
Leibniz, Gottfried Wilhelm 28 f., 211, 331
Leoni, Bruno 216
Lessing, Gotthold Ephraim 99, 142
Levy, Emmanuel 242
Levy, Heinrich 39
Lieber, Franz 276
Liepmann, Moritz 322
Lilienthal, Karl v. 38
Linck, Otto 146
List, Friedrich 214
Liszt, Franz v. 28 f., 32 ff., 39, 48, 63, 93, 322, 375 f.
Litt, Theodor 161
Locke, John 28, 193
Löwenstein, Karl 131
Lohmann, Wolfgang 352
Lotz, Walter 31
Ludwig, Otto 128
Lützeler, Heinrich 319
Luther, Martin 128, 190 f., 211, 287, 290 ff., 324
Lynkeus s. Popper

Madariaga, S. de 154
Maggiore, Giuseppe 123
Maihofer, Werner 359, 361, 363 f., 371 ff., 374
Maine, Henry Sumner 184, 316
Man, Hendrik de 109
Mann, F. K. 100, 123
Mannheim, Karl 95, 160
Marcic, René 374
Marck, Siegfried 206, 226
Marcus, Ernst 122
Martens-Edelmann, Agnes 250
Marx, Karl 25, 107, 159, 182 ff., 225 f., 311, 378, 380
Mausbach, Josef 115
Mayer, Max Ernst 23, 112, 114, 153
Mayer, Otto 214, 319
Medici, Cosimo 91

Medicus, F. 170
Meinecke, Friedrich 99
Menger, Anton 23, 105, 254, 375
Merkel, Adolf 110, 172
Meß, Friedrich 269, 274
Michael, Heinz 180
Michelangelo 65, 309
Mittermayer, Wolfgang 43
Miyazawa, Koichi 383
Möhler, A. 287
Moeller, E. v. 195
Molière 306
Mombert, P. 231
Moncadas, Cabral de 352
Montaigne 205, 318
Montesquieu 28 f., 78, 157, 176, 309, 360
Montoriola 91, 169
Müller, Georg 201, 317
Müller, Max 37 f.
Mussolini 146, 161, 234

Napoleon 173
Natorp, Paul 113
Naumann, Friedrich 24
Nef, Hans 121, 312
Nelson, Leonhard 115, 269, 296, 298
Nicolai, H. 117
Niebuhr, Reinhold 329, 332
Nietzsche, Friedrich 18, 146, 198
Nipperdey, Hans Carl 247, 254
Nirchio, Giuseppina 383
Nohl, Hermann 143, 149
Novalis 208

Odaka, Tomoo 383
Orestano, F. 100
Ortmann 36
Otto, Walter F. 187

Palazzolo, Vincenzo 98, 383
Pappenheim, Max 243
Paquet, Alfred 95
Pascal 212, 218, 320
Paschukanis, E. 107, 122, 183, 226, 237, 262
Pasini, Dino 383

Patterson, E. W. 352, 383
Paul, Wolf 380 f.
Pestalozzi, Heinrich 375
Pestalozzi, Johann Heinrich 63
Péteri, Z. 355
Petersson, Torsten 309
Petrarca 202
Petraschek, Karl 98, 115, 166, 311
Petrazycki, L. v. 130
Pius XI. 231, 337
Platon 37, 161, 323
Plutarch 146
Poetsch 125
Popper, Josef 145, 313
Popper, Karl 356 f.
Pound, Roscoe 117
Prahl, Friedrich 302
Puchta, Georg Friedrich 106
Pufendorf, Samuel v. 28 f.

Quervain, Alfred de 329, 332
Quinet, Edgar 180

Rachel, Samuel 302
Ragaz, Leonhard 24, 310
Ranke, Leopold v. 176, 183, 222
Rathenau, Walther 47 f., 101, 255
Ravà, Adolfo 115, 117
Recasens Siches, Luis 115, 117
Reich, Norbert 376
Reimer, Chr. Jos. 323
Reinach, Adolf 116, 240, 360
Renner, Karl 107, 180, 182, 235, 239, 246, 253, 375
Rickert, Heinrich 39, 87, 211, 353
Riezler, Erwin 192
Rilke, Rainer Maria 69
Robespierre 194
Rodenberg, Julius 202
Roemer, Walter 347
Rolland, Romain 146
Rommen, Heinrich 115
Rosenberg, Alfred 346
Roßmann, Kurt 310
Rothacker, Erich 105, 184, 367

Rousseau, Jean Jacques 157, 173, 267 f., 315
Rückert, Friedrich 184
Rümelin, Max 120, 123, 165, 167, 196
Ryffel, Hans 357 ff.

Salomon, Max 113, 153, 217
Sapir, Boris 129, 189, 195, 270
Sauer, Joseph 209
Sauer, Wilhelm 82 f., 99, 115, 117, 310 f., 353, 376
Savigny, Friedrich Carl v. 22, 103, 106, 112, 125, 184, 195, 228, 311 f., 315, 320
Sayre, Paul 117
Schäffle, A. 254, 256
Schambeck, Herbert 366
Schapp, Wilhelm 116
Schelauske, Hans Dieter 361, 371
Scheler, Max 93, 296, 302, 324
Schelting, A. v. 100
Schiller, Friedrich v. 94, 141, 145, 173, 180, 193, 280, 313, 323
Schilling, K. 115
Schleiermacher, Friedrich 319
Schlosser, H. P. 201, 317
Schlosser, Julie 90
Schlosser, J. G. 202
Schmidt, A. B. 195
Schmidt, Eberhard 32, 263
Schmidt, Richard 259 f.
Schmitt, Carl 175, 211, 217, 273, 278
Schmoller, Gustav 134
Schnabel, Franz 62
Schönfeld, Walther 72, 212, 217
Schopenhauer, Arthur 116, 155
Schreier, Fritz 116
Schubert, Franz 138
Schubert, Harald 13, 310
Schulz, Fritz 316
Schwarzenberg, Hans v. 309
Schweitzer, Albert 277
Schwertfeger, Bernhard 58
Schwinge, Erich 216
Secco, Luigi 116

NAMENREGISTER

Selchow, Bogislaw v. 99, 183
Sénancour, Etienne de 267
Seneca 127, 173, 315
Seume, Johann Gottfried 170, 272, 315
Sforza, Cesarini 364
Shakespeare 65, 194, 203, 272, 275, 306, 317, 323
Shaw, G. B. 146
Silesius, Angelus 90, 310
Simmel, Georg 139, 210, 212, 244, 251, 319, 353
Simons, Walter 187
Sinzheimer, Hugo 43
Smend, Rudolf 161, 322
Sohm, Rudolf 32, 203, 287 ff., 316, 318, 331
Sokrates 204, 276, 323
Solon 208
Somlo, Felix 112, 116, 120, 125, 215
Sommer, Franz 206
Sonnenfels, Josef Frhr. v. 28
Sophokles 179, 203
Spann, Othmar 145
Spencer, Herbert 322
Spendel, Günter 310
Spinoza, Baruch de 173
Spranger, Eduard 63, 65, 87, 98 f., 143, 146, 192, 195, 199, 367
Stahl, Friedrich Julius 105 f., 161, 311, 314
Staiger, Emil 317
Stammler, Rudolf 22, 24, 33, 39, 53, 71, 83, 89, 93, 103, 112 ff., 126, 138, 225, 230, 269, 273 f., 311, 323
Steinmüller, Wilhelm 370
Stendhal 202
Sternberg, Theodor 201, 218
Stinnes, Hugo 47
Stintzing, R. 320
Stirner, Max 154, 297, 313, 324
Stock, Georg 116
Stöcker, Adolf 24
Stoltzenburg, Joachim 13, 310
Storm, Theodor 11, 144, 318
Stratenwerth, Günter 366
Stresemann, Gustav 49 f.

Strindberg, August 127
Stroux, Johannes 210
Stutz, Ulrich 316

Taine, Hippolyte 193
Tammelo, Ilmar 116
Tanaka, Jiro 382
Tanaka, Kotaro 352, 383
Tertullian 187, 316
Thibaut, Friedrich Justus 104, 311
Thimme, Friedrich 52
Thoma, Richard 297, 299, 313
Thomasius, Christian 28
Thomas von Aquin 130
Tillich, Paul 187
Tjong, Zong Uk 354, 369
Tokiwa, Toshita 382
Tolstoi, Leo 24, 129 f., 140, 189 ff., 195, 198, 204, 287, 289, 331
Tönnies, Ferdinand 140, 148, 155, 184 f., 234 f., 313
Torm, Frederik 206
Treitschke, Heinrich v. 146, 161, 313
Trentin, Silvio 89, 193
Troeltsch, Ernst 39 ff., 301
Tsatsos, Themistokles 115
Tschuang-Tse 94

Ulpian 120, 321 f.

Vecchio, Giorgio del 117, 120, 130, 136, 138, 193, 311 f.
Verdross, Alfred 374
Vergil 50, 330
Veth, Cornelius 317
Vico, Giambattista 29, 360
Vischer, Friedrich Theodor 152
Vollmer, Hans 209

Weber, L. v. 269
Weber, Marianne 62, 65, 99 f., 250
Weber, Max 25, 39 ff., 99 f., 112, 142, 144, 172, 282, 285, 313, 318, 324, 332, 353 f., 361, 363
Weigelin, Ernst 117, 128, 139
Weizsäcker, Viktor Frhr. v. 199
Welzel, Hans 37

Werner, Gustav 24
Wicher, Alfred 315
Wichern, Johann Heinrich 24
Wieacker, Franz 112
Wieland, Martin 310
Wieruszowski, Alfred 247
Windelband, Wilhelm 39, 87, 98, 145
Wirth, Josef 45, 47, 49
Wohlhaupter, Eugen 201, 318
Wolf, Erik 102, 215 f., 313, 317 f., 320, 329, 351 f., 360 ff., 365, 367, 369 f., 376, 384

Wolff, Christian 28, 136
Wundt, Wilhelm 32, 184
Würtenberger, Thomas 164, 311, 318, 359, 370 f., 376, 378 f.

Yagi, Tetsuo 354

Zechlin, Egmont 178
Zielinski, Th. 309
Znamierowsky, C. 352
Zweig, Arnold 213
Zweigert, Konrad 46
Zwilgmeyer, Franz 105

SACHREGISTER

Abschreckungstheorie 262 ff.
Absolute Werte 143, 357
Allgemeine Rechtslehre 28, 107, 109 f.
  116, 214
Analogie 362
Anarchismus 129, 134, 154, 156 f.,
  297, 313, 324; christlicher – 188 f.;
  – und Privatrecht 220, 222
Anerkennungstheorie 173 f.
anima naturaliter christiana (religiosa)
  64, 77
Anordnung 124, 167 f.; göttliche – 289;
  staatliche – 285
Anspruch 130, 199, 316
Anstalt 229, 287 (Kirche)
Antinomien der Rechtsidee 164 ff., 177,
  272, 313, 327 f., 344 ff., 382; – im
  Prozeßrecht 278 f.; – im Staatsrecht
  283; – im Strafrecht 264 f.
Antithetik des Rechts 203 f.
Apriorische Rechtsbegriffe 73, 110,
  124 ff., 221, 363; – Eigentum 230;
  – materielles / formelles Recht 277,
  323; – öffentliches / privates Recht
  220 f.; – Rechtmäßigkeit / Rechtswidrigkeit 125 f.; – Rechtssatz 125;
  – Rechtssubjekt/Rechtsobjekt 225 f.;
  – Tatbestand / Rechtsfolge 125
Arbeit, Recht auf – 236, 262, 321 f.; –
  und Lohn 121, 260, 331; – und Eigentum am Sozialprodukt 231 f., 239
Arbeiter im Weinberg (Gleichnis) 188,
  316, 331 f.
Arbeitsrecht 214, 221, 223, 243

Arbeitsverhältnis 221, 239, 262, 321
Ästhetik des Rechts 75, 201 ff., 205,
  317
Aufklärung 28, 80, 105, 115, 272
Ausgleichung 159, 223 f.
Auslegung 206 ff., 209 ff.; s. a. Inter-
  pretation
Ausnahmegerichte, Verbot der – 168
Äußerlichkeit des Rechts 127 ff., 289
Autonomie 133, 240 f., 259, 283, 296 ff.
Autorität 161, 175, 208, 261

Bedeutung 94, 132, 208, 216 f.; – als
  wertbezogener Sinn 305
Begnadigung 273, 333
Begnadigungsrecht 272 ff., 332, 334
Begriffsbildung, juristische 214 ff.,
  282 f.; s. a. Rechtsbegriff(e); kate-
  goriale – 119, 214, 319; teleologi-
  sche – 91, 112, 214, 319
Begriffsjurisprudenz 22, 112
Berechtigung 126, 130, 199, 224, 289;
  s. a. subjektives Recht
Bergpredigt 188 f., 196 f., 319, 331;
  s. a. Liebesethik
Berufsstände 161 ff.
Besitz 233
Besitzende und Besitzlose 158 f.,
  235 ff.. 243, 255
Besserungstheorie 262, 264 f.
Bewertendes Verhalten 87 f., 91 f.
Billigkeit 72, 123, 159, 272 f., 311;
  s. a. Gerechtigkeit; – als Gerechtig-
  keit des Einzelfalls 123, 333

393

SACHREGISTER

Calvinismus 62, 292
Christentum 11, 23, 63 f., 73, 77, 187 ff., 196 f., 290, 337
clausula rebus sic stantibus 297
Contrat social 240 f., 268, 296; s. a. Gesellschaftsvertrag

Demokratie 154 ff., 157 f., 313, 349 f.; soziale − 53 f., 375; − im Kirchenrecht 293; − und Eigentum 232, 235 f.; − und Erbrecht 255; − und Liberalismus 156 ff.; − und Relativismus 80
Demoliberalismus 158 f.
Despotismus 154, 336
Dezisionismus 169, 278
Dialektik 26, 33, 37, 106, 107 ff., 111
Dike 201, 317 f.
Diktatur 163; − des Proletariats 160, 182 f., 264
Dogmengeschichte 212
Dualismus 90, 111, 114, 361; s. a. Sein und Sollen, Wirklichkeit und Wert

Ehe 201, 244 ff., 247 ff., 250 f., 321
Eherecht 244, 249 f.; sowjetisches − 250 f.
Eigentum 53 f., 136, 156, 174, 224, 230 ff., 233 ff., 236 ff., 252, 256 f., 282, 320 f.
Eigentumsgebrauch (Sozialfunktion des −) 237 f., 252, 257
Einwilligungstheorie 258 f.
Einzelperson, − als absoluter Wert 143, 150; − als Gesellschaftswesen 223; − als Endzweck rechtlicher Ordnung 225; − als Organ der Gemeinschaft 229; − als Zwecksubjekt der Moral 130 ff.; − und Staat 142, 161, 184, 223, 280, 285
Elternrecht 251 f.
Empirie 28, 97, 104, 111, 115, 206
Enteignung 224, 238, 339; s. a. Sozialisierung
Erbrecht 253 ff., 256 f., 321

Erkenntnis 95, 103, 105 f, 113, 206; − und Bekenntnis 73, 96
Ersitzung 167
Ethik 88, 135
Eudämonismus 115
Evolutionismus 25, 93, 108, 111
Existenzphilosophie 11, 38, 73; − und Relativismus 98 f., 114

Faktum und Norm 170 ff., 216, 284
Familie 245 ff., 251, 254 ff.
Faschismus 146, 163, 263, 266
Fehlurteil 179, 272, 278 f., 333
Feudalismus 182, 224
Fiktionstheorie 228 f.
Finalität 36 f., 111, 214
Formalismus 40, 214; s. a. Begriffsjurisprudenz
Frau, Rechtsstellung der 49, 248
Freiheit 41, 55, 108, 147, 154 ff., 157 ff., 160, 162, 180, 225, 250, 277, 285, 331
Freiheitsstrafe 261, 269; kurzzeitige − 43, 48
Freirechtslehre 23, 42 f., 73, 319
Freundschaft 129, 249
Friede 165, 290 f., 294, 302

Geist, objektiver / subjektiver 212 f.
Geistesgeschichte 65, 211 f.
Geistkirche (ecclesia invisibilis) 32, 280, 292
Geltung 33, 41, 116, 132, 143, 190; − des Rechts 133 f., 168 f., 170 ff., 180, 185, 276, 278, 315, 327 f., 344 f.; − des Urteils 278 f.
Geltungslehre, juristische (positivistische) 170 ff., 178, 185 f., 327, 344; historisch-soziologische − 172 ff., s. a. Machttheorie; philosophische − 174 ff., 344
Gemeineigentum 230 f., 237 f.
Gemeinschaft 55, 141, 148 ff., 151, 184 f., 188, 227, 313
Gemeinwohl 51, 53, 98, 136, 144, 224, 237 f., 253, 327 f., 345

SACHREGISTER

Gerechtigkeit 14, 23, 71 f., 108 f., 120 ff., 123 f., 134 f., 142 f., 164 ff., 176 ff., 182 f., 192 ff., 221, 223, 226, 262 f., 265, 272 f., 283, 285, 291, 312, 314, 328, 334 ff., 349 ff.; ausgleichende – 121 f., 183, 223, 226, 260, 289, 330; austeilende – 121 f., 164, 183, 223, 261, 330, 377, 379; formale – 71 f., 123, 142, 165, 167, 169, 193, 312; göttliche – 334; materiale – 23, 71; menschliche – 331; objektive – 120 f.; soziale – 23, 109, 182 f., 223, 226, 375, 378; subjektive – 120; – als absoluter Wert 120, 122, 143; – als Gleichheit 121 f., 124, 142, 164, 166, 168, 182, 223, 226, 265, 276, 285, 328, 345 f., 377, 379; – als Maßstab 71 f., 121, 168, 226, 265, 328, 345; – als Rechtsidee (Rechtswert) 14, 55, 71 f., 120 ff., 142, 164; – als Richtigkeit 123, 167; – und Billigkeit 72, 123, 159, 203, 272, 310, 333; – und Gnade 13, 229 ff., 272 ff.; – und Liebe 194, 330 ff., – und Recht 121, 123, 127, 272, 285, 328 f., 344 f.; – und Rechtssicherheit 41, 70, 165 ff., 168 f., 177, 349, 373; – und Zweckmäßigkeit 81, 120, 164 ff., 167 ff., 177, 277; Überordnung der G. 71 f., 314, 327 f., 344 ff.

Gerechtigkeitslehre 71 f.

Geschichte 116, 180

Geschichtsphilosophie des Rechts 180 ff., 183, 315, 381

Geschlossenheit der Rechtsordnung 207, 294 f., 301

Gesellschaft 140 f., 148 ff., 155, 157, 183 f., 223, 232, 266, 295 f., 369

Gesellschaftsordnung, sozialistische 109, 184

Gesellschaftsvertrag 148, 156, 160, 174, 222, 236, 240 f., 258, 266 ff., 269 ff., 297

Gesetz 121, 127, 148, 171, 178, 185, 206 ff., 212, 217, 319, 327 f., 343 ff., 345, 362, 382; Lücken des G. 207, 319; Wille des G. 207

Gesetzessprache 132, 202

Gesetzeswissenschaft 217

Gesetzgeber 72, 75, 148, 207 ff., 212, 218, 221, 237 f., 277, 319; Willkür des G. 105, 218, 327 f., 344 ff.

Gesetzgebung 135, 175, 186, 196 ff., 221, 224, 237, 281, 284 ff., 343 f., 362; Realien der G. 94, 180, 244, 316, 360, 366

Gesetzliches Unrecht 70, 339 ff., 344 ff.

Gesinnung, rechtliche 120 f., 128 ff., 289

Gewalt 173, 303, 315

Gewaltenteilungslehre 157, 309

Gewissen 88, 90, 98, 124, 127, 130, 133, 139, 174, 178 f., 196 f., 317

Gewissensentscheidung 72, 177, 179, 329

Gewohnheitsrecht 138, 167, 171, 184, 207, 280, 301, 314, 319

Glaube 90, 99; – und Recht 289, 293, 329 f.

Gleichheit 121 f., 124, 155, 157 ff., 162, 166; – als Kern der Gerechtigkeit 122, 345; – vor dem Gesetz 108, 168, 273, 276, 285

Gnade 89, 194, 272 ff., 275, 323, 329 ff., 332 ff., 335

Gottesgnadentum 161, 176

Gottesrecht 72, 102, 331

Grundnorm 176, 186

Grundrechte 157, 373, 375, 379; s. a. Menschenrechte

Handlung 133 f., 194

Hegelianismus 106, 109

Hermeneutik 362 f.

Heteronomie des Rechts 133, 240, 283, 296

Historische Schule 22, 103 ff., 110, 181, 311

SACHREGISTER

Historismus 19, 23, 40, 93, 106, 109, 186
Humanität 28, 44, 63, 372; – als Rechtsbegriff 70, 88, 310, 321, 343, 365, 367, 369 f., 374, 378, 384

Idealismus 184 f.
Idee 94 ff., 114, 116 f., 119, 124, 300; – und Interesse 153, 184; Eigengesetzlichkeit der I. 153; Stoffbestimmtheit der I. 94 f., 123, 244
Identitätslehre 280 f., 323
Ideologie 95, 107 ff., 152 ff., 160 ff.
Idiographischer Charakter der Rechtswissenschaft 217
Imperativ 124, 132 ff., 135 ff., 170 f., 173; hypothetischer – 277; kategorischer – 132

Individualismus (individuelle Rechts- und Staatsauffassung) 41, 55 f., 143 f., 145 ff., 153 ff., 156 ff., 183, 225; demoliberaler – 156 ff.; sozialer – 158 ff., 183, 223, 226, 313, 378; – und Ehe 246, 248 ff.; – und Eigentum 232 ff.; – und Erbrecht 253 f.; – und Kirchenrecht 292 f.; – und Person 225 ff., 228 f.; – und Privatrecht 222 f.; – und Strafrecht 258 f., 262; – und Todesstrafe 266 f., 269 ff.; – und Vertragsbindung 222, 240 ff., 297; – und Völkerrecht 295 ff., 300

Individualität, konkrete 154 ff., 159, 161 f., 225, 245, 262, 297, 372, 379
Individualwerte 143 f., 145 ff., 158, 368

Individuum 28, 153 ff., 156 ff., 159, 225, 227, 240, 262, 266, 295 f., 331

Institutionentheorie 148, 229
Integration 161, 233, 259, 321 f.
Interesse 96, 136, 148, 152 f., 156, 174, 199, 302, 305

Interessenjurisprudenz 24
Internationales Recht 171, 294

Interpretation 206 ff.; geistesgeschichtliche – 211 f.; juristische – 206 ff., 210, 215, 285, 319, 362 f., philologische – 206 ff., 211
Intuition 95, 115, 123, 360
Irrationalismus 80, 106, 111 f., 155
iustitia commutativa / distributiva s. ausgleichende / austeilende Gerechtigkeit

Jugendbewegung 21, 23, 25 ff., 45, 151, 246
Jurisprudenz 75, 136, 171, 211, 218, 320; s. a. Rechtswissenschaft; realistische – 364; – und Theologie 211
Juristische Grundbegriffe 40, 116, 194 f., 215
Juristische Person 225 ff., 228 f.
Justiz 23, 42 f., 51 f., 204, 317, 337, 340
Justizverweigerung 207, 319

Kampf ums Recht 111, 136, 184, 190, 196 f., 199, 202, 280, 312, 317
Kapitalismus 182, 222, 235 f., 239, 243, 245, 251
Kategorien der Rechtsbetrachtung 125 f., 214 ff., 217
Katholizismus 115, 151, 163, 189 f., 287 ff., 293, 316, 329, 331; – und Ehe 246 f.; – und Eigentum 231 f., 237
Kausalität 36 f., 95, 111
Kirche 287 ff., 291 f.; evangelische – 163, 292; katholische – 151, 163, 288, 292; – und Recht 24, 189, 191, 287 ff.; – und Welt 289, 316
Kirchenrecht 32, 287 ff., 291, 324
Kirchenverfassung 287 f., 292 f.
Klassenkampf 20, 25, 95 f., 108, 285
Klassenrecht 108, 182 f., 285 f., 377
Klassische Strafrechtsschule 32, 262 f., 322
Koalitionsfreiheit 108, 285
Kollektivwerte 143 f., 145 ff., 368 f.
Kommunistisches Manifest 108, 160, 183
Konkordat 298

Konservativismus 105, 160 ff., 311;
 – und Ehe 247 f.; – und Eigentum
 232; – und Privatrecht 222
Konstruktion 42, 206, 214 ff., 318
Konvention (Konventionalregel)
 138 ff.
Krieg 299, 302 ff., 305 ff., 324; Recht
 zum K. 197, 301, 303 f.
Kriminalpolitik 34, 38, 62 f., 95, 272
Kritizismus 356
Kultur 20, 39, 88, 90, 114 f. 147 ff.,
 299 ff., 305 f.
Kulturbegriff(e) 138 f., 282; – des
 Rechts 24, 114, 119 ff., 124, 127,
 139, 164, 201 f.; – des Staats 280 ff.,
 299 f.
Kulturphilosophie des Rechts 55, 75,
 91 f., 367
Kulturrecht 303, 310
Kulturwerte 39 f., 55, 75, 213, 218, 231
Kulturwissenschaft 36, 55, 89, 216 ff.

Lebensform des Rechtsmenschen 192;
 – und objektives Recht 193 ff.;
 – und subjektives Recht 196 ff.
Lebensverhältnis, soziales 361 f.
Legalität 175; – und Moralität 22,
 130 ff.
Legaltheorie des Eigentums 231 f.,
 237 f.; – des Konkordats 298; – des
 Vertrags 242 f.
Legitimismus 186
Legitimität 161, 171, 176, 185 f.
Liberalismus 32, 34, 53, 154 ff., 354,
 376; – und Demokratie 156 ff.;
 – und Ehe 248 f.; – und Eigentum
 222, 232, 235; – und Geschichts-
 pilosophie 184; – im Kirchenrecht
 293; – und Privatrecht 222 ff.; – und
 Strafrecht 260 ff.
Liebesethik 130, 188 ff., 196 f., 289,
 316 f., 331 f.; s. a. Recht und Liebe
Logik 88, 210; – der Rechtswissenschaft 205 f., 318
Lückenausfüllung 207, 301, 319

Macht 41, 144, 172 f., 175 f., 296,
 305; – und Ohnmacht (soziale) 159,
 223, 226, 235 ff., 243, 377; – und
 Recht 166, 172 f., 175 ff., 186, 270,
 315, 327, 344 f.
Machtstaat 151, 296
Machttheorie 172 f., 175 f.
Majorität 157 f., 160 f., 260
Marxismus 43, 107, 109, 181 ff., 337,
 380
Maßnahme 124, 168, 311; – des sozialen Schutzes (difesa sociale)
 263 ff.
Materialismus (Geschichtsauffassung)
 25, 43, 96, 107 ff., 181 f., 184
Mensch 159, 192 ff., 225, 227, 258,
 366, 369 ff., 377 f.; – als Vernunftwesen 154 ff., 240, 258, 268; – im
 Recht 28, 53, 153, 313, 353, 367 ff.,
 370 ff., 373 ff.
Menschenrechte 70 f., 157, 222, 285,
 294, 296, 298, 313, 328, 343, 365,
 367 ff., 378, 382
Menschheitsstaat 295 f., 300
Metaphysik 37, 63, 70, 73, 115
Methode, deduktive 93, 95, 123 f.;
 empirische – 28, 97, 104, 110 f.,
 115 f.; juristische – 110, 205, 211,
 214 ff., 361; phänomenologische –
 70, 73, 116
Methodendualismus 12, 22, 27, 33, 36,
 70, 93, 95, 102, 111 f., 114, 353, 359;
 –monismus 93, 106, 111 f.; –trialismus 93, 114 f., 353
Moral 72, 88, 91, 117, 127 ff., 130 f.,
 133, 134 ff., 137 f., 141, 190, 197,
 249, 312
Moralität und Legalität 22, 130 ff.

Nächstenrecht 369 f., 379
Nation 147, 149 ff., 162, 247 f., 295 f.,
 299 f.
Nationalsozialismus 57 ff., 72, 329,
 337, 345 ff., 359, 384
Natur 87, 89 ff., 102, 114, 331 f.

397

SACHREGISTER

Natur der Sache 12, 34, 69 f., 94 f., 116, 123, 244, 311, 331, 353, 359 ff., 362 ff., 382; – des Menschen 366 f., 374
Naturrecht 71 f., 102 ff., 106, 174 ff., 186, 237 f., 240, 244, 284 f., 301, 311, 328, 339, 358, 363 f., 382
Naturrechtslehre 71, 102 ff., 106, 174, 181, 240, 248, 280, 311, 328
Neuhegelianismus 21, 23, 73, 115, 364 f.
Neukantianismus 21 f., 24, 27, 36, 39, 56, 87, 112 f., 365
Norm 87, 127, 132 ff., 136, 170 ff., 174, 216 f., 221, 273, 282 f.; moralische – 103, 131, 134 f., 141, 198; rechtliche – 124, 131 ff., 136, 153, 170, 205 f., 221, 273, 282; – und Faktum 170 ff., 216, 284, 364 f.
Normativität 124 f., 284; – des Faktischen 25, 170, 176, 284, 315, 343
Normenkollision 171 f.
Normentheorie, strafrechtliche 214
Notwehr 270, 303
Notwendigkeit 97, 107 ff., 152 f., 184 f.
nulla poena sine lege 264, 322, 327

Objektiver Geist 212 f.
Obrigkeit 163, 176, 188 f., 291 f., 327, 329, 345
Öffentliches Recht 122, 183; – und privates Recht 220 ff., 320, 378
Ontologie des Rechts 73, 360 f.
Ordnungsmäßigkeit 176 f., 315
Organische Theorie der juristischen Person 227; – des Staates 145, 147, 149, 161 f., 263, 266

Parteien 56, 151 f., 160 ff., 313, 336 ff., 346
Parteienlehre, rechtsphilosophische 152 ff., 156 ff., 160 ff., 313 ff., 368
Parteiideologien 80, 151–163, 184, 336 ff.
Person 154 ff., 158 ff., 225 ff., 227 ff., 266, 366, 368, 371 f., 375

Personalität 370, 372
Persönlichkeit 26, 102, 117, 133 f., 136, 143 f., 149 f., 154 ff., 299 f.
Persönlichkeitstheorie des Eigentums 232 ff., 234 ff.
Pflicht 72, 126, 130 f., 135 f., 143, 171, 197 f., 249, 289
Phänomenologie des Rechts 70, 73, 116, 360
Philosophie 21, 26, 103, 105, 110, 112, 169, 180 ff., 306, 314
Pluralismus 357
Politik 51, 76, 96, 156, 346
Polizeistaat 169, 224, 281
Positivismus 19, 22, 72 f., 89, 93, 104 f., 109 f., 116, 169, 284, 311, 319, 327, 329, 339, 344, 354
Positivität des Rechts 124 f., 164 ff., 347
Pragmatismus 19, 116, 277
Prästabilierte Harmonie 91, 237 f., 253, 303
Privateigentum 159, 222, 230 ff., 233, 236 ff., 256
Privatrecht 121, 182, 220 f., 222 ff., 226, 262, 297, 320, 377 f.
Proletariat 34, 108, 160, 182 f., 235, 237, 255, 264
Protestantismus 190 f., 289 ff., 293, 329 ff.
Prozeß 276 ff., 323
Prozeßrecht 214, 277 ff.
Psychologie 192, 205; – des Rechtsmenschen 192 ff., 316

Rationalismus 80, 106, 111 f., 155, 186, 309, 354
Recht 33, 91 f., 108, 114, 117, 120, 123 ff., 127, 130, 135 ff., 138, 155, 180, 184 f., 192 f., 199 f., 202, 214, 217, 283, 285, 288, 307, 327 f., 344 ff., 375 ff.; formelles – 277 ff.; göttliches – 72, 102, 189 f., 288, 331; kirchliches – 287, 292, 316; materielles – 272, 277 ff.; menschliches – 102, 331, 372; natürliches – 103, 189, 203, 222, 288;

SACHREGISTER

s. a. Naturrecht; objektives – 136, 167, 203, 224, 317; öffentliches – 122, 220 ff., 240; positives – 33, 71, 102, 104, 110, 113, 121, 135, 165 ff., 177 ff., 189, 203, 221, 272, 284 f., 301, 313, 327 f., 344 ff.; privates – 122, 220 ff., 378; revolutionäres – 167, 175 f., 185 f., 203, 343; richtiges – 103 f., 135, 205, 301, 313, 327 f., 344 ff.; römisches – 22, 111, 125, 153, 182, 232, 314 f.; soziales – 158 ff., 183, 223 f., 226, 262 ff., 313, 353, 375 ff., 378 ff., 382; s. a. Soziales Recht; subjektives – 126, 136, 167, 199, 203, 224, 229 f., 312, 317; übergesetzliches – 69 ff., 72, 285, 314, 339 ff., 344 ff., 382; ungerechtes – 91, 104, 174 f., 177 f., 188, 278, 327, 345
Recht als ethisches Minimum (– Maximum) 134; – als Kulturerscheinung 40, 91 f., 114, 180, 201; – als Ordnung des Zusammenlebens 127, 129, 164 f., 175, 183, 190 f., 221, 335; – als Selbstzweck 276, 279; – als Sollen 132 ff., 170 ff., 216, 344
Rechts, Aufgabe des – 165, 177, 290 f.; Äußerlichkeit des – 127 ff., 139, 189, 289 f.; Autonomie des – 133, 240 ff., 283; Eigengesetzlichkeit des – 108, 135, 137, 182, 276 f., 330; Kulturform des – 108, 180; Normativität des – 124 f., 283 f.; Paradoxie des – 29, 72; Positivität des – 124 f., 164 ff., 169, 314, 345; Sozialfunktion des – 252
Recht und Freiheit 154, 156, 228, 320; – und Friede 165, 290 f., 294, 302; – und Geschichte 104, 180 ff., 205; – und Gerechtigkeit 120 f., 285; s. a. Gerechtigkeit; – und Gesetz 345; s. a. Gesetz; – und Glaube 289, 293, 329 f.; – und Gnade 272 ff., 329 ff.; – und Kirche 24, 189 f., 287 ff.; – und Krieg 302 ff.; – und Kultur 75, 180; – und Kunst 201, 203 ff.,
317 f., 345; – und Liebe 72, 89, 92, 129 f., 188 f., 194, 196 f., 289 ff., 317, 330 ff.; – und Logik 205 ff., 318; – und Macht 166, 172 f., 175 ff., 186, 270, 314, 327, 344; – und Moral 76, 127 ff., 130 ff., 134 ff., 137 ff., 143, 179, 197 ff., 205, 249, 276, 312; – und Naturrecht 102, 104, 174 f., 328; – und Pflicht 53, 136, 222, 224; – und Psychologie 192 ff., 205, 316; – und Rechtfertigung 187 ff., 191, 328; – und Religion 76, 187 ff., 205, 249, 287, 289, 291, 316; – und Revolution 167, 175 f., 185 f., 203, 343; – und Sitte 138 ff., 312; – und Staat 105, 186, 276 f., 280 f., 283 ff., – und Wirtschaft 181 ff.; – und Zweck 276 f.
Rechtlichkeit 121, 135, 178
Rechtsästhetik 75, 201 ff., 205, 317
Rechtsanthropologie 363, 369 ff., 372, 374
Rechtsauffassungen 97 f., 145 ff., 149 ff; katholische – 189 f., 289, 329, 331; protestantische – 190 f., 289 ff., 329 ff., 332; soziale – 159, 368
Rechtsbegriff(e) 24, 41, 91, 112, 114, 119 ff., 124 ff., 131, 142, 164, 180 ff., 225, 312; apriorische – 73, 110, 125 f., 215, 217, 220 f., 225, 230, 295, 312; teleologische (kategoriale) – 111, 214, ff.; vorwissenschaftliche – 215, 282
Rechtsbeugung 348 f.
Rechtsdogmatik 36, 220
Rechtsentstehung 105, 186; – durch Rechtsbruch 167, 176, 186
Rechtsentwicklung 111 f.
Rechtserfahrung 110, 128, 220, 225, 230
Rechtsfindung 362 f.
Rechtsform 108, 142, 180 ff., 285 f., 381
Rechtsformalismus 193, 288 f.
Rechtsfortbildung 183 ff.

SACHREGISTER

Rechtsgefühl 174, 177 f., 193, 196 ff., 199, 202 f., 314
Rechtsgeltung 72, 103 f., 126, 133 ff., 166 ff., 170 ff., 174, 177, 180, 185 f., 276 ff., 284, 301, 315, 327 f., 343 f.
Rechtsgemeinschaft 151, 188, 295, 369
Rechtsgeschichte 28, 103, 104 ff., 180 ff., 206, 212, 220, 273, 317
Rechtsgestaltung 180, 183 ff.
Rechtsgrundsätze 301, 324, 328
Rechtsidee 33, 41, 51, 55 f., 70 ff., 91, 94, 113 f., 119, 124, 142, 156, 181, 283, 285, 295, 312, 360, 363; – als Gerechtigkeit 120 ff., 164; Antinomien der – 164 ff., 166 ff., 177, 264, 272, 314, 327 f.; – und Klassenrecht 377; – und Rechtsstaat 285, 323; – und Rechtsstoff 70, 94, 124, 360
Rechtsinhalt 41, 102, 105, 142, 164, 168 ff., 215, 276, 283
Rechtsinstitut 111, 180, 214 f., 282, 314
Rechtskirche 287 ff., 290, 292 f.
Rechtskraft 167, 272, 278 f., 333
Rechtsleben 205 f., 239
Rechtsleerer Raum 294, 302
Rechtslehre, Allgemeine 28, 75, 107, 109 ff., 116 f., 214, 347
Rechtslogik 24, 113, 192
Rechtsmensch 192 ff., 196 ff., 200, 368
Rechtsmythologie 187, 201
Rechtsnorm 124, 131 ff., 136, 153, 170, 205 f., 273, 282
Rechtsontologie 73, 360 f.
Rechtsordnung 41, 109 f., 126, 156, 165, 171 f., 178, 181, 183, 185, 193, 205 ff., 214, 217, 220, 223 ff., 226 f., 232, 270, 276 f., 294 f., 297 f., 301, 307, 345
Rechtspflicht 126, 131, 134 ff., 138, 170 f., 179, 238
Rechtsphänomenologie 70, 73, 116, 360
Rechtsphilosophie 28, 40, 73, 80 f., 87, 104, 106 (Hegel), 110 ff., (Jhering),

112 f. (Stammler), 115 (Kant), 160, 169, 205, 230, 310 f.; angloamerikanische – 117, 312; italienische – 117, 364; katholische – 115; relativistische – 98, 113 f.; – als Rechtswertbetrachtung 93 ff., 310; – als vergeistigte Politik 96; Aufgaben der – 96 f., 112 f; Richtungen der – 102 ff., 114, 115 ff., 310 f.; – und Rechtspolitik 96; – und Rechtswissenschaft 104; – und Relativismus 80, 98 f.; – und Sozialphilosophie (Sozialwissenschaft) 107 f.
Rechtspolitik 68, 93, 96, 105, 117, 169, 205
Rechtspositivismus 105, 169; s. a. Positivismus
Rechtspsychologie 22, 192 ff.
Rechtsquellen 117, 125, 363
Rechtssatz 70, 102, 124 f., 134, 142, 170 f., 185, 202, 206, 215 ff., 221, 273, 285, 301, 314, 327 f.
Rechtssetzung 125, 175, 186, 284 f., 315, 327 f.; s. a. Gesetzgebung
Rechtssicherheit 14, 23, 71 f., 117, 164 ff., 170 ff., 175 ff., 178, 193 ff., 196, 272, 284, 314, 327 f., 340, 344 ff., 349; – im Prozeßrecht 276, 278 f.; – im Staatsrecht 276, 283 f.; – im Strafrecht 260, 264 f.; – und Gerechtigkeit 41, 70 ff., 165 ff., 168 f., 177, 264, 314, 345, 373
Rechtssinn 176 f., 193, 346
Rechtssoziologie 22, 41, 206, 318
Rechtssprache 202 f., 318
Rechtsstaat 160, 183, 222, 224, 260, 280 ff., 285, 296, 323, 327, 349, 375
Rechtsstoff 51, 70, 94, 180 ff., 316, 360
Rechtssubjekt 110, 126, 160, 225 ff., 229, 282, 298, 317
Rechtssystem 180, 214, 217, 295
Rechtstatsachen 33, 126, 205 f.
Rechtstheorie 380
Rechtsvergleichung 28, 38, 103, 109, 206, 220

400

SACHREGISTER

Rechtsverhältnis 110, 126, 215, 278
Rechtsverwirklichung 277, 279, 281, 288, 333
Rechtswelt 104, 180, 239, 274 f.
Rechtswert(e) 39, 51, 55, 71 f., 104, 109, 123, 164 ff., 169, 177, 192, 215, 264, 274, 314, 327 f., 344 ff.
Rechtswertbetrachtung 93 ff., 109, 111 ff.
Rechtswidrigkeit 110, 126, 167
Rechtswirklichkeit 70, 91, 104, 106, 109, 111 f., 123, 281
Rechtswissenschaft 33, 55, 92, 113, 116, 125, 171 f., 194 f., 203, 205 ff., 215 ff., 218; – als Rechtsschöpfung 360; – als wertbeziehende Wissenschaft 217 f.; Logik der – 116, 205 ff., 322; Methode der – 205 ff., 214, 216
Rechtszwang 102, 133 f., 138, 154, 249, 288 f.
Rechtszweck(e) 41, 142 ff., 174 f., 192, 205, 313, 358, 371
Reine Rechtslehre 116
Relativismus 12, 27, 40, 55, 70, 76, 80, 93, 96 ff., 99 ff., 102 ff., 113 ff., 164, 175, 310, 353 ff., 356 ff., 381 ff.
Religion 27, 29, 61 f., 70, 89 f., 337; – und Recht 76, 187 ff., 249, 287 ff., 291, 306 f., 316, 331
Resozialisierung 369, 378 f.
Revolution 34, 96, 105, 171, 186 – und Recht 167, 175 f., 185 f., 203, 343
Rhetorik und Recht 202, 210
Richter 42, 72, 75, 121, 178, 200, 203, 207, 238, 276 f., 319, 328, 343, 345, 347 f.
Richtiges Recht 24, 33, 41, 71, 93, 99, 103 f., 112 f., 123, 134 f., 174 f., 205, 273, 328, 358 f., 363

Sachenrecht 230, 239
Schuld 37, 49, 128, 132, 141, 261, 269, 278
Sein und Sollen 12, 33, 71, 93, 96, 103, 107, 114, 203, 284

Selbsthilfe 223, 270, 291
Sitte 117, 127, 138 ff., 141
Sittlichkeit 127, 138 ff., 154
Skeptizismus 65 ff., 100 f.
Sklaverei 222, 235
Solidarität 370, 375, 379
Souveränität 297 ff.
Sowjetrecht 250 f., 264 f.
Soziales Recht 158 ff., 183, 223 f., 226, 262 ff., 313, 353, 375 ff., 378 ff., 382; – der Ehe 251 f.; – des Eigentums 233 ff.; – der Erbfolge 256; – der Person 226; – und Privatrecht 223 f.; – und Strafrecht 262 ff.; – und Vertrag 242 f.
Sozialethik 121, 135
Sozialisierung 224, 238, 336 f., 339
Sozialismus 21, 25, 27, 32, 34, 41, 43, 53, 107 ff., 157, 159 f., 183, 220, 231, 251, 316, 320 f., 335 ff., 338, 354, 375 ff., 378, 380 f.; Kulturlehre des – 57, 151, 314, 376
Sozialität (des Menschen) 372, 376
Sozialphilosophie 364, 375 f., 379
Soziologie 21, 24, 26 f., 41 f., 113, 263, 363
Soziologische Schule des Privatrechts 22, 110 ff., 312; – des Strafrechts 33, 263, 322
Staat 142, 145, 148, 151, 156 f., 222 f., 225, 258 ff., 266, 280 ff., 283 f., 295, 296 ff.; berufsständischer – 151, 161 ff.; christlicher – 292; souveräner – 296 ff., 299; totaler – 147, 329; – als Organismus 105, 145, 147, 161 f., 186, 263, 266; – und Einzelmensch 142, 157, 161, 184, 223, 280, 285; – und Recht 222, 276 f., 280 f., 283 ff., 323; – und Revolution 175 f., 185 f.
Staatsauffassungen 145 ff., 149 ff., 153 ff., 156, 160 ff., 259, 263, 266, 296 ff.
Staatsgewalt 284 f., 327 f.
Staatsphilosophie 79, 280 ff.
Staatsrecht 280 f.

401

Staatstheorie, organische 105, 145, 147, 149, 161 f., 263, 266
Staatsvertrag, Lehre vom – 222, 241
Staatszweck 142, 145, 261, 266, 272, 276, 280, 283
Stoffbestimmtheit der Idee 94 f., 123, 181, 244, 360, 380
Strafe 214, 258 ff., 261 ff., 264 f., 277, 321
Strafrecht 132, 166, 171, 214, 258 ff., 261 ff., 264 f., 294, 321; autoritäres – 259, 261 f., 263 ff., 266, 322 f.; humanes – 370 f.; liberales – 260 ff.; soziales – 262 ff., 370 f., 377 ff.
Strafrechtsreform 38, 43, 45, 48 ff., 57, 75, 128, 378
Subjektivismus 364 f.
System, juristisches 206, 214 ff., 294 f., 319

Teleologische Begriffsbildung 91, 111 f., 214 ff., 226, 319
Themis 195, 201, 317 f.
Theodizee 187, 307
Todesstrafe 49, 68, 261, 266 ff., 269 ff., 273, 322
Toleranz 358
Transpersonalismus (Transpersonale Rechts- und Staatsauffassung) 55 f., 143 f., 145 ff., 148 ff., 151, 183; – und Geschichtsphilosophie 183; – im Kirchenrecht 287, 292; – und Person 229; – und Völkerrecht 299 f.
Typus (-en) 28, 159 f., 226, 263, 363, 373 f.

Überbau 25, 95, 107 f., 311
Übergangsstaat, proletarischer 160, 182 f., 264
Überindividualistische Rechts- und Staatsauffassung 41, 55 f., 143 f., 145 ff., 160 ff., 185, 222; – der Ehe 246 ff.; – der Erbfolge 255; – der Person 229; – und Geschichtsphilosophie 183; – des Privatrechts 222; – des Strafrechts 259, 263 ff.; – der

Todesstrafe 266; – des Völkerrechts 296 ff., 300
Überzeugungsverbrecher 49, 51, 134, 178 f.
Ungerechtigkeit 177, 194, 278
Ungleichheit 122, 158 ff.
Unrecht, gesetzliches 71, 281, 327, 339 ff., 344 ff., 347 f.
Urteil 272, 276 ff., 279, 333

Verbandsperson, reale 227, 229, 320
Verbrecher 128 f., 173 f., 259, 263
Verfassung 161, 171, 178, 185; Weimarer – 53, 124, 136, 168, 224, 238, 243, 248, 252, 255, 257, 282, 292, 298, 312, 320 f., 324
Vergeltung (Vergeltungstheorie) 259 ff., 262, 265
Vernunft 56, 99 f., 103, 106 f., 115, 153 f., 169, 175, 184 f., 272, 359
Vernunftrecht 72, 102, 106, 115, 181, 328
Verstehen 211, 213 f., 216, 362.
Vertrag 222, 239 ff., 242 f., 282 f., 297, 321
Vertragsfreiheit 158, 224, 239 f., 242 f., 321
Vertragstheorie 111, 147, 156, 174, 236, 240 ff., 258, 268, 283 f.; – der Ehe 246, 248 ff.; – des Eigentums 236; – des Staates 111, 147 f., 156, 174, 222, 241, 283 f.; – des Strafrechts 258 f.; – der Todesstrafe 267 f., 269 ff.; – des Völkerrechts 296 ff.
Vierheit der Betrachtungsweisen (Quaternium) 88, 90
Volk 145, 160 f., 258 ff.
Völkerbund 296, 299 f.
Völkerrecht 171, 294 ff., 299 ff., 324

Wahlrecht 53 f., 338
Wahrheit 28, 88, 100 f., 103, 120, 135, 143
Ware (Arbeit) 262, 321 f.
Weimarer Verfassung s. Verfassung

SACHREGISTER

Weltanschauungen 19, 25, 52, 54, 57, 96 ff., 145, 182
Weltbürgerrecht 294 f., 324
Weltrecht 294 ff.
Weltstaat 295 f., 299 f.
Werkwerte 143 f., 146 f., 150 f., 368
Wert(e) 87, 89 f., 98, 114, 130, 143 ff., 158, 187, 306; – und Wirklichkeit 12, 33, 37, 70, 87 ff., 90, 95, 106, 114, 119, 162, 187, 310
Wertbegründung 56, 95, 355
Wertbeziehendes Verhalten 25, 39, 88 f., 91 f., 114, 119, 216 ff., 306
Wertblindes Verhalten 55, 87 ff., 90 f., 105, 306
Wertentscheidung 56, 98, 100
Werterkenntnis, wissenschaftliche 93, 96 ff., 109 f., 353, 359
Wertphilosophie 38 f., 43, 88, 104, 117, 187, 191
Wertsystem 96 ff., 142 ff.
Wertüberwindendes Verhalten 55, 69, 89 ff., 92, 105, 187, 306, 330
Werturteile (Wertungen) 25, 93, 95, 97 ff., 102 f., 105, 112, 114, 116, 120, 128 f., 218
Wertverwirklichung 88, 137, 180, 218
Widerstandsrecht 131, 188 f., 198, 291, 327 f., 331, 339, 343 ff.
Wille 128, 131, 148, 175, 268
Willensfreiheit 80, 242, 249 f.
Willkür 199, 273, 285, 340

Wirklichkeit 70 f., 106, 116, 124; – und Wert 12, 33, 37, 70, 87 ff., 90, 106, 114, 119, 162, 187, 309
Wirtschaft 181 ff., 239, 242, 253, 256 f.
Wirtschaftsrecht 214, 221, 223, 243
Wissenschaft 21, 88, 100, 135, 175, 282, 339
Wissenschaftscharakter der Jurisprudenz 218
Wissenssoziologie 95
Wollen 105, 132 f., 170 f., 216; – und Müssen 133 f., 170, 172, 344

Zwang 102, 133 f., 138, 154, 243, 249, 288 f.
Zweck 91, 111, 114, 228 f.; – des Rechts 41, 142 ff., 164, 174 f., 192, 203, 214 ff., 225 ff., 276 ff., 313, 366, 368, 374; – im Recht 111 f., 184, 192;
– als Schöpfer des Rechts 111, 276, 314, 323
Zweckmäßigkeit 34, 55, 71 f., 111, 120, 142 ff., 164 ff., 167, 169, 177 f., 184, 196, 272, 314, 327 f., 333, 344 f.;
– und Gerechtigkeit 71 f., 81, 120, 164 ff., 167 ff., 177, 277, 314, 327 f., 344 ff.; – und Prozeßrecht 277; – und Strafrecht 261 ff.
Zwecksetzung 111 f., 142 f., 183 f.
Zweireichelehre (Luther) 291